Albrecht von Haller

Leben – Werk – Epoche

Albrecht von Haller (1708-1777) im Göttinger Professorenornat, 1745,
Ölgemälde von Johann Rudolf Studer, 40 x 31 cm. Privatbesitz

Albrecht von Haller

Leben – Werk – Epoche

Herausgegeben von
Hubert Steinke, Urs Boschung
und Wolfgang Proß

WALLSTEIN VERLAG

Redaktion: Emil Erne

Dieser Band erscheint auch als 85. Band
des Archivs des Historischen Vereins des Kantons Bern.

Publiziert mit Unterstützung des Lotteriefonds des Kantons Bern,
der Albrecht von Haller-Stiftung der Burgergemeinde Bern
und der Studentenverbindung Halleriana Bernensis

Bibliografische Information der Deutschen Nationalbibliothek
Die Deutsche Nationalbibliothek verzeichnet diese Publikation
in der Deutschen Nationalbibliografie; detaillierte bibliografische Daten sind im
Internet über http://dnb.d-nb.de abrufbar.

2. Auflage

www.wallstein-verlag.de
Vom Verlag gesetzt aus der Stempel Garamond
Umschlaggestaltung: Susanne Gerhards, Düsseldorf,
unter Verwendung eines Motivs von Marco Trüeb
Druck: Hubert & Co, Göttingen
ISBN 978-3-8353-0264-8

Inhalt

Haller in seiner Zeit

Blicke auf Haller

Zeugnisse

Vorwort

Im 18. Jahrhundert war Albrecht von Haller eine Berühmtheit ersten Ranges. Casanova schwärmte von dem grossen Gelehrten, Kaiser Joseph II. besuchte ihn in seinem Studierzimmer, Goethe nannte ihn den «unsterblichen Haller», Schiller dichtete die Grabinschrift: «Corpori leges, animo officia assignavit» («Dem Körper hat er Gesetze, dem Geist hat er Pflichten zugeteilt»).[1] So erstaunt es nicht, dass 1779 in Frankfurt und Leipzig eine Schrift erschien mit dem Titel *Leben der berühmtesten vier Gelehrten unseres philosophischen Jahrhunderts: Rousseau's, Lambert's, Haller's und Voltaire's*. Doch die Schrift macht die Vergänglichkeit dieses Ruhms deutlich: während Rousseau und Voltaire noch heute gerne und viel zitiert werden, sind die Biographien, Werke und Wirkungen Hallers und des Mathematikers Johann Heinrich Lambert (1728-1777) weitgehend aus dem Kanon der Allgemeinbildung verschwunden.

Die Gründe dafür sind ebenso vielgestaltig wie Haller selbst. Für jeden Bereich seines Wirkens – und damit für jedes der hier versammelten Kapitel – lassen sich trotz Hallers Bedeutung einleuchtende Ursachen anführen. Sein *Lebenslauf* ist zwar gesäumt von den höchsten Erfolgen und Auszeichnungen, in seinem Hin und Her zwischen internationaler Karriere und lokaler Verankerung ist er aber nicht so leicht fassbar und dramatisierbar wie etwa derjenige des dauernd getriebenen Rousseau. Als *Dichter* wies er seiner Generation zwar den Weg zu neuen Formen der Landschafts-, Liebes- und Lehrdichtung, die Poesie vor dem ‹Sturm und Drang› ist dem heutigen Leser aber nur schwer zugänglich. Als *Romanautor und politischer Schriftsteller* wurde Haller zwar breit rezipiert, konnte aber mit seiner didaktischen Konzeption schon damals die Erwartungen der Leserschaft nicht recht befriedigen. In der *Religion und Theologie* war er zwar ein bedeutendes Sprachrohr konservativer Kräfte, seine orthodoxe Position lässt sich aber nur schlecht mit dem gängigen Bild von der Aufklärung als Zeitalter der

Haller stellt wegen des Umfangs und der Vielfalt seines Werks und Wirkens ein Monument dar, das schwer zu erfassen und von unterschiedlichen Seiten her zu betrachten ist. Die Beschäftigung mit dem Berner Gelehrten verspricht allerdings erhellende und neue Einblicke in das Jahrhundert der Aufklärung. – Der Bildhauer Hugo Siegwart bei der Arbeit am 1908 vor der Berner Universität errichteten Haller-Denkmal (vgl. Abb. S. 511). Fotograf unbekannt. – Burgerbibliothek Bern.

Religionskritik vereinbaren. Als *Literaturkritiker* gab Haller dem Genre zwar neue Impulse, er wurde aber bald von der nachfolgenden Generation um Lessing abgelöst. Die *Anatomie und Physiologie* des 18. Jahrhunderts prägte er zwar massgeblich, doch war die damalige Medizin nur teilweise bereit, die von ihm geforderte Experimentalisierung und Verselbständigung der Forschung zu akzeptieren. Die *Embryologie* führte er zwar auf eine Ebene bisher unerreichter Präzision, doch vertrat er eine theoretische Position, die später zurückgewiesen wurde – und wir erinnern uns nur ungern an die angeblichen ‹Verlierer›. Als *praktischer Arzt* propagierte Haller zwar eine neue, empirisch abgestützte Medizin, er konnte im Rahmen der damaligen Politik- und Verwaltungsstrukturen aber keine grundsätzlichen Reformen durchsetzen. Als *Botaniker* entdeckte er zwar Hunderte neuer Arten, konzipierte einen modernen Artbegriff und war ein Pionier der Pflanzengeographie, verbaute sich die langfristige Wirkung aber durch seine Ablehnung der Linné'schen Nomenklatur. Als *Forscher und Gelehrter* lieferte er zwar originelle und zukunftsweisende Ansätze zur Methodik und Wissenschaftspolitik, die er aber nur verstreut in seinem grossen Werk entwickelte und im Rahmen des damals Möglichen auch selbst nur teilweise umsetzen konnte. Als *Magistrat und ökonomischer Patriot* war Haller zwar auf vielen Ebenen aktiv und produktiv tätig, ohne allerdings eine überragende Stellung einzunehmen. Als *Mitglied der Gelehrtenrepublik* war er zwar der wohl am besten und internationalsten vernetzte Wissenschaftler seiner Zeit und eine wichtige Schaltstelle in der europäischen Wissensproduktion, für diese Aspekte der Praktiken und Strukturen der Wissenschaft interessiert sich die Forschung aber erst seit jüngerer Zeit. Als Mensch der *Aufklärung* teilte er eine Denkhaltung, die bereit war, Fragen auf allen Wissensgebieten zu erörtern, ob sie sich seinen eigenen Wahrnehmungs- und Ordnungsrastern einfügten oder nicht, und die sich darum bemühte, ebendiesen Standpunkt zu verlassen, um zu begreifen, wie es möglich ist, dass Andere anders denken. Auf allen Wissensgebieten hat sich Haller betätigt oder geäussert, und sosehr er in erster Linie Naturforscher gewesen sein mag, so war, wie die Verarbeitung seiner extensiven Lektüren zeigt, sein Interessenhorizont von stupender Weite und Kenntnis, allerdings ohne dass dies dazu führte, dass er jeweils die avanciertesten oder immer konsistente Positionen einnehmen wollte oder konnte.

Der zentralen Bedeutung Hallers in vielen Bereichen der Wissenschaft und Kultur seiner Zeit steht ein vielfaches ‹Aber› gegenüber, das den Zugang und die Einordnung erschwert. Einfacher – und auch vereinfacht – lassen sich die Hauptwirkungen anderer Figuren seines Jahrhunderts charakterisieren: Voltaires Religionskritik, Linnés binäre Nomenklatur, Rousseaus Gesellschaftsvertrag oder Lavoisiers chemische Revolution. Man könnte versucht sein, für Haller den Begriff des ‹letzten Universalgelehrten› (Richard Toellner) zu reklamieren, doch sosehr diese Bezeichnung in der Sache zutreffen mag, so sehr geht sie an Hallers grundlegenden Anforderungen an eine moderne Wissenschaft vorbei. Haller lässt sich nicht auf einen Nenner bringen. Die Schwierigkeit, ihn zu erfassen und zu erklären, wird erhöht durch ein vielschichtiges und äusserst umfangreiches Werk, das zudem in unterschiedlichen Sprachen (Latein, Französisch, Deutsch) abgefasst und nur teilweise in Übersetzungen greifbar ist.

Die Schwierigkeiten sind allerdings ein Argument, das nicht *gegen*, sondern *für* eine verstärkte Beschäftigung mit dem ‹Monument› Haller spricht (vgl. Abb. S. 8). Denn hinter ihnen steht die Vielgestaltigkeit und Widersprüchlichkeit, die das Jahrhundert der Aufklärung nebst eindeutigeren Programmen und Entwicklungslinien *auch* charakterisieren. Dies zeigen gerade die Resultate der jüngeren Aufklärungsforschung, die sich vermehrt mit der Verschränkung der verschiedenen Lebensbereiche sowie mit historisch, wirtschaftlich, politisch, geographisch und konfessionell bedingten Unterschieden im 18. Jahrhundert beschäftigt. Dabei wird nicht nur nach Inhalten und Ideologien gefragt, sondern verstärkt nun auch nach

Strukturen und Praktiken, die das wissenschaftliche, kulturelle und ökonomische Leben ermöglichen und mitbestimmen. Gerade für diese Fragestellungen ist das Beispiel Haller äusserst ergiebig. Sein Leben und Wirken spielte sich nicht nur in unterschiedlichen geographischen Räumen (Bern, Göttingen), Strukturen (Universität, Gelehrtenrepublik, Verwaltung) und auf verschiedenen Ebenen (Arzt, Dichter, Forscher, Magistrat) ab, es ist auch ausserordentlich umfangreich und genau dokumentiert. Unzählige Briefe, Akten, Handschriften und Publikationen ermöglichen den Blick auf Vorder- und Hintergründiges, auf Prozesse und Strukturen, auf Ideen und Ideologien und auf Statik und Dynamik im 18. Jahrhundert.

Die Voraussetzungen, sich genauer mit Haller zu beschäftigen, sind trotz der erwähnten Schwierigkeiten günstiger geworden. Einige grundlegende Arbeiten zu Hallers Denken, Dichtung und Medizin sowie die Edition mehrerer wichtiger Briefwechsel haben die Haller-Forschung in den letzten Jahrzehnten auf eine neue Stufe gehoben. Dank der seit 1991 im Rahmen des Schweizerischen Nationalfondsprojekts *Albrecht von Haller und die Gelehrtenrepublik des 18. Jahrhunderts* am Institut für Medizingeschichte der Universität Bern gemeinsam mit der Burgerbibliothek Bern durchgeführten Erschliessungs- und Forschungsarbeiten wurde die Literatur von und über Haller sowie sein ganzes Korrespondenznetz verzeichnet und analysiert.[2] Der Zugang zu Haller wird zudem erleichtert durch die vom Berner Haller-Projekt angelegte und aufgebaute relationale Datenbank, die eine grosse und ständig zunehmende Menge an Texten und Informationen umfasst. Diese Daten wurden zusammen mit der am Historischen Institut der Universität Bern entstehenden Datenbank zur Oekonomischen Gesellschaft in eine übergreifende *Haller/OeG-Datenbank* integriert, die ausgewählte Quellenkorpora der Burgerbibliothek Bern aus der Zeit zwischen 1700 und 1900 mit seriellen Recherchen verknüpft. Diese Vorarbeiten ermöglichen nun sowohl inhaltlich als auch personell eine leichtere und bessere Kontextualisierung Hallers.

Das vorliegende Buch reiht sich ein in dieses Bemühen, Grundlagen und Anreize für die künftige Haller-Forschung zu liefern. Es versucht, alle wesentlichen Bereiche von Hallers Leben und Wirken darzustellen und in den Kontext ihrer Zeit zu stellen. Der Band richtet sich einerseits an ein allgemeines, historisch interessiertes Publikum, das einen Überblick über Hallers Welt und gleichzeitig exemplarische Einblicke in sein Jahrhundert erhalten soll. Er dient andererseits auch der Forschung über einzelne Disziplinen hinweg, indem er die aktuellen Forschungsfelder und -lagen berücksichtigt, die wesentlichen bisherigen Erkenntnisse referiert, diese punktuell auch erweitert und die bestehenden Desiderata benennt.[3] Die Lektüre sollte auf der einen Seite zeigen, dass sich die einzelnen Facetten Hallers gegenseitig mehr ergänzen als widersprechen, und auf der anderen

Seite dafür sensibilisieren, dass sich das Jahrhundert der Aufklärung nicht mit Voltaire, Hume, Kant und einer kleinen Gruppe von Geistesgrössen beschreiben lässt, sondern sehr vielschichtig ist und gerade deswegen auch heute noch sowohl die Forscher wie die interessierten Laien zu faszinieren vermag. Hallers Leben und Wirken spiegelt viele Aspekte, die die Gesellschaft und Kultur seiner Zeit charakterisieren, die aber beim Fokus auf heute bekanntere Figuren bisweilen aus dem Blick geraten.

Die Herausgabe des vorliegenden Bandes geht auf eine im Herbst 2004 im Vorstand des Historischen Vereins des Kantons Bern erfolgte Anregung des damaligen Präsidenten Dr. Jürg Segesser zurück, 2008 ein Buch anlässlich des 300. Geburtstags Hallers zu veröffentlichen. Urs Boschung entwarf ein erstes Konzept, dem die Idee des angelsächsischen *Companion to ...* zugrunde lag. Plan und Inhalt des Werks wurden von den Herausgebern weiterentwickelt, namentlich von Hubert Steinke, der auch die inhaltliche und redaktionelle Betreuung der einzelnen Beiträge übernahm. Nebst der beim Wallstein Verlag in Göttingen erscheinenden Buchhandelsausgabe wird das Buch auch als Band 85 in der Reihe *Archiv des Historischen Vereins des Kantons Bern* sowie mit einem gesonderten Schutzumschlag für die Studentenverbindung Halleriana Bernensis gedruckt.

Die Herausgeber sind zu grossem Dank verpflichtet
- dem Historischen Verein des Kantons Bern und seinen Präsidenten Dr. Jürg Segesser und Christian Lüthi für die Aufnahme in seine Buchreihe und die damit verbundene Finanzierung sowie Dr. Emil Erne für die redaktionelle Prüfung der Druckfahnen,
- der Studentenverbindung Halleriana Bernensis, vertreten durch Dr. Jürg Segesser, die unseren Band als Gabe zum 125-jährigen Bestehen der Vereinigung übernimmt und mitfinanziert,
- der Albrecht von Haller-Stiftung der Burgergemeinde Bern, Präsident: J. Harald Wäber, und dem Lotteriefonds des Kantons Bern für ihre finanzielle Unterstützung,
- der Universität Bern, Herrn Rektor Prof. Dr. Urs Würgler, für die Gewährung von Personalmitteln im Rahmen der Förderung der Arbeiten zum Hallerjahr 2008,
- der Burgerbibliothek Bern und Dr. Barbara Braun-Bucher für die Hilfe bei der Benützung von Hallers Nachlass,
- dem Wallstein Verlag, Göttingen, Herrn Thedel von Wallmoden und Frau Diane Coleman Brandt, sowie
- allen Autorinnen und Autoren.

Hubert Steinke, Urs Boschung, Wolfgang Proß

Anmerkungen

1 *Goethes Werke. Nach den vorzüglichsten Quellen revidirte Ausgabe*. 36 Tle. in 23 Bdn. Berlin 1868-1879, XXXIII, 85; *Schillers Werke: Nationalausgabe*. Weimar 1943 ff., XXII: 367.

2 Hubert Steinke, Claudia Profos: *Bibliographia Halleriana. Verzeichnis der Schriften von und über Albrecht von Haller.* Basel 2004 (die Bibliographie wird laufend aktualisiert unter www.haller.unibe.ch); Urs Boschung et al. (Hg.): *Repertorium zu Albrecht von Hallers Korrespondenz 1724-1777*. 2 Bde. Basel 2002; Martin Stuber, Stefan Hächler, Luc Lienhard (Hg.): *Hallers Netz. Ein europäischer Gelehrtenbriefwechsel zur Zeit der Aufklärung*. Basel 2005.

3 Eine Zusammenstellung wichtiger Desiderata der Haller-Forschung liefert die *Bibliographia Halleriana* (wie Anm. 2), 15-17.

Leben und Umfeld

Lebenslauf

Urs Boschung

Familie und Verwandtschaft

Albrecht Hallers Eltern

Der Vater *Niklaus Emanuel Haller* (1672-1721) war ‹Fürsprech vor Rät und Burgern›, seit 1707 Mitbesitzer der Oberen Druckerei, 1713 bis zu seinem Tod erster bernischer Landschreiber in Baden.[1] Haller sagt von ihm: «Er war ein Man von gutem Geschmakke und schrieb einen ziemlichen guten Vers.»[2] Nach der Familienchronik war er «ein Mann von durchdringendem Verstande [...] daneben wunderlichen Humors, in religione ein Singularist und ein guter Jäger.»[3] Er heiratete 1697 *Anna Maria geb. Engel* (1681-1708). Der frühe Tod der Mutter war für Haller «une des calamités de ma vie».[4]

Am 17.8.1713 heiratete der Vater in zweiter Ehe *Salome Neuhaus* (1664-1732), Tochter von Peter Neuhaus (1618-1675), Pfarrer in Seedorf und Aarberg, und Schwester von Dr. med. *Johann Rudolf Neuhaus* (1652-1724), Stadtarzt von Biel.[5] Während der Studienzeit sandte Haller Briefe an die Stiefmutter. 1731/32 behandelte er sie als Arzt.

Das Ehepaar Haller-Engel hatte fünf Kinder:

- *Johann Anton*, geb. 1699, starb 1728 als Gardist in Potsdam «am Heimweh»;[6] sein Testament datiert vom 16.6.1728; nach dem Tod des Verfassers wurde es am 26.7.1728 vom Berner Rat bestätigt.
- *Niklaus Emanuel*, geb. 1702, in der Jugend als Reiter in der französischen Armee, erlernte die Buchdruckerei, trieb später Buchhandel und errichtete den ersten Buchladen in Bern; Almosner der Zunft zu Obergerwern, Verwalter des grossen Kornmagazins 1746, Schaffner beim Interlakenhaus.[7]
- *Anna Maria*, geb. 1703, starb jung.
- *Gabriel*, geb. 1705, starb jung.

- **Viktor Albrecht**, geboren am 16.10.1708 in Bern, getauft am 22.10. 1708 im Berner Münster.

Albrechts Taufpaten

Emanuel Bondeli (1660-1734), Herr zu Châtelard, 1691 Grossrat, 1682-1684 Professor der Philosophie in Lausanne, 1684-1701 Professor der Eloquenz in Bern, 1697-1701 beurlaubt, da Hauslehrer des Kronprinzen von Brandenburg; 1701 Landvogt von Aubonne, 1720 Landvogt von Echallens, Kleinrat 1734.[8]

Albrecht von Wattenwyl (1681-1743), Herr zu Diessbach, Freund der Pietisten; seine Schwester Margaritha war verheiratet mit Beat Ludwig von Muralt (1665-1749), dem Verfasser der *Lettres sur les Anglois et les François et les Voyages* (1725).[9]

Susanne Dorothea Fels geb. v. Erlach (1676-1739), verheiratet mit Franz Rudolf Fels (1675-1758).

Die Familie Haller[10]

Johannes Haller (1523-1575), ursprünglich von Wil (St. Gallen), wurde 1548 Burger von Bern und 1552 Dekan der bernischen reformierten Kirche. Seine Söhne gründeten mehrere Linien des Geschlechts. Aus der älteren Linie stammt *Samuel Haller* (1689-1760), Sohn des Professors der hebräischen Sprache an der Berner Hohen Schule, Samuel Haller (1658-1715), immatrikuliert am 19.2.1709 als stud. phil und stud. iur in Basel, am 7.3.1710 in Tübingen, 1718 Grossrat, 1733 Schultheiss zu Büren, 1758 Obervogt zu Biberstein. – Albrecht Haller stand mit ihm während der Studienzeit in regelmässigem Briefkontakt.[11] 1729 wohnte er bei ihm.

Albrecht Haller entstammt der jüngeren, auf den Urgrossvater Emanuel (1613-1661) zurückgehenden Linie. Seine Grosseltern waren der Zuckerbäcker Emanuel (1632-1677) und Maria Ursula Wyttenbach. Mit dem Onkel Niklaus Rudolf (1674-1753), Advokat, und den Tanten väterlicherseits bestand kaum Kontakt.

Wappen: In Gold auf einem grünen Dreiberg ein grünes Lindenblatt, oben begleitet von zwei roten Sternen; nach Albrecht Hallers Nobilitierung (1749) geviertet: 1 und 4: In Blau ein goldener Sparren, begleitet von drei silbernen Kugeln; 2 und 3 wie oben.[12]

Die Familie Engel[13]

Hieronymus Engel, Kupferschmied, ursprünglich von Nergeten (Thurgau), wurde 1616 Burger von Bern. Hallers Urgrossvater *Hans Leonhard Engel* (1621-1682) gelangte 1651 in den Grossen Rat, 1669 in den Kleinen Rat, wurde 1676 Venner, 1679 Deutschseckelmeister.

Die Grosseltern *Johann Anton Engel* (1658-1711), 1680 Grossrat, 1696 Schultheiss (Landvogt) in Unterseen, und *Anna Maria Achmüller* hatten sechs Kinder, von denen zwei jung starben:

- *Anna Maria* (1681-1708), verheiratet mit Niklaus Emanuel Haller, Hallers Mutter.
- *Maria Magdalena* (1687-1758), blieb ledig; sie war für Haller eine wichtige Vertrauensperson; reger Briefwechsel während der Studien- und Göttinger Zeit.[14]
- *Euphrosine* (1691-1764), verheiratet mit Gabriel Dub (1690-1737), 1727 Grossrat, 1735 Schultheiss (Landvogt) in Unterseen; Haller besuchte 1736 den kranken Onkel Dub in Unterseen.
- *Katharina* (?-1753), verheiratet mit Samuel Rodt (1690-1766), Hofschreiber in Königsfelden; Haller war 1723 in Königsfelden zu Besuch; 1729 erholte er sich dort von seiner Krankheit.

Mit dem ‹Cousin› und gelehrten Freund *Samuel Engel* (1702-1784) hatte Haller den Urgrossvater Hans Leonhard und zahlreiche Interessen gemeinsam. Samuel Engel war 1736-1748 Oberbibliothekar, gelangte 1745 in den Grossen Rat und amtierte 1748-1754 als Landvogt in Aarberg, 1760-1765 in Echallens. Bedeutender Vertreter der Patriotischen Ökonomen. Von ihm sind 587 Briefe an Haller erhalten.

1708-1722 Bern: Kindheit, Schulen

1718, 1.4.: Aufnahme in die Berner Hohe Schule

Hallers Jugendzeit ist durch seine eigenen Aussagen dokumentiert, die sein Biograph Johann Georg Zimmermann wiedergibt: «In dem neunten Jahre hub er an, grosse Lexica [...] zu verfertigen. [...] Er verstunde am Ende des neunten Jahres [...] das Griechische Testament *ad aperturam*. [...] Er hatte wenig Gesundheit, ein kurzes Gesicht, wenig Stärke und Geschicklichkeit in dem kränklichen Körper. [...] Vater, Mutter, alle seine Anverwandte, verachteten und erniedrigten ihn, man tadelte seine unendliche Lesesucht [...].»[15]

Kinderkrankheiten: Rachitis, deshalb Besuch der Bäder von Yverdon; Pocken.[16]

Am 1.4.1718 beschloss der Berner Schulrat, Haller «ohnerachtet seines zarten 10jährigen alters, in betrachtung seiner guten gaaben fertiger Latinitet und besitzung der Griechischen Sprach» in den ‹Catalogus et matricula Scholae Bernensis›, d. h. der Hohen Schule, aufzunehmen, wenn auch als Ausnahme. Haller wurde als ‹exterus› aufgenommen, d. h. einer, der nicht die *Untere Schule*, die Lateinschule, besucht hatte, sondern privat unterrichtet worden war.[17]

Vermutlich von 1713 an, als der Vater die Stelle als Landschreiber in Baden antrat, erhielt Haller – vielleicht gemeinsam mit seinen älteren Brüdern – Privatunterricht durch den Hauslehrer *Abraham Baillod* (1675-1751), der aus Neuenburg stammte, in Genf Theologie studiert hatte und 1707 von seiner Pfarrerstelle in [Chézard-]St-Martin (Neuenburg) zurückgetreten war. Er wird dem Kreis der Neuenburger Pietisten zugezählt. Nach dem Tod des Vaters Haller 1721 wurde Baillod entlassen und war später in Burgdorf und von 1725 an in Vevey tätig. Haller stand mit ihm von 1724 bis 1739 im Briefwechsel.[18]

Wer nach dem Tod des Vaters neben der Stiefmutter die elterliche Gewalt über Haller und seine Geschwister ausübte, ist nicht bekannt. – 1768 schrieb Haller nach dem Tod von Tissots Vater: «Vous voici isolé, je l'ai été a l'age de 12 ans, et j'en ai extremement soufert.»[19]

Dichtung

Zimmermann berichtet: «Im zwölften Jahre fieng er an deutsche Verse zu verfertigen, und von der Zeit an, bis in sein 15. und 16tes Jahr herrschte die Liebe zu der Dichtkunst auf eine unwiderstehbare Weise in seiner Seele. [...] Alle Welt verachtete ihn wegen dieser Liebe zur Dichtkunst».[20] Im Andenken an den am 23.10.1721 verstorbenen Berner Schultheissen Johann Samuel Frisching (1638-1721) verfasste Haller das (unvollständig erhaltene) Gedicht *Auf den Tod Samuel Frischings*.[21] Ein Gedichtfragment über einen Ausflug in die Wirtshäuser nach Oberburg, Sommerhaus und Lochbachbad bei Burgdorf dürfte um 1720 entstanden sein.[22]

1722-1723
Biel: Vorbereitung auf das Medizinstudium

1722, 27.8.: Abreise nach Biel
1723, 6.11.: Rückkehr nach Bern

Hallers Aufenthalt in Biel ist durch den von ihm geführten Schreibkalender dokumentiert.[23] Vom Vater zur Theologie bestimmt, interessierte er sich nach dessen Tod eine Zeitlang für die Jurisprudenz.[24] Der Aufenthalt in Biel brachte die Hinwendung zur Medizin.

In Biel wohnte Haller beim Bruder der Stiefmutter, Dr. med. Johann Rudolf Neuhaus (1652-1724), seit 1689 Stadtarzt von Biel; er hatte in Orléans (1679), Leiden (1680) und Marburg (1681, Dr. med. 1683) studiert, danach sich auch noch in Basel immatrikuliert (1685).[25]

Haller hatte seine Freunde Johann Rudolf Neuhaus junior (1701-1770) und Samuel Wyttenbach (1703-1779) als Mitschüler an der Berner Hohen Schule kennengelernt. Ihretwegen sei er nach Biel gegangen, wo die beiden sich auf das Medizinstudium vorbereiteten.[26] J. R. Neuhaus wurde 1726 Dr. med. in Strassburg; S. Wyttenbach war 1725 stud. med. in Strassburg und wurde 1727 Dr. med. in Basel, 1742 Stadtarzt in Bern.[27]

Haller erinnert sich, dass er eine starke Abneigung gegen Descartes' Naturphilosophie empfand, die er bei Dr. Neuhaus studieren sollte. Kränklich und unverstanden, habe er sich monatelang in sein Zimmer eingeschlossen und Verse geschrieben, die er später (1729) vernichtet habe.[28] Sein Ausgabenbuch belegt indes, dass er oft mit Freunden auf Ausflügen unterwegs war, in Wirtshäusern einkehrte, Schach und Karten spielte, kleine Geldbeträge auslieh und vorübergehend schuldig blieb.[29]

Auf den 9.5.1723 ist das Gedicht *Sur un départ pour la campagne* datiert. Es richtet sich an «Amarille, [...] trop belle foretière».[30]

1723-1725 Tübingen: Medizinstudium

1723, 3.12.: Abreise von Bern
1723, 26.12.: Ankunft in Tübingen
1724, 15.1.: Immatrikulation
1725, 21.3.: Disputation über den Speichelgang
1725, 26.4.: Abreise von Tübingen

Persönliches

Über Reise und Aufenthalt in Tübingen berichtet Haller in seinem Tagebuch, das in der um 1732 überarbeiteten Fassung erhalten ist.[31] Die Universität Tübingen habe der Berner Stadtarzt Samuel Herzog (1673-1742) empfohlen, der dort 1694-1698 Medizin studiert und doktoriert hatte.[32] Auch Samuel Haller hatte 1710 in Tübingen studiert.

Auf der Hinreise in Burgdorf Besuch bei A. Baillod, zwei Wochen Aufenthalt in Königsfelden beim Hofschreiber Samuel Rodt und der Tante Catharina Rodt-Engel. Weiterreise über Schaffhausen und Tuttlingen. In Tübingen Kost und Logis beim Buchhändler Johann Georg Cotta, Münzgasse 15.[33] Später wohnte Haller beim Anatomieprofessor Duvernoy. Nach Bern und Biel erschien ihm Tübingen als die ‹grosse Welt›.[34] Im Alter dagegen fand er: «je choisis trez mal ma premiere université.»[35]

Die Universität und die Medizinische Fakultät

Am 15.1.1724 immatrikulierte sich Haller als ‹med. studiosus› unter dem Rektorat des Juristen Gabriel Schweder (1648-1735).[36]

An der 1477 gegründeten Universität, berühmt u. a. durch Leonhard Fuchs (1501-1566), bestand die Medizinische Fakultät aus drei Professuren und zählte zwischen zwölf und zwanzig Studenten, zumeist Landeskinder.[37] Der 50-jährige Medizinprofessor Elias Camerarius (1673-1734), in Hallers Augen ein alter Mann, erschien in seinen Vorlesungen als vorsichtiger, allen Hypothesen und neumodischen Ansichten abgeneigter Skeptiker.[38] Alexander Camerarius (1694-1736), ein «Mann von größere[r] Einbildung als Verdienste», erklärte in seiner Lehrveranstaltung 67 Krankheitsfälle («casus medici»).[39] Der Anatom und Herzogliche Leibarzt Johann Gottfried Zeller (1656-1734) hatte in früheren Jahren wertvolle Arbeiten veröffentlicht, war nun jedoch «wegen Alters, Geschäften und Wein unbrauchbar».[40] Als sein Stellvertreter amtierte seit 1716 der Extraordinarius Johann Georg Duvernoy (1694-1759), der in Basel Medizin studiert und doktoriert (1707-1710) hatte und gemäss Haller ein Schüler des Pariser Botanikers Joseph Pitton de Tournefort (1656-1708) war.[41]

Botanik, Anatomie

Duvernoy versuchte, den Studenten auf Exkursionen die Grundlagen der Botanik zu vermitteln, doch sei man «ohne Pflanzen meist wohlbesoffen nach Hause»[42] gekommen. «Ein artiges Theatrum Anatomicum […] mit allem Zugehör» war in der Jakobskapelle eingerichtet, doch mangelte es an Leichen.[43] Also dozierte Duvernoy an Hunden die Anatomie der Eingeweide und Muskeln.[44] Die angebliche Entdeckung eines bisher unbekannten Speichelgangs durch den Anatomen Georg Daniel Coschwitz (1679-1729) in Halle überprüften Duvernoy und Haller am Pferd, Hirsch, Rind, Schwein, Fuchs, Schaf und Hund. In einer öffentlichen Disputation widerlegten Duvernoy als Praeses und Haller als Respondent am 21.3.1725 Coschwitz' Behauptung. In der gedruckten Dissertation lobte Duvernoy Hallers ausserordentlichen Eifer bei der Durchführung der Untersuchungen (*Duvernoy ductus salivalis 1725*). Haller widmete die Schrift seinem Taufpaten Albrecht von Wattenwyl.

Dichtung[45]

1724, 27.1.: Ueber das Schwederische fünfzig-jährige Ehe-Jubiläum
1724, April: An Joh. Jak. Fischer
1724/1725: Im Württembergischen
1725, 25.3.: Morgen-Gedanken

Kurz nach seiner Ankunft gratulierte Haller dem Rektor Gabriel Schweder in Versform zur goldenen Hochzeit und schmückte die Dissertation des Zurzacher Mediziners Johann Jakob Fischer mit seinen Versen. Am Tag der anatomischen Disputation schrieb er das Gedicht *Morgengedanken*.[46] Klagen über Fürstenwillkür und Not der Bevölkerung von Württemberg finden sich im Tagebuch der Sommerreise 1726.[47] Der Abschiedsgruss an die ‹schöne Juliana› in Böblingen ist nicht erhalten.[48]

Entschluss, in Holland weiter zu studieren

Die 16 Monate, die Haller als Anfänger in Tübingen verbrachte, erschienen ihm 1730-1732, als er sein Tagebuch überarbeitete und auf die fruchtbaren Jahre in Holland zurückblickte, in recht ungünstigem Licht.[49] Aber trotz Lustreisen und heiterer Geselligkeit hatte er doch wohl manches gelernt, Misstrauen gegenüber Hypothesen bei Camerarius, anatomische Handfertigkeiten bei Duvernoy. Dieser war es auch, der ihn in seiner Vorlesung mit den Werken Boerhaaves bekannt machte.[50] Zwei gravierende Vorfälle, verursacht durch studentischen Leichtsinn, erleichterten die Einsicht, dass für das weitere Studium ein Ortswechsel angezeigt war. Am 11.9.1724 verletzte Hallers Freund Johann Christoph Werner mit einem Pistolenschuss die Hausmagd tödlich. Am 24.2.1725 machten Studenten einen Nachtwächter derart betrunken, dass er in der Folge starb. Haller, nicht direkt beteiligt, erhielt eine Busse von 7 Talern.[51] «Hiemit thate nach und nach auch ich die Augen auf. [...] Von Holland hörte ich nichts als Lobsprüche, Boerhaavens Werke schienen mir Meisterstüke zu sein. Also entschloße ich mich dahin zu gehen.»[52] Zimmermann führt Hallers Abneigung gegen den Weingenuss auf die Tübinger Zeit zurück. Ausgaben für Wein sind jedoch bis 1727 belegt.[53]

1725-1727 Leiden: Fortsetzung und Abschluss des Medizinstudiums

1725, 11.5.: Ankunft in Leiden, nach Reise über Stuttgart, Frankfurt am Main, Köln
1725, 27.6.: Immatrikulation
1726, April: Aufenthalt in Amsterdam und Utrecht; Juli bis August: Reise nach Hannover, Wolfenbüttel, Halle, Hamburg, Bremen, Amsterdam
1727, 23.5.: Verteidigung der Dissertation und Promotion zum Dr. med.
1727, 22.7.: Abreise aus Leiden

Persönliches

In Hallers um 1732 überarbeitetem Tagebuch finden sich Schilderungen des Aufenthalts in Leiden und der Reise durch Norddeutschland in zwei sich teilweise überschneidenden Berichten.[54] Der Aufenthalt in Holland zählt zu Hallers glücklichsten Jahren.[55]

Am 3.5.1725 in Frankfurt am Main Besuch beim gelehrten Arzt Johann Philipp Burggrave (1700-1775), der als Büchersammler in den folgenden Jahren manches seltene Werk vermittelte.[56] In Leiden Unterkunft beim Buchhändler Conrad Wishoff ‹op de Klok Steeg›.

Als Stadt und Studienort erhielt Leiden Hallers höchstes Lob.[57] Hier begann er systematisch und ausdauernd, oft bis spät in die Nacht, zu arbeiten. Er führte sorgfältige Vorlesungsnachschriften, die ihm später als Grundlage seiner Publikationen dienten, und verfasste über gelesene Bücher zusammenfassende Urteile, ein Verfahren der Wissensaufbereitung, das er noch im Alter beibehielt.[58] Seine Büchersammlung wuchs um etwa 150 Titel aus Medizin, Naturwissenschaft und Literatur.

Körperlich und intellektuell machte Haller eine stürmische Entwicklung durch. Er erreichte seine Körpergrösse von sechs Fuss (ca. 1.90 m), so dass er von einem ‹langen Soldaten› in preussischen Diensten im Juli 1726 sagen konnte: «Er war 1 Daume kürzer als ich.»[59] In Tübingen hatte man über den jungen Studenten aus Bern gelächelt. Hier wurde er zum Gelehrten, der sich auch älteren Kollegen gegenüber ebenbürtig, ja überlegen fühlen konnte. – Gemäss seinem Tagebuch ging er in Leiden «des Holländischen nicht mächtig [...] bald in die Französische Kirche, bald in die Luthersche Versammlung.»[60]

Die Universität und die Medizinische Fakultät

Am 27.6.1725 immatrikulierte sich Haller unter dem Rektorat des Juristen Johann Ortwin Westenberg (1667-1737).[61] Die 1575 gegründete Universität umfasste vier Fakultäten und galt als die angesehenste der Niederlande. Leidener Dozenten pflegten rege Beziehungen nach Frankreich und England. Der Physiker Willem Jacob 'sGravesande (1688-1742) war ein wichtiger Vermittler von Newtons Naturlehre.

Die Leuchte der Medizinischen Fakultät war Herman Boerhaave (1668-1738), europaweit bekannt durch seine *Institutiones medicae* (1708) und die *Aphorismen* (1709). Seit 1709 Professor für Medizin und Botanik, seit 1718 auch für Chemie, übernahm er zudem 1714 den Unterricht am Krankenbett im Cäcilienspital (heute Boerhaave-Museum). Ein Anhänger Newtons, fesselte er die Studenten mit seiner angenehmen Beredsamkeit. Trotz seines Reichtums lebte er wie ein «armer Bierbrauer».[62] Als Anatom imponierte der junge Bernard Siegfried Albinus (1697-1770), seit 1722 Professor für Anatomie und Chirurgie, mit seiner feinen Präparierkunst.[63] Herman Oosterdijk Schacht (1672-1744), Dozent für praktische Medizin, wirkte mit «Zahnbrecher-Stimme und Grossthun» abschreckend auf die Studenten.[64]

Zahlreiche Bekanntschaften und Freundschaften Hallers nahmen in Leiden ihren Anfang, so mit Hieronymus David Gaub, bei dessen Promotion er Opponent war, mit Johann Christoph Bohl, dem Vertrauten von Ruysch, sowie mit Johann Friedrich Schreiber und Johannes und Christoph Gessner aus Zürich.[65] Aus Basel, Schaffhausen, Graubünden und Glarus trafen während Hallers Aufenthalt Juristen, Mediziner und Theologen ein, aus Bern u. a. die Juristen Gottlieb von Diesbach (1705-1761), Emanuel Morlot (1704-1751) und Anton Tillier, wohl der spätere Berner Schultheiss.

Lehrveranstaltungen

Unweit von Hallers Wohnung, an der Rapenburg, befanden sich in der ehemaligen Beginenkirche (Faliede Begijnkerk) das Theatrum anatomicum und im Obergeschoss die Bibliothek. Auf der anderen Seite der Gracht stand das Akademiegebäude mit den Auditorien, dahinter erstreckte sich der Botanische Garten (Abb. S. 25).[66]

Kurz vor Ende des Sommersemesters 1725 in Leiden angekommen, hörte Haller bei Albinus den Schluss der Vorlesung über Chirurgie und folgte frühmorgens Boerhaaves Unterricht im Botanischen Garten. Analoge Veranstaltungen fanden auch im Frühjahr 1726 statt. Während des Wintersemesters 1725 bzw. 1726 hielt Boerhaave zwei Vorlesungen, die eine – praktisch ausgerichtet – über seine *Aphorismen*, die andere mit physiologischer Thematik über seine *Institutiones*, täglich 3-4 Stunden vor 120 Studenten.[67] Aus dem klinischen Unterricht im Cäcilienhospital zeichnete Haller drei Fallvorstellungen auf.[68] Der Sektionskurs von Albinus begann Mitte Dezember 1725 bzw. 1726. Haller erhielt gegen einen «nicht geringen Preis» die Erlaubnis, die Präparationen, die Albinus auf der einen Seite der Leiche vornahm und den Teilnehmern demonstrierte, auf der andern Seite selbst auszuführen.[69] Im ganzen Betrieb legte Albinus grossen Wert auf Reinlichkeit und korrekte Arbeit.[70] Über Präpariertechnik erfuhr Haller manches beim berühmten Anatomen Fredrik Ruysch (1638-1731) in Amsterdam, den er mehrfach, u. a. als Überbringer von Briefen Boerhaaves besuchte.[71]

Dissertation

Die Widerlegung von Coschwitz' neuem Speichelgang sollte durch Beobachtungen am Menschen bestätigt werden. Unterstützt von Albinus untersuchte Haller an drei Leichen den Verlauf der Gefässe in der Zunge. Trotz «grimmigem Frost» im Winter 1725/1726 wurden im ungeheizten Anatomiesaal die Venen teils mit Quecksilber, teils mit einer Wachsmasse injiziert und die Präparate gezeichnet.[72] In Übereinstimmung mit den Tübinger Argumenten erlaubten die Befunde ein klares Verdikt über Coschwitz' Fehlentdeckung. Am 23.5.1727 disputierte Haller öffentlich im grossen Auditorium und wurde feierlich zum Dr. med. promoviert. Die Dissertation erschien im Verlag von Hallers Wirt Wishoff (*Ductus salivalis 1727*).

Ausflüge in Holland, Reise durch Norddeutschland

Ausflüge führten Haller nach Amsterdam, an die Nordsee nach Katwijk aan Zee, nach Den Haag und Utrecht. Im Sommer 1726 reiste er gemeinsam mit den Bernern G. von Diesbach und E. Morlot durch Norddeutsch-

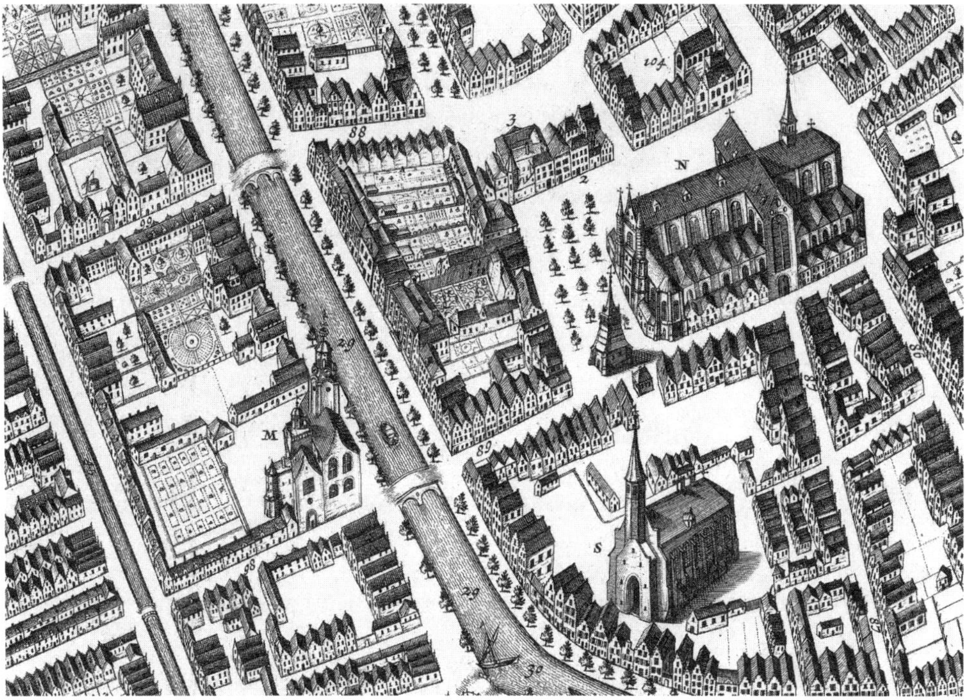

Die Bauten der Universität Leiden gruppieren sich um die Gracht der Rapenburg (29). Vorlesungen und Promotionen fanden im Universitätsgebäude (M) statt, an das der Botanische Garten direkt angrenzt. Gegenüber in der ehemaligen Beginenkirche (S) waren Bibliothek und anatomisches Theater untergebracht. Haller wohnte unweit der Peterskirche (N), am Clock Steeg (89) bei Buchhändler Conrad Wishoff. An der Rapenburg befand sich auch das Wohnhaus des berühmten Medizinprofessors Herman Boerhaave (heute Nr. 31). Nördlich gelegen (nicht sichtbar auf dem Ausschnitt) befindet sich das Cäcilienspital (heute Museum Boerhaave). – Ausschnitt aus dem Leidener Stadtplan von Christiaan van der Hagen, 1675. – Regionaal Archief Leiden.

land nach Halle und besuchte dort Christian Wolff, Friedrich Hoffmann, Michael Alberti und Coschwitz; dieser wusste nicht, dass er den Mitarbeiter an der Tübinger Dissertation vor sich hatte und beklagte sich später bitter darüber.[73] Rückreise über Helmstedt (Besuch bei Lorenz Heister), Hamburg (Besuch der Oper), Groningen und Franeker nach Harlingen; von dort bei Sturm Fahrt über das IJsselmeer nach Amsterdam.[74] – In Cleve Begegnung mit dem preussischen König Friedrich Wilhelm und dem Kronprinzen Friedrich, in Herrenhausen mit dem künftigen König Georg II., in Salzdahlum mit dem Herzog August Wilhelm von Braunschweig-Wolfenbüttel.

Dichtung[75]

1725, 12.10.: An den in Moscau reisenden Hn. Licentiaten Gmelin
1726, 12.2.: Sehnsucht nach dem Vaterland

Als der Tübinger Freund Johann Georg Gmelin (1709-1755) plante, nach Russland zu reisen, versicherte ihn Haller seiner Freundschaft. Fern der Heimat klagt er über «stäten Kummer», fehlende Ruhe, «immer neue Plagen», und fühlt sich «fremd für jedermann [...] gefährlich frei, eh ich mich führen kann». Der «Trieb nach Ruhm und Wahrheit» wird gedämpft durch ein «Weh» in den matten Gliedern.

1727 London

1727, 22.7.: Abreise aus Leiden, Überfahrt von Hellevoetsluis nach Harwich
1727, 26.7.: Ankunft in London
1727, 11.-15.8.: Aufenthalt in Oxford, Besichtigung von Schloss Windsor
1727, 28.8.: Abreise von London

Der Aufenthalt in London ist durch Hallers Tagebuch vom 22.7.1727 bis zum Datum des 7.8.1727 dokumentiert. Der Text wurde nachträglich – wahrscheinlich in Basel – ausgearbeitet.[76] Ein zweites, unterwegs geführtes Tagebuch mit Verzeichnis der Ausgaben beginnt am 19.7.1727 und endet im Juli 1728.[77]

Der englischen Sprache unkundig, bezog Haller Quartier beim Kommissär der bernischen Gelder, Hauptmann Johann Jakob Ott, und besah die Sehenswürdigkeiten der «grössten Stadt der Welt». Johann Kaspar Scheuchzer (1702-1729), Sohn des Zürcher Gelehrten Johann Jakob Scheuchzer und Mitglied der Royal Society, führte Haller u. a. in den Botanischen Garten von Chelsea und zu Sir Hans Sloane, der als Nachfolger Newtons die Royal Society präsidierte und das «vornemste Cabinet der Welt» besass.

Newton, der am 31.3.1727 gestorben war, ist im originalen Tagebuch Hallers nicht erwähnt. In der überarbeiteten Fassung beschreibt Haller Newtons prächtiges, jedoch erst 1731 errichtetes Grabmal und bemerkt, «daß alle seine Landsleute einen Abgott auß ihm machen».[78]

Als Schüler von Albinus besuchte Haller die Londoner Anatomen und Chirurgen, so William Cheselden und mehrmals James Douglas, dessen Skelettsammlung er bewunderte und der ihn einlud, an der Herausgabe eines geplanten Werks mitzuarbeiten.

Wegen der bevorstehenden Königskrönung Georgs II. vorzeitige Abreise nach Paris.[79]

Johannes Gessner (1709-1790) aus Zürich, Schüler von Johann Jakob Scheuchzer, studierte mit Haller in Leiden und unternahm mit ihm während des gemeinsamen Aufenthaltes in Basel die Alpenreise von 1728. Als erfahrener Botaniker unterstützte er Haller bei der Herausgabe seiner Schweizer Flora. Gessner wurde 1733 in Zürich Professor für Mathematik, 1738 auch für Physik und führte mit Haller bis zu dessen Tod einen intensiven Briefwechsel. – Ausschnitt aus dem Kupferstich von David Herrliberger, 1758, nach dem Porträt von Johann Rudolph Daelliker aus dem Jahr 1749. – Institut für Medizingeschichte, Universität Bern.

1727-1728 Paris: Anatomie, Chirurgie, Theater

1727, 28.8.: Abreise von London, Überfahrt von Dover nach Calais
1727, 1.9.: Ankunft in Paris
1728, 21.2.: Abreise aus Paris

Persönliches

Hallers Aufenthalt in Paris ist durch das unterwegs geführte Tagebuch mit Verzeichnis der Ausgaben sowie durch Aufzeichnungen anatomischer Beobachtungen dokumentiert, ferner durch das parallel laufende Tagebuch von Johannes Gessner (Abb. S. 27).[80]

Am 2.9.1727 vereinbarte Haller mit dem Chirurgen Henri-François Le Dran (1685-1770) für monatlich 100 francs «Tafel zweymal und Collegien». Er mietete ein Zimmer «chez Marcelat a la rue Jacob au fauborg St. Germain».[81] Hallers Leidener Freunde, die Brüder Gessner und Otto Just Wreden, wohnten bei Le Dran in derselben Gasse.

Gleich nach Ankunft liess sich Haller rasieren und frisieren und benötigte von da an regelmässig den Perruquier. Er liess sich ein braunes Kleid anfertigen, kaufte neue Schuhe, versah sie mit silbernen Schnallen und trug einen Degen. Er besuchte die Sehenswürdigkeiten der Stadt, war am 25.9. in Versailles, verkehrte regelmässig im Kaffee und besuchte von Dezember 1727 bis zur Abreise im Februar 1728 beinahe täglich, insgesamt rund 30-mal das Theater, insbesondere die *Comédie française*, aber auch die *Comédie italienne* und die Oper im Palais Royal. Für diese Wochen, die fast ausschliesslich durch summarisch notierte Ausgaben im Tagebuch belegt sind, wurde ein galantes Abenteuer vermutet.[82] Vielleicht sind die vier an ‹Thémire› gerichteten französischen Gedichte in jenen Wochen entstanden.[83]

Anfang November 1727 erkrankte Haller an hohem Fieber mit blutigem Auswurf.[84]

Chirurgie und Anatomie

Im *Hôpital de la Charité* wohnte Haller mit anderen Pensionären Le Drans Krankenvisiten und Operationen bei, hörte eine chirurgische Vorlesung und übte im Operationskurs die Eingriffe eigenhändig an der Leiche. Länger dauernde anatomische Präparationen durften erst von November an durchgeführt werden.[85] Vorher wurden an verstorbenen Spitalpatienten rasche Sektionen ausgeführt, auch Organe entnommen, so von Haller am 2.10. eine Milz. Über die erhobenen Befunde führte Haller genau Buch. Da Jacques Bénigne Winslow (1669-1760), der bekannte Anatom und Lehrer von Albinus, keine eigenen Kurse durchführte, waren die Auskünfte seines Schülers Heinrich Albert Nicolai (1701-1733) von besonderem Interesse. Auch kopierte Haller Nachschriften von früheren Vorlesungen Winslows. Nach einem Streit mit einem Pensionär wegen zerlegter Schädel löste er am 8.12.1727 seinen Vertrag mit Le Dran und vereinbarte mit dem Chirurgen Duverney, dass dieser ihm für 150 francs zwei Leichen und einzelne Organe überlassen werde.[86] Hallers anatomische Aufzeichnungen enden am 19.12. mit Angaben über eine ‹erste Leiche› und einen Foetus. Die beträchtliche Summe fehlt in der Ausgabenkontrolle. Hingegen erscheint zweimal mit kleineren Beträgen der Name ‹de La Garde›, den Haller in der *Bibliotheca anatomica* als jenen Kollegen nennt, der mit ihm an «heimlich ausgegrabenen Leichen» arbeitete, bis er bei den Behörden angezeigt wurde und seine Tätigkeit aus Furcht vor schwerer Strafe habe abbrechen müssen.[87]

Was Haller von der Medizin in Paris wahrnahm, beschränkte sich auf Anatomie und Chirurgie. Letztere musste ihm in sehr ungünstigem Licht erscheinen, denn viele der nicht immer sachgemäss operierten Patienten starben, wie er regelmässig notierte. Die Geburtshilfe, in der sich einige Kollegen praktisch übten, interessierte ihn offensichtlich nicht, ebensowenig die Veranstaltungen und Einrichtungen der Pariser medizinischen Fakultät.

1728 Strassburg

1728, 4.-12.3.: Aufenthalt in Strassburg

Während des achttägigen Aufenthaltes besuchte Haller die Medizinprofessoren Johann Salzmann (1679-1738) und Johann Boecler (1681-1733), verbrachte einen Abend im Theater und hielt sich einen Lohnlakai. In einem Brief berichtet Haller am 7.3.1728, dass er in Paris nach der Unterbrechung der anatomischen Arbeit geplant habe, nach Italien aufzubrechen, dass ihn jedoch nicht näher bezeichnete ‹Umstände› zwängen, nach Basel zu reisen und sich dort unter der Leitung des berühmten Bernoulli in Geometrie auszubilden.[88] Nach Zimmermann, der sich auf Hallers Angaben stützt, sei die Italienreise durch eine Krankheit vereitelt worden; dafür fehlen jedoch Belege im Tagebuch.[89] Möglicherweise war von Bedeutung, dass an der Berner Hohen Schule seit längerem die Schaffung einer Professur für Mathematik erwogen wurde und dass der letzte Dozent 1724 gestorben war.[90]

1728-1729 Basel: Botanik, Anatomie, Dichtung

1728, 14.3.: Ankunft in Basel
1728, 14.4.: Immatrikulation
1728, 7.7.-9.8.: Schweizerreise mit J. Gessner: Basel, Neuenburg, Lausanne, Genf, Wallis, Leukerbad, Gemmi, Interlaken, Jochpass, Luzern; 9.8. Zürich; Aufenthalt in Bern
1728, Oktober: Rückkehr nach Basel
1728, 22.11.-1729, 25.2.: Vertretung des Anatomen J. R. Mieg
1729, Juni bis Juli: Reise nach Graubünden abgebrochen, Aufenthalt in Königsfelden, Rückkehr nach Bern

Persönliches

Der Basler Aufenthalt ist durch Hallers Tagebuch und Ausgabenkontrolle dokumentiert. Über die Alpenreise verfasste er um 1732 einen ausführlichen Bericht.

Unterkunft beim Stadtarzt Claudius Passavant ‹im hohen Sonnenluft›, heute Augustinergasse 1. Immatrikulation als ‹Medicinae Doctor Bernensis› unter dem Rektorat des Juristen Johann Rudolf von Waldkirch (1678-1757) am 14.4.1728.[91]

Mathematik

Am 1.4.1728 – und dem erst später aus Paris eingetroffenen Gessner zuliebe erneut am 16.4.1728 – begann Johann I Bernoulli (1667-1748) seine Privatvorlesung über Geometrie, an der auch Johann II Bernoulli (1710-1790) und Frédéric Moula (1703-1782) teilnahmen. Von Mitte Oktober 1728 bis Frühjahr 1729 hörten Haller, Gessner und der schwedische Mathematiker Samuel Kliengenstierna (1698-1765) Bernoullis Vorlesungen über Geometrie, Algebra, Newtons *Arithmetica universalis*, Mechanik und Infinitesimalrechnung.[92]

Botanik

In Basel begann sich Haller eingehend mit der Botanik zu beschäftigen.[93] Zuvor habe er keine einzige Pflanze aufbewahrt, dann habe der Anblick der Alpen sein Interesse geweckt, berichtet Zimmermann.[94] Wichtig war als Vorbild der Scheuchzer-Schüler Johannes Gessner, der bereits die Ostschweiz, das Bündnerland und die Zentralschweiz bereist hatte und ein Herbar von nahezu 3'000 Pflanzen besass. Gessner sah denn auch in Haller einen «getreuen mitgehülffen»,[95] als die beiden im Sommer 1728 nach Genf, durchs Wallis, über die Gemmi ins Berner Oberland und über den Jochpass nach Engelberg, Luzern und Zürich reisten, «pour voir la nature», wie Haller in seinem Bericht schreibt, aber vor allem auch um zu botanisieren.[96]

Anatomie

Vom 22.11.1728 bis zum 1.4.1729 präparierte Haller im Theatrum anatomicum und im heizbaren Winterauditorium im Unteren Collegium am Rheinsprung in Vertretung des kränklichen Professors Johann Rudolf Mieg (1694-1733) fünf Leichen und führte 71 Demonstrationen durch, über die er genau Protokoll führte.[97] Die Fakultät stellte ihm 1733 für seine wissenschaftlichen Kenntnisse, seinen unerhörten Fleiss und seine unermüdliche Arbeit ein höchst ehrenvolles Zeugnis aus.[98]

Dichtung[99]

1728, Juni: Ueber die Ehre. Als Hr. Dr. Giller zum Doctor promovirt wurde
1729, 8.3.: Die Alpen. Heldengedichte
1729, 25.7.: Gedanken über Vernunft, Aberglauben und Unglauben an Herrn Prof. Stähelin

Das Basler Milieu um den Physikprofessor und Botaniker Benedikt Staehelin (1695-1750) und den Juristen Karl Friedrich Drollinger (1688-1742) gab auch Hallers Dichtkunst neue Impulse. Hier überfiel ihn die ‹poetische Krankheit›[100] mit Macht. Zimmermann berichtet: «à Table même, sans le secours du Vin, dont Mr. Haller s'est toûjours abstenû, il écrivoit les plus beaux Morceaux».[101] In dieser Zeit erlernte Haller die englische Sprache und wurde mit den neueren britischen Dichtern der philosophischen Richtung bekannt.[102] Die Erfahrungen der Schweizerreise, die in starkem Kontrast zu Eindrücken von London und Paris standen, aber auch manches Gelesene verarbeitete er im Gedicht *Die Alpen, Heldengedichte*.[103]

Rückkehr nach Bern

Anfangs Juni 1729 verliess Haller Basel, noch bevor Bernoullis Vorlesung beendet war und ohne seine Sammlung von Skeletten und Büchern für den Transport nach Bern einzupacken, um eine botanische Reise nach Graubünden zu unternehmen. Ein schweres Fieber zwang ihn jedoch bereits in der Juragegend, seinen Plan aufzugeben.[104] Von Königsfelden aus, wo er bei seiner Tante Katharina Rodt-Engel in Pflege war, nahm er von seinen Basler Freunden ärztlichen Rat entgegen und bat um Hilfe bei der Vorbereitung des endgültigen Umzugs nach Bern. Auch meldete er, dass er während des Fiebers an einem *Gedicht über Vernunft, Aberglauben und Unglauben* arbeite.[105] Staehelin erhielt als Erster das Werk, es war ihm gewidmet (datiert 25.7.1729).

1729-1736 Bern: Praktizierender Arzt, Bibliothekar

Persönliches, Familie

1731, 19.2.: Heirat mit Marianne Wyss (1711-1736) in der Kirche Köniz
1732, 1.2.: Geburt der Tochter Marianne († 1811)
1732, 29.3.: Tod der Stiefmutter Salome geb. Neuhaus

1734, 18.1.: Geburt des Sohnes Ludwig Albrecht († 1738)
1735, 17.10.: Geburt des Sohnes Gottlieb Emanuel († 1786)

Anfänglich im Landhaus der Familie, nach allgemeiner Annahme im Hasligut wohnhaft, liess sich Haller im Herbst 1729 in der Stadt Bern unter der Adresse von Grossrat Samuel Haller nieder.

Im Sommer 1730 warb er mit dem Gedicht *Doris* um die 19-jährige Marianne Wyss, die er als selbstlose und aufopfernde Pflegerin ihrer kranken Schwester Euphrosyne kennengelernt hatte (Abb. S. 33).[106] Haller erinnerte sich später, «daß er in den drei Monaten vor der Hochzeit mit der Marianne eine Menge Bücher bey ihr gelesen, viel geschrieben und wohl auch calculirt habe. Er konnte nicht von ihr wegbleiben, er wolte aber auch seine Zeit nicht versäumen; deswegen brachte er seine meiste Zeit auf diese Weise bey ihr zu. Es kamen ihm auch sehr oft dort seine Kopfschmerzen an, da legte er sich immer so lange auf seiner Liebsten Bett, bis er wieder arbeiten konnte.»[107] Nach der Heirat zog er ins Haus von Mariannes Vater ein.[108] – Marianne war die Grossnichte von Isaak Steiger (1669-1749), der an Ostern 1732 zum Schultheissen gewählt wurde (1701 Grossrat, 1720 Ratsherr, 1729 Deutsch-Seckelmeister).

1732 gab Baillod in Briefen Ratschläge für Hallers erfolgte religiöse ‹Konversion›. Zimmermann gegenüber wollte sich Haller dazu nicht äussern.[109]

Gesundheit, Krankheit

Jährlich mehrfach Fieberepisoden, Klagen über Kopfschmerzen, gelegentlich über Augenentzündung und Frostbeulen. Im Fieber entstand 1733 das Gedicht *Über den Ursprung des Übels*. 1734 wegen Dysenterie Absage einer mit Gessner geplanten Alpenreise. 1736 Niedergeschlagenheit, in Erwartung der Berufung nach Göttingen.

Mitgliedschaft, Ehrung

1733, 1.12.: Gesellschaft der Wissenschaften, Uppsala

Ärztliche Praxis

Erste Patienten behandelte Haller im Herbst 1729. Ein Freund neckte ihn als «Médecin des demoiselles».[110] Von April 1731 bis Sommer 1736 führte

Marianne Haller-Wyss (1711-1736), Hallers erste Gattin. Durch die Heirat mit Marianne trat Haller 1731 in verwandtschaftliche Beziehung mit der Familie Steiger, deren Oberhaupt Isaak Steiger (1669-1749) 1732 zum bernischen Schultheissen gewählt wurde. Im Herbst 1736 reisten Haller und Marianne mit den drei Kindern nach Göttingen, wo Marianne kurz nach der Ankunft starb. – Nach einem verschollenen Ölgemälde von Johann Rudolf Daelliker, 1736, aus: Otto Tschirch: Albrecht von Haller als Dichter. In: Westermanns Monatshefte, Nr. 626 (1908), 293-299.

Haller in lateinischer Sprache ein Journal über rund 2300 Konsultationen. Er verzeichnete die Namen der 290 Patientinnen und Patienten, drei Viertel von ihnen Frauen und Kinder, ihre Klagen, ärztliche Befunde, die verordneten Behandlungen und deren Wirkung. Die grösste Zahl Kranke gab es im Grippewinter 1732/1733 und während einer Pockenepidemie im Sommer 1735. Von der Honorierung ärztlicher Bemühungen ist nie die Rede. Zimmermann gegenüber rühmte er sich um 1750: «Ma pratique a été trez vivante et trez heureuse. J'ai été, à mon age, le medecin d'une 50ne de bonnes maisons, [...] J'ai vecu de ma pratique [...].»[111]

Botanik[112]

1730: Reise: Stockhorn, Bad Weissenburg

1731: Reisen: Chasseral; Nünenen, Leiterenpass, Stockhorn–Frutigen–Kandersteg–Gemmi–Leukerbad (Begleiter Johann Jakob Huber, Johann Jakob Ritter); Chasseral, Sümpfe bei Murten

1732: Reisen: Lauterbrunnen–Grindelwald–Scheidegg–Grimsel–Rothorn; Yverdon–Mathod (11.8.), Mont Suchet–Jura

1733: Reisen: Niesen–Frutigen–Gemmi–Unterwallis–Les Mosses–Saanen–Simmental
1734: Reisen: Dessenberg, Chasseral, Biel und Umgebung
1736: Reisen: Mai-Juni: Hauenstein–Basel (mit Staehelin und König); Juli: Lauterbrunnen–Grindelwald–Scheidegg; Jura, Mt. Dôle [1677 m], Mt. Thuiry [Crêt de la Neige, Le Reculet F], Genf; Zürich–Altdorf–Gotthard–Furka–Grimsel

Auf seinen botanischen Reisen sammelt Haller «schwindelfrei an schreckenerregenden Abgründen» Pflanzen.[113] Über die Reise von 1731 veröffentlichte er einen lateinischen Bericht (*Iter alpinum 1736*). Von 1731 an beschrieb er alpine Pflanzenarten in der Nürnberger Zeitschrift *Commercium litterarium* (z. B. *Androsaces 1731*, *Xeranthemum 1731*), so dass auswärtige Botaniker mit ihm Verbindung aufnahmen, so der Hofarzt und Kräuterliebhaber August Johann von Hugo (1686-1760) aus Hannover. Die planmässige Erforschung der Pflanzenwelt diente der Vorbereitung des wohl schon in Basel mit Gessner gemeinsam ins Auge gefassten Werks einer *Flora helvetica*, deren Verwirklichung nach dem Tod Johann Jakob Scheuchzers (1733) unbestritten Aufgabe der jüngeren Generation geworden war.[114]

Anatomie

1734, 2.2., 11.2.: Bewilligung des Rates zu anatomischen und botanischen Vorlesungen bzw. zu anatomischen Präparationen
1735, 21.2.: Eröffnung des Berner *Theatrum anatomicum*

Die Hoffnung, im Spital Sektionen durchführen zu können, war 1729 rasch verflogen.[115] 1730 ergab sich die erste Gelegenheit, an einem verstorbenen Patienten, einem Kind, die Autopsie durchzuführen, was in aller Stille geschah und auch in den folgenden Jahren gelegentlich möglich wurde, so 1732 nach dem Tod des Schwagers Samuel Wyss (1714-1732).[116] Auch behalf sich Haller mit Vivisektionen an Hunden und Katzen und der Untersuchung der Organe toter Tiere, u. a. zur Kontrolle seines Kommentars zu Boerhaaves Vorlesung, an dem er seit 1730 arbeitete. Über den Bau und die Funktion des Zwerchfells veröffentlichte er 1733 seine erste selbständige anatomische Publikation (*De musc. diaphragm. 1733*). Am 2.2.1734 erteilte ihm der Rat die Erlaubnis, anatomische und botanische Vorlesungen zu halten, und ordnete die Bereitstellung eines geeigneten Lokals an.[117] Im ehemaligen Oberen Spital eröffnete er am 21.2.1735 sein *Theatrum anatomicum* mit einer Rede über den Nutzen der Anatomie und der Sektion eines 60-jährigen Mannes.[118] Vom 17. bis 20.5.1735 präparierte er im Auftrag des Rates zwei unter der Geburt verstorbene, an der Brust ‹zusammengewachsene› Neugeborene. In einem illustrierten Bericht beschrieb er die Einzelheiten der Missbildung und äusserte sich zu den möglichen Ursachen (*De partu bicipite 1735*).[119] Das Thema der Missbildungen beschäftigte ihn auch Jahrzehnte später (Abb. S. 271).

Dichtung[120]

1729, 27.10.: Ueber die Tugend. Sapphische Ode. An Hrn. Hofrath Drollinger
1730, 6.4.: Falschheit der menschlichen Tugenden
1730, 21.6.: Doris
1731, 30.4.: Verdorbene Sitten (Jahr korrigiert nach der Handschrift)
1731: Ueber eine Hochzeit
1733, 25.2.: Ueber den Ursprung des Uebels
1733, Juni: An Hrn. Prof. Gessner
1733, 16.11.: Der Mann nach der Welt
1733, 21.11.: Ueber die bekannte Letre à Uranie. Brief an A. H.
1733, 17.11.: Probestücke eines patriotischen Blätleins
1733, 22.11.: Schuz-Schrift wegen einigen meiner Schrifften
1734: Zueignungs-Schrift an … Herrn Isaac Steiger
1734, 4.2.: Resolution d'aimer, Declaration, Succez (Überarbeitung)
1734, 3.3.: Ueber das Absterben seiner Gemahlin. An … Hrn. Isaac Steiger 1734
1734, Jan.: Bey Gelegenheit
1735, 14.5.: Beim Beilager des … Herrn Isaac Steiger …
1736 [-1741]: Unvollkommenes Gedicht über die Ewigkeit

1732 erschien in Bern ohne Angabe des Verfassers der *Versuch Schweizerischer Gedichten* (*Gedichte 1732*). Handschriftliche Fassungen waren seit längerem im Umlauf, und bereits 1730 drängte der Verleger zum Druck.[121] Als Autor wurde B. L. von Muralt und sogar Hallers Vater vermutet.[122] 1734 erschien die zweite, Schultheiss Steiger mit Porträt gewidmete Auflage (*Gedichte 1734*), nun mit voller Namensnennung und erweitert um *Neue Stücke*, so die *Vergnügung aus denen Wissenschaften* und *Der Mann nach der Welt* und das grosse, gedankenschwere Werk *Über den Ursprung des Übels*, das zuvor schon in Basel ohne Wissen Hallers gedruckt wurde und mit dem er seinen Ruhm als philosophischer Dichter begründete.

Bewerbungen, Bibliothekar

1734, 15.1.: Erfolglose Bewerbung um die 4. Stadtarztstelle in Bern
1734, 31.5.: Bewerbung um die Professur der Eloquenz an der Berner Hohen Schule, 7.6.: Rückzug der Bewerbung zugunsten von J. G. Altmann
1734: Ordnung der obrigkeitlichen Münz- und Medaillensammlung
1735, 5.5.: Wahl zum Bibliothekar

Im Mai 1735 erhielt Haller das einzige Amt seiner frühen Berner Jahre. Er wurde Nachfolger seines Freundes Franz Ludwig Steiger (1704-1755) im Amt des Oberbibliothekars. In der Bibliothek kannte er sich aus, nachdem er 1734 die Münzsammlung geordnet hatte. Mit Eifer arbeitete er an einem alphabetischen Bibliothekskatalog. Den Antrag, eine Reihe neuerer Werke anzuschaffen, lehnte der Rat zwar im Dezember 1735 aus Gründen der Sparsamkeit ab. Er belohnte jedoch den Bibliothekar mit 50 Talern für seine ‹Mühewalt› zugunsten des ‹Medaillen Cabinets›.[123]

Ruf nach Göttingen

1736, 23.1.: Anfrage von A. J. von Hugo, Hannover, betr. Professur in Göttingen
1736, 18.4./11.5.: Ruf an die Universität Göttingen; 15.5.: Rücktritt als Bibliothekar
1736, 7.9.: Abreise aus Bern, 30.9.: Ankunft in Göttingen

Nach dem plötzlichen Tod des Göttinger Anatomen Johann Wilhelm Albrecht (1703-1736) am 7.1.1736 erkundigte sich Hugo nach Hallers früher bekundetem Interesse an einer Professur. Schultheiss Isaak Steiger riet, den Ruf anzunehmen; vor einer – erst etwa in zehn Jahren zu erwartenden – Wahl in den Grossen Rat hätte Haller höchstens Aussichten auf eine Stadtarztstelle. Das im Mai eingetroffene Angebot aus Hannover lautete auf die *Professio Anatomiae et Botanices* mit 600 Talern Jahresbesoldung und 400 Talern Beitrag zu den Umzugskosten. Der sparsame Berner Rat lehnte die Schaffung einer entsprechenden Professur ab. Die Zeit bis zur Abreise nach Göttingen nutzte Haller für ausgedehnte botanische Feldstudien.

1736-1753 Göttingen: Professor für Anatomie, Botanik und Chirurgie[124]

1736-1745: Frühe Jahre

Familie, Persönliches

1736, 30.9.: Ankunft in Göttingen

1736, 31.10.: Tod von Marianne Haller-Wyss

1738, 30.4.: Tod des Sohnes Ludwig Albrecht

1739, Reise nach Bern, 19.3.: Abreise von Göttingen, 31.3.: Ankunft in Bern, 31.5.: Heirat mit Elisabeth Bucher (1711-1740); botanische Exkursionen; 24.7.: Abreise von Bern; 2.-18.8.: krank in Frankfurt; 22.8.: Ankunft in Göttingen

1740, 20.6.: Geburt des Sohnes Johann Rudolf († 1741), Taufe 21.6.

1740, 4.7.: Tod von Elisabeth Bucher

1741, 8.1.: Tod des Sohnes Johann Rudolf

1741, 5.12.: Heirat mit Sophie Amalia Christina Teichmeyer (1722-1795)

1742, Dez.: Geburt der Tochter Friederike Amalia Katharina († 1825), Taufe 19.12.

1744, Jan.: Geburt der Tochter Rosina Albertine Marianne († 1831), Taufe 18.1.

1745, Reise nach Bern, 18.3.: Abreise von Göttingen, über Marburg, Speyer, Basel, 30.3.: Ankunft in Bern; 16.4.: Wahl in den Grossen Rat

1745, 11.5.: Abreise von Bern, 13.-17.5.: in Zürich, 22.5.: Nürnberg, 26.5.: Ankunft in Göttingen

Nach Göttingen reisten Haller, seine Frau Marianne und die Kinder Marianne (4-jährig), Ludwig Albrecht (2) und Gottlieb Emanuel (1). Kurz nach der Ankunft erkrankte Frau Marianne an Fieber, Husten, Durchfall und einem Ausschlag (‹Friesel›) und starb nach vorübergehender Besserung unerwartet am 31. Oktober. Die Autopsie ergab eine Darmperforation.[125] Haller erschien dieser Schicksalsschlag als Warnung und Mahnung zur Einkehr. Von Ende 1736 an führte er ein religiöses Tagebuch, ein ‹Sündenregister›, dem er – meist am Sonntag – seine Schuldgefühle, guten Vorsätze und Klagen über mangelnde Besserung anvertraute.[126] «Ein Fremdling unter Fremden, ohne jeden Freund, mit kleinen Kindern, die kränkeln nach einer so langen Reise»[127], fand er nur in Paul Gottlieb Werlhof (1699-1767) einen Freund, dem er im Brief alles anvertrauen konnte, auch die Sorge um den Haushalt in der provisorisch bezogenen Wohnung und die Pflege und Erziehung der Kinder. – In Göttingen freute man sich 1739 über den Einzug Elisabeth Buchers, einer Ratsherrntochter und Freundin Mariannes, doch Hallers Eheglück dauerte nur ein Jahr. Auf eine beschwerliche

Schwangerschaft folgte eine mühevolle Geburt. Wenige Tage darauf starb Elisabeth, getröstet vom Theologen Joachim Oporinus (1695-1753), der schon Marianne beigestanden hatte.[128] – Durch seine Heirat mit der 19-jährigen Sophie Amalia Teichmeyer aus Jena, Tochter des dortigen Anatomie- und Botanikprofessors Hermann Friedrich Teichmeyer (1685-1744), gewann der 33-jährige eine belesene und sprachenkundige Gefährtin, Hausfrau und Mutter der verwaisten Kinder. Am Rand des botanischen Gartens bewohnte die Familie ab Herbst 1739 ein stattliches Wohnhaus.

Gesundheit, Krankheit

Zum Zeitpunkt der Abreise aus Bern litt Haller an einer offensichtlich venerischen Harnwegserkrankung, für die er viele Monate Werlhofs Hilfe beanspruchte und mit ihm erwog, wie sich seine verstorbene Frau, die offenbar ähnliche Symptome aufwies, unverschuldet hatte anstecken können.[129] Auf der Durchreise in Frankfurt (1739) und auch später stellten sich wiederholt fieberhafte Krankheiten ein. 1741 klagte Haller über Beinödeme, die er seit längerem mit Abführmitteln behandelte.[130] Verdauungsbeschwerden erforderten dauernde Diät.[131]

Mitgliedschaften, Ehrungen[132]

1737, 17.4.: Deutsche Gesellschaft, Leipzig
1738, 14./17.9.: Promotion zum Dr. phil. der Universität Göttingen
1738, 14.11.: Ernennung zum königlich grossbritannischen Leibmedicus
1740: Royal Society, London
1743, 15.6.: Deutsche Gesellschaft, Göttingen
1743, 4.11.: Ernennung zum königlich grossbritannischen Hofrat

Beziehungen nach Bern

1739: Reise nach Bern (siehe oben), Heirat mit Elisabeth Bucher
1745: Reise nach Bern (siehe oben), 16.4.: Wahl in den Grossen Rat

Der Wiederverheiratung 1739 ging eine intensive Korrespondenz nach Bern voraus. Nach dem tragischen Tod der beiden Bernerinnen versicherte sich Haller bei Schultheiss Steiger, dass seine Chancen für die Wahl in den Grossen Rat intakt blieben. Zur ‹Burgerbesatzung› am Karfreitag 1745 war er in Bern anwesend. Von Steiger vorgeschlagen, wurde er einstimmig gewählt. Damit war für den regimentsfähigen Burger die Bahn frei für eine Karriere im Dienste der bernischen Republik.

Universität und Medizinische Fakultät

1737, 17.9.: Feierliche offizielle Eröffnung der Universität in Anwesenheit des Kurators G. A. von Münchhausen; Haller verfasst zwei Gedichte
1739, 1742, 1745: Dekan[133]
1741, 1.1.-30.6.: Prorektor

Hallers Kollegen in der Medizinischen Fakultät waren Georg Gottlob Richter (1694-1773), Leibarzt, Hofrat und Schüler Boerhaaves, und Johann Andreas Segner (1704-1777), zugleich Mitglied der Philosophischen Fakultät, ferner ab 1738 Johann Gottfried Brendel (1712-1758) aus Wittenberg und ab 1739 der auf Hallers Wunsch als Prosektor angestellte Johann Jakob Huber (1707-1778) aus Basel. – Kurator der Universität war der Wirkliche Geheime Rat Gerlach Adolph von Münchhausen (1688-1770), der im Regierungskollegium in Hannover, das für den in London residierenden König das welfische Erbland verwaltete, eine dominierende Stellung einnahm und dessen Hochschätzung und Förderung Haller in ausserordentlichem Masse genoss. Auch Werlhof und Hugo waren stets bereit, Hallers Bitten und Forderungen bei Münchhausen vorzutragen.

Als Universitätsbauten dienten das Kollegienhaus mit Bibliothek und Auditorien sowie für alle Feierlichkeiten die Universitätskirche des ehemaligen Pauliner Klosters. Die bedeutendsten wissenschaftlichen Neueinrichtungen bis Mitte des 18. Jahrhunderts waren der Botanische Garten und das Anatomiegebäude (Abb. S. 41).

Botanik[134]

1737-1738: Einrichtung des Botanischen Gartens
1738, 19.6.-24.6.: Reise: Nörten–Osterode–Clausthal-Zellerfeld–Goslar–Harzburg–Brocken–Wernigerode–St. Andreasberg–Herzberg[135]
1739, Juni: Anlässlich der Reise nach Bern: Exkursionen ins Emmental (Arniberg, Hengst), in den Neuenburger Jura und zum Creux du Van; Juli: Gurnigel, Leiterenpass
1741, Reise: Harz, Brocken
1742, Juni: Reise nach Jena und Umgebung (Kunitz, Bad Sulza, Schleifreisen)
1743, Reise: Harz, Gegend von Ilfeld, Walkenried, Alter Stolberg

1744, Reise: Harz, Wernigerode, Auerberg, Kyffhäuser, Alter Stolberg
1745, März bis Mai: Anlässlich der Reise nach Bern: Botanisieren in Schwaben, Franken, in der Umgebung von Coburg und Witzenhausen

Am 12.10.1736 hielt Haller seine Antrittsrede über das Selbststudium der Botanik (*De studio botanices 1736*). Die vordringlichste Aufgabe bestand darin, in Göttingen einen botanischen Garten anzulegen. Dieser sollte nach Hallers Plan der bedeutendste in Deutschland werden. Den Aufbau förderte er mit Feldstudien, intensiver Korrespondenz und Tausch von Sämereien und Gewächsen. Vom Sommer 1743 an ergänzten Pflanzendemonstrationen die Botanikvorlesungen. Gedruckte Pflanzenverzeichnisse (*Enum. hort. Gott. 1743, 1753*) dienten dem Unterricht, zugleich machten sie den Garten in Fachkreisen bekannt. In der monumentalen Schweizer Flora (*Enum. stirp. helv. 1742*) bot Haller eine umfassende Auswertung eigener und fremder Sammeltätigkeit in systematischer Ordnung und mit historisch-kritischer Bewertung der gesamten Literatur. 1745 erschien die von ihm besorgte Neuausgabe von H. B. Rupps Beschreibung der Flora von Jena (*Flora Ienensis 1745*), für die er auch Belege von der Reise zu seinem Schwiegervater H. F. Teichmeyer (1742) und aus dessen Herbar verarbeitete.

Anatomie, Physiologie

1737, 5.3.: Johann Jakob Huber aus Basel wird Hallers Prosektor
1737, 20.7.: Erste öffentliche Sektion
1738/39: Bau und Bezug des neuen Anatomiegebäudes
1743, 26.3.: Sektion der 100. Leiche seit Bezug des neuen Anatomiegebäudes.[136]

Anatomie wurde im Winter-, Botanik im Sommerhalbjahr gelehrt. Für die Sektionen diente anfänglich der alte Turm beim Albani-Tor. Im neuen, grosszügig dimensionierten Gebäude und mit dem Eintreffen von Johann Jakob Huber, Hallers ehemaligem Berner Schüler, nahm die anatomische Arbeit einen starken Aufschwung. Wesentlich war die ausreichende Versorgung mit Leichengut durch die Behörden. 1743 erschien der erste Teil eines grossangelegten anatomischen Tafelwerks (*Icones anat. 1743-56*). Auch die Erklärung und Demonstration der chirurgischen Operationen an der Leiche gehörte zu den Aufgaben des Anatomen in der Medizinerausbildung. Wie die meisten seiner ärztlichen Kollegen übte Haller die Chirurgie nicht praktisch aus, sondern überliess dies den Wundärzten.

Nach dem Tod Boerhaaves 1738 nahm Haller – ermuntert von Werlhof – die 1730 begonnene Kommentierung von dessen Vorlesungen wie-

Der Botanische Garten in Göttingen an der Unteren Karspüle, im Norden der Stadt, vom Wall aus gesehen. Links das Anatomiegebäude (1), rechts Hallers Wohnhaus (2), im Hintergrund das Universitäts-Reithaus (3), die Universitätskirche (4) und die St.-Johannis-Kirche (5). – Kupferstich von Georg Daniel Heumann, 1747. – Niedersächsische Staats- und Universitätsbibliothek Göttingen.

der auf. In den sieben Bänden erwies er sich als Herausgeber mit umfassender Literaturkenntnis, aber auch als eigenständiger Anatom und Physiologe, der vor Kritik und Korrektur seines Lehrers nicht zurückschreckte (*Boerhaave prael. 1739-1744*).

Dichtung[137]

1736, 16.10.: Ueber Marianens anscheinende Besserung
1736, Nov.: Trauer-Ode, bei Absterben seiner geliebten Mariane
1737, Febr.: Ueber eben Dieselbe
1737, 12.9.: Zur Doctorpromotion von Joh. Jak. Ritter
1737 [17.9.]: Ueber das Einweihungs-Fest der Göttingischen Hohen Schule
1737, 17.9.: An Se. Excellenz Herrn Gerlach Adolf v. Münchhausen
1738: Antwort an Herrn Johann Jakob Bodmer
1741, Febr.: Ueber den Tod seiner zweiten Gemahlin, Elisabeth Bucher

1742: Unvollkommenes Gedicht über die Ewigkeit (begonnen 1736).
1744, 21.11.: Als Herr Joachim Georg Darjes ... zu Jena installirt wurde

Von Trauer und Verzweiflung zeugen die Gedichte auf den Tod der geliebten Frauen. In dem in Bern begonnenen, um 1742 vollendeten *Unvollkommenen Gedicht über die Ewigkeit* vollzieht sich der «Umschlag von der Lehrdichtung zur Konfession».[138] Es erschien erstmals in der 3. Auflage der Gedichte, für die Werlhof als Ratgeber in sprachlichen Fragen mitwirkte (*Gedichte 1743*).

1745-1753: Späte Jahre

Familie, Persönliches

1745, 7.6.: Geburt des Sohnes Karl Albrecht Gottlieb († 1752), Taufe 18.6.
1747, 9.1.: Geburt des Sohnes Rudolf Emanuel († 1833), Taufe 11.1.
1748, März: Geburt der Tochter Sophie Charlotte († 1805), Taufe 31.3.
1749, März: Geburt des Sohnes Johann Karl († 1781), Taufe 30.3.
1752, 13.11.: Tod des Sohnes Karl Albrecht Gottlieb
1753, 29.3.: Trauung von Marianne und Franz Ludwig Jenner in Bätterkinden bei Bern

Ende 1747 erschien Julien Offray de La Mettries Buch *L'homme machine* mit einer Widmung an Haller, in der der Autor vorgab, Hallers Schüler und Freund zu sein. Haller, der 1745 und 1747 La Mettries Werke kritisch rezensiert hatte, wies die Widmung entrüstet zurück. 1751 wehrte er sich in einem Brief an Maupertuis gegen La Mettries Behauptung, er habe 1735 als Student in Göttingen gemeinsam mit diesem an Ausschweifungen teilgenommen (*Maupertuis 1751*).[139] – In Hallers Haus wohnten regelmässig Studenten, so 1747-1751 Johann Georg Zimmermann aus dem bernischen Brugg und 1748-1750 Georg Thomas von Asch (1729-1807) aus St. Petersburg. Zwischen dem 1748 immatrikulierten Berner Rechtsstudenten Vinzenz Frisching (1727-1790) und Hallers Tochter Marianne spannen sich zarte Bande, Frischings Familie in Bern widersetzte sich jedoch der Verbindung, was Haller als schwere Kränkung empfand. Die Heirat Mariannes mit Franz Ludwig Jenner nahm er zum Anlass, 1753 nach Bern zu reisen.[140] – Von 1750 an war er mit dem Bau der reformierten Kirche (Untere Karspüle 10 b) beauftragt. Erfolgreiche Subventionsgesuche richtete er u. a. nach Bern, Basel und Zürich. Der Bau wurde 1753, nach Hallers Abreise, fertiggestellt.[141]

Gesundheit, Krankheit

1749 heftiges Fieber mit Erysipel und langwieriger Rekonvaleszenz; noch 50 Tage nach Ausbruch der Krankheit schrieb Haller seine Briefe auf dem Ruhebett («ex lectulo»).[142] Häufig Wechselfieber (Malaria); Hallers Haus stand unweit des Schanzengrabens; Verdauungsstörungen, Schlaflosigkeit, Diät mit Verzicht auf Fleisch und fette Speisen, Anwendung von bitteren Mitteln.[143] 1747 liessen Ödeme eine beginnende Wassersucht befürchten; Besserung wurde von der Rückkehr in die Schweiz erwartet.[144] – 1750 Tertianfieber mit Krämpfen bei Hallers Frau Sophie Amalia.

Mitgliedschaften, Ehrungen[145]

1746, 6.1., 1747, 30.11.: Ruf an die Universität Utrecht, abgelehnt
1749: Königliche Akademie der Wissenschaften, Berlin
1749, 23.4.: Nobilitierung durch Kaiser Franz I.; 9.7.: Mitteilung durch die Regierung in Hannover; 1750, 30.1.: in Bern Annahme vom Grossen Rat als «Gnaden- und Gunstbeweis» bewilligt, jedoch im Inland ausser Kraft
1750: Deutsche Gesellschaft, Leipzig
1750, Jan.: Kaiserliche Naturforscherakademie Leopoldina, Beiname «Herophilus III.»
1750, 1.9.: Königliche Schwedische Akademie der Wissenschaften, Stockholm
1751: Accademia delle Scienze dell'Istituto di Bologna
1751: Königliche Gesellschaft der Wissenschaften, Göttingen, Präsident auf Lebenszeit
1752, 17.5.: Académie Royale de Chirurgie, Paris

Universität und Medizinische Fakultät

1747, 1.1.-30.6.: Prorektor; 2.1. Rektoratsrede über die akademischen Gesetze[146]
1748, 1.1.: Direktor (Chefredaktor) der *Göttingischen Zeitungen von Gelehrten Sachen* (GGA) (bis 1753); Vorrede 30.12.1747
1748, 1.8.: König Georg II. besucht die Universität Göttingen; Haller verfasst zwei Gedichte
1749, 1753: Dekan

1751, 23.4.: Erste Sitzung der Königlichen Gesellschaft der Wissenschaften in Hallers Haus; Haller Präsident auf Lebenszeit; 10.11.: Erste öffentliche Versammlung[147]

Ansehen und Ausstrahlung der Universität beruhten auf der Zahl und Bedeutung der Werke, die von ihren Professoren veröffentlicht wurden. In diesem Punkt gehörte Haller zu den aktivsten ihrer Mitglieder. Auch die seit 1737 erscheinenden *Göttingischen Zeitungen von Gelehrten Sachen*, in denen neue Bücher angezeigt und kritisch beurteilt wurden, trugen wesentlich zur Bekanntheit Göttingens bei. Haller, von Anfang an Mitarbeiter dieses Organs, trat 1745 in die Redaktion ein, war 1748-1753 Chefredaktor und blieb bis zum Lebensende einer der wichtigsten und fleissigsten Rezensenten. – An der Universität den Geist der Forschung zu pflanzen und zu fördern, dies war der Hauptzweck der Gründung der *Königlichen Gesellschaft* (später *Akademie*) *der Wissenschaften*; Haller entwarf die Satzungen und wurde ihr Präsident auf Lebenszeit.[148]

Die Medizinische Fakultät nahm beträchtlichen Aufschwung; so immatrikulierten sich 1745 44 Medizinstudenten.[149] Innerhalb der Fakultät bestanden Spannungen zwischen Haller und Brendel. 1751 wurde mit Johann Georg Roederer (1726-1763) der Geburtshilfeunterricht eingeführt und im Hospital St. Crucis eine akademische Entbindungsanstalt eingerichtet. Das von Haller angestrebte Akademische Hospital wurde erst 1781 realisiert.

Botanik[150]

1746: Reise in die ‹Sandgebiete› von Celle und zu einem weisen Bauern bei Schelploh (bei Eschede)[151]

1747: Reise über Wernigerode und Quedlinburg nach Eisleben und über den Alten Stolberg (325 m) im Südharz

Den längere Zeit verfolgten Plan einer *Flora Germanica* gab Haller im Hinblick auf die Rückkehr in die Schweiz auf. Funde aus Deutschland nahm er in das Verzeichnis des Göttinger Gartens auf (*Enum. hort. Gott. 1753*). Früher erschienene kleinere Arbeiten, u. a. eine Monographie der Laucharten, gab er in einem Sammelband neu heraus (*Allium 1745; Opuscula bot. 1749*).

Anatomie, Physiologie

1752, 22.4.: Hallers Vortrag über die empfindlichen und reizbaren Teile des menschlichen Körpers in der Königlichen Gesellschaft der Wissenschaften (*De part. irrit. 1753*).

Die gute Ausstattung der Göttinger Anatomie nutzte Haller, um mit der Hilfe seiner Prosektoren, Zeichner und Kupferstecher speziell die Blutgefässe des menschlichen Körpers zu untersuchen, abzubilden und in acht Faszikeln mit grossformatigen Kupfertafeln herauszugeben (*Icones anat. 1743-56*). Seine Doktoranden leisteten wertvolle Beiträge zur anatomisch-physiologischen Forschung.[152] So war J. G. Zimmermann wesentlich beteiligt an Hallers tierexperimenteller Untersuchung der Sensibilität der Nerven und Irritabilität der Muskeln. Von 1747 an benützte Haller für seine Vorlesungen über Physiologie sein eigenes Lehrbuch; dieses erlebte mehrere Neuauflagen und galt bis um 1800 als Standardwerk (*Prim. lin. physiol. 1747*). 1751 nahm er die Arbeit an einem grossangelegten Handbuch der Physiologie auf;[153] 1757 wird der 1. Band erscheinen (*El. physiol. 1757-66*). – Er veröffentlichte seine gesammelten kleineren anatomischen Arbeiten und eine Auswahl von rund 220 Dissertationen (*Opuscula anat. 1751*, *Disp. anat. 1746-52*). Boerhaaves kurze Anleitung zum Medizinstudium ergänzte er mit umfangreichen bibliographischen Angaben (*Boerhaave methodus 1751*).

Dichtung[154]

1748, 1.8.: Cantate, Serenate zum Besuch König Georgs II.
1752: Zu den Gmelinischen Reisen
1752: Ueber den Tod der Frau Trillerin

Die lebhafte Nachfrage erforderte mehrere Neuauflagen der Gedichte (*Gedichte 1748, 1749, 1751, 1751a, 1753*). Übersetzt von Vinzenz Bernhard Tscharner, erschienen in Göttingen und in der angesehenen Literaturzeitschrift *Mercure de France* die ersten französischen Ausgaben von Hallers Gedichten (*Alpen 1752 (frz.)*, *Gedichte 1750 (frz.)*). Um den Verfasser der Gedichte dem französischsprachigen Publikum bekannt zu machen, veröffentlichte Zimmermann im November 1752 im *Journal Helvétique* seine erste Haller-Biographie.

Rückkehr nach Bern

1747: Interesse am Amt des Kommissärs der englischen Kapitalanlagen Berns in London; 1749 Verzicht und Zusage, in Göttingen zu bleiben
1753, 17.3.: Abreise von Göttingen mit Frau und Tochter, 29.3.: Trauung Mariannes mit F. L. Jenner in Bätterkinden, anschliessend Weiterreise nach Bern
1753, 20.4.: Bewerbung um Ämter; durch Losentscheid «Ammann des Rathauses der Stadt Bern»
1753, 29.5.: Demission aus Königlich Grossbritannischen Diensten

Als Mitglied des Grossen Rats der Stadt und Republik Bern war Haller formell berechtigt, sich um freiwerdende Ämter zu bewerben. 1747 lockte ihn das Kommissariat der bernischen Kapitalien in London, eine Stelle, die wegen Krankheit des Inhabers frei zu werden schien. Von Münchhausen und vom König selbst wurde er 1748/1749 ausdrücklich gebeten, in Göttingen zu bleiben, was er bis 1754 zusagte.[155] Mit den Freunden in Bern wurden verschiedene andere Möglichkeiten beraten, die jedoch wegen des Losentscheids im Wahlverfahren unsicher waren und für die Bewerbung Ortsanwesenheit erforderten. Zunächst für 1752 geplant, reiste Haller mit Frau und Tochter Marianne am 17.3.1753 von Göttingen ab, um sich in Bern zur Wahl zu stellen. In Bätterkinden fand am 29.3. die Trauung Mariannes mit Franz Ludwig Jenner statt. Am Karfreitag, dem 20.4., erhielt Haller unter 34 Bewerbern durch das Los das Amt des Rathausammanns und kehrte nicht mehr nach Göttingen zurück.[156]

1753-1757 Bern: Rathausammann

Familie, Persönliches

Hallers Frau Sophie Amalia und J. G. Zimmermann besorgten von Juni bis August 1753 den Umzug der Familie und der Bibliothek von Göttingen nach Bern ins Rathaus, auch der Kinder Friederike Amalia (11-jährig), Rosina Albertine (9), Rudolf Emanuel (6), Sophie Charlotte (5), Johann Karl (4) und des Ältesten, Gottlieb Emanuel (18). – Mit der Annahme eines Amtes im Dienste der Republik Bern verfolgte Haller nicht nur ehrgeizige persönliche Ziele. Ebenso sehr sah er darin die Erfüllung einer Pflicht gegenüber seiner Familie, deren Stellung dadurch gesichert und gestärkt werden sollte. Als Rathausammann kam ihm das Vorrecht zu, bei der am 31.3.1755 stattfindenden Ratsergänzung ein Mitglied zu ernennen, was – wie bereits 1753 geplant – Samuel Haller (1721-1794), dem Sohn des langjährigen Gönners gleichen Namens und künftigen Schwiegersohn, zugute kam.[157] – 1755 erschien – nicht ohne Hallers Zutun – Zimmermanns umfangreiche Biographie. – 1754 Beginn der Korrespondenz mit Samuel-Auguste Tissot (1728-1797) in Lausanne und Charles Bonnet (1720-1793) in Genf.

Gesundheit, Krankheit

Die ‹schwache Gesundheit› war einer der Gründe für die Rückkehr in die Schweiz. Die Beinödeme bestanden in Bern weiterhin. Das zunehmende Körpergewicht machte sich zuerst beim Botanisieren bemerkbar. Im Dezember 1753 Sturz auf der Rathaustreppe, Bruch des linken Oberarms und Quetschung der Schulter mit langwierigen Beschwerden. 1755 auf einer botanischen Exkursion im Waadtländer Jura Sturz und Verletzung der rechten Hand. 1756 trat erstmals das Podagra, die Fussgicht, auf und führte zu einmonatiger Bettlägerigkeit.[158] 1757 Fieber mit Katarrh und heftigem Erysipel im Gesicht («von einem zurückgetretenen Podagra»), mehrwöchige Bettlägerigkeit.[159]

Mitgliedschaften, Ehrungen[160]

1753, 21.12.: Societas Physico-Mathematica Helvetica, Basel
1754, 25.8.: Académie des Sciences, Paris (associé étranger)

Magistrat, Ämter

1753, 23.5.: Amtsantritt als Rathausammann
1753, August: Reise zur Untersuchung einer Salzquelle im Quellgebiet der Emme, über den Nollen nach Interlaken
1754: Assessor des Oberen Schulrats; als solcher auch Zensor der weltlichen Bücher; Mitglied der Bibliothekskommission (bis 1757)
1754, August: Reise in die Salzwerke bei Aigle
1755, 14.4.: Wahl in die Landsfriedliche Kommission
1756, 28.4.: Assessor des Sanitätsrates
1756, Mai: Reise in die Salzwerke bei Aigle
1757, 9.2.-12.3: Reise nach Lausanne zur Reformierung der Académie; Begegnung mit Voltaire
1757, 3.9.: Eröffnung des Waisenhauses
1757, 10.4., Ostern: Ende der Amtszeit als Rathausammann

Als Ammann war Haller Intendant des Rathauses und für dessen Instandhaltung und Sicherheit persönlich verantwortlich (Abb. S. 49). Er hatte für den reibungslosen Ablauf des Ratsbetriebs zu sorgen, dem Schultheissen aufzuwarten und Gäste der Regierung zu betreuen. Der Ammann erlangte auf diese Weise genaue Kenntnisse der Staatsgeschäfte, was ihm für die weitere Ämterlaufbahn zustatten kam und ein Grund für das Ansehen des Amtes war.[161] – Vom Februar 1755 an arbeitete Haller gemeinsam mit einigen Herren, u. a. mit seinem Vetter Samuel Engel am Projekt eines Waisenhauses. Dieses wurde vom Rat 1757 definitiv beschlossen und am 3.9.1757 eröffnet. Haller war Seckelmeister des Unternehmens und verfasste u. a. die *Instruction des Waysenvaters*.[162] – Trotz seines Amtes bewarb sich Haller regelmässig, wenn auch erfolglos um freiwerdende Landvogteien.[163]

Anatomie, Physiologie

In Bern fehlte Haller die Möglichkeit, anatomische Studien an menschlichen Leichen zu betreiben. Er nahm in Göttingen begonnene mikroskopische Untersuchungen wieder auf und beobachtete 1754 an lebenden Fröschen und Kröten die Bewegung des Blutes in den Gefässen (*De sanguinis motu 1754*). Im Sommer 1755, 1756 und 1757 verfolgte er an mehreren Serien von bebrüteten Hühnereiern die Bildung des Herzens. Der Lausanner Arzt Samuel-Auguste Tissot übersetzte die Abhandlung von 1753 über die Irritabilität ins Französische (*De part. irrit. 1755 (frz.)*). – Die Arbeit am Manuskript der *Elementa physiologiae* wurde fortgesetzt; im Frühjahr 1757 war der 1. Band druckfertig (*El. physiol. 1757-66*).[164] – Abschluss des anatomischen Tafelwerks (*Icones anat. 1743-56*), Herausgabe der eigenen pathologischen Schriften (*Opuscula path. 1755*), der Sammlung eigener und fremder Arbeiten zur Irritabilität (*Mémoires irrit. 1756-60*) und von 170 ausgewählten chirurgischen Dissertationen (*Disp. chir. sel. 1755-56*).

Botanik[165]

1753: Reise ins Emmental, über den Nollen nach Interlaken

1754: Reise nach Roche zur Suche neuer Salzquellen, Exkursion nach Le Chamossaire, Ormont-Dessus, Ensex (Dansex), der Gryonne entlang nach Aigle; nach Mathod und an den Lac de Joux

1755: Reise in die Sumpfgebiete bei Biel und Murten; von Mathod aus Exkursion in den Jura, La Dent (de Vaulion?) und Mont Tendre (1679 m)

1756: Reise in die Salzwerke in Aigle und Bex zur Suche neuer Salzquellen; Lauterbrunnental, bis zum Gletscher bei Steinberg (1379 m)

L'Hôtel de Ville de Berne. Das Rathaus in Bern, wie es zwischen den Renovationen von 1755 und 1865 aussah, mit der Prozession der Räte zum Münster. Als Rathausammann wohnte Haller mit seiner Familie im 2. Stockwerk. Im Dezember 1753 stürzte er auf der Rathaustreppe und brach sich den linken Oberarm. – Lithographie nach einer Zeichnung vom Ende des 18. Jh. – Historisches Museum Bern.

Zur Vorbereitung von Nachträgen und Ergänzungen und später einer Neuausgabe der *Enumeratio* nutzte Haller die amtlichen Reisen in die Salzwerke nach Roche, Aigle und Bex zu botanischen Exkursionen.

Ärztliche Praxis

Mitbürger, Verwandte und Freunde in Bern erwarteten von Haller, dass er ihnen seinen ärztlichen Rat nicht vorenthalte. So betreute er seinen alten Freund Franz Ludwig Steiger und besuchte ihn in Burgdorf. 1756 versuchte er die Anwendung der Elektrotherapie beim schwerhörigen Samuel Engel.

Dichtung[166]

1754: Beim Tode der ... Frau Johann Maria Ayrerin, geb. Dornfeldin
1755: Aufschrift auf das bekannte Grabmal der Burgundischen vor Murten erlegten Völker
1756: Beim Absterben der ... Frau Katharinen Wilhelminen Eleonoren Darjesin, geborner Teichmeierin ...

1754 kondolierte Haller seinem Göttinger Kollegen, dem Juristen Georg Heinrich Ayrer, zum Tod der Gemahlin. Im Namen seiner eigenen Ehefrau sprach er 1756 dem Schwager Joachim Georg Darjes das Beileid zum Tod der Schwester aus.

Beziehungen zu Göttingen, Berufungen

1755, Sommer: Berufung nach Göttingen als Professor der Medizin, Physiologie und Anatomie und als Direktor des botanischen Gartens; abgelehnt
1755, Sommer: Berufung als Kanzler der Universität Halle; abgelehnt

Haller blieb auch in Bern Präsident der Königlichen Gesellschaft der Wissenschaften und Mitarbeiter der *GGA*. Die Antwort auf den 1755 ergangenen Ruf nach Göttingen mit der Anwartschaft auf die erste Stelle in der Fakultät wurde von Haller zuerst mit Rücksicht auf die laufende Amtszeit, später wegen des Siebenjährigen Krieges (1756-1763) verzögert. Auch schien es ihm mit Rücksicht auf die Zukunft seiner Söhne nötig, eine Berufung erst nach dem Ende der von ihm angestrebten Tätigkeit als Landvogt anzunehmen.[167] Leonhard Euler vermittelte 1755 das Angebot Friedrichs II. für eine Berufung als Kanzler der Universität Halle. Haller stellte hohe Forderungen und verzichtete schliesslich, nachdem ihn der Kleine Rat aufgefordert hatte, in Bern zu bleiben. Er schrieb an Euler: «Je prefere la liberté, le loisir et la santé a l'éclat, aux Sciences et aux revenus.»[168]

1757-1758 Bern: Zwischenjahr

Familie, Persönliches

1757, 11.8.: Heirat der Tochter Friederike Amalia Katharina mit Samuel Haller (1721-1794)
1757, Ende August: Auszug aus dem Rathaus
1758, 15.6.: Geburt des Sohnes Albrecht († 1823), Taufe 22.6.

Nach dem Ende der Amtszeit als Ammann verliess Haller Ende August das Rathaus. Der Umzug der Bibliothek beanspruchte drei Wochen.[169] Als Wohnung wird das Haus an der Kramgasse 25 genannt.[170]

Gesundheit, Krankheit

Im April 1757 Fieber und Erysipel im Gesicht; im September 1757 Stimmungstief mit Verdauungs- und Schlafstörungen.

Ämter

1757, Juli: Reise in die Salzwerke bei Aigle (gemäss Auftrag vom 1.6./6.7.)
1757: Waisenhausverwalter
1757: Mitglied Akademischer Senat
1757: Mitglied Oberes Chorgericht (Oberkonsistorium)
1757: Mitglied Lands-Oeconomie-Kammer
1758, 30.4.: Durch das Los Salzdirektor in Roche
1758, Mai: Aufsicht über die Ausgrabungen römischer Altertümer in Kulm
1758, Ende Juni: Reise in die Salzwerke nach Roche; formelle Amtseinsetzung (Amtsantritt 1.10.1758)

An Ostern und im November 1757, ferner im März 1758 bewarb sich Haller erfolglos um ein neues Amt.[171] An Ostern 1758 erhielt er die Stelle des Salzdirektors in Roche (siehe unten). – Die Reise nach Kulm verband er mit einem kurzen Aufenthalt in Baden, wo er Johannes Gessner aus Zürich wiedersah. – In den Salzwerken wurde auf Hallers Vorschlag die Ausbeutung von schwach salzhaltigem Quellwasser mit Hilfe eines Verdunstungsverfahrens erprobt.[172]

Anatomie, Physiologie, ärztliche Praxis

Im Herbst 1757 erschien Band 1 der *Elementa physiologiae* mit dem Porträt des Verfassers als Frontispiz, das von Haller als scheusslich befunden wurde (*El. physiol. 1757-66*).[173] Im Sommer 1757 beendete er die Beobachtungen am Hühnchen; die Resultate erschienen in der französischen Übersetzung von Tissot (*Formation du cœur 1758*), ebenso seine Untersuchungen des Wachstums der Knochen (*Formation des os 1758*). In sieben Bänden gab er rund 270 bedeutende ältere Dissertationen zur praktischen

Medizin heraus (*Disp. ad morb. 1757-60*). Im April 1758 nahm er die Arbeit an der *Physiologie* wieder auf. – Bei mehreren Kindern und Jugendlichen, u. a. bei der Tochter Amalia überwachte er die Durchführung der Pockenimpfung.

Botanik[174]

1757, August: Reise in die Salzwerke in Aigle und Bex, Le Chamossaire, Ormont-Dessus, Ensex (Dansex), Coufin (Val en Goufin), St-Maurice, Martigny, Branson (bei Martigny)

Die Inspektionsreisen in die Berge bei Aigle und Bex nutzte Haller für botanische Exkursionen. Auf einer ‹Lustreise› ins Wallis geriet die vierspännige Kutsche bei Martigny auf der Brücke über die Dranse (Drance) in gefährliche Schieflage und drohte in den reissenden Fluss zu stürzen. «Aber Gottes Güte gönnte mir noch einige Jahre», schrieb Haller in der Rückschau 1775.[175]

1758-1764
Roche: Direktor der bernischen Salzwerke

Familie, Persönliches

1758, 28.9.: Umzug nach Roche; in Bern Absteigequartier bei Samuel Haller, Marktgasse 61[176]

1761, 16.11.: Gottlieb Emanuel heiratet in Baden Anna Margaretha Schulthess von Zürich

1763, September: Besichtigung von Goumoens-le-Jux

1764, Februar: Kauf von Goumoens-le-Jux und Eclagnens

1764, Mai: Auf der Rückreise von Bern Aufenthalt in Goumoens-le-Jux

1764, 29.9.: Abreise von Roche; Aufenthalt in Goumoens-le-Jux, Rückkehr nach Bern

Beim Umzug ins Schloss Roche gehörten zur Familie Haller die Kinder Rosina Albertine (14-jährig), Rudolf Emanuel (11), Sophie Charlotte (10), Johann Karl (9) und der Säugling Albrecht. Als Hauslehrer amtete der angehende Theologe und Botaniker Johann Jakob Dick (1742-1775). – In Roche kam Maria Jaunin aus Cudrefin (am Neuenburgersee) als Magd in Hallers Haushalt. Sie war es, die «ihm die Wärme gab, die er bei der Gattin entbehren musste.»[177] 1760 bat Haller seinen Genfer Korrespondenten Ch. Bonnet für einen Freund (vermutlich Haller selbst) dringend um die

Vermittlung einer Gelegenheit für eine heimliche Geburt.[178] Maria Jaunin blieb in Hallers Haus bis zu seinem Tod. – Besucher in Roche: G. Casanova (24.6.1760), S.-A. Tissot (Nov. 1758, Okt. 1762 mit J. B. Rast, 17.8. 1764), Gottlieb Emanuel von Haller mit Frau und Daniel Rudolf Ith (19.3. 1762), Ch. Bonnet (Aug. 1763), H. B. de Saussure (10.7.1764). – Beraten von Samuel Engel und unterstützt von Tissot kaufte Haller 1764 aus seinen Ersparnissen die Herrschaft Goumoens-le-Jux und Eclagnens (15 km nördlich von Lausanne) und nannte sich fortan ‹Haller de Goumoens›.[179]

Gesundheit, Krankheit

1759-1763 jeweils länger dauernde Beschwerden wegen Gicht; Anfang 1761 konnte er während drei Monaten nicht ausgehen. Die Inspektion der Berge und Wälder war beschwerlich bei einem Körpergewicht von nun 240 Pfund.[180] 1760 Zahnschmerzen.

Mitgliedschaften, Ehrungen[181]

1759, 23.8.: Bayerische Akademie der Wissenschaften, München
1759, 27.12.: Società Botanica, Florenz
1759: Société des Sciences, Arts et Belles-Lettres, Auxerre
1761: Accademia Arcadia, Rom
1762: Ökonomische Gesellschaft, Bern
1764, 14.1.: Naturforschende Gesellschaft, Zürich
1764, 31.7.: Holländische Gesellschaft der Wissenschaften, Haarlem

Ämter

1758, 1.7.: Offizieller Amtsantritt als Salzdirektor (Patent vom 30.4.1758)
1758, 1.10.: Amtsantritt in Roche
1762, 4.2.: Ernennung zum Amtsstatthalter (Vize-Gubernator) von Aigle
1762, Juni: Bekämpfung des Waldbrandes auf dem Mont d'Arvel
1762, Juni: Delegierter des Rats an die Sitzungen der Classe des pasteurs in Lausanne
1763, 14.11.: Ende der Amtszeit als Vize-Gubernator von Aigle
1764: Vergebliche Bewerbung um eine Stelle als Sechzehner
1764, Mai: Redaktion eines Memoire wegen Versoix für den Geheimen Rat
1764, Erneuter Auftrag, zusammen mit K. E. von Bonstetten die Zustände an der Académie in Lausanne zu untersuchen

1764, 30.6.: Formelles Ende der Amtszeit in Roche
1764, 29.9.: Abreise aus Roche

An Ostern 1758 bewarb sich Haller erneut um freiwerdende Ämter. Schliesslich erhielt er, da er als Einziger das ‹Los versuchte›, die Stelle des Direktors der bernischen Salinen in Roche. Von diesem Amt, das zu den einträglichsten der Republik gehörte, erhoffte sich Haller genügend Musse für seine wissenschaftlichen Studien. Zum Betrieb, für den der Salzdirektor verantwortlich war, gehörten die Salzminen oberhalb von Bex, die Quellfassungen in Panex und Le Chamossaire, aus denen das salzhaltige Wasser in 15 km langen hölzernen Leitungen ins Tal geführt wurde, die Salzgewinnung in Gradierhäusern (Abb. S. 55), holzgeheizten Salzpfannen und – versuchsweise – in Verdunstungsbecken, ferner die Gewinnung des Holzes, die Pflege der Wälder und der Einsatz des gesamten Personals. Ebenso oblag ihm die Bewirtschaftung der Schlossdomäne. Über alle Einzelheiten der Unternehmung war den Behörden in Bern genaue Rechenschaft abzulegen.[182] – 1762-1763 führte Haller als Vize-Gubernator von Aigle zusätzlich die Amtsgeschäfte des verstorbenen Landvogts (Gubernators) Sigmund Emanuel von Graffenried (1718-1762). Im Sommer 1762 leitete er die Bekämpfung eines Waldbrandes oberhalb von Roche. 1763 redigierte er die Gesetzessammlung von Aigle (*Code des loix 1777*).[183]

Anatomie, Physiologie

Entgegen seinen Hoffnungen erarbeitete Haller seine Werke weiterhin in grosser Zeitnot. Am wichtigsten war ihm die Fortsetzung der Niederschrift der *Elementa*. Erschwerend war dabei, dass der Grossteil der Bibliothek in Bern verblieben war. 1760-1764 erschienen bei mehrmals wechselnden Verlegern die Bände 2 bis 6; im Februar 1764 war das Manuskript der Bände 7 und 8 abgeschlossen.[184] – In drei Bänden gab Haller die Sammlung der früher publizierten eigenen Schriften zur Anatomie, Physiologie und Pathologie heraus (*Opera minora 1763-68*). Zu diesem Zweck überarbeitete er einzelne Werke, fasste sie zusammen, z. B. die Abhandlung über die Missbildungen (*De monstris 1768*), und ergänzte sie mit neuen Beobachtungen, so zur Embryologie des Hühnchens und zur vergleichenden Anatomie des Gehirns und des Auges verschiedener Tiere (*De cerebro avium 1768*, *De oculis quadrupedum 1768*, *De formatione cordis 1767*). – 1764 führte Haller erfolglose Verhandlungen mit den Pariser Verlegern François-Ambroise und Pierre-François Didot über die Herausgabe der geplanten *Bibliothecae*.[185]

Vue de la Saline de Bevieux. In Bevieux (bei Bex) befand sich eine der Salzgewinnungsanlagen, die Haller als Salzdirektor von Roche 1758-1764 leitete. Im Gradierhaus (links) verdunstete ein Teil des Wassers, das aus den Salzminen hergeleitet wurde und aus dem schliesslich mittels einer Holzfeuerung das Salz gewonnen wurde. Ein Wasserrad trieb mittels eines über den Fluss Avançon geführten sogenannten Feldgestänges die Pumpen zum Betrieb des Gradierhauses an. – Kupferstich von Maillet aus Beat Fidel Zurlauben: *Tableaux de la Suisse ou voyage pittoresque*. Paris 1780. – Universitätsbibliothek Bern.

Botanik[186]

1759: Reisen nach Luan und Tompey (oberhalb von Corbeyrier), La Forclettaz (bei Le Sépey), Chapuise (Le Chapeau?), Anzeindaz (1876 m), Ensex (Ansex; 1785 m), Perche (1790 m); Exkursionen in der Umgebung von Aigle

1760: Reisen in die Berge östlich von Bex: Javerne (Javernaz), Bovonnaz (Ovannaz), Pont de Nant, Le Richard, La Vare (la Varaz), Boëlaire (Boulaire), Anzeindaz (Enzeindaz), Paneirosse (Panez Rossaz), Solalex (Solaley)

1761: Reise ins Hochtal von Les Mosses (1445 m) und nach Lioson d'en Haut (1834 m); Exkursionen in der Gegend von Aigle, Goumoens, Payerne, Bern

Die Inspektionen der Wälder oberhalb von Roche, Aigle und Bex benutzte Haller zur Ergänzung seiner botanischen Sammlungen und für den Pflanzentausch mit seinen Freunden. In sechs *Emendationes* (1759-1767) veröffentlichte er Nachträge zur *Enumeratio*, die zugleich der Vorbereitung einer Neuausgabe dienten (z. B. *Emend. ad stirp. helv. 1759*, *Emend. ad stirp. helv. 1767*). 1761 musste Haller im Aufstieg nach Lioson d'en Haut feststellen, dass er zu Pferd und aus eigenen Kräften nicht mehr imstande war, die Steigung zu überwinden. Notgedrungen verzichtete er von da an auf Bergwanderungen.[187] In seinem Auftrag erstiegen jedoch mehrere ‹Pflanzenjäger› die Gipfel der Berner und Walliser Alpen, und Graubünden wurde vom Hauslehrer J. J. Dick bereist.

Ärztliche Praxis

Als Arzt betreute Haller die Kranken seiner Familie und der Gegend, auch zur Kur am Genfersee weilende ausländische Patienten, oft in Zusammenarbeit mit Tissot. 1762/1763 bekämpfte er mit Hilfe der Pfarrer und der einheimischen Wundärzte ein bösartiges epidemisches Fieber, wohl eine schwere Grippe, die in Aigle, Yvorne, Corbeyrier, Leysin, Ormont und im Pays d'Enhaut zahlreiche Opfer forderte. Den Bericht über die Epidemie veröffentlichte die Académie des Sciences in Paris (*Maladie épidémique 1766*). In Lausanne bot der Apotheker Struve einen Fiebertee nach Hallers Rezept an.[188]

Weitere Publikationen

Der Ökonomischen Gesellschaft in Bern berichtete Haller über seine Erfahrungen mit der Entsumpfung eines ‹Moorgrundes› (*Culture 1764*). Der Académie des Sciences in Paris sandte er eine Beschreibung der von ihm eingeführten Salzgewinnung durch Verdunstung (*Sur l'évaporation de l'eau salée 1767*). Eine erweiterte Fassung des Berichts wurde 1765 in deutscher Sprache auf Staatskosten in Bern gedruckt (*Salzwerke 1765*).

Dichtung

1762 erschien die geringfügig erweiterte 9. Auflage der Gedichte (*Gedichte 1762*).

Beziehungen zu Göttingen, Berufungen

1761, Oktober: Anfrage aus Berlin für Nachfolge von Pierre-Louis Moreau de Maupertuis (1698-1759) als Präsident der Akademie der Wissenschaften
1763: Erneute Anfrage aus Göttingen, nach dem Tod von Johann Georg Roederer (1726-1763)
1764, 5.9.: Berufung als Kanzler der Universität Göttingen

Während der Amtszeit in Roche schien es Haller begründet, alle Berufungen abzulehnen, obschon angelockt von den Einflussmöglichkeiten der angebotenen Positionen und enttäuscht von der Geringschätzung der Berner, schwankend auch zwischen der Vorliebe für die Universität und den Verpflichtungen gegenüber seiner Familie.[189]

1764-1777 Bern: Altersjahre

Familie, Persönliches

1764, Oktober: Rückkehr nach Bern
1766, August: Kurzer Aufenthalt in Goumoens
1767, 30.4.: Heirat der Tochter Rosina Albertine Marianne mit Beat Ludwig Braun (1718-1792)
1768, August: Kurzer Aufenthalt in Goumoens
1772, 10.2.: Heirat der Tochter Sophie Charlotte mit Ludwig Zeerleder (1727-1792)
1777, März: Heirat des Sohnes Rudolf Emanuel mit Gerardine van der Dussen; im Mai weilt das Paar in Bern zu Besuch[190]

Im Herbst 1764 von Roche nach Bern zurückgekehrt, klagte Haller über Zeitnot, mangelnde Ruhe und fehlendes Interesse an seiner wissenschaftlichen Arbeit. Die gedrückte Stimmung (‹taedium vitae›) nährte die schwankende Haltung gegenüber dem Ruf aus Göttingen.[191]

Wohnung im Haus des Landvogtes Albrecht Tscharner von Lausanne, Marktgasse 46. – Im August und September 1765[192] Umzug an die Junkerngasse 51, in das Haus der Frau Landvögtin von Wattenwyl von Oberhofen; im September und Oktober 1774 Umzug an die Inselgasse (Kochergasse) 5, in das Haus von Johann Rudolf Sinner von Ballaigues (das Haus wurde 1911 abgebrochen). Hier stand in fünf Zimmern mit 190 Fuss (rund 60 m) Wandlänge endlich genügend Raum für die Bibliothek zur Verfügung.[193] – Im Sommer 1766 und 1768 besuchte Haller für kurze Zeit sein Landgut Goumoens.[194]

Als sehr schmerzlich empfand Haller 1772 die Trennung von der jüngsten Tochter Sophie Charlotte.[195] Der heftigen Gemütsbewegung folgte eine länger dauernde Herzrhythmusstörung, die er als lebensbedrohlich erlebte und die ihn bewog, wie früher jeweils am Sonntag seine Gedanken in einem *Religiösen Tagebuch* festzuhalten. Im Haus blieb noch der 14-jährige Albrecht, der 1776 in Genf den Handel erlernen sollte und 1777 zum Eintritt in die Kanzlei nach Bern zurückkehrte. Der älteste Sohn Gottlieb Emanuel gelangte 1775 in den Grossen Rat und wurde Grossweibel. Im Grossen Rat hatten 1755 bereits zwei Schwiegersöhne, Franz Ludwig Jenner und Samuel Haller, Einsitz genommen; Jenner wurde 1776 sogar Mitglied des Kleinen Rates.

Aus Sorge um den Lebensunterhalt erwog Haller den Verkauf der Bibliothek, selbstverständlich unter der Bedingung, sie bis zum Lebensende benützen zu dürfen. 1767/68 waren Graf Orlow aus St. Petersburg, 1769 der bernische Schulrat, 1776/1777 der Herzog von Württemberg an einem Kauf interessiert.[196]

Gesundheit, Krankheit

Das Alter machte sich bemerkbar, die Sorge für die Gesundheit wurde noch wichtiger; strenge Diät musste eingehalten, Erkältung tunlichst vermieden werden.[197] Seit der Zeit in Göttingen bestanden Unterschenkelödeme wechselnder Stärke und gelegentliche, stets unwillig ertragene Schlaflosigkeit. Leichtere Gesundheitsstörungen waren nicht unwillkommen, da sie die Abwesenheit in den Sitzungen entschuldigten und wissenschaftliche Arbeit zuhause erlaubten (1766 heftiger Katarrh, 1766/67 Abszess, 1767 Verdauungsstörungen, 1771 Podagra, 1771/72 Frostbeulen). 1768 einmonatige Bettlägerigkeit wegen grippebedingten «Nervenschmerzen aussen auf der Brust». 1769: «Mittlerweile geniesse ich volle Gesundheit, und es scheint, dass das heimatliche Klima am meisten zu meinem Wohlsein beiträgt.»[198] 1770 litt er an heftigen Zahnschmerzen. Ein Sturz auf der Treppe mit Wadenzerrung. Schwindel und Gleichgewichtsstörungen erforderten einen Aderlass. Trotzdem spürte er «jugendliche Munterkeit zum Studieren» (1770) und fühlte sich gesunder als 20 Jahre zuvor, da dank vegetabiler Diät die frühere Neigung zu Fiebern ausblieb (1771).[199] 1772 «aussetzender Puls» mit starker Beunruhigung.[200] Das 1771 erstmals bemerkte Harnwegsleiden beherrschte von 1773 an das Geschehen. Die Hoffnung, es werde mit zunehmendem Alter milder werden, erfüllte sich nicht.[201]

Mitgliedschaften, Ehrungen[202]

1765: Königlich Churfürstlich Lüneburgische landwirtschaftliche Gesellschaft, Celle
1767: Philosophical Society, Edinburgh
1778: Kurpfälzische Akademie der Wissenschaften, Mannheim
1771: Philosophische Gesellschaft, Rotterdam
1772, 3.11., 8.12.: Royal College of Physicians of Edinburgh
1773, 1.9.: Società d'Agricoltura, Padua
1775, 15.3.: K. K. Gesellschaft des Ackerbaus und der Künste, Krain/Ljubliana
1776, 9.4.: Medizinische Gesellschaft, Kopenhagen
1776, 28.12.: Société Royale de Médecine, Paris
1776, 29.12.: Akademie der Wissenschaften, St. Petersburg
1776, 1.8.: Royal Medical Society of Edinburgh
1776, 24.11.: Ritter des Königlich Schwedischen Nordstern-Ordens; 1777, 8.1.: Bewilligung des Berner Rats, den Orden zu tragen
1777: Patriotische Gesellschaft, Hessen-Homburg

Ämter

1764, Aug., und 9.11.: Kandidatur für den Kleinen Rat, erfolglos
1764, 24.12.: Wahl in die Landes-Oekonomie-Kommission
1765, 7.1. und 31.7.: Kandidatur für den Kleinen Rat, erfolglos
1765, 7.3.: Wahl in den Sanitätsrat
1765, 9.5.: Wahl in die Waisenhausbehörde
1766, 14.4.: Wahl in die Ober-Appellationskammer der Deutschen Lande (bis Ende 1768)[203]
1766, 24.4.: Beiordnung zum Schulrat (Erneuerung der Schulordnung)
1766, 31.7. und 11.8.: Kandidatur für den Kleinen Rat, erfolglos
1766: Beisitzer im Geheimen Rat (Affäre Versoix und Genf) (bis 1769)
1767, 23.12.: Kandidatur für den Kleinen Rat, erfolglos
1769, 21.3.: Ernennung zum *Assessor perpetuus* des Sanitätsrats
1769, 22.3.: Auftrag, mit dem französischen Gesandten Gespräche zu führen
1771, 18.4.: Kandidatur für den Kleinen Rat, erfolglos
1772, 25.5.: Kandidatur für den Kleinen Rat, erfolglos
1773, 2.2.: Kandidatur für den Kleinen Rat, erfolglos

Solange es die Gesundheit erlaubte, nahm Haller an den Sitzungen des Grossen Rates und der Gremien, denen er angehörte, teil, oft unter Klagen über den Zeitverlust und die geringe Wirkung seiner Voten, indem er sich im Kampf gegen neue Prinzipien gelegentlich wie ein Sisyphus[204] vorkam. Immerhin war er wegen der politischen Vorgänge in Genf und Neuenburg und des Baus von Versoix als ausserordentliches Mitglied dem Geheimen Rat beigeordnet (1766-1769) und wurde am 27.3.1769 zu Gesprächen mit dem französischen Botschafter nach Solothurn entsandt. Den Vorwurf der Franzosenfreundlichkeit empfand er als ungerechtfertigt.[205] – 1772 erhielt er von der Republik eine Ehrengabe von 75 Unzen Silber für die Vermittlung des neuen Salz-Vertrags mit Bayern.[206]

Während zehn Jahren (1764-1773) strebte Haller in neunmaliger Kandidatur den Einsitz im Kleinen Rat an. Diese Stellung schien ihm die einzige im Rang angemessene und zugleich den Lebensunterhalt der Familie sichernde Position. Für den Misserfolg der Kandidaturen war teils das Los, teils das Stimmenverhältnis ausschlaggebend, was ihn, der die Ereignisse als das Wirken der Vorsehung wie auch als Gradmesser der Hochschätzung der Mitbürger verstand, tief betrübte (Abb. S. 61).

Als Sanitätsrat verfasste Haller ein Gutachten über die Verbesserung des Medizinalwesens und der Ärzteausbildung (1765) sowie Empfehlungen zum Verhalten bei roter Ruhr (1765, 1771) und zur Rettung Ertrunkener (1765, 1776). Er befasste sich mit dem Giftverkauf (1770), mit Massnahmen gegen die drohende Pest (1770) und erarbeite ein Edikt gegen Viehseuchen (1772).[207]

Beziehung zu Göttingen

1764, 19./21.12.: Erneute Berufung als Kanzler der Universität Göttingen
1768, 9.8.: Erneuerung des Rufs nach Göttingen
1769, 6.2.: Entlassungsgesuch Hallers an den Berner Rat; 21.3. Hallers Ernennung zum *Assessor perpetuus* des Sanitätsrats; Ablehnung des Rufs nach Göttingen
1770, 29.5.: Brief des Königs Georg III. an den Berner Rat und Gesuch um Entlassung Hallers aus dem bernischen Staatsdienst
1770, 2.7.: Beschluss des Grossen Rates, dass Haller «in Diensten des Vaterlandes bleiben solle»

In den 1764 aufgenommenen Verhandlungen mit Hannover bat Haller mit Rücksicht auf seine Stellung in Bern mehrfach um Aufschub. Es lockten ihn zwar die akademischen Aufgaben, die reichlichen Einkünfte und die – im Gegensatz zu Bern – angesehene und einflussreiche Stellung. An Bern fesselten ihn die Sorge um die Familie und die Hoffnung, in den Kleinen Rat zu gelangen. «Von den gegensätzlichen Gründen [...] beinahe zer-

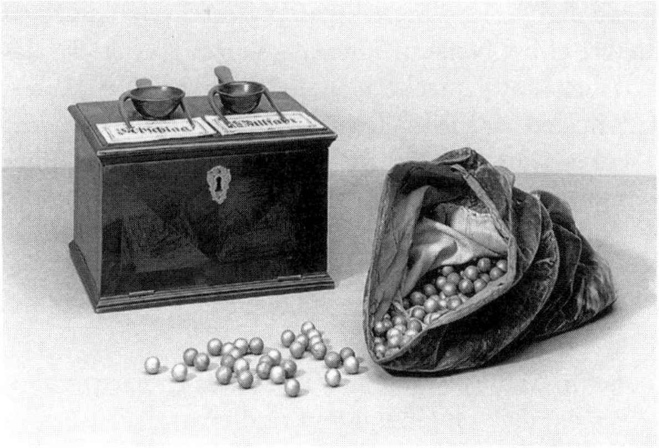

Im bernischen Rat wurden Abstimmungen und Wahlen durch Ballotieren entschieden, indem die Wähler silberne oder goldene Kugeln in die Urne legten oder die Kandidaten goldene oder silberne Kugeln aus einem Sack zogen. Der abgebildete Ballotagekasten diente zur Entscheidung von Sachfragen (‹Abschlag› bzw. ‹Willfahr›), konnte aber auch zur Stichwahl zwischen zwei Bewerbern verwendet werden. Die Wahl in den Kleinen Rat, für den Haller neunmal erfolglos kandidierte, war dreistufig: Auswahl von vier Kandidaten aus mehreren Anwärtern, Ausscheiden von zwei Kandidaten durch Ziehen der goldenen oder silbernen Kugel, Entscheidung in der Stichwahl. – Historisches Museum Bern.

quetscht»,[208] erwartete er die Entscheidung von der ‹Vorsehung›. Münchhausen gegenüber deutete er im Februar 1765, ferner im Juni und November 1768 seine Zusage an, dennoch stets hoffend, das offizielle Bern werde etwas gegen seinen Weggang unternehmen.[209] 1769 bat er den Berner Rat formell um seine Entlassung, worauf dieser ihn zum besoldeten *Assessor perpetuus* des Sanitätsrates ernannte und Haller den Ruf ausschlug. Anfang 1770 bekundete er erneut sein Interesse, worauf Münchhausen einen offiziellen Antrag des Königs an die Republik Bern erwirkte, Haller die Annahme der Berufung zu erlauben, was der Rat jedoch am 2.7.1770 abschlägig beantwortete. Damit hatte Haller die höchstinstanzliche Anerkennung seiner Unentbehrlichkeit in Bern erreicht, allerdings um den Preis langjähriger Ungewissheit und unter Verzicht einer zweiten akademischen Wirkenszeit, die ihm zum Schluss selbst, namentlich nach Münchhausens Tod (1770), als allzu schwere Last erschien.[210]

Ärztliche Praxis

Als Haller von Roche in die Hauptstadt zurückkehrte, war sein ärztlicher Rat von Patienten und Kollegen mehr denn je gefragt: «On me renfonce dans la pratique ici» (1764).[211] 1765 behandelte er u. a. den Schultheissen

Johann Anton Tillier und den Welsch-Seckelmeister Beat Sigmund Ougspurger.[212] Mehrfach setzte er bei Nervenleiden sein saures Elixier ein, das von Zimmermann 1772 bekannt gemacht, sich als *Elixir acidum Halleri* bis ins 20. Jahrhundert in den Arzneibüchern hielt (*Nervenkrankheiten 1772*).[213] Im letzten Lebensjahr veröffentlichte er einen Bericht über schwere, selbst beobachtete Krankheitsfälle (*Morb. grav. exempla 1778*).

Anatomie, Physiologie

Von den schon in Roche im Manuskript abgeschlossenen *Elementa physiologiae* erschienen 1765 Band 7, 1766 Band 8 mit umfangreichen Nachträgen. 1774 schlugen die Buchhändler eine Neuausgabe in kleinerem Format und mit geändertem Titel vor.[214] Anfänglich waren ein Verzicht auf Fussnoten und wesentliche Kürzungen vorgesehen. Haller wollte vieles verbessern, ergänzen und straffen und ging 1774 ans Werk, für das er drei Jahre rechnete. Schliesslich erschienen bis 1778 von den 18-20 geplanten Bänden nur deren 8 (entsprechend Band 1-4 der *Elementa*) (*De fabrica et funct. 1777-78*).[215]

In den *Opera minora anatomica* sammelte Haller seine früher erschienenen Arbeiten. Die Schriften über Missbildungen wurden unter dem Titel *De monstris libri II* vollständig umgearbeitet.[216] Zur Darstellung der Embryonalentwicklung führte er erneut mikroskopische Beobachtungen durch, um auf eine Studie von Caspar Friedrich Wolff antworten zu können (1765) (*Opera minora 1763-68*).[217]

1769 wurde Haller ersucht, für die Pariser *Encyclopédie* Beiträge zu verfassen.[218] Nach anfänglichem Zögern, mit den ‹Atheisten›[219] zusammenzuarbeiten, und nachdem der Druck der *Bibliotheca anatomica* nur langsam vorankam, sagte er zu und sandte 1771 rund 70 Artikel zu den Buchstaben A bis E, die erst 1776-77 in den Supplementbänden erschienen (*Encyclopédie de Paris 1776-77*).[220] Im September 1772 wechselte er zur *Encyclopédie* von Yverdon, für die er rund 120 Beiträge für die Buchstaben F bis V (1772-75) lieferte, von denen die meisten in den Pariser Supplementen nachgedruckt wurden (*Encyclopédie d'Yverdon 1774-75*).

Von neu erschienenen und älteren, laufend erworbenen Büchern verfasste Haller seit der Studienzeit resümierende Beurteilungen, die er in grosser Zahl als Rezensionen veröffentlichte oder als Notizen für den Eigengebrauch ablegte. Von 1755 an plante er, diese Unterlagen in sog. *Bibliotheken* zu den Gebieten Anatomie, Botanik, Medizin, Chirurgie und Naturgeschichte zu verwerten.[221] Es ging ihm nicht darum, blosse Bücherverzeichnisse zusammenzustellen, sondern die Autoren mit ihren Schriften in chronologischer Ordnung zu würdigen und anzuzeigen, «was ein jeder Eigenes vorzuweisen, was er richtiger, was er als erster gesehen hat.»[222] Die Suche nach einem Verleger erwies sich als schwierig. Mit dem Verlag Orell, Gessner und Füssli in Zürich ergab sich eine lukrative Lösung.[223] Anfang des Jahres begonnen, war die Arbeit am Manuskript der *Bibliotheca botanica* Ende 1768 abgeschlossen (*Bibl. bot. 1771-72*).[224] Im August 1768 nahm Haller die *Bibliotheca anatomica* in Angriff, im Sommer 1769 steckte er noch in den Vorbereitungen, im Oktober 1770 meldete er, dass das Werk in seinen Umrissen feststehe (*Bibl. anat. 1774-77*).[225] Im Sommer 1771 begann er mit der *Bibliotheca chirurgica* (beendet im Sommer 1772), da der Druck in Zürich sehr langsam vorankam.[226] Um die Jahreswende 1771/1772 verlor Haller die Geduld, so dass Johannes Gessner und Bürgermeister Heidegger mehrfach intervenieren mussten.[227] Für die Herausgabe der *Bibliotheca chirurgica* wandte sich Haller nach Basel, wo der Druck im März 1773 begann und rasch vorankam (*Bibl. chir. 1774-75*).[228] Im Oktober 1773 nahm Haller die Arbeit an der *Bibliotheca medicinae practicae* auf, einem «enormen und fast allzu weitläufigen Werk», über dem er Sorgen und Leiden vergass, jedoch nur mehr langsam vorankam (*Bibl. med. pract. 1776-88*).[229] Erst Mitte 1775 bearbeitete er für die *Bibliotheca anatomica* die Jahre 1760-1770, im Februar 1776 die Fortsetzung bis 1775.[230]

Dem Wunsch eines Berliner Verlegers, eine deutsche Übersetzung der *Primae lineae physiologiae* zu liefern, kam Haller aus Zeitgründen nicht selbst nach, sondern überliess diese Aufgabe grossenteils seinem Schüler Franz Ludwig Tribolet (*Prim. lin. physiol. 1770 (dt.)*).[231]

Mit Einleitungen aus Hallers Feder erschien auf Initiative des Lausanner Buchhändlers Grasset eine elfbändige Ausgabe antiker medizinischer Klassiker (*Artis med. principes 1769-74*).[232]

Einer Gepflogenheit der Gelehrtenwelt entsprechend, wünschte Haller die an ihn gerichteten Briefe zu veröffentlichen. Den noch lebenden Kollegen versprach er, alle heiklen Stellen zu streichen.[233] Es erschien die vollständige Reihe der sieben Bände lateinischer Briefe (*Epist. lat. 1773-75*). Von den deutschen Briefen blieb es bei Band 1 (1725-51), eine französische Ausgabe kam nicht zustande (*Dt. Briefe 1777*).[234]

Botanik

Seine wichtigste botanische Aufgabe sah Haller in der Neuausgabe der *Enumeratio*, deren Überarbeitung und Erweiterung er seit 1754 und im Mai 1766 in Angriff nahm (*Hist. stirp. helv. 1768*).[235] Zur Ergänzung seines Herbars erteilte er zahlreiche Aufträge an Pflanzensucher, die für ihn im Wallis, in Graubünden und im Tessin unterwegs waren. Während der

Niederschrift konsultierte er immer wieder Belege aus dem Herbar von Johannes Gessner in Zürich. In Stunden des Lebensüberdrusses gewährte ihm die Arbeit Trost und Befriedigung; im Winter musste sie unterbrochen werden, da gutes Licht erforderlich war.[236] – In vielen Punkten schien das Werk wesentlich verbessert, neu enthielt es auch eine ‹Naturgeschichte› der Alpen, da die Ausländer davon nichts wüssten.[237] Im August 1766 war der erste Bogen gedruckt.[238] Hallers Manuskript wurde in Lausanne ins Reine geschrieben.[239] Mit der vom 17.3.1768 datierten Widmung an Georg III. war die *Historia stirpium* abgeschlossen. 1770 war die Rede von einer Neuausgabe.[240]

Sogleich nach Fertigstellung des Manuskripts der *Historia stirpium* begann er die Arbeit an der *Bibliotheca botanica (Bibl. bot. 1771-72)*.[241] Für die Neuausgabe von Johannes Scheuchzers Gräserwerk veröffentlichte er mehrere Nachträge (*Ad Agrostographiam Scheuchzeri 1775*). 1774 und 1775 sandte er – als letzte botanische Arbeit – eine zweiteilige Monographie über Getreidepflanzen an die Gesellschaft der Wissenschaften nach Göttingen (*Genera Cerealium 1775-76*).[242] Weiterhin beschaffte sich Haller neue botanische Literatur und tauschte mit Kollegen Dubletten aus. So erhielt er Pflanzen aus Island, Russland und aus der Arktis und nahm Anteil an den Reisen von Horace-Bénédict de Saussure, Jakob Samuel Wyttenbach, Johann Jakob Kitt und insbesondere an den Südsee-Expeditionen von James Cook.

Religiöse und politische Schriften

1768 dachte Haller erstmals daran, einen der Zeit angepassten Fürstenspiegel nach dem Vorbild von Fénelons *Télémaque* zu schreiben, als «Bild eines würdigen Fürsten».[243] In schlaflosen Nächten ausgedacht, schrieb er das Werk in elf Tagen nieder; es enthielt auch Züge eines Gelehrtenromans, in dem Haller sich selbst porträtierte.[244] Das Werk mit dem Titel *Usong* erschien 1771 mit Widmung an die Prinzen von Holstein-Gottorp, deren Pockenimpfung Haller 1768 überwacht hat (*Usong 1771*).[245] 1772 sah er sich gedrängt, weitere Romane zu verfassen, und dachte an Alfred, den grössten Monarchen der Geschichte, den «Usong» eines gemässigten Regiments, und an Fabius Cunctator und die Republik.[246] Im März 1773 war *Alfred* in Arbeit, der im Vergleich zu *Usong* allzu ernsthaft und streng erschien.[247] Im Juni 1773 sandte er das Manuskript nach Göttingen, wo der Druck erfolgte, obschon Hallers Bruder in Bern Mitverleger war (*Alfred 1773*). Zugleich nahm er die Arbeit an *Fabius und Cato* auf. Bereits im September 1773 war die Abrechnung mit den gefährlichen Neuerungen (*contrat social*, Demokratie, Demagogie) fertiggestellt (*Fabius 1774*).[248]

Mit grosser Sorge nahm Haller u. a. in Genf und Zürich liberalere Interpretationen des christlichen Glaubens wahr.[249] 1771 verfasste er *Briefe eines alten Vaters an seine Tochter*[250], die unter dem Titel *Briefe über die wichtigsten Wahrheiten der Offenbarung* und in einem Teil der Auflage mit einer Widmung an die Tochter Sophie Charlotte 1772 erschienen. Am Totenbett eines alten Freundes verfasst, war ihre wichtigste Aussage, «dass Jesus für uns gestorben sey, und uns mit Gott versöhnt habe» (*Offenbarung 1772*).[251] – Aus derselben Sorge um den wahren Christenglauben folgte er der Aufforderung einiger Theologen, so des Göttinger Professors Gottfried Less, die wichtigsten der zahlreichen Spöttereien und Verdrehungen Voltaires, «dieses Predigers des Unglaubens», mit ernster Gründlichkeit richtigzustellen oder zu widerlegen (*Freygeister 1775-77*).[252]

Dichtung

1774: Auf den Grabstein des ... Herrn Emanuel Grubers ...[253]

1768 übergab Haller seine Gedichte «zum lezten mahle dem Leser, gereimt, jugendlich, unvollkommen und zwar offt, aber nicht genug ausgebessert.» Sie nach der neuen Art «in reimlose Linien zu übersetzen, wäre eine fruchtlose Bestrebung» (*Gedichte 1768*).[254] 1776 diskutierte er mit Bonnet den Inhalt des *Urspungs des Übels*.[255] 1777 schrieb er in der Vorrede (*Gedichte 1777*): «Wann die Seele mit der traurigen Empfindung des Verwesens ihres Körpers beschäftigt wird, so sind freylich alsdann matte Ausdrücke, ungelenke Silben, halb richtige Reime nicht mehr solche Uebel für sie, daß sie die wenigen ihr noch vorgezählten Stunden zu der Ausbesserung ihrer jugendlichen Arbeiten anwenden möge: die Ewigkeit hält ihr den blendenden Begriff ihrer Unendlichkeit vor, sie ist billich desjenigen einziges Geschäft, der auf ihrem Rande geht.»[256]

Letzte Jahre, Krankheit, Tod, Begräbnis

1773: Beginn der Blasen- und Harnwegserkrankung, Behandlung mit Opiumklistieren
1775, 18.7.: Datum des Testaments
1775, 10.9.: Besuch von Johann Georg Zimmermann
1777, 9.4.: Besuch von Johann Kaspar Lavater
1777, 17.7.: Besuch von Kaiser Joseph II.
1777, Sept.: Besuch von Alessandro Volta
1777, 12.12.: in Bern gestorben
1777, 16.12.: Begräbnis auf dem Kirchhof bei der französischen Kirche

Nach dem Ende der Herzrhythmusstörung anfangs 1773 fühlte sich Haller wieder gesund und leistungsfähig.[257] Im Februar 1772 machte sich jedoch schmerzhafter, häufiger Harndrang bemerkbar, der die Nachtruhe störte und auf keinen der zahlreichen Behandlungsversuche ansprach. Eitriges Sediment liess auf eine Entzündung schliessen, Fieber zwang zeitweise zu Bettruhe. Im August versuchte er, wieder auszugehen. In den Wochen, in denen *Fabius und Cato* entstand, verschlimmerte sich der Zustand erneut; 24-mal und noch häufiger musste er nachts aufstehen.[258] Überdies nahmen die Beinödeme deutlich zu und trat Atemnot auf; dennoch begann er mit der Bearbeitung der *Bibliotheca medicinae practicae*.[259] Im November 1773 hatten sich die Beschwerden derart verschlimmert, dass er der Empfehlung Pringles folgte und begann, sich abends ein Opiumklistier verabreichen zu lassen. Nie werde er die Wirkung der ersten Anwendung vergessen, gestand er in dem Bericht, den er über seine Erfahrungen mit dem Opium verfasste.[260] In erstaunlichem Masse verringerte sich während rund hundert Stunden der Harndrang, zugleich traten Wohlbefinden und Beruhigung ein, und schliesslich wurde erholsamer Schlaf möglich. Bald traten aber auch unerwünschte Nebenwirkungen ein, Appetitverlust, Verstopfung und Trockenheit der Schleimhäute der Atemwege. Obschon die Beschwerden keineswegs zurückgingen, zögerte er zunächst, das Opiumklistier regelmässig anzuwenden. Vom Frühjahr 1774 an nahm er das Opium jeden zweiten Tag. Versuche, von diesem ‹divinum remedium› wieder wegzukommen oder wenigstens die Dosis zu reduzieren, wie von einigen Arzt-Kollegen empfohlen wurde, blieben erfolglos.[261] Je nach Zeitpunkt seit dem letzten Klistier wechselten Phasen erhöhter Aktivität und grösster Arbeitslust mit solchen tiefer Niedergeschlagenheit ab. Während der Körper darniederlag, empfand Haller, dass einzig das Gehirn allen Beeinträchtigungen widerstehe.[262] Dennoch wollte er nach den Freigeister-Briefen nichts mehr in Angriff nehmen, was ‹genie› erforderte, sondern sich auf seine *Bibliotheken*, ‹ouvrages de travail›, konzentrieren.[263] Um die Phase der Melancholie zu vermeiden, ging er Ende Mai 1775 zur täglichen Gabe über.[264] Eine dramatische Verschlechterung trat im Juli 1775 auf, als nach einem Fieber der zähe Schleim in bedrohlicher Weise die Luftwege verlegte, so dass das Schlimmste zu befürchten war. Die behandelnden Ärzte Wilhelm Hilfer und Franz Ludwig Tribolet riefen den ehemaligen polnischen Leibarzt Johann Friedrich von Herrenschwand zu Hilfe, und aus Lausanne steuerte – wie schon seit vielen Jahren – Tissot seinen Rat bei. Haller überstand die Krise und verfasste unmittelbar darauf sein Testament.[265] Das Opium führte er sich erneut im Zweitage-Rhythmus zu und behalf sich zwischendurch mit Mohnsirup, den er vermutlich früher schon als Schlafmittel verwendet hatte.[266] 1777 waren schliesslich wieder tägliche Opiumgaben erforderlich.[267] Genügten für den erwünsch-

Besuch Kaiser Josephs II. bei Haller am 17. Juli 1777 im Haus an der Inselgasse 5 (heute Hotel Bellevue, Kochergasse 5). Die phantasievolle Darstellung nimmt authentische Elemente auf, so das Porträt von Balthasar Anton Dunker (in Tscharner 1778) und das Relief über dem Kamin mit Vulkan, Venus und Amor, das sich 1908 noch dort befand (Kronecker 1908). – Holzschnitt nach einer Zeichnung von G. Roux, Mitte 19. Jh. – Burgerbibliothek Bern.

ten Effekt 1773 21 Tropfen *Laudanum liquidum*, so waren zuletzt 130-140 Tropfen erforderlich.[268] 1776 nahmen Beinödeme und Atemnot zu, so dass er hin und wieder die Nacht im Fauteuil verbringen musste.[269] Sehr beschwerlich waren die durch das Opium bedingte Darmträgheit und deren Behandlung, die z. B. im Februar 1777 heftiges Erbrechen und Bauchkrämpfe zur Folge hatten. Zu dieser Zeit war Haller mit der Revision der *Elementa* und der Niederschrift der *Bibliotheca medicinae practicae* beschäftigt, in der er bis zum Jahr 1690 gelangt war. «Diese Arbeiten sind mir ein kleiner Trost, der ich meistens allein bin und vor Gram verginge, wenn mich meine Studien nicht am Leben erhalten würden.»[270] Am Ostersonntag, 30. März 1777, ging er nach acht Monaten erstmals wieder aus dem Haus, um den jährlichen Eid zu schwören.[271] Kurze Zeit darauf, am 9. April 1777, besuchte ihn Johann Kaspar Lavater. Er fand Haller sitzend «in einem grauen hohen Bücher-Zimmer, in einem blauen Nachtrock, einer schwarz-samtenen Mütze, mit der rechten die Feder, in der linken ein Büchelgen haltend, mit dem Kopf auf sein Papier gesunken. Seine Wärterinn [!] mahnte ihn. Ich ging hinter einem Tische durch und setzte mich vor ihn. Blaß und zerfallen aber artig und väterlich sah er aus. ‹Ich bin krank›, sagte er, ‹ich muß der Natur folgen› u. stand auf und schlug s. Wasser ab. Nachher setzt' er sich wieder, blätterte in den Büchern, die in dem Paket waren, das ich ihm brachte, sah mich sehr bemerkend an.» Darauf folgte ein angeregtes Gespräch über die verschiedensten Gegenstände.[272] Grosses Aufsehen erregte Kaiser Joseph II., der – von Paris nach Wien reisend – während seines kurzen Zwischenhaltes in Bern einzig Haller einer Visite würdigte (Abb. S. 67). Dieser gab darüber in der Korrespondenz zurückhaltend Auskunft: «mich bewegt hierseits der Ewigkeit nichts mehr.»[273] Er habe sich immer eine langsam zunehmende Krankheit gewünscht, die Schritt für Schritt auf den Übergang vorbereiten würde.[274] Trotzdem gestand er freimütig, sich vor dem Tod zu fürchten; vor den Richterstuhl treten zu müssen erfüllte ihn mit Schrecken.[275] Mit wechselnden Fieberzuständen schwanden im Herbst 1777 die Kräfte. Er ass nicht mehr, trank kaum noch und musste die Opiumdosis reduzieren, wie er in seinem vermutlich letzten Brief schrieb, den er an Christian Gottlob Heyne, den Direktor der *Göttingischen Anzeigen*, richtete, für den er all die Jahre und bis zuletzt Buchrezensionen in grosser Zahl geliefert hatte: «Ich werde arbeiten, so lang ich lebe. [...] In dieser Nähe der Ewigkeit wende ich mich zum Erlöser, suche seine Vermittlung, hoffe, wenn ich je etwas hoffen kann von seiner unermeßlichen güte.» Den in 70 Jahren gesammelten Lastern «habe ich nichts als eine unermeßliche barmherzigkeit entgegen zu sezen, die [...] sich im Leben, Leiden, u sterben Christi an den Tag legt».[276] Haller starb am 12. Dezember 1777, abends gegen acht Uhr. «Sein leztes Krankenlager war nicht schmerzhaft, es war eine völlige Erschöpfung der Kräfte, nur die Seele blieb gleich, und bis auf den lezten Augenblik war er seiner bewust.»[277] «Noch zwey Stunden vor seinem Tod, fühlte er seinen Puls, und sagte dem Herrn Doctor Rosselet: ‹Mein Freund ich sterbe, der Puls geht nicht mehr.›»[278] Cuvier formulierte: «Er starb bis auf den letzten Augenblick den Schlag seines Pulses mit den Worten il bat, il bat, il bat, beobachtend, und endlich mit dem Ausruf plus! den Augenblick andeutend, wo derselbe ihm stille stand.»[279] – Haller wurde am 16. Dezember auf dem Kirchhof bei der Französischen Kirche begraben. Die bei der Überbauung des Friedhofs 1878 zum Vorschein gekommenen Gräber, darunter möglicherweise jenes Hallers, wurden aufgehoben.[280]

Die Natur seines Leidens hatte sich Haller nicht recht erklären können. Immerhin wurde im Dezember 1773 und im Mai 1776 durch die Untersuchung mit der Sonde das Bestehen eines Blasensteins oder eines Hindernisses ausgeschlossen.[281] Neuere Autoren deuten Symptomatik und Verlauf als eine chronisch-eitrige Entzündung der Harnblase, die mit der Zeit Harnleiter und Nierenbecken erfasste, was zu einer verminderten Nierenfunktion und zuletzt vermutlich zur Sepsis führte. Hinzu kamen eine zunehmende Herzinsuffizienz mit Beinödemen und Atemnot – und eine schwere Suchtmittelabhängigkeit.[282]

Unmittelbar nach Hallers Tod sorgte ein Brief eines jungen Berners an Heyne in Göttingen für Empörung. Darin wurde behauptet, Haller habe auf dem Sterbebett gestanden, «daß er nicht nur nichts glaube, sondern daß es ihm unmöglich wäre, etwas zu glauben, wie gerne er es auch thäte».[283] Zimmermann, der diesen Satz eine «abgeschmackte Verleumdung» fand, plante zunächst eine neue Biographie und sammelte eifrig Material. Mit der Zeit wich jedoch die ursprüngliche Verehrung distanzierter Kritik. Sein Werk *Ueber die Einsamkeit*, 1784 neu herausgegeben, enthielt zahlreiche abfällige Äusserungen über Haller, der «hyperorthodoxe Gespenster» gesehen habe.[284] Die Familie erlaubte darauf dem jungen Mitarbeiter der Haller'schen Buchhandlung und späteren Publizisten Johann Georg Heinzmann (1757-1802) die Veröffentlichung von Auszügen aus Hallers *Religiösem Tagebuch* (1787), dessen Manuskript seither verschollen ist (*Tagebuch 1787*).

Anmerkungen

1 Die Grabplatte des Vaters befindet sich an der Aussenwand der Reformierten Kirche in Baden (Aargau) (Heinz Balmer: Albrecht von Haller. Bern 1977, Abb. 1).

2 Haller 1740, 675.

3 Gedichte 1882, IV.

4 An Tissot, 5.8.1767; Hintzsche 1977, 267.

5 Werner Bourquin, Marcus Bourquin: *Biel – Stadtgeschichtliches Lexikon*. Biel 1999, 280.

6 Gedichte 1882, III.

7 Ebenda.

8 Hanspeter Stucker: *Die Berner Hohe Schule zwischen Orthodoxie und Aufklärung 1690-1750*. Bern 1984, 301 f.

9 Hans Braun: *Die Familie von Wattenwyl – La famille de Watteville*. Murten 2004, 97, 103 f.; Beat de Watteville: *Genealogie der Familie von Wattenwyl*. o.O. 2005, Tafel IV; Paul Wernle: *Der schweizerische Protestantismus im XVIII. Jahrhundert*. 3 Bde. Tübingen 1923-25, I: 207, 255, 279, 377, 379.

10 *Historisches Lexikon der Schweiz*. Basel 2002 ff., VI, 54 f.

11 *Die Matrikel der Universität Basel*, hrsg. von Hans Georg Wackernagel, Max Triet, Pius Marrer, Hans Rindlisbacher. Bd. 4. Basel 1975, 396.

12 Berchtold Weber, Martin Ryser: *Wappenbuch der Burgergemeinde Bern*. Bern 2003, 141.

13 Barbara Braun-Bucher: «Wan der vetter mehr schribt, so schickt mir nit umen lähr bapier». Die Briefe der Jungfer Maria Magdalena Engel an ihren Neffen Albrecht von Haller in der früheren Göttinger Zeit 1736-1741. In: *Berner Zeitschrift für Geschichte und Heimatkunde*, 56 (1994), 213-228; HLS (wie Anm. 10), IV, 207-209.

14 Braun-Bucher 1994 (wie Anm. 13); Urs Boschung et al. (Hg.): *Repertorium zu Albrecht von Hallers Korrespondenz 1724-1777*. 2 Bde. Basel 2002, I, 273 f.

15 Bodemann 1885, 87; Johann Georg

Zimmermann: *Das Leben des Herrn von Haller*. Zürich 1755, 7-10.

16 Bodemann 1885, 211 f.

17 Mathias Münger: *Albrecht von Haller: Erziehung und Bildung in seinem Denken und Wirken*. Bern 1971, 10, 367.

18 Gerber-Visser 1976.

19 An Tissot, 11.9.1768 (Hintzsche 1977, 294); vgl. an Bonnet, 22.10.1775 (Sonntag 1983, 1183).

20 Zimmermann 1755 (wie Anm. 15), 11-12.

21 Gedichte 1882, 221.

22 Karl S. Guthke: Der Stubenhocker als Kegelspieler: Hallers Jugend im Licht eines unveröffentlichten Gedichts. In: Ders.: *Haller im Halblicht. Vier Studien*. Bern 1981, 49-54.

23 Burgerbibliothek Bern, Mss. hist. helv. VII 141; Fritz Meier: *Beiträge zur Biographie Albrecht von Hallers*. München 1915.

24 Haller 1740, 675; Johann Georg Zimmermann: Lettre à Mr. **** célèbre médecin à Paris, concernant M. le professeur de Haller. In: *Journal hélvetique*, Novembre 1752, 482; Zimmermann 1755 (wie Anm. 15), 15 f.

25 Bourquin/Bourquin 1999 (wie Anm. 5), 280; Matrikel Basel (wie Anm. 11), IV, 178.

26 Bodemann 1885, 89.

27 *Die alten Matrikeln der Universität Strassburg 1621 bis 1793*, bearbeitet von Gustav C. Knod. 2. Band. Strassburg 1897, 40, 156; Matrikel Basel (wie Anm. 11), V, 5.

28 Bodemann 1885, 89.

29 Guthke 1981 (wie Anm. 22), 50.

30 Hirzel 1882 (wie Anm. 3), 222 f.; Meier 1915 (wie Anm. 23), 49 f.

31 Der Anfang noch im Kalender 1722/23 (Burgerbibliothek Bern, Mss. hist. helv. VII 141); Meier 1915 (wie Anm. 23), 65; Tagebücher 1971 (Burgerbibliothek Bern, Nachlass Haller, Ms 36).

32 Tagebücher 1971, 19.

33 Helmut Hornbogen: *Tübinger Dichter-Häuser. Literaturgeschichten aus Schwaben. Ein Wegweiser*. 2. Aufl. Tübingen 1992, 43-52, hier 44.

34 Bodemann 1885, 90.

35 An Bonnet, 22.10.1775 (Sonntag 1983, 1183).

36 *Die Matrikeln der Universität Tübingen*. Bd. 3, bearbeitet von Albert Bürk und Wilhelm Wille. Tübingen 1953, 55.

37 Johann Säxinger: *Über die Entwicklung des medizinischen Unterrichts an der Tübinger Hochschule*. Tübingen 1883, 15.

38 Tagebücher 1971, 23; Bibl. med. pract. 1776-88, IV: 92-96; Bibl. chir. 1774-75, I, 538; Letizia Pecorella Vergnano: *Il fondo Halleriano della Biblioteca Nazionale Braidense di Milano: vicende storiche e catalogo dei manoscritti*. Milano 1965, 64 f.

39 Tagebücher 1971, 23; Pecorella Vergnano 1965 (wie Anm. 38), 64.

40 Tagebücher 1971, 23; Klaus D. Mörike: *Geschichte der Tübinger Anatomie*. Tübingen 1988, 29; mehrere Arbeiten Zellers abgedruckt in Hallers Disp. anat. 1746-53.

41 Bibl. anat. 1774-77, II, 172 f.; Bibl. bot. 1771-72, II, 181; Bibl. chir. 1774-75, II, 37.

42 Tagebücher 1971, 24 f.

43 Ebenda, 23; Mörike 1988 (wie Anm. 40), 29.

44 Bibl. anat. 1774-77, II: 195; Vorlesungsnachschrift, Pecorella Vergnano 1965 (wie Anm. 38), 66.

45 Gedichte 1882, 280; 3-5, 226 f.

46 Haller (Bodemann 1885, 90) und Zimmermann 1755 (wie Anm. 15), 23 bestätigen die Niederschrift am Tag der Disputation.

47 Tagebücher 1971, 59.

48 Burgerbibliothek Bern, Nachlass Haller, Ms. 60; Gedichte 1882, XVII, XIX, 224-227.

49 Tagebücher 1971, 23 f.

50 Bibl. anat. 1774-77, II, 195.

51 Tagebücher 1971, 27; Karl Vierordt, Hallers Abgang von Tübingen. In: *Archiv für physiologische Heilkunde*, N. F. 3 (1859), 288; Hornbogen 1992 (wie Anm. 33), 47-50, dazu Akten im Universitätsarchiv Tübingen.

52 Burgerbibliothek Bern, Nachlass Haller 61, 50, Bibl. anat. 1774-77, II, 195; Zimmermann 1755 (wie Anm. 15), 24.

53 Zimmermann 1755 (wie Anm. 15),

23: «Er liebte den Wein schon damals [in Tübingen] nicht ...». – Tagebuch Studienreise 1968, 59 (letztmals 31.8.1727, Ankunft in Paris). Vgl. Gedichte 1882, 401: «Ich hingegen sagte im neunzehnten Jahr meines Alters dem Wein ab ...».

54 Burgerbibliothek Bern, Nachlass Haller, Ms. 36 und 37, veröffentlicht in Tagebücher 1971.

55 Zimmermann 1755 (wie Anm. 15), 33 f.

56 Schöbi 2003.

57 Tagebücher 1971, 31.

58 An Zimmermann, 7.11.1754; Bodemann 1885, 27; Zimmermann 1755 (wie Anm. 15), 34-35; Tagebücher 1971, 46.

59 Tagebücher 1971, 63. – Für preussische Gardisten waren 6 Fuss Körperlänge (ca. 1.88 m) verlangt; vgl. Urs Boschung: Albrecht von Hallers Krankheiten in seiner Korrespondenz. In: Martin Stuber, Stefan Hächler und Luc Lienhard (Hg.): Hallers Netz. Ein europäischer Gelehrtenbriefwechsel zur Zeit der Aufklärung. Basel 2005, 225 und Anm. 38.

60 Tagebücher 1971, 40; an Zimmermann, 30.10.1754 (Bodemann 1885, 25): «L'article de la religion de ma jeunesse est trop difficile pour etre touché par un autre que moi meme, qui sait seul, sans pouvoir bien m'en ouvrir, les changemens qui se sont fait chez moi.»

61 *Album studiosorum Academiae Lugduno Batavae 1575-1875*. Den Haag 1875, Sp. 898.

62 Tagebücher 1971, 79.

63 Ebenda, 80.

64 Ebenda.

65 Boerhaave prael. 1739-44, Widmung.

66 A[ntonie] M[aria] Luyendijk-Elshout et al. (Hg.): *Walking with Boerhaave in Leiden: the trail of the past.* Leiden 1994.

67 Tagebücher 1971, 37, 79; Hallers Nachschriften in Mailand (Pecorella Vergnano 1965 [wie Anm. 38], 55, 56). – Zwischen 1701 und 1738 immatrikulierten sich 1919 Medizinstudenten, davon ein Drittel aus englischsprachigen Ländern (Luyendijk-Elshout 1994 [wie Anm. 66], 65).

68 Boerhaave cons. med. 1744, 64-84.

69 Bibl. anat. 1774-77, II, 195.

70 Tagebücher 1971, 46.

71 Ebenda, 45, 47, 75 f.; Bibl. anat. 1774-77, I, 529.

72 Tagebücher 1971, 46; Haller wünschte auch von Johann Christoph Bohl in Amsterdam entsprechendes Untersuchungsgut («capita humana») (Epist. lat. 1773-75, I, 1 f.).

73 Georg Daniel Coschwitz: *Ductus salivalis novus pluribus observationibus illustratus confirmatusque simulatque a contradictionibus vindicatus et liberatus seu Continuatio observationum circa hoc negotium hactenus institutarum cum necessaria brevique responsione ad disquisitionem Du Vernoi atque Halleri.* Halle 1729, 31 f.

74 Tagebücher 1971, 74.

75 Gedichte 1882, XXV, 228 f., 6-8, 280.

76 Burgerbibliothek Bern, Nachlass Haller, Ms. 39 (2); Tagebücher 1971, 88: «... die Themse ist größer als hier der Rhein.»

77 Burgerbibliothek Bern, Nachlass Haller, Ms. 38; Tagebuch Studienreise 1968.

78 Tagebücher 1971, 98; Richard Toellner: Decora merenti: glory, merit and science: Haller spellbound by the Newtonian star. In: *Janus*, 67 (1980), 171-185, 176 f.

79 Bibl. anat. 1774-77, 196. – König Georg I. war am 22. Juni 1727 in Osnabrück gestorben und in Herrenhausen beigesetzt worden. Die Krönung Georgs II. war auf den 11. Oktober 1727 angesetzt.

80 Tagebuch Studienreise 1968; Urs Boschung (Hg.): *Johannes Gessners Pariser Tagebuch*, kommentiert, übers. und hrsg. Bern, Stuttgart, Toronto 1985.

81 Tagebuch Studienreise 1968, 28, 53.

82 Ebenda, 63; Paul Le Gendre: Le séjour du docteur Albert Haller à Paris en 1728: botanique, poésie, flirt et dissection. In: *Le concours médical* 18 bis, 6 (1936), 1429-1432.

83 Gedichte 1882, 215-220. – In der von Haller besuchten Tragödie bzw. Oper *Roland* ist Thémire die Vertraute von Angelika, Königin von Cathay. – Nach Zimmermann 1752 (wie Anm. 24), 482,

verfasste sie Haller im Alter von zwölf Jahren.

84 Tagebuch Studienreise 1968, 39 f.

85 Ebenda, 29.

86 Boschung 1985 (wie Anm. 80), 354.

87 Bibl. anat. 1774-77, II, 196; Tagebuch Studienreise 1968, 61.

88 An Burggrave, 7.3.1728 (Boschung 1977, 191).

89 Haller 1740, 677; Zimmermann 1755 (wie Anm. 15), 47.

90 Stucker 1984 (wie Anm. 8), 247. Präsident des Schulrates 1726 war Isaak Steiger.

91 Matrikel Basel (wie Anm. 27), V, 14; Anne Nagel, Martin Möhle, Brigitte Meles: Die Altstadt von Grossbasel. Bern 2006, 257-260 (*Zur Hohen Sonnenluft*).

92 Nachschriften im Nachlass (Pecorella Vergnano 1965 [wie Anm. 38], 91-94); Heribert M. Nobis: Ueber einige Haller-Handschriften, welche verlorene Vorlesungen des Johann (I) Bernoulli betreffen. In: *Gesnerus*, 26 (1969), 54-72; Urs Boschung (Hg.): Johannes Gessner (1709-1790). Der Gründer der Naturforschenden Gesellschaft in Zürich. Seine Autobiographie – Aus seinem Briefwechsel mit Albrecht von Haller. Ein Beitrag zur Geschichte der Naturwissenschaften in Zürich im 18. Jahrhundert. Alpnach Dorf 1996, 34 f.

93 Urs Boschung: Haller botaniste et poète – A la découverte des Alpes. In: Jean-Claude Pont, Jan Lacki (Hg.): *Une cordée originale. Histoire des relations entre science et montagne*. Chêne-Bourg/Genève 2000, 96-119.

94 «Mr. Haller avant son séjour à Bâle n'avoit encore recueilli aucune Plante; la vüe des Alpes l'invita à cette nouvelle Etude.» (Zimmermann 1752 [wie Anm. 24], 486). – 1755 schrieb er: «Der Anblick der Alpen erweckte bey dem Herrn Haller, in Basel, eine neue Begierde. Er hatte wohl die Botanik auf seinen Reisen nicht verabsäumet, dennoch aber hub er niemahls keine Pflanze auf [...].» (Zimmermann 1755 [wie Anm. 15], 53-54.

95 Boschung 1996 (wie Anm. 92), 35.

96 Alpenreise 1948, 7: «Vous savez que nous voiagions pour voir la nature et non pas pour voir les hommes ni leurs ouvrages.»

97 Albrecht Burckhardt: *Geschichte der Medizinischen Fakultät zu Basel 1460-1900*. Basel 1917, 419, 421; Werner Kolb: *Geschichte des anatomischen Unterrichts an der Universität zu Basel 1460-1900*. Basel 1951, 34, 182; Burgerbibliothek Bern, Nachlass Haller, Ms. 1; zwei Nachschriften bzw. Kopien in der Universitätsbibliothek Basel; Nagel/Möhle/Meles (wie Anm. 91), 339-343.

98 Epist. lat. 1773-7, I, 221 f. (datiert 5.12.1733).

99 Gedichte 1882, 9-19, 20-42, 43-60, 280.

100 Ebenda, 248 (Haller im Vorwort zu Gedichte 1748).

101 Zimmermann 1752 (wie Anm. 24), 486.

102 Gedichte 1882, LIII.

103 Ebenda.

104 Hist. stirp. helv. 1768, I, XIX.

105 An Gessner, 19.6.1729 (Hintzsche 1951, 99 f.).

106 Johann Matthias Gesner: Memoria Marianae e gente Wyssia in matrimonio Alberti Halleri ... beata morte defunctae; Memoria Elisabetae e gente Bucheria in matrimonio Alberti Halleri defunctae. In: Ders.: *Opuscula minora varii argumenti*. 8 Tle. in 1 Bd. Vratislaviae 1743-45; Tl. 3 (1743), 295-300, 310-316, S. 297 f.

107 Bodemann 1885, 213.

108 Gemäss Adresse des Briefes von Pierre-François Martin, 20.4.1731 (Burgerbibliothek Bern).

109 Gerber-Visser 1976, 21-23; an Zimmermann, 30.10.1754 (Bodemann 1885, 25): «L'article de la religion de ma jeunesse est trop difficile pour etre touché par un autre que moi meme, qui sait seul, sans pouvoir bien m'en ouvrir, les changemens qui se sont fait chez moi.»

110 Peter Giller an Haller, 17.5.1729 (Fehr-Hutter 2003, 72).

111 An Zimmermann, 28.6.1754 (Bodemann 1885, 15 f.).

112 Reisen gemäss den Angaben in Hist. stirp. helv. 1768, I, XIX-XXI.

113 Ebenda, I, XIX.

114 An Gessner, 5.3.1733, 8.6.1734 (Sigerist 1923, 69, 90).

115 An Gessner, 12.8.1729 (Sigerist 1923, 20); 16.9.1729 (Boschung 1974, 268 f.).

116 An Gessner, 10.6.1730, 22.2.1732 (Sigerist 1923, 24, 44); Burgerbibliothek Bern, Nachlass Haller, Ms. 8, fol. 5r/v; De phtisici sectione 1734; Opuscula path. 1755, Observatio 35, S. 82-83.

117 E[rich] Hintzsche: Die geschichtliche Entwicklung anatomischer Arbeit in Bern bis zur Gründung der Hochschule. In: *Berner Zeitschrift für Geschichte und Heimatkunde*, 3 (1942), S. 49-86, 128-173; 62. – Erste bewilligte Leiche am 18.3.1734 (ebd. 68).

118 Obs. anat. 1735, 107; der Text der Rede ist nicht erhalten; Burgerbibliothek Bern, Nachlass Haller, Ms. 8.

119 Burgerbibliothek Bern, Nachlass Haller, Ms. 3.

120 Gedichte 1882, 60-76, 77-79, 80-85, 86-98, 99-101, 102-108, 109-115, 116 f., 118-142, 143-145, 146-149, 150-154, 215-218, 230-232, 280.

121 An Gessner, 21.3.1730 (Sigerist 1923, 22 f.).

122 Bodemann 1885, 91 f.

123 Hans Bloesch: Albrecht Haller als Bibliothekar. In: *Mélanges offerts à M. Marcel Godet*. Neuchâtel 1937; Ad[olf] Lechner: Aus Albrecht Hallers zwei letzten Bernerjahren vor seiner Abreise nach Göttingen im September 1736. In: *Blätter für bernische Geschichte, Kunst und Altertumskunde*, 7/2 (Juni 1911), 130-135, 131. – Die Professur der Eloquenz war mit dem Achtfachen (1000 Pfund) honoriert.

124 Boschung 1994.

125 An Gessner, 14.12.1736 (Sigerist 1923, 124); vgl. Epist. lat. 1773-75, I, 279: «Fuit: ulcere perruptum intestinum.» – Gesner 1743-45 (wie Anm. 106), 295-300. Die Grabplatte von Marianne und Ludwig Albrecht befindet sich in der Jakobi-Kirche, Göttingen.

126 Tagebuch 1787; publiziert sind die Eintragungen vom 5.12.1736 bis 29.3. 1747 und vom 5.4.1772-6.12.1777.

127 An Gessner, 14.12.1736 (Sigerist 1923, 124).

128 Gesner 1743-45 (wie Anm. 106), 310-316.

129 Harald Thomas Betteridge: Notes on Albrecht von Haller. In: *Modern language review*, 46 (1951), 461-467.

130 An Gessner, 1.8.1741 (Hintzsche 1951, 104).

131 An Gessner, 17.8.1742 (Sigerist 1923, 153).

132 Vgl. Burgerbibliothek Bern, Nachlass Haller, Ms. 96-97 (Ehrendokumente).

133 Als Dekan hielt Haller an der Stiftungsfeier der Universität am 17.9.1739 eine Rede über den Nutzen der Botanik, am 17.9.1745 eine Rede über den Nutzen des Reisens (Boschung 2005).

134 Reisen gemäss den Angaben in Hist. stirp. helv. 1768, I, XIX-XXI.

135 Gerhard Wagenitz: Albrecht von Haller als Botaniker in Göttingen. In: *Göttinger Jahrbuch*, 2003, Nr. 51, 15-26.

136 Icones anat. 1743-56, I,: 37.

137 Gedichte 1882, 155-157, 158-162, 163-166, 167-171, 172-175, 176-183, 184-187, 233, 234-237.

138 Karl S. Guthke: Hallers ‹Unvollkommne Ode über die Ewigkeit›: Veranlassung und Entstehung. In: *Deutsche Vierteljahresschrift für Literaturwissenschaft und Geistesgeschichte*, 48 (1974), 528-545.

139 Karl S. Guthke: Haller, La Mettrie und die anonyme Schrift ‹L'homme plus que machine›. In: *Etudes germaniques*, 17 (1962), S. 137-143; Erich Hintzsche: Neue Funde zum Thema: L'homme machine und Albrecht Haller. In: *Gesnerus*, 25 (1968), 135-166. – An Georg Thomas von Asch, 1.11.1751 (Rössler 1855), 340 f.

140 Martin Stuber: Intimität – Familienökonomie – Stadtgespräch. Kommunikationsgeschichte einer Heirat im Ancien Régime. In: Stuber/Hächler/Lienhard 2005 (wie Anm. 59), 463-503.

141 *Göttingische Zeitung von Gelehrten Sachen auf das Jahr 1753*, 1289.

142 An Gessner, 14.7.1749 (Sigerist 1923, 169).

143 An Gessner, 8.10.1749 (Boschung 1974, 277).

144 An Gessner, 9.6.1747 (Sigerist 1923, 165); 10.7.1747 (Hintzsche 1951, 110).

145 Vgl. Burgerbibliothek Bern, Nach-

lass Haller, Ms. 96-97 (Ehrendokumente).

146 Rektoratsrede 1877.

147 Zimmermann 1755 (wie Anm. 15), 281; Walther Zimmerli: Haller und Göttingen. In: *Albrecht von Haller, 1708-1777: zehn Vorträge gehalten am Berner Haller-Symposion vom 6. bis 8. Oktober 1977*. Basel 1977, 143-159, 148.

148 Richard Toellner: Entstehung und Programm der Göttinger Gelehrten Gesellschaft unter besonderer Berücksichtigung des Hallerschen Wissenschaftsbegriffes. In: Fritz Hartmann, Rudolf Vierhaus (Hg.): *Der Akademiegedanke im 17. und 18. Jahrhundert*. Bremen, Wolfenbüttel 1977, 97-115.

149 Medizinische Fakultät der Universität Göttingen, Acta Facultatis in Academia Georgia Augusta Haller (Manuskript), 40.

150 Reisen gemäss den Angaben in Hist. stirp. helv. 1768, I, XIX-XXI.

151 Gerhard Wagenitz, Thomas Kaiser: Floristische Angaben Albrecht von Hallers aus Celle und Umgebung in der Mitte des 18. Jahrhunderts. In: *Floristische Notizen aus der Lüneburger Heide*, 10 (März 2002), 10-16.

152 Renato G. Mazzolini: Le dissertazioni degli allievi di Albrecht von Haller a Göttingen (1736-1753): una indagine bio-bibliografica. In: *Nuncius*, 2 (1987), 125-194.

153 An Gessner, 29.5.1751 (Sigerist 1923, 178).

154 Gedichte 1882, 192-196, 197-200, 206 f.

155 An Gessner, 10.7.1747 (Hintzsche 1951, 110); Zimmerli (wie Anm. 147), 152.

156 An Gessner, 20.4.1753 (Sigerist 1923, 195 f.).

157 An von Asch, 21.7.1753 (Rössler 1855, 349); vgl. an Gessner, 30.4.1753 (Sigerist 1923, 195).

158 An Rosen, 7.4.1756 (Berg 1964, 134).

159 An Gessner, 22.3.1757 (Sigerist 1923, 266); 19.4.1757 (Hintzsche 1951, 111).

160 Vgl. Burgerbibliothek Bern, Nachlass Haller, Ms. 96-97 (Ehrendokumente).

161 Alfred Zesiger: Haller als Rathausammann. In: *Blätter für bernische Geschichte, Kunst und Altertumskunde*, 5/1 (1909), 65-69; Hintzsche 1977, 493 f.; Hans Strahm: Albrecht von Haller im bernischen Staatsdienst. In: *Verwaltungs-Praxis*, 7 (1973), 197-203.

162 Waysenhaus 1772; Hans Morgenthaler: Geschichte. In: *Die Burgerlichen Waisenhäuser der Stadt Bern*. Bern 1938, 27-112.

163 An Gessner, 3.4.1755 (Sigerist 1923, 230).

164 An Tissot, 29.5.1755, 23.9.1756 (Hintzsche 1977, 40, 54 f.).

165 Reisen gemäss den Angaben in Hist. stirp. helv. 1768, I, XIX-XXI.

166 Gedichte 1882, 208 f., 203, 210 f.

167 An Gessner, 19.4.1755 (Sigerist 1923, 231).

168 An Euler, 27.12.1755 (Akademie der Wissenschaften, St. Petersburg, Bibliothek).

169 An Bonnet, 1.9.1757 (Sonntag 1983, 108); an Gessner, 31.8.1757 (Boschung 1972, 27).

170 Hugo Kronecker: Hallers Wohnungen und seine Arbeitsart. In: *Blätter für bernische Geschichte, Kunst und Altertumskunde*, 4/4 (1908), 311-335, hier 319.

171 An Bonnet, 7.5.1757 (Sonntag 1983, 100); Nov. 1757 (Landvogtei Yverdon): an Gessner, 15.10., 10.11., 25.11.1757 (Sigerist 1923, 274-276); Lenzburg: an Gessner, 1.3.1758 (Sigerist 1923, 280).

172 An Gessner, Mai 1758 (Sigerist 1923, 282).

173 An Bonnet, 18.9.1757 (Sonntag 1983, 116).

174 Reisen gemäss den Angaben in Hist. stirp. helv. 1768, I, XIX-XXI.

175 Autobiographie in Rössler 1855, 379.

176 Kronecker 1908 (wie Anm. 170), 319.

177 Rüdiger Robert Beer: *Der grosse Haller*. Säckingen 1947, 96 (nach der Familienüberlieferung).

178 An Bonnet, 25.7.1760 (Sonntag 1983, 19, 208 f.).

179 Heinz Balmer: Haller als Herr

von Goumoens-le-Jux und Eclagnens. In: *Gesnerus*, 34 (1977), 304-317.

180 An Gessner, undatiert [Juli 1759], 19.9.1762 (Sigerist 1923, 299, 329). – 240 Bernpfund entsprechen 125 kg.

181 Vgl. Burgerbibliothek Bern, Nachlass Haller, Ms. 96-97 (Ehrendokumente).

182 Gustav Tobler: Albrecht von Haller als Salzdirektor. In: *Für's Schweizer-Haus*, 1/25 (1902), 391-394.

183 Silvio Valceschini: *Un poète et naturaliste au pouvoir: Albert de Haller, vice-gouverneur d'Aigle en 1762-1763*. Aigle 1977.

184 An Tissot, 24.2.1764 (Hintzsche 1977, 179).

185 An Tissot, 25.6., 25.9.1764 (Hintzsche 1977, 184, 194).

186 Reisen gemäss den Angaben in Hist. stirp. helv. 1768, I, XIX-XXI.

187 Ebenda, I, XXI.

188 An Gessner, 24.5.1763 (Sigerist 1923, 335).

189 An Gessner, 4.7.1763, 10.8.1764 (Sigerist 1923, 337, 348).

190 An Bonnet, 7.5.1777 (Sonntag 1983, 1273 f.).

191 An Gessner, 17.2., 21.4.1765 (Sigerist 1923, 358, 362).

192 An Tissot, 20., 21.8.1765 (Hintzsche 1977, 211 f.); an Gessner, 1.9., 15.9.1765 (Sigerist 1923, 368 f.); an Bonnet, 28.9.1765 (Sonntag 1983, 441).

193 Kronecker 1908 (wie Anm. 170), Sep. 11; an Gessner, 17.7., 3.9., 21.9., 15.10.1774 (Sigerist 1923, 498-501); an Tissot, 21.7., 29.9.1774 (Hintzsche 1977, 395, 398 f.); an Bonnet, 16.9.1774 (Sonntag 1983, 1139).

194 An Gessner, 23.9.1766, 26.8.1768 (Sigerist 1923, 381, 416); an Tissot, 23.8.1766, 11.8.1768 (Hintzsche 1977, 241, 292); Balmer 197 (wie Anm. 178), 314.

195 An Gessner, 24.12.1771, 17.1.1772 (Sigerist 1923, 461 f.); an Bonnet, 12.1.1772 (Sonntag 1983, 996); vgl. Boschung 2005, 240.

196 An Gessner, 21.1.1767, 2.1.1768 (Sigerist 1923, 389, 406); an Tissot, 16.2.1767 (Hintzsche 1977, 250); an Gemmingen, 21.9., 5.11., 6.12.1776, 1.1., 8.3.1777, Gottlieb Emanuel von Haller an Gemmingen, 17.12.1777 (Fischer 1899, 100, 104, 107, 111, 116, 142).

197 An Gessner, 6.4., 2.11.1765, 4.7.1770, 9.2.1771; 29.7.1772 (Sigerist 1923, 360, 370, 436, 447, 473); an Gemmingen, 5.11.1776 (Fischer 1899, 105).

198 An Gessner, 3.5.1769 (Sigerist 1923, 426).

199 An Gessner, 31.10.1770, 16.10.1771 (Sigerist 1923, 440, 458).

200 Boschung 2005, 234-261.

201 An Gessner, 9.10.1771, 18.3.1773 (Sigerist 1923, 457, 483).

202 Vgl. Burgerbibliothek Bern, Nachlass Haller, Ms. 96-97 (Ehrendokumente).

203 An Gessner, 27.1.1768 (Sigerist 1923, 406).

204 An Tissot, 2.-3.7.1767 (Hintzsche 1977, 264).

205 An Tissot, 3.1.1770 (Hintzsche 1977, 319).

206 An Gessner, 2.5.1772 (Sigerist 1923, 468).

207 Gustav Tobler: Albrecht von Haller als bernischer Sanitätsrat. In: *Für's Schweizer-Haus*, 1 (1902), 468, 484, 504-506; Hubert Steinke; Urs Boschung: Nützliche Medizin. Theorie und Praxis bei Albrecht von Haller. In: *Cardanus. Jahrbuch für Wissenschaftsgeschichte*, 7 (2007), 135-149.

208 An Gessner, 28.4.1765 (Sigerist 1923, 362).

209 An Gessner, 1.9.1765 (Sigerist 1923, 368).

210 An Gessner, 4.7., 5.12.1770 (Sigerist 1923, 436, 444).

211 An Tissot, 22.10.1764 (Hintzsche 1977, 197); an Gessner, 16.3.1765 (Sigerist 1923, 359).

212 An Tissot, 20.8.1765 (Hintzsche 1977, 211); an Gessner, 1.9., 28.9.1765 (Sigerist 1923, 368-371).

213 Urs Boschung: Albrecht von Haller als Arzt: zur Geschichte des Elixir acidum Halleri. In: *Gesnerus*, 34 (1977), 267-293.

214 An Gessner, 3.1.1777 (Sigerist 1923, 531).

215 An Gessner, 3.9., 30.11.1774 (Sigerist 1923, 499 f., 504); an Bonnet, 22.10.1775, 7.7.1776, 5.1., 10.2.1777 (Sonntag

1983, 1185, 1225, 1249, 1259); an Tissot, 8., 15.5.1777 (Hintzsche 1977, 462-464).

216 An Saussure, 12.5.1766 (Sonntag 1990), 263.

217 An Tissot, 17.9.1764, 20.8.1765 (Hintzsche 1977, 192, 211); an Gessner, 1.9.1765 (Sigerist 1923, 368).

218 Erich Hintzsche: Albrecht von Hallers Tätigkeit als Enzyklopädist. In: *Clio medica*, 1 (1966), 235-254.

219 An Gessner, 18.8., 29.9.1769 (Sigerist 1923, 430 f.).

220 An Gessner, 6.6.1771 (Sigerist 1923, 452).

221 An Gessner, 19.4.1755 (Sigerist 1923, 232); an Tissot, 7.6.1764 (Hintzsche 1977, 183).

222 Bibl. anat. 1774-77, I, VII.

223 An Tissot, 2.4.1768 (Hintzsche 1977, 283).

224 An Tissot, 7.2.1768 (Hintzsche 1977, 280); an Gessner, 17.2., 24.12.1768 (Sigerist 1923, 408, 421).

225 An Gessner, 2.8.1768, 18.8.1769, 31.10.1770 (Sigerist 1923, 415, 430, 441).

226 An Gessner, 6.6., 7.9.1771 (Sigerist 1923, 453, 455 f.); an Bonnet, 2.8.1772 (Sonntag 1983, 1037).

227 An Gessner, 24.12.1771 (Sigerist 1923, 461); der Verlagsvertrag bei Boschung 1972, 46 f.

228 An Gessner, 25.9.1773 (Sigerist 1923, 489).

229 An Gessner, 9.10.1773 (Sigerist 1923, 489); an Tissot, 10.10.1773, 30.12.1774 (Hintzsche 1977, 387, 400).

230 An Gessner, 27.5.1775, 17.2.1776 (Sigerist 1923, 511, 518).

231 An Gessner, 15., 26.3., 18.5.1768 (Sigerist 1923, 409 f., 412).

232 Tissot an Haller, 5.2.1768, an Tissot, 7.2.1768 (Hintzsche 1977, 279 f.).

233 An Gessner, 4.11., 28.11.1772 (Sigerist 1923, 478).

234 An Bonnet, 19.10., 28.10.1776 (Sonntag 1983, 1239, 1242).

235 An Gessner, 14.2.1754 (Sigerist 1923, 206); an Tissot, 21.5.1766 (Hintzsche 1977, 236).

236 An Gessner, 26.8., 14.11., 29.11. 1766 (Sigerist 1923, 380, 384 f.).

237 An Gessner, 23.9.1766 (Sigerist 1923, 382).

238 An Gessner, 26.8.1766 (Sigerist 1923, 381).

239 An Gessner, 13.5.1767 (Sigerist 1923, 395).

240 An Tissot, 3.1.1770 (Hintzsche 1977, 319).

241 An Tissot, 7.2.1768 (Hintzsche 1977, 280).

242 An Gessner, 5.11.1774, 13.9.1775 (Sigerist 1923, 502, 513).

243 An Gessner, 6.12., 24.12.1768 (Sigerist 1923, 420); an Gemmingen, 31.8. 1771 (Fischer 1899, 9).

244 An Bonnet, 7.7.1776 (Sonntag 1983, 1224 f.).

245 Strahlmann 1958.

246 An Bonnet, 13.8.1772 (Sonntag 1983, 1039).

247 An Gessner, 10.2., 18.3., 1.4., 13.6.1773 (Sigerist 1923, 481-484).

248 An Bonnet, 19.9.1773 (Sonntag 1983, 1099).

249 Wernle 1923-25 (wie Anm. 9), I, 570; III, 4-11; an Gessner, 13.6.1773 (Sigerist 1923, 481).

250 An Gessner, 7.9., 21.9.1771 (Sigerist 1923, 455 f.).

251 Offenbarung 1772, 181.

252 An Gemmingen, 25.1., 8.11.1775 (Fischer 1899, 82, 86); Freygeister 1775-77, I, 7.

253 Gedichte 1882, 205.

254 Ebenda, 266.

255 Bonnet an Haller, 23.3.1776, Haller an Bonnet, 27.3.1776 (Sonntag 1983, 1205-1212).

256 Gedichte 1882, 268.

257 An Bonnet, 17.1.1773 (Sonntag 1983, 1063).

258 An Tissot, 22.8.1773 (Hintzsche 1977, 382); an Bonnet, 19.9.1773 (Sonntag 1983, 1098).

259 An Tissot, 26.9., 3.10.1773 (Hintzsche 1977, 385 f.).

260 De opii efficacia 1777, 7.

261 An Bonnet, 12.6.1774 (Sonntag 1983, 1125); De opii efficacia 1777, 8; an Tissot, 29.3.1775 (Hintzsche 1977, 405).

262 An Gessner, 7.1.1775 (Sigerist 1923, 505).

263 An Bonnet, 2.5.1775 (Sonntag 1983, 1162).

264 An Tissot, 31.5., 3.6.1775 (Hintzsche 1977, 419-421); De opii efficacia 1777, 10.

265 An Bonnet, 27.8.1775 (Sonntag 1983, 1177).

266 An Tissot, 1.9.1776 (Hintzsche 1977, 454 f.); an Gessner, 20.10.1776 (Sigerist 1923, 530); De opii efficacia 1762 dt., 23.

267 An Tissot, 15.5., 23.9.1777 (Hintzsche 1977, 464, 466 f.); Morb. grav. exempla 1778, 12.

268 An Tissot, 2.-4.12.1777 (Hintzsche 1977, 471-473); De opii efficacia 1777, 9; Morb. grav. exempla 1778, 12.

269 An Tissot, 21.3.1776 (Hintzsche 1977, 441 f.).

270 An Gessner, 5.3.1777 (Sigerist 1923, 533; Übersetzung U. B.).

271 An Gessner, 2.4.1777 (Sigerist 1923, 533); an Heyne, 3.4.1777 (Dougherty 1997, 249).

272 Berend Strahlmann: Lavaters Aufzeichnungen über seine Berner Reise: ein Beitrag zur Haller-Forschung. In: *Berner Zeitschrift für Geschichte und Heimatkunde*, 23 (1961), 13-26, hier 21.

273 An Gemmingen, 6.8.1777; im Brief vom 23.7.1777 nennt Haller den 16.7. als Tag des Besuchs (Fischer 1899, 123, 125 f.). Desgleichen an Bonnet, 20.7.1777 («mecredi»; Sonntag 1983, 1286 f.).

274 An Bonnet, 16.12.1773 (Sonntag 1983, 1111).

275 An Tissot, 6.7.1775, 2.-4.12.1777 (Hintzsche 1977, 427).

276 An Heyne, vor dem 12.12.1777 (Dougherty 1997, 278); an Tissot, 2.-4.12.1777 (Hintzsche 1977, 471-473).

277 Gottlieb Emanuel von Haller an Gemmingen, 17.12.1777 (Fischer 1899, 142).

278 Nachtrag zu Autobiographie, Rössler 1855, 384.

279 Georges Cuvier: Haller, Albert de. In: *Biographie universelle, ancienne et moderne*. 85 Bde. Paris 1811-1862, Bd. 19 (1817), 330-337; zitiert nach der deutschen Übersetzung in Gedichte 1828, XLVII.

280 Gedichte 1882, DV.

281 An Tissot, 21.12.1773, 29.5.1776 (Hintzsche 1977, 388, 448); an Gemmingen, 23.1.1774 (Fischer 1899, 65).

282 De opii efficacia 1962 dt., 21-24; Hans Jenzer: *Dr. med. Johann Friedrich Herrenschwand. Ein Berner Arzt im 18. Jahrhundert*. Bern 1967, 151 f.

283 Albrecht Rengger (Hg.): *Johann Georg Zimmermanns Briefe an einige seiner Freunde in der Schweiz*. Aarau 1830, 33 f.

284 Johann Georg Zimmermann: *Ueber die Einsamkeit*. Leipzig 1784-85, 4 Bde., Bd. 2 (1784), 178.

Abgekürzt zitierte Literatur

Sämtliche Schriften Hallers – auch postum edierte Briefe und Tagebücher – sind in den Anmerkungen abgekürzt zitiert unter Verwendung des gleichen Kurztitels wie in der *Bibliographia Halleriana. Verzeichnis der Schriften von und über Albrecht von Haller*, hrsg. von Hubert Steinke, Claudia Profos. Basel 2004. Diese Schriften werden hier in chronologischer Reihenfolge ihres Erscheinungsdatums aufgeführt (Laufnummer in der *Bibliographia Halleriana* in eckigen Klammern).

Duvernoy ductus salivalis 1725 Georgii Daniel Coschwitz … Ductum salivalem novum per glandulas maxillares, sublinguales, linguamque excurrentem … disquisitioni anatomicae submittunt praeses Johannes Georgius Du Vernoi … & respondens Albertus Haller … die XXI Martii anno MDCCXXV. Tübingen 1725. [924]

Ductus salivalis 1727 Dissertatio inauguralis sistens experimenta et dubia circa ductum salivalem novum Coschwizianum quam … ex auctoritate … rectoris D. Jacobi Wittichii ... pro gradu doctoratus ... eruditorum examini submittit Albertus Haller ... ad diem 23. Maj. 1727. Leiden 1727. [926]

Androsaces 1731 Observatio de androsace alpina minima In: Commercium litterarium ad rei medicae, 1731, 380. [1221]

Xeranthemum 1731 Observatio de xeranthemo valesiaco flore clauso In: Commercium litterarium ad rei medicae, 1731, 395-397. [1222]

Gedichte 1732 Versuch Schweizerischer Gedichten. Bern 1732. [28]

De musc. diaphragm. 1733 De musculis diaphragmatis dissertatio anatomica. Bern 1733. [929]

Gedichte 1734 Versuch von Schweizerischen Gedichten. 2., vermehrte und veränd. Aufl. Bern 1734. [29]

De phtisici sectione 1734 Albertus Haller ea quae in sectione phthisici observavit ... sequentibus perscripsit. In: Commercium litterarium ad rei medicae, 1734, 187-188. [1011]

Obs. anat. 1735 Berna ... Alb. Haller ... sequentibus observationibus concinnavit ...; ex litteris D.D. Halleri ad D.D. [Christophorum Jacobum] Trew. In: Commercium litterarium ad rei medicae, 1735, 107-108, 188. [934]

De partu bicipite 1735 De nupero partu bicipite et unicorporeo, ad ... Joh. Georgium Altmannum ... epistola. In: Tempe Helvetica, 1735, I, 48-55. [906]

Iter alpinum 1736 Descriptio itineris alpini, suscepti m. Julio anni 1734 [recte: 1731] In: Tempe Helvetica, 1736, I, 553-575. [1180]

De studio botanices 1736 De methodico studio botanices absque praeceptore: dissertatio inauguralis quam primum anatomes, botanices et chirurgiae professionem publicam ordinariam in Academia Georgia Augusta regio iussu capesseret ad diem XII Oct. MDCCXXXVI. Göttingen 1736. [1231]

Haller 1740 Albrecht Haller [Autobiographie]. In: Das jeztlebende Gelehrte Europa, oder, Nachrichten von den vornehmsten Lebensumständen und Schriften jeztlebender Europäischer Gelehrten, nebst Herrn Göttens Aufsätzen zu den beiden ersten Theilen, wie auch zum ersten Stück des dritten Theils. Der dritte Theil. Zelle 1740, 673-689.

Boerhaave prael. 1739-44 Hermanni Boerhaave ... Praelectiones academicae in proprias institutiones rei medicae edidit et notas addidit Albertus Haller. 7 Bde. Göttingen 1739-1744. [373]

Enum. stirp. helv. 1742 Enumeratio methodica stirpium Helvetiae indigenarum. Göttingen 1742. [1189]

Enum. hort. Gott. 1743 Brevis enumeratio stirpium horti Gottingensis accedunt animadversiones aliquae et novarum descriptiones. Göttingen 1743. [1240]

Gedichte 1743 Versuch Schweizerischer Gedichte. 3., vermehrte und veränd. Aufl. Bern 1743. [32]

Icones anat. 1743-56 Icones anatomicae quibus praecipuae aliquae partes corporis humani delineatae proponuntur & arteriarum potissimum historia continetur. 8 Faszikel. Göttingen 1743-1756, 8 Faszikel. [337]

Boerhaave cons. med. 1744 Consultationes medicae sive sylloge epistolarum cum responsis Hermanni Boerhaave [edidit Albertus Haller]. Göttingen 1744. [1093]

Flora Ienensis 1745 Flora Ienensis Henrici Bernhardi Ruppii ex posthumis auctoris schedis et propriis observationibus aucta et emendata, accesserunt plantarum rariorum novae icones. Jena 1745. [1247]

Allium 1745 De allii genere naturali libellus, cum figuris aeneis. Göttingen [1745]. [1245]

Disp. anat. 1746-52 Disputationum anatomicarum selectarum collegit, edidit, praefatus est Albertus Haller. 7 Bde. Göttingen 1746-1752. [333]

Prim. lin. physiol. 1747 Primae lineae physiologiae in usum praelectionum academicarum. Göttingen 1747. [390]

Gedichte 1748 Versuch Schweizerischer Gedichte. 4., vermehrte und veränd. Aufl. Göttingen 1748. [33]

Opuscula bot. 1749 Opuscula sua botanica prius edita, recensuit, retractavit, auxit, coniuncta edidit Albertus Hallerus Göttingen 1749. [1254]
Gedichte 1749 Versuch Schweizerischer Gedichte 5. Aufl., nach der vermehrten 4. verb. Göttingen 1749. [34]
Gedichte 1750 (frz.) Poesies choisies de M. de Haller; trad. en prose par M. [Vinzenz Bernhard] de T[scharner]. Göttingen 1750. [62]
Maupertuis 1751 Letre de M. de Haller à M. de Maupertuis sur une brochure de M. de la M. avec la reponse de M. de Maupertuis. [Göttingen] [1751]. [1649]
Boerhaave methodus 1751 Hermanni Boerhaave ... Methodus studii medici emaculata & accessionibus locupletata ab Alberto ab Haller ... Amstelaedami 1751. [387]
Opuscula anat. 1751 Opuscula sua anatomica: de respiratione, de monstris aliaque minora recensuit, emendavit, auxit, aliqua inedita novasque icones addidit Albertus v. Haller. Göttingen 1751. [335]
Gedichte 1751 Versuch Schweizerischer Gedichte 6., rechtmässige, vermehrte und veränd. Aufl. Göttingen 1751. [35]
Gedichte 1751a Versuch Schweizerischer Gedichte 7. Aufl., der 6. gleichförmig. Göttingen 1751. [36]
Alpen 1752 (frz.) Les Alpes. In: Mercure de France, 62 (1752), 84-108. [129]
Gedichte 1753 Versuch Schweizerischer Gedichte 8. Aufl., der 7. gleichförmig. Göttingen 1753. [37]
Enum. hort. Gott. 1753 Enumeratio plantarum horti regii et agri Gottingensis aucta et emendata ab Alberto de Haller, horti praefecto. Göttingen 1753. [1241]
De part. irrit. 1753 De partibus corporis humani sensilibus et irritabilibus: die 22. April. 1752 [Sectio II. Lecta die VI. Maii]. In: Commentarii Societatis Regiae Scientiarum Gottingensis, t. 2 ad annum 1752 (1753), 114-158. [792]
De sanguinis motu 1754 De sanguinis motu experimenta anatomica, d. 8. Octobris 1754 In: Commentarii Societatis Regiae Scientiarum Gottingensis, t. 4 ad annum 1754 (1754), 396-483. [769]
De part. irrit. 1755 (frz.) Dissertation sur les parties irritables et sensibles des animaux par M. De Haller ... trad. du Latin par M. Tissot. Lausanne 1755. [802]
Opuscula path. 1755 Opuscula pathologica: partim recusa, partim inedita: quibus sectiones cadaverum morbosorum potissimum continentur: accedunt experimenta de respiratione, quarta parte aucta. Lausanne 1755. [1003]
Disp. chir. sel. 1755-56 Disputationes chirurgicae selectae collegit, edidit, praefatus est Albertus Hallerus. 5 Bde. Lausanne 1755-1756. [1080]
Mémoires irrit. 1756-60 Mémoires sur la nature sensible et irritable des parties du corps animal. 4 Bde. Lausanne 1756-1760. [822]
Disp. ad morb. 1757-60 Disputationes ad morborum historiam et curationem facientes quas collegit, edidit et recensuit Albertus Hallerus. 7 Bde. Lausanne 1757-1760. [1085]
El. physiol. 1757-66 Elementa physiologiae corporis humani. Lausannae, 8 Bde. Lausanne, Bern 1757-1766. [423]
Formation du cœur 1758 Sur la formation du cœur dans le poulet, sur l'œil, sur la structure du jaune &c. 2 Bde. Lausanne 1758. [902]
Formation des os 1758 Deux mémoires sur la formation des os, fondés sur des experiences. Lausanne 1758. [899]
Emend. ad stirp. helv. 1759 Ad enumerationem stirpium helveticarum emendationes et auctaria. Pars 1 [Bern] [1759]. [1191]
Gedichte 1762 Versuch Schweizerischer Gedichte 9., rechtmässige, vermehrte und veränd. Aufl. Göttingen 1762. [38]
Opera minora 1763-68 Opera minora emendata, aucta et renovata. 3 Bde. Lausanne 1763-1768. [336]
Culture 1764 Expériences de culture. In: Mémoires et observations recueillies par la Société oeconomique de Berne, 1764, partie 4, 57-73. [1417]

Salzwerke 1765 Kurzer Auszug einer Beschreibung der Salzwerke in dem Amte Aelen auf hohen Befehl hrsg. von Albrecht Haller. Bern 1765. [1420]

Maladie épidémique 1766 Mémoire sur une maladie épidémique arrivée dans le Canton de Berne en 1762. In: Histoire de l'Académie Royale des Sciences. Avec les mémoires de mathématique et de physique, année 1763 (1766), Mémoires de mathématique et de physique, 167-171. [1113]

De formatione cordis 1767 Commentarius de formatione cordis in ovo incubato. In: Opera minora 1763-68, II, 54-311, 312-421. [903]

Emend. ad stirp. helv. 1767 Emendationum et auctariorum ad enum. stirpium helveticarum. Pars 6. In: Acta Helvetica, physico-mathematico-anatomico-botanico-medica, 6 (1767), 1-22. [1201]

Sur l'évaporation de l'eau salée 1767 Mémoire sur l'évaporation de l'eau salée. In: Histoire de l'Académie Royale des Sciences, avec les mémoires de mathématique & de physique, année 1764 (1767), 9-74. [1425]

Hist. stirp. helv. 1768 Historia stirpium indigenarum Helvetiae inchoata. 3 Bde. Bern 1768. [1202]

De monstris 1768 De monstris. In: Opera minora 1763-68, III, 3-173. [923]

De cerebro avium 1768 De cerebro avium et piscium, ad Academiam Batavam missum d. 19. Febr. 1766. In: Opera minora 1763-68, III, 191-217. [1388]

De oculis quadrupedum 1768 Sermo I: de oculis quadrupedum et avium, ad Academiam Gottingensem missus anno 1765. In: Opera minora 1763-68, III, 218-249. [1390]

Artis med. principes 1769-74 Artis medicae principes: Hippocrates, Aretaeus, Alexander, Aurelianus, Celsus, Rhazeus recensuit, praefatus est Albertus de Haller. 11 Bde. Lausanne 1769-1774. [1169]

Prim. lin. physiol. 1770 (dt.) Erster Umriß der Geschäfte des körperlichen Lebens, für die Vorlesungen eingerichtet aus dem Latein. unter der Aufsicht des Verfassers übers. Berlin 1770. [401]

Nervenkrankheiten 1772 Von den Nervenkrankheiten und einer Hülfe gegen dieselben in einem sauren Elixir aus dem Lateinischen des Herrn von Haller übers. [von Johann Georg Zimmermann]. In: Hannoverisches Magazin, 1772, Sp. 1521-1524. [1154]

Gedichte 1768 Versuch Schweizerischer Gedichte. 10., rechtmässige, vermehrte und veränd. Aufl. Göttingen 1768. [39]

Usong 1771 Usong: eine morgenländische Geschichte, in vier Büchern durch den Verfasser des Versuches Schweizerischer Gedichte. Bern 1771. [189]

Bibl. bot. 1771-72 Bibliotheca botanica qua scripta ad rem herbariam facientia a rerum initiis recensentur. Tiguri 1771-1772. 2 Bde. [1215]

Offenbarung 1772 Briefe über die wichtigsten Wahrheiten der Offenbarung zum Druke befördert durch den Hrsg. der Geschichte Usongs. Bern 1772. [265]

Waysenhaus 1772 Authentische Acten über das neuerrichtete Waysenhaus in Bern vom Jahr 1755 bis 1757: aus den Zürchischen Sammlungen des Jahres 1757. In: Sammlung kleiner Hallerischer Schriften, 2., verbesserte und vermehrte Aufl., 3 Bde. (Bern 1772), II, 105-171. [1415]

Alfred 1773 Alfred, König der Angel-Sachsen. Göttingen und Bern 1773. [212]

Epist. lat. 1773-75 Epistolarum ab eruditis viris ad Alb. Hallerum scriptarum. Pars 1, latinae. 6 Bde. Bern 1773-1775. [1431]

Fabius 1774 Fabius und Cato: ein Stück der römischen Geschichte. Bern und Göttingen 1774. [222]

Encyclopédie d'Yverdon 1774-75 Encyclopédie, ou, Dictionnaire universel raisonné des connaissances humaines mis en ordre par M. [Fortuné-Barthélemy] de Felice [d'après Denis Diderot et Jean le Rond d'Alembert]. 42 Bde., 6 Bde Suppl., 10 Tafelbde. Yverdon 1770 à 1779. [442]

Bibl. chir. 1774-75 Bibliotheca chirurgica qua scripta ad artem chirurgicam facientia a rerum initiis recensentur. 2 Bde. Bern, Basel 1774-1775. [1089]

Bibl. anat. 1774-77 Bibliotheca anatomica qua scripta ad anatomen et physiologiam facientia a rerum initiis recensentur. 2 Bde. Zürich 1774-1777. [329]

Ad Agrostographiam Scheuchzeri 1775 Joh. Scheuchzeri agrostographia, sive graminum, juncorum, cyperorum, cyperoidum, iisque affinium historia, accesserunt Alberti v. Haller, synonyma nuperiora, graminum septuaginta species, de generibus graminum epicrisis; denique plantae rhaetici itineris anno 1709 a J. Scheuchzero suscepti. Zürich 1775. [1262]

Genera Cerealium 1775-76 Genera species et varietates cerealium. In: Novi commentarii Societatis Regiae Scientiarum Gottingensis, t. 5 ad a. 1774 (1775), 1-23, 1 Taf.; t. 6 ad a. 1775 (1776), 1-22, 3 Taf. [1270]

Freygeister 1775-77 Briefe über einige Einwürfe nochlebender Freygeister wider die Offenbarung. 3 Bde. Bern 1775-1777. [293]

Encyclopédie de Paris 1776-77 Encyclopédie, ou, Dictionnaire raisonné des sciences des arts et des métiers. Supplement 1-4 par une société de gens de lettre; mis en ordre et publ. par [Denis] Diderot ... et quant à la partie mathématique par [Jean le Rond] d'Alembert. 4 Bde. Amsterdam 1776-1777. [441]

Bibl. med. pract. 1776-88 Bibliotheca medicinae practicae qua scripta ad partem medicinae practicam facientia a rerum initiis recensentur. 4 Bde. Bern, Basel 1776-1788. [1091]

Gedichte 1777 Versuch Schweizerischer Gedichte. 11., vermehrte und verbesserte Aufl. Bern 1777. [40]

Dt. Briefe 1777 Einiger gelehrter Freunde deutsche Briefe an den Herrn von Haller: erstes Hundert von 1725 bis 1751. Bern 1777. [1430]

De opii efficacia 1777 Commentatio de opii in corpus humanum efficacia recitata d. XVI. Nov. MDCCLXXVI. In: Novi Commentarii Societatis Regiae Scientiarum Gottingensis, T. VII ad a. 1776, 1-16. [1155]

De fabrica et funct. 1777-78 De partium corporis humani praecipuarum fabrica et functionibus, opus quinquaginta annorum. 8 Bde. Bern, Lausanne 1777-1778. [437]

Morb. grav. exempla 1778 Morborum graviorum exempla: sermo ad. a. 1777, die 15. Nov. 1777 recitatus. In: Novi commentarii Societatis Regiae Scientiarum Gottingensis, t. 8 ad a. 1777 (1778), 1-13. [1079]

Tagebuch 1787 Albrechts von Haller ... Tagebuch seiner Beobachtungen über Schriftsteller und über sich selbst: zur Karakteristik der Philosophie und Religion dieses Mannes. 2 Bde. Bern 1787. [11]

Gedichte 1828 Albrechts von Haller Versuch schweizerischer Gedichte, begleitet mit der Lebensbeschreibung des Verfassers, durchgesehen und besorgt von Johann Rudolf Wyss, 12., vermehrte und viel verb. Original-Ausg. Bern 1828. [56]

Rössler 1855 Emil Franz Rössler: Die Gründung der Universität Göttingen. Entwürfe, Berichte und Briefe der Zeitgenossen. Göttingen 1855. [1995]

Rektoratsrede 1877 C[arl] L[udwig] von Haller: Eine Rektoratsrede Albrechts von Haller, gehalten zu Göttingen den 2. Januar 1747, aufgelegt und übers. Bern 1877. [320]

Gedichte 1882 Ludwig Hirzel (Hg.): Albrecht von Hallers Gedichte. Frauenfeld 1882. [75]

Bodemann 1885 Eduard Bodemann (Hg.): Von und über Albrecht von Haller: ungedruckte Briefe und Gedichte Hallers sowie ungedruckte Briefe und Notizen über denselben. Hannover 1885. [18]

Fischer 1899 Hermann Fischer (Hg.): Briefwechsel zwischen Albrecht von Haller und Eberhard Friedrich von Gemmingen nebst dem Briefwechsel zwischen Gemmingen und Bodmer: aus Ludwig Hirzels Nachlass. Tübingen, 1899. [1554]

Sigerist 1923 Henry E. Sigerist (Hg.): Albrecht von Hallers Briefe an Johannes Gesner (1728-1777). Berlin, 1923. [1562]

Alpenreise 1948 Erich Hintzsche, Paul Fred Flückiger (Hg.): Albert Haller: Récit du premier voyage dans les Alpes (1728), avec une introd. et des notes. St. Gallen 1948. [1178]

Hintzsche 1951 Erich Hintzsche: Sieben Briefe Albrecht von Hallers an Johannes Gessner. In: Gesnerus, 8 (1951), 98-113. [1560]

Strahlmann 1958 Berend Strahlmann: Albrecht von Haller und Herzog Peter Friedrich Ludwig von Oldenburg: mit Briefen Albrecht von Hallers an die Prinzen von Holstein-Gottorp und an den Obersten von Staal. In: Berner Zeitschrift für Geschichte und Heimatkunde, 20 (1958), 115-149. [1684]

De opii efficacia 1962 dt. Erich Hintzsche, Jörn Henning Wolf (Hg.): Albrecht von Hallers Abhandlung über die Wirkung des Opiums auf den menschlichen Körper, übers. und erläutert. Bern 1962. [1156]

Berg 1964 Fredrik Berg: Correspondence between Nils Rosén von Rosenstein and Albrecht von Haller. In: Bo Vahlquist, Arvid Wallgren (Hg.): Nils Rosén von Rosenstein and his textbook on paediatrics. Uppsala 1964) 103-139. [1699]

Tagebuch Studienreise 1968 Erich Hintzsche (Hg.): Albrecht Hallers Tagebuch seiner Studienreise nach London, Paris, Strassburg und Basel, 1727-1728. 2., verb. und vermehrte Aufl. mit Anmerkungen. Bern, Stuttgart 1968. [27]

Tagebücher 1971 Erich Hintzsche (Hg.): Albrecht Hallers Tagebücher seiner Reisen nach Deutschland, Holland und England 1723-1727, neue verbesserte und vermehrte Aufl. mit Anmerkungen. Bern, Stuttgart, Wien 1971. [24]

Boschung 1972 Urs Boschung (Hg.): Zwanzig Briefe Albrecht von Hallers an Johannes Gessner. Bern, Stuttgart, Wien 1972, 27. [1558]

Boschung 1974 Urs Boschung: Acht Briefe Albrecht von Hallers an Johannes Gessner. In: Gesnerus, 31 (1974), 267-287. [1557]

Gerber-Visser 1976 Gerrendina Gerber-Visser: Die Briefe Abraham Baillod's an Albrecht von Haller. Seminararbeit Univ. Bern 1976. [1465]

Boschung 1977 Urs Boschung: Ein Brief Albrecht Hallers über seinen Aufenthalt in Paris und Strassburg (1728). In: Physis, 19 (1977), 185-196. [1496]

Sonntag 1983 Otto Sonntag (Hg.): The correspondence between Albrecht von Haller and Charles Bonnet. Bern, Stuttgart, Wien, 1983. [1490]

Sonntag 1990 Otto Sonntag (Hg.): The correspondence between Albrecht von Haller and Horace-Bénédict de Saussure. Bern, Stuttgart, Toronto 1990. [1705]

Boschung 1994 Urs Boschung (Hg.): Albrecht von Haller in Göttingen 1736-1753: Briefe und Selbstzeugnisse. Bern [etc.] 1994. [1977]

Dougherty 1997 Frank William Peter Dougherty (Hg.): Christian Gottlob Heyne's correspondence with Albrecht and Gottlieb Emanuel von Haller. Göttingen 1997. [1583]

Fehr-Hutter 2003 Katja Fehr-Hutter: Peter Gillers Briefe an Albrecht von Haller, 1727-1756, transkribiert, erläutert und eingeleitet. Diss. med. dent. Bern 2003.

Schöbi 2003 Damian Carl August Schöbi: Die Briefe Johann Philipp Burggraves (1700-1775) an Albrecht von Haller (1708-1777). Diss. med., Bern 2003. [1497]

Boschung 2005 Urs Boschung: Albrecht Hallers Rede über den Nutzen des Reisens. Acta Historica Leopoldina, 45 (2005), 213-232.

Hallers Bern

François de Capitani

Das Regiment: «O La Politique, que tu es puissante!»[1]

Hallers Leben in Bern war durch zwei längere Aufenthalte im Ausland unterbrochen: die fünfjährige Studienzeit von 1723 bis 1728 und die siebzehn Jahre in Göttingen (1736 bis 1753). Er selber sagte, er sei noch ein Kind gewesen, als er Bern verliess. Als junger Mann und ausgebildeter Arzt kam er zurück, mit 28 Jahren ging er nach Göttingen und liess sich erst 45-jährig endgültig in Bern nieder.

Die Institutionen des bernischen Staates schienen unverrückbar. Im späten Mittelalter hatte sich in Etappen die städtische Verfassung herausgebildet.[2] An der Spitze des Gemeinwesens stand der Schultheiss, ihm zur Seite der Kleine Rat mit ursprünglich 24 Mitgliedern. Dem Kleinen Rat gehörten die höchsten Magistraten, die Seckelmeister und die Venner an. Dem Seckelmeister waren die Finanzen anvertraut; nach der Eroberung der Waadt 1536 wurde ein zweites Seckelmeisteramt für die ‹welschen Lande› eingerichtet. Die vier Venner waren ursprünglich Quartiervorsteher und Bannerträger im militärischen Auszug. Im 15. Jahrhundert gingen die meisten Quartieraufgaben an die Zünfte über und die vier bedeutendsten Zünfte – zu Pfistern, zu Metzgern, zu Schmieden und zu Gerbern – sicherten sich die Vennerstellen. Dabei hatten die Zünfte keinen Einfluss auf die Wahl der Magistraten, doch wer diese hohen Ämter anstrebte, musste notwendigerweise in einer dieser Zunftgesellschaften Mitglied sein. Es erstaunt nicht, dass alle Familien der Berner Aristokratie in diesen vier Gesellschaften zünftig waren.[3] Seit dem 15. Jahrhundert hatte es sich eingebürgert, dass der Weg zum Schultheissenamt über jenes des Venners und des Seckelmeisters führte. Der Grosse Rat war seit dem Mittelalter eine breitere Vertretung der Bürgerschaft und konnte zeitweise mehrere hundert Mitglieder umfassen. Im 18. Jahrhundert zählte er immer maximal 299 Mitglieder, und Ergänzungswahlen wurden jeweils vorgenommen, wenn die Zahl unter 200 zu sinken drohte, meist alle zehn Jahre. Zu Spannungen zwischen dem Grossen und dem Kleinen Rat kam es seit frühesten Zeiten. Um sicherzustellen, dass der Kleine Rat nicht gegen die Interessen und Prärogativen des Grossen Rats verstiess, wohnten zwei ‹Heimlicher von Burgern› den Sitzungen des Kleinen Rates bei. Im 18. Jahrhundert wurden sie als Mitglieder des Kleinen Rates betrachtet; bei einer Vakanz im Kleinen Rat war der Anspruch des amtsälteren Heimlichers auf die Stelle unbestritten. Kleinräte und Sechzehner (Vertreter der Zünfte) ergänzten periodisch den Grossen Rat, der Grosse Rat bestimmte in einem komplizierten Verfahren aus Wahl und Los die Heimlicher, also die künftigen Kleinräte.[4]

Bern herrschte weiterhin über sein bedeutendes Territorium, das von der Reuss bis an den Genfersee reichte, und wachte eifersüchtig über die Privilegien seiner Bürgerschaft. Doch hinter der scheinbar unverrückbaren Fassade fanden fundamentale Veränderungen in der Gesellschaft und in der Verfassung statt. Das Bern der zweiten Hälfte des Jahrhunderts war nicht mehr das Bern, das der junge Albrecht Haller gekannt hatte.

Zwischen 1680 und 1730 geschah Entscheidendes für die Herausbildung des patrizischen Regierungssystems und der gesamten Staatsverwaltung. Die Kluft zwischen den wenigen Familien, die sich die Macht teilten, und jenen, die zwar theoretisch durchaus ‹regimentsfähig› (d. h. regierungsfähig) waren, aber nur eine minimale Chance hatten, in den Grossen Rat und damit zu attraktiven Stellen zu gelangen, wurde seit dem ausgehenden 17. Jahrhundert immer grösser (Abb. S. 85). Ein gutes Viertel der Einwohner zählte im 18. Jahrhundert zu diesen ‹regimentsfähigen› Bürgern, der grössere Teil der Einwohner war von jeglichen Ambitionen sowieso ausgeschlossen.[5] Bezeichnete man im 17. Jahrhundert gelegentlich noch alle ‹regimentsfähigen› Bürger als Patrizier, so engte sich diese Bezeichnung im Verlauf des 18. Jahrhunderts auf die ‹wirklich regierenden› Familien ein.[6] Die Zahl der ‹regimentsfähigen› Familien sank beständig, da keine neuen Geschlechter in das Bürgerrecht aufgenommen wurden, aber immer wieder Familien ausstarben. Zählten 1684 noch 450 Familien zu diesem Kreis, so waren es hundert Jahre später nur noch 243. Aber auch die Zahl der ‹wirklich regierenden› Familien, also jener, die im Grossen Rat vertreten waren, sank und pendelte sich im 18. Jahrhundert bei ungefähr 70 bis 80 Familien ein.

Die seit dem Mittelalter bestehenden Kompetenzstreitigkeiten zwischen Grossem und Kleinem Rat waren in langwierigen Debatten seit den 80er Jahren des 17. Jahrhunderts neu aufgeflammt. Die Klärung der anhängigen Probleme und die Massnahmen, die gegen Missbräuche ergriffen wurden, beschäftigen die Räte bis weit in die erste Hälfte des 18. Jahrhunderts. Dabei wurden die Prärogativen des Kleinen Rates beschnitten, die

Der Kupferstich zeigt die Wappen von 322 regimentsfähigen Familien. Auf der Pyramide sind die einzelnen Mitglieder des Kleinen Rats und auf den beiden Säulen die 78 im Grossen Rat vertretenen Familien repräsentiert. Die Darstellung zeigt die Unterscheidung zwischen regimentsfähigen und wirklich regierenden Familien, nicht aber, dass es auch innerhalb der letzteren deutliche Abstufungen gab. – Vorstellung der Wapen des Hohen Stands wie auch allerübriger Ehren Familien Hochloblicher Statt und Republic Bern. Kupferstich von J.H. Freytag, um 1750. – Burgerbibliothek Bern.

vorher allmächtige Vennerkammer gestürzt und viele Ämter nicht mehr durch Nomination oder Wahl, sondern durch das Los vergeben. Viele hofften, dass damit nicht nur die Korruption bekämpft werden könnte, sondern dass auch Männer aus weniger bemittelten Familien zu einträglichen Stellen gelangen könnten.[7]

Doch diese Stärkung der Kompetenzen des Grossen Rates änderte kaum etwas an der zunehmenden Konzentration der Macht – und damit des Zugangs zu den lukrativen Ämtern – in der Hand weniger Familien. Im Gegenteil: die Konkurrenz wurde härter und nur die mächtigsten Familien mit einem weitreichenden Netzwerk und einer gut gepflegten Klientel konnten sich durchsetzen. Je mehr Hürden eingeführt wurden, um Absprachen und Ämterkauf zu verhindern, desto weniger Familien konnten beim Umgehen der Hürden mithalten. Familienstrategien mussten nun auf Jahrzehnte hinaus angelegt werden. Im Umfeld der Burgerbesatzungen – der periodischen Erneuerungswahlen in den Grossen Rat – kam es denn auch regelmässig in der ersten Hälfte des Jahrhunderts zu Protesten aus den Reihen der übergangenen Familien. Mit unerbittlicher Härte ging die Obrigkeit gegen diese ‹Memoralisten› vor. 1749 plante schliesslich eine Gruppe von jungen Bürgern um Samuel Henzi, die Regierung zu stürzen und die Verfassung so abzuändern, dass allen Bürgerfamilien der Zugang zu Staatsämtern möglich wurde. Die Verschwörung wurde verraten, und die Regierung liess an die 70 Verschwörer und Verdächtige verhaften.[8] Drei der Anführer wurden hingerichtet, andere mit Hausarrest oder Verbannung bestraft. Für Jahrzehnte war nun jeder Widerstand gegen das Regiment einiger weniger Familienclans gebrochen. Mitglieder aus wenig einflussreichen Familien konnten nur hoffen, als Klienten einer bedeutenden Familie in den Grossen Rat zu gelangen. Dadurch, dass in bescheidenem Rahmen solche Wahlen in den Burgerbesatzungen der zweiten Hälfte des Jahrhunderts stattfanden, konnte auch ein Zusammenstehen der minderprivilegierten Bürgerschaft verhindert werden.

Etwas überspitzt spricht ein unbekannter Kritiker 1749 – im Umfeld der Henziverschwörung – von «vier Familien, die ihre vielen Verbindungen und Heirathen untereinander und ihr dadurch erworbenes Ansehn so weit getrieben, dass unser halber Rath nichts als Vettern und Schwäger sind [...]».[9] Aber nicht nur unzufriedene und übergangene Bürger, sondern auch Männer der obersten Führungsebene sahen die Lage mit Besorgnis, so der Schultheiss Isaak Steiger.[10] Völlig illusionslos schreibt schliesslich 1775 Karl Viktor von Bonstetten: «Ce ne sont plus aujourd'hui les Conseils et Seize qui font les Promotions. Les familles s'assemblent, elles décident de ceux qu'elles présenteront.»[11]

Haller wuchs also in einer Zeit auf, in der sich die Chancen auf eine politische Karriere für Vertreter zwar regimentsfähiger, aber nicht einflussreicher Familien stetig verschlechterten. Wer nicht über die notwendigen familiären Beziehungen verfügte, konnte nur über den mühsamen und unsicheren Weg von kaum bezahlter Kanzleiarbeit darauf hoffen – bei genügend freien Grossratsstellen – in den Grossen Rat zu gelangen; Mitglieder wenig bedeutender Zünfte konnten sich eine bescheidene Chance ausrechnen, durch ein glückliches Los bei den Sechzehnerwahlen eine Nomination zu erhalten; 1667 war für die Sechzehnerwahl das Los eingeführt worden.[12]

Hallers Familie gehörte durchaus zu jenen, die zu den Verlierern der Aristokratisierung hätten gehören können. Er konnte nicht damit rechnen, dass eine Sechzehnerwahl auf ein Mitglied der kleinen und dazu noch mit der Familie Haller solidarischen Familien fiel, denn seine Zunft – Ober-Gerwern – gehörte zu den bedeutenden Vennergesellschaften und zählte zahlreiche Vertreter der mächtigen Familien. Ihm blieb nur der Weg über Familienverbindungen. Und dort stand es gar nicht so schlecht: Sein Vater hatte 1697 die blutjunge Anna Maria Engel, die Tochter des Schultheissen (Landvogtes) von Unterseen, geheiratet. Ob diese Heirat in den Familienstrategien der Engel vorgesehen war? Wahrscheinlich eher nicht. Durch seine erste Frau Marianne Wyss kam Haller in die verwandtschaftliche Nähe des Schultheissen Isaak Steiger, der ihm schliesslich 1745 die Wahl in den Grossen Rat ermöglichte. Von Göttingen aus verfolgte er die Entwicklung sehr genau und war sich bewusst, dass es für ihn keine Selbstverständlichkeit war, in den Grossen Rat zu gelangen. Anton von Tillier sagt von der Ergänzung von 1745: «[...] diese Ergänzung enthielt des Anstößigen und der schreienden Missbräuche noch weit mehr, als irgendeine der vorigen.»[13] Die Ergänzung von 1745 und die Repression gegen die Memorialisten von 1744 markieren den Wendepunkt in der bernischen Verfassungsentwicklung: Die ‹regimentsfähigen Bürger› als solidarische Gruppe wurden zwar bei feierlichen Anlässen gerne beschworen, es gab sie aber nur noch auf dem Papier.

Haller hat die entscheidende Phase dieser endgültigen Aristokratisierung von Göttingen aus verfolgt. Als er 1753 endgültig nach Bern zurückkehrte, waren die Würfel gefallen. Glücklich in den Grossen Rat gewählt, konnte er damit rechnen, ein lukratives und prestigeträchtiges Amt zu erlangen; die Salzdirektion in Roche war durchaus ein solches Amt. Die Möglichkeit, in den Kleinen Rat zu gelangen, war zwar nicht aussichtslos, doch kaum planbar. Neunmal wurde er als Kandidat nominiert, doch ihm fehlte die Hausmacht, sich gegen Mitglieder der grossen patrizischen Familien durchzusetzen. Die einzige Chance, die er sich ausrechnen konnte, war eine Wahl, nachdem ein Topfavorit durch das Los ausgeschieden war und ein mächtiger Clan die Wahl eines Konkurrenten verhindern wollte.[14]

Gesellschaftliche Veränderungen

In den letzten Jahren des 17. Jahrhunderts hatten neue Formen der Geselligkeit auch in Bern Einzug gefunden. Tee, Kaffee, Schokolade waren die neuen Drogen, die zum bisher allgegenwärtigen Wein in Konkurrenz traten. Um diese Getränke formierten sich Salons und Zirkel, in denen Männer und Frauen der gehobenen Kreise gemeinsam ihre freie Zeit verbrachten. Die Zunftstuben und Kellerwirtschaften verloren ihre Bedeutung als Orte der Begegnung von Männern in unterschiedlicher sozialer Stellung.[15] Die grossen Festessen in den Zunftstuben, die alle männlichen Stubengenossen wenigstens einige Male im Jahr versammelt hatten, verschwanden in der ersten Hälfte des 18. Jahrhunderts.[16] An die Stelle dieser Begegnungsorte, wo die bürgerliche Gleichheit wenigstens für einige Stunden zelebriert wurde, traten geschlossene Gesellschaften – meist Leiste genannt –, in denen ein klar umrissener Kreis verkehrte, aber auch Salons, zu denen der Zugang durch ein subtiles Zusammenspiel von sozialem Rang, Reichtum, Bildung und Umgangsformen definiert war.

Mit der französische Sprache, die weite Teile des gesellschaftlichen Lebens in Bern prägte, schloss sich die gute Gesellschaft von den unteren Schichten ab, öffnete sich aber für eine internationale Elite.[17] Insbesondere konnten die waadtländischen Eliten, die die Formen der gepflegten Geselligkeit wohl schon eine Generation früher kennengelernt hatten, ohne weiteres mithalten. Gerade im Waadtland entstand – von der Berner Regierung gefördert – eine neue gesellschaftliche Elite. Der Kauf von Herrschaften wurde erleichtert, und so gesellte sich zum alten Adel ein neuer Geldadel, dessen Lebensstil auch neue Massstäbe setzte. Sarkastisch beschreibt Johann Rudolf Sinner de Ballaigues diese Entwicklung: «On fait meilleure chere chez les barons financiers d'aujourd'hui, & l'on y est mieux logé que l'on ne l'étoit autrefois dans les demeures antiques & sombres de la chevalerie.»[18]

Sigmund von Wagner sieht einen direkten Zusammenhang mit der Niederlassung eines Bürgers Warnery aus Morges mit seinen drei reizenden Töchtern in den 1730er Jahren in Bern und dem Aufkommen neuer Sitten: «[…] was denn nicht wenig dazu beitrug, nicht nur die waadtländische Liebenswürdigkeit, sondern auch den aus dem Waadtland nach Bern gebrachte Societäten, Soirees und Assemblees bei den jungen unverheirateten Frauenzimmer grossen Credit zu verschaffen. Auch entkeimten von da an täglich neue Societäten unter den jungen Leuten in Bern, beinahe so zahlreich wie bei einer fruchtbaren Sommernacht leckere Champignons im nahen finsteren Bremgartenwald aufschiessen.»[19]

So wurde der Salon Julie Bondelis in den Jahren um 1760 das Zentrum des aufgeklärten Berns und kannte eine europäische Ausstrahlung. Die Männer aus dem Kreis um Julie Bondeli finden wir wiederum im *Café littéraire*, einer Lesegesellschaft um Fortunato de Felice, wo die neuesten Zeitschriften auflagen.[20]

Diese Entwicklung, die seit der Jahrhundertmitte immer ausgeprägter wurde, widerspiegelte einerseits die Segregation der Bürgerschaft in verschiedene Gruppen, die kaum noch gemeinsame Interessen teilten, erlaubte aber andererseits die Integration von Männern und Frauen ausserhalb der Bürgerschaft in die Gesellschaft. Der reiche und/oder gebildete Ausländer war ein gern gesehener Gast in einem Salon oder der 1759 nach dem Vorbild der englischen Clubs gegründeten *Grande Société*, in der sich die Spitze der aristokratischen männlichen Elite zu Tee, Spiel und Lektüre versammelte.[21]

Diese neuen Formen der Geselligkeit – die vertrauten Zirkel von Gleichgesinnten – eröffneten auch neue Möglichkeiten der Frömmigkeit. Pietistische Bewegungen waren schon Ende des 17. Jahrhunderts aufgetaucht und von der Obrigkeit verfolgt worden, doch die neue Frömmigkeit liess sich nicht unterkriegen. Da diese in allen Teilen der Bevölkerung beachtliche Resonanz fanden und auch Teile der Geistlichkeit damit sympathisierten oder sie gar förderten, stand die bernische Staatskirche vor letztlich unlösbaren Problemen. Auf der einen Seite häufen sich seit dem Beginn des Jahrhunderts die Klagen über den unregelmässigen Besuch der Gottesdienste, andererseits wurden gerade die engagiertesten Gläubigen der Kirche entfremdet. Bis weit in die zweite Hälfte des Jahrhunderts blieben die Fronten verhärtet, erst dann folgte eine Zeit des Dialogs zwischen pietistischen und orthodoxen Strömungen innerhalb der bernischen Kirche.

Dennoch fand auf diesem spannungsgeladenen Hintergrund eine Erneuerung des kirchlichen Lebens statt: Die offizielle Kirche musste attraktiver werden. 1733 wurden die Geistlichen angewiesen, ihre Predigten kürzer und verständlicher zu halten,[22] und 1761 erschien eine neue revidierte Liturgie.[23] Das strikte Orgelverbot, das seit der Reformation im Land galt, wurde fallen gelassen. 1725 wurde der Beschluss, im Münster eine Orgel zu bauen, gefasst, 1731 konnte der erste Organist angestellt werden. Allerdings: die Säkularisierungstendenzen und der Rückzug der Frömmigkeit in den privaten Bereich konnten nicht mehr verhindert werden. Wenn auch die bernische Zensur weiterhin unerbittlich gegen alle vermeintlich häretischen oder staatsgefährdenden Schriften vorging, die gleichen Eliten, die diese Verbote beschlossen, liessen sich in ihren Lektüren davon kaum beeindrucken.

Neben den mondänen Zirkeln und Salons, die, genau abgestuft, die verschiedenen Fraktionen und Schichten des Patriziats widerspiegelten, entstanden gemeinnützige Gesellschaften wie die ehrwürdige Ökonomische Gesellschaft, Lesegesellschaften, Musikgesellschaften usw., in denen es nicht genügte, standesgemäss geboren zu sein, sondern die ein intellektuelles oder künstlerisches Engagement und Mitarbeit erforderten.[24]

Die auf einer Halbinsel der Aare gelegene Stadt Bern zählte um die Mitte des 18. Jahrhunderts rund 14'000 Einwohner und umfasste damit nur einen kleinen, aber politisch entscheidenden Teil der gesamten Bevölkerung des Staates von rund 300'000 Personen. –

175.

LE VILLE DE BERNE,
Contre du Nord.
A. *La grande Eglise.* B. *l'Eglise de Nidegg.* C. *Le grand Horloge.* D. *Le grand Magazin.* E. *La Prison.* F. *La Tour de Goliath.* G. *L'Eglise de St. Esprit.* H. *La Maison de Ville.* I. *l'Aar.*

Cum priv.

Ansicht der Stadt Bern von Norden, gezeichnet von Theodor Andreas Jendrich, gestochen von David Herrliberger für dessen Neue und vollständige Topographie der Eydgnoßschaft. 3 Teile. Basel, Zürich 1754-1773. – Burgerbibliothek Bern.

Nur wenige Mitglieder der Familien, die sich die Macht im Staat teilten, konnten allen diesen Anforderungen gerecht werden: weltgewandt im Salon, gebildet, reich und pflichtbewusst. Hier setzte nun die Debatte um die Erziehung der jungen Patrizier an und die Debatte um die Reform der höheren Schulen. Karl Viktor von Bonstetten gibt 1775 das Votum des Schultheissen Friedrich Sinner wieder, der im Grossen Rat den Finger auf den wunden Punkt legt: «Die meisten gehen in Dienst 13 bis 16 Jahre und komen dann wieder mit fremden Sitten und unbrauchbaren Grundsätzen. Vor Zeiten gingen alle Burger, vornehme und andere in die öffentliche Schul, und dann auch in die oberen Schulen, heute würden unsere Damen mit solchen Schulfüchsen nicht tanzen wollen. Ich erinnere mich, dass mein Vater mir erzählt, dass vornehme Männer sogar mit Baselhut[25] umhergingen.»[26] Wie ein roter Faden zieht sich die Klage über die mangelnde Bildung der patrizischen Jugend durch das ganze Jahrhundert. Es ist bereits anfangs der 20er Jahre ein immer wiederkehrendes satirisches Thema des bernischen *Freitagsblättlein.* Später sahen Johann Rudolf Sinner de Ballaigue, Karl Viktor von Bonstetten und nicht zuletzt Albrecht von Haller in der besseren Ausbildung der politischen Elite die einzige Möglichkeit, die Aristokratie zu retten. Die *Hohe Schule* der Reformationszeit war aber kaum in der Lage, neuen Anforderungen zu genügen, Reformen brachten nicht den gewünschten Erfolg, und die Motivation der patrizischen Jugend war verständlicherweise gering. Die politische Karriere hing ja nicht von der Ausbildung ab, sondern einzig und allein von der Familienpolitik, und diese wurde in den Salons, Leisten und Assembleen gemacht. Der oft kritisierte ‹Müssiggang› der jungen Patrizier war in Wahrheit die oft recht anstrengende Pflege eines weiträumigen Beziehungsnetzes mit Besuchen und Gegenbesuchen, die nichts dem Zufall überliessen.

Der Stadtstaat

Bern regierte über ein bedeutendes Territorium, aufgeteilt in um die 50 Landvogteien. Über die Bevölkerungszahl gibt uns eine Volkszählung von 1764 eine Antwort. Die Zahl von 323'008 kann aber nur als Hinweis auf die Grössenordnung angesehen werden, da mit Lücken und Unschärfen gerechnet werden muss (vgl. Abb. S. 90 f.).[27] Die Verwaltung des Landes bildete die ökonomische Grundlage der patrizischen Familien. Die Einkünfte aus den Landvogteien und einigen anderen lukrativen Stellen, die den Mitgliedern des Grossen Rates vorbehalten waren, mussten so angelegt werden, dass die Familie auch in Zeiten mit nur schlecht bezahlten Funktionen standesgemäss leben konnte.

Drei Faktoren bestimmten im 18. Jahrhundert die Entwicklung hin zu einem modernen Staat: die zunehmende Dichte und Vereinheitlichung der Verwaltungsaufgaben, damit verbunden eine neue Basis der Staatsfinanzen und schliesslich die Forderung nach einem bernischen Nationalbewusstsein im Rahmen des helvetischen Patriotismus.

Die Verwaltung stiess im 17. Jahrhundert an die Grenzen ihrer Möglichkeiten. Peter Bierbrauer hat es auf den Punkt gebracht: «Der frühmoderne Berner Staat funktionierte, wenn man die Erfüllung elementarer Aufgaben im Bereich von Rechts- und Friedenswahrung, von Militär- und Kirchenorganisation als Massstab zugrunde legt, aber er funktionierte mit übergrossen Reibungsverlusten, die auf das Ungleichgewicht zwischen obrigkeitlichem Anspruch und effektiver obrigkeitlicher Macht oder – anders gewendet – auf das Missverhältnis zwischen dem tatsächlichen politischen Gewicht der Untertanen und ihrer Beteiligung an staatlichen Entscheidungsprozessen zurückzuführen sind.»[28] Die führenden Köpfe Berns waren sich dieser Schwächen bewusst. Als der Major Davel 1723 einen einsamen Versuch unternahm, die bernische Herrschaft über das Waadtland zu beenden, hatte er in einem Memorial die Missstände der bernischen Verwaltung scharf kritsiert. Der Berner Schultheiss Christoph Steiger hat diesen Text mit Kommentaren versehen und musste dem unglücklichen Major in vielen Punkten recht geben.[29] Das Problem war nicht so sehr die Zentralverwaltung, sondern es waren die vielen lokalen Vollzugsorgane, die an einer Effizienzsteigerung nicht interessiert waren. Hier gelang es im 18. Jahrhundert sukzessive, Verbesserungen durchzusetzen, was wiederum nur mit einem grösseren Verwaltungsaufwand möglich war. Da die Regierung aus Spargründen ihren Beamtenapparat nur zögerlich aufstockte, wurden die lokalen Instanzen immer mehr belastet. Ein Beispiel aus der Stadt Bern selbst mag dies zeigen. Die Zunftgesellschaft zu Metzgern brauchte 1686 gerade eine Seite, um die Beschlüsse eines ganzen Jahres festzuhalten, 1722 waren es bereits 22 Seiten und 1754 88 Seiten.[30] Hand in Hand mit dem Ausbau der Verwaltung erfolgte der Ausbau der Infrastrukturen. Strassen, Kornhäuser, Spitäler und Waisenhäuser mussten gebaut oder auf den neuesten Stand gebracht werden.

Dass dies nicht ohne neue Geldquellen möglich war, liegt auf der Hand. Ebenso unrealistisch waren Überlegungen, die Abgaben zu erhöhen. Als Bern 1710 erstmals erwog, Teile seines Staatsschatzes gewinnbringend in englischen Papieren anzulegen, kam das einer kleinen Revolution gleich. Doch nach anfänglichen Schwierigkeiten gelang das Finanzgeschäft blendend. Im Verlauf des Jahrhunderts wurde Bern zur europäischen Finanzmacht. Lange Zeit verwaltete in London ein ‹Commissarius der englischen Gelder› im Rang eines Landvogtes die bernischen Anlagen – auch Haller hatte sich um diese Stelle bemüht –, 1762 wurde die Verwaltung einem

Bankhaus übertragen. Gegen Ende des Jahrhunderts bildeten die Zinserträge der Anlagen im Ausland bei weitem den grössten Einnahmeposten der Republik, vor den Zehnten, den Zöllen und dem Salzmonopol.[31] Neben England erhielten auch deutsche Fürsten und Städte, die als vertrauenswürdig galten, Kredite. Mit diesem Engagement im europäischen Finanzmarkt veränderte sich auch die Optik auf die europäische Politik. Ein Staatsbankrott Englands in der Folge einer Niederlage gegen Frankreich hätte für Bern desaströse Folgen haben können. Neben den traditionellen Allianzen und den konfessionellen Solidaritäten mussten nun auch die finanzpolitischen Opportunitäten in der bernischen Politik mitberücksichtigt werden. Ein gutes Verhältnis zu Frankreich blieb unerlässlich, denn ohne die Salzlieferungen, die Handelsprivilegien und den Solddienst war Bern nicht lebensfähig. Andererseits fürchtete man, dass eine allzu enge Anlehnung die Eidgenossenschaft und damit auch Bern zum Spielball der europäischen Mächte hätte werden lassen können.[32]

Die Berner Aristokratie stellte sich aber nicht als moderne Finanzmacht dar, sondern pflegte das Bild einer patriarchalischen und agrarisch geprägten Adelsrepublik in der Nachfolge der frühen römischen Republik (vgl. Abb. S. 95). Die *Ökonomische Gesellschaft* setzte sich zum Ziel, die Autarkie des Landes zu verbessern und über einen klassenübergreifenden Agrarmythos die republikanischen Tugenden zu festigen (vgl. auch den Beitrag zum Magistraten und ökonomischen Patrioten in diesem Band). Bern musste in der zweiten Hälfte des Jahrhunderts eine neue Legitimation seiner Herrschaft finden.[33] Die Berufung auf die göttliche Vorsehung, die der Berner Aristokratie ihre Macht verliehen hatte und nicht zu hinterfragen war, verlor an Kraft, auch wenn sie immer wieder beschworen wurde. Zum Gehorsam gegenüber der Obrigkeit musste der Patriotismus, die innere Verbundenheit zum Land treten. In der Ökonomischen Gesellschaft war es der in Bern zu Besuch weilende polnische Graf Michael Georg Mniszek, der 1763 die Notwendigkeit der Vaterlandsliebe für die Zukunft des Staates mit glühender Begeisterung schilderte: «Wer sein vaterland aufrichtig liebt, muß allen eigenen und vortheil aus den augen sezen; seine neigung über alle besondere personen und stände, die den staat ausmachen, ausbreiten. Die so herrschen, und die so beherrscht werden; die so befehlen, und welche gehorchen sollen; die die das land bauen, und die so solches besizen, reiche und arme, alle, obwohl von verschiedenen klassen, sind glieder des gemeinen wesens, auf deren verbindung, sicherheit und wohlsein, die ganze stärke eines wohlregierten staates beruht.»[34] Die meisten Berner Magistraten teilten diese Meinung, doch drückten sie sich vorsichtiger aus. Nicht zu Unrecht fürchtete man einen Patriotismus Rousseau'scher Prägung und hatte das Bild des im Inneren zerrissenen Genfs vor Augen (vgl. auch den Beitrag zu Roman, Staat und Gesellschaft in diesem Band).

1750 wurde der in ganz Europa hochgeschätzte Medailleur Johann Carl Hedlinger (1691-1771) vom Berner Rat beauftragt, eine Medaille zur Belohnung für hervorragende wissenschaftliche und militärische Verdienste zu entwerfen. Hedlinger schuf das Bild der idealen Republik, als in deren Dienst sich das bernische Patriziat verstand. Die Vorderseite zeigt Minerva, die Göttin der Weisheit, siegbringend und staatslenkend. Auf einer Stange trägt sie den Freiheitshut. In der einen Hand hält sie einen Lorbeer- und einen Ölzweig, Zeichen des Sieges und des Friedens, die andere Hand ruht auf einem Schild mit dem Berner Wappen. Ihr zu Füssen liegen das Rutenbündel und weitere Symbole: Waage, Schwert und Gesetzbuch weisen auf die Pflege der Gerechtigkeit hin, Merkurstab, Füllhorn und Münzen auf die florierende Wirtschaft, Waffen stehen für die militärische Stärke und Instrumente der Künste und Wissenschaft für die Segnungen des Friedens. Den Bären beschreibt Hedlinger mit seinen eigenen Worten als «ein sanft ruhender beer, andeutend die Glückseeligkeit so die republic unter dem schutz der Weisheit und Tapfferkeit ihrer glorwürdigen Regierung geniesset mit der Inschrift: RESPUBLICA BERNENSIS». – Johann Carl Hedlinger: Die grosse Berner Verdienstmedaille, 1752. – Historisches Museum Bern.

Der Patriotismus sollte nicht nur gefördert, sondern auch in die richtige Richtung gelenkt werden. Das Postulat einer bernischen Nation barg immerhin Gefahren in sich, musste man doch von mindestens zwei Nationen ausgehen: die Deutschberner und die Waadtländer. Vinzenz Bernhard Tscharner umschreibt diese Gliederung des bernischen Territoriums in Nationen folgendermassen: «Les montagnards de l'Oberland, les paysans des environs de la capitale ou de l'Emmenthal, les habitants de l'Aargau & ceux des quatre comtés, sont des nations distinctes, reconnaissables à leur langage, à leur habillement, leur oeconomie particulière. Mais la différence la plus frappante est celle qui se fait remarquer entres les peuples du canton allemand & celui du pays de Vaud, ou pays Romand; elle mérite que nous nous y arrêtions un moment.» [35]

Diese Sichtweise hatte weitreichende Folgen. So erlaubte sie das Postulat einer waadtländischen Identität, welche in erster Linie eine schweizerische und erst in zweiter Linie eine bernische war. Die waadtländische Geschichte konnte bis zu den Helvetiern zurückverfolgt werden; das Waadtland war also schweizerisch, bevor Bern überhaupt gegründet worden war.[36] Für das aristokratische Bern bedeutete es, dass die Legitimation seiner Macht durch die Geschichte legitimiert werden musste. Berchthold von Zähringen wurde zum Stifter der Republik, der der Führungselite der

Stadt die Sorge über das Land anvertraut hatte.[37] Damit stellte sich die Frage nach der Legitimität der städtischen Führungselite neu: die regierenden Familien sahen sich nicht mehr in erster Linie von den benachteiligten Bürgern der Stadt Bern bedrängt, sie mussten ihre Vorrangsstellung gegenüber den Eliten des ganzen Landes behaupten. Vertreter der Aargauer und Waadtländer Eliten waren oft reicher und gebildeter als mancher Landvogt; sie verkehrten bei geselligen Anlässen – wie an den Versammlungen der *Helvetischen Gesellschaft* – durchaus von Gleich zu Gleich mit ihnen. Dass sich hier etwas anbahnte, das unabsehbare Folgen für den Führungsanspruch der Berner Aristokratie haben konnte, hat Albrecht von Haller in seinen letzten Lebensjahren klar gesehen. Im Roman *Fabius und Cato* weist er darauf hin, dass die Eliten der Landstädte einbezogen werden müssen: «Wäre das Land etwas groß, das unter dieser Hauptstadt stünde, so würde ich auch den Bürgern der untergebenen Städte, und dem Land-Adel, einen Antheil an der Herrschaft und Plätze im Rath geben; nur daß das Recht erwählt zu werden, auf kein Geschlecht eingeschränkt, und kein erblicher Vorzug wäre, und allemahl diejenigen Männer frey ausgelesen würden, die der herrschende Rath für die Tüchtigsten hielte.»[38]

Weiter gedacht, hätte diese Idee die Transformation der städtischen Aristokratie zu einer landesweiten Notabelnrepublik bedeutet. Genau dieser Weg wurde 1789 eingeschlagen, als ein Mittel gefunden werden musste, um zu verhindern, dass die Zahl der am Regiment beteiligten Familien weiter sank.

Haller wusste sehr wohl, dass diese ‹Nationalisierung› der Republik nicht ohne tiefgreifende Folgen bleiben konnte. Das Beispiel Genfs vor Augen schrieb er schon 1766 Horace Bénédict de Saussure: «Desesperés avec patience, Vous ne verrés peutetre pas les grands malheurs de Votre patrie, je ne verrai pas ceux de la mienne.»[39]

Anmerkungen

1 Haller in einem Brief an Samuel König von 1744, von König zitiert in einem Brief an Bodmer. In: Ludwig Hirzel (Hg.): *Albrecht von Hallers Gedichte*. Frauenfeld 1882, CCXLIII. Zu Bern im 18. Jahrhundert vgl. zuletzt André Holenstein et al. (Hg.): *Berns goldene Zeit. Das 18. Jahrhundert neu entdeckt*. Bern 2008.

2 Umfassend die Darstellung bei Karl Geiser: Die Verfassung des alten Berns. In: *Festschrift zur VII. Säkularfeier der Gründung Berns 1191-1891*. Bern 1891, Teil IV.

3 François de Capitani: *Die Berner Zunft zum Mittellöwen von der Reformation zur Revolution*. Bern 1985, 100-103.

4 Anschaulich beschrieben bei Kurt von Steiger: *Schultheiss Niklaus Friedrich von Steiger*. Bern 1976, 33-34.

5 Die Volkszählung von 1764 gibt uns ein genaueres Bild: Regimentsfähig waren 27 %, ‹ewige Einwohner› 2 %,

‹Landeskinder› 59%, ‹Fremde› 12%. Walter Sommer: *Beiträge zur Bevölkerungssterblichkeit. Historisch-vergleichende Studie auf Grund der Volkszählungsergebnisse in der Stadt Bern aus dem Jahre 1764.* Bern 1944, 12.

6 Karl Geiser: Bern unter dem Regiment des Patriziates. In: *Archiv des Historischen Vereins Bern*, 32 (1934), 96.

7 Christoph von Steiger: *Innere Probleme des bernischen Patriziates an der Wende zum 18. Jahrhunderts.* Bern 1954.

8 Andreas Würgler: *Unruhen und Öffentlichkeit. Städtische und ländliche Protestbewegungen im 18. Jahrhundert.* Tübingen 1995, 99-106.

9 Hirzel (wie Anm. 1), CCXXXVI.

10 C. von Steiger: Isaak Steiger. Biographie eines Zeitgenossen Hallers. In: *Berner Taschenbuch* 1879, 1-64, hier 53-54.

11 Bonstetten an Johannes Müller 13.3.1775. in: *Bonstettiana. Briefkorrespondenzen Karl Viktor von Bonstettens und seines Kreises.* Band II. Bern 1997, 477. Im Rückblick fasst David Müslin die Sachzwänge der Burgerbesatzung zusammen: «Allein da waren die Ansprüche theils der alten, theils der grossen, theils der kleinen Familien in Betrachtung zu ziehen, so dass keine zu viel und keine zu wenig bekomme. Es war die schwerste kopfbrechendste Operation, das Tabeau einer Burgerbesatzung so zu machen, dass so viel möglich, jede Familie so viel Plätze erhalte, als sie nach der Zahl ihres Mannsstamms, und nach der ihrer Nominatoren und des Credits derselben zu erhalten hoffen, oder durch Drohungen, die Clienten ihrer Collegen zu verderben, ertrotzen konnte.» David Müslin: *Bern – wie es war – wie es ist – und seyn wird.* Bern 1798, 31.

12 Von Steiger 1954 (wie Anm. 7), 67.

13 Anton von Tillier: *Geschichte des eidgenössischen Freistaates Bern von seinem Ursprung bis zu seinem Untergange im Jahre 1798.* 5 Bde. u. Reg., Bern 1838-40, hier V: 178.

14 Staatsarchiv Bern, A I 681 Heimlicherwahlen. 1764 unterlag Haller Gabriel Mutach nur knapp mit 63 gegen 64 Stimmen. Der Topkandidat Bernhard von Diesbach war im Losgang ausgeschieden; er wurde in der nächsten Heimlicherwahl gewählt. Die Kraftverhältnisse zwischen den Blöcken der bernischen Familienpolitik sind noch zu wenig erforscht, um die Strategien der Heimlicherwahlen sicher beurteilen zu können. Von einer «unsinnigen Wahlart» (Zesiger) zu sprechen greift zu kurz. Alfred Zesiger: Haller als Kandidat für den Kleinen Rat. In: *Blätter für bernische Geschichte, Kunst und Altertumskunde*, 6 (1910), 350-354.

15 So nennt Anton von Tillier die Wirtschaft im Kaufhaus als einen der letzten Orte dieser alten Geselligkeit. Tillier 1838-1840 (wie Anm. 13), V: 441.

16 Z. B. Hans Morgenthaler: *Die Gesellschaft zum Affen in Bern.* Bern, 1937, 193.

17 Anne Reich: *Die Stellung der französischen Sprache im Bern des 18. Jahrhunderts.* Zürich, 1985 (Typoskript).

18 Jean Rodolphe Sinner: *Voyage historique et littéraire dans la Suisse occidentale.* 2 Bde. Neuchâtel, 1781, II: 324.

19 Sigmund von Wagner: Novae Deliciae Urbis Bernae oder das goldene Zeitalter Berns. In: *Neues Berner Taschenbuch* 1916, 226-85, 1918, 189-246, 1919,126-177. Hier 1916, 257 ff. Bereits in den 20er Jahren beschreibt das *Bernische Frytagsblätlein* in satirischer Form die um sich greifenden neuen Sitten. Vgl. Maria Krebs: Das Berner Freitagsblättlein. In: *Neues Berner Taschenbuch*, 1903, 1-36.

20 Emil Erne: *Die schweizerischen Sozietäten.* Zürich 1988, 164.

21 Louis S. de Tscharner: *La Grande Société de Berne 1759-1909.* Bern 1909.

22 Tiller 1838-40 (wie Anm. 13), V: 406.

23 Kurt Guggisberg: *Bernische Kirchengeschichte.* Bern 1958, 515.

24 Im Überblick: Erne 1988 (wie Anm. 20).

25 Kopfbedeckung der Geistlichen und der Theologiestudenten. Adolf Fluri: Die Berner Studenten und der Baselhut. In: *Blätter für Bernische Geschichte und Altertumskunde*, 9 (1913), 2.

26 Brief an Johannes Müller vom

9.1.1778 in: *Bonstettiana. Briefkorrespondenzen Karl Viktor von Bonstettens und seines Kreises.* Band III/1, Bern 1999, 395.

27 Im Überblick: Anton Brandenberger: *Ausbruch aus der ‹Malthusianischen Falle›. Versorgungslage und Wirtschaftsentwicklung im Staate Bern 1755-1798.* Bern 2004, 93 ff.

28 Peter Bierbrauer: *Freiheit und Gemeinde im Berner Oberland 1300-1700.* Bern 1991, 329 f.

29 Vgl. Marianne Mercier-Campiche: *L'affaire Davel.* Lausanne 1970, 64-72.

30 Daniel Schläppi: Der Lauf der Geschichte der Zunftgesellschaft zu Metzgern seit ihrer Gründung. In: *Der volle Zunftbecher. Menschen, Bräuche und Geschichten aus der Zunftgesellschaft zu Metzgern.* Bern 2006, 41.

31 Julius Landmann: *Die auswärtigen Kapitalanlagen aus dem Berner Staatsschatz im XVIII. Jahrhundert.* 2 Teile [Zürich 1903/04].

32 Stephan Meyer: *Vorbote des Untergangs: die Angst der Schweizer Aristokraten vor Joseph II.* Zürich 1999.

33 Béla Kapossy: Le prix de la liberté: idéologie républicaine et finances publiques à Berne au XVIIIe siècle. In: *De l'Ours à la Cocarde. Régime bernois et révolution en pays de Vaud (1536-1798).* Lausanne 1998, 143-161.

34 *Abhandlungen und Beobachtungen durch die ökonomische Gesellschaft zu Bern* 1763, S. 220; zu Mnyszek vgl. Conrad Bäschlin: *Die Blütezeit der ökonomischen Gesellschaft Bern 1759-1766.* Laupen 1917, 405 ff.

35 *Dictionnaire géographique, historique et politique de la Suisse.* Neuchâtel 1775, I: 129.

36 François de Capitani: Du canton d'Orbe au canton de Vaud – Identité helvétique et péripéties bernoises. In: *Vaud sous l'Acte de la Médiation 1803-1813. La naissance d'un canton confédéré.* Lausanne 2002, 409-418.

37 So Albrecht Herbort: Herzog Berchtold V., Rede gehalten den 21. Hornung 1761. In: *Patriotische Reden gehalten vor dem hochlöblichen aussern Stande der Stadt Bern.* Bern 1775, 83-99. In derselben Serie gibt Rudolf Tschiffely 1766 einen kurzen Überblick über den Kanon der Bernischen Geschichte in dieser Perspektive: *Grundsätze der Stadt Bern in ihren ersten Jahrhunderten, zu einiger Erläuterung der Geschichte des Freystaates.*

38 Albrecht von Haller: *Fabius und Cato, ein Stück der Römischen Geschichte.* Bern, Göttingen 1774, 245.

39 Otto Sonntag (Hg.): *The correspondence between Albrecht von Haller and Horace Bénédict de Saussure.* Bern 1990, 292.

Die Universitätsstadt Göttingen

Ulrich Hunger

Die Gründung der Georg-August-Universität

Auch wenn sämtliche Motive und Ursachen der kurfürstlichen Hochschulgründung gerade in der Stadt Göttingen nicht restlos aufgeklärt sind, so scheint doch festzustehen, dass sich zumindest die Kommune selbst und ihre Bürger nicht nach einer Universität gedrängt haben.[1] Denn eine Hochschule besitzt als Knotenpunkt menschlichen Wissens und Ausbildungsstätte gesellschaftlicher Eliten zumindest eine nationale, wenn nicht internationale Bedeutung, wohingegen sich der Aktionsradius einer Kommune zumeist auf lokale Belange beschränkt. Dieser Interessenkonflikt führt nahezu zwangsläufig zu einem ambivalenten Verhältnis zwischen städtischen und universitären Entscheidungsträgern, und so ist auch in Göttingen die Frage noch nicht geklärt, ob die Stadt eine Universität besitzt oder die Universität eine Stadt.[2]

So war die Gründung der Georg-August-Universität in Göttingen kein kommunaler Akt, sondern ein landesherrlicher Eingriff von aussen. Dies konnte auch nicht anders sein, da Hochschulneugründungen seit der Neuzeit zu den hoheitlichen Aufgaben der territorialen Zentralgewalt gehörten und sogar vom Kaiser, das heisst vom Reich, genehmigt werden mussten, nicht zuletzt weil sie die rechtliche Kompetenz und die Finanzkraft der Städte überstiegen hätten. Als auslösendes Moment für die Universitätsgründung ist die Tatsache verantwortlich zu machen, dass sich an der Wende zum 18. Jahrhundert das Kurfürstentum Hannover zu einer territorialen Grossmacht in der Mitte Deutschlands zu entwickeln begann. Neben den beträchtlichen Gebietszuwachs trat der günstige Umstand der Personalunion mit England seit 1714. Dieses territorial, dynastisch und wirtschaftlich erstarkte Hannover besass keine eigene Hochschule, wenn man einmal von der 1576 durch Herzog Julius gegründeten braunschweigwolfenbüttelschen Universität Helmstedt absah, die auch für die übrigen welfischen Territorien eher schlecht als recht die Funktion einer Landesuniversität wahrnahm.[3]

Entsprechend lag die Gründung einer Landesuniversität für Kurhannover im ersten Drittel des 18. Jahrhunderts sozusagen in der Luft.[4] Gleichwohl ist nicht überliefert, dass der Stifter der Universität Göttingen, Kurfürst Georg August von Braunschweig und Lüneburg (1683-1760) und als Georg II. zugleich König von Grossbritannien und Irland, ein vertieftes wissenschaftliches Interesse an einer Universitätsgründung besass, das über ein politisches Reputationsdenken sowie rein struktur- und wirtschaftspolitische Erwägungen hinausging. Zu Beginn der dreissiger Jahre tauchten die ersten Gutachten zu einer Hochschulgründung auf, in denen bereits alle wesentlichen Fragen behandelt wurden. Der Verfasser des wichtigsten Gutachtens war Johann Daniel Gruber (1686-1748), ehemals Professor des öffentlichen Rechts in Halle und Giessen, nunmehr Hofrat, Bibliothekar und Nachfolger Leibnizens in Hannover.[5]

Gruber befürwortete die hannoversche Universitätsgründung, obwohl zur damaligen Zeit nicht weniger als zweiunddreissig Hochschulen im alten Reich existierten. Von denen waren aber nach Grubers Meinung allenfalls sechs protestantische Universitäten als ernsthafte Konkurrenz anzusehen, die übrigen galten als veraltet und wurden nicht mehr frequentiert. Das Wagnis der Gründung könne allerdings nur gelingen, wenn der Stifter nicht halbherzig vorginge und wirklich etwas in die Universität investiere. Denn die dort verausgabten Mittel seien gut angelegt, weil dadurch das Geld der studierenden Landeskinder, dessen Volumen Gruber auf jährlich rund 200'000 Taler schätzte, in der Heimat bliebe und nicht in fremden Staaten ausgegeben würde. Damit sei nicht nur der Kreislauf des Geldes im Kurfürstentum garantiert, sondern es würde durch den Zustrom fremder Studenten und ihrer Kaufkraft noch vermehrt, so lautete die unverkennbar merkantilistische Auffassung Grubers. Ein zusätzlicher Nutzen entstünde dem Land dadurch, dass Kurhannover nunmehr die Ausbildung seiner Kirchen- und Staatsdiener beeinflussen und sich den fähigsten Nachwuchs sichern könne.[6] Hier deutete sich schon an, unter welchen Prämissen die hannoversche Universitätsgründung stand und wie das geistige und wissenschaftliches Profil der Landesuniversität aussehen würde: Anwendungsbezogenheit und Verwertbarkeit als Leitlinien für die Wissenschaft, Utilitarismus und Pragmatismus als theoretische Prinzipien.

Schliesslich ging es in Grubers Denkschrift um die Wahl des Standortes. Celle galt als zu klein und nicht ausbaufähig, zumal der Ort bereits 1711 mit dem Oberappellationsgericht bedacht worden war und zusätzlich noch das Zuchthaus und das Landesgestüt beherbergte. In Lüneburg gab es bereits eine Ritterakademie, und hinsichtlich der Finanzierung war mit dem

Widerstand der Landschaft zu rechnen. Hannover kam von vornherein nicht in Frage, da in der bevölkerungsreichen Residenzstadt keine Strukturhilfe vonnöten war und die Studenten nicht den Ablenkungen und Versuchungen der Metropole ausgesetzt werden sollten. Also fiel die Wahl auf Göttingen, eine Stadt, die eine Investitionsspritze gut gebrauchen konnte und darüber hinaus einige entscheidende Vorteile zu bieten hatte.[7]

In der Tat war diese im Mittelalter durch den Handel und das Tuchmachergewerbe reich gewordene Stadt wohl der am besten geeignete Universitätsstandort im Kurfürstentum. Die zahlreichen Kirchen, Klöster und nicht zuletzt die Stadtbefestigung signalisierten schon von weitem, dass das damals rund 6'000 Einwohner zählende Göttingen auch im 18. Jahrhundert immer noch mehr als ein kleines, verarmtes Landstädtchen war. Dass den Zeitgenossen bei näherem Zusehen zahlreiche verwahrloste Ecken, verwüstete Grundstücke, verfallene Hütten und die «überall verunzierenden [...] alten Gothischen Rauchnester» auffielen – wie Samuel Christian Hollmann, Professor der ersten Stunde, bemerkte[8] –, mag nicht verwundern, denn Göttingen hatte während der Glaubenskämpfe und des Dreissigjährigen Krieges erheblich gelitten.[9]

Freilich ist die in der älteren Literatur verbreitete Auffassung übertrieben, dass «die einst so hochgemute Stadt an den Rand des Verderbens»[10] gebracht worden war. Denn es gibt Belege dafür, dass auch schon vor 1730 in Göttingen eine wirtschaftliche Erholungsphase aus eigener Kraft eingesetzt hatte.[11] Zudem machten einige günstige Voraussetzungen die Stadt Göttingen zu einem geeigneten Universitätsstandort: Zwischen Altstadt und Wall gab es zahlreiche unbebaute Flächen, also Erweiterungsmöglichkeiten. Es existierten eine Reihe von säkularisierten Klostergebäuden, die mit moderaten Kosten für die Universität hergerichtet werden konnten. Die teilweise baufälligen Wohnhäuser boten sich als Sanierungs- und Modernisierungsobjekte für das neue akademische Publikum an. Die Stadt war nicht zu gross und nicht zu klein, lag in landschaftlich schöner Umgebung, besass eine verkehrstechnisch exponierte Lage im Zentrum Deutschlands und konnte damals noch mit niedrigen Immobilienpreisen und Lebenshaltungskosten locken.[12] Die bereits in Göttingen existierende höhere Lehranstalt, das Pädagogium, erwies sich zudem als institutioneller Anknüpfungspunkt für die Universität. Die vom Schulinspektor Christoph August Heumann geleitete Anstalt wurde 1734 aufgelöst, das von ihr genutzte Dominikanerkloster einschliesslich Paulinerkirche der Universität übergeben, die höheren Klassen als Studenten immatrikuliert, die unteren Klassen in die neu errichtete *Stadt- und Trivialschule* überführt und Heumann als Universitätsprofessor übernommen.[13]

Auf lange Sicht erwies sich die Entscheidung für den Universitätsstandort Göttingen zweifellos als richtig. Dass aber die Göttinger Reformgrün-

Gerlach Adolph von Münchhausen (1688-1770) war als Kurator der Universität nicht nur deren organisatorischer Verwalter, sondern die entscheidende gestalterische Kraft, die sowohl eigene Initiativen ergriff wie auch Ideen von Experten umsetzte. Seine 575 an Haller gerichteten Briefe zeigen sein intensives Bemühen um eine Zufriedenstellung des anspruchsvollen Professors und um das Wohl der Universität. – Ölgemälde von G. Boy, 1747, 223 x 143 cm. – Niedersächsische Staats- und Universitätsbibliothek Göttingen.

dung zu einem europäischen Erfolgsmodell geriet, gilt als Verdienst eines Verwaltungsmannes, der sich nahezu vierzig Jahre lang als organisatorischer Motor der Universität erwiesen hat: Gerlach Adolph Freiherr von Münchhausen (1688-1770; Abb. S. 102).[14] Als Geheimer Rat im hannoverschen Regierungskollegium und später auch Premierminister oblag ihm zugleich die Funktion eines Kurators der Landesuniversität, eine Aufgabe, die er mit Leidenschaft aufgegriffen und zeitlebens nicht mehr abgegeben hat. Nicht ohne Grund wird er deshalb in der universitätsgeschichtlichen Forschung als der eigentliche Gründer der Georg-August-Universität gehandelt. Münchhausen war allerdings kein origineller Denker oder Philosoph, sondern eher ein umsichtiger Moderator aktueller wissenschaftspolitischer

Tendenzen und darüber hinaus ein unermüdlicher Verwaltungsbeamter, der sich um alles persönlich kümmerte.[15]

Aus eigener Erfahrung waren Münchhausen die organisatorischen Schwächen der alten Hochschulen bekannt, denn er hatte in Jena, Halle und Utrecht die Rechtswissenschaften studiert. Er wusste, dass die schwerfälligen Korporationen des Mittelalters und die fürstlichen Hochschulgründungen der frühneuzeitlichen Territorialstaaten sich nicht mehr auf der Höhe des Zeitgeistes befanden und die Aufgaben nicht erfüllen konnten, die ihnen in einem modernen Staat zukamen. An der preussischen Universität Halle, der ersten aufklärerischen Reformgründung des Jahres 1694, hatte Münchhausen bereits die moderne Antwort auf die Herausforderungen des 18. Jahrhunderts kennengelernt, aber auch gesehen, was noch zu verbessern war.[16]

Aus seiner persönlichen Anschauung und dem Expertenrat der Gutachten formte Münchhausen seine Reformvorstellungen, die er leider nirgendwo systematisch dargelegt hat.[17] Bei ihrer Rekonstruktion ist zunächst davon auszugehen, dass Münchhausens Welt die des Absolutismus und der Aufklärung war. Die neue Universität durfte weder der Kirche noch sich selbst überlassen werden. Sie musste eine Staatsanstalt sein: Der Staat führte die Aufsicht, bestritt die Kosten, berief die Professoren, plante den Ausbau, übernahm die organisatorische Detailsteuerung, kurzum: Der Staat, verkörpert durch den Kurator, übernahm die Leitung der Universität.[18] Ihre weitgehenden Kompetenzen leitete die absolutistische Zentralgewalt aus der Funktion der Universität als Ausbildungsstätte der gesellschaftlichen Eliten ab. Indem der aufgeklärte Staat sich um den Nachwuchs an Juristen, Beamten, Pfarrern und Ärzten kümmerte, förderte er das öffentliche Wohl und nahm die objektiven Interessen des Gemeinwesens wahr.[19]

Diese utilitaristischen Erwägungen waren im 18. Jahrhundert gängige Münze. Das Originelle an Münchhausens Konzept bestand darin, dass er glaubte, den gesellschaftlichen Bildungs- und Ausbildungsauftrag durch die Freiheit und Unabhängigkeit der Wissenschaft verwirklichen zu können. So beseitigte er zunächst das Aufsichts- und Zensurrecht der Theologischen Fakultät über die anderen Fakultäten.[20] Den dadurch hergestellten wissenschaftlichen Freiraum liess er bestehen, ohne ihn durch staatlichen Zugriff einzuengen. Um die Universität auf der von ihm vorgegebenen Linie zu halten, durften dort nur zuverlässige Lehrkräfte wirken, die in seinem Sinn das aufgeklärte Wissenschaftsideal verkörperten. Dies war der Grund, warum sich für Münchhausen Wissenschaftspolitik hauptsächlich durch Berufungspolitik gestaltete und er sich persönlich um die Rekrutierung des Lehrkörpers kümmerte.[21]

Der Idealtyp des Göttinger Professors war lebensklug, arbeitsam, kenntnisreich und diszipliniert; dogmatisches Eiferertum und genialische

Spekulationen, aber auch zänkisches Wesen und egozentrisches Verhalten waren ihm fremd.[22] Statt tradierte oder originelle Lehrmeinungen unkritisch zu vermitteln, gab er nützliches und verwertbares Wissen weiter und forschte nach der empirisch belegbaren ‹Wahrheit›. Das Erfolgsgeheimnis des Göttinger Professorentyps war im Grunde seine Durchschnittlichkeit. Das hiess allerdings nicht, dass sich Münchhausen nur mit Nachwuchskräften oder Professoren der nachgeordneten Kategorie begnügen wollte. Nur durch die Einwerbung zugkräftiger Namen konnte er die Studenten aus dem Reich an die neue Universität locken.[23]

Sowohl in der Frage der Finanzierung der Universität[24] als auch bei der rechtlichen Abwicklung ihrer Gründung ging Münchhausen zügig vor. Der hannoversche Gesandte am Kaiserlichen Hof in Wien erwirkte ein Privileg für die Errichtung einer Universität in Göttingen, das Kaiser Karl VI. am 13. Januar 1733 unterzeichnete.[25] Obwohl die Gestaltung der organisatorischen Grundlagen der Universität noch in vollem Gange war, begann anderthalb Jahre später bereits die Ausbildung der Studenten. Der aus Wittenberg als Professor der Logik und Metaphysik berufene Philosoph und Physiker Samuel Christian Hollmann (1696-1787) eröffnete am 14. Oktober 1734 den Lehrbetrieb der jungen *Georgia Augusta* mit einem Kolleg über Logik, zwar im Bewusstsein des historischen Augenblicks, jedoch ohne zeremonielles Beiwerk. Rund 100 der insgesamt 147 Studenten dieses ersten Semesters lauschten Hollmanns Ausführungen in einem notdürftig als Auditorium hergerichteten Lagerschuppen im Hinterhof seiner Wohnung in der Johannisstrasse. Das Publikum bestand vorwiegend aus ehemaligen Studierenden der Universitäten Halle und Jena sowie aus den oberen Klassen des aufgelösten Göttinger Pädagogiums.[26]

Das improvisierte Debüt der *Georgia Augusta* zeigte an, dass die universitäre Infrastruktur erst im Entstehen begriffen war. Die Räume des ehemaligen Schulquartiers, des Dominikanerklosters, wurden zum Kollegienhaus der Universität umgebaut. Der 1737 vollendete Barockbau diente als multifunktionales Zentrum dem gesamten Lehr-, Forschungs- und Verwaltungsbetrieb der Universität; insbesondere waren hier Hörsäle, Bibliothek, Schau- und Lehrsammlungen sowie der Karzer und das Sekretariat untergebracht. Die dazugehörige Klosterkirche, die im Volksmund *Paulinerkirche* hiess, wurde bis 1811 den Universitäts-Gottesdiensten gewidmet.[27] Als erster Neubau der Universität entstand von 1734 bis 1736 der Reitstall einschliesslich Reitbahn. Er diente der Kultivierung höfisch-eleganter Lebensformen und stellte eine besondere Attraktion für die studierwilligen Söhne aus zahlungskräftigen Adelsfamilien dar, die zum Studium nach Göttingen gelockt werden sollten.[28]

Neben diesen bescheidenen, aber ausreichenden Hochbauprojekten vollzog sich bis zur offiziellen Eröffnung der *Georgia Augusta* auch in der

Stadt Göttingen der Wandel von einer verschlafenen Kleinstadt zum Universitätsstandort mit überregionaler Bedeutung. Um die kommunalen Rahmenbedingungen für die Entfaltung der neuen Universität zu verbessern, setzte die hannoversche Regierung einen Staatskommissar für die Hochbauten, die öffentliche Ordnung und das Polizeiwesen ein. Die mit dem Göttinger Rat abgesprochenen Reformen betrafen die Marktordnung, den Fleischverkauf, das Mahl- und Backwesen, die Brauordnung, die Holz- und Wasserversorgung sowie die Feuerlöschordnung. Die Zahl der gehaltenen Hunde sollte eingedämmt, die Strassenbefestigung verbessert und eine Strassenbeleuchtung eingeführt werden. Die Regierung kümmerte sich auch um die Hebung des gastronomischen Gewerbes und die Instandsetzung der Wohnhäuser für die Vermietung von Wohnraum an Professoren und Studenten.[29]

Ein Jahr vor der feierlichen Inauguration der Universität legte der Kurfürst und König seiner Stiftung persönlich den Namen *Georgia Augusta* bei. Zugleich ergingen am 7. Dezember 1736 in einem Zug das königliche Privileg, die Generalstatuten sowie die Statuten der vier Gründungsfakultäten. Das mit Gesetzeskraft begabte, in deutscher Sprache abgefasste Privileg regelte die Befugnisse und Sonderrechte der Universität im Gefüge des Staates. Es enthielt auch verschiedene Bestimmungen über die Vorrechte der Universitätsangehörigen, insbesondere die Gerichts- und Immunitätsrechte.[30] Als origineller Beitrag der Göttinger Universitätsverfassung wird in der wissenschaftshistorischen Literatur eine Bestimmung der Präambel des Privilegs herangezogen, nach der die akademischen Lehrer der *Georgia Augusta* «zu ewigen Zeiten vollkommene unbeschränkte Freyheit, Befugniß und Recht haben sollen, öffentlich und besonders zu lehren [...]».[31] Dies bedeutete «die volle und uneingeschränkte Freiheit für Lehre und Publikation, und das hiess ausdrücklich auch für die Forschung. Das Universitätsprivileg von 1736 wurde zum Meilenstein in der Geschichte der Wissenschaftsfreiheit.»[32] Die endgültige Verleihung der Privilegien und Statuten erfolgte anlässlich der «Inauguration» der Universität am 17. September 1737, einer fünftägigen Festlichkeit von enormer Prachtentfaltung.[33]

Schwierige Anfangsjahre

In den beiden ersten Jahrzehnten ihres Daseins konnte die junge Georg-August-Universität noch nicht den hohen Erwartungshorizont ihres Gründer-Kurators Münchhausen erfüllen, der eine transterritoriale Anziehungskraft seiner Hochschule ins Auge gefasst hatte.[34] Göttingen war anfangs noch nicht in der Lage, mit den benachbarten Universitäten mithalten, geschweige denn ihnen den Rang ablaufen zu können. Die Studentenzahlen blieben mit durchschnittlich 300 bis 400 Immatrikulierten hinter den Erwartungen zurück; die Zahl der Neuimmatrikulationen liess nach dem Eröffnungsboom während der vierziger Jahre sogar deutlich nach.[35] Bei der Rekrutierung des Lehrkörpers gelang es trotz lukrativer Angebote nur vereinzelt, hervorragende Gelehrte für das Göttinger Reformexperiment zu interessieren; diejenigen Professoren der ersten Stunde, die einem Ruf an die *Georgia Augusta* folgten, zählten nicht immer zu den ersten Kräften ihres Fachs.[36]

Dies alles konnte freilich nicht verwundern. Ursächlich für die beträchtlichen Anlaufschwierigkeiten[37] waren die noch instabilen kommunalen Lebensverhältnisse, die abwartende Haltung der wissenschaftlichen Welt, vor allem aber der im 18. Jahrhundert einsetzende Wettbewerb der deutschen Hochschulen um die besten Gelehrten, die meisten Studenten und den renommiertesten Ruf.[38] In diesem Wettstreit konnte die junge Georg-August-Universität noch nicht auf ein Reservoir an Tradition und Reputation zurückgreifen. Zusätzlich war während des ganzen 18. Jahrhunderts im gesamten deutschen Sprachraum eine fortschreitende Abnahme der Studentenzahlen festzustellen.[39] Die Göttinger Neugründung wurde daher nicht von einer Atmosphäre bildungspolitischer Prosperität und Expansion begünstigt, sondern mit einer quantitativ regressiven Entwicklung konfrontiert.

Dass dieses Wagnis trotz einer schwierigen Ausgangssituation gelang, verdankte sich neben der strukturellen Rückständigkeit der älteren Mitkonkurrenten und der Modernität der Göttinger Hochschulverfassung auch zwei Gelehrten von europäischem Rang, die Münchhausen schon in der Gründungsphase nach Göttingen geholt hatte. Der Klassische Philologe Johann Matthias Gesner (1691-1761) und der Mediziner Albrecht von Haller wirkten aufgrund ihrer persönlichen Reputation und fachlichen Kompetenz, vielleicht aber mehr noch durch den Institutionalisierungsprozess, den sie in ihren Fächern und in der Universität einleiteten, über den Tag hinaus; sie erwiesen sich als die tragenden Säulen der Göttinger Universitätsentwicklung.

Johann Matthias Gesner, das Seminarium Philologicum und die Universitätsbibliothek

Der im Jahr 1734 nach Göttingen berufene Gesner[40] hatte schon früh das pragmatische Konzept einer Bildungs- und Wissenschaftsreform entwickelt.[41] Insbesondere seine didaktischen Vorstellungen mögen ganz nach

Die Bibliothek war einer der zentralen Gründe für die Attraktivität der Universität Göttingen. Die Anschaffungspolitik war nicht wie herkömmlich auf die enzyklopädische Archivierung von Wissen, sondern auf die Bereitstellung von forschungsrelevanter Literatur ausgerichtet. Göttingen lieferte damit das neue, bald weltweit übernommene Modell der universitären Forschungsbibliothek. Dieses auf die Forschung ausgerichtete Wissenschaftsverständnis ist auch für den Büchersammler, Bibliographen und Rezensenten Haller kennzeichnend. – Die Göttinger Universitätsbibliothek. Kupferstich von Georg Daniel Heumann, 1748. – Niedersächsische Staats- und Universitätsbibliothek Göttingen.

dem Geschmack des Göttinger Universitätsgründers Münchhausen gewesen sein, dem ja daran gelegen war, gut ausgebildete Staatsdiener, Lehrer und gesellschaftliche Führungskräfte zu gewinnen. Seine Bedeutung für die Göttinger Universitätsentwicklung wie auch die Wissenschaftsgeschichte gewann der Philologe hauptsächlich aus seinen Verwaltungsämtern und organisatorischen Aufgaben. Neben der Professur der Beredsamkeit und Poesie übernahm Gesner die Leitung der Universitätsbibliothek, die Direktion des *Seminarium Philologicum*, das Sekretariat und später auch das Direktorium der Gesellschaft der Wissenschaften, die Inspektion über das Gelehrte Schulwesen in Braunschweig und Lüneburg sowie den Vorsitz der Deutschen Gesellschaft, einer Sprachgesellschaft in der Nachfolge Gottscheds.[42]

Durch die Gründung des Philologischen Seminars, des ersten seiner Art in Deutschland, stellte Gesner die Lehrerausbildung auf eine neue, institutionelle Grundlage. Hier sollte dem Mangel an Nachwuchs für den Lehrberuf abgeholfen werden, der zuvor eine unprofessionell geführte Domäne der Theologen gewesen war. Der Schwerpunkt des seminaristischen Studienganges lag auf den philologischen Lehrveranstaltungen, die durch Kurse in Mathematik, Physik, Geschichte und Philosophie ergänzt wurden. Mit diesem «Seminarium Philologicum» schuf Gesner sein wohl zukunftsträchtigstes Projekt, das die Verselbständigung der Klassischen Philologie zur autonomen Fachdisziplin einleitete, die diskursive Seminarform als modernste Möglichkeit von Wissensvermittlung unter den Lehrveranstaltungen begründete und zugleich als Organisationsform für die in der Philosophischen Fakultät beheimateten Fächer wegweisende Massstäbe setzte.[43]

Nicht geringer sind die Verdienste Gesners um den Aufbau der Universitätsbibliothek[44] einzuschätzen, denn er war nicht nur als ‹professor eloquentiae›, sondern auch als ‹professor bibliothecarius› nach Göttingen berufen worden (vgl. Abb. S. 107). Obwohl er diese Aufgabe bis zu seinem Tode versah, kann man nicht von einer ‹Ära Gesner› in der Göttinger Bibliotheksgeschichte sprechen, denn Konzeption, Organisation und Bestandsaufbau der Universitätsbibliothek wurden von Hannover aus und oftmals von Münchhausen persönlich gesteuert. Für Gesner blieben nicht selten nur die alltäglichen Aufgaben der bibliothekarischen Verwaltung übrig, die er – wie nach ihm andere Professorenbibliothekare auch – zuweilen beklagte, aber zeitlebens mit Engagement und Gewissenhaftigkeit versah.[45]

Aufbauend auf der Stiftung zweier grosser privater Sammlungen, der Bülow'schen und der Uffenbach'schen Bücherbestände, fand in der Göttinger Universitätsbibliothek von Anfang an ein zügiger Bestandszuwachs durch intensive antiquarische Käufe und eine lückenlose Beschaffung aller buchhändlerischen Novitäten statt. In wenigen Jahrzehnten entwickelte sie sich zur modernsten und leistungsfähigsten Universalbibliothek des 18. Jahrhunderts.[46] Weder die spätbarocke Sammelleidenschaft noch die Anhäufung und Ablagerung des gesicherten Wissens, sondern vielmehr die Ausrichtung des Bucherwerbs auf den wissenschaftlichen Fortschritt sicherte der Göttinger Universitätsbibliothek ein internationales Ansehen schon unter Zeitgenossen. Das benutzerorientierte ‹Göttinger Konzept› formte die Bibliothek zu einem wissenschaftlichen Werkzeug, mit dessen Hilfe Forschung erst instrumental ermöglicht wurde.[47] Damit waren erstmals in der Geschichte der Neuzeit die bibliothekarischen Voraussetzungen für die Entstehung des modernen Wissenschaftsverständnisses geschaffen, dessen Merkmale in einer stetig fortschreitenden Prozesshaftigkeit, einer diskursiven Erarbeitung von Erkenntnis und nicht zuletzt einem rapiden Informationszuwachs bestanden.[48]

Albrecht von Haller, die Naturwissenschaften und die Gesellschaft der Wissenschaften

Neben der Bibliothek begann eine Reihe von anderen Universitätseinrichtungen dem institutionellen Rückgrat der *Georgia Augusta* Gestalt zu verleihen. Dass zu einer Hochschule Vorlesungs- und Seminargebäude, Lehr- und Schausammlungen, Laboratorien, Observatorien und botanische Gärten gehören, erscheint uns heute selbstverständlich, war aber dem Erfahrungshorizont des 18. Jahrhunderts nicht unbedingt geläufig.[49] In Göttingen wurde diese Erkenntnis erstmals in die Tat umgesetzt. Am Beginn dieser institutionellen Entwicklung stand der Mediziner und Naturwissenschaftler Albrecht von Haller.[50] Mit seiner Berufung zum ordentlichen Professor der Anatomie, Physiologie und Botanik konnte Münchhausen im Jahr 1736 eine wissenschaftliche Berühmtheit für Göttingen gewinnen, die bei seinem Lehrer Herman Boerhaave (1668-1738) gelernt hatte, dass die Zukunft der Naturwissenschaften allein durch die Umstellung von der spekulativen auf die empirische Methode zu bewältigen war (vgl. den Beitrag zum Forscher und Gelehrten in diesem Band). Es ist vor allem Hallers Verdienst, diesen für die Universität Göttingen bedeutsam werdenden methodischen Grundzug dort eingeführt und als wissenschaftliches Credo der hannoverschen Reformgründung etabliert zu haben.[51]

Münchhausens hohe Erwartungen an den bei seiner Berufung erst achtundzwanzig Jahre zählenden schweizerischen Mediziner wurden sogar übertroffen, denn Haller zählte während seines siebzehnjährigen Wirkens in Göttingen zu den wenigen wissenschaftlichen Magneten unter den Professoren der noch jungen Georg-August-Universität. Haller besass klare Vorstellungen von den institutionellen Voraussetzungen der Forschung, die er dank seiner persönlichen Reputation und auswärtigen Berufungsangeboten, unter anderem aus Oxford, Utrecht und Berlin, auch in die Realität umsetzen konnte. So verdankt ihm die Georg-August-Universität u. a. die Fachwerkbauten des Anatomischen Theaters (1738) und des Botanischen Gartens einschliesslich seines eigenen Wohnhauses (1739) auf dem Gelände zwischen Unterer Karspüle und Stadtwall.[52] Zugleich förderte der Calvinist Haller den Neubau eines Gotteshauses für die nach der Universitätsgründung sich vergrössernde Reformierte Gemeinde. Die durch den Universitätsbaumeister Johann Michael Müller in der oberen Karspüle errichtete Reformierte Kirche konnte 1753 eingeweiht werden.[53] Hallers Bemühungen um den Bau eines allgemeinen akademischen Krankenhauses schlugen zwar fehl, jedoch gelang es ihm, die Regierung von der Notwendigkeit einer speziellen Gebärklinik zu überzeugen, die 1751 durch den Umbau des baufälligen Armenhospitals *St. Crucis* am Geismar-

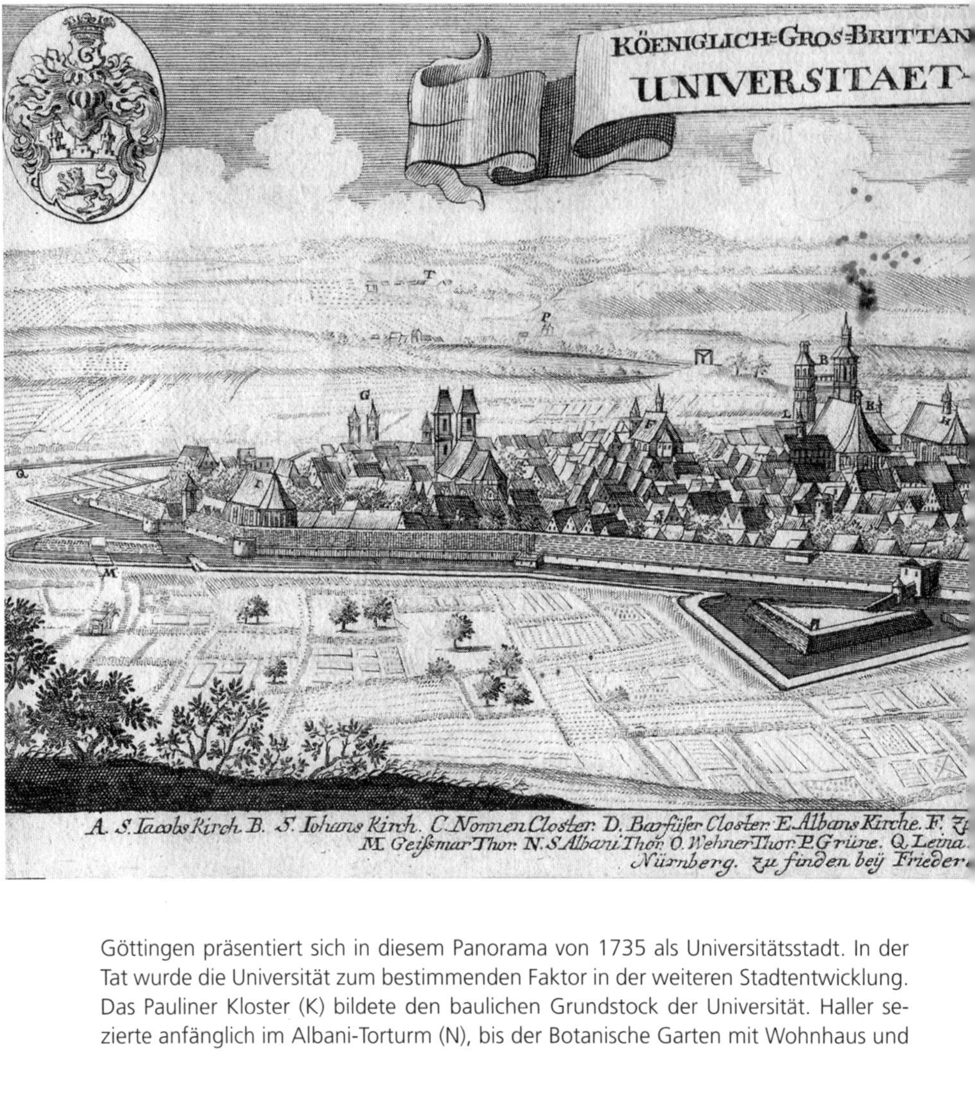

Göttingen präsentiert sich in diesem Panorama von 1735 als Universitätsstadt. In der Tat wurde die Universität zum bestimmenden Faktor in der weiteren Stadtentwicklung. Das Pauliner Kloster (K) bildete den baulichen Grundstock der Universität. Haller sezierte anfänglich im Albani-Torturm (N), bis der Botanische Garten mit Wohnhaus und

Anatomie (Abb. S. 41) errichtet wurde. Zahlreiche weitere Universitätsgebäude folgten. – Panorama-Kupferstich der Stadt Göttingen, gedruckt bei Friedrich Roth-Scholtz, Nürnberg 1735, 14 x 33 cm. – Städtisches Museum Göttingen.

tor geschaffen wurde. Bei diesem *Accouchierhaus* handelte es sich um die erste Frauenklinik im deutschsprachigen Raum.[54]

Als besondere Leistung Hallers gilt die Gründung der *Gesellschaft der Wissenschaften zu Göttingen* im Jahr 1751. Zwar ging das Akademieprojekt auf einen Vorschlag des Theologen Johann Lorenz von Mosheim (1693-1755) aus der Gründungsphase der Universität zurück, jedoch machte es sich Haller, kaum zur Kenntnis der fünfzehn Jahre alten Pläne gelangt, sofort zu eigen und führte es in der ihm eigenen energischen Art zu Ende.[55] Münchhausen überliess ihm die gesamte Organisation einschliesslich des Präsidiums sowie das personelle Vorschlags- und Berufungsrecht. Hallers Konzept der *Gesellschaft der Wissenschaften* ging im Vergleich zu den herkömmlichen Vorstellungen neue Wege. Die Akademie sollte nicht mehr eine private gelehrte Gesellschaft mit universalistischem Zuschnitt sein, sondern eine vom Staat gegründete und unterhaltene Forschungsinstitution mit der Aufgabe, allein die empirischen Wissenschaften zu fördern, die der «beständigen Erfindung», das heisst der innovativen Grundlagenforschung, fähig waren.[56] Obwohl Haller einen deutlichen Trennungsstrich zwischen der Universität als Einrichtung der Lehre und der Akademie als Instrument der Forschung zog, lebten beide Institutionen doch in enger Symbiose und waren nicht nur durch blosse Personalunion verknüpft, denn die besten Professoren der Universität rechneten es sich als Ehre an, in die Gesellschaft aufgenommen zu werden. Das Haller'sche Programm des lehrenden Forschens und des forschenden Lernens schien bereits in der Mitte des 18. Jahrhunderts das Humboldt'sche Wissenschaftsverständnis des 19. Jahrhunderts zu antizipieren.[57] Als publikatorisches Medium der Forschung wirkte ein eigenes Rezensionsorgan, die bereits seit 1739 bestehenden *Göttingischen Gelehrten Anzeigen*, die nun der Aufsicht der Gesellschaft der Wissenschaften unterstellt wurden und für die Haller, als Akademiepräsident auf Lebenszeit, auch später von Bern aus bis zu seinem Tod über 9'000 Artikel verfasst hat (vgl. den Beitrag zur Literaturkritik in diesem Band).

Symbiose von Universität und Stadt

Hallers institutionelle Aktivitäten wirkten sich auch auf das städtische Leben in Göttingen aus. Sie zeigen exemplarisch, dass die Universitätsgründung das folgenreichste Ereignis der Stadtgeschichte im 18. Jahrhundert war und sich die Hochschule fortan zum bestimmenden Sozial- und Wirtschaftsfaktor Göttingens entwickelte (Abb. S. 110 f.). Bis zum Beginn des Siebenjähren Krieges 1756 fand ein deutlicher Anstieg des Bevölkerungswachstums auf insgesamt über 8'000 Einwohner statt.[58] Durchschnittlich

600 Studenten und rund 50 Gelehrte vermehrten die Zahl der in Göttingen lebenden Stadtbürger und Militärpersonen. Hinzu kam eine beträchtliche Zuwanderung von Händlern, Gewerbetreibenden, Handwerkern und sonstigen Angehörigen des universitären Dienstleistungsgewerbes, die der Wirtschaftsfaktor Hochschule wie ein Magnet in die Stadt zog. Alle Angehörigen der Universität bildeten auch im öffentlich-rechtlichen Sinn eine autonome Korporation mit besonderen Privilegien und einer eigenen Gerichtsbarkeit; als akademische Bürger besassen sie den Status von rechtlich Eximierten, brauchten nicht das städtische Bürgerrecht zu erwerben und wurden auch von den bürgerlichen Lasten freigestellt.[59]

Bei den Hochschulangehörigen unterschied man zwischen den gelehrten Universitätsbürgern (‹cives literati›), denen vor allem die Professoren und die Studenten zuzurechnen waren, und den ungelehrten Universitätsbürgern (‹cives illiterati›), die als Handwerker und Hilfskräfte auch die Bezeichnung ‹Universitätsverwandte› führten[60] und – analog zu den Studenten – in einer Illiteratenmatrikel (‹matricula illiteratorum›) verzeichnet waren. Zu den Universitätshandwerkern zählten traditionell die dem Wissenschaftsbetrieb zuarbeitenden Berufsgruppen, wie Buchdrucker, -händler und -binder, Kupferstecher, Kunstmaler, Instrumentenmacher (‹mechanici›), Optiker, Apotheker, Chirurgen und Zahnärzte.[61] Da diese handwerklichen und halbgelehrten Berufstätigen als Freimeister anzusehen waren, die die Immunität und die Privilegien der Universität genossen und damit weder dem Zunftzwang noch der städtischen Gewerbeordnung und Gerichtsbarkeit unterstellt waren, übte der soziale Status der Universitätsverwandten auch eine grosse Attraktivität auf die Angehörigen des übrigen Dienstleistungs- und Luxusgewerbes aus, wie etwa Perückenmacher, Pastetenbäcker, Cafétiers und Gastronomen. Genauso versuchten normale Handwerker, die als Barbiere, Fleischer, Klempner, Schuster, Schneider usw. arbeiteten und in keinem Bezug zum Wissenschaftsbetrieb standen, den Schutz und die Privilegien einer akademischen Bürgerschaft zu erreichen.[62] Selbst die eher zum Privatbereich der Hochschullehrer- und Studentenschaft gehörige Berufssparte der Aufwärterinnen, Wäscherinnen, Lohndiener und Dienstboten war der städtischen Steuerlast und Gerichtsbarkeit entzogen und unterstand der Rechtsprechung des Universitätsgerichts.[63]

Von unmittelbarer Wichtigkeit für Forschung und Lehre waren die Buchdrucker und -händler. Dem Aufbau eines leistungsfähigen Buchhandels- und Verlagswesens widmete Münchhausen seine besondere Aufmerksamkeit. Nach intensiven Verhandlungen mit auswärtigen, insbesondere niederländischen Buchdruckern entschied sich die Regierung in Hannover, den aus Den Haag stammenden Abraham Vandenhoeck (1701-1750), der zuvor bereits in London und danach in Hamburg im Buchhandelsgewerbe tätig gewesen war, für die Georg-August-Universität vertraglich zu verpflichten.[64] 1735 erhielt er die Rechte eines Universitätsverwandten und den privilegierten Status eines Universitäts-Buchdruckers und Buchhändlers. Neben den Umzugs- und Reisekosten wurden ihm u. a. als Anschubfinanzierung ein zinsloser Kredit, für die Dauer von fünf Jahren ein Mietzuschuss für die Druckerei und schliesslich sogar monopolistische Begünstigungen zugesagt.[65]

Als ein weiterer wichtiger Vertreter der akademischen Bürger und Gewerbetreibenden präsentierte sich die Person des Universitätsapothekers, der als Pächter einer universitätseigenen Apotheke im Grunde eine laboratorische Dienstleistungseinrichtung der Medizinischen Fakultät führte, zugleich aber auch als stets beargwöhnte Konkurrenz der Göttinger Ratsapotheke in der Arzneimittelversorgung der Stadt auftrat. Schon um die Studenten der Medizin mit pharmazeutischem Anschauungsmaterial zu versorgen, sah bereits das Gründungsprivileg der Georg-August-Universität von 1736 die Einrichtung und Privilegierung einer eigenen Apotheke vor.[66] Demnach stand der Medizinischen Fakultät das alleinige Recht zu, die Universitätsapotheke zu visitieren, das heisst zu kontrollieren, wohingegen die Aufsicht über die Ratsapotheke nach wie vor vom Stadtphysikus ausgeübt wurde.[67] Die Konzession für die Errichtung einer Apotheke wurde an die finanzkräftige Calenberger Landschaft vergeben, die auf der Südseite des Marktes an Stelle des baufälligen Schuhmacher-Gildehauses von 1735 bis 1737 ein neues Apothekengebäude einschliesslich Laboratorium mit einem enormen Kostenaufwand von insgesamt 14'000 Talern errichtete. Die Landschaft besass damit das Eigentum an Grundstück und Gebäude und zugleich die Apothekengerechtsame.[68]

Als Albrecht von Haller Göttingen im Jahr 1753 wieder verliess, war die in mancher Hinsicht labile Gründungsphase der Universität abgeschlossen. Es ist nicht zuletzt ihm als Verdienst anzurechnen, dass in dieser Zeit die Grundlagen für eine weitere vielversprechende Universitätsentwicklung geschaffen worden waren. Bereits im Jahr 1748 konnte sich die Universität Göttingen ihrem Rektor und Landesherrn Georg II., der anlässlich des Friedens von Aachen auch Göttingen seinen ersten Besuch abstattete[69], als eine gelungene Hochschulgründung präsentieren. Denn die *Georgia Augusta* hatte inzwischen bewiesen, dass sie nicht nur überlebensfähig, sondern auf dem besten Wege zu einer erfolgreichen Landesuniversität mit nationaler Ausstrahlung war, die gegen Ende des Jahrhunderts zur modernsten und angesehensten Universität nicht nur des alten Reiches, sondern Europas aufsteigen sollte.

Anmerkungen

1 Vgl. Albrecht Saathoff: *Geschichte der Stadt Göttingen seit der Gründung der Universität.* Göttingen 1940, 10; Hermann Wellenreuther: Epilog: Göttingen in der Jahrhunderthälfte der Universitätsgründung. In: Ders. (Hg.): *Göttingen 1690-1755. Studien zur Sozialgeschichte einer Stadt.* Göttingen 1988, 321-328.

2 Der vorliegende Beitrag fusst wesentlich auf: Ulrich Hunger: Die Georgia Augusta als hannoversche Landesuniversität. Von ihrer Gründung bis zum Ende des Königreichs. In: Ernst Böhme, Rudolf Vierhaus (Hg.): *Göttingen. Geschichte einer Universitätsstadt.* Band 2. Göttingen 2002, 139-213. Vgl. weiterhin auch Ders.: Die Georg-August-Universität als landesherrliche Gründung. In: Elmar Mittler (Hg.): *‹Eine Welt allein ist nicht genug›. Grossbritannien, Hannover und Göttingen 1714-1837.* Göttingen 2005, 99-111; Ders.: Göttinger Universitätsgeschichte. Ein Rückblick auf zweieinhalb Jahrhunderte. In: Karl Heinrich Kaufhold (Hg.): *200 Jahre Sparkasse Göttingen 1801-2001.* Stuttgart 2001, 386-405.

3 Vgl. Emil F. Rössler (Hg.): *Die Gründung der Universität Göttingen. Entwürfe, Berichte und Briefe der Zeitgenossen.* Göttingen 1866, A, 1-6; Götz von Selle: *Die Georg-August-Universität zu Göttingen 1737-1937.* Göttingen 1937, 6-13. Saathoff 1940 (wie Anm. 1), 5 f.

4 Vgl. insgesamt Rudolf Vierhaus: 1737 – Europa zur Zeit der Universitätsgründung. In: Bernd Moeller (Hg.): *Stationen der Göttinger Universitätsgeschichte.* Göttingen 1988, 9-26.

5 Vgl. Rössler 1866 (wie Anm. 3), B, 3-9; Selle 1937 (wie Anm. 3), 18-19; Saathoff 1940 (wie Anm. 1), 6-7; Norbert Kamp: Die Georgia Augusta als Neugründung. In: Ders.; Hermann Wellenreuther; Friedrich Hund: *250 Jahre Vorlesungen an der Georgia Augusta 1734-1984.* Göttingen 1985, 7-29, hier 13-15.

6 Vgl. ebenda.

7 Vgl. Selle 1937 (wie Anm. 3), 15 f.; Saathoff 1940 (wie Anm. 1), 7.

8 Vgl. Kamp 1985 (wie Anm. 5), 9; Selle 1937 (wie Anm. 3), 36.

9 Vgl. hierzu auch Norbert Winnige: *Krise und Aufschwung einer frühneuzeitlichen Stadt: Göttingen 1648-1756.* Hannover 1996.

10 Saathoff 1940 (wie Anm. 1), 5.

11 Vgl. Wellenreuther 1988 (wie Anm. 1), 322.

12 Vgl. Saathoff 1940 (wie Anm. 1), 7.

13 Vgl. Berthold Michael: Die beiden Pädagogien im Paulinerkloster. In: Elmar Mittler (Hg.): *700 Jahre Pauliner Kirche.* Göttingen 1994, 111-124, bes. 124.

14 Zur Rolle Münchhausens für die Universität vgl. insbesondere Walter Buff: *Gerlach Adolph Freiherr von Münchhausen als Gründer der Universität Göttingen.* Göttingen 1937. Weiterhin Selle 1937 (wie Anm. 3), 17; Saathoff 1940 (wie Anm. 1), 11-14; Hans Jürgen Meinerts: Die Georgia Augusta zu Göttingen. In: *Neue Deutsche Hefte*, 82 (1961), 66-89, hier 66-69; Kamp 1985 (wie Anm. 5), 14-17.

15 Vgl. Rössler 1866 (wie Anm. 3), B, 3-304. Universitätsarchiv Göttingen, Kur. 3016-3022.

16 Vgl. Buff 1937 (wie Anm. 14), 8; Kamp 1985 (wie Anm. 5), 16; Notker Hammerstein: 1787 – Die Universität im Heiligen Römischen Reich. In: Moeller 1988 (wie Anm. 4), 27-45, hier 31; Hartmut Boockmann: *Göttingen. Vergangenheit und Gegenwart einer europäischen Universität.* Göttingen 1997, 17 f.

17 Sie begegnen verstreut in seinem Briefwechsel, versteckt in den ersten Privilegien und Universitätsstatuten sowie in einer einzigen überlieferten Denkschrift, dem «Nachträglichen Votum Münchhausens über die Einrichtung der Universität in der Sitzung des geheimen Raths-Collegiums» vom 16.4.1733. Vgl. Wilhelm Ebel (Hg.): *Die Privilegien und ältesten Statuten der Georg-August-Universität zu Göttingen.* Göttingen 1961; Rössler 1866 (wie Anm. 3), B, 33-38.

18 Vgl. Ernst Gundelach: *Die Verfassung der Göttinger Universität.* Göttin-

gen 1955; Norbert Kamp: *Die Georgia Augusta und der Staat.* Göttingen 1980; Meinerts 1961 (wie Anm. 14), 67.

19 Vgl. Vierhaus 1988 (wie Anm. 4), 23.

20 Vgl. Kamp 1985 (wie Anm. 5), 16; Meinerts 1961 (wie Anm. 14), 67.

21 Vgl. Nachträgliches Votum Münchhausens, in: Rössler 1866 (wie Anm. 3), B, 33-38; Kamp 1985 (wie Anm. 5), 17.

22 Vgl. Vierhaus 1988 (wie Anm. 4), 22 f.; Hammerstein 1988 (wie Anm. 16), 37; Boockmann 1997 (wie Anm. 16), 24 f.

23 Vgl. Kamp 1985 (wie Anm. 5), 17.

24 Vgl. Selle 1937 (wie Anm. 3), 35; Saathoff 1940 (wie Anm. 1), 14.

25 Vgl. Ebel 1961 (wie Anm. 17), 8. Gundelach 1955 (wie Anm. 18), 1-6; Selle 1937 (wie Anm. 3), 19; Saathoff 1940 (wie Anm. 1), 14.

26 Zur ersten Vorlesung siehe die Selbstdarstellung von Samuel Christian Hollmann: *Die Georg-Augustus-Universität zu Göttingen, in der Wiege, in ihrer blühenden Jugend und reifferem Alter.* Göttingen 1787. Manuskript, Nds. Staats- u. Universitätsbibliothek Göttingen, Cod. Ms. H.lit. 82, pag. 1-142. Teilweise gedruckt als: Johann Beckmann (Hg.): *Fragment einer Geschichte der Georg-Augustus-Universität zu Göttingen*, Göttingen 1787. Hierzu vgl. Kamp 1985 (wie Anm. 5), 7 f.

27 Vgl. Werner Seidel: *Baugeschichte der Niedersächsischen Staats- und Universitätsbibliothek in Göttingen 1734-1953.* Göttingen 1953, 12-29.

28 Vgl. Arnd Krüger: Valentin Trichters Erben. In: Hans-Günther Schlotter (Hg.): *Die Geschichte der Verfassung und der Fachbereiche der Georg-August-Universität Göttingen.* Göttingen 1994, 284-294, hier 284 f.; Kamp 1985 (wie Anm. 5), 20; Selle 1937 (wie Anm. 3), 50 f. Zu den universitären Baulichkeiten vgl. insgesamt Alfred Oberdiek: *Göttinger Universitätsbauten.* Göttingen 1989, bes. 9-11.

29 Vgl. Saathoff 1940 (wie Anm. 1), 15 f.; Selle 1937 (wie Anm. 3), 35-37; Kamp 1985 (wie Anm. 5), 8 f.

30 Vgl. Gundelach 1955 (wie Anm. 18), 8.

31 Privileg vom 7.12.1736. In: Ebel 1961 (wie Anm. 17), 28-39, hier 29.

32 Kamp 1985 (wie Anm. 5), 16. Ähnlich Gundelach 1955 (wie Anm. 18), 9.

33 Zu den Feierlichkeiten vgl. den Bericht der Helmstedter Professoren J. W. Göbel und P. Gericke, in: Rössler 1866 (wie Anm. 3), B, 392-410. Weiterhin Saathoff 1940 (wie Anm. 1), 22-24.

34 Vgl. Selle 1937 (wie Anm. 3), 50 f.

35 Vgl. Hansgerd Dieckmann: *250 Jahre Georg-August-Universität Göttingen, Studentenzahlen 1734/37-1987.* Göttingen 1987, 1. Bis 1751 liegen allerdings keine präzisen Angaben über die Gesamtzahlen der Studenten vor, nur über die der Neuimmatrikulierten.

36 Vgl. Selle 1937 (wie Anm. 3), 58.

37 Vgl. Wellenreuther 1988 (wie Anm. 1), 321.

38 Vgl. Boockmann 1997 (wie Anm. 16), 24.

39 Vgl. Franz Eulenburg: *Die Frequenz der deutschen Universitäten von ihrer Gründung bis zur Gegenwart.* Nachdruck der Ausgabe Stuttgart 1904. Berlin 1994, 131 f.

40 Zu Gesner vgl. Ulrich Schindel: Johann Matthias Gesner. Professor der Poesie und Beredsamkeit 1734-1761. In: Carl Joachim Classen (Hg.): *Die Klassische Altertumswissenschaft an der Georg-August-Universität Göttingen.* Göttingen, 1989, 9-26; Ulrich Muhlack: Klassische Philologie zwischen Humanismus und Neuhumanismus. In: Rudolf Vierhaus (Hg.): *Wissenschaften im Zeitalter der Aufklärung.* Göttingen 1985, 93-119; Reinhold Friedrich: *Johann Matthias Gesner. Sein Leben und sein Werk.* Roth 1991; Selle 1937 (wie Anm. 3), 62-67.

41 Vgl. Schindel 1989 (wie Anm. 40), 12.

42 Vgl. ebenda, 14.

43 Vgl. Muhlack 1985 (wie Anm. 40), 107; Schindel 1989 (wie Anm. 40), 24 f.

44 Zur Bibliotheksgeschichte vgl. Karl Julius Hartmann, Hans Füchsel (Hg.): *Geschichte der Göttinger Universitäts-Bibliothek.* Göttingen 1937; Christiane Kind-Doerne: *Die Niedersächsische Staats- und Universitätsbibliothek Göttingen. Ihre Einrichtungen in Geschichte*

und Gegenwart. Wiesbaden 1986; Bernhard Fabian: Göttingen als Forschungsbibliothek im achtzehnten Jahrhundert. In: Paul Raabe (Hg.): *Öffentliche und Private Bibliotheken im 17. und 18. Jahrhundert*. Bremen, Wolfenbüttel 1977, 209-239; Bernhard Fabian: Die Göttinger Universitätsbibliothek im 18. Jahrhundert. In: *Göttinger Jahrbuch*, 28 (1980), 109-123.

45 Vgl. Hartmann/Füchsel 1937 (wie Anm. 44), 21-44.

46 Vgl. Fabian 1980 (wie Anm. 44), 111.

47 Vgl. ebenda, 114; Kamp 1985 (wie Anm. 5), 18.

48 Vgl. Wolf Lepenies: *Das Ende der Naturgeschichte. Wandel kultureller Selbstverständlichkeiten in den Wissenschaften des 18. und 19. Jahrhunderts*. München 1976.

49 Vgl. Kamp 1985 (wie Anm. 5), 17.

50 Vgl. Urs Boschung (Hg.): *Albrecht von Haller in Göttingen 1736-1753. Briefe und Selbstzeugnisse*. Bern 1994. Für weitere Literatur vgl. Hubert Steinke, Claudia Profos (Hg.): *Bibliographia Halleriana. Verzeichnis der Schriften von und über Albrecht von Haller*. Basel 2004, 276-279.

51 Vgl. Richard Toellner: Medizin in der Mitte des 18. Jahrhunderts. In: Vierhaus 1985 (wie Anm. 40), 194-217, hier 196 f.; Hubert Steinke: Science, practice and reputation. The Göttingen University and its Medical Faculty in the 18th century. In: Andrew Cunningham, Ole Grell (Hg.): *Centres of excellence. In search of the best medical education in Europe, 1500-1789* (im Druck).

52 Vgl. u. a. Jens-Uwe Brinkmann: «Der gantzen Stadt zur Zierde und Annehmlichkeit». Die öffentliche Bautätigkeit. In: Hans-Georg Schmeling (Hg.): *Göttingen im 18. Jahrhundert. Eine Stadt verändert ihr Gesicht*. Göttingen 1987, 255-324, hier 321.

53 Vgl. ebenda, 311 f.; Albrecht Saathoff: *Aus Göttingens Kirchengeschichte*. Göttingen 1929, 201 f.

54 Vgl. Ulrich Tröhler, Volker Zimmermann: 250 Jahre Medizin an der Georgia Augusta. In: Hans-Günther Schlotter (Hg.): *Die Geschichte der Verfassung und der Fachbereiche der Georg-August-Universität Göttingen*. Göttingen 1994, 66-85, hier 72 f.; Walther Kuhn, Ulrich Tröhler (Hg.): *Armamentarium obstetricium Gottingense*. Göttingen 1987, 173-175; Georg B. Gruber: *Naturwissenschaftliche und medizinische Einrichtungen der jungen Georg-August-Universität in Göttingen*. Göttingen 1955, 21-23.

55 Vgl. Selle 1937 (wie Anm. 3), 76.

56 Vgl. Toellner 1985 (wie Anm. 51), 215 f.

57 Vgl. Richard Toellner: Entstehung und Programm der Göttinger Gelehrten Gesellschaft unter besonderer Berücksichtigung des Hallerschen Wissenschaftsbegriffes. In: Fritz Hartmann, Rudolf Vierhaus (Hg.): *Der Akademiegedanke im 17. und 18. Jahrhundert*. Bremen, Wolfenbüttel 1977, 97-115, hier 98.

58 Vgl. Wieland Sachse: *Göttingen im 18. Und 19. Jahrhundert. Zur Bevölkerungs- und Sozialstruktur einer deutschen Universitätsstadt*. Göttingen 1987, 257; Regina Jeske: «Ein behagliches, vergnügtes Leben, wenig berührt von den Stürmen der Zeit». Die Universitätsstadt Göttingen 1790-1825. In: Lothar Gall (Hg.): *Vom alten zum neuen Bürgertum. Die mitteleuropäische Stadt im Umbruch 1780-1820*. München 1991, 65-103, hier 68 ff.

59 Vgl. Boockmann 1997 (wie Anm. 16), 21; Gundelach 1955 (wie Anm. 18) 34-46; Jeske 1991 (wie Anm. 58), 66.

60 Vgl. Wilhelm Ebel: Die Universitätsverwandten. In: Ders.: *Memorabilia Gottingensia*. Göttingen 1969, 132-148. Gundelach 1955 (wie Anm. 18), 44 f.

61 Vgl. Universitätsarchiv Göttingen, Sekretariat 12.1-20.1; Kuratorium 8474-8564.

62 Vgl. Ebel 1969 (wie Anm. 60), 132; Gundelach 1955 (wie Anm. 18), 44.

63 Vgl. Silke Wagener: *Pedelle, Mägde und Lakaien. Das Dienstpersonal an der Georg-August-Universität Göttingen 1737-1866*. Göttingen 1996, 48-56.

64 Vgl. Wilhelm Ruprecht: *Väter und Söhne*. Göttingen 1935, 9-14.

65 Abdruck des Vertrages ebenda, 11-13. Vgl. Saathoff 1940 (wie Anm. 1),

28; Elisabeth Willnat: *Johann Christian Dieterich. Ein Verlagsbuchhändler und Drucker in der Zeit der Aufklärung.* Frankfurt/Main 1993, 11. Vgl. weiterhin Universitätsarchiv Göttingen, Kur. 8496.

66 Vgl. Wilhelm Ebel: Die Göttinger Universitäts-Apotheke. In: Ebel 1969 (wie Anm. 60), 163-173, hier 163. Universitätsarchiv Göttingen Kur. 9252-9263.

67 Vgl. Ebel 1969 (wie Anm. 66), 166 f. Roswitha Sommer: *Zur Geschichte der Universitäts-Apotheke in Göttingen.* Göttingen 1987, 39.

68 Vgl. Sommer 1987 (wie Anm. 67), 34-39; Roswitha Sommer: 250 Jahre Universitätsapotheke Göttingen. In: *Göttinger Jahrbuch*, 36 (1988), 59-74, hier 62 f.; Ebel 1969 (wie Anm. 66), 164-166.

69 Vgl. Saathoff 1940 (wie Anm. 1), 40-44; Johann Lorenz von Mosheim: *Beschreibung der grossen und denckwürdigen Feyer die bey Der Allerhöchsten Anwesenheit Des Allerdurchlauchtigsten, Großmächtigsten Fürsten und Herren, Herren George des Anderen … begangen ward.* Göttingen 1749.

Werk und Wirkung

Dichtung

Eric Achermann

1732 erscheint beim Berner Verleger Niklaus Emanuel Haller anonym ein schmaler Band, der *Versuch Schweizerischer Gedichten* [sic!] (Abb. S. 123).[1] Bereits zwei Jahre später veröffentlicht derselbe Verleger eine erweiterte und gründlich revidierte Ausgabe, nun unter dem Titel *Dr. Albrecht Hallers Versuch Von Schweizerischen Gedichten*. Bis zur letzten autorisierten Auflage von 1777 (Abb. S. 505) wird Albrecht Haller die Gedichtsammlung noch zehnmal überarbeiten, kommentieren und ergänzen.[2] Zählt die erste Ausgabe nur gerade zehn Gedichte, so listet das *Verzeichnis der Gedichte* der letzten von Haller besorgten Ausgabe stattliche 31 Titel auf.

Beim *Versuch* handelt es sich um eine bunte Sammlung, die Lehrgedichte und Satiren, Trauer-Oden und ein ‹verliebtes Gedicht›, Prosaaufsätze und französische Gedichte (beides bloss in der zweiten Auflage), ungebundene Tierfabeln mit gereimter Moral, *Cantaten*, *Serenaten*, *Überschriften*, Hochzeitscarmina sowie weitere Gelegenheitsgedichte umfasst. Auf die formale und thematische Heterogenität verweist bereits der Titel: ‹Versuch› steht – als deutschsprachiges Äquivalent von ‹Essay› bzw. ‹Essai› – nicht nur für die bescheidene Einsicht in die Unfertigkeit der Gedichte bzw. die Unzulänglichkeit des Dichters;[3] ‹Versuch› erscheint darüber hinaus in der zeitgenössischen Lehrdichtung als quasi-generische Bezeichnung[4] sowie als beliebte Überschrift für eine unsystematische, nicht auf Vollständigkeit abzielende Abhandlung.[5] ‹Schweizerisch› hingegen verweist zum einen auf die geographische Herkunft der Gedichte, dann auf die vaterländische Thematik, der wir in Gedichten wie *Die Alpen* oder *Sehnsucht nach dem Vaterland* begegnen, und zum Dritten – und ab der zweiten Auflage ganz explizit – auf den sprachlichen Ausdruck.[6] Ab der dritten Auflage des *Versuchs* (1743) lässt Haller einzelnen Gedichttiteln die Angabe des Entstehungsjahres folgen, ab der vierten (1748) kommen

Vorbemerkungen hinzu.[7] Diese variieren im Wesentlichen drei Punkte: Bitte um Nachsicht, kurze Angaben zu Zeitpunkt und Umständen der Entstehung, Begründung schliesslich für die Aufnahme des Gedichtes in die Sammlung. Die Vorbemerkungen vermitteln so den Eindruck einer repräsentativen Werkschau, worin nur das nach dem Urteil des Dichters Gelungene Aufnahme findet. Dieser Eindruck wird durch die Anordnung der Gedichte unterstützt: Während Haller in den ersten Ausgaben die Folge der Gedichte ständig verändert, werden diese seit der sechsten Auflage von 1751 nach ihrer Entstehungszeit geordnet. *Die Alpen* etwa, die in der ersten Ausgabe die Sammlung eröffnen, finden sich später an vierter Stelle. Nicht das philosophische oder künstlerische Urteil entscheidet nunmehr über die Reihenfolge, sondern die eigene dichterische Entwicklung, die durch die Anordnung historisch dargestellt erscheint. Der dokumentarische Charakter wird durch Fussnoten zusätzlich hervorgehoben, die frühere Varianten verzeichnen und ‹dunkle› Stellen erläutern.

Zu Entstehung und Werkgeschichte von Hallers Sammlung

Die Gedichte, die der *Versuch* enthält, sind aller Wahrscheinlichkeit nach in der Zeit zwischen 1725 und 1748 entstanden; dies zumindest besagen die genannten Jahresangaben.[8] Im Rückblick erkennt Haller zwei Lebensphasen, die entscheidend durch seinen Hang zum Dichten geprägt sind:[9] Seine Kindheit, wobei bei einem angeblich so aussergewöhnlich frühreifen Menschen ‹Kindheit› etwas merkwürdig anmutet,[10] sowie die Jahre, die zwischen seiner Rückkehr in die Schweiz und seiner Übersiedlung nach Göttingen liegen. Hallers Biograph Zimmermann berichtet von einem Epos von 4'000 Versen, von Gedichten, Trauerspielen und Übersetzungen, die während der kurzen Gymnasialzeit (1721/22) sowie der Bieler Lehrzeit (1722/23) entstehen[11] und die Haller nach eigener Aussage 1729 weitgehend verbrennt. Die Feuerprobe überlebt haben unter anderem *Morgen-Gedanken* (1725), *Sehnsucht nach dem Vaterlande* (1726) und *Ueber die Ehre* (1728), die offensichtlich Gnade vor den strengeren Anforderungen eines geläuterten Geschmackes finden.[12] Die zweite dichterische Phase setzt nach seiner Rückkehr aus Paris im Jahre 1728 ein:

> Nach meinen Reisen, und hauptsächlich zu Basel, befiel mich die poetische Krankheit wieder, nachdem ich mehrere Jahre nichts mehr von dieser Art gewagt hatte. Der angenehme und rechtschaffene Hr. Drollinger, der getreue und forschende Hr. P. Stähelin und einige andere dortige Freunde ermunterten mich zu einer neuen Probe.[13]

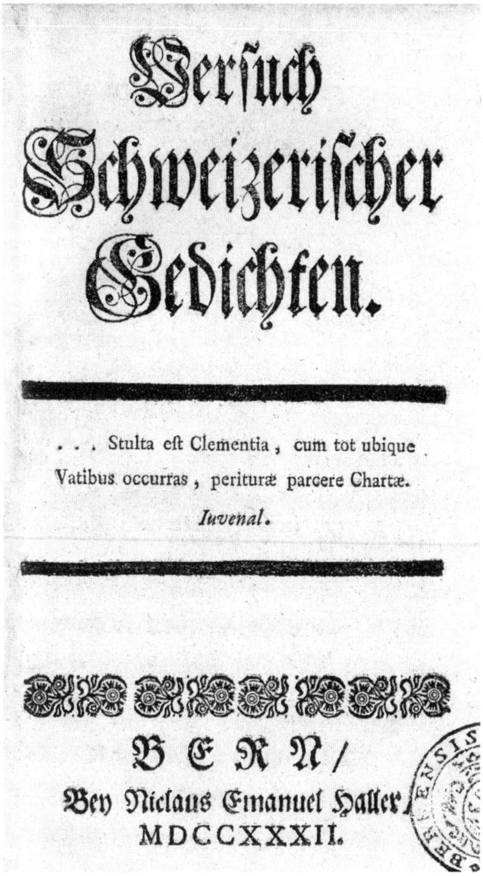

Versuch
Schweizerischer
Gedichten.

. . . Stulta est Clementia, cum tot ubique
Vatibus occurras, perituræ parcere Chartæ.
Iuvenal.

BERN /
Bey Niclaus Emanuel Haller.
MDCCXXXII.

Titelblatt der ersten, noch anonym erschienenen Ausgabe von Hallers *Versuch schweizerischer Gedichten*. Im 18. Jahrhundert erschienen nebst den von Haller selbst autorisierten 11 Auflagen weitere 16 Nachdrucke sowie Übersetzungen ins Französische, Englische und Italienische. – Burgerbibliothek Bern.

Diese ‹pathologische› Einschätzung jugendlicher Poesiebegeisterung ist für den Mediziner, Naturwissenschaftler und Politiker Haller bezeichnend. Und spricht er nicht geradewegs von ‹Krankheit›, dann soll die Dichtung doch nicht mehr sein als eine etwas leichtsinnige Nebenbeschäftigung, eine Zeitverschwendung, die zu entschuldigen er sich immer wieder bemüssigt fühlt: «Tausend andere Geschäfte erdrücken mich und lassen mir wenig Augenblicke übrig, die in meiner Gewalt wären und die ich einem so unnöthigen und unwichtigen Dinge weyhen könnte, als meine Reime in meinen Augen sind.»[14]

Diese ‹Augenblicke› sind jedoch ziemlich zahlreich und von einiger Dauer. Hallers Interesse an der schönen Literatur ist in fast 1'000 selbstverfassten Rezensionen gut dokumentiert;[15] der Lektüreumfang allein der Romane soll sich gar auf 2'000 Titel belaufen haben.[16] Hinzu kommt, dass das seit der sechsten Ausgabe von 1751 angehängte *Der Verfasser an den Leser* von einer ganz anderen Sorge um das eigene literarische Auftreten spricht, als dies für die «unnöthigen und unwichtigen Dinge» zu gelten hätte. Kurz, auch wenn Haller in dem Umzug nach Göttingen eine klare Zäsur in seinem poetischen Schaffen erkennt, so bedeutet dies nicht das Ende seines Interesses an der schönen Literatur, mögen die nach 1736 in den *Versuch* eingegangenen Texte auch allesamt bloss der Gelegenheit oder einem «dringende[n] Affect» geschuldet sein.[17]

Hallers Dichtungsauffassung und seine Zeit

Fast abwertend formuliert Haller das Verhältnis seiner dichterischen zu seiner medizinischen Tätigkeit in der oft zitierten Einleitung zu den Gedichten seines vertrauten Dichter- und Arztkollegen Paul Gottlieb Werlhof (1699-1767):

> Ein Dichter, der nichts als ein Dichter ist, kann für die entferntesten Zeiten und Völker ein glänzendes Licht seyn. Aber für seine eigene Zeiten, und für seine Mitbürger, ist er ein entbehrliches und unwirksames Mitglied der Gesellschaft. [...] Weit grösser sind die Vorzüge eines gelehrten, geübten, und folglich glüklichen Arztes. Seine Gaben sind ein Werkzeug, durch welches die Vorsehung ihre Güte verbreitet. [...] Ein Dichter vergnügt eine Viertelstunde; ein Arzt verbessert den Zustand eines ganzen Lebens.[18]

Hallers Beurteilung der Poesie folgt denselben Maximen wie diejenigen seines Handelns im Allgemeinen und seiner wissenschaftlichen Tätigkeit im Besonderen: Frömmigkeit, Tugend, Menschenliebe – sie und sie allein haben unser Tun zu leiten. Eine tätige Zuwendung zu den Nächsten, ein praktisches Wirken, das dem Gemeinwohl dient, eine Beschränkung der Tugenden auf ein rechtes Mass – dies alles sind ethische Gemeinplätze, die auch seine Dichtung durchziehen. Daran lässt der Schluss der genannten *Vorrede zu Werlhofs Gedichten* keinen Zweifel:

> Die Absicht des Dichters ist zu gefallen und zu rühren, und die äusserliche Richtigkeit hat bey dem Verstande ihren Werth, aber keine Macht auf das Herz des Lesers. Es sind zu allen Zeiten Dichter gewesen, die sich mit dieser äussern Schönheit vergnügt haben, und alle diese Dichter haben ihres Zweks verfehlt. Aber bey unserm Verfasser sind sie, wie sie in der That seyn sollen, nur zierliche Kleider der wahren Schönheit. Wahre und gründliche Gedanken, wohl ausgefundene Aehnlichkeiten verschiedener Begriffe, scharf unterscheidende Unähnlichkeiten ähnlicher Ideen, kurze und dennoch das Wesen der Dinge abmalende Beywörter, wohlständige Vorstellungen wirklich zärtlicher Leidenschaften, alles dieses sind Schönheiten, die auch ohne die Zierde des Schalles und der Sprache gefallen; aber die sich der Vollkommenheit nähern, wenn dieser äussere Schmuk sie begleitet. Ich finde diese Vereinigung beyder Vorzüge nicht nur deßwegen schön, weil Wohlklang, Reinigkeit und Richtigkeit Eigenschaften guter Gedichte sind, sondern auch deswegen, weil es sehr schwer, und folglich sehr ungemein ist, wenn ein Dichter sie mit der Stärke der Gedanken, und dem Feuer des Ausdrukes verbindet. [...] Und dennoch ist noch ein Vorzug, den ich über alle diejenigen

> schäze, die ich noch benennet habe: Dieser ist die herrschende Tugend, und die ungeschminkte Gottesfurcht, die alle Gedanken des Verfassers belebet.[19]

Blosser Grösse oder aussergewöhnlichen Fähigkeiten kommt kein moralischer Wert zu, könnten sie doch auf schändlichen Taten und Überzeugungen gründen oder als Mittel zu unlauteren Zwecken dienen. Wertvoll werden unsere Handlungen nur durch die Beziehung auf das ‹Herz›, womit ein Zentralbegriff der hallerschen Ethik, Anthropologie und Poetik genannt ist. Der Poesie kommt die Aufgabe zu, nicht nur dem Verstand zu gefallen, sondern auch das Herz zu rühren. Die Intensität der Argumente (‹Stärke›) und der Gefühle (‹Feuer›) vermögen im poetischen Zusammentreffen von Gedanke und Ausdruck auf das Innere zu wirken; die Sprache, die im gesellschaftlichen Austausch nach aussen wirkt, entfaltet ihre Wirkung in der individuellen poetischen Erfahrung nach innen.[20]

Hallers Versuch, das Verhältnis der Poesie zu den nützlichen Künsten zu bestimmen, entspricht einer weitverbreiteten Moral- und Gesellschaftskonzeption, deren Selbstbegründung zwar widersprüchlich sein mag, deren Widersprüche jedoch alles andere als einen bloss individuellen Gewissenskonflikt darstellen. So finden wir denn auch den Topos des Dichtens als ‹Zeit=Vertreib› für ‹Neben=Stunden› und die anschliessende Versicherung, dass die Veröffentlichung nur dem Drängen vertrauter Freunde und der ungewollten Verbreitung geliehener Manuskripte geschuldet sei, in so mancher Einleitung zu zeitgenössischen Gedichtsammlungen.[21] Er steht indirekt für eine zunehmend selbstsicher auftretende frühliberale Meritokratie, die auf Fleiss und religiös unterfütterten Utilitarismus als Gegengift gegen höfischen Absolutismus und aristokratische Lust am Luxus setzt.[22] Der Nutzen ist gut; er misst sich jedoch nicht am Eigeninteresse, sondern an seinem Beitrag zum Gemeinwohl, das seinerseits das Nutzendenken sanktioniert. So finden wir bei Haller keine Proben jenes tändelnden Scherzes, der die literarische Mode der 40er und 50er Jahre des 18. Jahrhunderts bestimmt, ausgenommen vielleicht die etwas freiere *Doris* (1730).[23] Was er einfordert, ist vielmehr eine gedankenschwere, philosophische Dichtung, die weder in leerer Ostentation noch scherzhafter Belustigung ihr Ziel erkennt, sondern in der angemessenen und rührenden Darstellung der Wahrheit. In einer vielzitierten und für Hallers Dichtungsverständnis in der Tat zentralen Stelle der *Vorrede zur vierten Auflage* gibt er programmatisch seine Absicht zu erkennen:

> Ich hatte indessen die englischen Dichter mir bekannter gemacht und von denselben die Liebe zum Denken und den Vorzug der schweren Dichtkunst angenommen. Die philosophischen Dichter, deren Größe ich bewunderte, verdrangen bald bey mir das geblähte und aufgedun-

> sene Wesen dess Lohensteins, der auf Metaphoren, wie auf leichten Blasen schwimmt. Hieraus entstund bei mir die neue Art zu Dichten, die so vielen Deutschen zu missfallen das Unglük gehabt hat, die ich aber so wenig bereue, daß ich wünschen möchte, noch viel mehr Gedanken in viel mindre Zeilen gebracht zu haben. Nach meinem Begriffe muß man die Aufmerksamkeit des Lesers niemahls abnehmen lassen. Dieses geschieht ohnfehlbar auf eine mechanische Weise, so bald man ihm einige lähre Zeilen vorlegt, wobey er nichts zu denken findet. Ein Dichter muß Bilder, lebhaffte Figuren, kurze Sprüche, starke Züge und unerwartete Anmerkungen auf einander häuffen oder gewärtig sein, daß man ihn weglegt.» (248 f.)

Ohne dass Haller seine englischen Gewährsmänner zu nennen braucht, lässt sich leicht erraten, was er hier unter ‹Dichtung› verstanden wissen will: Lehrdichtung.[24] Haller erkennt den Beitrag seiner philosophischen Gedichte für die zeitgenössische Literatur hauptsächlich in der Rehabilitierung der ernsten Thematik. Die «neue Art zu Dichten» verspricht ein hohes Mass an Gedankenreichtum und -schwere und damit eine Abkehr von einer gefälligen Dichtung, die sich mit Verweis auf das Publikum in scherzhafter Unterhaltung versucht. Zwar gedenkt auch Haller des Publikums, doch stellt er sich – ganz offensichtlich dem Wunsch mehr als der Erfahrung folgend – ein denkendes Publikum vor; er registriert zwar das Missfallen der Vielen, was ihn jedoch ganz und gar nicht dazu verleitet, den genannten Grund des Missfallens zu beheben und das «nach meinem Begriffe» dem Begriffe des Lesers anzupassen. Zentral erscheint ihm vielmehr eine intensive Wirkung seiner Dichtung auf Herz und Verstand. Die Stärke dieser bewegenden, ‹rührenden› Wirkung resultiert dabei aus der umgekehrten Proportion von Gedanken- bzw. Vorstellungsreichtum und formalem Aufwand. Das unerreichte Vorbild dieser Effektivität finden wir in Horaz: «In Lyriko genere quis adtigit breve illud et efficax Horatii?»[25]

Haller verbindet die antik-rhetorische Forderung nach ‹brevitas›[26] mit Denkfiguren der zeitgenössischen Psychologie und liefert so ein einflussreiches Vorbild für den ‹körnichten› Stil, dem sowohl die Poetik der Schweizer Johann Jacob Bodmer (1698-1783) und Johann Jacob Breitinger (1701-1776) als auch so zentrale Theoretiker der sich ausbildenden Ästhetik wie Alexander Gottlieb Baumgarten (1714-1762) und Georg Friedrich Meier (1718-1777) grosse Aufmerksamkeit widmen werden.[27]

Aber Hallers Lyrik war nicht nur ein grosser – wenn auch nicht unumstrittener – Erfolg bei der Kritik, er sprach trotz der beabsichtigten ‹Schwere› auch ein breiteres Publikum an. Dies lässt sich aus dem neuen Ton erklären, der mit den stilistischen Vorlieben der zweiten Schlesischen Schule des späten 17. Jahrhunderts bricht, namentlich dem lohensteinschen Vorbild. Haller schliesst sich einer Position an, die sich in der frühaufklärerischen Geschmacksdiskussion etabliert hat;[28] wir finden sie in den einflussreichen Überlegungen zum guten Geschmack, die ein Johann Ulrich König (1688-1744) nach französischem Vorbild in Deutschland heimisch macht.[29] Die Scheidung eines schlichten, attizistischen Neoklassizismus von einem schwülstigen, asianistischen Barock, welche die literarische Öffentlichkeit in den 30er Jahren des 18. Jahrhunderts vollzieht, folgt einer europäischen Tendenz, die zunehmend den natürlichen Sach-Stil einer scharfsinnigen Wortartistik vorzieht. Auf der gleichen Stufe mit dem ‹schwülstigen› Marino (1569-1625) und dem ‹dunkeln› Gracián (1601-1658) steht in Deutschland Daniel Casper von Lohenstein (1635-1683), der den Reformern als Inbegriff einer literarischen Fehlentwicklung gilt. Was an ihm getadelt wird, ist der Mangel an dichterischem ‹Wohlstand› (‹decorum›), das heisst an Angemessenheit (‹aptum›) oder eben ‹Mässigkeit› des sprachlichen Ausdrucks relativ zur ausgedrückten Sache. Der beanstandete Überfluss an Wortpracht fügt sich reibungslos in Hallers sittliche Wertvorstellungen, wenn er – nicht ohne Chauvinismus – den Verfall vaterländischer Sitte einer höfischen, aus Frankreich importierten Prunksucht anlastet.[30]

Diese neue Auffassung von Dichtung bildet den Hintergrund für die früheste Rezeption von Hallers Dichtung. Als die Gedichte 1732 erscheinen, sieht sich der Autor bald mit heftigen Reaktionen konfrontiert; es sind vor allem die führenden Familien der Berner Republik sowie die Orthodoxie, die an seinen Gedichten Anstoss nehmen.[31] Doch worauf gründet sich diese Ablehnung? Die wohl deutlichste Antwort gibt die Satire *Die verdorbenen Sitten* (1731), die den Verlust der republikanischen Tugenden des alten Berns mit demjenigen Roms vergleicht und «Die Einfalt jener, wo ehrlich höflich war, | Wo reine Tugend Ehr, auch wann sie nackt» (91 f., V. 81 f.) betrauert. Hallers Klage über das Fehlen grosser Figuren (89, 33-35) gipfelt schliesslich in der Invektive: «Bei solchen Herrschern wird ein Volk nicht glücklich sein! | Zu Häuptern eines Stands gehöret Hirn darein!» (96, V. 185 f.). Dass solche und ähnliche Vorwürfe die ‹Gnädigen Herren› der Berner Republik erzürnen, liegt ebenso auf der Hand wie deren Lust, sich zur Wehr zu setzen. Und sie tun es mit naheliegenden Argumenten: Haller sei ein Umstürzler und ein Ungläubiger. Die Invektiven wurden von der Forschung häufig für bare Münze genommen – zu Unrecht: Weder fordert Haller die Veränderung der politischen Einrichtungen noch die Beschneidung der dogmatischen Befugnisse des Klerus.

Ganz andere Aufnahme erfahren die Gedichte beim literarischen Publikum. Insbesondere Johann Jacob Bodmer feiert sie alsbald als grosse vaterländische Leistung und setzt sich mit Johann Christoph Gottsched (1700-1766) in Verbindung, um den Vertrieb von Leipzig aus über den ganzen deutschsprachigen Raum zu befördern. Und obwohl Gottsched hier schliesslich nicht tätig wird, so nimmt er die Gedichte dennoch äusserst wohlwollend auf.[32] Sowohl den Zürchern Bodmer und Breitinger als auch den Leipzigern um Gottsched erscheint Haller nämlich als ein Dichter, der den Anforderungen des gewandelten Stilideals zu entsprechen vermag. Diese Übereinstimmung ist jedoch nicht von Dauer. Sind sich die Parteien in ihrer Ablehnung Lohensteins und der Forderung nach neuen kritischen Leitbegriffen auch einig, so geraten sie bei der Festlegung neuer Kriterien, welche die skizzierte Trennung in «eine Partei des Geschmacks und eine Partei des Schwulstes» erfordert,[33] in Aporien: Der Rekurs auf den Geschmack droht die ganze Diskussion um das Kunstschöne von einem Unsagbaren abhängig zu machen, einem ‹je-ne-sais-quoi›, das subjektiver Willkür Tür und Tor zu öffnen vermöchte. Und es ist hier, bei der Neubegründung des Kunsturteils, wo die Divergenzen zu Tage treten werden: Die Zürcher messen der Empfindung relativ zum Verstand mehr Gewicht zu, als den Leipzigern billig scheint. Haller und sein beispielhafter *Versuch* geraten so ins Zentrum jener heftigen Debatte, die sich zwischen Leipzig und Zürich an der Beurteilung von Miltons *Paradise Lost* um 1740 erst richtig entzündet. Gottsched nun entdeckt – nach Beginn der Kampfhandlungen – in Hallers Gedichten das Fortleben gewisser Stileigenschaften des verpönten Schlesischen Barocks, worauf Haller in der vierten Auflage des *Versuchs* von 1748 mit einer programmatischen Absage an die Tradition des ‹Lohenstein'schen Geschmacks› reagiert (vgl. 20 u. 248). Dessen ungeachtet richtet sich der Vorwurf der Üppigkeit und Extravaganz nun gegen Haller selbst und verbindet sich mit dem Tadel an zusammengesetzten Ausdrücken, grammatikalischen Fehlern, Partizipialkonstruktionen (den so genannten ‹Mittelwörtern›) und der Rüge, verschiedene Silbenmasse in ein und demselben Gedicht zu verwenden. Auch wenn Haller, wie bereits ab der zweiten Auflage seiner Gedichte mehr als deutlich wird (243), bemüht ist, den sprachlichen Ausdruck von Schnitzern und als unnötig erachtetem Ballast zu befreien, so verbleibt er im Fadenkreuz der Gottschedianer, allen voran des Freiherrn von Schönaich (1725-1807), der nicht fehlt, bei Haller den «ganze[n] Lohensteinische[n] Raritätenkasten» wiederzufinden.[34] Die hartnäckige Aversion der Leipziger verdankt Haller in erster Linie Breitinger, dem Theoretiker unter den Schweizern, der sowohl in seiner *Critischen Dichtkunst* als auch in seiner *Critischen Abhandlung von der Natur, den Absichten und dem Gebrauche der Gleichnisse* Hallers Gedichte gerade in so manchem der beanstandeten Punkte zum eigentlichen Muster poetischer Schönheit erklärt.[35] Damit nicht genug, schickt er sich vier Jahre später in seiner *Vertheidigung der Schweitzerischen Muse, Hrn. D. Albr. Haller* an, die Hiebe und Finten zu parieren, die von Seiten der Deutschen Gesellschaft in Greifswald, der in Halle erschienenen *Bemühungen zur Beförderung der Critick und des guten Geschmacks* sowie durch Anspielungen in Gottscheds *Dichtkunst* gegen Haller geführt werden.[36] In seine *Vertheidigung* rückt Breitinger zudem die einschlägigen Stellen aus Jakob Immanuel Pyras (1715-1744) *Erweis, dass die G*ttsch*dianische Sekte den Geschmack verderbe* (1743) ein,[37] wodurch einer der schärfsten und einflussreichsten deutschen Kontrahenten Gottscheds in der Causa Haller zum Anwalt der Zürcher gemacht wird.

So steht die Wirkung Hallers immer auch im Zeichen eines Pro oder Contra, das vom Streit zwischen Gottsched und den Schweizern abhängig ist. Dieses Für und Wider gründet letztlich auf der umstrittenen Verhältnisbestimmung von Vernunft und Einbildungskraft sowie Verstand (‹Vorwitz›) und Herz. Was die Schweizer gegen Gottsched verteidigen, ist die Teilautonomie einer «Logik der Phantasie»[38] von den prosaischen Regeln der Vernunft sowie damit verbunden die Favorisierung der rührenden Wirkung vor der einfachen Verständlichkeit bei der Bestimmung des eigentlich Poetischen. Diese Punkte sind nicht bloss für die skizzierte moralische Intention der hallerschen Lehrgedichte relevant, sondern auch für die ästhetische Faktur, erklärt Breitinger doch das poetische Gemälde zu einer ‹Herzensangelegenheit›:

> Die Kunst des Poeten und des Mahlers, suchet durch den unschuldigen Betrug der künstlichen Nachahmung eben diejenigen Eindrücke in dem Gemüthe der Menschen zu erwecken, welches es von den gegenwärtigen der Natur vorkommenden Dingen empfangen würde; die Kunst der Nachahmung thut mehrers nicht, als daß sie wie abwesenden Gegenstände gleichsam herbey bringt und vor Augen stellet: Also muß die Kraft und Würckung der Vorstellung auf das Gemüthe unmittelbar von der Materie der Vorstellung herrühren. Nun hat das Ergezen, welches die Natur und hiemit auch die Nachahmung durch die Eindrücke ihrer Vorstellungen hervorbringen, einen doppelten Grund; angesehen diese Vorstellungen dienen, entweder den angebohrnen Vorwitz und die Begierde nach Wissenschaft zufrieden zu stellen, oder das Gemüthe in Bewegung zu setzen, an sich zu ziehen und einzunehmen; dasselbe in einer angenehmen Unruh aufzuhalten, es beschäftigt zu halten, und dadurch den verdrüßlichen Zustand einer Bewegungs-leeren Stille aufzuheben. [...] Darum sind auch die Gegenstände, welche uns die Natur und die Nachahmung der Kunst vorstellet, entweder lehrreich oder bewegend. Alleine die Sachen, die nicht weiter bequem sind, als unsern Vorwitz zu stillen, ziehen uns nicht so sehr an sich als die Sachen, die vermögend sind uns das Hertz zu rühren. Wenn es erlaubt ist, so zu reden, so ist der Verstand in seinem Umgang schwieriger, als das Hertz.[39]

Das erkenntnistheoretische Primat der äusseren Sinne, das Haller zeitlebens vertritt, seine auf den Kirchenvater Augustinus zurückgehende Favorisierung des Herzens (als Vermögen des Willens und der Liebe) erfahren bei Breitinger eine ausführliche poetologische Begründung. Hallers Absicht, durch Bilder zu bewegen, das heisst, das Herz zu rühren, das Gedächtnis zu prägen, Aufmerksamkeit zu erregen und zum Denken zu bewegen,[40] ist im Kern mit dem Schweizerischen Programm eines empfindsamen Moralismus identisch.[41] In Haller vereinigt sich der poetische Maler mit dem philosophischen Dichter, ganz so wie für Breitinger die «Gemählde der Poesie immer mit einem lehrhaften Unterrichte vergesellschaftet» sind.[42] Auf diesem Hintergrund erscheint Hallers ‹neue Dichtkunst› gleich dreifach motiviert; zum einen theologisch, sind Bilder doch die Erscheinungsweise des Schauspiels, das Gott erstrahlen lässt: «Mehr find ich nicht in mir, Gott, der in allem strahlt, | Hat in der Gnade sich erst deutlich abgemalt» (*Gedanken über Vernunft, Aberglauben und Unglauben*, 59, V. 377); zum anderen physiologisch, sind Bilder doch stärker und drücken sich folglich tiefer ins Gedächtnis ein: «Sowol die Eindrücke (Vestigia) werden aufbewahrt, als ihre Zeichen, doch diese leichter, doch Bilder einigermaßen so, daß ein Mahler nach dem eingedrückten Bild eines geliebten Gesichts ein ähnliches mit dem Pinsel auf Leinwand ausdruckt»;[43] zum dritten schliesslich ethisch, da starke Bilder nicht nur das Gedächtnis zum Bewahren einer Lehre, sondern auch den Willen durch lebhafte Vorstellung zur Tat zu bewegen vermögen: «Denn das Gedächtniß stellt kaum die Bilder und Gemählde der Seele wieder dar, sondern fast nur Worte und einige Eigenschaften, und die Summen (Hauptinhalt) der Ideen. Daher es auch schwächer den Willen bewegt.»[44]

Die Begründung von Hallers Ruhm durch *Die Alpen*[45]

Seinen Rang als Dichter verdankt Haller in erster Linie seinem grossangelegten Lehrgedicht *Die Alpen* (1729; vgl. Abb. S. 131).[46] Haller wählt eine eigentümliche Form: 49 Strophen à jeweils 10 jambische Alexandriner-Verse mit dem Reimschema ababcdcdee, wobei weibliche und männliche Versenden bis auf die letzten beiden Zeilen alternieren (wmwmwmwmww). Diese Kombination von zwei Quartetten plus schliessendes Reimpaar mit alexandrinischem Langvers erfreut sich im Spätbarock einer gewissen Beliebtheit, «insbesondere für Begräbnisgedichte».[47] Die Grundidee scheint jedoch der Stanze, der sogenannten ‹Ottaverime› – nach dem Reimschema abababcc und in ihrer spezifisch deutschen Verwendung mit alternierend

Das Porträt zeigt den jungen Haller als Dichter der Alpen. Es belegt, dass Haller die Dichtung nicht nur als unbedeutende Nebenbeschäftigung betrachtete, sondern sich durchaus auch als Dichter präsentieren wollte. 1736, kurz vor Hallers Abreise nach Göttingen gemalt und von Daelliker als Pendant zum Porträt der Gattin kopiert (Abb. S. 33), diente das Porträt als Erinnerungsstück für die Daheimgebliebenen (vgl. den Beitrag zu Hallers Porträts in diesem Band). – Albrecht Haller im Alter von 28 Jahren, 1736, Ölgemälde von Johann Rudolf Huber, 80 x 63 cm. – Privatbesitz.

weiblichem und männlichem Ausgang (wmwmwmww) – verpflichtet zu sein. Hier wie dort schliesst ein Paarreim die vorwärtsdrängende Bewegung der Kreuzreime ab. Durch die Paarreimbildung erscheinen die letzten beiden Zeilen zudem relativ autonom, was der Bildung von Sentenzen zupass kommt, die jeweils die Strophen beenden.[48] Dies alles trägt dazu bei, die ideelle Einheit der einzelnen Strophe hervorzuheben. Haller lässt denn auch explizit erkennen, dass sowohl Metrum als auch Strophenbau im Dienste einer sinnvollen Entwicklung der Gedanken stehen:

> Im Lehrgedichte, dünkt mich, haben die gleich langen Verse, in deren jedem ein Begrif ausgeführt ist, einen überaus deutlichen Vorzug. Das in einander Flechten der hexametrischen Verse, das man gewiß bis auf die höchste Ungebühr getrieben hat, steht in einer lebhaften Beschreibung und im Affekte ganz gut: aber der nüchterne Philosoph spricht feyerlicher in einem in sich selbst vollkommnen Verse, der die Sache auf dem Gedächtnisse am besten eindrükt.[49]

Im Gegensatz zu Gedichten, die dem Affekt geschuldet und auf Affekterregung aus sind, zielt das Lehrgedicht auf das Gedächtnis: Es gilt, die mitgeteilte Lehre einzuprägen. Beabsichtigt ist deshalb eine optimale Abstimmung zwischen den überschaubaren, symmetrisch gebauten Einheiten des Verses und der Gedankenentwicklung, was die Wahl des binären, homostichischen und durch die Zäsur in zwei gleiche Teile getrennten Alexandriners nahelegt.[50] Die hauptsächlichen poetischen Einheiten sind die einfachen Begriffe und die aus der Folge dieser Begriffe resultierenden Gemälde, denen auf formaler Ebene Vers und Strophe entsprechen. Die Ordnung soll zudem der Anforderung «neuerer Zeiten» genügen, «daß die Stärke der Gedanken in der Strophe allemal gegen das Ende steigen muß», was Haller nach eigener Aussage grosse Mühsal bereitet (20).

Nur über eine solche Betonung des Sinnlich-Anschaulichen vermag sich die didaktische Dichtung gegen die prosaische Abhandlung zu behaupten: Jene biete nämlich im Gegensatz zu dieser leicht zugängliche Vorstellungen. Diese Mittelstellung der Lehrdichtung zwischen Diskursivität und Anschaulichkeit steht auch im Zentrum der zeitgenössischen Gattungsreflexion. So finden wir das Konzept des poetischen Gemäldes (‹image›, ‹description›) unter anderem in der Abhandlung zur didaktischen Poesie Louis Racines, des gefeierten und von Haller zum Vorbild ernannten Lehrdichters. Die Mimesis (‹imitation›), die Racine – hierin Aristoteles' *Poetik* folgend – als notwendige Voraussetzung für Dichtung erkennt, werde im Lehrgedicht durch das Gemälde als einer ‹fiction de style› geleistet, wodurch die dogmatischen, nicht-mimetischen Elemente (‹précepte›, ‹réflexion›) dem Reich der Dichtung zugeführt würden. Racine geht gar so weit, seine bevorzugten Lehrgedichte – Vergils (70-19 v. Chr.) *Georgica* und

Nicolas Boileaus (1636-1711) *Art poétique* – als eigentliche ‹Bildergalerien› zu bezeichnen.[51] Auch Haller erkennt das konstitutiv Poetische in der Anschaulichkeit und der aus der sinnlichen Kraft des Bildes resultierenden Rührung[52] und nicht etwa im ‹genus demonstrativum›; so heisst es in der Vorbemerkung zu *Ueber den Ursprung des Uebels*: «Aber ein Dichter ist kein Weltweiser, er malt und rührt und erweiset nicht.» (118).

Der Inhalt der *Alpen* besteht in einer originellen und nachdrücklichen Meditation über das Horaz'sche «beatus ille qui procul negotiis» [selig der Mensch, der fernab von Geschäften][53] sowie das Vergil'sche «o fortunatos nimium, sua si bona norint, agricolas | quibus ipsa procul discordibus armis/ fundit humo facilem victum iustissima tellus» [Oh die allzu glücklichen Landleute, erkennten sie ihr Glück, denen fernab von kriegerischem Zwist, der gerechteste Boden die mühelose Frucht darbringt].[54] Eine direkte Anspielung finden wir in den ersten beiden Zeilen der Schlussstrophe (V. 481 f.): «O selig! wer wie ihr mit selbst gezognen Stieren | Den angestorbnen Grund von eignen Acker pflügt; [...].» Es geht also um das Lob des Landlebens, dessen Verbreitung in der Lehrdichtung des 18. Jahrhunderts mühelos belegt werden kann.[55] Dieser Topos, der die Hütte gegen den Palast, die ländliche Abgeschiedenheit gegen die geschäftige Welt setzt, rahmt das ganze Lehrgedicht. Als Gegenentwurf zur geschäftigen Welt, die in ihrem Streben nach Reichtum, Ruhm und Annehmlichkeit ein mahnendes Schauspiel des Sittenverfalls bietet, wird die einfache Welt der Alpenbewohner präsentiert. Sie werden als ‹Schüler der Natur› (V. 31) den in den vorausgehenden Zeilen adressierten ‹Sterblichen› gegenübergestellt. Es ist eine stiefmütterliche Natur, die den Älplern ihre Lehre erteilt. Anstelle der klassischen Vorstellung eines gütigen Bodens, der den Lebensraum der glücklichen Bauern der *Georgica* bildet,[56] ist es die Kargheit, die den Bauern zur Arbeit und zum sittlichen Leben anhält: «Wohl dir, vergnügtes Volk! o danke dem Geschicke, | Das dir der Laster Quell, den Ueberfluß, versagt» (V. 41). Die Beschränktheit der Güter, «dieser glückselige Verlust» (V. 61), bewirkt jene ‹Einfalt›, die ihrerseits eigentlichen ‹Wohlstand› bedeutet (V. 50). Haller verkehrt so den Topos, der die Bergwelt als ‹locus terribilis› in Gegensatz zur heiteren Gartenlandschaft, den ‹locus amoenus›, setzt, indem er die zwar erhabene, dem Menschen materiell jedoch wenig günstige Gegend als Stifterin, Sitz und Bewahrerin einer wahren und natürlichen Tugendhaftigkeit erkennt.[57]

So bilden die Berge einen Trutzwall gegen die verdorbene Welt (V. 53). Sie schaffen einen Raum, worin Freiheit, Genügsamkeit und Gleichheit (V. 59-71) herrschen. Eine natürliche Vernünftigkeit, das stoische Ideal des naturgemäßen Lebens leitet den Bergbewohner, wobei die Natur die wahre Lehre «in das Herz und nicht ins Hirn gegeben» (V. 90); das Herz garantiert den Einklang von Gefühl und Verstand, während die Vernunft bereitwillig die Ratschläge der Natur akzeptiert (V. 67). Die Beziehung zwischen Natur und Mensch gründet auf einer mütterlich vorsorgenden ‹Freiheit›, die «mit immer gleichem Maaß Vergnügen, Ruh und Müh» (V. 78) zuteilt, und der Selbstgenügsamkeit der Bergbewohner, denen ein Streben über den Zirkel natürlicher Bedürfnisse hinaus unbekannt ist (V. 79 f.). Diese Übereinstimmung zwischen Lebensraum und ethischer Disposition findet ihre Begründung in einer Einfalt, der sowohl der nagende Zweifel als auch die zivilisatorische Entfremdung des modernen Menschen unbekannt ist. Die Alpen erscheinen so als ein geschichtsloser Raum, dessen Zeitlichkeit einzig durch natürliche Lebenszyklen geprägt wird (V. 91-94).

Ab der elften Strophe weichen die allgemeinen sittlichen Betrachtungen, die auf der Entgegensetzung enthaltsamer Glückseligkeit und unstillbarer Gier beruhen, einer konkreteren Darstellung der Sitten und Naturphänomene des Alpenraums. Haller selbst lässt erkennen, dass er *Die Alpen* als ‹Frucht› persönlicher Erfahrung verstanden sehen will;[58] so mancher Leser ist ihm darin gefolgt. Die Untersuchung des hallerschen Tagebuchs, des *Récit du premier voyage dans les Alpes*,[59] sowie der Vergleich mit Béat de Muralts (1665-1749) *Lettres sur les Anglais et les Français et sur les Voyages* (1725) und Johann Jakob Scheuchzers (1672-1733) ausgedehnten Studien zur helvetischen Naturgeschichte legen jedoch nahe, dass sich sowohl das sittliche Urteil als auch die konkrete Schilderung mehr der Lektüre als scharfer Beobachtung verdankt.[60] Die Beschreibung dörflicher Gemeinschaft, wie sie sich in Tanz, Fest und Wettspiel selbst feiert (V. 102-129), zeigt eine von Zwängen freie Gesellschaft: «die Natur allein [gibt] Gesetze» (V. 121). Wo könnte sich diese Zwanglosigkeit wohl besser äussern als in der freien Partnerwahl, die auf natürlicher Neigung gründet: «Man liebet für sich selbst und nicht für seine Väter» (V. 130)? Die Reinheit, das vollständige Fehlen lüsterner Raffinesse, äussert sich ganz allgemein in der Gesundheit des Körpers, besonders aber im Fehlen von Geschlechtskrankheiten (V. 130-160). An diesem Punkt, wo Gemeinschaft aus der natürlichen Bildung einer Familie erwächst, blendet Haller zum Frühlingserwachen der Natur über. Die ausführliche Schilderung der Jahreszeiten, die mit dem bäuerischen Produktionszyklus parallelisiert wird, folgt dabei dem erwähnten Schema: Nahezu jede Strophe nimmt sich eines Themenkomplexes an und entwirft in den ersten acht Zeilen ein Gemälde, das in der Regel in eine zweizeilige Sentenz allgemeinerer moralischer Bedeutung mündet.

Mit der 32. Strophe lässt der Dichter die menschliche Gemeinschaft hinter sich und wendet sich der Natur zu, deren Darstellung wesentlich durch die Sinneserfahrung des ‹Wandrers› (V. 359) geprägt ist. Haller folgt damit der physikotheologischen Dichtungspraxis eines Barthold Heinrich

Brockes (1680-1747),[61] die Natur, ja die ganze Welt als ein Schauspiel[62] zu begreifen, als etwas, das vorerst durch die äusseren Reize ergötzt («Mit immer neuer Lust», V. 324), um erst bei näherer Betrachtung seinen inneren Sinn zu enthüllen:

> Doch wer den edlern Sinn, den Kunst und Weisheit schärfen
> Durchs weite Reich der Welt empor zur Wahrheit schwingt,
> Der wird an keinen Ort gelehrte Blicke werfen,
> Wo nicht ein Wunder ihn zum stehn und forschen zwingt.
> (V. 361-364)

Und ganz im Stile Brockes' neigt sich nun des Dichters Blick der Flora zu, dem Enzian und dem ‹niedrig Kraut› (Str. 38-40), bevor er sich erneut hinaufschwingt zum Höhe- und buchstäblichen Scheitelpunkt, dem Schreckhorn, wo sich «Europens Wasser-Schatz mit starken Strömen theilt» (V. 432). Der Aare folgend findet das wandernde Auge zurück zum Menschen und der sittlichen Thematik: Der Hirt schaut dieser Pracht zu und lässt den Fluss samt seiner Goldkörner ruhig und selbstgenügsam an sich vorbeifliessen (V. 439 f.). An diesem Punkt bricht die Beschreibung ab. Der Dichter adressiert nun wieder die ‹Sterblichen›, die in ihrer Sucht nach materiellem Wohlstand die Lehren der Natur (V. 450), die natürlichen Bande der Familie (V. 460), die eigentliche Bestimmung des Fürsten und des Hofes (V. 461-470) durch Geiz und Geilheit pervertieren. Ganz anders das ‹vergnügte Volk›, das «seinen Zustand liebt und niemals wünscht zu bessern!» (V. 489). Der Denksatz der letzten Zeile, «Das Glück ist viel zu arm, sein [desjenigen, der selig ist] Wohlsein zu vergrößern» (V. 490), fasst nochmals die moralische Vorbildhaftigkeit des alpinen ‹homo helveticus›, der so in Opposition zu den ‹Sterblichen› der korrespondierenden Anfangssentenz tritt: «Ihr [Sterbliche] werdet arm im Glück, im Reichthum elend bleiben».

Hallers Hauptintention ist eine moralische;[63] Seligkeit besteht darin, der Herrschaft der wechselhaften Fortuna und ihrer Gaben enthoben zu sein. Freilich, «Menschen sind in vielem Kinder, am meisten aber darinn, daß sie nach Gütern sehnen, in deren Besitze keine Glückseligkeit, in deren Verlangen ein gewisses Unvergnügen ihnen bevor steht» (*Nachtheiligkeit des Geistes*, 374). Für Haller besteht Freiheit in der Beschränkung des Wollens auf einen vorgezeichneten Lebenskreis, wobei die Gnade die Kongruenz dieser Beschränktheit mit der Disposition des Herzens als affektivem Sitz des Willens ermöglicht. Aus dieser Harmonie geht als ‹summum bonum› die ‹Gemüthsruh›[64] hervor. Der Älpler ist selig, weil er bei sich ist und weder einem Noch-Nicht nachstrebt noch einem Nicht-Mehr nachtrauert, sondern in Gemeinschaft mit der Natur und somit in natürlicher Ordnung lebt.

Die Zivilisationskritik, welche die grosse Bildergalerie der ‹Alpen› durchzieht, verdankt dieser recht gängigen und durchaus orthodoxen Seligkeitsvorstellung ihren wesentlichen Impuls. Darin einen Jean-Jacques Rousseau (1712-1778) ‹avant la lettre› erkennen zu wollen, mag sich zwar aufdrängen,[65] verleitet aber zu irrigen Annahmen. Haller verfolgt weder die Absichten des Bürgers von Genf, noch teilt er dessen Prämissen; er bedient vielmehr auf originelle Art und Weise einen paulinischen Topos, denjenigen der Genügsamkeit (Ph 4,11 sowie 1Ti 6,6 f.), und dessen augustinisches Korrelat, die Grenzen- und Ruhelosigkeit menschlichen Begehrens.[66] Nicht nur wird Haller die kulturpessimistische Argumentation des ersten *Discours* mit deutlichen Worten ablehnen – der Verfall der Sitten ist ihm Folge höfischer Ostentation und nicht wissenschaftlicher Demonstration[67] –, auch seine Vorstellungen von Freiheit und Gleichheit sind nicht diejenigen Rousseaus. Moralität und Gesetz sind für Rousseau die Früchte einer gesellschaftlichen Entartung, während sie für Haller als natürliche Keime ins Herz des Menschen gelegt sind und damit wahren Menschen- und Gottesdienst erst begründen.

Der Mensch in Gottes Schöpfung – Lehrgedichte zur Theodizee

Haller erweist sich, was die natürliche Einrichtung der Welt angeht, als Optimist. Daraus folgt jedoch geradezu notwendig ein anthropologischer Pessimismus:[68] Wer glaubt, dass die Welt gut sei, der muss entweder annehmen, dass kein Übel sei, oder den Menschen für schlecht halten. Haller entscheidet sich für das Zweite (vgl. auch den Beitrag zur Religion und Theologie in diesem Band). Dekadenz und Sünde haben ihren Ursprung im Gnadengeschenk der Freiheit. Ganz in der Tradition des Theodizee-Gedankens[69] entwickelt das dreiteilige Lehrgedicht *Ueber den Ursprung des Uebels* (1734, 118-142; vgl. Abb. S. 137) – ein Gedicht, das sein Autor «allemal mit einer vorzüglichen Liebe ansieht» (118) – im ersten Buch das Bild eines gütigen Gottes, der sich aus Liebe und der Begierde, sich und seine Lust mitzuteilen, in der Schöpfung ergiesst:

> Du warest nicht allein, dem du Vergnügen gönntest,
> Du hießest Wesen sein, die du beglücken könntest,
> Und deine Seligkeit, die aus dir selber fließt,
> Schien dir noch seliger, so bald sie sich ergießt.
> (124, I, V. 135-138)

Wiederholt verwendet Haller die aus der platonisch-plotinischen Tradition stammende Vorstellung göttlicher Emanation, welche die Kommunika-

129

J. C. Philips inv. ... sc. fecit, 1748.

XIV.

Februar. 1734.

Ueber den Ursprung des Uebels.

Erstes Buch.

Dieses Gedicht habe ich allemahl mit einer vorzüglichen Liebe angesehen. Die mir wohlbekannte Rauhigkeit einiger Stellen entschuldigte ich mit der moralischen Unmöglichkeit gewisse Vorwürffe zugleich stark, und dennoch angenehm, zu mahlen. Die lange Mühe, die ich daran gewandt, und die über ein Jahr gedaurt hat, vermehrte meine Liebe, indem uns ordentlich alles lieber ist, was uns theurer zu stehen kömmt. Ich unterzog mich dieser Arbeit aus Hochachtung für einen Freund, der die Früchte seiner reiffen Tugend nunmehr in der Ewigkeit geniesst. Das Ende gefiel ihm am wenigsten. Er sahe es für zu kurtz, zu abgebrochen und unvollständig an. Es können in der That noch bessre Ursachen für die Mängel der Welt gesagt werden. Aber ein

J Dichter

Im Kupferstich von J. C. Philips zum Gedicht *Ueber den Ursprung des Uebels* öffnet Pandora ihre Büchse. Haller betont in der Vorbemerkung, wie sehr ihm das Gedicht am Herzen liege, hält aber auch fest, dass er als Dichter nur auf das hier thematisierte Problem hinweisen, es aber nicht lösen könne. – Albrecht Haller: *Versuch Schweizerischer Gedichte*. 4. Auflage. Göttingen 1748, 129. – Burgerbibliothek Bern.

tion zwischen dem einen, unwandelbaren Gott und seiner mannigfaltigen, wandelbaren Schöpfung garantiert. Sie lässt den Menschen durch den Schöpfungsakt, durch das Gnadengeschenk der Liebe und die Mitteilung der Weisheit am Göttlichen teilhaben. Der Mensch wird, fühlt und vermag schliesslich, zumindest ansatzweise, zu erkennen; der gemeinsame Ursprung des Seins, Empfindens und Wissens liegt dabei im Licht, das sich in die Natur, ins Herz und in den Verstand ergiesst. Und auch hier erweist sich die unreflektierte Natur im reinen Herzen als sicherster Grund, steht sie doch der Verstandestätigkeit sowohl in zeitlicher Folge als auch moralischer Würde vor. Erschrocken weicht denn auch der Dichter vor der Kühnheit seines eigenen Spekulierens zurück:

> Doch wo gerath ich hin? Wo werd ich hingerissen?
> Gott fodert ja von uns zu thun und nicht zu wissen!
> Sein Will ist uns bekannt, er heißt die Laster fliehn
> Und nicht, warum sie sind, vergebens sich bemühn.
> (124, I, V. 143-146)

Und dennoch erscheint die forschende Erkenntnis auch in höchsten Dingen legitim. Zum einen dient sie – wie die Folge zeigt – apologetisch dazu, der Freigeisterei in ihren witzigen und aberwitzigen Spekulationen zu begegnen; zum anderen ist Erkenntnis gottgewollt: «Gott wollte, daß wir ihn aus Kenntniß sollten lieben, | Und nicht aus blinder Kraft von ungewählten Trieben» (127, II, V. 57 f.).[70] Hallers Ablehnung der rousseauschen These, dass die Gelehrsamkeit zum Verfall der Sitten beitrage, findet so eine theologische Begründung, die bis in das Anfangsstadium des christlichen Theodizee-Denkens zurückreicht. Gegen Epikur (ca. 341 – ca. 270) führt der Kirchenvater Laktanz (ca. 250 – ca. 323 n. Chr.) ins Feld, dass Gott zwar das Übel dieser Welt hinwegnehmen könne, dass er aber dem Menschen die Vernunft (‹sapientia›) zu seiner eigenen Erkenntnis und damit zur Erlangung der Unsterblichkeit gegeben habe.[71] Und auch Augustinus (354-430) sagt hierzu nichts anderes.[72]

Die dialektische Spannung zwischen Nächsten- und Eigenliebe, zwischen Erkenntnis und eitlem Scharfsinn, zwischen Gottesdienst und ‹Weltfreude›[73] schliesslich steht auch im Zentrum von Hallers *Gedanken über Vernunft, Aberglauben und Unglauben* (1729; 43-60) sowie *Die Falschheit menschlicher Tugend* (1730; 61-76), die beide – so die jeweiligen Vorbemerkungen – aus einer Wette mit Benedikt Stähelin (1695-1750), Professor der Physik in Basel, hervorgegangen sind. Gemäss Stähelin kann die ‹deutsche Dichtkunst› es mit der englischen nicht aufzunehmen.[74] Form und Thematik der beiden Lehrgedichte sind miteinander verknüpft: Sie sind in Alexandrinern gehalten und in Strophen ungleichmässiger Verszahl gegliedert; die ‹Gedanken› stellen die Frage nach dem richtigen, das heisst moralisch zulässigen Vernunftgebrauch, der die goldene Mitte zwischen einem entgrenzten, an der göttlichen Offenbarung zweifelnden Wissensdrang und der animalischen Beschränktheit eines tumben Verstandes fände, während die *Falschheit menschlicher Tugend* hinter dem grandiosen Schein heroischer Glaubens-, Helden- und Geistestaten die Disharmonie von Verstand und Herz vermutet. Die Position, die Haller in beiden Gedichten bezieht, schliesst bruchlos an die ethische Grundüberzeugung an, die er in den *Alpen* und in den drei Büchern *Ueber den Ursprung des Uebels* vertreten hatte. Der Mensch, dieses unselige «Mittel-Ding von Engeln und von Vieh»[75], ist dazu verdammt, zwischen unbefriedigbarem Streben und triebhafter Befriedigung, zwischen einem beständigen Reich der Wahrheit und der Vergänglichkeit des Weltgeschehens,[76] zwischen selbsterhaltender Eigen- und gesellschaftsbildender Nächstenliebe die Balance zu finden (vgl. 129 f., V. 115-160). Die Seligkeit liegt im richtigen Mass, in der ‹Mittelstrasse›,[77] die zu ‹Zufriedenheit›, Synonym von Genügsamkeit und stoischer Seelenruhe, führt (59, V. 372-378). Wieder sind es die Verhältnisse von Herz und Verstand, von Gefühl und Urteil, von Tat und Rat, die im Zentrum von Hallers moralischen Erwägungen stehen. Die Tugend erscheint dabei als natürlicher Massstab, der aus dem Gnadengeschenk der göttlichen Liebe erwächst: «Das Herz folgt unbewusst der Würkung deiner Liebe, | Es meinet frei zu sein und folget deinem Triebe; [...].» (76, V. 339 f.). Die Verse scheinen jedoch der Feststellung: «Gott wollte, daß wir ihn aus Kenntniß sollten lieben, | Und nicht aus blinder Kraft von ungewählten Trieben» (127, V. 57 f.), zu widersprechen. Und sie scheinen darüber hinaus im Widerspruch zur Kernaussage der Theodizee-Überlegungen zu stehen, dass das Gnadengeschenk der menschlichen Freiheit notwendig die Wahlmöglichkeit des Übels impliziert: «Dann Gott liebt keinen Zwang, die Welt mit ihren Mängeln | Ist besser als ein Reich von Willen-losen Engeln» (*Ueber den Ursprung des Uebels*, 126, II, V. 33 f.).

Diese Widersprüche und die zugrundeliegende Aporie werden jedoch verständlich, wenn wir Hallers Ethik auf dem Hintergrund des zeitgenössischen Naturrechts betrachten. Insbesondere bietet sich Christian Thomasius (1655-1728) an, dem Haller in Terminologie, Geisteshaltung und der besagten Begründung nahesteht.[78] Das hauptsächliche Problem, mit dem sich Thomasius zeitlebens auseinandersetzt, liegt in der Verhältnisbestimmung von Verstand und Wille sowie normgeleiteter Affektregulierung.[79] Er geht dabei von einer voluntaristischen Position aus: Der Wille ist das Bewegende, der Verstand hingegen wird bewegt («Voluntas semper movet intellectum»).[80] Eine vollständige und für jegliche Tugendvorstellung fatale Herrschaft des affektiven Willens über den reflektierenden Verstand wird dadurch vermieden, dass der Einzelne immer nur untergeordneter Teil eines Ganzen ist. Das Wohl des Ganzen setzt die Koordination der Teile und diese wiederum regulative Normen voraus, die aus einer übergeordneten sowohl natürlichen als auch vernünftigen Geselligkeit[81] hervorgehen und Verbindlichkeiten zwischen den Menschen stiften. Den Weisen nun, deren Affekte sich aufgrund einer glücklichen Disposition gegenseitig neutralisieren, kommt es zu, ihrer relativ affektunabhängigen Erfahrung und Einsicht folgend, diese Normen unter das Volk zu bringen. Thomasius unterscheidet hier zwischen Herrschaft bzw. Befehl (‹imperium›) als Ausdruck einer äusseren, rechtlichen Verbindlichkeit, und Rat (‹consilium›) als Ausdruck einer inneren, ethischen Verbindlichkeit.[82] Den Befehl erteilt ein herrschender Fürst (‹princeps›), während der Rat von einem Meister oder Lehrer (‹doctor›) gegeben wird.

Hallers Lehrdichtung ist einer solchen frühaufklärerischen Ideologie verpflichtet.[83] Durch himmlische Gnade sieht sich der Weise in die Lage versetzt, den Willen Gottes zu verstehen und den Menschen zu vermitteln. Dieser Wille teilt sich als göttliche Liebe dem Herzen des Einzelnen, als göttliche Vernunft aber in der Ordnung der Welt mit. Die menschliche Tugend ist so dem Rat, die physische Welt aber dem Gesetz als einem Befehl verpflichtet.[84] Die beiden Aspekte der Offenbarung entsprechen Herz und Verstand, wobei für den Weisen die Liebe primär ist, die eine verständige Erkenntnis der Schöpfung erst ermöglicht. Ohne die Gewissheit, dass ein Gott sei, ist für Haller die gesamte Natur unverständlich und sinnlos. Ganz im Sinne der Physikotheologie versteht Haller die Welt als göttlichen Ausdruck, als «des höchsten Gutes Spur» (*Ueber den Ursprung des Uebels*, 121, V. 64):[85]

> Genug es ist ein Gott; es ruft es die Natur,
> Der ganze Bau der Welt zeigt seiner Hände Spur.
> [...] Daß Sterne sonder Zahl
> Mit immer gleichem Schritt und ewig hellem Strahl,
> Durch ein verdeckt Gesetz vermischt und nicht verwirret,
> In eignen Kreisen gehen und nie ihr Lauf verirret,
> Macht ihres Schöpfers Hand; [...]
> (57 f., V. 325-333)

Die göttliche Intelligenz, die den Plan entwirft und die Schöpfung ordnet, sowie der göttliche Wille, der die Kraft und damit das Leben mitteilt, eröffnen sich nur demjenigen, der seinen Ruhepol im eigenen Inneren gefunden hat, im Gefühl der eigenen Existenz: «Wer zweifelt ob er ist, kann keinen Schöpfer glauben.» (56, V. 288). Diese Gewissheit beruht auf einem Gefühl, das der Mensch in seinem Inneren trägt: «Wir sind, und jeder ist sich gnug davon bewusst, | Ein unleugbar Gefühl bezeugts in unsrer Brust.» (47, V. 93 f.). Kurz, den rechten Weg weist das Herz, denn Gott ist kein Zyniker, der den Menschen von vornherein verdammte; die Wahrheit aber der Verstand, denn Gott ist wiederum kein Gaukler, dessen lichtvolle Naturerscheinungen blosses Spiel wären.

Die Nichtigkeit des Menschen – Hallers unvollendete Ode über die Ewigkeit

Um diesen festen Grund im Glauben geht es auch in *Unvollkommenes Gedicht über die Ewigkeit* (150-154),[86] einem – nach Aussage Hallers – fragmentarisch gebliebenen Versuch einer frei gestalteten Ode (vgl. Abb. S. 141).[87] Dieses Gedicht, das so manchen zeitgenössischen Leser tief beeindruckt[88] und auch vielen späteren als Hallers bestes gilt, entwickelt rhapsodisch und mit stark changierendem Versmass das Thema zeitlicher Unermesslichkeit, die als schlechthin Entgrenztes den Menschen im Gefühl seiner Nichtigkeit erschauern lässt. Anlass ist der Tod eines ungenannten Freundes (V. 11).[89] Die ersten zehn Verse ergehen sich in Anrufung einer lichtlosen Natur, die zusammenfassend als ‹Bild der Ewigkeit› (V. 10) apostrophiert wird. Auf die barock anmutende Emblematik folgt der ‹vanitas›-Topos, der die unvorhersehbare Dauer des Lebens und die Plötzlichkeit des Todes zu bedenken gibt. Dieser Zeitbeschränkung stellt die dritte Strophe nun die Ewigkeit entgegen: Die Antithese verläuft zwi-

XVI.

Unvollkommenes Gedicht
über die
Ewigkeit. *
1736.

Ihr Wälder! wo kein Licht durch finstre Tannen strahlt,
Und sich in jedem Busch die Nacht des Grabes mahlt:
Ihr

* Auf daß sich niemand an den Ausdrücken ärgere worinn ich von dem Tode, als von einem Ende des Wesens, oder der Hofnung spreche, so ist es nöhtig zu berich-

Der Kupferstich zu Hallers *Unvollkommenem Gedicht über die Ewigkeit* zeigt die Sternkunde-Göttin Urania mit ihren Attributen Zeigestab, Himmelsglobus und Sternenkranz, die auf die unendliche Weite des Weltalls weist. Wie in Hallers Gedicht steht hier die unermessliche Ausdehnung des Raums auch für die unbegrenzte Dauer der Zeit, hinter der letztendlich der ewig präsente Gott steht. – Albrecht von Haller: *Versuch Schweizerischer Gedichte*. 11. Auflage. Bern 1777, 206 (Kupferstich von F. L. Lutz nach der Vorlage von Balthasar Anton Dunker). – Burgerbibliothek Bern.

schen dem Kreislauf von Werden und Vergehen, der das Welthafte beherrscht, und der steten Einheit einer unbegrenzten, allem zeitlichen Wandel enthobenen Ewigkeit (V. 31-36). Der stete Wechsel von Werden und Vergehen artikuliert die mondäne Zeitlichkeit, während die Ewigkeit als reine Zeitlosigkeit, als Bleibendes über dem Zirkel von Leben und Tod thront. Dieses Jenseits entzieht sich der Vorstellungskraft; die Erhabenheit des Unermesslichen bewirkt ‹Schwindeln›:

> Ich häufe ungeheure Zahlen
> Gebürge Millionen auf;
> Ich welze Zeit auf Zeit und Welt auf Welten hin,
> Und wann ich auf der March des endlichen nun bin
> Und von der fürchterlichen Höhe
> Mit Schwindeln wieder nach dir sehe,
> Ist alle Macht der Zahl, vermehrt mit tausend Malen,
> Noch nicht ein Theil von dir;
> Ich tilge sie, und du liegst ganz vor mir.
>
> (V. 67-75)

Der beständige Punkt, von dem aus das unermesslich Mannigfaltige zur Einheit synthetisiert werden kann, liegt erneut im vollkommen Präsentischen und damit vollkommen Zeitlosen, das Haller mit Gott identisch weiss. Nach Schilderung der Lichtlosigkeit der ersten Strophe und Anrufung der Ewigkeit der Strophen 2-5, wendet sich der Dichter an Gott, die Lichtfigur:

> O Gott! du bist allein des Alles Grund!
> Du, Sonne, bist das Maass der ungemessenen Zeit,
> Du bleibst in gleicher Kraft und stetem Mittag stehen,
> Du giengst niemals auf und wirst nicht untergehen,
> Ein einzig Itzt in dir ist Ewigkeit!
>
> (V. 76-80)

Die existentielle Erfahrung der Nichtigkeit, die sich seit der rapide zunehmenden Unermesslichkeit des Sternenhimmels (Fernrohr) und der sich ins unermesslich Kleine verlierenden Mannigfaltigkeit des Lebens (Mikroskop) zu einem Trauma der Neuzeit und einem zentralen Argument des erkenntnistheoretischen Skeptizismus entwickelt,[90] belässt dem Menschen bloss noch einen Ort der Stetigkeit, und diese Sonne ist Gott. Der Gegensatz zwischen unermesslichem Gott und nichtigem Menschen, dem die folgende Strophe gewidmet ist, führt zum Menschen zurück. Die letzte, 30-zeilige Strophe setzt ein mit der Zeugung des ‹ich›, das sich aus einem unbewussten, von Begierde freien ‹Kraut› (V. 96) bis zum forschenden Geist der Mannesjahre (V. 117) entwickelt.[91] An dieser Stelle ist der Zenit des Lebens erreicht; von nun an ist es das ‹nichts›, das sich dem ‹Leib› nähert (V. 118). Die Welt ist dem alternden Ich bloss ‹Eckel›, der ‹den Reiz des Lichts› verstellt und ‹Hoffnungs-losen Schatten› auf die Welt streut (V. 122 f.). Die zwei letzten Zeilen kommen gleichsam in der Gegenwart des Schreibenden an. Sie schlagen den Bogen zum Todesmotiv der Anfangsverse und heben so in eindrücklicher Weise die Antithese zwischen Kreislauf und Ewigkeit, zwischen Welt und Jenseits in einer die Zeitlichkeit transzendierenden Ruhe auf. Die traditionelle Vorstellung von Progress und Regress, von einem «homo viator» und einem seligen, ins ewige Reich erlösten Menschen, wird formal durch die kunstvolle Verschränkung der Reime der letzten acht Zeilen (abbcaddc) unterstützt, die zudem den zyklischen Aufbau des ganzen Gedichtes, von der Todeserfahrung des Freundes bis zur eigenen Erfahrung des nahen Todes, unterstreichen: «Ich fühle meinen Geist in jeder Zeil ermatten | Und keinen Trieb, als nach der Ruh!» (V. 124 f.).

Die Unruhe, die den unseligen Grund der ‹conditio humana› bildet,[92] ist die Triebfeder für das unablässige Erkunden und Erforschen der Welt. Das *Unvollkommene Gedicht über die Ewigkeit* zeigt eindrücklich, dass für Haller der Mensch, von Gott präformiert,[93] in seiner ganzen Anlage teleologisch auf Erkenntnis hin ausgerichtet ist; als Krone der Schöpfung entwickelt sich der Körper und mit ihm der Geist, wobei der Mensch jedoch gerade dieser Entwicklung sein Unglück verdankt: Er ahnt, wonach er strebt, und er trauert um den Verlust vergangenen Glücks. Zwar feiert Haller den ‹Leib› bald als ‹Meister-Stück der körperlichen Kraft› (*Ueber den Ursprung des Uebels,* 138, V. 127), bald als ‹Wunder-Uhr› (*An Herrn D. Gessner*, 1733; 114, V. 103), nichtsdestotrotz gehört dieser Leib in den Bereich der phänomenalen, vergänglichen Welt, die letztlich eitel ist: «Der Mensch, vor dessen Wort sich soll die Erde bücken, | Ist ein Zusammenhang von eitel Meister-Stücken» (*Gedanken über Vernunft, Aberglauben und Unglauben*, 58, V. 347 f.). So legitimiert sich das glänzende Schauspiel dem forschenden Blick nur durch sein pessimistisches Gegenstück. Sein, Erscheinung, Lebensprozesse eröffnen ihren Sinn nur durch ihre notwendige Beschränkung, nämlich das Nichts, die lichtlose Leere, die Krankheit und den Tod. Die Zeitlichkeit der Erscheinung zerstört den Schein der Vollkommenheit, die einzig im steten Sein der zweiten Natur, dem Reich der Ewigkeit, zu finden ist. Gott hat die ‹Geister-Welt› in die matte Dichte der Materie gesetzt, um zu erkennen, um am Licht der steten Mitte zu partizipieren:

> Gott sah und fand es gut, allein das stumme Dichte
> Hat kein Gefühl von Gott, noch Theil an seinem Lichte;
> Ein Wesen fehlt noch, dem Gott sich zeigen kann,
> Gott blies und ein Begriff nahm Kraft und Wesen an.
> So ward die Geister-Welt.
> (‹Ueber den Ursprung des Uebels›, 126, II, V. 17-21)

Dem Weisen bleibt es vorbehalten, sich über das wechselhafte Geschick zu erheben. Dadurch gewinnt er nicht nur an moralischer Würde, sondern auch an Erkenntnis.

Das Theodizee-Denken, die physikotheologische Vorstellung des Naturschauspiels, die Bedeutung der Wissenschaft sowie die Bestimmung des Menschen als eines haltlosen, dezentrierten Wesens, sie alle fungieren als Elemente der skizzierten frühliberalen Ethik. Die gesamte Topik ist von dem bereits erwähnten Problem des Zusammenwirkens von Egoismus und Gemeinwohl geprägt. Es ist diese Frage, die seit Thomas Hobbes (1588-1679) einen Thomasius ebenso umtreibt, wie sie die Auseinandersetzung zwischen Bernard Mandeville (1670-1733) und Anthony Ashley Cooper, dem Earl of Shaftesbury (1671-1713), bestimmt.[94] Für Haller – wie für alle zeitgenössischen Moralisten – bedeutet das menschliche Streben ‹uneasiness› und damit eine empfindliche Störung der menschlichen Glückseligkeit.[95] Gleichzeitig ist es jedoch diese eigennützige Begierde, die, richtig gelenkt und gesteuert, den Menschen über ein reines Vergnügen an der

Gesellschaft und der Schöpfungsordnung aus seiner Vereinzelung befreit und ihn mit der Welt vergesellschaftet. Der Wissenschaftler Haller ist somit nicht das ‹alter ego› des Moralisten und Apologeten Haller; der Wissenschaftler entspricht vielmehr dem göttlichen Geschenk der Vernunft.[96]

Die Bestimmung des Ortes des Einzelnen im grossen Zusammenhang der Schöpfung, die Meditation über das Verhältnis von konkreter, endlicher Erfahrung und dem Bewusstsein einer alle Erfahrung sprengenden Unendlichkeit, prägt schliesslich auch die elegische Grundstimmung von Hallers Gedichten zu Krankheit und Tod der geliebten Gattin Mariane (*Ueber Marianens anscheinende Besserung*, 1736; *Trauer-Ode, beim Absterben seiner geliebten Mariane*, 1736; *Ueber eben Dieselbe*, 1737; *Antwort an Herrn Johann Jakob Bodmer*, 1738). Es handelt sich um Gedichte, die von den Zeitgenossen zusammen mit dem Liebesgedicht *Doris* als Produkte der empfindsamen Muse und als «wahre Sprache des Herzens»[97] aufgenommen werden. Aber auch hier erweist sich, mag der Anlass auch noch so gefühlsauthentisch sein,[98] die moralphilosophische Intention als zentral.[99] Reagierte Haller mit dem *Unvollkommenen Gedicht über die Ewigkeit* auf die Erfahrung des Todes höchst spekulativ, so sehen wir hier – wie bereits in den Lehrgedichten –, dass dem Nicht-Fassbaren stets die Möglichkeit der Gewissheit im Herzen und der Erfahrung des Glückes entgegensteht. Ist der menschliche Verstand in einem für Haller ‹per se› unabschliessbaren Erkenntnisprozess befangen, so erfährt das Herz in der Unmittelbarkeit des Gefühls Glück, Ruhe und Gewissheit. Dem Menschen bleibt, was seine Tugend betrifft, hauptsächlich die Stimme des Herzens, die ihm als göttliches Gnadengeschenk die Ruhe geben kann. Es wird die ‹Kälte› und ‹Unempfindlichkeit›[100] seines Herzens sein, das Schweigen dieser inneren Stimme und die Inkongruenz von Herz und Verstand, an der Haller, glauben wir seinen Tagebucheinträgen, verzweifeln wird:

> O mein Vater! im Verstande herrscht die Wahrheit, aber das Herz hängt am Gegenwärtigen, ist gegen das Entfernte unempfindlich, auch gegen dich, den ich nicht sehe, der aber allgegenwärtig, und auch mir so nahe ist, daß er meine geheimsten Gedanken hört.[101]

Hallers Lyrik und ihre Wertschätzung in der Literatur bis 1800

In der zweiten Hälfte des 18. Jahrhunderts beginnt der Stern von Hallers Dichtung zu sinken. Dies hängt zum einen mit dem verblassenden Renommee der Ästhetik der Schweizer und ihrer Zentralbegriffe der ‹rührenden Schreibart› und des Konzepts der ‹poetischen Malerei› zusammen, deren emanzipatorische Funktion, was Gefühlsausdruck, gewagte Metaphorik und gewisse formale Lizenzen betrifft, das Lesepublikum eines Klopstock und des Sturm und Drang nicht mehr zu beeindrucken vermag;[102] zum anderen mit einer um sich greifenden Abwertung der didaktischen Dichtung.[103] An dem Verfahren der malerischen Beschreibung setzt Gotthold Ephraim Lessing (1729-1781) im XVII. Kapitel des *Laokoon* (1766) mit einer grundsätzlichen Kritik an. Provoziert von einer Äusserung Breitingers in seiner *Critischen Dichtkunst*, dass die «Zeichnung eines Malers» im Vergleich zu Hallers Naturschilderung «matt und düster sein würde»,[104] weist Lessing auf die unterschiedliche Funktionalität der Medien hin: Die Malerei eigne sich für die Darstellung gegenwärtiger Dinge im Raum, die Dichtung hingegen für die Darstellung sukzessiver Handlungen in der Zeit. Hallers Beschreibung des Enzians in der 39. Strophe der *Alpen* zeige, dass sprachliche Schilderung die Einbildungskraft nicht in die Lage versetze, im Leser eine ‹lebhafte› Vorstellung zu erwecken, «um sich das aus ihnen [den einzelnen Teilen] mit eins zusammen zu setzen, was in der Natur mit eins gesehen wird».[105] Gemäss Lessing vermag das poetische Gemälde den ästhetischen Forderungen nach sinnlicher Anschaulichkeit und spontaner Synthese des Mannigfaltigen also nicht zu genügen.

Haller antwortet auf Lessings Kritik in seiner Rezension des *Laokoon* in den *Göttingischen Gelehrten Anzeigen* (vgl. Abb. S. 193). Die Vorzüge des poetischen Malers vor dem Maler ‹tout court› liege nicht in der Abschilderung der Erscheinung, sondern vielmehr in der Ungebundenheit der Darstellung an den einzigen Gesichtssinn: Der Dichter «kann die Eigenschaften ausdrücken, die inwendig liegen, die durch die übrigen Sinne erkannt, oder durch Versuche entdeckt werden, und dieses ist dem Mahler verboten.»[106] Auch hier erweist sich die Mittelstellung der Dichtung zwischen diskursiver Begrifflichkeit und sinnlicher Wahrnehmung als das entscheidende Moment, das Haller zur Legitimation der eigenen sowie der Dichtung überhaupt dient. Was der Mensch durch anatomisches Zerlegen, durch die Beobachtung wiederholter Ereignisse, durch alle seine Sinne an Erfahrungen gewinnen kann, gehört samt und sonders zur Erkenntnis eines Dinges, die sich nicht auf die Erscheinung reduzieren lässt. Insbesondere aber ein Aspekt scheint hier entscheidend, dass nämlich «die Bewegung selbst» eines Gegenstandes als Resultat der wirkenden Kräfte, denen Hallers anatomisches und ästhetisches Interesse ja vorzüglich gilt, «nicht gemalt werden» könne.[107] Damit weist Haller in die Richtung, die Johann Gottfried Herder (1744-1803) drei Jahre später in seinem *Ersten*, gegen Lessings *Laokoon* gerichteten *Wäldchen* einschlagen wird. Für Herder ist nicht zeitliche Abfolge der entscheidende Wirkungs- und Darstellungsbereich von Sprache, sondern ‹Kraft›. Sie entfaltet sich aus dem «Sinn, der durch eine willkürliche Uebereinstimmung in den Worten liegt», aus der «Seele, die den artikulirten Tönen einwohnet».[108] Und so verteidigt er denn auch den Enzian gegen Lessing.[109]

Auch bei der Abwertung der Lehrdichtung spielt Lessing eine entscheidende Rolle. Gemeinsam mit Moses Mendelssohn (1729-1786) behauptet er in der Abhandlung *Pope ein Metaphysiker!* das Dogmatisieren als nicht eigentlich poetisch: Der Grund findet sich in Baumgartens ästhetischem Kernsatz, dass ein «Gedicht [...] eine vollkommene sinnliche Rede» sei[110] und folglich weder auf Ordnung der Gedanken noch auf definitorische Schärfe zu achten habe. Dem würde auch Haller nicht widersprechen. Problematischer jedoch erscheinen die Schlüsse, welche die Autoren daraus ziehen, dass nämlich die Wahl der Argumente einzig von der rührenden Wirkabsicht abhängig sei, woraus wiederum folgt, dass «lebhafte[r] Eindruck» und «tiefsinnige Überzeugung» dissoziierbar sind;[111] ja, der Dichter reime und borge an Argumenten zusammen, was den Wohlklang befördere.[112] Einem Haller, der nicht nur Ansprüche auf moralischen Wert und Weisheit erhebt, sondern den Zeitgenossen auch als «unser deutscher Pope»[113] gilt, muss die behauptete moralische Indifferenz der Dichtung als Desavouierung erscheinen.

Es dürfte deshalb kein Zufall sein, dass Herder noch in den 1790er Jahren die Gleichsetzung Hallers mit Pope verwirft:

> Was von Haller mit Pope verglichen werden kann, ist über Pope, was aus Popes lebendiger Welt an feinen Satyren und Charakteren in feinem Reimgeklingel dasteht, würde Haller redlicher aufgestellt haben. Bewahr uns die Muse vor Dichtern, bei denen Verstand ohne Herz oder Herz ohne Verstand ist.[114]

Hatte sich der junge Herder noch ganz im Sinne von Lessings und Mendelssohns Pope-Abhandlung verschiedentlich als Kritiker der didaktischen und als steter Befürworter der affektiven Dichtung Hallers erwiesen,[115] so erkennt er in den 1790er Jahren – und dies ganz in Übereinstimmung mit der erklärten Absicht des Dichters – in den hallerschen Gedichten den Einklang von Herz und Verstand.[116] Herder steht damit im Gegensatz zu Friedrich Schiller (1759-1805), dem anderen Weimarer Fürsprecher Hallers. In seinem *Über naive und sentimentalische Dichtung* aus den Jahren 1795/96 findet dieser in Haller ein Muster eines modernen sentimentalischen Dichters, der durch Reflexion von einem unmittelbaren Ausdruck entfremdet ist.[117] Bereits der «größtenteils übersinnliche Stoff» nämlich verunmögliche eine «sinnliche [...] Anschauung», wie überhaupt «[d]asjenige didaktische Gedicht, worin der Gedanke selbst poetisch wäre, und es auch bliebe, [...] noch zu erwarten» sei.[118] Es ist gerade das Paradebeispiel hallerscher Authentizität, die *Trauer-Ode, beim Absterben seiner geliebten Mariane*, das Schiller als Beleg anzitiert:

> Das Gemüt kann keinen Eindruck erleiden, ohne sogleich seinem eigenen Spiel zuzusehen und, was es in sich hat, durch Reflexion sich gegenüber und aus sich herauszustellen. Wir erhalten auf diese Art nie den Gegenstand, nur, was der reflektierende Verstand des Dichters aus dem Gegenstand machte, und selbst dann, wenn der Dichter selbst dieser Gegenstand ist, wenn er uns seine Empfindungen darstellen will, erfahren wir nicht seinen Zustand unmittelbar und aus der ersten Hand, sondern wie sich derselbe in seinem Gemüt reflektiert, was er als Zuschauer seiner selbst darüber gedacht hat. Wenn Haller den Tod seiner Gattin betrauert (man kennt das schöne Lied) und folgendermassen anfängt:
>
> Soll ich von deinem Tode singen
> O Mariane, welch ein Lied!
> Wann Seufzer mit den Worten ringen
> Und ein Begriff den andern flieht usf.
>
> so finden wir diese Beschreibung genau wahr, aber wir fühlen auch, daß uns der Dichter nicht eigentlich seine Empfindungen, sondern seine Gedanken darüber mitteilt. Er rührt uns deswegen auch weit schwächer, weil er selbst schon sehr viel erkältet sein mußte, um ein Zuschauer seiner Rührung zu sein.[119]

Die Haller-Rezeption im Umfeld der Weimarer Klassik darf nicht darüber hinwegtäuschen, dass Hallers Dichtung zunehmend in Vergessenheit gerät. So verzeichnet Kaspar Friedrich Manso (1759-1826) im Jahre 1792, Haller fange «allmählich an, aus dem Zirkel der Leswelt zu verschwinden, und nur noch von den deutschen Philologen geliebt und geachtet zu werden».[120] In der Tat lässt sich feststellen, dass Hallers Gedichte ein oft erwähntes, jedoch wenig gelesenes Stück Literaturgeschichte darstellen. Am meisten Beachtung finden *Die Alpen*, auf die sich – sei es aus Patriotismus oder Exotismus – das Interesse auch in der Folgezeit hauptsächlich konzentrieren wird.[121]

Anmerkungen

1 Für Korrekturvorschläge und wichtige Hinweise danke ich Ellinor Landmann, Claudia Lieb und Svenja Kroh. – Im Folgenden verweisen Klammern mit arabischen Ziffern auf Seiten, gegebenenfalls Verse, der historisch-kritischen Haller-Ausgabe von Ludwig Hirzel (Hg.): *Albrecht von Hallers Gedichte*. Frauenfeld 1882. Klammern mit römischen Zahlen verweisen auf Hirzels umfassende biographische Einführung. Hirzels Text folgt der 11. Auflage des *Versuchs* und liefert ein (unvollständiges) Verzeichnis der Lesarten (295-364).

2 Zu den elf autorisierten Auflagen ebenda (241-274), sowie Christoph Siegrist: *Albrecht von Haller*. Stuttgart 1967, 33-35. Hinzu kommen im 18. Jahrhundert 16 Nachdrucke sowie Übersetzungen und Abdrucke einzelner Gedichte; vgl. Hubert Steinke, Claudia Profos (Hg.): *Bibliographia Halleriana. Verzeichnis der Schriften von und über Albrecht von Haller*. Basel 2004, 30-48. Zu den Ausgaben und einer generellen Sichtung von Hirzels editorischer Leistung vgl. Karl S. Guthke: Profil eines Lyrikers. Text und Kanon von Hallers Gedichten. In: Ders.: *Die Entdeckung des Ich. Studien zur Literatur*. Tübingen 1993, 108-114, hier 112. Die Zahl der Korrekturen und sonstigen Texteingriffe veranschlagt Eduard Stäuble: *Albrecht von Hallers ‹Über den Ursprung des Übels›*. Zürich 1953, 27 f. auf 1500, wobei allein die dritte Auflage rund 500 Änderungen aufweise.

3 In diesem Sinne versteht Breitinger den Titel; Johann Jacob Breitinger: *Vertheidigung der Schweitzerischen Muse, Hrn. D. Albr. Haller*. Zürich 1744, 17: «Seine [i. e. Hallers] Bescheidenheit erlaubet ihm nicht einmal diese Gedichte für was mehreres als einen blossen *Versuch* auszugeben, ungeachtet selbige die meisten von den gepriesensten Meisterstücken der hochdeutschen Poesie in mancherley Absichten weit zurücklassen [...].»

4 Vgl. [Luise A. V. Gottsched:] Des Herrn Racine Abhandlung von den Lehrgedichten (1735). In: *Geschichte der königlichen Akademie der schönen Wissenschaften zu Paris*. Bd. VI, Art. XII. Leipzig 1751, 134: «Herr *Racine* scheint sich auch sehr zu verwundern, dass gewisse berühmte Engländer, ihren Lehrgedichten, den Titel *Versuch*, gegeben haben. Das Gedicht des Grafen *Roscommon*, heißt *Versuch von der Art in Versen zu übersetzen*; des Grafen *Buckingham* seines: *Versuch über die Poesie* und Herrn *Pope* seines: *Versuch über die Critik*. Dieser Titel, welchen einige prosaische Schriftsteller, ihren Werken aus Bescheidenheit gegeben, kann sich für Dichter nicht schicken: welche, da sie für Menschen voller Eingebung gehalten werden, dasjenige, was sie sagen wollen, nicht mit einer Demuth vorbringen müssen, die der Begeisterung, welche sie antreibt, zuwider läuft.»

5 In den modellbildenden und bekanntesten Lehrgedichten der Zeit, nämlich Alexander Popes (1688-1744) *Essay on Criticism* (1711), *Moral Essays* (1731) und *Essay on Man* (1733/34) finden wir diese Bedeutungen vereint. Zur Nähe von Lehrgedicht und Essay vgl. Christoph Siegrist: *Das Lehrgedicht der Aufklärung*. Stuttgart 1974, 41.

6 Vgl. Hallers Vorrede zur dritten Auflage (245 f.): «Die vielen Veränderungen, die in dieser neuen Auflage gemacht worden, erfordern einen kleinen Vorbericht. Die meisten sind der Sprache zu Liebe geschehen. Die Vorsehung hat mich nunmehro in Teutschland geführet; ich habe seit sechs Jahren mehr Gelegenheit gehabt, mir das Teutsche bekannt zu machen, das zwar einigermassen mein Mutter-Sprache ist, aber in meinem Vaterlande viel unreiner und fast seltener gesprochen wird als das ganz fremde Französische.» Vgl. auch Karl Heinrich Jördens: *Lexikon deutscher Dichter und Prosaisten*. Bd. II. Leipzig 1807. Repr. Hildesheim 1970, 319.

7 Dies gilt nicht für alle Beiträge; bei einigen wenigen folgt dem Titel eine Fussnote, bei anderen fehlt der Kommentar ganz. Zu diesen Veränderungen vgl.

Karl S. Guthke: Hallers ‹Ode über die Ewigkeit›. Veranlassung und Entstehung. In: Ders.: *Literarisches Leben im achtzehnten Jahrhundert in Deutschland und in der Schweiz*. Bern 1975, 301-314, hier 310.

8 Zu den oftmals unzuverlässigen Datierungen vgl. Guthke 1975 (wie Anm. 7), 301-314.

9 Vgl. hierzu die bei Guthke 1993 (wie Anm. 2), 108, wiedergegebene autobiographische Notiz Hallers, die Hallers Biographen Zimmermann als Quelle gedient hat, die *Vorrede zur vierten Auflage* (248) sowie schliesslich das *Schreiben an den Herrn Regierungs-Präsidenten Freyherrn von Gemmingen in Stuttgart über die Vergleichung zwischen Hagedorns und Hallers Gedichten.* In: *Sammlung kleiner Hallerischer Schriften*, 2., verbesserte und vermehrte Aufl., 3 Bde. Bern 1772, I: 335-352, hier 337 f.

10 Zur Revision der von Haller persönlich autorisierten Darstellung seiner Jugend vgl. Karl S. Guthke: Der Stubenhocker als Kegelspieler. Hallers Jugend in neuem Licht. In: Ders.: *Das Abenteuer der Literatur. Studien zum literarischen Leben der deutschsprachigen Länder von der Aufklärung bis zum Exil.* Bern 1981, 49-54.

11 Vgl. Siegrist 1967 (wie Anm. 2), 6.

12 Zu den übrigen Gedichten aus der Zeit vor der Manuskriptverbrennung vgl. Guthke 1993 (wie Anm. 2), 109. Weitere Gedichte, die Hirzel im Anhang zu seiner Ausg. nicht erfasst, finden sich in: Eduard Bodemann (Hg.): *Von und über Albrecht von Haller. Ungedruckte Briefe und Gedichte Hallers sowie ungedruckte Briefe und Notizen über denselben.* Hannover 1885, 127-148.

13 *Vorrede zur vierten Auflage* (248). Zu Drollinger und Stähelin und deren Einfluss auf Hallers Dichtungsverständnis (XLIX-LVIII).

14 *Vorrede zur vierten Auflage* (250).

15 Diese entstehen 1745-1778. Zu den Rezensionen vgl. die bahnbrechende Arbeit von Karl S. Guthke: *Haller und die Literatur.* Göttingen 1962, sowie für den neusten Stand den Beitrag zur Literaturkritik in diesem Band.

16 Vgl. Richard Toellner: *Albrecht von Haller. Über die Einheit im Denken des letzten Universalgelehrten.* Wiesbaden 1971, 7.

17 Haller, Hagedorn 1772 (wie Anm. 9), 347; ebenso die neue Vorrede zur zehnten Auflage von 1768: «Seitdem ich von 1725 biß 1736 und von meinem siebzehnten biß zu meinem acht und zwanzigsten Jahre die meisten derselben [Gedichte] aufgesetzt habe, hat die Dichtkunst, zumahl in Deutschland, eine große Veränderung erlitten.» (264). – Mit guten Gründen widerspricht dem Guthke 1975 (vgl. Anm. 7).

18 *Vorrede zu den Werlhofischen Gedichten.* In: Haller, Kleine Schriften (wie Anm. 9), I: 143-153, hier 147 f. – Zur engen, auch literarischen Beziehung zwischen Haller und Werlhof vgl. Karl S. Guthke: Konfession und Kunsthandwerk. Werlhofs Anteil an Hallers Gedichten. In: Guthke 1981 (wie Anm. 10), 29-48, hier vor allem 32 f.

19 Haller, Vorrede zu Werlhof (wie Anm. 18), 149-151.

20 Unhaltbar ist die Verbindung von solchen Äusserungen Hallers zu seinen physiologischen Ausführungen über das Herz, wie sie Desideri vorgenommen hat; Fabrizio Desideri: Haller. L'ode incompiuta sull'eternità. In: Ders.: *Quartetto per la fine del tempo. Una costellazione kantiana.* Genua 1991, 13-73, hier 27 f.

21 F[riedrich] von H[agedorn]: *Versuch einiger Gedichte, oder Erlesene Proben Poetischer Neben=Stunden.* Hamburg 1729, IV.; Christoph Heinrich Amthor: *Poetischer Versuch Einiger Teutscher Gedichte und Übersetzungen.* Flensburg 1717, a2r.

22 Zu Hallers konservativ-liberaler Ideologie vgl. Uwe Wilhelm: *Der deutsche Frühliberalismus. Von den Anfängen bis 1789.* Frankfurt a. M. 1995, 163-176. Zur charakteristischen Verbreitung dieser Wertehaltung in der Frühaufklärung vgl. Wolfgang Proß: Lyrik in der ersten Hälfte des 18. Jahrhunderts. In: Rolf Grimminger (Hg.): *Deutsche Aufklärung bis zur Französischen Revolution (1680-1789).* München 1980, 545-568, hier 549 sowie 561 f.

23 Vgl. aber das ungedruckte, unbetitelte und wesentlich frechere Gedicht, das Guthke1981 (wie Anm. 10), 53 f. aufgefunden hat.

24 Wer die englischen Vorbilder sind, darüber lässt sich nur spekulieren, geben doch weder das Reisetagebuch von 1727-1728 noch die Korrespondenz darüber Auskunft. In Frage kommt wohl das ganze Spektrum der didaktischen Poesie von Wentworth Dillon, dem vierten Earl of Roscommon (1630-1685), über Joseph Addison (1672-1719) bis zu Alexander Pope sowie die Tradition religiös-empfindsamer Dichtung von John Milton (1608-1674) bis Edward Young (1683-1765).

25 *Sermo Academicus ostendens quantum antiqui eruditione et industria antecellant modernos* (1734), (386). Übersetzung: In der Lyrik, wer erreicht hier die Kürze und Wirksamkeit des Horaz?

26 ‹Breve› erweitert unter dem Einfluss der stoischen Rhetoriktradition die Liste der klassischen ‹virtutes elocutionis›; vgl. den Art. ‹brevitas›. In: Gert Ueding (Hg.): *Historisches Wörterbuch der Rhetorik*. Bd. II. Tübingen 1994, Sp. 53- 60, hier Sp. 55.

27 Vgl. hierzu Caroline Torra-Mattenklott: *Metaphorologie der Rührung. Ästhetische Theorie und Mechanik im 18. Jahrhundert*. München 2002, insbesondere 213-219.

28 Vgl. Alberto Martino: *Daniel Casper von Lohenstein. Geschichte seiner Rezeption*. Bd. I. Tübingen 1975, 291-365. Zu den frühesten Angriffen gegen Lohenstein vgl. ebenda 234-237.

29 Königs Untersuchung von dem guten Geschmack erschien erstmals in dessen Ausgabe der Gedichte des Freiherrn von Canitz; F[riedrich] R[udolf] L[udwig] Canitz: *Gedichte. Mehrentheils aus seinen eigenhändigen Schrifften verbessert und vermehret [...], Nebst Dessen Leben, und einer Untersuchung Von dem guten Geschmack in der Dicht- und Rede-Kunst*, ausgefertigt von Johann Ulrich König. Berlin 1727. Ihm waren Christian Wernicke (1661-1725) und vor allem Bodmer und Breitinger in *Die Discourse der Mahlern* (1721-1723) vorausgegangen.

30 Vgl. dazu die Satiren *Der Mann nach der Welt* (1733; 108, V. 145-149) sowie *Die verdorbenen Sitten* (89, V. 36-44).

31 Zur ganzen Berner Rezeption vgl. die gut dokumentierten und umsichtigen Ausführungen in Hirzel 1882 (wie Anm. 1), CXV-CXVIII.

32 Vgl. den Abdruck der beiden Rezensionen und brieflicher Mitteilungen bei Hirzel 1882 (wie Anm. 1), CX-CXXIII; zum weiteren Verhältnis Gottscheds zu Haller ebenda, CXCII-CCXXV, CCC-CCCIV, CDXVIII f., sowie Franz R. Kempf: *Albrecht von Hallers Ruhm als Dichter*. New York 1986, 9-30. Zur positiven Aufnahme des *Versuchs* vgl. auch den siebten Abschnitt von Breitinger 1744 (wie Anm. 3), 126-131. Zu Hallers eigenem Verhalten vgl. Guthke 1962 (wie Anm. 15), 117 f.; Ders.: Neues zu Hallers Literaturkritik. In: *Lessing Yearbook*, 5 (1973), 198-118, sowie vor allem Ders.: Hallers ‹Anteil› am Literaturstreit. Legende und Wahrheit. In: Guthke 1975 (wie Anm. 7), 72-95.

33 Alfred Baeumler: *Das Irrationalitätsproblem in der Ästhetik und Logik des 18. Jahrhunderts bis zur Kritik der Urteilskraft*. Halle a. S. 1923. Repr. Tübingen 1967, 67.

34 Christoph Otto Freiherrn von Schönaich: *Die Ganze Aesthetik in einer Nuß oder Neologisches Wörterbuch*. (1754). Hg. v. Albert Köster. Berlin 1899, 27.

35 Vgl. das Register in Bd. II von Johann Jacob Breitinger: *Critische Dichtkunst, worinnen die Poetische Mahlerey in Absicht auf die Erfindung im Grund untersuchet und mit Beyspielen aus den berühmtesten Alten und Neuern erläutert wird*. Zürich 1740. Repr. hg. v. Wolfgang Bender. Stuttgart 1966.

36 Hier findet sich auch eine Zusammenstellung der gängigsten Vorwürfe: Breitinger 1744 (wie Anm. 3), S. 81 f. Zur *Vertheidigung* vgl. Wolfgang Bender: *J. J. Bodmer und J. J. Breitinger*. Stuttgart 1973, 73 f. Zu Bodmers und Breitingers Strategie vgl. Albert M. Debrunner: Ein Ersatz für Haller. Bodmers und Breitingers Verhältnis zu Zimmermanns literarischem Schaffen. In: Hans-Peter Schramm

(Hg.): *Johann Georg Zimmermann königlich großbritannischer Leibarzt (1728-1795)*. Wiesbaden 1998, 75-81.

37 Jakob Immanuel Pyra: *Erweis, dass die Gottschedianische Sekte den Geschmack verderbe. Ueber die Hällischen Bemühungen zur Aufnahme der Critik*. Hamburg 1743. Repr. Hildesheim 1974, 78-82.

38 Johann Jacob Breitinger: *Critische Abhandlung von der Natur, den Absichten und dem Gebrauche der Gleichnisse*. Zürich, 1740. Repr. hg. v. Manfred Windfuhr. Stuttgart 1967, 9.

39 Breitinger 1740 (wie Anm. 35), I: 84 f. Vgl. hierzu die treffende Darstellung bei Bender 1973 (wie Anm. 36), 93 f.

40 Für eine gute Darstellung des Erkenntnisprozesses bei Haller vgl. Toellner 1971 (wie Anm. 16), 92-96.

41 Schäfer, Gerhard: *‹Wohlklingende Schrift› und ‹rührende Bilder›. Soziologische Studien zur Ästhetik Gottscheds und der Schweizer*. Frankfurt a. M. 1987, 117-124.

42 Breitinger 1740 (wie Anm. 35), I: 28.

43 Albrecht von Haller: *Grundriß der Physiologie für Vorlesungen*. Nach der vierten latein. mit den Verbesserungen und Zusätzen des Herrn ... Wrisberg ... vermehrten Ausgabe, von neuem übers. und mit Anmerkungen versehen durch Herrn [Samuel Thomas] Sömmerring. Berlin 1788, § 558.

44 Ebenda, § 560.

45 Im Folgenden wird auf die bekannteren Gedichte aus dem *Versuch* näher eingegangen. Es gilt zu erwähnen, dass die Haller-Forschung zahlreiche Gedichte praktisch unerwähnt lässt, deren genauere Untersuchung sicherlich reizvoll wäre.

46 Vgl. Uwe Hentschel: Albrecht von Hallers Alpen-Dichtung und ihre zeitgenössische Rezeption. In: *Wirkendes Wort*, 2 (1998), 183-191.

47 Vgl. Horst J. Frank: *Handbuch der deutschen Strophenformen*. Tübingen [2]1993, 691.

48 Gottsched definiert ‹Schlußsprüche, (*Epiphonema*)› als dasjenige, «wodurch man ein ganzes Gedicht, oder eine Strophe desselben, auf eine nachdrückliche Art, mit einem denkwürdigen Satze, oder sinnreichen Gedanken endigt»; Johann Christoph Gottsched: *Versuch einer critischen Dichtkunst vor die Deutschen* (1730), X, § 27. Repr. der 4. Ausg. Leipzig 1751. Darmstadt 1982, 338. Gottsched folgt hierin der Tradition der Rhetorik Bernard Lamys, der die ‹epiphonèmes› den Sentenzen zuordnet. Sentenzen wiederum bestimmt er, nachdrücklicher als Gottsched, durch Kürze und Energie; Bernard Lamy: *La rhétorique ou l'art de parler* (1675). Paris, 1998 209 f.

49 Haller, Hagedorn (wie Anm. 9), 342. Vgl. hierzu Louis Racine: Reflexions sur la poésie (1735/1747). In: Ders.: *Œuvres*. Bd. II. Paris 1808, 19; ferner Hallers Ausführungen zur Stärke sinnlicher Eindrücke auf das Gedächtnis, vgl. Haller, Grundriß der Physiologie (wie Anm. 43), § 560.

50 Zur Beliebtheit des Alexandriners in der Lehrdichtung vgl. Hans-Wolf Jäger: Lehrdichtung. In: Grimminger (wie Anm. 22), 500-544, hier 506; sowie Siegrist 1974 (wie Anm. 5), 76-78.

51 Racine 1735 (wie Anm. 49).

52 Zu diesem Zentralbegriff der ästhetischen Theorie vgl. Torra-Mattenklott 2002 (wie Anm. 27), 13-16.

53 Horaz, Epoden, II, 1; vgl. Anna Ischer: *Albrecht v. Haller und das klassische Altertum*. Bern 1928, 102.

54 Vergil, Georgica, II, V. 458-460. Vgl. Ischer 1928 (wie Anm. 53), 93, sowie Geoffrey Atherton: ‹Poetische Mahlerey›. Placing Albrecht von Haller's ‹Enzian› Portrait in a Georgic Gallery. In: *German Quarterly*, 171/1 (1998), 353-376, hier 363-368.

55 Vgl. Burghard Dedner: Vom Schäferleben zur Agrarwirtschaft. Poesie und Ideologie des ‹Landlebens› in der deutschen Literatur des 18. Jahrhunderts (1972). In: Klaus Garber (Hg.): *Europäische Bukolik und Georgik*. Darmstadt 1976, 347-390.

56 Vgl. Vergil, Georgica, II, V. 177-225. Zu dieser Inversion vgl. Dedner 1972 (wie Anm. 55), 351.

57 Zur Tradition des Gebirges als ‹locus terribilis› vgl. Klaus Garber: *Der locus amoenus und der locus terribilis. Bild*

und Funktion der Natur in der deutschen Schäfer- und Landlebendichtung des 17. Jahrhunderts. Köln 1974, 246-250.

58 «die Frucht der großen Alpen-Reise, die ich An. 1728 mit dem jetzigen Herrn Canonico und Proffessor Gessner [i. e. Johannes Gessner] in Zürich gethan hatte» (20). Zu dieser Botanikreise vgl. (LX-LXXX), den Beitrag zur Botanik in diesem Band, Ann B. Stheir: Albrecht von Haller's Botany and ‹Die Alpen›. In: *Eighteenth-Century Studies*, 10 (1976/77), 169-184, hier 173-178, sowie vor allem Urs Boschung: Haller botaniste et poète à la découverte des Alpes. In: Jean-Claude Pont, Jan Lacki (Hg.): *Une cordée originale. Histoire des relations entre science et montagne.* Chêne-Bourg 2000, 96-119, passim.

59 Albrecht Haller: *Récit du premier voyage dans les Alpes* (1728). Hg. v. Erich Hintzsche und P. F. Flückiger. St. Gallen 1948.

60 Vgl. Josef Helbling: *Albrecht von Haller als Dichter.* Bern, 1970, 4-6; Boschung 2000 (wie Anm. 58), 104-113; Ute Heidmann Vischer: Idéal, image mythifiée et tableau ‹peint d'après la vie›. Muralt, Virgile, Scheuchzer et les trois temps de la représentation dans *Les Alpes* d'Albert Haller. In: *Colloquium Helveticum*, 14 (1991), 5-28, hier 5 f. – Der Topos, dass die Bergwelt, namentlich die Schweizer Alpen, von freien, fleissigen und männlichen Menschen bewohnt werde, findet sich unter Verweis auf Klima und Fruchtbarkeit bereits bei Jean Bodin: *Les six livres de la Republique* (1576). Paris 1583. Repr. Aalen 1977, 694-698.

61 Zum Einfluss von Brockes' «Beschreibgedicht» auf die didaktische Poesie vgl. Jäger 1980 (wie Anm. 50), 506-513. Zum calvinistischen Hintergrund der Natur als eines Spiegel Gottes, einer Schaubühne und einer eigentlichen Pflichtschule vgl. Schäfer 1987 (wie Anm. 41), 84 f.

62 Vgl. *Briefe über einige noch lebenden Freygeister. Einwürfe wider die Offenbarung.* 2. Aufl. Bd. II. Bern 1778, 66: «Die Seele ist überhaupt ein Zuschauer bey dem Schauspiele der Sinne und des Gedächtnisses: sie sieht den Vorstellungen dieser Kräfte zu, die ihre Bilder vor der Seele auftreten lassen, sie nimmt einen mehreren oder minderen Antheil an dem Schauspiele, sie beurtheilt, vergleicht, und bringt die ihr vorgelegten Bilder in Ordnung.»

63 Zur Verwandtschaft der Bezeichnungen ‹Lehrgedicht›, ‹moralisches Gedicht› und ‹philosophisches Gedicht‹ um 1750 vgl. Leif Ludwig Albertsen: *Das Lehrgedicht. Eine Geschichte der antikisierenden Sachepik in der neueren deutschen Literatur mit einem unbekannten Gedicht Albrecht von Hallers.* Aarhus 1967, 19. – Bei dem ‹unbekannten Gedicht› (abgedruckt 210 f.) handelt es sich notabene um das ‹*Ehrengedichte Dem Selig Verstorbenen Ehrenhaupt, Herrn Samuel Frisching*›, das bereits 1883 von Hirzel veröffentlicht worden war; vgl. hierzu Guthke 1981 (wie Anm. 10), 51.

64 Vgl. das undatierte gleichnamige Gedicht in Bodemann 1885 (wie Anm. 12), 127-129.

65 Vgl. schon Gonzague de Reynold: *Histoire littéraire de la Suisse au XVIII siècle. Bd. II. Bodmer et l'école Suisse.* Lausanne 1912, 574. Neueren Datums Gerard Gillespie: Anticipations of Rousseau in Albrecht von Haller. In: François Jost (Hg.): *Aesthetics and the Literature of Ideas. Festschrift für A. Owen Aldridge.* London 1990, 241-251; Siegrist 1967 (wie Anm. 2), 25; Franz Loquai: Nachwort zu: *Die Alpen. Eine Landschaft und ihre Menschen in Texten deutschsprachiger Autoren des 18. u. 19. Jahrhunderts.* München 1996, 444. Kritisch hierzu bereits Toellner 1971 (wie Anm. 16), 79; Ders.: Der zeitgemäße und der unzeitgemäße Haller. In: *Albrecht von Haller (1708-1777). Berner Haller-Symposion 1977.* Bern 1977, 111-127, hier 113. Zu Hallers Einstellung zu Rousseau und dem Primitivismus vgl. Karl S. Guthke: Von arbeitsamen Menschenfressern und Diebstahl im Paradies. Albrecht von Haller und die Völkerkunde seiner Zeit. In: *Scientia poetica*, 2 (1998), 58-96, hier vor allem 71.

66 Vgl. etwa Augustinus, *De doctrina christiana*, I, 4.

67 Rez. *Vom Einfluss der Wissenschaften auf die Sitten. Von J. J. Rousseau.*

1753. In: Albrecht von Haller: *Tagebuch seiner Beobachtungen über Schriftsteller und über sich selbst. Zur Karakteristik der Philosophie und Religion dieses Mannes*. Hg. v. Johann Georg Heinzmann. 2 Bde. Bern 1787. Repr. Frankfurt a. M. 1971, I: 111. – Zu Hallers genereller Rousseau-Aversion vgl. die Bemerkung in Zimmermanns Nachlass, in: Bodemann 1885 (wie Anm. 12), 218.

68 Hallers Pessimismus wird häufig auf seine calvinistische Konfession zurückgeführt; wir finden diese Grundüberzeugung der Korruption und grundlegenden Sündhaftigkeit des Menschen jedoch in der ganzen augustinischen Tradition, insbesondere auch beim Hallischen Pietismus, dem Haller, in späteren Jahren zumindest, ganz offensichtlich nahesteht; vgl. das Schreiben an Zimmermann vom 2.5.1755 in Bodemann 1885 (wie Anm. 12), 37 f.

69 Zu Hallers Beziehung zu Leibniz' *Theodicee* vgl. Hirzel 1882 (wie Anm. 1), CXXXI-CXXXIII.

70 Für eine kurze und prägnante Darstellung der grundlegenden Übereinstimmung von Gottes Liebe, Wille und Vernunft im Theodizee-Denken sowie dessen apologetischer Funktion vgl. Wilhelm Schmidt-Biggemann: *Theodizee und Tatsachen. Das philosophische Profil der deutschen Aufklärung*. Frankfurt a. M. 1988, 61-72. Zur Theodizee-Thematik in der Lehrdichtung der Zeit vgl. Jäger 1980 (wie Anm. 50), 516.

71 Lactantius, *De ira Dei*, 13.

72 Vgl. Kurt Flasch: *Augustinus. Einführung in sein Denken*. 2. Aufl. Stuttgart 1994, 314-324.

73 Tagebucheintrag vom 26.5.1737. In: Haller, Tagebuch 1787 (wie Anm. 67), II: 227.

74 Stähelin scheint sich geschlagen zu geben (vgl. LXXIII-LXXV).

75 Vgl. Karl S. Guthke: ‹Unselig Mittelding von Engeln und von Vieh›. Haller, Pope und ‹Über den Ursprung des Übels›. In: Guthke 1993 (wie Anm. 2), 102-114.

76 Albrecht von Haller: Vorrede zum ersten Theil der Allgemeinen Historie der Natur (1750). In: Haller, Kleine Schriften *Sammlung kleiner Hallerischer Schriften*. Bern 1756, 55-88, hier 55: «Es ist der Wahrheit unmittelbahres Vorrecht, daß sie ewig bleibt».

77 Ebenda, 59.

78 1726 stattet Haller Thomasius in Halle einen Besuch ab; vgl. Hirzel (wie Anm. 1), XXXVII.

79 Christian Thomasius: *Fundamenta iuris naturae et gentium* (1705). 4. Aufl. Halle 1718. Repr. Aalen 1979, 133-136.

80 Ebenda, 54.

81 Vgl. Friedrich Vollhardt: *Selbstliebe und Geselligkeit. Untersuchungen zum Verhältnis von naturrechtlichem Denken und moraldidaktischer Literatur im 17. und 18. Jahrhundert*. Tübingen 2001, 174.

82 Vgl. Frank Grunert: *Normbegründung und politische Legitimität. Zur Rechts- und Staatsphilosophie der deutschen Frühaufklärung*. Tübingen 2000, 202-217, sowie Klaus Luig: Christian Thomasius. In: Michael Stolleis (Hg.): *Staatsdenker im 17. und 18. Jahrhundert. Reichspublizistik, Politik, Naturrecht*. Frankfurt a. M. 1987, 227-256, hier 232 f.

83 Vgl. Proß 1980 (wie Anm. 22), 561 f.: «Allerdings bleiben auch bei ihm [i. e. Haller] zwei typische Zeichen frühaufklärerischen Verhaltens deutlich: die Bedeutung der praktischen Pflichten, durch die dem Menschen [...] die Chance zur Wahrung des Tugendideals verbleibt, und die Einschränkung solch einer Chance auf Wenige. Das wahre Verständnis der Moral – und damit auch des moralischen Dichters – ist nur bei wenigen Angehörigen des eigenes Standes zu finden.»

84 Vgl. Haller, Freygeister 1778 (wie Anm. 62), II: 22: «Diese [i. e. der Natur] Gesetze sind nicht Befehle eines Schiksals, das den Schöpfer bindet, es sind die Befehle seiner eignen Weisheit, die sie für die allgemeine Regierung der Welt ausersehen hat [...].»

85 Zu Hallers teleologischen Grundüberzeugungen vgl. Toellner 1971 (wie Anm. 16), 151-157; Hubert Steinke: *Irritating Experiments. Haller's concept and the European debate on irritability and sensibility 1750-1790*. Amsterdam 2005, 94-97; Sandra Pott: *Medizin, Medizinethik und schöne Literatur. Studien zu*

Säkularisierungsvorgängen vom frühen 17. bis zum frühen 19. Jahrhundert. Berlin 2002, 117-119. – Zu Hallers Lektüre von William Derham (1657-1713) vgl. Karl S. Guthke: Glaube und Zweifel. Hallers Rezeption des christlichen Erbes. In: Guthke 1975 (wie Anm. 7), 174-192, hier 180 f.

86 Gründe dafür, dass die von Haller verzeichnete Jahreszahl ‹1736› unzutreffend ist und die Entstehungszeit auf die Jahre 1737-1741 fallen muss, macht Guthke 1975 (wie Anm. 7), 301-314, überzeugend geltend.

87 Zur Gattung der Lehrode sowie den Gattungsvorstellungen der Ode generell vgl. Siegrist 1974 (wie Anm. 5), 31-34.

88 Immanuel Kant, der in seiner *Allgemeinen Naturgeschichte und Theorie des Himmels* (1755; A 115) Haller «den erhabensten unter den deutschen Dichtern» nennt und V. 37-44 des ‹Unvollkommenen Gedichts› zitiert, wird in der *Kritik der reinen Vernunft* (1781; A 613) auf diese Stelle zurückkommen: «Die unbedingte Notwendigkeit, die wir, als den letzten Träger aller Dinge, so unentbehrlich bedürfen, ist der wahre Abgrund für die menschliche Vernunft. Selbst die Ewigkeit, so schauderhaft erhaben sie auch ein *Haller* schildern mag, macht lange den schwindelichten Eindruck nicht auf das Gemüt; denn sie *mißt* nur die Dauer der Dinge, aber *trägt* sie nicht.»

89 Guthke 1975 (wie Anm. 7), 305-308, identifiziert diesen Freund als Sigmund Jonas Christen.

90 Am eindrücklichsten wohl bei Blaise Pascal (1663-1662), dem Haller in vielen Punkten sehr nahekommt; vgl. Blaise Pascal: Pensées (1670). In: Ders.: *Œuvres complètes*. Hg. v. Michel le Guern. Bd. II. Paris 2000, 612. Zum augustinisch-pascalschen Topos des Schwindelns (‹vertige›) vgl. Philippe Sellier: *Pascale et Saint Augustin*. Paris 1970. Repr. Paris 1995, vor allem 31 f.

91 Die zunehmende Öffnung der äusseren Sinne schildert Haller (V. 101) unter Verweis auf seine eigene physiologische Forschung.

92 Vgl. Zimmermanns Notiz in Bodemann 1885 (wie Anm. 12), 215. Zu den ausgesprochen gängigen Antinomien Ruhe/Bewegung sowie Herz/Verstand und deren Beziehung auf die zeitgenössischen Glückseligkeitsvorstellungen vgl. Robert Mauzi: *L'idée de bonheur dans la littérature et la pensée française au XVIIIe siècle*. Paris 1960, 125-140.

93 Zu Hallers Präformationismus vgl. den Beitrag von Maria Teresa Monti in diesem Band.

94 Vgl. dazu noch immer Walter Euchner: Versuch über Mandevilles Bienenfabel. In: Ders.: *Egoismus und Gemeinwohl*. Frankfurt a. M. 1973, 74-131.

95 Ein Konzept, das für John Locke (1632-1704) sowohl psychologisch als auch ökonomisch von grösster Bedeutung ist: «the chief, if not only spur to human industry and action»; John Locke: *An Essay concerning human understanding* (1690/1694). Hg. v. Alexander Campbell Fraser. Oxford 1894. Repr. New York 1959, 304.

96 Vgl. dazu den Brief an Johann Georg Zimmermann vom 30.11.1754. In: Bodemann 1885 (wie Anm. 12), 27 f.

97 Vgl. Kempf 1986 (wie Anm. 32), 73.

98 Zur Fragwürdigkeit des Bildes, das Haller von sich als liebevollem und treuem Ehemann zeichnet, vgl. Toellner 1971 (wie Anm. 16), 28; Guthke 1981 (wie Anm. 10), 30.

99 Kempf 1986 (wie Anm. 32), 35, unterscheidet bei seiner Untersuchung der Haller-Rezeption recht strikt zwischen ‹Gedankendichtung› und «Liebes- und Trauerlyrik, die einen unvergleichlich stärkeren emotionalen Ton anschlägt». Es sei bemerkt, dass die Zeitgenossen die Bezeichnung ‹Lyrik› zwar für Oden, jedoch kaum für Elegien verwenden und dass sich Trauer und Gedanken, Leidenschaft und philosophische Thematik bei Haller nicht ausschliessen.

100 Tagebucheintrag vom 17.8.1738. In: Haller, Tagebuch 1787 (wie Anm. 67), II: 235 u. passim.

101 Tagebucheintrag vom 23.1.1774. In: Haller, Tagebuch 1787 (wie Anm. 67), II: 292 f.

102 Vgl. Kempf 1986 (wie Anm. 32), 73-75. Bezeichnend ist etwa Goethes

(1749-1832) Erinnerung im zweiten Buch von *Dichtung und Wahrheit*: «In meines Vaters Bibliothek hatte ich bisher nur die früheren, besonders die zu seiner Zeit nach und nach heraufgekommenen und gerühmten Dichter gefunden. Alle diese hatten gereimt, und mein Vater hielt den Reim für poetische Werke unerläßlich. Canitz, Hagedorn, Drollinger, Gellert, Creuz, Haller standen in schönen Franzbänden in einer Reihe»; Johann Wolfgang Goethe: Aus meinem Leben. Dichtung und Wahrheit. In: Ders.: *Werke*. Bd. IX (Hamburger Ausgabe). München 1981, 80.

103 Vgl. hierzu Albertsen 1967 (wie Anm. 66), 345-348; Siegrist 1974 (wie Anm. 5), 29 f.

104 Richtig lautet die Stelle, die sich in Breitinger 1740 (wie Anm. 35), II: 407 findet: «Man vergleiche damit die genaueste historische Beschreibung eines *Botanici*, oder auch die ähnlichste Zeichnung eines Mahlers, so wird man gestehen müssen, daß sie gegen dieser poetischen Schilderey gantz matt und düster seyn.»

105 Gotthold Ephraim Lessing: Laokoon oder über die Grenzen der Malerei und Poesie (1766). In: Ders.: *Werke*. Hg. v. Herbert G. Göpfert. Bd. VI. München 1974, 112. Zum Verhältnis Haller–Lessing vgl. Karl S. Guthke: Haller und Lessing. Einsames Zwiegespräch. In: Guthke 1975 (wie Anm. 7), 118-152, zum *Laokoon*, 136-140. Zum Enzian und zu Hallers Vorstellung von ‹Mahlerey› vgl. Atherton 1998 (wie Anm.), 368-370.

106 Rez. ‹Laokoon von G. E. Lessing. 1766›. In: Haller, Tagebuch 1787 (wie Anm. 67), I: 277. Vgl. hiermit Breitinger 1740 (wie Anm. 35), I: 19: «Der Poet mahlet nicht für das Auge allein, sondern auch für die übrigen Sinnen, und er kann auch das unsichtbare sichtbar machen [...].»

107 Haller, Tagebuch 1787 (wie Anm. 67), I: 18.

108 Johann Gottfried Herder: Kritische Wälder. Oder Betrachtung, die Wissenschaft und Kunst des Schönen betreffend, nach Maasgabe neuerer Schriften. Erstes Wäldchen. Herrn Leßings Laokoon gewidmet (1769). In: Ders.: *Sämmtliche Werke*. Hg. v. Bernhard Suphan. Bd. III. Berlin 1878, 136. Die Verbindung von willkürlicher Zeichenhaftigkeit, Verstand und unmittelbarer Kraftwirkung des Wortes findet sich bereits bei Breitinger 1740 (wie Anm. 35), I: 20.

109 Ebenda, 140-143.

110 Gottlob Ephraim Lessing, Moses Mendelssohn: Pope ein Metaphysiker! (1755). In: Lessing: *Werke*. Hg. v. Herbert G. Göpfert. Bd. III. Frühe kritische Schriften. München 1972, 636. Vgl. Alexander Gottlieb Baumgarten: *Meditationes philosophicae de nonnullis ad poema pertinentibus (1735) / Philosophische Betrachtungen über einige Bedingungen des Gedichtes*. Übers. u. hg. v. Heinz Paetzold. Hamburg 1983, 10.

111 Ebenda, 638.

112 Ebenda, 663.

113 So bereits Johann Jakob Spreng: Gedächtnisrede auf Herrn Hofrat Drollinger. In: Carl Friedrich Drollinger: *Gedichte, samt andern dazu gehörigen Stücken. Basel 1743*. Repr. hg. v. Uwe-K. Ketelsen. Stuttgart 1972, XXXIII.

114 Johann Gottfried Herder: Briefe zur Beförderung der Humanität (1796). In: Ders.: *Sämmtliche Werke*. Bd. XVIII. Berlin 1883, 116 f.

115 Vgl. Kempf 1986 (wie Anm. 32), 59-72.

116 Ebenda, 118-122.

117 Vgl. ebenda, 104-117.

118 Friedrich Schiller: Über naive und sentimentalische Dichtung. In: Ders.: *Sämtliche Werke*. Hg. v. Gerhard Fricke u. Herbert G. Göpfert. Bd. V. 3. Aufl. München 1962, 732.

119 Ebenda, 731.

120 Johann Kaspar Friedrich Manso: Albrecht von Haller. In: *Nachträge zu Sulzers allgemeiner Theorie der schönen Künste. Charaktere der vornehmsten Dichter aller Nationen*. Leipzig 1792, 137. Zur tatsächlich intensiven *philologischen* Auseinandersetzung vgl. Jördens 1807 (wie Anm. 6), 325-331.

121 Vgl. Kempf 1986 (wie Anm. 32), 153-156; Wolfgang Hackl: *Eingeborene im Paradies. Die literarische Wahrnehmung des alpinen Tourismus im 19. und 20. Jahrhundert*. Tübingen 2004, zu Haller 58-62 sowie 78.

Roman, Staat und Gesellschaft

Florian Gelzer und Béla Kapossy[1]

I Die Staatsromane

Hallers Staatsromane als literarische Werke

In den siebziger Jahren des 18. Jahrhunderts veröffentlicht Albrecht von Haller in rascher Folge drei historische Romane. 1771 erscheint *Usong. Eine morgenländische Geschichte* über den *grand tour* und die Regierung Uzun Hasans, eines mongolischen Herrschers aus dem 15. Jahrhundert, der den persischen Königsthron bestieg. Zwei Jahre später folgt mit *Alfred* ein Roman über den gleichnamigen König der Angelsachsen, der im 9. Jahrhundert die englischen Königreiche vereinigte. Die Trias wird komplettiert durch *Fabius und Cato, ein Stück der römischen Geschichte*, einen Auszug aus den Punischen Kriegen zwischen den Römern und Karthagern. Darin stehen die beiden Feldherren und Staatsmänner Fabius, der ‹Cunctator›, und Cato Censorius – nicht zu verwechseln mit Cato von Utica – im Mittelpunkt.[2] Es ist bekannt, dass Haller mit seinen Romanen die drei von Montesquieu idealtypisch unterschiedenen Staatsformen veranschaulichen wollte: die gemilderte Despotie im *Usong*, die gemässigte Monarchie im *Alfred* sowie die aristokratische Republik in *Fabius und Cato*.

Die Bedeutsamkeit der drei Romane als *Staatsromane*,[3] das heisst als Idealgestaltungen aufgeklärter absolutistischer Staatszustände, ist unbestritten und wurde in der – eher spärlichen – Forschung ausführlich gewürdigt.[4] Um diesen inhaltlichen Aspekt, den staatstheoretischen Gehalt, wird es im zweiten Teil dieses Beitrags gehen. Im ersten Teil soll nach den Gründen für einen merkwürdigen Sachverhalt gefragt werden: Obwohl die drei Romane insgesamt über 40 Auflagen erfuhren und in sieben Sprachen übersetzt wurden,[5] ist die Reaktion der Literaturkritik auf die drei Erzählwerke seit dem 18. Jahrhundert und bis zum heutigen Tag durchweg verhalten bis ablehnend gewesen – nach 1800 wurden die Romane

U S O N G.

AN

ORIENTAL HISTORY

IN FOUR BOOKS.

TRANSLATED from the GERMAN

OF

BARON ALBERT VON HALLER,
Prefident of the Royal Society at *Gottingen*, and
the Œconomical Society at *Bern*, &c.

L O N D O N.

Printed for J. WILKIE, No. 71, St. Paul's Church-Yard; C. HEYDINGER, oppofite Effex Street, Strand; and S. LEACROFT, Charing Crofs.

MDCCLXXIII.

Hallers *Usong* wurde bis zum Ende des 18. Jahrhunderts ins Englische, Französische, Italienische, Holländische, Dänische, Russische und Ungarische übersetzt. Worauf das europaweite Interesse an Hallers Roman gründete, ist noch nicht erforscht. Es scheint, dass die Berühmtheit des Autors eine wichtige Rolle spielte, denn das Urteil der Kritiker war vorwiegend negativ. – British Library, London.

nicht mehr aufgelegt (vgl. Abb. S. 157).[6] Der Tenor der Rezeption ist etwa folgender: Es handle sich um befremdlich-unzeitgemässe, konservative Äusserungen eines universal gelehrten und geehrten Nestors, denen jeglicher literarischer Wert abgehe. Bereits Christoph Martin Wieland bemerkte zum Beispiel nach dem Erscheinen des *Usong* maliziös, Haller falle es leicht, «von der Höhe seines sechsten Stockwerkes herab […] unveränderliche Gesetze zu geben».[7] Der Schweizer Autor Hugo Loetscher hat diese ablehnende Sichtweise noch in jüngerer Zeit in einem fiktiven Interview mit Haller wiederholt.[8] Die Forschung hat auf den Befund, dass es sich bei Hallers Staatsromanen um eine eher mühselige Lektüre handle, in der Regel mit dem Argument gekontert, dass die drei Titel im Grunde gar keine ‹Literatur› darstellten, sondern nichts anderes als drei – kulinarisch wenig schmackhaft angerichtete – staatspolitische Traktate. Entsprechend fielen Hallers Romane auch eher in den Zuständigkeitsbereich des Wissenschaftshistorikers oder Staatstheoretikers – «eine selbständige und ausführliche Interpretation der poetischen Komponente [lohne sich] aus dem genannten Grunde nicht recht», heisst es etwa bei Dietrich Naumann.[9] Ist die Arbeit des Literaturhistorikers also zu Ende, bevor sie überhaupt begonnen hat?

Auf die Frage lässt sich mit einer schlichten Feststellung entgegnen: Die Diskussionen um Hallers drei Staatsromane drehen sich sowohl im 18. Jahrhundert wie auch in der Forschungsliteratur durchaus *auch* um ästhetische und darstellerische Aspekte. Die adäquate Darstellungsweise ist zudem von jeher ein Grundproblem der Gattung des Staatsromans – so leicht ist die Frage nach der ästhetischen Faktur und der literaturgeschichtlichen Stellung von Hallers Romanen also nicht abzutun. Im Folgenden soll aber nicht das Problem der ästhetischen Wertung interessieren, das heisst, die Frage, ob die Romane nun ‹gut geschrieben› seien oder nicht. Es soll vielmehr nach Gründen gesucht werden, weshalb Hallers Romane seit dem 18. Jahrhundert in erster Linie negativ oder mit grossen Vorbehalten bewertet worden sind, so dass eine anhaltende Rezeption verhindert worden ist. Nun könnte man argumentieren, dass die meisten Leser die eigentliche, anspruchsvolle Absicht Hallers schlicht nicht erkannt hätten – eine uninformierte Rezeption also, die entsprechend korrigiert und durch eine richtige Lesart ersetzt werden müsste? Das Argument ist aber nicht stichhaltig: Denn unter den ersten Lesern der Staatsromane befanden sich unter anderem Johann Gottfried Herder, Isaak Iselin oder Wieland – allesamt keineswegs Laien also, sondern Gelehrte und Schriftsteller, die mit der Thematik eingehend vertraut waren. Es scheint vielmehr, dass die zögerliche Rezeption von Hallers Staatsromanen auf der Enttäuschung gewisser Erwartungen beruht, die an die Romane herangetragen wurden, auf einer Diskrepanz zwischen den Intentionen des Autors und dem Erwartungshorizont der damaligen und der modernen Leser.[10]

Hallers Bezugnahme auf die Gattungstradition

Als unermüdlicher Rezensent für die *Göttingischen Anzeigen für Gelehrte Sachen* ist Haller über die internationale ‹Romanszene› bestens informiert. Dabei hat es ihm vor allem die englische, moralisch-empfindsame Literatur angetan; dem galanten oder libertinen Roman der französischen Tradition steht er hingegen kritisch bis ablehnend gegenüber. Der ideale Roman ist nach Haller historisch getreu, verzichtet auf blosse romaneske Effekte und Spannungsmomente und dient einem moralisch-lehrhaften Zweck (vgl. den Beitrag zur Literaturkritik in diesem Band). Für seine drei eigenen Romane hat Haller nun eine bestimmte Ausprägung dieser lehrhaft-didaktischen Romanform ins Auge gefasst: das Modell des Staatsromans. Diese Erzählform lässt sich auf zwei antike Werke zurückführen: zum einen auf Platons grossen Ideendialog *Politeia* (*Der Staat*, um 370 v. Chr.); zum anderen auf Xenophons *Kyrou paideia* (die *Kyrupädie*, Anfang des 4. Jh.s v. Chr.). Für den vorliegenden Zusammenhang ist vor allem die zweite Tradition wichtig. In der *Kyrupädie* werden die Jugend, die Erziehung sowie die Kriegstaten des persischen Herrschers Kyros II. dargestellt, als ein idealisierendes Beispiel dafür, wie man richtig über die Menschen regieren könne.

Dieses Modell, das die Darstellung politischer Idealzustände mit der Erziehungsgeschichte eines Fürsten verbindet, wurde zum Prototyp des fiktionalen ‹Fürstenspiegels› in der europäischen Literatur. Im Barock und im Aufklärungszeitalter ist die *Kyrupädie* noch sehr präsent: Andrew Michael Ramsay konzipiert etwa *Les Voyages de Cyrus* (1727) ausdrücklich als Fortsetzung der *Kyrou paideia*; als Gegenstück verfasst der Abbé Jacques Pernéty *Le Repos de Cyrus* (1732), in dem vor allem die Regierung und weniger die Taten des Kyros behandelt werden. Wieland schreibt ein Epen-Fragment *Cyrus* (1759) und nimmt eine Szene aus Xenophons Roman zur Grundlage für seinen Dialogroman *Araspes und Panthea* (1760). Sein Roman *Der goldne Spiegel* (1772) schliesslich ist Friedrich dem Grossen als dem ‹neuen Kyros› gewidmet. Mit seinen Staatsromanen stellt sich Haller bewusst in diese illustre Tradition, deren Bedeutung im 18. Jahrhundert nicht hoch genug eingeschätzt werden kann. Die französischen und deutschen Staatsromane der Aufklärung wurden mindestens so intensiv diskutiert wie die heute bekannteren ‹belletristischen› Werke. Das Modell der *Kyrou paideia* wurde auch auf andere – historische oder erfundene – Herrscherfiguren übertragen: So steht z. B. in Jean-François Marmontels *Bélisaire* (1767) der oströmische Feldherr Flavius Belisarius im Vordergrund. *Usong*, *Alfred* und *Fabius und Cato* stehen also nicht singulär da, sondern reihen sich bewusst ein in eine im 18. Jahrhundert vielerprobte und vieldiskutierte Tradition.

Die Kombination von Reisebeschreibung und Staatsgeschichte führt bereits im Urmodell Xenophons, insbesondere jedoch bei seinen Nachahmungen in der Neuzeit, zu einigen typischen darstellerischen Problemen: Die Handlung ist gewöhnlich in die ältere Geschichte zurückversetzt, erhält aber durch die idealisierende Beschreibung einen utopischen

Gehalt – in der älteren Forschung wurden ‹Staatsroman› und ‹Utopie› deshalb kurzerhand gleichgesetzt. Hinzu kommt ein Dilemma, das sich aus der didaktischen Ausrichtung ergibt: Einerseits dürfen die Geschichte und die Charakterisierung der Figuren nicht allzu ‹interessant› ausfallen, weil dadurch vom eigentlichen, das heisst: dem lehrhaft-staatspolitischen, Inhalt abgelenkt würde. Wenn andererseits die erzählerische Einkleidung gänzlich vernachlässigt würde, bliebe von der Erzählung nur ein blosser Traktat übrig. Hinzu kommt das uralte Problem von Roman und Geschichtsschreibung: Wie weit darf sich ein Roman legitimerweise von der historischen Wahrheit entfernen, um noch dem Gebot der Wahrscheinlichkeit zu entsprechen?

Die Kunst des Staatsromans ist es also, historische Ereignisse nach den eigenen Massgaben zu einem – utopischen – Idealfall umzuschreiben, wie das anhand der Person des Kyros verschiedentlich getan wurde. Dabei soll die idealisierte Darstellung aber dennoch glaubwürdig bleiben und die Identifikation mit dem Herrscher ermöglichen – viele Staatsromane sind ja direkt als Erziehungsbücher für werdende Fürsten konzipiert. Als gelungenste Verbindung wurde im 18. Jahrhundert *Les aventures de Télemaque* (1699) betrachtet, ein unterhaltendes Lehrbuch, das der Prinzenerzieher François Fénelon für den jungen Herzog von Bourbon, den Enkel Ludwigs XIV., verfasste. Darin macht sich Telemach, der Sohn des Odysseus, zusammen mit Mentor – der verkleideten Göttin Athene – auf die Suche nach seinem verschollenen Vater. Auf seinen ‹Abenteuern› lernt er Tyrannei, Eroberung und Verschwendung kennen und wächst zu einem verantwortungsbewussten Herrscher heran. Die Idee, dass Staatsromane tatsächlich bei der Erziehung eines Fürsten hilfreich sein könnten, ist mehr als nur ein traditioneller Topos. Noch bei Hallers Staatsromanen wurde ein solcher praktischer Einsatz tatsächlich in Erwägung gezogen. So schreibt etwa Eberhard Friedrich Freiherr von Gemmingen, der württembergische Regierungspräsident, an Haller, er werde *Usong* «einem regierenden Fürsten schiken, der allen Willen hat, zu werden, was Ihr Perser war».[11] *Usong* könne, so Gemmingen, nicht nur dem – ungenannten – Fürsten von Nutzen sein, sondern auch der obersten Instanz: «Sollte man dem Kaiser dieses vortreffliche Buch nicht in die Hand bringen können, oder ist es villeicht schon geschehen?»[12] Und Christian Schubart schreibt über Kaiser Joseph II., «der wie *Usong* durch seine Staaten durchreißt und Glückseligkeit und Ordnung in seinen Fußstapfen zurück läßt».[13]

Das literarische Modell, das Haller bei seinen Romanen vorschwebt, lässt sich also ziemlich genau bestimmen: ein Staatsroman in der Tradition von Xenophons *Kyrou paideia* und Fénelons *Télemaque*, in dem staatspolitische Vorstellungen präsentiert werden, und zwar am Beispiel eines «vortrefliche[n] Fürst[en], der hier als vollkommener Herrscher abgeschildert wird».[14] Die Staatsromane sollten zudem konkreten praktischen Nutzen als ‹Fürstenspiegel› haben. Es ist Hallers erklärte Absicht, dazu beizutragen, «daß die Mächtigen in jeder Art der Regierungsform zur Tugend und zur Beförderung des allgemeinen Besten sich aufmuntern liessen».[15] «Vielleicht ruft die wiederholte Stimme der Wahrheit», heisst es in der Vorrede zu *Fabius und Cato*, «die Fürsten von der Jagd, von den Tänzen, und der Musterung zurück in den Verhörsaal, und zur Arbeit eines Fürsten».[16]

Variationen der Darstellung

Die darstellerische Hauptschwierigkeit des Staatsromans besteht darin, die Verfassungsutopie – einen naturgemäss sachlich-spröden Bericht – mit dem erzählerischen Gehalt überzeugend zu verschränken. Und hier stellt Hallers Roman-Trias einen aufschlussreichen Fall dar, da *Usong*, *Alfred* sowie *Fabius und Cato* die Verbindung jeweils verschieden gestalten. Je mehr sich Haller seinem staatspolitischen Ideal – der Republik in *Fabius und Cato* – nähert, desto mehr scheint er nämlich das Interesse an einer fiktionalen Einkleidung zu verlieren. Entsprechend stellt sich das Verhältnis zwischen erzählerischem Gehalt und der Darstellung der Regierungsform in den drei Romanen ganz verschieden dar. Überhaupt ist es untypisch, ja singulär, dass gleich *drei* idealtypische Regierungen in Romanform entworfen werden: Alle vorhergehenden Autoren von Staatsromanen hatten die Summa ihrer staatspolitischen Überlegungen in jeweils *einem* Werk exemplifiziert.

Usong, der umfangreichste Roman, entspricht der klassischen Kyrupädie am ehesten (Abb. S. 163). Haller kündigt in einer Voranzeige in den *Göttingischen Anzeigen* die charakteristische Mischung aus *prodesse* und *delectare* an: «Das Ernsthafte der Lebensbeschreibung Usongs ist mit einigen muntern Umständen aufgeheitert, und überall hat der Verf. sich beflissen, die Sitten, die Gewohnheiten, und die Sprache [!] der Morgenländer beyzubehalten.»[17] Die Geschichte sei – ein beliebter Topos – aus einer Handschrift gezogen, «deren Verfasser nicht bekannt ist».[18] Usong ist der Sohn des Mongolenfürsten Timurtasch. Mit 14 Jahren nimmt er an einem der Rachezüge seines Vaters gegen die Chinesen teil und gerät dabei in die Gefangenschaft des chinesischen Unterkönigs Liewang, für den er als Gärtner arbeitet. Eines Tages rettet er Liosua, die Tochter Liewangs, vor dem Ertrinken (später wird sie zu seiner Gemahlin). Er reist nach Ägypten und mit dem Kaufmann Zeno nach Venedig, wo er über den Unterschied zwischen Despotie und Aristokratie aufgeklärt wird. Die ‹Bildungsreise› wird nach Arabien fortgeführt, wo er die schöne Emete, die Tochter eines

Emirs, rettet. Usong wird zum Fürsten von Anah und macht aus dem Land einen kleinen Musterstaat. In vielen Schlachten erobert er ganz Persien und besteigt schliesslich den Thron. Er richtet den Staat vorbildlich ein, erlässt Gesetze und pflegt die religiöse und geistige Kultur des Landes. Sein Enkel Ismael wird zu seinem Nachfolger herangezogen; vor seiner Abdankung wird Usong von einem Waldenser zum Christentum bekehrt.

Alfred beginnt mit einer Erzählung vom Einfall der Normannen in England. Die Angelsachsen kämpfen unter Edelred sowie unter seinem jungen Bruder Alfred, der in Rom erzogen wurde. Edelred benachteiligt den Bruder, aber Alfred will das Vaterland retten. Es kommt zu einer grossen Schlacht; Edelred stirbt und hinterlässt das Reich in einem desolaten Zustand. Alle Hoffnungen ruhen nun auf Alfred. Als Anführer der West-Sachsen trotzt er als Letzter den Normannen, die er schliesslich in die Flucht schlagen kann. Jedoch sieht er sich von seinem Volk verlassen. Er verkleidet sich als Tagelöhner und hält sich ein Jahr bei einem alten Hirten verborgen. Nach einem prophetischen Traum dringt er in das Lager der Normannen ein. Er ruft die zerstreuten Angelsachsen zusammen und schlägt die Feinde. Nun nimmt er die «innere Verbesserung» des Landes vor: Er wählt das Beste aus den Gesetzen der Hebräer, Griechen, Römer, Dänen und Sachsen, schafft neue Städte, Häfen und Klöster. Der dänische Krieger Amund – ein Pendant zu Zeno im *Usong* – unterrichtet ihn umfassend in der Staatskunde.

Fabius und Cato beginnt mit der Rückeroberung Karthagos durch den jungen Scipio. Fabius und Cato kämpfen siegreich gegen Hannibal. Rom ist erfreut über die Siege; Fabius bleibt vorsichtig und skeptisch. Erst nach seinem Tod erkennt Rom seine wahren Verdienste. Hannibal rüstet sich zu der grossen Schlacht bei Zama und erleidet eine herbe Niederlage; Scipio führt das Heer im Triumph zurück. Cato steigt zum berühmten Redner auf, wird zum Konsul ernannt und kämpft siegreich gegen Antiochus. Bei einem Angriff gegen Griechenland sieht Cato, wie materieller Überfluss Geiz, Grausamkeit und Unterdrückung erzeugen kann. Als Zensor schränkt er die Pracht ein und führt umsichtig Gesetze ein. Mit Abscheu hört er die Reden des griechischen Redners Karneades (hinter dem sich Rousseau verbirgt). Ausführlich legt Cato seine Gegenargumente dar und veranlasst, dass Karneades aus Rom weggeschafft wird.

Im *Usong* wird die Romanhandlung mit dem staatspolitischen Inhalt auf raffinierte Weise verwoben. Ja, Haller greift sogar auf einige Topoi und Motive des Barockromans zurück: Dazu gehören die Gefangenschaft des Helden an einem fremden Königshof, das Erretten verschiedener schöner Prinzessinnen sowie einige galante ‹Liebesangelegenheiten›. Hier sind also, dem asiatischen Decorum gemäss, Romanhandlung und politischer

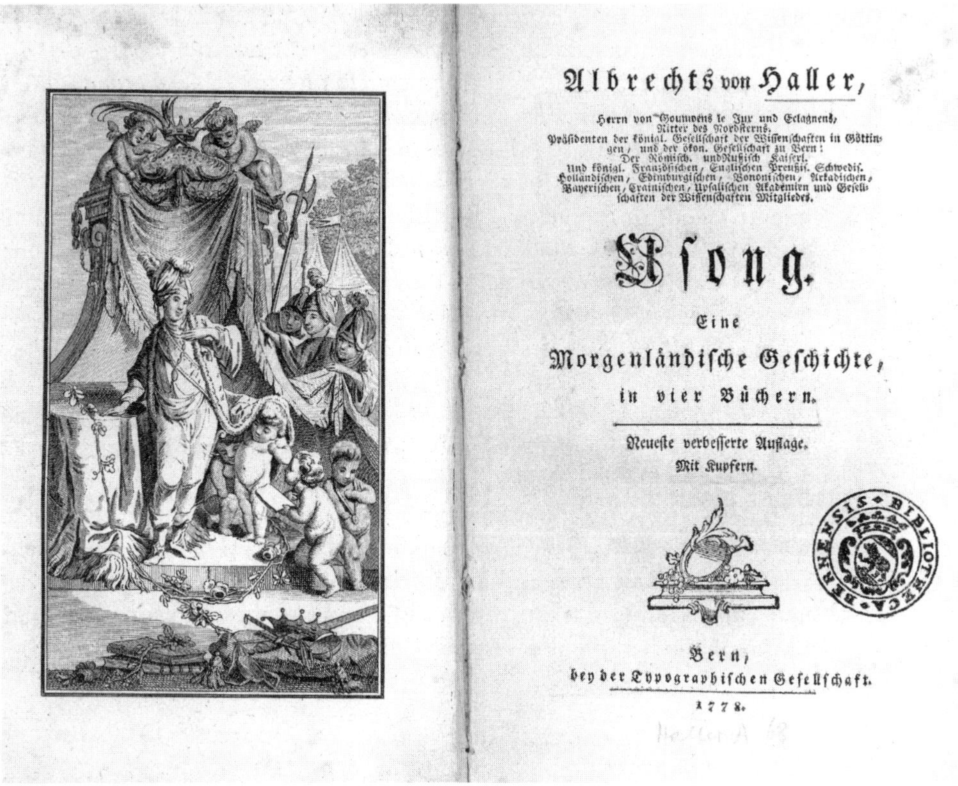
Albrechts von Haller,

Herrn von Goumoens le Jux und Eclagnens, Ritter des Nordsterns. Präsidenten der königl. Gesellschaft der Wissenschaften in Göttingen, und der ökon. Gesellschaft zu Bern: Der Römisch. und Rußisch Kaiserl. Und königl. Französischen, Englischen Preußis. Schwedis. Holländischen, Edimburgischen, Bononischen, Arkadischen, Bayerischen, Crainischen, Upsalischen Akademien und Gesellschaften der Wissenschaften Mitgliedes.

Usong.

Eine Morgenländische Geschichte, in vier Büchern.

Neueste verbesserte Auflage. Mit Kupfern.

Bern, bey der Typographischen Gesellschaft. 1778.

Das Titelblatt zur vierten und letzten von Haller besorgten Auflage des *Usong* macht in seiner Mischung von symbolkräftigen, exotischen und barocken Elementen auf ebendieselbe Verschränkung im Buch aufmerksam. Es stimmt den Leser darauf ein, sich sowohl auf staatspolitische Überlegungen einzulassen wie auch in die Romanhandlung einzutauchen. – Burgerbibliothek Bern.

Traktat untrennbar verwoben. Auffallend ist auch, wie Haller hier noch einmal seine poetischen Fähigkeiten in einem Prosatext spielen lässt: *Usong* enthält eine ganze Reihe empfindsamer oder poetischer Passagen, die insbesondere durch kühne oder exotische Vergleiche auffallen. Bei der Sterbeszene des Kaisers Liewang heisst es etwa: «[U]nd hiemit verschied er, ohne Furcht, ohne Ungeduld, ohne Zuken, wie die reiffe Frucht Litschi, wann die Natur sie von ihrem Baume ruft, oder wie die Sonne in der Abendsee untergeht.»[19]

In *Alfred* wählt Haller dagegen eine sehr ungewöhnliche Methode. Im Staatsroman ist es durchaus üblich, gewisse Zugaben und Traktate, die den Verlauf der Erzählung störend aufhalten könnten, in den Anhang zu verbannen: So hatte etwa Johann Michael von Loen seine Staatsphilosophie in den Anhang seines *Redlichen Mannes am Hofe* (1740) verlegt. Haller selbst entschied sich dafür, die *Briefe über die wichtigsten Wahrheiten der Offenbarung* (1772), die eigentlich dem *Usong* beigegeben werden sollten, separat zu veröffentlichen. Im *Alfred* wählt Haller nun genau das umgekehrte Verfahren: Das sechste Buch, die Liebesgeschichte zwischen dem Titelhelden und Alswitha, wird als separater Anhang beigegeben – «[d]amit das Werk doch auch die befriedige, die einen Roman erwarten, und doch, nach Hallers Grundsätzen, Liebe und Ernst einander nicht choquieren», wie es im *Almanach der deutschen Musen* heisst.[20] Die bittere Pille und das Zuckerbonbon werden also gleichsam separat gereicht. Der unerwünschte Effekt, dass der Leser dadurch erst recht die Liebesgeschichte ohne lehrhaftes Beiwerk lesen kann, wurde offenbar nicht mitbedacht.

In *Fabius und Cato* schlägt Haller einen nochmals anderen, radikalen Weg ein: Hier wird auf eine Romanhandlung überhaupt verzichtet. Es handelt sich um den seltenen Fall eines Romans, der sich völlig der ‹Wahrheit› der Geschichtsschreibung annähert. Knapp und nüchtern erzählend, wird zwischen chronikartigem Bericht und blossen Dialogen abgewechselt. Die sparsame Sprachgebung scheint hier mit dem Ethos der strengen und entscheidungsstarken römischen Führung übereinzustimmen – die Idealrepublik hat offenbar «keiner erdichteten Zierahten nöhtig».[21]

Gemischte Reaktionen

Die Reaktionen der Leserschaft auf die drei Romane waren durchwachsen. Am enthusiastischsten äussert sich der erwähnte Freiherr von Gemmingen: «Usong hat meinen Augen unzälige angenehme Thränen entloket, und mit recht entzükendem Vergnügen habe ich überall das Porträt Ihres eigenen edlen Herzens gefunden».[22] Ähnlich hingerissen zeigen sich allenfalls noch andere Brieffreunde Hallers wie Samuel Engel oder Charles Bonnet. Doch auch in einigen Zeitschriften werden die Romane durchaus mit Anerkennung besprochen. So lobt der *Musenalmanach* den *Usong*: «Er [Haller] hat uns ein Werk geliefert, das wir dem berühmten *Belisaire* [Marmontels] kühn entgegenstellen können, und das für junge Fürsten noch lehrreicher ist.»[23] Andere Reaktionen bleiben verhalten bis kritisch – der Rezensent der *Auserlesenen Bibliothek* weiss nichts, was man «besonders tadeln könnte […] Aber er weis auch nichts besonders zu loben»[24] –; viele sind aber von ironischer Schärfe. So heisst es in einem Brief Herders, *Usong* werde «ohne Herz und Genie [sein]; für den Verstand vortreflich, und nie ein Wort für *den ganzen* Menschen».[25] Und Johann Heinrich Merck schreibt an Sophie von La Roche: «[*Usong*] ist für mich die Niederkunft einer alten Jungfer, die immer zu früh und zu spät kömmt. Und wie kann auch der Boden einer Compilator-Seele, der vierzig Jahr über nicht umgekehrt worden, etwas anders tragen, als diese Dornen und Disteln?»[26] Iselin doppelt in der *Allgemeinen deutschen Bibliothek* nach: Die ‹Schreibart› des *Usong* sei «ungemein nachläßig», man stosse überall auf «schielende, niedrige, unrichtige, undeutsche und allzugezierte Ausdrücke».[27] Das Ganze sei von einer «verschwenderisch angebrachten und langweiligen geographischen Gelehrsamkeit», es handle sich um eine «trockene und wenig Theilnehmung erzeugende, (uninteressante,) Erzählung ohne Plan und Ordnung».[28]

Alfred wird im Allgemeinen günstiger betrachtet. Iselin widmet dem Roman eine ausführliche Besprechung, merkt allerdings an, das sechste Buch sei «nicht mit dem Geiste und dem Feuer» geschrieben, «welches den Geschichtschreiber beseelet hat, als er seiner Doris sang»;[29] im Anhang notiert er auf zwei Seiten Beispiele der «Nachläßigkeit der Schreibart».[30] Schubart, ansonsten ein treuer Anhänger Hallers, fragt trocken: «Warum ist doch dieser Alfred so langweilig?»[31] Auch die wenigen Rezensionen zu *Fabius und Cato* sind im Grossen und Ganzen wohlwollender – wohl auch, weil deutlich wurde, dass Haller bei der Beschreibung der römischen Republik seinem eigenen Ideal am nächsten kam. Allerdings wird die Tauglichkeit Catos als einer Hauptfigur angezweifelt: «Vor allen Dingen wünscheten wir, daß Herr von *Haller* zu einem *leuchtenden Beispiele der Tugend* […] einen menschlichern Helden gewählet hätte, als diesen alten *Cato*, der bey vielen grossen Eigenschaften doch nur ein Barbar war[.]»[32]

Woher rühren die kritischen Urteile gegenüber Hallers Romanen, die ja eine in der Aufklärung weitverbreitete Gattung wieder aufnehmen? Ein Grund mag in der Tatsache liegen, dass Haller auch in den 1770er Jahren noch an einem strengen poetologischen Konzept festhält, dem zufolge die poetische Einkleidung allein Mittel zum Zweck sein soll – eine Vorstellung, die eher an Gottsched und Gellert erinnert als an die zeitgenössische Poetik eines Lessing oder Wieland. «Das Ernsthafte der Lebensbeschreibung Usongs ist mit einigen muntern Umständen aufgeheitert»,[33] heisst es beinahe entschuldigend in der Voranzeige. ‹Ernsthaft›, ‹lehrhaft›, ‹tugendhaft› und ‹unterrichtend› sind denn auch Schlüsselbegriffe, die im Zusammenhang mit den Romanen immer wieder fallen. So schreibt etwa Gemmingen: «Lassen sich Euer Hochwolgeb. Alfreds Ernsthafftigkeit nicht anfechten. Männer, welche lesen, um sich zu unterrichten, nicht um sich zu belustigen, werden unfehlbar Vergnügen und Freude daraus schöpfen. Für andere schreibt kein Haller.»[34] In einer Art Sammelrezension zu den drei Romanen fragt ein Rezensent der *Neuen Bibliothek der schönen Wissenschaften und der freyen Künste*, was denn eigentlich an Hallers Romanen vermisst würde: «eine gewisse Lebhaftigkeit in den Schilderungen der sinnlichen Gegenstände, ein glänzendes, spielendes Kolorit in den Beschreibungen der verschiedenen Wendungen von Empfindung und Leidenschaft? ein gewisses Auffallendes in Sprache und Bildern? eine Laune des Dialogs?»[35] Dabei würde man aber die Massstäbe für ‹moralische› Romane anlegen, die denen des ‹politischen› Romans nicht gerecht würden: «Haben politische und moralische Romane nicht vielleicht eine wesentliche Verschiedenheit, die jene Tadler könnten übersehn haben?»[36]

Solchen um Ausgleich bemühten Stimmen zum Trotz wurden Hallers Romane in der literarischen Diskussion der Zeit wie ein anachronistischer Fremdkörper aus der Frühaufklärung empfunden. Es ist die Zeit, in der Werke der Empfindsamkeit und des Sturm und Drang Furore machen: Hermes' *Geschichte der Fanny Wilkes* (1766), Sophie von La Roches *Geschichte des Fräulein von Sternheim* (1771) oder Goethes *Die Leiden des jungen Werthers* (1774). Zudem hatte Wieland in der *Geschichte des Agathon* ([1]1767) bereits die Aporien und Grenzen des Staatsromans aufgezeigt – anhand eines jungen Herrschers, Agathons, der an seinen politischen Aufgaben regelmässig scheitert. Und in der Literaturkritik der Zeit macht sich je länger, je mehr bereits die Auffassung einer gewissen Autonomisierung der Dichtung breit. Das heisst, es werden weniger oder gar keine Ansprüche an den Wahrheitsgehalt der Dichtung gestellt – auch nicht bei historischen, ‹authentischen› Stoffen.

Vor diesem Hintergrund ist die Ratlosigkeit gegenüber einem gänzlich ‹unpoetischen› Werk wie *Fabius und Cato* verständlich, einem Roman, der zudem alle eingespielten Erwartungen an ein *Erzähl*werk enttäuscht. Den Massstäben der anspruchsvoll gewordenen Kritik und den Anforderungen an die Erzähltechnik entsprachen Wielands politische Dichtungen wie *Der goldne Spiegel* (1772) oder *Die Geschichte des Weisen Danischmend* (1775) weit mehr, die virtuos mit den Gattungstraditionen spielen. Wenig erstaunlich, dass Haller im *Goldnen Spiegel* eine «Parodie des Usong»[37] sehen wollte.

Aufgaben der Literaturwissenschaft

Die ästhetische Faktur von Hallers drei Staatsromanen, so hat der knappe Abriss gezeigt, kann nicht einfach kurzerhand ausgeklammert werden, damit man deren ‹politischen› Inhalt besser freilegen kann. Es zeigt sich vielmehr, dass die poetische Gestaltung der drei Werke sowohl auf der Produktions- wie auf der Rezipientenseite durchaus mitbedacht wurde. Hallers genuin didaktische Konzeption, die den belehrenden Inhalt und die poetische Ausgestaltung von Roman zu Roman verschieden ausbalancierte, zeugt von einem dezidierten wirkungsästhetischen Anspruch. Der

Erwartungshorizont der Literaturkritik war hingegen von einer anderen Vorstellung geprägt: Das Belehrende und Didaktische der Romane, das zunehmend ‹unverhüllt› dargebracht wurde, genügte den Erfordernissen der Romankonzeption der 1770er Jahre nicht mehr. Die negativen Urteile wiederholen sich auch in der Forschungsliteratur: Die Schilderungen im ersten Teil des *Alfred*, so heisst es etwa, seien «an Ödnis nicht zu überbieten».[38] Es werden «stilistische Dürre und ei[n] Aufbau, in dem alles unter den Zweck ethischer Lehrhaftigkeit gestellt ist», festgestellt.[39] Die neueste Arbeit zu den Staatsromanen urteilt ähnlich: Die Sprache wirke «sehr trocken, ernst, schwerfällig und läßt sich nicht fließend lesen».[40] Natürlich ist es kaum die wichtigste Aufgabe der Literaturwissenschaft, solche – stets auch zeitbedingten – Werturteile abzugeben. Andererseits zeigt sich gerade bei der Rezeption von Hallers Staatsromanen, dass es unklug wäre, die literarische Kompositionsweise und den ästhetischen Eindruck gänzlich auszuklammern. Ziel der literarhistorischen Untersuchung soll es nicht sein, die ästhetischen Urteile zu unterdrücken. Vielmehr können, ausgehend von solchen Feststellungen, die wechselhafte Rezeptionsgeschichte eines Werks nachgezeichnet und die Gründe für eventuelle Rezeptionsprobleme aufgedeckt werden. Man wird *Usong*, *Alfred* und *Fabius und Cato* nicht gerecht, wenn man den staatspolitischen ‹Traktat› aus ihnen destilliert und die literarische Einkleidung von vornherein abschält. Die zeitgenössische Rezeption der Romane hat keineswegs nur ihren politischen Inhalt diskutiert, sondern ausführlich auch die Darstellungsweise und die Ästhetik. Und schliesslich: In den staatstheoretischen Gesprächen der drei Romane kommen auch immer wieder Zweifel an der Richtigkeit der Massnahmen auf. Haller zeigt nicht nur strahlende aufgeklärte Monarchen, sondern auch Rückschläge, Anfeindungen und Widersprüchlichkeiten, die sich aus den Staatsentwürfen ergeben. Nicht erst Wieland hat also der ehrwürdigen Form des Staatsromans neues Leben eingehaucht: Hallers Roman-Trias bleibt ein beeindruckender, allzu oft missverstandener Versuch der Erneuerung des Genres.

II Staat und Gesellschaft

Der junge und der alte Haller

Der Autor des *Usong*, des *Alfred* und des *Fabius und Cato* scheint auf den ersten Blick mit dem frühen Haller, der sich als junger Arzt und Gelehrter für Toleranz und Redefreiheit eingesetzt und dem politischen Bern der 1730er Jahre den Spiegel vorgehalten hatte, nicht viel gemein zu haben. Hatte Haller während seines Aufenthaltes in den Niederlanden sich noch für die dort gelebte religiöse Vielfalt zu begeistern vermocht,[41] so schien ihm später die Durchsetzung der Orthodoxie von solch zentraler Bedeutung für die Erhaltung des Staates, dass er sogar die 1753 in Bern erfolgte Exekution des pietistischen Schwärmers Hieronymus Kohler rückblickend als gerechtfertigt bezeichnete.[42] Auch die in seinem Memorial aus dem Jahr 1736 vertretene Behauptung, Bern sei ursprünglich demokratisch gewesen und habe sich erst später allmählich in eine Aristokratie und dann Oligarchie verwandelt, lässt sich in keiner seiner späteren Schriften wieder finden.[43] Selbst Hallers 1731 und 1733 entstandene Gedichte *Die verdorbenen Sitten* und *Der Mann nach der Welt*, in denen er mit der Berner Oberschicht scharf ins Gericht ging, wurden in späteren Ausgaben als Erzeugnisse jugendlichen Eifers abgetan und zum Lehrstück für junge idealistische Patriziersöhne uminterpretiert, die mit ihren falsch verstandenen Vorstellungen von republikanischer Gleichheit und wahrer Sittlichkeit die fragile Autorität eines menschlichen und somit notwendigerweise fehlbaren Souveräns zu untergraben drohten.[44] Dazu bemerkte Zimmermann trocken: «Mr. Haller a ecrit comme jeune medecin une excellent satire contre plusieurs membres de l'etat de Berne. Il a donné aussi dans ces tems un memoire politique contre l'aristocratie trop serrée de Berne, qui n'a jamais été imprimé. Devenu lui-même membre de ce gouvernement il regretta ses satires et devint un des defenseurs les plus zelés de l'aristocratie, soit pendant les affaires de Genève; et dans les ouvrages [d. h. die Staatsromane] composés même à ce dessin.»[45]

Auch wenn sich bei Haller durchaus eine gewisse ideologische Verhärtung feststellen lässt, so weist sein politisches und moralisches Denken zugleich auch wichtige Konstanten auf. So vertrat Haller bereits lange vor seiner Wahl in den Grossen Rat typisch orthodoxe Positionen, wie zum Beispiel in einem Brief an seinen Freund, den Landvogt, Johann Rudolf von Sinner aus dem Jahre 1738, wo er dem Menschen jegliche Fähigkeit zu eigenständigem moralischem Handeln abspricht: «C'est [la] grace [de Dieu] seule cause de toute action vraiment bonne qu'il faut laisser agir, [...] nous ne sommes capables de rien pour nous mêmes.»[46] Haller scheute sich aber auch nicht in seinen Romanen aus den siebziger Jahren einige zuvor vertretene Reformvorhaben noch einmal aufzugreifen, wie beispielsweise die Idee, auch Bürger von Munizipalstädten und Adelige aus dem Waadtland in den Rat aufzunehmen, die Mindestzahl der im Rat vertretenen Geschlechter festzusetzen sowie den Bürgern der Hauptstadt eine bessere Erziehung angedeihen zu lassen. Besonders die politische Gleichstellung aller Bürger war Haller zeitlebens ein zentrales Anliegen. Die grossen Geschlechter mögen bedenken, dass auch ihre Vorfahren einst klein angefangen hätten und nur dank ihrer Verdienste (und einer die Verdienste würdigende Politik) zu Ansehen gelangt waren, schrieb er in seinem Memorial von 1736. «Sollten dann der Verstand und die Vehigkeit bey kleinen Geschlächtern unbrauchbar seyn?»[47] Im *Fabius und Cato* wiederholte er diese Forderung nach Gleichstellung, indem er den weisen Cato dafür plädieren lässt, alle Bürger der Hauptstadt gesamthaft als Edle zu betrachten um somit zu verhindern, «daß die Herrschaft in allzuwenige, allzusehr mit einander verbundene, Hände fiele».[48] Auch wenn nicht alle Bürger gleichzeitig in der Regierung Einsitz nehmen könnten, «zur Herrschaft müssen sie alle gelangen können, dieses Recht muß erblich und unverwürkbar seyn.» Der Basler Isaak Iselin, der Haller von Göttingen her kannte und für seine kritische Haltung bewundert hatte, bemerkte zu Recht, *Fabius und Cato* enthalte eine Beschreibung der Berner Republik, «mit den Verbesserungen, welche Herr von Haller schon lang gern darin eingeführet hätte.»[49]

Ein Krieg zwischen Gut und Böse

Zimmermanns Versuch, Hallers späten Schriften und insbesondere den *Fabius und Cato* als reine Apologie der «allein seligmachenden Landesorthodoxie»[50] abzutun, greift somit entschieden zu kurz. Vielmehr handelt es sich hier um eine späte Stellungnahme zu einer Auseinandersetzung um Rousseau aus den frühen sechziger Jahren, in der Haller, zumindest aus Sicht verschiedener jüngerer, um Reformen bemühter Berner, eine eher zweifelhafte Rolle gespielt hatte.[51] Den Hinweis auf Rousseau und Bern lieferte Haller gleich selbst im Vorwort des *Fabius und Cato*, wo er seinen Roman auf einen Entwurf aus den frühen sechziger Jahren zurückführt, in dem er den kurz zuvor erschienenen *Contrat Social* zu widerlegen versucht hatte. Nachdem ihn andere, wichtigere Arbeiten von der Ausarbeitung des Manuskripts abgehalten hätten, habe er, angesichts der in der Schweiz zunehmenden Verbreitung von Rousseau'schem Gedankengut, jedoch die Notwendigkeit erkannt, «daß Freunde des menschlichen Geschlechts auftreten, und die Sache der Regierungen, die Rechte der Societäten, wieder die unersättlichen Ansprüche der Fürsprecher der Rechte einzelner Bürger, und wieder die allgemeine Gleichheit der Menschen [...] vertheidigen».[52] Dass Haller dabei vor allem an die bei der Helvetischen Gesellschaft mitwirkenden jungen Berner Reformdenker dachte, welche sich im Sommer 1762 vergeblich für den Verbleib Rousseaus auf bernischem Gebiet eingesetzt hatten, wird aus der bereits zuvor erwähnten Einleitung zu seinem Gedicht *Die verdorbenen Sitten* deutlich. *Fabius und Cato* ist denn auch der mit Abstand autobiographischste seiner Romane. Haller selbst erscheint hier als der alte Cato, der den jungen Römern die Aufgaben eines wahren Staatsmannes erläutert. Hinter dem Skeptiker

Karneades versteckt sich niemand anderes als der Genfer Rousseau, während mit dem jungen Scipio, dem Sohn des alten Zensors, wohl Johann Georg Zimmermann, Vinzenz Bernard Tscharner, Daniel von Fellenberg, Karl Viktor von Bonstetten und andere ähnlich gesinnte Berner gemeint sein dürften. Dass es sich schliesslich beim philosophischen Athen, der Heimatstadt des Karneades, um Genf und beim kriegerischen und stolzen Rom um die Republik Bern handelt, dürfte auch für nicht eingeweihte Leser sofort erkennbar gewesen sein.

Haller hatte im Laufe seiner literarischen Karriere eine ganze Reihe von berühmten Autoren aufs schärfste attackiert; zuerst Bayle und Shaftesbury in seinen *Gedanken über Vernunft, Aberglauben und Unglauben*, dann Mandeville, Swift und Hobbes in *Die Falschheit menschlicher Tugenden*, und schliesslich die beiden Franzosen La Mettrie und Voltaire. Wiederholt wies er darauf hin, dass es sich bei seinem Streit mit diesen Freigeistern um wesentlich mehr handelte als um eine rein abstrakte Auseinandersetzung zwischen Philosophen, eine «blosse theoretische Zwistigkeit, ein Krieg über den vollen und leeren Raum, wobey der irrende eben so rechtschaffen bleiben kan, und der rechthabende keinen näheren Weg zur Tugend erwählt».[53] Die Verbreitung von Atheismus und Skeptizismus, ja sogar bereits die Leugnung eines strafenden Gottes hätten unmittelbaren Einfluss auf das menschliche Verhalten. Ohne die Furcht vor einer gerechten und unentrinnbaren Strafe gäbe es keinen Grund Versprechen einzuhalten; das gegenseitige Vertrauen, ohne welches keine menschliche Gesellschaft bestehen könne, würde zwangsläufig verschwinden und einst friedfertige Menschen zu wilden Tieren verkommen lassen.[54] Selbst die stärksten Banden, nämlich diejenigen, welche Eltern und Kinder zu einer familiären Einheit zusammenschweissten, würden dem vom Skeptizismus entfachten Sturm der Leidenschaften nicht standhalten können. Hallers an die Adresse der Freigeister gerichtete Kriegserklärung war somit überaus ernst gemeint: «Es ist ein Krieg zwischen dem Guten und Bösen, zwischen dem Glücke der Welt und ihrem Elende.»[55]

Haller und Rousseau

Dass Haller in seinen Staatsromanen auch Rousseau zu den Bösewichtern zählte, deren Einfluss es einzudämmen galt, mag kaum erstaunen; die Heftigkeit seiner Ausfälle hingegen und insbesondere die persönliche Note, welche gerade seinen späteren Attacken häufig anhaftet, lässt aufhorchen, vor allem wenn man bedenkt, dass Haller nebst seinen Ausfällen gegen den Skeptiker aus Genf, zumindest anfänglich, auch durchaus Positives über ihn und seine Werke zu berichten wusste. Im Gegensatz zu seiner Einschätzung Voltaires, den Haller beinahe ausschliesslich als frivolen Verteidiger des Luxus und Verführer der Eliten von Genf und Lausanne wahrzunehmen schien, blieb seine Beurteilung von Rousseau wesentlich komplexer und vielschichtiger, dies wohl nicht zuletzt auch deshalb, weil Rousseau, nebst seinem Interesse für Botanik, wiederholt Themen aufgriff, mit denen sich Haller selbst in seinen frühen Werken beschäftigt hatte. Hallers und Rousseaus glühende Verehrung des französischen Theologen und Reformschriftstellers, Fénelon, ist nur gerade ein Indiz für die intellektuelle Affinität der beiden Autoren. Die Auseinandersetzung mit Beat Ludwig von Muralt ist ein weiteres. Hallers Idealisierung der Schweizer Hirten in seinem Gedicht *Die Alpen*, welche, fernab von jeglicher Zivilisation, eine naturgemässe, von Selbstzweifeln freie Existenz zu führen vermochten, ist mit Rousseaus Darstellung der hesiodischen Lebensweise der Bauern im Wallis und im Jura durchaus vergleichbar.

Hallers ambivalentes Verhältnis zu Rousseau zeigt sich gerade auch in seinen Buchbesprechungen für die *Göttingischen Anzeigen*. Den *Discours sur les sciences et les arts*, welchen er 1753 rezensierte, beurteilte Haller als Mischung von Witz und Widerspruch. Obwohl er sich mit Rousseaus Verurteilung der *falsche[n] sogenannte[n] politesse*[56] identifizieren konnte, distanzierte sich Haller von Rousseaus angeblicher Pauschalverurteilung der Wissenschaften. Die Wissenschaften seien deutlich vom Phänomen des Luxus zu trennen. So sei der moralisch verwerfliche «Geschmack der Franzosen, die sich von ihrem Frauenzimmer den Geschmack vorschreiben lassen» nicht etwa auf zu viel, sondern auf zu wenig Wissenschaft zurückzuführen. Auch die Verweichlichung der militärischen Tugenden, welche Rousseau als typische Zivilisationskrankheit identifiziert hatte, liesse sich auf andere Ursachen zurückführen als auf die Verbreitung der Künste und Wissenschaften.

Interessanter fand Haller Rousseaus berühmten *Discours sur l'origine et les fondemens de l'inégalité parmi les hommes* (1755), worin bereits einige der Themen des *Contrat Social* vorweggenommen wurden. Rousseaus systematische Kritik an der von Naturrechtlern vertretenen These von der natürlichen Geselligkeit des Menschen, welche den Zustand der Ungleichheit innerhalb der Gesellschaft zu rechtfertigen schien, bezeichnete Haller als überaus bemerkenswert. Die Frage, ob die Ungleichheit aus der menschlichen Natur abgeleitet werden könne, habe der Genfer «auf eine freye, scharfsinnige, aber in der That etwas misanthropische Weise beantwortet».[57] Besonders interessiert zeigte er sich an Rousseaus eigener, vollkommen naturalistischer Interpretation der Entstehung des Übels aus der dem geselligen Menschen anhaftenden Ehrbegierde. Man müsse «die überaus scharfsinnige Urkunde selbst lesen», bemerkte Haller zum Schluss, «wenn man das Vergnügen geniessen will, wie ein Mann vor allzu vielem

Verstande, in einer Art eines Wahnsinnes, wie durch den Osten nach Westen, herum kommen kann».[58] Gerade dadurch, dass Haller, im Gegensatz zu vielen anderen Rezensenten, Rousseaus Schrift nicht einfach als rhetorisches Feuerwerk abtat, sondern auch als Wissenschaftler die hohe philosophische Qualität von Rousseaus Argumentation zu schätzen wusste, nimmt die Besprechung in den *Göttingischen Anzeigen* einen besonderen Platz innerhalb er deutschen Rousseau-Rezeption ein. Auch der *Lettre à Dalembert* (1758) und sogar der *Nouvelle Héloïse* (1761) konnte Haller gute Seiten abgewinnen.[59]

Ganz anders tönt es bei seinen Kommentaren zu den späteren Schriften. Rousseaus Brief an den Pariser Erzbischof Christophe de Beaumont (1763) galt Haller nur noch insofern als beachtenswert, als er exemplarisch vorführte, wie «eine abscheuliche Sache mit dem stärksten Witze verfochten werden kan».[60] Rousseau, den Haller mittlerweile als blossen «Musicanten von Genf»[61] bezeichnete, sei ein «philosophe à quatre pattes»[62], ein Verführer der Massen, der, auch wenn er nicht auf den Scheiterhaufen gehörte, wie dies Bonnet in einem Brief halb scherzhaft vorgeschlagen hatte, so doch unter Aufsicht einer kirchlichen Zensurbehörde gestellt und des Landes verwiesen zu werden verdiente.[63] In Anbetracht seiner zunehmenden Obsession mit Rousseaus Schriften, mag es erstaunen, dass Haller gerade vom *Contrat Social* keine Rezension verfasste, also just von dem Buch, welches in der Schweiz am meisten Aufregung verursacht hatte und 1762 in Genf vom Scharfrichter öffentlich verbrannt worden war. Von Hallers Schweigen auf Gleichgültigkeit zu schliessen, wäre jedoch verfehlt; das von ihm erwähnte Manuskript aus den frühen sechziger Jahren legt nahe, dass Haller einer Widerlegung der rousseauschen Thesen eine solche Bedeutung beimass, dass er dies in einer zu diesem Zweck eigens verfassten Schrift zu tun gedachte. Im *Fabius und Cato* sollte dieses Versäumnis nachgeholt werden (vgl. Abb. S. 173).

Der natürliche Ursprung des Staates

Im Zentrum von Hallers Auseinandersetzung mit dem Genfer Karneades im Buch Vier des *Fabius und Cato* steht seine Kritik des Gesellschaftsvertrages und der damit verbundenen Idee der Volkssouveränität. Karneades' Grundsatz lautete: «Alle wahre Macht [...] ist bey dem Volke; ein jeder Mensch ist dem andern gleich, ihm steht eben der Antheil an der allgemeinen Gesetzgebung zu.»[64] Könige, Adel, und Magistraten oder Räte waren somit im eigentlichen Sinne bloss Diener der Gesellschaft, die jederzeit auf Verlangen des wirklichen Souveräns für abgesetzt erklärt und durch andere Diener oder ‹Unterthanen› ersetzt werden konnten. Bereits 1765 hatte Hal-

Das Bild zeigt Rousseau auf der St.-Petersinsel als Botaniker und Naturmenschen vor dem Alpenpanorama. Hier verbrachte der Umhergetriebene im Sommer 1765 sechs glückliche Wochen, bis die Berner Regierung seine Ausweisung beschloss. Haller berichtete seinem Genfer Freund Charles Bonnet: «La Religion insultée, et les troubles alumés chez Vous sont les motifs du senat, qui a été unanime.» Diese Begründung deckte sich mit seiner eigenen Haltung. Es waren im Wesentlichen Rousseaus radikale politische und religiöse Positionen, gegen die er in den 1770er Jahren mit seinen Staatsromanen ankämpfte. Zu dieser Zeit lebte der Philosoph allerdings schon im fernen Paris. – «Cette vue est prise de l'intérieur de la Chambre que Rousseau occupait en 1765, à l'Ile St Pierre sur le lac de Bienne en Suisse», Kupferstich von A. F. Girardin und A. Maurin. – Burgerbibliothek Bern.

ler erklärt, Rousseaus Grundsatz, «das Volk seye der oberste Herr, und alle Obrigkeiten (Gouvernement) nur eine Commißion, die nach Gefallen widerrufen werden könne, ohne daß sie selbst in des Volkes Vermögen stehe, dieses Rechtes sich zu begeben, macht alle Regierungen unsicher und unkräftig».[65] Im seinem Roman lieferte er nun eine ganze Liste von Argumenten, mit denen er Rousseaus These zu entkräften hoffte. Bereits aus historischer Sicht erschien ihm die Idee eines Gesellschaftsvertrages unhaltbar. Nirgends sei verzeichnet, «daß ein Volk sich freywillig zusammengethan, und durch ein Gesetze seine Gewalt einem Fürsten mit dem

Bedinge übertragen habe, sie allemahl zurück nehmen zu können».[66] Beinahe wichtiger noch als die Tatsache, dass sich die Idee eines ursprünglichen Gesellschaftsvertrages dokumentarisch nicht belegen liess, schien Haller die praktische Unmöglichkeit einer Politik zu sein, welche den Prinzipien der Volkssouveränität verpflichtet war. Demokratien erforderten nicht nur regelmässige Zusammenkünfte, sondern auch, dass die einzelnen Mitglieder des kollektiven Souveräns überhaupt fähig waren, gute Entscheide zu treffen, das heisst, unter all den verschiedenen Bewerbern diejenigen zu erkennen, welche sich durch besondere, für die Führung eines Gemeinwesens erforderliche Eigenschaften wie Tugendhaftigkeit, Aufopferungsbereitschaft und politische Erfahrung auszeichneten. Im *Fabius und Cato* schien Karneades den Menschen diese Fähigkeit zuzubilligen: «Karneades hat die Menschen als kalte, als uneigennützige Philosophen angesehen, die mit Platonischer Liebe bloß für das Vaterland entbrannt, keine eigenen Leidenschaften, keine eigenen Absichten, und dabey alles das nöthige Licht haben, durch sich selber in den schwersten Fällen den besten Ausweg zu wählen.»[67] Haller selbst war ganz anderer Meinung; die allermeisten Menschen seien weder in der Lage, ihre Leidenschaften zu kontrollieren, noch, wahre Tugenden von blossen Scheintugenden zu unterscheiden, schrieb er in den kurz zuvor erschienenen *Briefen über die wichtigsten Wahrheiten der Offenbahrung*.[68] Ähnlich tönte es im *Fabius und Cato*: «Die Menschen sind böse, man kan sie ihren eigenen Trieben nicht überlassen; sie bedürfen einer Macht, die sie zwingt, die Triebe zu mäßigen, deren Uebermaaß zum Unglücke der Gesellschaft gereichen würde, und eine solche Macht ist nicht möglich, wo die Gesetze die Gewalt in die Hände der Menge werfen, die selbst die Gesetze macht, und über die Gesetze ist.»[69] Da das Volk «seinen Verstand unmöglich aufklären kan» und somit auch nicht im Sinne des Gemeinwohls zu wählen im Stande war, müsse es notwendigerweise einem «schmeichelnden Rhetor, einem Cleon, einem durch die äusserliche Pracht, und durch die Schönheit der Werke der Kunst verblendenden Perikles» folgen. Der wahre Herrscher in einer Demokratie sei deshalb auch der jeweils «beglaubte Redner des Tages» und nicht etwa der Tugendhafteste, wie dies Karneades seinen Zuhörern glaubhaft zu machen versuchte.[70] Dass das Volk kaum «aus Verehrung der Tugend» wählte, sondern «nach der demagogischen Freundlichkeit eines Kandidaten, und nach dem Masse des freygegebenen Weins», sah Haller gerade auch im Falle Englands bestätigt, wo die um Wählerschaft buhlenden Parteien das Land in einen Zustand der fortwährenden Aufregung versetzten.[71] Kurz, Demokratien konnten nie die erforderliche Stabilität erlangen, um die Durchsetzung von Recht und Ordnung zu garantieren; entweder verfielen sie in eine hobbesische Anarchie oder mutierten zur Tyrannei, da der vom Volk bedrängte Fürst kein Mittel versäumen würden, «die Macht beyzubehalten, deren Süßigkeit er einmal gekostet» hätte.[72]

Mit seiner Behauptung, alle Macht gehe vom Volk aus, sei Rousseau mit einem anderen Genfer Fanatiker, Micheli du Crest, vergleichbar, schrieb Haller an Bonnet während der Rousseau-Affäre im Juni 1762. Beide hätten jedoch übersehen, dass die älteste Regierung nicht etwa auf einen künstlichen Vertrag zwischen freien Individuen zurückgehe, sondern natürlichen Ursprungs sei: «Le plus ancien gouvernement etoit celui des Patriarches sur leur[s] descendans; il avoit une ressemblance avec le gouvernement Monarchique.»[73] Dasselbe Argument findet sich auch im *Fabius und Cato* an prominenter Stelle; der erste Herrscher, schrieb Haller, sei nämlich nicht das Volk selbst, sondern der Vorsteher eines Haushaltes gewesen, der seine Macht auf Grund seiner moralischen und physischen Vorzüge erlangt hatte.[74] Auch bei kriegerischen Völkern, die sich ihrer Freiheit rühmten, liessen sich die Ursprünge der Macht auf die persönlichen Vorzüge eines besonders talentierten Individuums zurückführen, das dank seines Mutes und seiner Kraft eine Horde von unbändigen Jägern anzuführen vermochte.[75] Selbst das von Rousseau bewunderte römische Volk habe seine Macht von seinem Stifter Romulus erhalten.[76]

Monarchie und Patriziat

Im Gegensatz zu Haller, dem es in seinem *Fabius und Cato* vor allem darum ging, eine direkte Kontinuität zwischen der natürlichen Herrschaft des Hausvaters und dem von Fürsten und Magistraten gestellten Machtanspruch aufzuzeigen, bestand Rousseau jedoch auf einer klaren Trennung zwischen Haushalt und Staat[77]. Moderne Gesellschaften waren zu gross und komplex, als dass man sie mit einfachen Haushalten vergleichen könnte. Nur Demiurgen oder Fürsten, die mit beinahe göttlichen Fähigkeiten ausgestatten waren, konnten wie wahre Hausväter regieren, ohne gleichzeitig dabei das Recht der Bürger auf Freiheit zu verletzen. Normalsterbliche hingegen, die keine solch ausserordentlichen Vorzüge aufzuweisen hatten, mussten sich einer allgemeinen, der *volonté générale* entsprechenden Vernunft unterwerfen.

Haller hatte bereits in seinem ersten Roman, dem *Usong*, deutlich gemacht, dass er sich dieses Problems vollkommen bewusst war. Sein Usong ist denn auch weniger als Apologie des orientalischen Absolutismus zu verstehen, sondern vielmehr als Versuch, die Grenzen eines ursprünglich positiven, patriarchalischen Despotismus auszuloten. Durchaus im Sinne Rousseaus, gelangt Usong am Ende seiner Laufbahn als Heerführer und Reichsgründer zur Einsicht, dass seine persönlichen Vorzüge nicht mehr ausreichen, um die um ihn versammelten Völker nach väterlicher Art zu regieren, und dass er seine Errungenschaften und Reformen nur mit Hilfe von Fundamentalgesetzen und durch Anrufung einer übermenschlichen moralischen Autorität zu sichern vermag. Auch im *Fabius und Cato* spricht Haller sich gegen jegliche Versuchung aus, den ursprünglichen Haushalt in Form einer absoluten Monarchie wiederauferstehen zu lassen: «Fern sey es mir, eine unumschränkte Monarchie zu wünschen; sie ist wenn der Herrscher die Tugend liebt, dennoch dem Misbrauche unterworfen, den die Großen von ihrer Gewalt machen; der ermüdete Fürst der nicht göttliche Kräfte besitzt, wird in tausend Fällen in der Unwissenheit gelassen, oder betrogen, und die Diener eines durch keine Gesetze gebundenen Herren, wagen Räthe und Entschlüsse, die bey gemäßigten Regierungen niemand sich erkühnen würde vorzutragen.»[78] Dementsprechend kritisch stand er auch den Reformideen einzelner jüngere Berner gegenüber, welche sich (trotz ihrer Bewunderung für Rousseau) für die Schaffung eines modernen, wirtschaflich konkurrenzfähigen Haushaltes aussprachen, in dem ein wahrhaft sittliches Patriziat sich dank seiner moralischen Autorität die Anerkennung von Seiten der Untertanen zu sichern wusste. Auch Haller war ein starker Befürworter von wirtschaftlichen Reformen; die Idee, das Ansehen der Berner Regierung allein auf die Tugendhaftigkeit seiner Mitglieder gründen zu wollen, bezeichnete er jedoch als blauäugig und gefährlich, umso mehr, als hier die menschliche Sündhaftigkeit völlig ausser Acht gelassen wurde. «In allen Regierungen herschen Menschen und begehn Fehler», schrieb er 1772 an seinen Freund, Eberhard Friedrich Freiherr von Gemmingen.[79] Wesentlich wichtiger als ein Ruf nach moralischer Erneuerung und republikanischer Sittlichkeit schien ihm die Umsetzung von Reformen im Erziehungswesen. Zwar machte auch eine gute Erziehung die Patrizier nicht zu besseren Christen; sie vermittelte ihnen jedoch genau jenes Wissen, welches zum Regieren unabdingbar war und ein Oberhaupt vor den übrigen Mitgliedern des Haushaltes auszeichnete: «Die Edlen sind zur Herrschaft geschickter, weil sie dazu auferzogen sind. Nicht alle Menschen sind weise, nicht alle sind tugendhaft, unter den vielen Edlen werden aber immer mehrere seyn, die sich die Gesetze des Staates, die Behandlung der Auflagen, das Kriegswesen, alle zweyge der Herrschafts-Künste bekannt machen; ihr Stand ladet sie zu diesen Arbeiten ein, und befreyt sie von niedrigern Sorgen.»[80] Ebenso wichtig war, dass die souveräne Bürgerschaft handlungsfähig war und nicht, wie dies häufig von Beobachtern aus der Waadt moniert wurde, bloss als Ansammlung kleiner, um Vorrang streitender Despoten in Erscheinung trat. Hallers Vorschlag im *Fabius und Cato*, die Bürgerschaft für Adelige aus dem Untertanengebiet zu öffnen und alle Bürger der Hauptstadt gleichermassen als Edle anzukennen, beabsichtigte genau dies, nämlich die innerhalb eines kollektiven Souveräns anzutreffenden Spannungen so weit zu entschärfen, dass dieser aus Sicht der Untertanen als moralische Einheit wahrgenommen werden konnte.[81] Die Einheitlichkeit des Souveräns konnte zusätzlich gestärkt werden, indem die Regierung Grundgesetze erliess, welche die Abänderung der Verfassung erschwerte und somit denjenigen Familien, welche nicht in der Regierung vertreten waren, die Angst vor einer möglichen Oligarchisierung nahm.[82]

Christliche Tugenden

Ebenso wichtig für die Erhaltung einer Republik, und für Haller fast noch wichtiger als Grundgesetze, gute Erziehungsanstalten und die Gleichbehandlung aller Bürger, war die Aufrechterhaltung guter Sitten, welche die Bürger dazu anspornte, ihr eigenes Interesse hinter das der Gemeinschaft zu stellen und ihr Glück in der Erfüllung ihrer Pflicht zu suchen. Mit seinem Ruf nach Bürgertugenden griff Haller zwar einen klassischen Topos des republikanischen politischen Denkens auf; in seinen Schriften distanzierte er sich zugleich jedoch deutlich von mehreren jüngeren Berner Patriziern, wie Vinzenz Bernhard Tscharner und Emanuel von Graffenried, die zu Beginn des Siebenjährigen Krieges, in Reden vor dem Äusseren Stand, den militärischen Sitten der römischen Republik ein Denkmal zu errichten versucht hatten.[83] Die von Rousseau und den jungen Bernern bewunderten Tugenden des alten Roms hätten keinerlei moralischen Wert gehabt, schrieb Haller 1769 in seiner Buchbesprechung, sie «bestund fast einzig in einer fanatischen Liebe zum Vaterland, und alle gelindere Empfindungen waren aus diesen eisernen Herzen verbannt».[84] Auch die Gesetze des Lykurgus seien so hart gewesen, «daß sie nur auf einer Insel, oder in einer armen Stadt bestehen konten».[85] Ebenso wenig hielt er von der damals in monarchischen, aber auch republikanischen Reformkreisen diskutierten Idee, wonach das menschliche Ehrgefühl die Grundlage für eine neue, rein soziale Ethik bilden sollte. Haller sah im zunehmenden Interesse an Theorien über die Ehre und das moralische Gefühl das untrügliche Zeichen einer von den ‹philosophes› orchestrierten Verschwörung gegen den offenbahrten Glauben, der alleinigen «Quelle aller guten Sitten». Die Ehre «soll an die Stelle der Religion treten, die Ehre, die nur auf dem Beyfalle der Menschen beruht, und die angesehensten Philosophen nicht hindert zu lügen, zu verläumden, zu verfolgen, die Unreinigkeit auf tausenderley Weise aufzumuntern», schrieb Haller in seiner Rezension von Jacob Vernets *Réflexions sur les mœurs, sur la religion et sur le culte* aus dem Jahr 1769.[86] Ebenso wenig zu überzeugen vermochte auch Zimmermanns in seinem *Vom Nationalstolz* vorgetragene Theorie eines moralischen Stolzes, welcher sich von dem Gefühl der eigenen Würde ableiten liess. Allein die Macht der Eigenliebe verhindere, «daß wie unsere Vorzüge nach der Billigkeit schätzen, so bald wir nicht erröthen, ihnen selbst einen Preiß zu geben». Selbst wenn ein solcher Stolz möglich wäre, «so läge er in der Bestrebung, uns unsrer Fehler zu entladen».[87] Am meisten enttäuscht zeigte sich Haller jedoch von Rousseaus widersprüchlicher Haltung zum Christentum. Gerade seine Besprechung von Vernets *Réflexions* zeigt, dass Haller, der selbst sein Leben lang an der Aufrichtigkeit seines Glaubens zweifelte, auch in dieser heiklen Frage seinem Genfer Kontrahenten ein gewisses Verständnis entgegenzubringen vermochte. Obschon er dessen kritische Äusserungen zur Offenbarung als Häresie verdammte, stellte er die Aufrichtigkeit von Rousseaus Bemühung um einen natürlichen Glauben nicht in Frage. Die Tragik von Rousseaus Suche nach Gott bestand aus Sicht Hallers vor allem darin, verkannt zu haben, dass eine natürliche Religion ohne Offenbarung nicht bestehen konnte und ohne Einfluss auf das menschliche Leben bleiben musste: «Rousseau hat mit seiner Einschärfung der bloßen natürlichen Religion nicht gemerkt, wie unvollkommen sie ist, wie wenig Gewißheit der Ewigkeit sie geben kan, wie vollkommen unwissend sie schon beym Sokrates über die Frage bleibt, wie kan der sündige Mensch Gott versöhnen? Und was ist die Würkung seiner Satyren gewesen? eben die natürliche Verehrung Gottes, die er über die Offenbahrung erheben wolte, ist zugleich mit derselben bey seinen Bewunderern verlohren gegangen.»[88]

Somit lag für Haller das eigentliche Rousseau-Problem weniger in den Schriften selbst, welche der Genfer Karneades verfasst hatte, sondern, wie dies im *Fabius und Cato* deutlich wurde, in deren Verbreitung unter Zuhörern und Lesern, die sich bloss an seiner Dreistigkeit zu ergötzen schiene, ohne jedoch dabei von der Ernsthaftigkeit des Meisters erfasst zu werden. Zweifellos steht Hallers Analyse von Rousseaus Position im *Fabius und Cato* hinter denjenigen anderer Zeitgenossen an Schärfe weit zurück. Während Moses Mendelssohn oder Isaak Iselin Rousseaus Theorie sezierten, Schicht um Schicht abtrugen und sorgfältig das für sie Brauchbare vom Gefährlichen und Widersprüchlichen trennten, bleibt Hallers Replik auf dem Boden der Polemik. Als Einleitung zum *Contrat Social* eignet sie sich somit nur bedingt. Für ein besseres Verständnis der noch zu wenig erforschten, häufig widersprüchlichen, aber höchst interessanten Rezeption von Rousseau im Bern des 18. Jahrhunderts bleibt Hallers *Fabius und Cato* jedoch unabdingbar.

Anmerkungen

1 Der erste Teil des Beitrags stammt von Florian Gelzer, der zweite von Béla Kapossy.

2 [Albrecht von Haller:] *Usong. Eine Morgenländische Geschichte, in vier Büchern.* Bern 1771; Ders.: *Alfred. König der Angel-Sachsen.* Göttingen, Bern 1773; Ders.: *Fabius und Cato, ein Stück der Römischen Geschichte.* Bern, Göttingen 1774.

3 Einführend: Werner M. Bauer: Staatsroman. In: *Reallexikon der deutschen Literaturgeschichte.* 2. Aufl., hg. v. Werner Kohlschmidt und Wolfgang Mohr. Bd. 4, Berlin, New York 1984, 169-183.

4 Die noch immer beste Einführung bietet: Max Widmann: *Albrecht von Hallers Staatsromane und Hallers Bedeutung als politischer Schriftsteller. Eine litterargeschichtliche Studie.* Biel 1894. Weitere wichtige Arbeiten: William E. Mosher: *Albrecht von Hallers ‹Usong›. Eine Quellenuntersuchung.* Diss. Halle-Wittenberg 1904/05; Anneliese Frey: *Albrecht von Hallers Staatsromane.* Leipzig 1928; Dietrich Naumann: Zwischen Reform und Bewahrung. Zum historischen Standort der Staatsromane Albrecht von Hallers. In: Hans Joachim Pierotta (Hg.): *Reise und Utopie. Zur Literatur der Spätaufklärung.* Frankfurt a. M. 1976, 222-282; Yanbing Zhu: Die konfuzianischen staatsphilosophischen Ideen in den Staatsromanen von Albrecht von Haller und Christoph Martin Wieland. In: *Symposium ‹Deutsche Literatur und Sprache aus ostasiatischer Perspektive›.* Berlin 1992, 382-386; John Christian Laursen: Political virtue and anti-skepticism in Albrecht von Haller's political novels. In: Michael Böhler et al. (Hg.): *Republikanische Tugend. Ausbildung eines Schweizer Nationalbewusstseins und Erziehung eines neuen Bürgers.* Genf 2000, 263-281; Dalia Salama: *Albrecht von Hallers ‹Usong›. Ein orientalisierender Staatsroman.* Hamburg 2006.

5 Vgl. Hubert Steinke, Claudia Profos (Hg.): *Bibliographia Halleriana. Verzeichnis der Schriften von und über Albrecht von Haller.* Basel 2004, 49-55. Bemerkenswerterweise erscheinen *Usong*, *Alfred* und *Fabius und Cato* immerhin im Programm der gewieftesten zeitgenössischen Raubdrucker wie Christian Gottlieb Schmieder, Johann Georg Fleischhauer und Johann Thomas Trattner. Inwiefern man sich hier vom prestigeträchtigen Autor Haller verlegerischen Erfolg versprechen konnte, vermöchte eine Publikationsgeschichte der Romane aufzuzeigen. Diese ist jedoch, ebenso wie der genaue Verlauf der Rezeption von Hallers Romanen, noch nicht erforscht.

6 Zur Ästhetik der Romane vgl.: Ludwig Hirzel (Hg.): *Albrecht von Hallers Gedichte.* Frauenfeld 1882, I: CDXLVI-CDLVI; Giorgio Cusatelli: Momento esotico e riflessione storica: ‹Usong›. In: Bianca Cetti Marinoni et al. (Hg.): *Ricerche Halleriane.* Milano,1984, 293-299; Wolfgang Biesterfeld: Aufgeklärter Absolutismus im orientalischen Gewand. Beobachtungen zum fiktionalen Fürstenspiegel bei Haller, Wieland, Bahrdt und Knigge. In: *Filologia germanska*, 1 (1993), 7-11.

7 [Christoph Martin Wieland:] Die Regierungskunst oder Unterricht eines alten Persischen Monarchen an seinen Sohn. Nach dem Englischen. In: *Teutscher Merkur*, 3 (1773), 167-183, hier 180.

8 Hugo Loetscher: Interview mit Albrecht von Haller [1991]. In: Ders.: *Lesen statt klettern. Aufsätze zur literarischen Schweiz.* Zürich 2003, 22-51.

9 Naumann 1976 (wie Anm. 4), 232.

10 Zum Begriff des Erwartungshorizonts vgl. den klassischen Aufsatz: Hans Robert Jauß: Literaturgeschichte als Provokation. In: Ders.: *Literaturgeschichte als Provokation.* Frankfurt a. M. 1970, 144-207.

11 Hermann Fischer (Hg.): *Briefwechsel zwischen Albrecht von Haller und Eberhard Friedrich von Gemmingen.* Tübingen 1899, 12.

12 Ebenda, 130.

13 Christian Schubart: *Deutsche Chronik*, 27 (30.8.1774), 11.

14 Hallers Anzeige des *Usong* in den *Göttingischen Anzeigen von gelehrten Sachen* (*GGA*), 1771, 1294.

15 Haller, Alfred 1773 (wie Anm. 2), Vorrede.

16 Haller, Fabius und Cato 1774 (wie Anm. 2), VIIIf.

17 *GGA* 1771, 1296.

18 Haller, Usong 1771 (wie Anm. 2), Vorrede.

19 Ebenda, 235.

20 *Almanach der deutschen Musen*, 3 (1772), 83 f., hier 84.

21 Haller, Alfred 1773 (wie Anm. 2), Vorrede.

22 Fischer 1899 (wie Anm. 11), 11.

23 *Almanach der deutschen Musen*, 3 (1772), 133.

24 *Auserlesene Bibliothek der neuesten deutschen Litteratur*, 4 (1773), 644-650, hier 645.

25 Johann Gottfried Herder: *Briefe*. Hg. v. Wilhelm Dobbek und Günter Arnold. Weimar 1977, II: 79 (an Johann Heinrich Merck, Okober 1771).

26 Johann Heinrich Merck: *Briefe*. Hg. v. Herbert Kraft. Frankfurt a. M. 1968, 66 [28.2.1772].

27 *Allgemeine deutsche Bibliothek*, 18 (1773), 468.

28 Ebenda, 462.

29 Ebenda, 22 (1774), 321.

30 Ebenda, 323 f.

31 Schubart 1774 (wie Anm. 13), 215.

32 *Allgemeine deutsche Bibliothek*, 25 (1775), 426.

33 *GGA* 1771, 1296.

34 Fischer 1899 (wie Anm. 11), 53.

35 *Neue Bibliothek der schönen Wissenschaften und der freyen Künste*, 17 (1775), 214-226, hier 217.

36 Ebenda.

37 Fischer 1899 (wie Anm. 11), 26.

38 Naumann 1976 (wie Anm. 4), 262.

39 Bauer 1984 (wie Anm. 3), 176.

40 Salama 2006 (wie Anm. 4), 159.

41 Siehe Erich Hintzsche (Hg.): *Albrecht Hallers Tagebücher seiner Reise nach Deutschland, Holland und England 1723-1727*. Neue verbesserte und vermehrte Auflage. Bern 1971.

42 Siehe Hallers Bemerkungen in den *GGA* 1763, 176. Die meisten der im Folgenden zitierten *GGA*-Rezensionen sind abgedruckt bei Albrecht von Haller: *Tagebuch seiner Beobachtungen über Schriftsteller und über sich selbst*, hrsg. von Johann Georg Heinzmann. 2 Bde. Bern 1787.

43 *Gedanken über das Memorial vom 20. Feb. 1736. Ansehend die fixierung 80 Geschlächter*, Burgerbibliothek Bern, Mss.h.h.VI.53/9.

44 Siehe die 1748 beigefügte Einleitung zu *Die verdorbenen Sitten*. In: Haller, Gedichte 1882 (wie Anm. 6), 86.

45 Eduard Bodemann (Hg.): *Von und über Albrecht von Haller. Ungedruckte Briefe und Gedichte Hallers sowie ungedruckte Briefe und Notizen über denselben*. Hannover 1885, 218.

46 Ebenda, 98.

47 Haller, Memorial (wie Anm. 43).

48 Haller, Fabius und Cato 1774 (wie Anm. 2), 243.

49 *Allgemeine deutsche Bibliothek*, 25 (1775), 2. Stück, 318.

50 Johann Georg Zimmermann: *Ueber die Einsamkeit*. Dritter Teil. Karlsruhe 1788, 376.

51 Für Hallers Beziehung zu Rousseau, siehe die Studie von François Jost: *Jean-Jacques Rousseau Suisse*. 2 Bde. Fribourg 1961; reichhaltige Information bietet auch Ludwig Hirzels Einleitung zu Haller, Gedichte 1882 (wie Anm. 6). Siehe auch François Alexis: *Jean-Jacques et Leurs Excellences*. Lausanne 1924.

52 Haller, Fabius und Cato 1774 (wie Anm. 2), XIV f.

53 Albrecht von Haller: Vorrede des Übersetzers. In: [Johann Heinrich Samuel Formey]: *Prüfung der Secte die an allem zweifelt*. Göttingen 1751, 53.

54 Vgl. auch *GGA* 1765, 342.

55 Haller, Vorrede 1751 (wie Anm. 53), 53.

56 *GGA* 1753, 235.

57 *GGA* 1756, 21.

58 *GGA* 1756, 23.

59 Vgl. *GGA* 1759, 421 und 1762, 673.

60 *GGA* 1763, 925.

61 *GGA* 1764, 746.

62 Otto Sonntag (Hg.): *The correspondence between Albrecht von Haller and*

Charles Bonnet. Bern, Stuttgart, Wien 1993, 234 (Brief vom 16.3.1761).

63 Ebenda, 292 (Brief vom 20.7.1762).

64 Haller, Fabius und Cato 1774 (wie Anm. 2), 198.

65 *GGA* 1765, 695.

66 Haller, Fabius und Cato 1774 (wie Anm. 2), 203; siehe auch 207.

67 Ebenda, 222.

68 Albrecht von Haller: *Briefe über die wichtigsten Wahrheiten der Offenbahrung*. Bern 1773, 22.

69 Haller, Fabius und Cato 1774 (wie Anm. 2), 222 f.

70 Ebenda, 217.

71 *GGA* 1770, 1302.

72 Haller, Fabius und Cato 1774 (wie Anm. 2), 208.

73 Sonntag 1993 (wie Anm. 62), 286 (Brief vom 21.6.1762).

74 Haller, Fabius und Cato 1774 (wie Anm. 2), 204.

75 Ebenda, 205-206.

76 Ebenda, 209. Hallers These wurde später von seinem Enkel, Karl Ludwig von Haller, in seiner *Restauration der Staatswissenschaft oder Theorie des natürlich-geselligen Zustands, der Chimäre des künstlich-bürgerlichen entgegengesetzt*. 2. Aufl., Winterthur 1820, Bd. 1, 89 f., 93 übernommen und ausgebaut.

77 Vgl. Rousseaus Artikel ‹Economie politique› in der *Encyclopédie, ou dictionnaire raisonné des sciences, des arts et des metiers*. Paris 1755, Bd. 5, 337-349.

78 Haller, Fabius und Cato 1774 (wie Anm. 2), 232 f.

79 Fischer 1899 (wie Anm. 11), 31 (Brief vom 16.8.1772).

80 Haller, Fabius und Cato 1774 (wie Anm. 2), 236-237.

81 Ebenda, 242-245.

82 Ebenda, 245 f.

83 Siehe *Patriotische Reden, gehalten vor dem hochlöblichen aussern Stand der Stadt Bern*. Bern 1773.

84 *GGA* 1769, 1180.

85 *GGA* 1767, 1018.

86 *GGA* 1770, 755.

87 *GGA* 1758, 589.

88 *GGA* 1770, 756.

Literaturkritik

Claudia Profos

«Unser Zeitalter ist das eigentliche Zeitalter der Kritik, der sich alles unterwerfen muss.»[1] Mit diesen Worten kommentierte Immanuel Kant das Zeitalter der Aufklärung. In der Tat beginnt die Kritik in der Aufklärung eine zentrale Rolle zu spielen und wird zum grundlegenden Denk- und Kommunikationsmuster der Epoche, durch welches neues Wissen generiert wird.[2] Kritiker beschränken sich nicht mehr auf philologische Textkritik wie bis anhin, sondern werden zu Vermittlern von Wissen, zu Vermittlern der Aufklärung. Eine ganze Reihe von Literaturkritikern des 18. Jahrhunderts sind bis heute dafür berühmt: Johann Christoph Gottsched, die beiden Zürcher Johann Jakob Bodmer und Johann Jakob Breitinger, Gotthold Ephraim Lessing, Friedrich Nicolai und Johann Gottfried Herder. Meist wird dabei vergessen, dass auch Haller ein einflussreicher Kritiker in der damaligen Zeit war. Dass Hallers Kritikertätigkeit in Vergessenheit geriet, lässt sich einerseits damit erklären, dass nur ein Teil seiner Kritik belletristische Texte im engeren Sinne betrifft. Andererseits hat wohl auch der etwas nüchterne Stil, der mit dem Unterhaltungswert lessingscher Tiraden nicht ganz vergleichbar ist, das Seine dazu beigetragen. – Allerdings zu Unrecht, da Haller während mehrerer Jahrzehnte eine Schlüsselposition in der Literaturkritik des deutschsprachigen Raums einnimmt: Haller schreibt während mehr als dreissig Jahren – von 1745 bis 1777 – Kritiken für eines der führenden Rezensionsorgane der Zeit, die *Göttingischen Gelehrten Anzeigen* (*GGA*).[3]

Allein für die *GGA* verfasste Haller gegen 9'000 Rezensionen von Büchern aus verschiedensten Wissenschaftsbereichen. Er bespricht hauptsächlich Werke aus Medizin und Botanik, aber auch mathematische, philosophische, theologische, naturhistorische, ökonomische, historische und belletristische Neuerscheinungen. Von diesen 9'000 betreffen rund 1'000 Rezensionen literarische Werke.[4]

Von 1737 bis 1755 hat Haller zudem 80 längere, essayartige Buchbesprechungen, vor allem für die französischsprachige *Bibliothèque raisonnée* geschrieben.[5] Neben den zur Veröffentlichung bestimmten Rezensionen hat er von 1728 bis 1776 knapp 5'000 handschriftliche Beurteilungen gelesener Bücher in seinen *Iudicia librorum* verfasst.[6] Sie betreffen meist ältere Schriften – nur in seltenen Fällen Neuerscheinungen – und sind vorwiegend in lateinischer Sprache geschrieben. Besprechungen medizinischer und naturwissenschaftlicher Publikationen überwiegen. In den ersten Jahren hat Haller auch einzelne belletristische Werke besprochen, später jedoch nicht mehr.

Eine umfassende, systematische Untersuchung von Hallers gesamter Literatur- und Wissenschaftskritik steht noch aus. Die literarischen Buchbesprechungen in den *GGA* wurden hingegen einer genauen Analyse unterzogen. Sie zeigen Haller als gelehrten und selbstbewussten Rezensenten, der in der Literaturkritik eigenständige und neue Akzente setzte.[7]

Gegenstand der belletristischen Rezensionen

Die knapp tausend literarischen Werke, die Haller in den *GGA* bespricht, stammen von fast 500 verschiedenen Autoren, Übersetzern oder Herausgebern. Darunter finden sich 24 Werke, die von Autorinnen verfasst sind.[8] In der langen Reihe besprochener Werke finden sich berühmte wie: *Die Wolken* von Aristophanes, *Der Barbier von Sevilla* von Beaumarchais, Theaterstücke von Pierre Corneille, Dantes *Inferno*, Diderots *Le Fils naturel*, Goethes *Clavigo*, unzählige Lustspiele von Goldoni, Gottscheds *Grundlegung einer deutschen Sprachkunst*, Herders zweite *Sammlung über die deutsche Literatur*, Lavaters *Schweizer Lieder*, zahlreiche Trauerspiele Lessings, Werke von Jean de Racine, Richardsons empfindsamer Roman *Clarissa*, *Fräulein von Sternheim* von Sophie la Roche, Rousseaus *Julie ou La Nouvelle Héloïse*, eine Vielzahl von Schauspielen Shakespeares, Voltaires *Candide*, Youngs *Nachtgedanken* und viele andere. Die rezensierten Werke sind unterschiedlichster Art: Shakespeare-Übersetzungen werden hier ebenso besprochen wie eine italienische Wochenschrift, irländische Heldengedichte, ein Lehrbuch über französische Dichtung, eine Einführung in die Geschichte Dänemarks oder helvetische Gedichte. Eine Abhandlung über den Nationalstolz steht hier neben Gedanken zur Dichtkunst, holländische Gedichte neben politischen Schauspielen, spanische Romanzen neben Briefsammlungen berühmter Männer, Minnesangdichtung neben Theaterzeitschriften. Es herrscht ein Nebeneinander verschiedenster Autoren, Gattungen und Sprachen.

Vor allem die beiden literarisch einflussreichsten Nationen Frankreich und England stehen im Zentrum seines Interesses (vgl. die Karte S. 185). Die beiden markantesten Punkte in der Grafik bilden Paris und Leipzig. Sehr deutlich ist der Unterschied zwischen dem zentralistisch organisierten Frankreich und dem polyzentristischen Deutschland festzustellen. Ausserdem ist eine Verdichtung im Raum der heutigen Schweiz erkennbar.

Das breite geographische Einzugsgebiet von Hallers Kritik spiegelt die ausgesprochen kosmopolitische Ausrichtung seiner Berichterstattung wider. Insgesamt betreffen mehr als zwei Drittel aller Rezensionen ausländische Literatur. Fast die Hälfte der Werke, die Haller bespricht, stammen aus Frankreich. Obschon er den französischen Werken (zahlenmässig) grosse Beachtung schenkt, ist sein Frankreichbild eher negativ gefärbt: Mehr als die Hälfte der Werke wird kritisch beurteilt. Haller kritisiert an den französischen Nachbarn vor allem ihre zweifelhafte Sittenlehre und die Missachtung historischer Umstände.

Hallers Urteil über die englische Literatur fällt hingegen viel positiver aus. Er betrachtet sie als Vorbild für die Deutschen. Vor allem über Shakespeare und Samuel Richardson äussert sich Haller mit grosser Anerkennung. Trotz der internationalen Ausrichtung seiner Berichterstattung und dem hohen Anteil an ausländischer Literatur ist Haller immer bestrebt, durch die Betrachtung des *Fremden* die eigene, deutschsprachige Literatur zu fördern und zu verbessern mit dem Ziel, die deutsche Dichtung zu emanzipieren. Hallers Blick ist also ein patriotisch-kosmopolitischer, wobei sich Patriotismus und Kosmopolitismus nicht ausschliessen, sondern verbinden, wie es für die Schweizer Aufklärung charakteristisch war.[9]

Sprache

Hallers Sprache in den *GGA*-Rezensionen ist gekennzeichnet durch zweierlei Einflüsse: durch Einflüsse aus der berndeutschen Mundart (Helvetismen) und aus dem Französischen (Gallizismen), das er im zweisprachigen Bern und später bei längeren Aufenthalten in der Westschweiz ebenfalls wie eine Muttersprache spricht.[10]

Mundartliche Interferenzen kommen während seiner ganzen Rezensententätigkeit vor. Sie sind v. a. in der Wortwahl nachweisbar, z. B. bei der Verwendung des Adverbs ‹anderst› statt ‹anders› oder ‹anderstwo› neben ‹anderswo›, die Adelung der oberdeutschen Mundart zurechnet.[11] Haller verwendet die schweizerische Redewendung ‹eint und andere›[12] oder die umgelautete Pluralform ‹Bögen›, die nur im Alemannischen auftritt.[13]

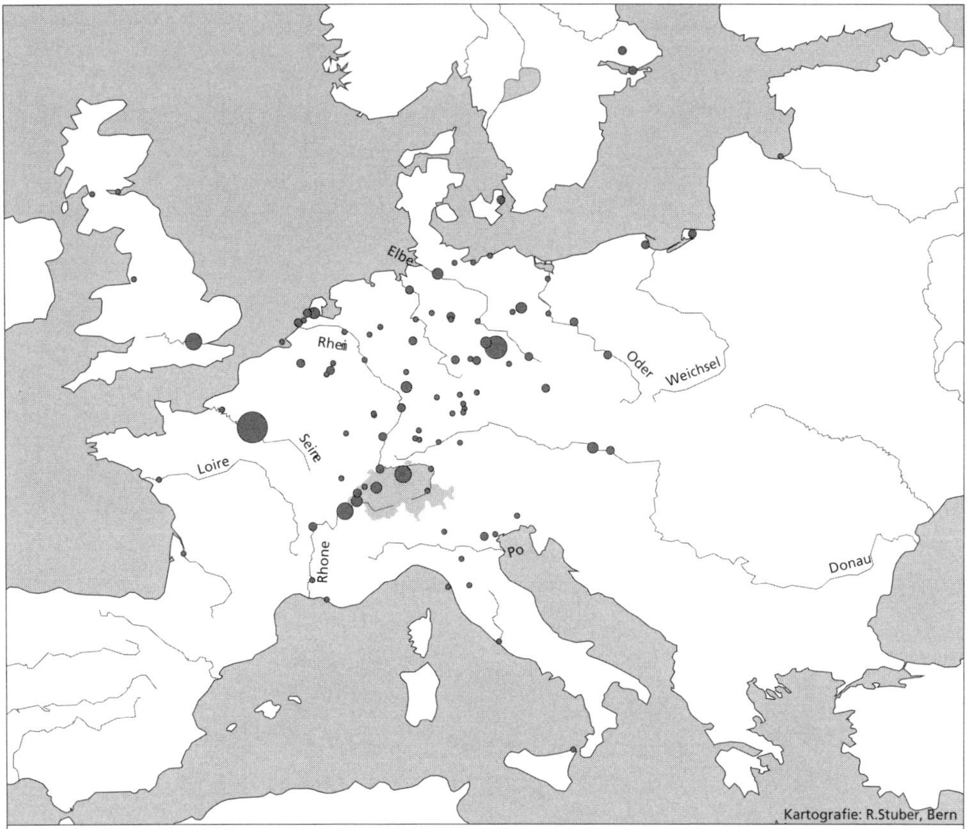

Geographische Ausdehnung der literarischen Kritik nach Erscheinungsorten

1030 Werke/Rezensionen,
96 Orte

Anzahl Rezensionen pro Ort:

1-2 · 3-10 · 11-30 · 31-75 · 76-150 · >150

Hallers literarische Kritik bezieht ein Gebiet von Glasgow bis Riga und von Uppsala bis Messina ein. Die beiden markantesten Punkte sind Paris und Leipzig, von wo Haller die meisten Bücher rezensiert. Der zentralistisch organisierte französische Sprachraum hebt sich deutlich vom polyzentristischen deutschen ab.

In den 1760er und 70er Jahren seines literaturkritischen Schaffens treten zudem Interferenzen mit dem Französischen auf. Sie lassen sich durch Hallers Rückkehr von Göttingen in die Schweiz und den stärkeren Einfluss des Französischen erklären. Haller ist von 1758 bis 1764 in der französischsprachigen Schweiz – genauer gesagt in Roche – als Salzdirektor tätig. In dieser Zeit lassen sich die ersten Gallizismen in seinen Kritiken nachweisen. Aber auch in den darauf folgenden Jahren, die er mehrheitlich in Bern verbringt, ist der Einfluss der französischen Sprache in seinen Rezensionen spürbar.

Gallizismen, die Haller unterlaufen, sind beispielsweise: Eine im Deutschen inkorrekte, vom Französischen beeinflusste Komparativbildung ‹mehr aufmerksam› statt ‹aufmerksamer›, ein im Deutschen ungebräuchliches Ordinalnumerale, ‹der Erste› statt ‹als erster›, als Gallizismus von ‹le premier›, die maskuline Form ‹der Duell› (‹le duel›), oder ‹krank fallen›. Adelung erwähnt nur die Form ‹krank werden›,[14] das deutsche Wörterbuch verweist auf die eng am Englischen ‹fall sick› oder dem Französischen ‹tomber malade› gebildete Form.

Auch verwendet Haller den Ausdruck ‹Sprachen wissen›, der im Deutschen nicht gebräuchlich ist. Adelung und das Deutsche Wörterbuch verzeichnen die Wendungen: Sprachen ‹können›, ‹reden›, ‹verstehen›, aber keine Form mit ‹wissen›. Die Verbindung mit wissen lehnt an den französischen Ausdruck ‹savoir d/les langues› an.

Die Interferenzen aus den beiden Sprachen, die Haller in seinem Alltag verwendete, kommen so regelmässig vor, dass sie als charakteristisch betrachtet werden können.

Hallers Sprache in den Rezensionen ist vor allem durch vier Stilqualitäten charakterisierbar: Klarheit und Präzision im Ausdruck (‹perspicuitas›), ‹körnichte Kürze› (‹brevitas›), Angemessenheit der Rede (‹aptus›) sowie (spärlich dosierten) Redeschmuck (‹ornatus›). Klarheit erreicht er mit einem durchsichtigen Satzbau, Präzision durch viele beschreibende Adjektive und gelegentliche Fremdwörter. Körnige Kürze bedeutet bei Haller, dass seine Rezensionen kurz und dicht sind, und er die Sprache ökonomisch einsetzt. Seine Sprache ist dem Gegenstand angemessen, d. h. sachlich und mit einzelnen rhetorischen Figuren und Tropen versehen, die Hallers Schreibart eine gewisse, mit der Sachlichkeit der Textsorte vereinbare Lebendigkeit verleihen.

Hallers Rezensionssprache entspricht ganz den Vorgaben der klassischen Rhetorik und trägt kaum individuelle Züge, mit Ausnahme der oben erwähnten mundartlichen Einflüsse. Das Fehlen sprachlicher Innovation liegt darin begründet, dass Haller die Sprache der Kritik noch nicht als eigenständigen Wert auffasst. Weil inhaltliche Aspekte im Vergleich zu stilistischen höher gewichtet werden, ist die Verwendung eines individuellen Stils für Haller nicht relevant. Er ist stets bemüht, möglichst neutral und ohne besondere (helvetische) Merkmale zu schreiben. Sprache ist hier nur Mittel zum Zweck, instrumentalisiert zur sachlichen Beschreibung eines Phänomens. Sie muss nur treffend sein, nicht originell.

Ideale der Kritik

Hallers Wertvorstellungen lassen sich anhand der von ihm verwendeten (be-)wertenden Textmerkmale bestimmen (vgl. die Grafik S. 189). Am häufigsten, in jeweils mehr als zehn Prozent der Rezensionen, kommen vor: ‹angenehm›, ‹neu›, ‹rührend›, ‹schön› und ‹witzig›. Über die rein quantitative Häufigkeit eines Wertes hinaus ist auch dessen Hierarchie, das heisst sein Verhältnis zu anderen Werten, wichtig.

Das Wertgefüge, das sich bei einem Rekonstruktionsversuch ergibt, weist einerseits für die Aufklärung typische Werte wie Nützlichkeit, Sittlichkeit oder Wahrheit auf. Für Haller muss Dichtung nützlich sein. Sie soll die Menschen bessern – also die Sittlichkeit vermehren – und das Wissen vergrössern (vgl. auch den Beitrag zur Dichtung in diesem Band). Die Frage nach dem Nutzen der Dichtung ist für Haller zentral, weil sich für ihn die Dichtkunst nicht aus sich selbst legitimiert. Dichtung muss wahr sein, denn nur dann ist sie für die Wissensvermittlung geeignet: «Die Wahrheit muß allemal der Grund zum Schönen seyn.»[15] Er versteht sie als unabdingbare Grundlage eines Kunstwerks, die den Nutzen von Literatur ausmacht. Denn Literatur wird als Wahrheitslieferant und somit als Beitrag zum Wissenssystem verstanden.

Auf der anderen Seite gibt es eine Reihe von besonderen Werten, die Hallers Wertgefüge von den üblichen Wertvorstellungen der Zeit abheben. Die meisten Termini sind in der Rhetorik und Poetik seiner Zeit gängig, erfahren aber zum Teil wesentliche Umdeutungen oder Umgewichtungen, oder sind ihrer Zeit voraus. Beispielsweise den Begriff der ‹Rührung› leitet Haller nicht aus der ästhetischen Diskussion der Zeit her, sondern verwendet ihn in einer physiologischen Bedeutung, die sich von Lessings auf Katharsis beruhender Wirkungsästhetik grundlegend unterscheidet. Das Ziel Hallers ist zwar mit demjenigen Lessings identisch, nämlich sittliche Besserung zu erwirken, der Weg dahin ist aber ein grundsätzlich verschiedener: Haller betont vor allem den physiologischen Prozess der Bewegungsübertragung.

Eine aussergewöhnlich starke Gewichtung erfahren bei Haller die Werte ‹Lebhaftigkeit› und ‹historische Treue›. In der Verwendung des Begriffs der ‹Lebhaftigkeit› steht Haller in seiner Zeit nicht alleine da. Sein Begriffsverständnis geht jedoch sehr viel weiter, als dies beispielsweise bei

Sulzer der Fall ist, der die Lebhaftigkeit «eigentlich nur als eine Würze zur Erhöhung der gewöhnlichen Vorstellung»[16] ansieht. Haller betrachtet sie nicht nur als formale Eigenschaft eines Textes, sondern weist ihr eine stark wirkungsorientierte Funktion zu. Er versteht sie als Auslöser einer inneren Bewegung des Lesers oder Zuschauers, ganz im Sinne seiner physiologischen Auffassung der Rührung. Haller bereitet mit der Gewichtung des Lebhaften in den 1740er und 50er Jahren eine Entwicklung vor, die erst nach der Jahrhundertmitte im Zuge der Wirkungsästhetik Lessings breitere Resonanz finden wird.

Die ungewöhnlich häufige Forderung nach Einhaltung der historischen Treue (des ‹Costume›, wie Haller es nennt) lässt darauf schliessen, dass Haller schon von Beginn seiner Rezensionstätigkeit an eine ausgesprochen historische Betrachtungsweise an den Tag legt. Bei der Beurteilung eines Werks ist für Haller der historische Kontext von herausragender Bedeutung, da er das (historisch) Wahre als wichtiger erachtet als das Schöne. Mit seiner Forderung nach Erhaltung des historischen Phänomens in der Literatur weist er auf die Strömung des Historismus im 19. Jahrhundert voraus, welche Geschichte als Erklärungsgrund für Kunst und Literatur auffasst und versucht, kulturelle Phänomene aus ihren historischen Bedingungen zu verstehen. Erste Ansätze der historischen Betrachtungsweise wurden bisher Ende des 18. Jahrhunderts situiert, sind demnach bei Haller aber schon viel früher nachzuweisen.

Das Kriterium des ‹Charakteristischen› kommt bei Haller ebenfalls früh zur Anwendung, noch bevor es im Zuge der Dramentheorie eine weite Verbreitung findet, weil es für Haller die Lebhaftigkeit und Wahrheit eines Werks steigert.

Schliesslich sei noch auf eine letzte interessante Besonderheit verwiesen: die Abwertung des Kriteriums des Witzes, das insbesondere als Qualität der französischen Dichtung galt. Es kommt bei Haller quantitativ betrachtet zwar noch häufig vor. Da der Witz dem Gefühl nun aber untergeordnet ist, hat er als Wertmassstab nur noch einen geringen Einfluss.

Die phänomenologische Analyse der einzelnen Werte bei Haller führt vor Augen, dass es sich um ein komplexes und variables Netz von Beziehungen und Bezügen handelt, die nicht in einem absoluten System erfasst werden können. Sie sind – entgegen der bisherigen Forschungsmeinung, welche die These eines *kritischen Systems* vertrat[17] – eher als *Wertsprache*[18] denn als absolutes System zu betrachten. Hallers Wertvorstellungen bilden ein offenes Gefüge, das Veränderungen verschiedenster Art erlebt. Dies können einerseits terminologische Veränderungen sein: Bis in die 1760er Jahre verwendet Haller häufig den Begriff ‹lebhaft›. In späteren Jahren wird dieser Terminus abgelöst durch den Begriff ‹rührend›. Eine analoge

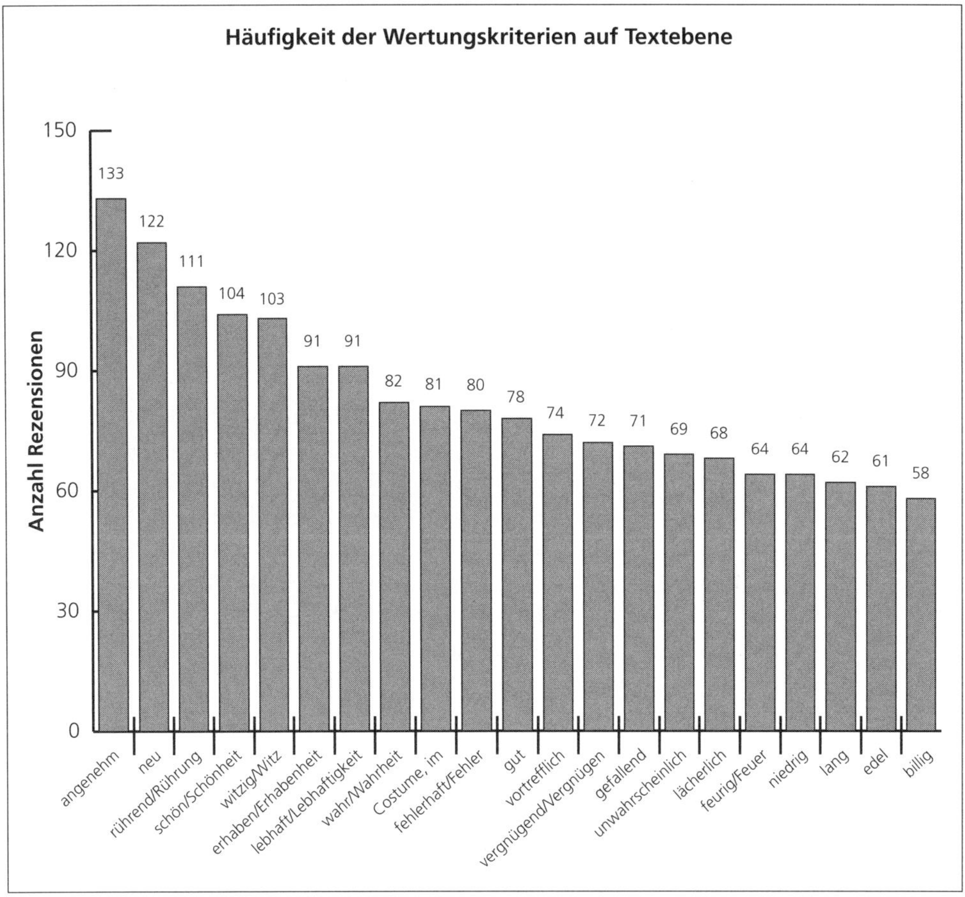

Als Datengrundlage dienen alle literarischen Rezensionen Hallers in den *Göttingischen Gelehrten Anzeigen (GGA)* von 1746-1778 (N = 997). Angegeben ist die Anzahl der Rezensionen, in denen die einzelnen Textmerkmale als Teil einer Bewertung vorkommen.

Entwicklung zeigt sich am Begriff ‹einnehmend›, der Ende der 1760er Jahre zunehmend durch den Begriff des ‹Interessanten› verdrängt wird.

Es kommt aber auch zu inhaltlichen Veränderungen in Form von individuellen Bedeutungsverschiebungen im Vergleich zur herkömmlichen Begriffsverwendung, wie dies am Begriff der Rührung aufgezeigt werden konnte, den Haller in einer physiologischen Ausprägung interpretiert.

Schliesslich kommen auch Veränderungen struktureller Natur vor, wie die variablen (hierarchischen) Beziehungen zwischen Werten zeigen. Hallers Wertgefüge ist sehr eng auf den jeweiligen Gegenstand und seinen Kontext bezogen, also eher phänomenologisch, pragmatisch und dynamisch denn systematisch. Es liefert kein eindeutiges, jederzeit gültiges System, sondern nur Tendenzen, die zu einem bestimmten Zeitpunkt für ein bestimmtes Werk gültig sind. Deshalb kann der *Sprachcharakter* von Hallers Wertgefüge nicht genug betont werden.

Die Gründe dafür, dass Hallers Wertgefüge nur schwer in ein System zu bringen ist, liegen einerseits in der Veränderung des allgemeinen Wertgefüges im Verlauf des 18. Jahrhunderts. Haller ist zu einer Zeit kritisch tätig, in der sich zahlreiche, teils einander entgegengesetzte literarische Strömungen begegnen. Es kommt zu einem Vorstellungswandel, wie literarische Produktion beschaffen sein solle, der zu markanten Verschiebungen innerhalb des Wertgefüges führt. Der Beginn des Jahrhunderts ist geprägt von einer präskriptiven Regelpoetik – und deren bekanntestem Vertreter Gottsched –, die vorschreiben will, was gute Literatur ist und nach welchem Rezept sie zu erreichen sei. Gegen Ende des Jahrhunderts wird das (literarische) Schreiben immer mehr zum intuitiven Prozess ohne starre Regeln. Kunst ist für Lessing nicht mehr lernbar. Auch die Bewegung des ‹Sturm und Drang› wendet sich gegen die klassizistische Regelpoetik, indem sie das bürgerliche Drama zu ihrer bevorzugten literarischen Form macht. Während Hallers Tätigkeit als Kritiker überlappen sich verschiedene Werthaltungen. Das *Norm*system der Werte ist nicht stabil, sondern veränderlich.

Andererseits lassen sich die Schwierigkeiten bei der Systematisierung durch Hallers Erkenntnismethode erklären: Bereits Haller – und nicht erst Lessing, wie bisher angenommen – hat das Verfahren der Induktion für die Literaturkritik fruchtbar gemacht. Der Literaturkritiker Haller ist kein Systemdenker, der Gegenstände an einem vorgängig erstellten, absoluten System misst (wie z. B. Gottsched), sondern wendet ein phänomenologisches Verfahren an – eine Art *Vivisektion* des Gegenstandes –, das versucht, dem einzelnen Gegenstand in seinem Kontext gerecht zu werden.

Obschon Haller in einer Epoche lebt, in der deduktive Systeme hoch im Kurs sind, sei es in der Wissenschaft (vgl. z. B. Linnés binäre Nomenklatur in der Botanik) oder in der Literaturkritik (Poetiken), erweist sich Haller in der Literaturkritik genauso wie in seiner wissenschaftlichen Tätigkeit als antisystematischer Denker, der die Nähe zum Phänomen sucht. In diesem Sinne überwindet Haller die rationalistische Regelpoetik und antizipiert die induktive (und relativistische) Kritik.

Haller im Vergleich mit anderen Kritikern

Hallers Kritik entsteht im Spannungsfeld verschiedenster literarischer Strömungen. Was Haller als Kritiker auszeichnet, lässt sich am deutlichsten im Vergleich mit anderen Kritikern seiner Zeit zeigen.

Die Kritiker der GGA

Für einen Vergleich mit Haller eignen sich drei Kritiker, die ebenfalls ‹Schöne Literatur› für die *GGA* rezensierten und zur selben Zeit wie Haller tätig waren: Abraham Gotthelf Kästner, Johann David Michaelis und Christian Gottlob Heyne.

Abraham Gotthelf Kästner (1719-1800), Professor für Mathematik und Physik an der Universität Göttingen, aber auch als Dichter tätig, wirkt von 1755 bis 1800 als Mitarbeiter der *GGA*. Seine Kritiken sind denjenigen Hallers in vielerlei Hinsicht ähnlich: Kästner teilt Hallers Ansicht, dass die Kritik einen hohen Stellenwert innerhalb der ‹respublica litteraria› habe. Die Kritik gehört auch nach Kästners Selbstverständnis zu den wichtigsten Aufgaben eines Gelehrten neben der Forschungs- und Lehrtätigkeit.[19] Wichtige Werte zur Beurteilung literarischer Werke stimmen mit denjenigen Hallers überein: Auch Kästner fordert eine sachliche und unparteiische Urteilsweise als Grundprinzip des Rezensierens.[20] Auch in seinen Rezensionen sind die Wertungskriterien Neuheit, Natürlichkeit, Wahrscheinlichkeit und eine starke moralische Absicht, welche die ‹Besserung des Menschen› als ‹edelsten› Nutzen eines Werkes darstellt, erkennbar.[21]

Der mit Haller befreundete Orientalist und Theologe Johann David Michaelis (1717-1791) wird 1753 dessen Nachfolger als Chefredakteur der *GGA*. Er rezensiert Werke aus den Fachgebieten Orientalistik, Theologie und ‹Schöne Literatur›.[22] Besonders auffällig an Michaelis' Rezensionen ist die grosse Unsicherheit, die aus ihnen spricht. Statt eine klare Position zu vertreten, wie dies Haller tut, urteilt Michaelis nur sehr zögerlich und mit grösster Vorsicht, ja fast Ängstlichkeit. Er versucht seinen Lesern (und Autoren) die Schwierigkeit des Rezensierens vor Augen zu führen, um ihr Verständnis zu gewinnen. Er bittet um das Wohlwollen seiner Leser, mit der Begründung, man könne verschiedener Meinung sein – ganz im Unterschied zu Haller, der seine Leser in der Vorrede der *GGA* von 1748 um Erlaubnis bittet, streng urteilen zu dürfen, um das Ideal einer aufrichtigen, unparteiischen und fundierten Kritik zu erreichen. Im Gegensatz zu Haller zeigt Michaelis kein Bestreben, eine Autorität gegenüber seiner Leserschaft aufzubauen.

Christian Gottlob Heyne (1729-1812) ist rund zwanzig Jahre jünger als Haller und gehört einer neuen Generation an, was auch in seinen Rezensionen deutlich zum Ausdruck kommt. Der Bibliothekar, Philologe und Wissenschaftsorganisator wird 1763 Professor für Rhetorik und Poetik in Göttingen und Mitarbeiter der *GGA*, deren Leitung er 1770-1812 als Nachfolger von Michaelis übernimmt. Er bespricht Werke aus den Fachgebieten Klassische Philologie und ‹Schöne Literatur›. Bei einem Vergleich mit Haller fällt als Erstes Heynes unterschiedliche Auffassung des Stellenwerts bzw. Einflussbereichs eines Kritikers auf. Während Haller den Kritiker als höchste Instanz betrachtet, der die Aufgabe eines Helfers und Förderers der Dichtkunst hat und Fehler aufzeigen kann, ist für Heyne allein die Meinung des Dichters massgeblich. Er macht als Kritiker zwar Vorschläge, überlässt aber dem Autor die endgültige Beurteilung. Heyne vertritt eine autonomieästhetische Auffassung, die auch in seiner Wertsprache festzustellen ist. ‹Originalität› wird in seinen Rezensionen zu einem massgeblichen Kriterium. Bei Haller kommt der Wert des Innovativen an der Seite der Tradition zwar auch vor, hingegen nicht unter dem Terminus der ‹Originalität›.

Auffällig im Vergleich zu Haller ist auch, wie häufig Heyne den Begriff ‹Genie› verwendet. Fast in jeder zweiten Rezension kommt er vor und wird mit einer nur mechanischen Fertigkeit zu dichten kontrastiert. In Heynes Rezensionen kündigt sich bereits eine genieästhetische Auffassung an, die das Originale, Schöpferische hervorhebt und Dichtung autonom begreift. Obschon Haller und Heyne während fünfzehn Jahren gleichzeitig für die *GGA* rezensieren (1763-77), vertreten sie in derselben Zeitschrift zwei völlig unterschiedliche Positionen: Hallers Rezensionen der Sechzigerjahre sind Ausdruck seiner Wirkungsästhetik, in Heynes Rezensionen manifestieren sich bereits Ansätze einer genieästhetischen Auffassung.

Blicken wir auf die drei Haller gegenübergestellten Rezensenten zurück, fallen zwar verschiedene Gemeinsamkeiten auf. Bei näherer Betrachtung wird jedoch deutlich, wie unterschiedlich die einzelnen Rezensionsmodi ausfallen: Wertsprache, Argumentationsverhalten und Kritikverständnis weichen zum Teil markant voneinander ab. Obschon die *GGA* ihre Kritiken anonymisieren, gegen aussen betont als Kollektiv auftreten, und alle vier Rezensenten zur selben Zeit und für dieselbe Zeitschrift rezensieren, treffen wir de facto auf vier sehr unterschiedliche Kritikweisen, die von individuellen Merkmalen gekennzeichnet sind. Dadurch wird verständlich, dass für die Zeitgenossen die jeweiligen Autoren bei genauerer Kenntnis ihrer Schreib- und Argumentationsart erkennbar waren, obschon die Rezensionen anonym erschienen.

Hallers Rezensionen zeichnen sich vor allem durch ihren knappen und sachlichen Rezensionsstil, die fundierte Argumentationsweise, die profi-

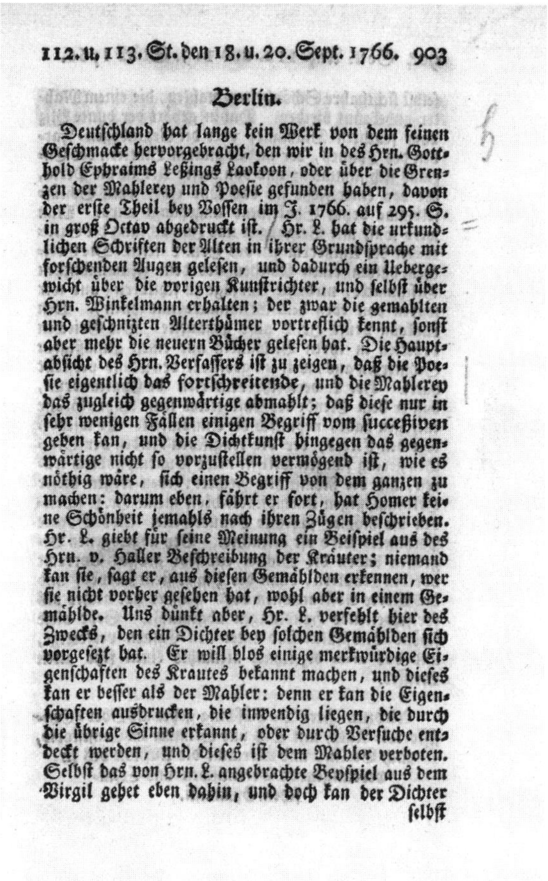

112. u. 113. St. den 18. u. 20. Sept. 1766. 903

Berlin.

Deutschland hat lange kein Werk von dem feinen Geschmacke hervorgebracht, den wir in des Hrn. Gotthold Ephraims Leßings Laokoon, oder über die Grenzen der Mahlerey und Poesie gefunden haben, davon der erste Theil bey Vossen im J. 1766. auf 295. S. in groß Octav abgedruckt ist. Hr. L. hat die urkundlichen Schriften der Alten in ihrer Grundsprache mit forschenden Augen gelesen, und dadurch ein Uebergewicht über die vorigen Kunstrichter, und selbst über Hrn. Winkelmann erhalten; der zwar die gemahlten und geschnizten Alterthümer vortreflich kennt, sonst aber mehr die neuern Bücher gelesen hat. Die Hauptabsicht des Hrn. Verfassers ist zu zeigen, daß die Poesie eigentlich das fortschreitende, und die Mahlerey das zugleich gegenwärtige abmahlt; daß diese nur in sehr wenigen Fällen einigen Begriff vom succeßiven geben kan, und die Dichtkunst hingegen das gegenwärtige nicht so vorzustellen vermögend ist, wie es nöthig wäre, sich einen Begriff von dem ganzen zu machen: darum eben, fährt er fort, hat Homer keine Schönheit jemahls nach ihren Zügen beschrieben. Hr. L. giebt für seine Meinung ein Beispiel aus des Hrn. v. Haller Beschreibung der Kräuter; niemand kan sie, sagt er, aus diesen Gemählden erkennen, wer sie nicht vorher gesehen hat, wohl aber in einem Gemählde. Uns dünkt aber, Hr. L. verfehlt hier des Zwecks, den ein Dichter bey solchen Gemählden sich vorgesezt hat. Er will blos einige merkwürdige Eigenschaften des Krautes bekannt machen, und dieses kan er besser als der Mahler: denn er kan die Eigenschaften ausdrucken, die inwendig liegen, die durch die übrige Sinne erkannt, oder durch Versuche entdeckt werden, und dieses ist dem Mahler verboten. Selbst das von Hrn. L. angebrachte Beyspiel aus dem Virgil gehet eben dahin, und doch kan der Dichter selbst

In Hallers Rezension von Lessings *Laokoon* sind zentrale Elemente seiner Literaturkritik sichtbar. Sie zeichnet sich durch einen knappen, sachlichen Stil, eine fundierte Argumentationsweise und profilierte Meinungsäusserung aus. Hallers Ziel ist es weniger, den Leser zu unterhalten und auf das besprochene Buch neugierig zu machen, als ihn zu informieren und auf das Wesentliche hinzuweisen. – *Göttingische Anzeigen von gelehrten Sachen,* 1766, 903. – Universitätsbibliothek Bern.

lierte Meinungsäusserung, den Aufbau einer Autorität gegenüber seinen Lesern und eine wirkungsästhetische Wertsprache aus, welche seinen Rezensionen eine eigene Charakteristik verleihen.

Gottsched und Lessing

Hallers Literaturkritik situiert sich – zeitlich und konzeptionell – im Spannungsfeld zwischen Johann Christoph Gottsched (1700-1766) und Gotthold Ephraim Lessing (1729-1781), den Vertretern einer rationalistischen Regelpoetik beziehungsweise einer wirkungsästhetischen Literaturkritik.

Ein Vergleich von Rezensionen Hallers mit solchen aus Gottscheds Feder macht deutlich, worin sich die beiden Kritiker unterscheiden. Bei Haller steht der Gegenstand im Zentrum der Rezension, während die Person des Kritikers in den Hintergrund tritt. Bei Gottsched verhält es sich meist umgekehrt. Gottsched geht häufig deduktiv vor und paraphrasiert ausführlich, Haller verfährt häufiger induktiv, und seine Schreibart wirkt konzentrierter. Hallers Herangehensweise an den zu beurteilenden Gegenstand ist eine ausgesprochen empirische. Sein Urteil beruht auf der Beobachtung und Beschreibung des Objekts (‹erste Anblicke›) wie in einem Experiment. Der Massstab zur Beurteilung liegt in der Sache selbst und wird nicht wie bei Gottsched von aussen an das Objekt herangetragen.

Haller wendet sich in seinen Kritiken an ein gelehrtes, Gottsched hingegen vorwiegend an ein ungelehrtes Publikum. Grundlegende Unterschiede sind insbesondere in der Kritik- und Dichtungsauffassung zu erkennen: Während Gottsched die Dichtung als rationalistisches Regelwerk und seine Urteile als absolut gültig betrachtet, versteht Haller Kritik als etwas Relatives – abhängig vom Zeitgeist bzw. der historischen Situation –, deren Bewertungskriterien und Wertmassstäbe veränderlich sind.

Bei einer Gegenüberstellung des Rezensenten Haller mit Lessing zeigen sich Unterschiede und Gemeinsamkeiten (vgl. auch Abb. S. 193). Die äussere Form ihrer Rezensionen unterscheidet sich nur geringfügig. Beide verwenden einen gelehrt-literarischen Stil, jedoch in ganz unterschiedlicher Ausprägung. Lessings Schreibart wirkt lebhaft und spannungsreich, während Haller einen eher trockenen Ton anschlägt. Lessing legt Wert darauf, sein Publikum zu unterhalten und zu interessieren. Indem er den Inhalt nicht verrät und den Leser auf das Vergnügen und das Unerwartete neugierig macht, ohne es preiszugeben, gelingt es ihm, Spannung zu erzeugen. Haller verzichtet nahezu auf Spannungsaufbau und Leerstellen. Bezüglich der Bedeutung der Wirkung eines Werks auf seinen Leser stimmen die beiden Kritiker überein. Beide betrachten die Wirkungsästhetik als wesentliches Qualitätsmerkmal der Dichtkunst.

Der Vergleich mit Kritikern seiner Zeit zeigt, dass Hallers Kritik eine Reihe von charakteristischen und durchaus auch innovativen Merkmalen aufweist. Haller ist zwar noch aus derselben Motivation heraus kritisch tätig wie Gottsched, der die Förderung der deutschen Literatur als Hauptzweck seiner Tätigkeit ansah. In der empirisch-induktiven Vorgehensweise und den wirkungsästhetischen Argumenten jedoch ist Haller Lessing sehr viel näher und nimmt charakteristische Eigenschaften der wirkungsästhetischen Kritik vorweg, die erst durch Lessings publikumswirksame Art weite Verbreitung fanden.

Zum Verhältnis von Dichtung und Wissenschaft in Hallers Kritik

Wenn wir die Begriffe ‹Literatur› oder ‹Literaturkritik› im Zusammenhang mit Haller verwenden, müssen wir uns bewusst sein, dass die beiden Termini in unserem heutigen Sprachgebrauch auf einer verengten Bedeutung von Literatur als ‹schöner Literatur› beruhen, die sich erst Mitte des 19. Jahrhunderts durchgesetzt hat. Deshalb stellt sich die Frage, ob sich Hallers literaturkritische Rezensionen von solchen über wissenschaftliche Werke unterscheiden. Bei einer ersten vergleichenden Untersuchung fallen vor allem drei Dinge auf[23]:

1) Nicht nur literarische, sondern auch wissenschaftliche Werke werden bei Haller an formalästhetischen oder wirkungsbezogenen Kriterien gemessen.
2) Haller wendet die empirisch-induktive Erkenntnismethode, die in der Wissenschaft gebräuchlich ist, auch zur Beurteilung literarischer Werke an. Damit macht er ein wissenschaftliches Verfahren für die Literaturkritik fruchtbar.
3) Bei der Beurteilung literarischer Werke sind ausserästhetische Wertungskriterien wie ‹Wahrheit› und ‹Nützlichkeit› für Haller äusserst wichtig. Aus heutiger Perspektive ist für literarische Werke irrelevant, ob eine erzählte Geschichte wahr ist oder nicht. Für Haller war die Übereinstimmung mit der Wahrheit in der Literatur genauso erforderlich wie in wissenschaftlichen Werken. Daran ist erkennbar, dass er keine Unterscheidung eines *literarischen* oder *nicht-literarischen* Feldes vornahm.

Aufgrund dieser drei Merkmale von Hallers Kritik wird deutlich, dass die ‹Schöne Literatur› in der Kritik nicht von den Wissenschaften getrennt, sondern an gleichen Kriterien gemessen wurde. Und dennoch zeichnet sich bereits bei Haller, der meist noch als unproblematischer Vertreter des Universalgelehrtentums gesehen wird, ein Wendepunkt ab. An Hallers Kritik werden in den 1760er Jahren Bruchstellen sichtbar, die auf einen sich ankündigenden Paradigmenwechsel hindeuten, der in die Richtung einer Parzellierung des Wissens weist und die einheitliche Denkweise ablöst.

Dass erste Ansätze einer Differenzierung von Dichtung und Wissenschaft bereits bei Haller zu finden sind, ist einerseits an der Verengung (und Verschiebung) seines Literatur- und Wissenschaftsbegriffs ersichtlich, andererseits an der Spezifizierung der literarischen Wertsprache in den Sechziger- und Siebzigerjahren. Denn gerade in der Bewertung literarischer Texte kommen in diesen beiden Jahrzehnten immer häufiger Kriterien zum Einsatz, die nur für die Beurteilung literarischer Werke angewandt werden, wie z. B. rührend. Es handelt sich dabei aber um einen langen Prozess, der kaum begonnen hat und erst im 19. Jahrhundert zu einer effektiven Trennung der beiden Bereiche führen wird.

Kritik als Teil von Hallers Literatur- und Wissenschaftsverständnis

Ursprünglich war das Rezensieren für Haller eine Methode zur Verfestigung der Gedanken nach der Lektüre, wie er in einem Brief an Bonnet beschreibt:

> Je conviens avec vous de l'utilité des extraits; j'y suis interessé, en ayant fait un nombre qui n'est guere croyable. C'est que dés 1725 j'en ai fait de tous les Livres qui me sont tombés sous la main, et que je les ai conservés tous. [...] J'y ai trouvé de l'utilité pour moi; il faut bien lire pour savoir faire un extrait, et ce travail fixe un peu le trop de volatilité de la lecture, qui fait assés de defaut, de quiconque veut beaucoup lire.[24]

Daraus hat sich eine jahrzehntelange Gewohnheit entwickelt, das Gelesene in kurzen Besprechungen festzuhalten. Das Amt des Kritikers war für ihn nicht einfach ein Beruf, den er zufällig ergriff, als sich in Göttingen die Gelegenheit bot, sondern er war Kritiker aus Berufung und Überzeugung. Hallers Kritikertätigkeit ist als logische Konsequenz aus seinem dichterischen und wissenschaftlichen Schaffen zu verstehen: Sie ist methodisch begründet in seiner erkenntnistheoretischen Auffassung, dass neues Wissen nur durch das umfassende Kompilieren bisheriger Erkenntnisse und darauf aufbauender eigener Erfahrung gewonnen werden könne. Lesen heisst für Haller deshalb immer auch rezensieren, da nur so eine systematische Erfassung des bisherigen Wissens möglich ist, was wiederum erst neues Wissen ermöglicht. Das Rezensieren, d. h. das Exzerpieren, Kompilieren und Kritisieren, war für Haller die Grundvoraussetzung seiner wissenschaftlichen Tätigkeit.

Im Bezug auf die Dichtkunst ist die Hinwendung zur (Literatur-)Kritik für Haller die logische Folge aus seinem Unbehagen gegenüber den eigenen dichterischen Fähigkeiten. In seinem Vergleich von Hagedorns Gedichten mit seinen eigenen konstatiert Haller mit entschiedenen Worten, dass er mehr Geschmack als literarische Fähigkeiten besitze:

> Beyde [Hagedorn und Haller] hatten wir mehr Geschmack als Kräfte. [ ] Lange hernach, und jetzt mehr als jemahls, war mein Geschmack besser als meine poetischen Kräfte; ich sah jenseits allem, was ich zu leisten vermochte, eine mögliche Vollkommenheit, die ich zu erreichen unvermögend war.[25]

Dass Haller, ohne zu zögern, Werke aus verschiedensten Fachbereichen bespricht, liegt begründet in Hallers einheitlicher Denkweise, die den Blick auf das Ganze anstrebt und Wissenschaft und Dichtung symbiotisch verbindet. Dass Haller diese Fähigkeit des Rezensierens gezielt einsetzt, und diese Aufgabe so ernst nimmt, dass er jahrelang eine der wichtigsten und umfassendsten Gelehrtenzeitschriften[26] zu einem wesentlichen Teil mit trägt, hängt mit seiner Vorstellung der Rolle der Kritik zusammen. In der Vorrede zu den *GGA* von 1748 hielt er fest:

> Wir sind fast versichert, eine billige und gegründete Critik ist ein unentbehrliches Amt in der gelehrten Welt. Sie schreckt den elenden Scribenten von der Feder: sie zwinget den mittelmäßigen sich anzugreiffen; sie warnet den Grossen sich selbst nichts zu schenken, und nichts unvollkommenes, nichts übereiltes zu liefern. Sie breitet in den ganzen Ländern den Geschmak aus.

Sie hat die zentrale Aufgabe, Wissenschaften und Künste zu fördern, und ist sowohl für den literarischen wie auch für den wissenschaftlichen Fortschritt unentbehrlich. Der Glaube an den Nutzen und die Notwendigkeit der Kritik bildet das Fundament für Hallers lebenslange, unermüdliche Kritikertätigkeit.

Anmerkungen

1 Immanuel Kant: *Vorrede zur 1. Auflage der Kritik der reinen Vernunft* (1781). Nach der 1. und 2. Originalausgabe hrsg. von Jens Timmermann. Hamburg 1998, 7.

2 Thomas Anz, Rainer Baasner: *Literaturkritik. Geschichte – Theorie – Praxis.* München 2004, 28.

3 Der Name der *GGA* hat mehrmals geändert. Von 1739 bis 1753 hiessen sie *Göttingische Zeitungen von Gelehrten Sachen*, 1753-1801 *Göttingische Anzeigen von Gelehrten Sachen* und erst ab 1802 *Göttingische Gelehrte Anzeigen*. Die Abkürzung *GGA* wird für den ganzen Zeitraum verwendet. Zur Entstehung und Entwicklung deutschsprachiger Rezensionszeitschriften im 18. Jahrhundert vgl. Thomas Habel: *Gelehrte Journale und Zeitungen der Aufklärung*. Bremen 2007.

4 Ein Verzeichnis der literarischen Rezensionen liefern Karl S. Guthke: *Haller und die Literatur*. Göttingen 1962 und in überarbeiteter Form Claudia Profos: *Gelehrte Kritik: Albrecht von Hallers literarisch-wissenschaftliche Rezensionen in den Göttingischen Gelehrten Anzeigen*. Basel 2008. Eine Auswahl von 180 Rezensionen ist abgedruckt bei Karl S. Guthke

(Hg.): *Hallers Literaturkritik*. Tübingen 1970.

5 Hubert Steinke, Claudia Profos (Hg.): *Bibliographia Halleriana. Verzeichnis der Schriften von und über Albrecht von Haller*. Basel 2004, 196-208.

6 Burgerbibliothek Bern, Nachlass Haller, Ms. 61-87.

7 Die folgenden Ausführungen fussen auf der ausführlichen Darstellung bei Profos 2008 (wie Anm. 4).

8 Insgesamt werden Werke von dreizehn verschiedenen Autorinnen besprochen. Es sind dies u. a. Hedvig Charlotta Nordenflycht, Sophie von La Roche und Anne-Marie Du Bocage.

9 Simone Zurbuchen: *Patriotismus und Kosmopolitismus. Die Schweizer Aufklärung zwischen Tradition und Moderne*. Zürich 2003, 9-24.

10 Haller weist in seiner Vorrede zur 4. Auflage der Gedichte darauf hin, dass er mit dem Deutschen weniger vertraut sei, weil das Französische in seiner Herkunftsstadt fast häufiger gesprochen werde als das Deutsche.

11 Johann Christoph Adelung: *Grammatisch-kritisches Wörterbuch der hochdeutschen Mundart*. 4 Bde. Wien 1808, I: 279, 280-281.

12 Schweizerisch für ‹die einen und andern› vgl. Jacob und Wilhelm Grimm: *Deutsches Wörterbuch*. 33 Bde. Leipzig 1854-1971, III: 319.

13 Adelung 1808 (wie Anm. 11), I: 1112 verzeichnet mit dieser Bedeutung nur die Pluralform ohne Umlaut, das *Schweizerische Idiotikon. Wörterbuch der Deutschen Sprache*. Frauenfeld 1881 ff., IV: 1060 weist die umgelautete Form nach.

14 Adelung 1808 (wie Anm. 11), II: 1751.

15 *GGA* 1763, 479.

16 Johann Georg Sulzer: *Allgemeine Theorie der Schönen Künste: in einzeln, nach alphabetischer Ordnung der Kunstwörter aufeinander folgenden Artikeln abgehandelt*. 2 Bde. Leipzig 1771-1774, II, 683: Lebhaft.

17 Guthke 1970 (wie Anm. 4), 12.

18 Begriff nach Renate von Heydenbrand, Simone Winko: *Einführung in die Wertung von Literatur. Systematik, Geschichte, Legitimation*. Paderborn 1996. Die einzelnen Werte bilden gewissermassen das Vokabular; die strukturellen Beziehungen und Vernetzungen unter den einzelnen Werten können als ihre Grammatik aufgefasst werden. Eine Wertsprache ist ausserdem abhängig von ihrem Sprecher und dem Äusserungskontext.

19 Wolfgang Schimpf: *Kästners Literaturkritik*. Göttingen 1990, 21.

20 Ebenda, 25.

21 *GGA* 1760, 109, 187, 233, 382, 854.

22 Wolfgang Schimpf: *Die Rezensenten der Göttingischen Gelehrten Anzeigen 1760-1768*. Göttingen 1982, 90 f.

23 Profos 2008 (wie Anm. 4), Kapitel 10.

24 Haller an Bonnet, 4.11.1757: Otto Sonntag (Hg.): *The correspondence between Albrecht von Haller and Charles Bonnet*. Bern, Stuttgart, Wien 1983, 122.

25 Albrecht von Haller: Vergleichung zwischen Hagedorns und Hallers Gedichten (1772), in: Ders.: *Gedichte*, hrsg. und eingel. von Ludwig Hirzel. Frauenfeld 1882, 398.

26 Haller äussert sich am 15.3.1767 in einem Brief an den Genfer Naturforscher Horace-Bédédict de Saussure in diesem Sinne. Er schreibt dort über die *GGA*, es sei «le journal le plus complet qui existe». Otto Sonntag (Hg.): *The correspondence between Albrecht von Haller and Horace-Bénédict de Saussure*. Bern, Stuttgart, Toronto 1990, 337.

Religion und Theologie

Cornelia Rémi

Hyperorthodoxie oder Freigeisterei?

Bald nach dem Tod Albrecht von Hallers am 12. Dezember 1777 gehen Gerüchte um, die ein alles andere als positives Bild von seinem christlichen Glauben zeichnen: «Haller […] habe in seinen lezten Lebenstagen allen um ihn her versammleten Theologen rund heraus gestanden: er glaube nichts, und es sey ihm unmöglich etwas zu glauben, so gern er es auch thäte!»[1] War Haller demnach ein Freigeist, ein Deist?[2] Also ein Skeptiker, der Wahrheit allein mit seiner Vernunft erkennen wollte, die biblische Offenbarung ablehnte und eine ‹natürliche› Religion ausserhalb der Kirche suchte? Am Ende gar ein Atheist, der Gott vollkommen leugnete? Oder umgekehrt ein übereifriger Calvinist, der sich so sehr in die kirchlichen Lehren hineinsteigerte, dass ihm «hyperorthodoxe Gespenster […] durch ihre Theologie alles Licht des aufgeklärten Christenthums ausbliesen»?[3]

Allerdings waren sich nicht nur Hallers Zeitgenossen, sondern auch spätere Biographen nicht einig, welchen Platz Religion und Theologie in seinem Leben einnehmen.[4] Die Hallerforschung des 20. Jahrhunderts dramatisierte das Verhältnis von Glauben und Wissen in seinen Schriften sogar lange zu einem drastischen Konflikt.[5] Seit Richard Toellners Buch über die *Einheit im Denken des letzten Universalgelehrten* (1970) geht sie jedoch mehrheitlich davon aus, dass Hallers Christentum seiner Arbeit als Naturwissenschaftler nicht widerspricht; sinnliche Erfahrung, autonome Vernunft und christliche Offenbarung sind komplementäre Erkenntnismethoden, die in Hallers Werk eng ineinandergreifen.[6] Wo die sinnliche Wahrnehmung nicht weiterkommt, beginnt die Arbeit der Vernunft; wo die vernünftige Erkenntnis auf ihre Grenzen stösst, ist der Mensch auf die Offenbarung verwiesen, die ihm Erlösung und Gnade verheisst. Entscheidend ist dabei, dass Haller von unmittelbarer Erfahrung und nicht von vernünftigen Spekulationen ausgeht. Hypothesen bilden allenfalls einen wichtigen Zwischenschritt, indem sie die Wahrnehmung auf zuvor nicht Beachtetes lenken.[7]

Die Denkform, in der Haller diese Komponenten miteinander vereint, ist die Physikotheologie.[8] Sie basiert auf der Annahme, dass die schöne, zweckmässige Ordnung der Natur auf den allmächtigen, unendlich weisen und gütigen Schöpfer verweist, der eine vollkommene Welt erschaffen und auf das Wohlergehen des Menschen ausgerichtet hat. Aufgabe naturwissenschaftlicher Forschung ist es, das harmonische Zusammenwirken aller Elemente dieser Welt empirisch zu erkunden, daraus auf die Eigenschaften ihres Schöpfers zu schliessen und so die Vollkommenheit des göttlichen Weltplans nachzuweisen. Erkenntnis der Natur ist deshalb zugleich Gotteserkenntnis. Die einzelnen Erkenntnisschritte folgen hierbei zwar einer bestimmten Hierarchie und Reihenfolge,[9] können aber eigentlich nicht in Konflikt zueinander geraten. Da Haller Gott aus seinen Untersuchungen zunächst ausblendet und erst in einem zweiten Schritt nach der religiösen Relevanz der gewonnenen Daten fragt, kann er moderne naturwissenschaftliche Methodik und theologische Deutung meist ohne grosse Probleme miteinander verbinden.[10]

Bei seinem Leidener Lehrer Herman Boerhaave erlebt Haller, wie sich calvinistischer Glaube und wissenschaftliche Entdeckerfreude miteinander vereinbaren lassen.[11] Boerhaaves Arbeit ist geprägt von reformierten Gedanken, die auch für seinen Schüler entscheidende Bedeutung gewinnen: Der Mensch sei verpflichtet, die Natur als Schöpfung des allmächtigen Gottes zu erkunden, um aus ihr Gottes Willen zu ergründen. Gemäss der Lehre Calvins, der die Sündhaftigkeit des menschlichen Verstandes betont, muss der Naturforscher die Schöpfung jedoch mit Demut studieren und darf sich nicht darauf verlassen, mit seinem von Sünde verdunkelten Verstand wahres Wissen zu erlangen, das ihm nur durch Gnade gewährt werden kann.[12] Boerhaave folgert daraus, dass wahres Wissen nicht durch blosses Nachdenken, sondern durch Experiment und Beobachtung zu erlangen sei. Statt die Welt im Ganzen zu erklären, enthüllt er die Grösse Gottes, indem er sich auf kleine und kleinste Einheiten der Schöpfung konzentriert.

Religion und Theologie spielen aber nicht nur im Rahmen von Hallers Naturforschungen eine wichtige Rolle für ihn. Bereits über seinen Berner Hauslehrer Abraham Baillod muss er mit dezidiert theologischen Fragen in Kontakt gekommen sein – war dieser Baillod doch ursprünglich ein Geistlicher, der wegen pietistischer Ansichten 1707 aus dem Pfarramt ausgeschieden war. Entsprechende Interessen begleiten Haller auch in seinen Studienjahren; so schafft er sich bereits in Tübingen neben medizinischen auch theologische Schriften an.[13] Im Laufe seines Lebens wechselt er mit

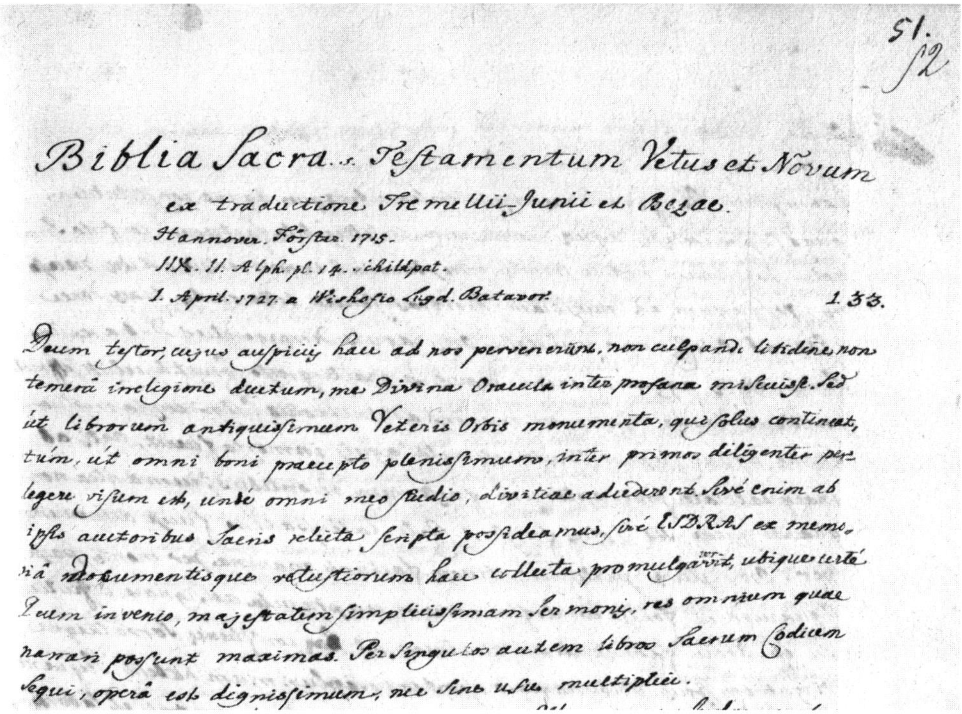
51.
52
Biblia Sacra. Testamentum Vetus et Novum
ex traductione Tremellii-Junii et Bezae.
Hannover. Förster. 1715.
11X. 11. Alph. pl. 14. schildpat.
1. April. 1727. a Wishofio Lugd. Batavor. 1. 33.
Quem testor, cujus auspiciis haec ad nos pervenerint, non culpandi libidine, non temere irreligione ductum, me Divina Oracula inter profana miscuisse. Sed ut librorum antiquissimum Veteris Orbis monumenta, quae solus continet, tum, ut omni boni praecepto plenissimum, inter primos diligenter perlegere visum est, unde omni meo studio, divitiae adiderunt. Sive enim ab ipsis autoribus Sacris relicta scripta possideamus, sive ESDRAS ex memoria documentisque vetustiorum haec collecta promulgaverit, ubique certe quum invenio, majestatem simplicissimam sermonis, res omnium quae narrari possunt maximas. Per singulos autem libros Sacrum Codicem sequi, opera est dignissimum, nec sine usu multiplici.

In den frühen 1730er Jahren unterzog der junge Haller die Bibel einer kritischen Lektüre und verfasste einen 37-seitigen Kommentar, in dem er sich von einer orthodoxen, wörtlichen Lesung distanzierte und darauf hinwies, dass viele Texte auf «eine gewisse poetische Weise erzählt» würden. – Handschriftliches Urteil über eine lateinische Bibelausgabe von 1715, gekauft am 1. April 1727 in Leiden. – Burgerbibliothek Bern, Nachlass Haller, Ms. 62, fol. 52r.

Theologen verschiedenster Couleur Briefe;[14] sein Korrespondentennetz reicht von orthodoxen Lutheranern wie Johann Benedikt Carpzov oder Ernst August Bertling über Pietisten wie Friedrich Christoph Oetinger oder die Herrnhuter Johann Friedrich Francke und James Hutton bis hin zu einem führenden Vertreter der Aufklärungstheologie wie Johann Friedrich Wilhelm Jerusalem. Seine Briefe berühren theologische Fachdiskussionen über eigene und fremde Schriften ebenso wie Fragen der praktischen Kirchenorganisation oder Probleme der Seelsorge. Aus allen Lebensabschnitten Hallers sind Quellen überliefert, die religiöse Fragen anschneiden oder auch intensiv diskutieren. Der Vielfalt dieser Quellen entsprechen die vielen Facetten der religiösen Persönlichkeit Albrecht von Hallers.

Auf der Basis einer physikotheologischen Weltsicht setzt Haller sich in den frühen 1730er Jahren auch mit kritischen Stimmen zur biblischen Tradition und zu kirchlichen Lehren auseinander.[15] Indem er sich mit solchen Stimmen beschäftigt, hinterfragt und problematisiert er seinen Glauben, statt ihn unkritisch als selbstverständlich hinzunehmen. Seine handschriftlichen Lektürenotizen zu religionsphilosophischen Werken und zur Bibel dokumentieren eine kritische Offenheit, die sich mit einer streng orthodoxen Position nicht unbedingt vereinbaren lässt.[16] So liest er die Bibel nicht nur als Offenbarungsschrift, sondern auch als kulturgeschichtliche Quelle und poetisches Werk (vgl. Abb. S. 201). Keineswegs will er alle Details wortwörtlich verstanden wissen; er kritisiert Stellen im *Prediger Salomonis*, die ihm irreführend und verworren erscheinen, sucht nach wissenschaftlich plausiblen Erklärungen für die Sintflut und notiert, dass die Ahnentafeln Jesu im Matthäus- und Lukasevangelium voneinander abweichen (vgl. auch den Beitrag zum Forscher und Gelehrten in diesem Band).[17] Zwar formuliert Haller damit keine radikale Kritik, zeigt jedoch, dass er als mündiger Christ die Autorität der Heiligen Schrift nicht einfach akzeptieren kann. Seine Einwände verweisen, wenn auch nur im Ansatz, auf die philologische Textkritik der aufgeklärten Bibelexegese.

Heterodoxe Lyrik?

Eine kritische Haltung zeigt sich auch in seinen Gedichten – nicht nur, weil sie theologische Fragen in der Gattung des Lehrgedichts behandeln (vgl. auch den Beitrag zur Dichtung in diesem Band).[18] Haller veröffentlicht den *Versuch Schweizerischer Gedichten* 1732 zunächst anonym. Er dürfte geahnt haben, dass er sich mit diesen Texten in seiner Heimatstadt Ärger einhandeln würde, da das konservative Berner Staatskirchentum gegen eigenständiges theologisches Denken streng durchzugreifen pflegte.[19] Es hilft ihm nicht viel, dass er versucht, im Vorwort seines Buches seine Rechtgläubigkeit zu beteuern: «Sonderlich aber versichert der Verfasser, daß Er wider den geoffenbahrten Glauben weder Zweiffel noch Vorurtheil jemahls gehabt.»[20] Seine Gedichte provozieren dennoch Kritik,[21] auf die er in der zweiten Auflage 1734 reagieren muss. Er nimmt in seiner Vorrede den Vorwurf auf, dass manche Passagen der Gedichte sich als Plädoyer für eine deistische Haltung verstehen liessen,[22] und rechtfertigt sich in der beigegebenen *Schuz-Schrift* damit, dass er als Dichter anders als ein Philosoph nicht dazu verpflichtet sei, alle Aspekte eines Problems vollständig abzuhandeln.[23] Obwohl er an seinen Texten etliche Änderungen vornimmt, entschärft er deshalb längst nicht alle provokanten Stellen.[24]

Ein Ärgernis sind seine Gedichte zunächst wegen ihrer satirischen Attacken gegen Obrigkeit und Kirche. So findet sich unter den Porträts unfähiger Politiker in *Die verdorbenen Sitten* etwa «Härephil, der allgemeine

Christ, Der aller Glauben Glied und keines eigen ist» (V. 157) und sich als frommer Heuchler stets bereitwillig zum Richter über andere aufwirft. Auch die Kritik an der Heiligen- und Heldenverehrung in *Die Falschheit menschlicher Tugenden* erregt Anstoss: Zum einen, weil seine Polemik gegen den Heiligenkult der katholischen Kirche auch die ‹echten› Märtyrer der Urchristenheit trifft; zum anderen, weil einige Verse gegen Ende des Textes, die einen weisen, tugendhaften Mann schildern, den Schluss nahelegen, der Verfasser sympathisiere mit den Deisten, die das Jenseits ignorieren und sich ganz dem Leben im Diesseits zuwenden: «Nie störet seine Lust die Forcht vor späten Jahren, | Er sucht kein fernes Gut und lasst kein jezigs fahren; | Die Welt ist ihm zu Dienst, er aber nicht der Welt, | Er lasst den Thoren Müh und wählt was ihm gefällt.»[25] In der zweiten Auflage seiner Gedichte hat Haller diese Verse getilgt.

Als Provokation mögen seine Gedichte auch deshalb begriffen worden sein, weil ihr polemischer Ton den Eindruck einer gewissen Heterodoxie erwecken konnte. Dies gilt insbesondere für die *Gedanken über Vernunft, Aberglauben und Unglauben*, in denen der rechte Glaube allenfalls eine marginale Rolle spielt. Zusätzliche Verwirrung stiftet Haller, indem er in der Vorrede seines Gedichtbandes betont, dass er «so offt er vom Glauben redt, den falschen Glauben dadurch verstanden haben will».[26] Im Mittelpunkt des Textes stehen ebendiese falschen Formen des Glaubens: Statt die Verstandesgaben, die Gott ihm geschenkt hat, richtig anzuwenden, lässt der Mensch sich von Eitelkeit und Hochmut leiten. Im Aberglauben schaltet er seine Vernunft vollständig aus und hört auf, eigenständig zu denken. Er meint, dass weltliche Mittel und Zeremonien genügen, um sein Verhältnis zu Gott recht zu gestalten, und gehorcht blind den heuchlerischen Worten der Priester. Im Unglauben dagegen vertraut er allzu sehr auf seine Vernunft, blendet Gott aus seiner Welt aus und akzeptiert allein, was ihm gefällt. Zum wahren Glauben führt nur das rechte Mass einer Vernunft, die um die Grenzen ihrer Erkenntnisfähigkeit weiss und dem Menschen hilft, aus der wunderbaren Einrichtung der Natur auf die Macht und Weisheit des Schöpfers zu schliessen. Damit flicht Haller Elemente seines physikotheologischen Forschungsprogramms in seinen Text ein, die auch Ansätze für radikalere, heterodoxe Gedanken bieten. Einer festen theologischen Position oder Partei lässt er sich dabei jedoch nicht zuordnen.[27]

Trotz solcher kritischer Untertöne bemüht sich Haller, seine eigene Glaubenshaltung zu festigen, indem er sich mit religionskritischen wie apologetischen Texten aufmerksam auseinandersetzt.[28] Besonders wichtig wird ihm dabei eine Abhandlung des englischen Mathematikers Humphry Ditton, die er 1733 in französischer Übersetzung liest. Seine 40 Jahre später veröffentlichten detaillierten Exzerpte zu Dittons *Discourse concerning the Resurrection of Jesus Christ* belegen, wie intensiv er sich mit dieser

Schrift beschäftigt hat.[29] Ditton versucht darin, die Auferstehung Christi präzise zu beweisen, aus der sich die vollständige Wahrheit der gesamten christlichen Offenbarung herleiten lässt: Wenn Christus auferstanden ist, dann ist er der von Gott gesandte Messias, seine Lehren sind wahr, und der Mensch muss nach ihnen handeln. Dittons Text fasziniert Haller wegen seiner genauen Beweisführung: «Der Endzwek des Verfassers ist zu zeigen, daß diejenigen, welche die Offenbahrung leugnen, der Vernunft und der Wahrheit entsagt haben müssen.»[30] Ditton geht einzig von zuverlässigen Grundsätzen aus, zieht aus ihnen nur die nötigsten Folgerungen und prüft sorgfältig alle Optionen. Da er dabei auch mögliche Einwände des rationalen Deismus gegen die Offenbarung berücksichtigt, bietet er Haller eine Basis, um seinen eigenen Glauben zu rechtfertigen.

Obwohl Haller durch die Lektüre Dittons und die Physikotheologie wichtige Argumente gewinnt, betrachtet er jedoch nicht alle religiösen Schwierigkeiten als eindeutig lösbar. In *Ueber den Ursprung des Uebels* wendet er sich 1734 einem zentralen Problem der Aufklärungstheologie zu, ohne es befriedigend klären zu können: Warum lässt Gott das Böse in der Welt zu? Ist seine Schöpfung unvollkommen – oder ist er kein guter Gott? Haller kann keine Lösung anbieten, die diese Spannung aufhebt, sondern lediglich erläutern, unter welchen Voraussetzungen das Übel in die Welt gekommen ist: Gott will die Menschen nicht zu blindem Gehorsam zwingen, sondern lässt ihnen die Freiheit, selbst zu entscheiden und zu wählen. Trotz dieser Herleitung aber bleiben drängende Fragen stehen: «O Gott voll Gnad und Recht, darf ein Geschöpfe fragen: | Wie kann mit deiner Huld sich unsre Qual vertragen?» (3. Buch, V. 178 f.) Letztlich bleibt nur die Einsicht, dass der höhere Sinn von Gottes Handeln dem menschlichen Verstand nicht zugänglich ist. In seiner nachträglich eingefügten Vorbemerkung zu diesem Gedicht betont Haller selbst, dass ihm vor allem das Ende des Textes problematisch erscheint: Er habe verantwortungslos jene Mittel verschwiegen, mit denen Gott die Seelen der Menschen wieder mit sich versöhnt, nämlich die Menschwerdung und das Leiden Christi.[31] Doch fehle ihm mittlerweile die Kraft, den Trost der christlichen Offenbarung poetisch überzeugend in seinen Text einzuarbeiten. Noch radikaler und offener endet sein *Unvollkommenes Gedicht über die Ewigkeit* von 1736: Auch dieser Text wirft existentielle Probleme auf, doch bietet er nicht einmal mehr den Ansatz einer Lösung an.[32] Der Mensch sieht sich mit den unendlichen Dimensionen der Ewigkeit konfrontiert und findet angesichts seiner eigenen Sterblichkeit keine Ruhe. Auch hier fügt Haller nachträglich eine Bemerkung ein, die den Leser auf diese Schwierigkeit hinweist: Eigentlich habe er die im Gedicht gestellten Fragen erwidern und beantworten wollen, doch sei es ihm nicht gelungen, seinen Text abzuschliessen. Sein pauschaler Hinweis, dass er in jedem Fall von einem Leben nach dem Tod ausgehe, bleibt jedoch Marginalie.[33] Dies mag damit zusammenhängen, dass Haller in beiden Gedichten kein umfassendes philosophisches System entwerfen, sondern die Problematik ihrer Gegenstände besonders radikal und eindringlich gestalten will. Möglich ist allerdings auch, dass die naheliegende Antwort – der Verweis auf die biblische Offenbarung – ihn selbst immer weniger befriedigt, zumal er in der zweiten Hälfte dieses Jahrzehnts den Tod seiner beiden ersten Ehefrauen und zweier Kinder zu bewältigen hat. Zwar erhält er von Freunden, Bekannten und Seelsorgern geistlichen Zuspruch;[34] doch belegt sein Tagebuch, von dem noch die Rede sein wird, dass er im christlichen Glauben keine Ruhe finden kann. Mit der Ewigkeit als Massstab richtet sich sein Blick nicht mehr auf die Schöpfung, sondern auf das Leben nach dem Tod, auf Sünde, Schuld und Erlösung.

Mission Glaube: Religion und Gesellschaft

Dennoch betätigt sich Haller im Lauf seines Lebens auch öffentlich als reformierter Christ und stellt Überlegungen zur Funktion der christlichen Religion für die Gesellschaft an. So erreicht er in Göttingen, dass die reformierten Angehörigen der Universität nicht nur regelmässig private Gottesdienste abhalten dürfen, sondern schliesslich sogar offiziell eine eigene Gemeinde gründen dürfen. Es dürfte kein Zufall sein, dass das Kirchengebäude, dessen Bau er initiiert, in seinem Innern an einen anatomischen Hörsaal mit aufsteigenden Bankreihen erinnert (vgl. Abb. S. 207).[35] Auch nach seiner Rückkehr nach Bern lässt er sich über die Entwicklung der Gemeinde auf dem Laufenden halten.[36]

Hallers christliches Engagement äussert sich auch in einem lebhaften Interesse für die Mission,[37] wie zwei umfangreiche Rezensionen belegen, die Haller 1743 und 1744 in der *Bibliothèque raisonnée* veröffentlicht: Er fasst in ihnen ausführlich Berichte zur Mission in Grönland und im südindischen Malabar zusammen.[38] Religion spielt dabei in zweierlei Hinsicht eine Rolle. Zum einen geht er auf Geographie und Klima, Sitten und Gebräuche des jeweiligen Landes ein und fragt nach dem Profil der jeweils vorgefundenen Religion. Zum anderen schildert er den Verlauf der protestantischen Mission und vergleicht deren Erfolge dabei immer wieder polemisch mit den missionarischen Anstrengungen anderer Konfessionen. Die Berichte wiederholen hierbei seine Ansichten aus den *Gedanken über Vernunft, Aberglauben und Unglauben*:[39] Furcht vor dem Tod und elende Lebensbedingungen führen dazu, dass die Grönländer zwar an eine unsterbliche Seele und ein Leben nach dem Tod glauben, sich aber in ihrem Aberglauben von verführerischen Schamanen nur allzu leicht ausnutzen lassen. Ähnliches gilt für die indischen Priester, die vorsätzlich den Aberglauben der Bevölkerung fördern und ausbeuten. Insofern habe die katholische Mission hier besonders leichtes Spiel. Gerade in den konkreten Missionserfolgen erweist sich deshalb immer wieder die Überlegenheit der Protestanten,[40] da die katholische Kirche ihre Anhänger lediglich zum Aberglauben erziehe: «Daraus erhellet, daß ein bekehrter Protestant wegen der Schwierigkeit und des Verdiensts so viel werth ist als tausend bekehrte Katholiken.»[41] Haller fühlt sich zudem darin bestätigt, der besten Kirche, nämlich der reformierten, anzugehören, weil sie die eigenen Glaubensbrüder nicht sabotiere wie die Lutheraner: «Man siehet mit Vergnügen die Reformirte Religion sich vor allen Kirchen in der Welt, durch ihre Entfernung von allem Eigennutzen, und durch die Billigkeit hervorthun, die sie gegen die übrigen Religionen ausübet.»[42]

Eine programmatische Begründung dieses seines Engagements entwirft Haller schliesslich in der *Vorrede zur Prüfung der Sekte die an allem zweifelt* (1751).[43] Der aus Lausanne stammende Theologe Jean-Pierre de Crousaz hatte 1733 sein *Examen du pyrrhonisme* veröffentlicht, eine umfangreiche Abhandlung gegen radikale Skepsis und Unglauben. Johann Heinrich Samuel Formey, der diesen Text in Berlin zu einer Kurzfassung komprimiert, bittet Haller, seine Version des *Examen* ins Deutsche zu übersetzen. Haller spitzt dabei die polemische Stossrichtung deutlich zu.[44] In einer ausführlichen Vorrede begründet er die entscheidende Funktion der christlichen Religion in Staat- und Gemeinwesen und warnt vor den verheerenden Folgen des Unglaubens. Diese Vorrede entwirft einen konservativen Rahmen, in den sich Hallers weitere Aktivitäten einordnen lassen. Er stellt sie deshalb auch als Programm an den Anfang beider Ausgaben seiner *Kleinen Schriften* (1756 und 1772). Er geht dabei von einem pessimistischen Menschenbild aus, dessen Grundzüge sich bereits in den Ditton-Exzerpten andeuten: Der Unglaube ist für den Menschen komfortabel, weil er ihn vollkommen von moralischen Pflichten befreit. «Keinen Gott über sich zu erkennen, vor keinen Straffen nach dem Tode sich zu fürchten, und in diesem Leben ohne Gewissen, ohne Einschränkung alles zu thun was uns gelüstet, ist eine solche Religion, die eben so viel Liebhaber haben muß als das Laster selbst, dessen Theorie sie ist.»[45] Der Mensch wäre also frei, seinen Trieben zu folgen und sein Leben ohne Reue in vollen Zügen zu geniessen. Was aber geschähe, wenn diese Lehre sich in ganz Europa durchsetzte und die Gottesleugner die Überhand gewönnen?

Haller entwirft das Szenario einer Gesellschaft, in der jeder Mensch sich einzig um sich selbst kümmert: «Die Bande des menschlichen Lebens werden alle aufs vollkommenste aufgelöset.»[46] Wo keine Nächstenliebe mehr existiert, sondern einzig die Eigenliebe alles Handeln bestimmt, zerfallen Ehen und Familien, verschmachten Kranke und Waisen, herrschen Be-

Die Errichtung der reformierten Gemeinde und Kirche in Göttingen erfüllte Haller mit Befriedigung, da sein religiöser Antrieb zu einem konkreten und sichtbaren Resultat geführt hatte. Haller war die Hauptkraft hinter der Stiftung, für die er mit Bittschriften in ganz Europa Geld sammelte. – Die Reformierte Kirche zu Göttingen, Kupferstich von Joel Paul Kaltenhofer, um 1770. – Niedersächsische Staats- und Universitätsbibliothek Göttingen.

trug, Gier, Verbrechen und Unordnung. Die menschliche Gemeinschaft zerbricht vollständig: «Ein jeder will alles, er hat ein Recht zu allem, ein jeder ist ein Feind aller andern Menschen.»[47] Diesem Schreckensbild stellt er das Modell einer christlichen Gesellschaft entgegen, in der der Glaube alle widerstrebenden Kräfte «in einem Mittelpunkte, in Gott» verbindet.[48] Da die Bestimmung der Menschen nicht im irdischen Leben dieser Welt liegt, sollen sie deren Güter mit stetem Blick auf das Jenseits geniessen. Aus der von Gott befohlenen Nächstenliebe speisen sich die bürgerlichen Tugenden und die Glückseligkeit der Welt. Für das verheissene Glück im ewigen Leben lohnt es sich, diesseitige Triebe einzudämmen. Schliesslich entkräftet er die beiden geläufigen Einwände der Skeptiker: Hat es nicht auch unter den Heiden gute Menschen gegeben? Und umgekehrt: Sind christliche Reiche denn immer tugendhaft? Haller verweist auf historische Belege, die gegen diese Einwände sprechen. Zwar habe es scheinbar auch ausserhalb des Christentums tugendhafte Menschen gegeben, doch sei deren Handeln letztlich durch schlechte, diesseitige Gründe motiviert gewesen. Anstelle eines ewigen Lebens im Himmel wollten sie Ruhm und damit diesseitige Unsterblichkeit erlangen. Die Mängel christlicher Gesellschaften dagegen lassen sich nicht dem Christentum an sich anlasten, sondern jenen, die es missbrauchen und verderben, vor allem der katholischen Kirche.[49] Sie fördere den Aberglauben, Gottes Gunst lasse sich durch Zeremonien und irdische Verdienste erkaufen; damit aber gestatte sie es dem Menschen wiederum, bedenkenlos seinen verhängnisvollen Trieben nachzugeben. Die wahre christliche Religion aber lasse sich nicht anhand «der laulichten, der Namens-Christen» kritisieren. «Der Christ ist lasterhaft, weil er kein wahrer Christ ist; der Atheist, weil er ein wahrer Atheist ist.»[50] Auch die Tugenden zeitgenössischer Freigeister seien deshalb nur Einflüssen ihrer christlichen Erziehung und Umwelt zu verdanken.

Christentum oder Freigeisterei? Für Haller entscheidet diese Frage über das Wohl und Wehe der menschlichen Gesellschaft, die ohne christliche Zucht und Moral an den Fehlern der Menschen zugrunde gehen müsste. Der «Streit mit den Freygeistern [...] ist ein Krieg zwischen dem Guten und dem Bösen, zwischen dem Glüke der Welt und ihrem Elende.»[51] Nicht nur die Obrigkeit, sondern jeder einzelne Christ ist deshalb aufgerufen, bereits «in seinem eigenen Busen den Keim des Uebels auszurotten» und sich für seinen Glauben öffentlich zu engagieren.[52] Dies gilt insbesondere für die Gelehrten, die ihre von Gott empfangenen Geistesgaben dazu verwenden sollten, «dieselben ihrem Geber [zu] heiligen».[53] Haller selbst versucht, diesen Auftrag insofern umzusetzen, als er seine naturwissenschaftliche Arbeit immer wieder im Licht seiner christlichen Überzeugungen überprüft.

Religion und Naturwissenschaft

In den 1750er und 1760er Jahren befasst Haller sich mit Arbeitsfeldern, für deren Einordnung in sein physikotheologisches Weltmodell genuin theologische Argumente von Belang sind. Die Physikotheologie vermag naturwissenschaftliche Empirie und theologische Bekräftigung nicht immer säuberlich zu trennen; theologische Voraussetzungen und mögliche Konsequenzen mögen Haller deshalb teilweise zu Schlüssen bewegen, die seine empirischen Studien nicht unbedingt nahelegen. Seine Forschungen zur Irritabilität der Muskeln und zur Sensibilität der Nerven belegen, dass Bewegung und Empfindung sich ganz bestimmten organischen Strukturen zuweisen lassen und auch noch bei toten und vom Körper getrennten Organen funktionieren (vgl. den Beitrag zur Physiologie in diesem Band). Sie sind deshalb unabhängig von der Seele eines Lebewesens. Haller folgert daraus, dass die Seele nicht materiell sein kann.[54] Er setzt sich damit dezidiert von der materialistischen Position Julien Offray de La Mettries ab, mit dem er wenige Jahre zuvor in eine bittere Kontroverse geraten war: La Mettrie hatte Hallers Plagiatsvorwürfe gegen seine *Histoire de l'âme* ironisch gekontert, indem er ihm seine Schrift *L'homme machine* (1748) gewidmet hatte.[55] Haller sah sich dadurch öffentlich verunglimpft und vom atheistischen Materialismus vereinnahmt. Deshalb greift er auf Deutungsoptionen zurück, die seine Forschungsergebnisse von solchen Positionen absetzen: Während die Materialisten körperliche und geistige Kräfte miteinander vermischen,[56] beharrt er auf der Grundannahme des Cartesianismus, der die Welt strikt in materielle Objekte und Geist trennt. Mit empirischen Methoden lässt sich nicht klären, wie beide Sphären zusammenhängen.[57] Indem Hallers Modell Gebiete absteckt, für die die Naturwissenschaft nicht zuständig ist, hält es Räume für Gott offen. Denn allein Gott kann die Einheit der Welt garantieren, indem er zwischen Körper und Geist vermittelt.[58] Der Mensch besteht aus seinem materiellen Körper und einer immateriellen Seele, die seine unterschiedlichen Sinneseindrücke miteinander vereinigt.[59] Wie genau jedoch diese Verbindung und das Zusammenwirken von Körper und Seele funktionieren, weiss allein Gott, während der Mensch als zusammengesetztes Geschöpf seine eigene Einheit nicht begreifen kann.[60] Haller bemüht sich intensiv darum, für alle Kräfte, die in und auf Lebewesen wirken, Gottes Anteil festzuhalten, obwohl er diesen göttlichen Einfluss nicht unmittelbar nachweisen kann: Für ihn ist entscheidend, dass die Schöpfung nicht unabhängig von ihrem Schöpfer gedacht werden darf.

Wichtig ist diese Haltung vor allem für Hallers Verständnis der Embryogenese (vgl. den Beitrag zur Embryologie in diesem Band).[61] Als Schüler Boerhaaves hängt er zunächst der Präformationstheorie an: Er geht davon aus, dass der gesamte Organismus bereits in der Keimzelle vollständig ausgebildet sei. Gott hat demnach bereits in der Schöpfung alle Lebewesen komplett vorgebildet. In den Eizellen der ersten Geschöpfe waren bereits alle zukünftigen Generationen ineinandergeschachtelt, die nun eine nach der anderen heranwachsen. Selbst scheinbare Fehlbildungen belegen dabei seiner Meinung nach die Weisheit und Allmacht des Schöpfers.[62] In Göttingen allerdings wechselt er zur Gegenpartei der Epigenetiker: Abraham Trembleys Versuche zur Regeneration von Süsswasserpolypen überzeugen ihn davon, dass Lebewesen nicht von Beginn an vollständig vorgebildet sind, sondern sich erst allmählich aus einer undifferenzierten

Keimflüssigkeit entwickeln. In den 1750er Jahren aber wendet er sich nach umfangreichen Versuchsreihen erneut der Präformationslehre zu. Diese scharfe Umorientierung wird wesentlich durch den Genfer Naturforscher Charles Bonnet angestossen, der seinen Briefpartner Haller drängt, die Epigenese aufzugeben, da sie dem Materialismus und Atheismus zuarbeite. Haller weiss um diese Konsequenzen, kann rein theologische Bedenken aber nicht als naturwissenschaftliche Argumente akzeptieren. Als er sich 1755 so weit bringen lässt, die Frage nach Epigenese und Präformation noch einmal grundsätzlich zur Disposition zu stellen, sind es deshalb empirische Daten, die ihm für die Präformationslehre zu sprechen scheinen. Obwohl er Anregungen Bonnets in seine Interpretation dieser Daten einbindet,[63] ist für den Physikotheologen Haller der naturwissenschaftliche Beweis entscheidend, den theologische Schlussfolgerungen lediglich bestätigen. Grösseres Gewicht gewinnen sie nur, als er auf einen Gegner trifft, dessen Position er experimentell nicht entkräften kann. Als Caspar Friedrich Wolff neue, überzeugende Argumente zugunsten der Epigenese vorlegt, macht Haller religiöse Bedenken geltend.[64]

Hallers Bekenntnis zur Präformationslehre zeigt, dass seine Naturwissenschaft nicht vollständig von der Theologie losgekoppelt werden kann. Zwar gründet er seine Argumentation auf innerwissenschaftliche Erkenntnisse, doch die Motivation und die Richtung, in die er seine Forschung treibt, sind auch von ausserwissenschaftlichen Faktoren bestimmt. In den komplex geführten Debatten versucht er, sich nicht nur als Experimentalforscher, sondern auch als Christ zu positionieren; aber wie sich zeigt, sind nicht alle Ungläubigen Epigenetiker, nicht alle Epigenetiker Ungläubige.[65] Um klare Fronten zu bilden, stellt er die Haltung mancher seiner Gegner daher radikaler und irreligiöser dar, als sie tatsächlich ist.[66] La Mettries Spott bestärkt ihn in dieser Haltung: Obwohl seine Irritabilitätslehre eine materialistische Deutung nahelegen könnte, wehrt er sich vehement dagegen. Immer deutlicher identifiziert er ausserdem die ‹Philosophes› – besonders Voltaire und Rousseau – als entscheidende Gegner, zumal in den 1750er und 1760er Jahren mit Voltaires *Poème sur le désastre de Lisbonne*, dem *Candide* und dem *Dictionnaire philosophique* Texte entstehen, mit denen Haller Grundfesten seines Glaubens angegriffen sieht. In seiner Korrespondenz[67] wie auch in seinen Rezensionen spielen die ‹Philosophes› deshalb eine zunehmend wichtige Rolle.

Frontenbildung: Die Bibel und die *Philosophes*

Im Jahr 1755 schreibt Haller eine Vorrede zur reformierten Bibelübersetzung des Johannes Piscator.[68] Er betont darin den einzigartigen Wert des Bibeltextes, der alle anderen Schätze übertrifft, weil er dem Menschen den Weg zur ewigen Seligkeit offenbare. Im November desselben Jahres sterben beim grossen Erdbeben von Lissabon Zehntausende Menschen. Die Naturkatastrophe findet auch in Hallers Korrespondentennetz rege Resonanz,[69] ohne sich jedoch befriedigend kompensieren oder bewältigen zu lassen. Voltaire reagiert auf dieses Deutungsdefizit mit poetischen Texten, die den optimistischen Glauben an eine vollkommene, wohlgeordnete Welt und einen gütigen und allmächtigen Gott grundsätzlich in Frage stellen. Haller kann sich mit dieser Haltung nicht anfreunden; Katastrophen und öffentliches Übel erklärt er als Werkzeuge der Vorsehung, die den Menschen auf die Ewigkeiten verweisen sollen. Deshalb betrachtet er Voltaire von da an als seinen weltanschaulichen Hauptgegner (Abb. S. 213).[70] Auch Rousseau, der die Religion statt aus der Offenbarung allein aus den natürlichen Gefühlen und Anlagen des Menschen ableiten möchte, wird ihm verdächtig; Haller ist besonders entsetzt darüber, dass Rousseau Jesus als Fanatiker und schwärmerischen Enthusiasten darstellt und ihn damit zum Betrüger erklärt.[71]

Trotz solcher Bedenken wahrt Haller jedoch in der Regel die Grundsätze unparteiischer und differenzierter Berichterstattung, wenn er die Werke seiner Gegner rezensiert:[72] So würdigt er ihr poetisches Können, kritisiert aber auch ihre seiner Meinung nach gefährliche Auffassung von Kirche und Religion. So missfällt ihm, dass Rousseau den Gelehrten die Schuld am Unglauben gibt und in seiner *Julie, ou la Nouvelle Héloïse* den Ehemann Julies, der Gott leugnet, viel zu positiv darstelle.[73] Noch schwerer wiegen für ihn freilich Werke wie Voltaires *Candide*, die gegen Leibniz nachzuweisen versuchen, dass die Welt eben nicht die beste aller möglichen Welten sei, und damit in seinen Augen die verderbte Natur des Menschen verteidigen. Dem ernsten Anliegen der Texte widerspricht überdies ihr Stil: «Eine Würze von Unzucht und Religionsspötterey ist reichlich über das ganze ausgeschüttet.»[74]

Obwohl Haller Voltaire in mancher Hinsicht nahesteht – so kritisiert er wie der Franzose den weltlichen Machtanspruch der katholischen Kirche[75] –, berühren dessen Schriften immer wieder neuralgische Punkte, die ihn zu Gegenreaktionen provozieren, wo ihm das Urteil des Gegners ungerecht und pauschal erscheint. So kritisiert Voltaire beispielweise Calvin heftig wegen der Hinrichtung des Antitrinitariers Michael Servetus.[76] Obwohl Hallers Sympathien eher Zwingli als Calvin gehören, verteidigt er dessen Handeln gegen Voltaires Angriff:[77] Als Katholik solle Voltaire bedenken, dass Calvins Urteil noch in der Tradition der katholischen Kirche stehe, die für weit mehr Hinrichtungen verantwortlich sei als die weit toleranteren Reformierten. Voltaires Attacken zwingen Haller hier wie andernorts dazu, seine eigene theologische Position klarer herauszuarbeiten als zuvor. Seine religiösen Texte wirken deutlich konservativer, weil er gegenüber Voltaire und anderen Religionskritikern apologetische Trennschärfe wahren möchte. Im letzten Jahrzehnt seines Lebens konfrontieren ihn ausserdem seine eigenen körperlichen Gebrechen wieder mit den Fragen nach Sinn und Ziel des menschlichen Lebens, die ihn bereits in den 30er Jahren intensiv beschäftigt haben. Religiöse Gedanken rücken deshalb zunehmend ins Zentrum seines Lebens. Dies dokumentiert nicht nur die erweiterte Ausgabe der *Sammlung kleiner Hallerischer Schriften* von 1772, in der er etliche einschlägige Publikationen zusammenfasst. Jahrzehnte nach ihrer ersten Niederschrift bleiben auch die Themen seiner Gedichte für ihn aktuell.[78] Viele Änderungen, die er jetzt noch an den Texten vornimmt, berühren Glaubensfragen.[79] Da er die Gedichte jedoch mit Anmerkungen und Varianten herausgibt, dokumentieren die beigegebenen älteren Textstufen einen fortschreitenden Erkenntnisprozess und halten auch seine ‹Irrtümer› schonungslos öffentlich fest. Auch andere, aus älteren Texten vertraute Ideen greift Haller in diesen Jahren wieder auf. So fliessen die Gedanken über das Zusammenspiel von Religion und Staatswesen, die er in der Vorrede zu seiner Formey-Übersetzung formuliert, auch in seine Staatsromane ein, die zwischen 1771 und 1774 erscheinen.[80] Vor allem der erste dieser Texte jedoch, der *Usong*, fragt nicht nur nach der Funktion der Religion im Staat, sondern deutet auf seinen letzten Seiten auch die persönliche Dimension des Glaubens für einen Herrscher an: Usong findet im Sterben Trost durch den Beistand des christlichen Waffenschmieds Veribeni. Die genauen Inhalte dieser tröstlichen Botschaft jedoch lagert Haller aus seinem Roman aus und gestaltet sie zu einem eigenständigen Werk.

Die Offenbarungsbriefe

Eng mit dem *Usong*-Roman verknüpft sind die 1772 erschienenen *Briefe über die wichtigsten Wahrheiten der Offenbarung*, mit denen Haller ausdrücklich als Verteidiger des christlichen Glaubens an die Öffentlichkeit tritt:[81] Ursprünglich waren sie wohl als Botschaft des sterbenden Usong an seine Tochter Nuschirwani gedacht. Haller gliedert die Briefe jedoch aus dem Roman aus und arbeitet sie zu einer eigenständigen Schrift aus, weil ihm die darin behandelten Themen zu wichtig sind, um sie als blosses Anhängsel zu behandeln. Er knüpft dabei erneut an seine bereits erwähnte

Haller betrachtete Voltaire seit den 1750er Jahren als einen seiner weltanschaulichen Hauptgegner, auch wenn er ihm in mancher Hinsicht nahestand. Hallers *Briefe über einige Einwürfe nochlebender Freygeister wider die Offenbarung* (1773-1775) sind eine explizite Replik auf Voltaires religionskritische Schriften. – «Le meilleur portrait du vieux singe de Ferney», Federzeichnung, Künstler unbekannt, Ende 18. Jh. – Historisches Museum Bern.

Lektüre von Humphry Dittons Beweis der Auferstehung Christi an, erweitert jedoch seine Argumentation. Das Anliegen der *Offenbarungsbriefe* ist kein geringeres, als die Wahrheit und Gültigkeit der christlichen Gnadenlehre einleuchtend nachzuweisen: Der Mensch ist sündig und kann vor Gott nicht bestehen – Jesus Christus jedoch hat als wahrer Mensch und wahrer Gott die Menschen mit Gott versöhnt und eröffnet ihnen so den Weg zum ewigen Leben. Er verwendet dabei keine gelehrten theologischen Argumente, sondern skizziert als theologischer Laie den Zusammenhang grundlegender Inhalte der biblischen Offenbarung, aus denen sich eine einfache christliche Morallehre ableiten lässt.[82]

Überzeugungskraft und Kohärenz gewinnen die Briefe dadurch, dass sie nach wie vor Spuren der fiktionalen Kommunikationssituation tragen, aus der Haller sie ursprünglich entwickelt hat: Sie geben sich als Nachrichten eines sterbenden Vaters an seine Tochter aus. Allerdings hält Haller dieses Szenario nicht konsequent durch, sondern flicht mitunter Bemerkungen ein, die die Fiktion durchbrechen – sein Anliegen ist ihm wichtiger als eine poetisch konsequente Gestaltung.[83] In vierzehn Briefen – die meisten um die zehn, einige aber bis zu 25 Oktavseiten lang – teilt der Vater als Sprecherfigur seiner Tochter wesentliche Einsichten über Sinn und Ziel des Lebens und den göttlichen Heilsplan mit, die angesichts des Todes Kraft, Trost und Hoffnung spenden können. Den Lehren der Philosophen über den Schöpfergott will er Gott als Richter und Erlöser gegenüberstellen.[84]

Dazu bündelt Haller Gedanken, die sich bereits in seinen Gedichten der 1730er Jahre und in der Vorrede zu seiner Formey-Übersetzung finden: Den Rahmen allen menschlichen Handelns und Denkens muss die Ewigkeit bilden, denn das irdische Leben ist endlich und entspricht nicht der wahren Bestimmung des Menschen (1. Brief). Hoffnung über den Tod hinaus gewährt allein der christliche Glaube. Um sich dieser Hoffnung jedoch gewiss zu sein, darf der Christ seinen Glauben nicht als selbstverständlich hinnehmen: «Man muß die Beweise der Religion selbst einsehn, selbst fühlen, selbst mit allen den Kräften des Verstandes und des Herzens bejahen, wenn sie unsern Leiden widerstehn sollen.»[85] Der Mensch kann nur dann gottgefällig leben und seinen egoistischen Eigenwillen, die «Quelle alles Uebels»,[86] überwinden, wenn er die Ewigkeit im Blick behält (2. Brief). Doch selbst wenn er dies beherzigt, ist er unweigerlich ein Sünder und sieht sich im Tod der unerbittlichen Gerechtigkeit Gottes ausgeliefert. Gott als das absolut Gute muss die Sünde verabscheuen. Aus Liebe hat er jedoch einen Weg ersonnen, um den Menschen mit sich zu versöhnen – die Erlösung durch den Mittler Jesus Christus. Diese Erlösung übersteigt die Kräfte des menschlichen Verstandes und kann deshalb nicht von Menschen erfunden worden sein (3. Brief). Die folgenden Briefe begründen, warum Jesus eindeutig als Abgesandter Gottes gelten muss, der die Wahrheit gelehrt und die Menschen mit Gott versöhnt hat (4.-10. Brief): Seine Lehren lassen sich aus keiner menschlichen Tradition ableiten, sondern stellen etwas ganz Neues dar. Kein Mensch vor ihm sei auf den Gedanken gekommen, dass Gott sich nicht durch materielle Opfer versöhnen lasse. All sein Reden und Handeln stimmt mit seinem göttlichen Auftrag überein; in ihm erfüllen sich die messianischen Prophezeiungen des Alten Testaments. Seine Auferstehung lässt sich zweifelsfrei beweisen: Nur deshalb, weil sie den auferstandenen Jesus gesehen haben, konnten die Apostel den Mut gewinnen, sich trotz aller Gefahren zu ihm zu bekennen. Anzahl und Qualität der Beweise dafür, dass Jesu der beglaubigte Abgesandte Gottes war, sind so gross, dass sie nicht trügen können. Da nun Jesu göttliche Mission erwiesen ist, bleibt nur noch, sie ins grosse Gebäude des göttlichen Heilsplans einzuordnen (11. bis 13. Brief): Der Vater erklärt seiner Tochter, warum Jesus als Mittler zugleich Gott und Mensch sein musste, und weshalb Gott gerade diesen Weg der Erlösung gewählt hat. Hallers Gedanken zu dieser Frage ergänzen sein Gedicht *Ueber den Ur-*

sprung des Uebels und lassen sich als Antwort auf Voltaires Theodizee-Kritik lesen: Gott hat dem Menschen den freien Willen geschenkt, damit dieser nicht nur ein mechanisches Werkzeug in seiner Schöpfung bleibt, hat damit aber zugleich in Kauf genommen, dass der Mensch sich für das Böse entscheidet. Um ihn dennoch vor dem Verderben zu bewahren, ist Jesus Christus als Mittler gestorben. Dem Menschen bleibt nur die demütige Einsicht, dass er unvollkommen ist und nicht durch eigenes Verdienst, sondern allein aus Gnade gerettet werden kann. Um diese Einsicht abzusichern, appelliert der Erlösertod Christi an die zwei Grundtriebe des menschlichen Herzens: Furcht vor Strafe und Hoffnung auf Versöhnung. Obwohl sich dieses Erlösungswerk nicht vollkommen verstehen lässt, kann der Mensch daraus Freude und Zuversicht schöpfen (14. Brief).

Der Mensch ist nichts ohne den Erlöser Jesus Christus: Diese entscheidende Botschaft der *Offenbarungsbriefe* liegt Haller so sehr am Herzen, dass er sich ihretwegen beinahe mit seinem treuesten Korrespondenten Charles Bonnet zerstreitet. Von November 1771 bis weit in den Sommer 1772 hinein führen die beiden eine zermürbende Diskussion über die Gott-Natur Christi, die ihre Freundschaft schwer belastet. Bonnets bohrende Einwände zwingen Haller dabei dazu, zentrale Elemente seiner Theologie noch einmal pointiert zusammenzufassen. Ein einziges Stichwort löst den Streit aus – Sozinianismus.[87] Diese humanistische Bewegung, nach ihren Begründern Fausto und Lelio Sozzini benannt, bereitet die Theologie der Aufklärung wesentlich mit vor:[88] Die Sozinianer stellen die Autorität der Vernunft neben jene der Schrift und fordern, die Bibel mit gesundem Menschenverstand kritisch zu prüfen. Gegen die Vernunft verstösst für die Sozinianer dabei nicht nur die Lehre von der Dreieinigkeit Gottes, sondern auch jene von der Doppelnatur des Gottmenschen Jesus Christus und seiner stellvertretenden Genugtuung für das Heil der Menschen. Jesus gilt ihnen allenfalls als von Gott begnadeter Lehrer, nicht aber als Messias.

Haller erwähnt zunächst beiläufig, dass er nicht die Atheisten, sondern die Sozinianer als seine entscheidenden Gegner betrachtet. Die *Offenbarungsbriefe* wollen schliesslich nicht die Existenz Gottes beweisen, sondern widmen sich der Erlösung, die nur deshalb möglich ist, weil Christus göttliche und menschliche Natur in sich vereint. Bonnet setzt sofort dazu an, die Sozinianer zu verteidigen – immerhin sei ein Sozinianer noch besser als ein Atheist. Haller hält dagegen: Die Gottheit Christi und sein Versöhnungstod sind für ihn der Inbegriff der Offenbarung, den er nicht aufgeben kann, weil damit die ewige Seligkeit auf dem Spiel stünde. Deshalb genügt es nicht, Jesus im Sinne der Sozinianer und der neologischen Theologie als Weisheitslehrer zu würdigen. Nach mehreren Monaten hitzigen Wortwechsels bittet er Bonnet schliesslich, das Thema nicht mehr anzuschneiden, weil er fürchtet, dass der Freund selbst mit ihm im Glauben nicht übereinstimme. Diese Diskussion geht Haller merklich an die Substanz: Einerseits will er den Streit so schnell wie möglich beenden, andererseits kann er Bonnets Haltung nicht einfach hinnehmen, sondern fühlt sich verpflichtet, dessen Kritik immer wieder zu erwidern. Ihre Fortsetzung findet diese Haltung in der kleinteiligen, zermürbenden Abrechnung mit Voltaire.

Die Freigeisterbriefe

Bonnet versucht Haller zu überreden, ein physikotheologisches Werk gegen Atheisten und Freigeister zu schreiben, das an den Erfolg der *Offenbarungsbriefe* anknüpft.[89] Er schlägt sogar schon einen Titel vor: «Extrait des Archives de la SAGESSE DIVINE».[90] Doch Haller lehnt ein solches Projekt ab. Bonnet gelingt es auch nicht, ihn in eine analytische Diskussion darüber zu verwickeln; sein Freund will sich auf keinen Fall mit atheistischem Gedankengut befassen, weil er fürchtet, damit seine eigenen Zweifel zu nähren.[91] Trotzdem lässt er den *Offenbarungsbriefen* ein weiteres apologetisches Werk folgen: In drei Bänden erscheinen 1775 bis 1777 die *Briefe über einige Einwürfe nochlebender Freygeister wider die Offenbarung*.[92] Obwohl Haller auch diese Texte als Briefe bezeichnet, sind sie völlig anders angelegt und strukturiert als die *Offenbarungsbriefe*: Die einzelnen Briefe bilden keine in sich abgeschlossenen Einheiten, sondern dienen allenfalls zur groben Strukturierung einer stupenden Fülle an Wissen und Argumenten. Während die *Offenbarungsbriefe* ein zusammenhängendes Gedankengebäude entwerfen, entsteht Kohärenz hier allein durch die Vorlage, auf die Haller seine Texte bezieht, nämlich eine Auswahl von Werken Voltaires, die für ihn die religionskritischen Tendenzen der französischen Aufklärung repräsentieren: Die *Mélanges* sowie die *Questions sur l'Encyclopédie*, eine stark erweiterte Fortsetzung von Voltaires philosophischem Taschenwörterbuch (*Dictionnaire philosophique portatif*, 1764).[93] Haller setzt diesen Texten kein selbständiges, kohärentes Ganzes entgegen, sondern schreibt einen Antitext, der sich gleich einem Stellenkommentar an den Vorlagen entlangtastet, aber keinen eigenen roten Faden entwickelt. Kaum ein anderes seiner Werke fordert dem Leser deshalb so viel Geduld ab wie diese *Freigeisterbriefe*, die von Sprüngen, Brüchen und Wiederholungen überborden. Sie bestehen aus Erwiderungen, Repliken und Gegenargumenten, die Voltaires Thesen und Argumente allenfalls in knappen Stichworten aufrufen, ohne sie ausführlich zu erläutern. Erschwerend kommt hinzu, dass Voltaires *Questions* ihrerseits nicht für eine lineare Lektüre von der ersten bis zur letzten Seite bestimmt sind, sondern als Nachschlagewerk frei durchblättert sein wollen.

Die *Freigeisterbriefe* verteidigen Grundbestände des christlichen Glaubens, indem sie teils traditionelle apologetische Argumente aufgreifen, teils an die Vernunft ihres Lesers appellieren oder Erkenntnisse der modernen Naturforschung heranziehen.[94] Ihr wichtigstes Anliegen besteht darin, den Wahrheitsgehalt der Bibel zu begründen. Dabei umfasst ihr weites Themenspektrum aber nicht nur die Geschichte des Volkes Israel, den Kanon der biblischen Bücher, die Funktion der christlichen Moral für Gesellschaft, die Taten Jesu oder die Prophezeiungen des Alten Testaments, sondern auch die englische Staatsverfassung und die chinesische Himmelskunde, Christenverfolgungen in Antike und Neuzeit.

Wie in den *Offenbarungsbriefen* betont Haller dabei gleich zu Beginn, dass er kein Fachtheologe sei, sondern nur die Bibel und historische Werke kenne. Damit lässt er anklingen, dass es kein grosses Kunststück sei, die Kritik der Freigeister als nichtig zu entlarven. Die wichtigsten Instrumente hierzu, nämlich die Vernunft und die Bibel, stehen jedem Christen zur Verfügung.[95] Wie in seinen Rezensionen unterscheidet er Voltaires stilistische Leistung vom Inhalt seiner Texte: Er würdigt seinen Gegner zwar als geistreichen und begabten Schriftsteller, wirft ihm aber andererseits vor, dass er seine Geistesgaben missbrauche, um seine Leser zu manipulieren.[96] Beim aufmerksamen Lesen aber seien die zahlreichen inhaltlichen Schwächen und Fehler Voltaires nicht zu übersehen:[97] Er sei weder in den alten Sprachen noch in der Kulturgeschichte des Orients bewandert, lese die Bibel nicht gründlich genug, argumentiere anachronistisch und reisse Sätze aus ihrem Kontext. Voltaire verkenne, dass die christliche Offenbarungsreligion sich von der natürlichen Religion, die einzig auf Vernunftschlüssen aufbaut, fundamental unterscheide, da das Wesen Gottes und die Wirklichkeit des ewigen Lebens dem menschlichen Verstand nicht zugänglich sind. Seine Urteile über die biblische Offenbarung beruhten deshalb auf völlig falschen Prämissen. So spotte Voltaire darüber, dass Jesus die Schmerzen seiner Passion nicht in stoischer Ruhe hingenommen, sondern laut beklagt habe. Dabei jedoch verkenne er, dass Jesus kein Held auf der Theaterbühne sei, sondern leiden ‹müsse›, um seine Aufgabe als Mittler zu erfüllen.[98] Besonders beklagt Haller, dass Voltaire banale und längst widerlegte bibelkritische Argumente präsentiere, als seien sie vollkommen neu, und ihn mit seinen Redundanzen dazu zwinge, seine Gegenargumente ebenfalls ständig zu wiederholen.[99] Zahlreiche Gedanken Voltaires kann Haller deshalb mit Argumenten widerlegen, die er bereits in anderen Zusammenhängen verwendet hat, so etwa die Frage nach der Theodizee und dem Ursprung des Bösen in der Welt.[100] Ein anderes wiederkehrendes Thema ist Voltaires Kritik an der biblischen Sintfluterzählung, die Haller vor allem kontert, indem er auf Funde von Muscheln und anderen Meerestieren im Hochgebirge verweist.[101] Die Sintflut-Passagen reihen sich ein in eine lose Folge von Textabschnitten, in denen Haller sich mit Voltaires Einwänden gegen die biblisch bezeugten Wundertaten Gottes auseinandersetzt.[102] Während Voltaire auf die Naturgesetze pocht und ein unmittelbares Eingreifen Gottes in irdisches Geschehen ausschliessen möchte, versucht Haller, beide Optionen zu verbinden: Gott könne in seltenen Fällen Ausnahmen von den Naturgesetzen zulassen, da er selbst diese Gesetze befohlen habe und ihnen deshalb nicht sklavisch unterworfen sei.[103] Jedenfalls lasse Gott sich auf keinen Fall von Voltaire vorschreiben, wie er seine Wunder zu vollbringen habe.[104] Der schroffe Ton, in dem Haller jeden kleinsten Einwurf seines Gegners seziert, markiert eine konservative, orthodoxe Haltung, die auch im Detail keinen Zweifel am Bibeltext duldet. Rhetorisch muss er damit kapitulieren, weil er Voltaires persuasiver Verve nur punktuelle, penible Widerlegungen entgegenstellen kann.[105] Nur an wenigen Stellen der *Freigeisterbriefe* schreibt Haller nicht allein als Apologet, sondern lässt persönliche Erfahrungen in seine Texte einfliessen. Wenn Voltaire behauptet, der Mensch sei von Natur aus gut, erwidert Haller, Voltaire habe nie Erfahrungen als Vater gemacht, da er wissen müsse, wie widerspenstig, herrschsüchtig, hartnäckig und zornig gerade ein kleines Kind sei.[106] Die eigene Erfahrung bestätigt somit ein pessimistisches, von der Sünde belastetes, orthodoxes Menschenbild, das ähnlich auch der Vorrede seiner Formey-Übersetzung zugrunde liegt: «Durch eine mäßige Aufmerksamkeit auf mich selber bin ich überzeugt, wie schwer es ist, seine Sünden abzulegen, auch wo uns das volle Licht der Offenbarung anstrahlet».[107] Hier deutet Haller persönliche Probleme, Zweifel und Konflikte an, die in seinen religiösen Publikationen anscheinend keine Rolle spielen. Seine privaten Tagebuchaufzeichnungen jedoch bezeugen, dass solche Krisen ihn sein Leben lang begleitet haben.

Das Tagebuch

Ein Jahr nach Hallers Tod gibt der Berner Publizist Johann Georg Heinzmann Auszüge aus dessen Tagebuch heraus, mit dem erklärten Ziel, das Rätsel um Hallers Gläubigkeit zu lösen (vgl. den Beitrag von Richard Toellner in diesem Band). Die Tagebuchtexte dokumentieren, wie sein religiöser Schwerpunkt sich vom Schöpfergott auf die Frage nach Schuld und Gnade und damit in die Christologie verschiebt.[108] Haller äussert sich hier nicht als souveräner Wissenschaftler oder Verteidiger der Wahrheit, sondern als Mensch, der darunter leidet, dass das, was sein Verstand als gut, wahr und tröstlich erkennt, sein Herz nicht erreicht.

Die edierten Tagebuchtexte setzen 1736 ein: Der Tod seiner Ehefrau Marianne veranlasst Haller, über seine eigene Sterblichkeit und mögliche

Folgen eines sündhaften Lebens nachzudenken.[109] In intensiven Anrufen an Gott, durchsetzt mit Anklängen an die biblischen Psalmen, bittet er um Gnade, Erbarmen und Hilfe. Immer wieder nimmt er sich vor, sein Leben zu ändern; immer wieder muss er feststellen, dass er versagt und dass ihm seine Fehler – «Zorn, Lügen, Verläumdung, Hochmuth, Müssiggang, Ueppigkeit und Weltliebe»[110] – einen Strich durch die Rechnung machen. Er untersucht und beobachtet nicht nur seine Gedanken, sondern vor allem seine Gefühle und bemerkt dabei erschrocken, dass er Gott nicht mit Liebe, sondern nur mit Furcht begegnet.[111] Vergeblich wartet er darauf, sich vom Heiligen Geist berührt zu fühlen, und konstatiert immer wieder nur seine «Unempfindlichkeit [...] vor Gott».[112]

Auf heutige Leser wirken diese Texte wie Dokumente einer religiösen Dauerkrise – welchen Anteil sie tatsächlich an Hallers Aufzeichnungen gehabt haben, lässt sich nicht rekonstruieren, da die Tagebücher selbst verloren sind. Entscheidend aber ist die Art seines Konfliktes. Es geht hier nicht um die Spannung zwischen Glaube und Vernunft; Haller zweifelt nirgends an den Grundwahrheiten des Glaubens, weder an der Existenz Gottes noch am Erlösertod Christi. Sein Problem besteht vielmehr darin, dass er zwar intellektuell von diesen Wahrheiten vollkommen überzeugt ist, aber dennoch nicht nach ihnen handelt und fühlt: «Die Vernunft, die Offenbarung – alles hat mich an Gott gewiesen. – Aber das Herz – ich zittre es zu sagen! Mein Herz ist von Gott entfernt!»[113] Die Segensworte aus dem Philipperbrief (Phil 4,7) gewinnen für ihn deshalb einen besonderen Sinn, wenn er Gott um Frieden bittet, «der höher ist dann alle Vernunft!»[114] Haller findet aus eigener Kraft keinen positiven Glauben, der ihn als ganzen Menschen umfasst und sein Leben, Denken und Handeln für ihn spürbar verändert. Dies, so fürchtet er, reicht nicht aus, um das ewige Leben zu verdienen.[115] Obwohl er in den *Offenbarungsbriefen* ausführlich darlegt, wie der Mittler Christus den Menschen mit Gott versöhnt hat, scheint er sich als von dieser Rechtfertigung ausgeschlossen zu betrachten. Womöglich folgen seine Gedanken hier der strengen Prädestinationslehre, wie sie die Dordrechter Lehrregel (1619) formuliert:[116] Gott erlöst nicht alle Menschen, sondern lediglich die von ihm Auserwählten. Andererseits verträgt sich diese radikale Vorstellung von einer Gnade, die sich dem menschlichen Verstand vollkommen entzieht, nur schwer mit der zuversichtlichen Botschaft seiner *Offenbarungsbriefe* und mit der Betonung des freien Willens. Seine Tagebuchnotizen könnten deshalb auch Zeugnis des paradoxen Versuchs sein, sich gerade dadurch seines Glaubens zu versichern, indem er dessen Zulänglichkeit beständig in Frage stellt.[117] Die Einsicht, «daß ein christliches Leben unmöglich seye; daß es zu viel von uns fordere»,[118] mündet konsequent in die Erkenntnis eines unheilbaren Zwiespalts: Je deutlicher er erkennt, dass er zu schwach ist, um dem erkannten Ideal nachzuleben, desto wichtiger wird es für seine Lebensführung. Das Tagebuch ist deshalb als ‹Sündenregister›,[119] wie Haller selbst es nennt, nicht nur ein Laborprotokoll seiner Glaubenshaltung, sondern vor allem ein Mittel zur demütigen Selbsterziehung.[120] Er setzt damit einen Grundsatz der christlichen Sündenlehre um, den er bereits in seinen *Offenbarungsbriefen* formuliert: Da der Mensch schon durch blosse Gedanken sündigt (Mt 15,19), muss er die Sünde im Ansatz bekämpfen, damit sie ihn nicht vollkommen überwältigt.[121]

Die Auszüge aus dem Tagebuch bestätigen, dass sich Hallers Glaube und seine Theologie nicht auf einen einzigen Nenner bringen lassen, sondern verschiedene Haltungen des 18. Jahrhunderts zum Problem der Religion aufnehmen und reflektieren.[122] Haller ist als Wissenschaftler einmal der engagierte Vertreter der Physikotheologie, der in der Natur mit modernsten Methoden das Walten des Schöpfergottes nachweist. Zum andern verteidigt er als Anwalt der reformierten Theologie den Bibeltext und seine Botschaft kompromisslos gegen die Anfechtungen von Skeptikern und Kritikern der Offenbarung. Während seine frühen Gedichte und Lektürenotizen Spuren aufgeklärter, mitunter sogar heterodoxer Autoritätskritik tragen, nimmt er später eine deutlich konservative Haltung ein und nähert sich damit der Orthodoxie der Berner Staatskirche, die – anders als das gemässigte Genf oder das progressive Zürich – keine neologischen Zugeständnisse erlaubt.[123] Solange es dabei um den Glauben anderer und um die Rolle von Religion und Kirche in der Gesellschaft geht, ist sich Haller auch als theologischer Laie seiner Glaubenspositionen sicher. Wo jedoch sein eigenes Heil betroffen ist, schwindet diese Gewissheit;[124] weder seine Erkenntnisse als Wissenschaftler und Intellektueller noch die Antworten der Theologie reichen aus, um seine persönlichen Zweifel zu entkräften.[125] Haller weigert sich, seinen Glauben als selbstverständlich hinzunehmen, sondern muss ihn sich in der Auseinandersetzung mit Kritikern und Gegnern wie auch mit sich selbst immer wieder neu erringen.

Anmerkungen

1 Johann Georg Zimmermann: *Ueber die Einsamkeit*. Zweiter Theil. Troppau 1785, 175 f.; vgl. Albrecht von Haller: *Tagebuch seiner Beobachtungen über Schriftsteller und sich selbst. Zur Karakteristik der Philosophie und Religion dieses Mannes*, hg. von Johann Georg Heinzmann. 2 Bde. Bern 1787, I: viii f.

2 Albrecht Beutel: *Aufklärung in Deutschland*. Göttingen 2006, 217-223.

3 Zimmermann 1785 (wie Anm. 1), 157 f.

4 Zur einschlägigen Forschung vgl. Richard Toellner: *Albrecht von Haller. Über die Einheit im Denken des letzten Universalgelehrten*. Wiesbaden 1971, 4, 25.

5 Dagegen die differenzierte Darstellung bei Paul Wernle: *Der schweizerische Protestantismus im XVIII. Jahrhundert*. 3 Bde. Tübingen 1923-1925, III: 4-11.

6 Toellner 1971 (wie Anm. 4), 83-127.

7 *Sammlung kleiner Hallerischer Schriften*. Zweite, verbesserte und vermehrte Auflage. 3 Bde. Bern 1772, I: 61-73.

8 Richard Toellner: Die Bedeutung des physico-theologischen Gottesbeweises für die nachcartesianische Physiologie im 18. Jahrhundert. In: *Berichte zur Wissenschaftsgeschichte*, 5 (1982), 79-81; Toellner 1971 (wie Anm. 4), 155-157; Wolfgang Wiegrebe: *Albrecht von Haller als apologetischer Physikotheologe*. Diss. Regensburg 2007, 10-42; Maria Teresa Monti: Théologie physique et mécanisme dans la physiologie de Haller. In: Anne Bäumer, Manfred Büttner (Hg.): *Science and religion/Wissenschaft und Religion*. Bochum 1989, 68-79; Paul Michel: *Physikotheologie. Ursprünge, Leistung und Niedergang einer Denkform*. Zürich 2008.

9 Hubert Steinke: *Irritating experiments. Haller's concept and the European controversy on irritability and sensibility 1750-1790*. Amsterdam, New York 2005, 189; Toellner 1982 (wie Anm. 8), 75-82.

10 Sandra Pott: *Medizin, Medizinethik und schöne Literatur. Studien zu Säkularisierungsvorgängen vom frühen 17. bis zum frühen 19. Jahrhundert*. Berlin, New York 2002, 110-123. Der Begriff des ‹methodologischen Atheismus›, mit dem Pott arbeitet, ist missverständlich: Sein provokatives Potential entfaltet er nur im Bereich, aus dem er ursprünglich stammt, nämlich der Theologie.

11 Rina Knoeff: *Herman Boerhaave (1668-1738). Calvinist chemist and physician*. Amsterdam 2002; Andreas Lindt: Haller und das Christentum des 18. Jahrhunderts. In: *Albrecht von Haller 1708-1777. Zehn Vorträge gehalten am Berner Haller-Symposion vom 6. bis 8. Oktober 1977*. Basel 1977, 130.

12 Knoeff 2002 (wie Anm. 11), 79-105.

13 Urs Boschung: «Mein Vergnügen ... bey den Büchern». Albrecht von Hallers Bibliothek – Von den Anfängen bis 1736. In: *Librarium. Zeitschrift der Schweizerischen Bibliophilen-Gesellschaft*, 38 (1995), 154-174, hier 156.

14 Urs Boschung et al. (Hg.): *Repertorium zu Albrecht von Hallers Korrespondenz 1724-1777*. 2 Bde. Basel 2002.

15 Lindt 1977 (wie Anm. 11), 133 f.

16 Karl S. Guthke: Glaube und Zweifel: Hallers Rezeption des christlichen Erbes. In: ders.: *Literarisches Leben im achtzehnten Jahrhundert in Deutschland und in der Schweiz*. Bern, München 1975, 174-192; ders.: Der junge Albrecht von Haller und die Bibel. In: *Jahrbuch des Freien Deutschen Hochstifts*, 1968, 1-21; ders.: Zur Religionsphilosophie des jungen Albrecht von Haller. In: *Colloquia Germanica*, 1 (1967), 142-155.

17 Guthke 1975 (wie Anm. 16), 189; Guthke 1968 (wie Anm. 16), 16 f. Gegen Ende seines Lebens begegnet Haller den Unstimmigkeiten in der Stammreihe Jesu noch einmal als Einwand Voltaires, vgl. Albrecht von Haller: *Briefe über einige noch lebenden Freygeister Einwürfe wider die Offenbarung*. Verbesserte und vermehrte Auflage. 3 Bde. Bern 1778, I: 81 f., II: 91 f.

18 Karl S. Guthke: Hallers Blick in den Spiegel. Der Arzt mit der ‹poetischen Krankheit›. In: ders.: *Die Entdeckung des Ich. Studien zur Literatur*. Tübingen, Basel 1993, 79-95, hier 84.

19 Rudolf Dellsperger: Staat, Kirche und Politik im Kanton Bern von der Reformation bis in die Mitte des 20. Jahrhunderts. In: ders. et al. (Hg.): *Kirche – Gewissen des Staates? Gesamtbericht einer von der Direktion des Kirchenwesens des Kantons Bern beauftragten Expertengruppe über das Verhältnis von Kirche und Politik*. Bern 1991, 115-183, hier 135-146; Lindt 1977 (wie Anm. 11), 129; Ludwig Hirzel (Hg.): *Albrecht von Hallers Gedichte*. Frauenfeld, 1882, LXXVII.

20 Hirzel 1882 (wie Anm. 19), 241 f.

21 Hirzel 1882 (wie Anm. 19), CXV-CXVIII; Margarete Hochdoerfer: *The conflict between the religious and the scientific views of Albrecht von Haller (1708-1777)*. Lincoln/Nebraska 1932, 65-67.

22 Hirzel 1882 (wie Anm. 19), 243.

23 Ebenda, 370-372.

24 Ebenda, CLI.

25 Ebenda, 316. Hallers Manuskript enthielt anschliessend an V. 310 überdies Vorwürfe gegen die kirchliche Orthodoxie, die auf ihrem Weg gen Himmel jegliches Abweichlertum mit aller Härte eliminiert.

26 Ebenda, 241 f.

27 M. Peters.: Albrecht von Haller als Christ. In: *Zeitschrift der Gesellschaft für niedersächsische Kirchengeschichte*, 42 (1937), 108-165, hier 129.

28 Lindt 1977 (wie Anm. 11), 129-142, 134-136.

29 Haller, Kleine Schriften 1772 (wie Anm. 7), III: 201-238.

30 Ebenda, 203.

31 Hirzel 1882 (wie Anm. 19), 118.

32 Guthke 1968 (wie Anm. 16), 3.

33 Hirzel 1882 (wie Anm. 19), 150.

34 Martin Stuber; Stefan Hächler; Luc Lienhard (Hg.): *Hallers Netz. Ein europäischer Gelehrtenbriefwechsel zur Zeit der Aufklärung*. Basel 2005, 154. Zu einer möglichen pietistischen Ausrichtung Hallers vgl. Lindt 1977 (wie Anm. 11), 137-140; vgl. auch Hochdoerfer 1932 (wie Anm. 21), 81-83; anders Peters 1937 (wie Anm. 27), 163

35 Konrad Hammann: Geschichte der evangelischen Kirche in Göttingen (ca. 1650-1866). In: Ernst Böhme; Rudolf Vierhaus (Hg.): *Göttingen. Geschichte einer Universitätsstadt. Band 2: Vom Dreißigjährigen Krieg bis zum Anschluss an Preußen – Der Wiederaufstieg als Universitätsstadt (1648-1866)*. Göttingen 2002, 525-586, hier 540 f.; Christian Freigang: Architektur und Städtebau von der Mitte des 17. Jahrhunderts bis 1866. In: Böhme/Vierhaus 2002 (wie oben), 765-812, hier 770 f.

36 Stuber/Hächler/Lienhard 2005 (wie Anm. 34), 156.

37 E. Furer: Zwei Berner Missionsfreunde aus dem vorigen Jahrhundert. In: *Evangelisches Missions-Magazin*, Neue Folge, 27 (1883), 1-15.

38 Haller, Kleine Schriften 1772 (wie Anm. 7), III: 239-280 (Grönland); I, 187-290 (Indien); in die deutsche Übersetzung des letzteren Textes sind ausserdem (243-245) Auszüge aus Hallers Rezension zu Pierre-François-Xavier de Charlevoix' *Histoire et description générale de la Nouvelle France* eingearbeitet, die 1746 in der *Bibliothèque raisonnée* erschien.

39 Haller, Kleine Schriften 1772 (wie Anm. 7), III: 264-275, I: 213-232.

40 Ebenda, III: 248-253, I: 242-249.

41 Ebenda, III: 252.

42 Ebenda, I: 268.

43 Ebenda, I: 1-46.

44 Sandra Pott: *Reformierte Morallehren und deutsche Literatur von Jean Barbeyrac bis Christoph Martin Wieland*. Tübingen 2002, 168-184; vgl. auch Wiegrebe 2007 (wie Anm. 8), 505-527.

45 Haller, Kleine Schriften 1772 (wie Anm. 7), I, 5.

46 Ebenda, I: 13.

47 Ebenda, I: 18.

48 Ebenda, I: 23.

49 Ebenda, I: 37 f.

50 Ebenda, I: 38.

51 Ebenda, I: 44.

52 Ebenda, I: 46.

53 Ebenda, I: 45; vgl. auch Hallers Vorrede zu den Gedichten seines Freun-

des Paul Gottlieb Werlhof; Hirzel 1882 (wie Anm. 19), 394.

54 Monti 1989 (wie Anm. 8), 75-78.

55 Ursula Pia Jauch: *Jenseits der Maschine. Philosophie, Ironie und Ästhetik bei Julien Offray de La Mettrie (1709-1751).* München 1998, 60-64, 253-288; Haller, Kleine Schriften 1772 (wie Anm. 7), I: 319-341.

56 Steinke 2005 (wie Anm. 9), 196 f.

57 Leibniz' Theorie der prästabilisierten Harmonie ist für Haller eine reine Hypothese, die keine Lösung des Problems bringt; er bleibt beim cartesianischen Dualismus. Vgl. Richard Toellner: Haller und Leibniz. Zwei Universalgelehrte der Aufklärung. In: *Akten des II. Internationalen Leibniz-Kongresses.* Band 1. Wiesbaden 1973, 249-260.

58 Albrecht von Haller: *Elementa physiologiae corporis humani.* 8 Bde. Lausanne, Bern 1757-1766, VII: xii. Dazu Richard Toellner: Principles and forces of life in Haller. In: Guido Cimino, François Duchesneau (Hg.): *Vitalisms from Haller to the cell theory.* Firenze 1997, 31-39, hier 38.

59 Haller, Freygeister 1778 (wie Anm. 17), I: 230-233, II: 72 f., 183 f.; Pott 2002 (wie Anm. 10), 114 f.

60 Toellner 1971 (wie Anm. 4), 61-76.

61 Vgl. dazu inbesondere die ausführliche Einleitung zu Albrecht von Haller: *De formatione cordis in ovo incubato.* Edizione critica. a cura di Maria Teresa Monti. Basel 2000.

62 Maria Teresa Monti: Epigenesis of the monstrous form and preformistic ‹genetics› (Lémery – Winslow – Haller). In: *Early science and medicine*, 5 (2000), 3-32; dies.: Haller et les monstres. Objets de recherche positive ou preuves éclatantes de la liberté infinie de Dieu. In: Eric Fierens et al. (Hg:) *Actes du XXXIIe Congrès International d'Histoire de la Médecine. Anvers, 3-7 septembre 1990.* Brüssel 1991, 181-187; Monti 1989 (wie Anm. 8), 73-75; Urs Boschung: «Une manifestation de la sagesse divine». Le foetus bicéphale préparé par Albert Haller en 1735. In: Christoph Mörgeli (Hg.): *Les objets médicaux et leurs textes.* Lyon 1996, 26-38.

63 Maria Teresa Monti: Bonnet et les ‹poulets› de Haller. La rhétorique du ‹rêve› et la stratégie de la persuasion. In: Marino Buscaglia et al. (Hg.): *Charles Bonnet. Savant et philosophe (1720-1793).* Genève 1994, 183-210.

64 Shirley A. Roe: *Matter, life, and generation. Eighteenth-Century embryology and the Haller-Wolff debate.* Cambridge 1981, 166, 168.

65 Otto Sonntag (Hg.): *The correspondence between Albrecht von Haller and Charles Bonnet.* Bern, Stuttgart, Wien 1983, 856, 1160.

66 Pott 2002 (wie Anm. 10), 116.

67 Stuber/Hächler/Lienhard 2005 (wie Anm. 34), 153-169.

68 Haller, Kleine Schriften 1772 (wie Anm. 7), I, 343-348.

69 Martin Stuber: Gottesstrafe oder Forschungsobjekt? Zur Resonanz von Erdbeben, Überschwemmungen, Seuchen und Hungerkrisen im Korrespondentennetz Albrecht von Hallers. In: Christian Pfister (Hg.): *Am Tag danach – Zur Bewältigung von Naturkatastrophen in der Schweiz 1500-2000.* Bern, Stuttgart, Wien 2002, 39-54.

70 Sonntag 1983 (wie Anm. 65), 739, 93, 159.

71 Ebenda, 336, 347, 357, 970.

72 Vgl. Claudia Profos: *Gelehrte Kritik: Albrecht von Hallers literarisch-wissenschaftliche Rezensionen in den Göttingischen Gelehrten Anzeigen.* Basel 2008, Kapiel 8.2.1. Vgl. auch Karl S. Guthke (Hg.): *Hallers Literaturkritik.* Tübingen 1970.

73 *Göttingische Anzeigen von Gelehrten Sachen*, 1753, 236; 1762, 673-676.

74 *Göttingische Anzeigen von Gelehrten Sachen,* 1759, 1288.

75 Sonntag 1983 (wie Anm. 65), 275.

76 Ebenda, 138-140, 162. Dazu Jean Jacques Dreifuss: «Que veulent dire ces plaintes continuelles sur Servet?» Bonnet, Voltaire et l'affaire Servet. In: Buscaglia 1994 (wie Anm. 63), 253-258.

77 Haller, Freygeister 1778 (wie Anm. 17), I: 102 f., II: 58; Haller, Tagebuch 1787 (wie Anm. 1), I: 322 f., II: 81-87; Pott 2002 (wie Anm. 44), 192-194.

78 Karl S. Guthke: Der Glaube des Zweiflers: Glanz und Krise der Aufklärung in Hallers Lyrik. In: ders.: *Das Abenteuer der Literatur. Studien zum literarischen Leben der deutschsprachigen Länder von der Aufklärung bis zum Exil.* Bern, München 1981, 9-28.

79 Pott 2002 (wie Anm. 10), 149.

80 Pott 2002 (wie Anm. 44), 184-189; Wiegrebe 2007 (wie Anm. 8), 204-209.

81 Albrecht von Haller: *Briefe über die wichtigsten Wahrheiten der Offenbarung. Zum Druke befördert durch den Herausgeber der Geschichte Usongs.* Bern 1772; ausführliche, kritisch kommentierte Inhaltsübersicht bei Wiegrebe 2007 (wie Anm. 8), 145-212.

82 Haller, Offenbarungsbriefe 1772 (wie Anm. 81), 9 f.; Pott 2002 (wie Anm. 44), 184-195.

83 So erwähnt er mehrmals seinen Leidener Lehrer Herman Boerhaave als vorbildlichen Christen: Haller, Offenbarungsbriefe 1772 (wie Anm. 81), 6, 48, 50.

84 Ebenda, 10.

85 Ebenda, 4.

86 Ebenda, 22.

87 Sonntag 1983 (wie Anm. 65), 974, 985, 987 f., 992, 999, 1007 f., 1010, 1023 f., 1025-1027, 1031. Dazu Wernle 1923-25 (wie Anm. 5), III: 8 f.

88 Beutel 2006 (wie Anm. 2), 215-217.

89 Allein in Bern erschienen binnen eines Jahres drei Auflagen des Werkes, das noch zu Hallers Lebzeiten auch in zahlreiche europäische Sprachen übersetzt wurde. Vgl. Hubert Steinke; Claudia Profos; Pia Burkhalter (Hg.): *Bibliographia Halleriana. Verzeichnis der Schriften von und über Albrecht von Haller.* Basel 2004, 59-63.

90 Sonntag 1983 (wie Anm. 65), 1080 f.

91 Ebenda, 904.

92 Hier zitiert nach der zweiten, von Haller noch einmal stark überarbeiteten Auflage von Haller, Freygeister 1778 (wie Anm. 17), dazu die ausführliche Übersicht bei Wiegrebe 2007 (wie Anm. 8), 213-504.

93 Nicholas Cronk, Christiane Mervaud (Hg.): *Les œuvres complètes de Voltaire.* Bd. 37-43: *Questions sur l'Encyclopédie, par des amateurs.* Oxford 2007 ff.

94 Pott 2002 (wie Anm. 10), 131-146.

95 Haller, Freygeister 1778 (wie Anm. 17), I: 3 f, III: 174.

96 Ebenda, I: 5-8; analog Haller, Kleine Schriften 1772 (wie Anm. 7), I: 173-186.

97 Haller, Freygeister 1778 (wie Anm. 17), I: 9 f., 25, 65. Bereits 1764 beschuldigt Haller Voltaire in einer Rezension, die Bibel nicht gelesen zu haben (*Göttingische Anzeigen von Gelehrten Sachen* 1764, 827).

98 Haller, Freygeister 1778 (wie Anm. 17), III: 15 f., 116 f.

99 Ebenda, I: vi f., III: 173.

100 Ebenda, I: 59-63, 106 f., 151, 201 f., II: 72.

101 Ebenda, I: 35 f., 58, 68 f., 87-92, 166 f., II: 11 f., 109 f., 158 f., 113 f.

102 Etwa Ebenda, I: 68, 221, II: 21 f., III: 79 f.

103 Vgl. auch *Ueber den Ursprung des Uebels*, V. 67 f.

104 Haller, Freygeister 1778 (wie Anm. 17), II: 235.

105 Wernle 1923-25 (wie Anm. 5), II: 49 f.

106 Haller, Freygeister 1778 (wie Anm. 17), I: 159 f.

107 Ebenda, II: 97.

108 Lindt 1977 (wie Anm. 11), 138.

109 Alles Folgende nach: Haller, Tagebuch 1787 (wie Anm. 1), II: 219-319.

110 Ebenda, 225.

111 Ebenda, 228; ähnlich 298.

112 Ebenda, 233; dazu auch 228, 230.

113 Ebenda, 316; ähnlich 288; vgl. Peters 1937 (wie Anm. 27), 141 f.

114 Haller, Tagebuch 1787 (wie Anm. 1) II: 241; vgl. Israel Stamm: Some aspects of the religious problem in Haller. In: *The Germanic Review*, 25 (1950), 5-12.

115 Pott 2002 (wie Anm. 10), 125-131.

116 Willem van't Spijker et al.: *De Synode van Dordrecht in 1618 en 1619.* Houten 1987.

117 Pott 2002 (wie Anm. 10), 129.

118 Haller, Tagebuch 1787 (wie Anm. 1), II: 260.

119 Ebenda, II: 231.

120 Toellner 1971 (wie Anm. 4), 121-127; Peters 1937 (wie Anm. 27), 138.

121 Haller, Offenbarungsbriefe 1772 (wie Anm. 88), 49-53.

122 Lindt 1977 (wie Anm. 11), 140.

123 Wernle 1923-25 (wie Anm. 5), I: 496-502, 569-572.

124 M. Peters: Albrecht von Haller als Apologet. In: *Allgemeine Evangelisch-Lutherische Kirchenzeitung*, 71 (1938), Sp. 521-527, 543-547, 564-566, 610-613, 633-636, 653-659, hier 658; M. Peters: Ein theologischer Versuch über die Versöhnung von Albrecht von Haller. In: *Pastoralblätter für Predigt, Seelsorge und kirchliche Unterweisung*, 79 (1936/1937), 505-512, hier 512.

125 Hochdoerfer 1932 (wie Anm. 21), 84.

Anatomie und Physiologie

Hubert Steinke

Mit dem Begriff der Physiologie wird seit dem 17. Jahrhundert die Lehre von der Funktionsweise des gesunden Organismus bezeichnet, also die Lehre von Blutkreislauf, Atmung, Verdauung etc. Vor der Erforschung chemischer und zellulärer Prozesse im 19. Jahrhundert war sie eng an die Anatomie gebunden: das Funktionieren des lebenden Körpers war nur auf der Basis einer genauen Kenntnis seiner Struktur zu erklären. Die Anatomie und die mit ihr verbundene Physiologie waren die beiden theoretischen Leitdisziplinen der Medizin. Der universitär ausgebildete Arzt zeichnete sich gegenüber anderen, um die Gunst der Patienten konkurrierenden Medizinalpersonen wie Chirurgen, fahrenden Heilern und Kräuterweibern durch sein gelehrtes Wissen aus. Sein Selbstverständnis, aber auch sein Auftreten gegen aussen, beruhte wesentlich darauf, dass er nicht nur Mitglied des gelehrten, mithin gehobenen Standes war, sondern seine Therapieprinzipien – die nicht grundsätzlich von denjenigen der anderen Heiler abwichen – theoretisch begründen und auf die etablierten Wissensbestände der akademischen Medizin zurückführen konnte. Selbst wenn sich die schon immer bestehende Lücke zwischen praktischem Handeln und theoretischer Erklärung im Laufe des 18. Jahrhunderts eher vergrösserte als verkleinerte, so blieb doch die anatomisch-physiologische Grundlage des ärztlichen Wissens grundsätzlich unbestritten.[1]

Das 18. Jahrhundert gilt allgemein nicht als eine Zeit epochaler wissenschaftlicher Umwälzungen, sondern als die Periode, in der die im vorhergehenden Jahrhundert der ‹wissenschaftlichen Revolution› gewonnenen Erkenntnisse konsolidiert, erweitert und einer breiteren Bevölkerung bekannt gemacht wurden. Dies trifft insbesondere auf die mathematisch-physikalischen Wissenschaften zu. Allerdings veränderte sich mit der Aufklärung der Fokus des Interesses. Neben den Fragen nach kosmischen Gesetzen und mathematischen Prinzipien drängten sich diejenigen nach dem Wesen und der Beschaffenheit des Menschen und der ganzen lebenden Natur in den Vordergrund.[2] Dabei setzte sich zunehmend die Überzeugung durch, dass eine rein mechanische, auf den Grundlagen der Physik und Mathematik beruhende Erklärung den Phänomenen des Lebens nicht gerecht werden konnte.[3] Um die vielfältigen Erscheinungen der Natur verstehen zu können, mussten diese zuerst einmal gründlicher beobachtet und erforscht werden. Dies bedeutete einerseits eine intensivierte Untersuchung der spezifischen Struktur und Anatomie der Lebewesen und andererseits ein zunehmendes Bewusstsein, dass wesentliche Erkenntnisse über deren Leben und Funktionieren am lebenden Organismus selbst gewonnen werden mussten. Im Lauf dieser intensivierten Bemühungen bildeten sich zuerst die Physiologie und allmählich auch die Biologie als eigenständige Fachgebiete heraus. Aus dieser Sicht kam dem 18. Jahrhundert durchaus *auch* eine wichtige Rolle in der Entwicklung der wissenschaftlichen Konzepte und Disziplinen zu.

Haller gilt mit seinen Beiträgen zur Anatomie, mehr noch zur Embryologie und insbesondere zur Physiologie als eine zentrale Figur, die diese Entwicklung mitgeprägt hat. Von vielen Zeitgenossen wurde ihm gar eine herausragende, wenn nicht dominierende Stellung zugebilligt. Der um zwei Generationen jüngere Anatom Philipp Friedrich Theodor Meckel (1755-1803) etwa bezeichnete ihn als «unbestrittenes Haupt der Anatomen und Physiologen».[4] Condorcet, der gefeierte Autor zahlreicher Nachrufe der *Académie des Sciences*, bezeichnete ihn als eigentlichen «créateur de la physiologie», der schon zu Lebzeiten zur klassischen Autorität avanciert sei.[5] Solche Einschätzungen geben uns einen Hinweis auf Hallers Bedeutung, sie dürfen uns aber nicht darüber hinwegtäuschen, wie wenig die damalige Wissenschaft vereinheitlicht und wie gross die Differenzen zwischen einzelnen Forschern und Forschungstraditionen waren. Hallers Leistungen wurden zwar durchwegs als ausserordentlich anerkannt, aber worin genau diese bestanden und welche Bedeutung ihnen zukam, darüber herrschte keine Einigkeit. Auch die heutige historische Forschung kann kein umfassendes Bild von Hallers Bedeutung als Anatom und Physiologe für die Wissenschaft und Kultur seiner Zeit zeichnen, seine ganz spezifischen Ansichten und Leistungen lassen sich aber recht gut darlegen und in ihrer Wirkung auf die Zeitgenossen zumindest in Ansätzen darstellen. Dies ist es, was im vorliegenden Beitrag versucht wird.[6]

Vom Studenten zum Professor

Anatomie und Physiologie bildeten schon beim jungen Studenten Haller die Schwerpunkte seiner Studien. In Tübingen führte er 1725 unter der Leitung seines Anatomielehrers Johann Georg Duvernoy (1694-1759) Tiersektionen durch und wies nach, dass es sich beim von Hallenser Anatomen Johann Georg Coschwitz (1679-1729) angeblich entdeckten Speichelgang um eine Vene handelt. In Leiden führte er diese Untersuchungen an menschlichen Leichen fort, nun im Rahmen seiner Dissertation und unter eigener Verantwortung, wenn auch mit Unterstützung seines dortigen Lehrers Bernhard Siegfried Albinus (1697-1770).[7] Mit der Befolgung von drei Prinzipien – der Fokussierung auf ein klar begrenztes Thema, der wiederholten Sektion an mehreren Leichen und der Beobachtung der Strukturzusammenhänge in einem bestimmten Gebiet – gelang es dem 19-jährigen Doktoranden, den erfahrenen Anatomen aus Halle zu widerlegen.[8] Diese Grundsätze blieben auch für den späteren Haller wegleitend.

In späteren Jahren bezeichnete Haller Albinus als den «summus anatomicus», mit dessen Auftreten die Anatomie eine neue Stufe der Vollkommenheit erreicht hatte.[9] In der Rezension eines Werks seines Lehrers bemerkte er, dass zwar schon früher zu diesem Thema publiziert worden sei, «aber gegen Albini Wercke ist es, als wann niemand geschrieben hätte».[10] Eine ähnliche, wohl noch bedeutendere erneuernde Kraft stellte für ihn Herman Boerhaave (1668-1738) dar, die Leuchte der Leidener Universität, bei dem er Botanik, praktische Medizin und insbesondere Physiologie hörte. Als Anhänger Newtons betonte Boerhaave die Notwendigkeit des empirischen Fundaments der Wissenschaften und lieferte eine grundsätzlich mechanistische Erklärung der Strukturen und Funktionen des Körpers. Dabei beeindruckte insbesondere seine klare Darstellung und Ordnung des Wissensstoffes, die sich angenehm von den oft unpräzisen und weitschweifigen Darlegungen anderer Physiologen abhob. Haller hielt fest: «Mais de toutes les Leçons de Mr. Boerhaave, c'étoient celles de Physiologie qui y étoient le plus recherchées. Il y avoit tant de nouveau, tant d'exactitude, que les Auteurs, immédiatement antérieurs à Boerhaave, paroissent avoir écrit dans un autre siècle.»[11]

Mit Albinus und Boerhaave hatte sich Haller zwei der führenden – wenn nicht *die* führenden – Autoritäten der Anatomie und Physiologie zu Lehrern gewählt. Für einen ehrgeizigen und zunehmend selbständigen Forscher wie Haller bestand die Herausforderung darin, diese einerseits als Vorbilder anzuerkennen, andererseits aber auch seinen eigenen Weg in Abgrenzung von den grossen Meistern zu finden. Der erste Schritt dazu war die Horizont- und Wissenserweiterung durch Studienreisen und eigene Studien. In Paris hörte er chirurgische Vorlesungen und besuchte einen

Operationskurs, die Anatomie verfolgte er aber vorwiegend im Selbststudium, da der berühmte Anatom und Lehrer von Albinus, Jacques Bénigne Winslow (1669-1760), keine eigenen Kurse anbot. Noch selbständiger war Haller anschliessend in Basel, als er in Vertretung des erkrankten Anatomieprofessors die anatomischen Demonstrationen des Wintersemesters 1728/29 durchführte.[12]

Zurück in Bern, eröffnete Haller seine medizinische Praxis und bemühte sich, weiterhin zu anatomisieren, erhielt aber nur gelegentlich die Erlaubnis, Autopsien durchzuführen.[13] Ab 1734 durfte er öffentliche Vorlesungen halten und 1735 schliesslich ein anatomisches Theater eröffnen. Schon 1730 hatte er mit der Ausarbeitung eines Kommentars zu Boerhaaves Physiologie-Vorlesungen begonnen und dazu ab 1731 auch vereinzelte Tierversuche durchgeführt.[14] Eine erste anatomische Publikation legte er 1733 mit seiner Arbeit über das Zwerchfell vor.[15] Durch diese sehr fundierte, wenn auch nicht bahnbrechende Arbeit sowie durch kleinere botanische Schriften verschaffte sich Haller erste Anerkennung in der Gelehrtenwelt, die schliesslich 1736 zur Berufung auf den Lehrstuhl für Anatomie, Chirurgie und Botanik an der neugegründeten Göttinger Universität führte.

Das anatomische Forschungsprogramm

Die Berufung nach Göttingen ermöglichte es Haller, seine anatomischen Forschungen auf eine neue Stufe zu heben. Die Reformuniversität Göttingen war bemüht, ideale Unterrichtsbedingungen zu bieten, um möglichst viele Studenten anzuziehen.[16] Für die Medizin bedeutete dies nicht zuletzt, etwas gegen den überall drohenden Leichenmangel zu unternehmen, waren doch die Studenten darauf erpicht, die Anatomie nicht nur in der öffentlichen Demonstration, sondern auch durch selbständiges Präparieren zu lernen.[17] Daher liess man sich nicht nur die Leichen hingerichteter Verbrecher zuliefern, sondern auch arme Unbekannte aus Hospitälern und insbesondere die Leichen unehelicher Kinder und ihrer Mütter aus einem Umkreis von sechs Meilen. Diese Regelung war institutionalisiert und wurde – nicht zuletzt dank Hallers Druck – auch weitestgehend umgesetzt. Gemäss seinem Biografen Johann Georg Zimmermann (1728-1795) soll Haller jeden Winter 30-40 menschliche Körper erhalten haben.[18] Diese Zahl scheint etwas zu hoch gegriffen, hat doch Haller während seinen 16 Göttinger Jahren nur 298 oder durchschnittlich 18-19 Sektionen pro Winter protokolliert.[19] Dies deckt sich gut mit seiner eigenen Aussage, dass er insgesamt gegen 350 Leichen seziert habe.[20] Auch so verfügte Göttingen im Vergleich zu anderen deutschen Universitäten noch über ein

Mehrfaches an Körpern. Dieses Mehr an Leichen wurde allerdings mit einem gewichtigen Nachteil erkauft: beim Grossteil der Körper handelte es sich um die Leichen von unehelichen Kindern und ihren Müttern. Von den 298 Leichen waren nicht weniger als 180 Kinder, meist im Säuglings- oder Kleinkindalter. Bei 75 handelte es sich um Frauen und nur gerade bei 39 um Jünglinge und erwachsene Männer.[21] Haller versuchte wiederholt, auch verstorbene Zuchthäusler und invalide Soldaten zu erhalten, aber vergeblich: der hohe Anteil an Kinderleichen blieb über die Jahre konstant.

Die in Göttingen einsetzende Reihe anatomischer Publikationen ist charakteristisch für Hallers Forschungsmethode. In seinen ersten Jahren veröffentlichte er nur wenige Schriften: über die Herzgefässe, die Valvula Eustachii und die schwangere Frau. Diese Arbeiten waren nicht illustriert und erschienen als Dissertationen seiner Schüler oder als Gelegenheitsschriften, die diese Dissertationen ankündigten. 1740 scheint er sich des Potentials des talentierten Zeichers Christian Jeremias Rollin (1707 – nach 1778) bewusst geworden zu sein, der bei ihm Medizin studierte. Haller konnte ihn und die Kupferstecher Georg Daniel Heumann (1691-1759) und Christian Friedrich Fritzsch (1719-1772?) als Illustratoren für botanische und anatomische Werke gewinnen.[22] Nun gab er Tafeln über das Bauchnetz und den Brustmilchgang sowie eine neue Tafel über das Zwerchfell heraus. Und er entwickelte den Plan – zu dem auch der Buchhändler anregte –, diese und weitere einzelne, unzusammenhängende Teile der Anatomie, gerade so wie seine Forschung voranschritt, als Tafelwerk in loser Folge unter dem Titel *Icones anatomicae* (1743-56) herauszugeben.[23] Entscheidend für die zu untersuchenden Themen war der Forschungsstand, den er dank seiner Literaturkenntnis gut überblickte. Albinus habe, so Haller, die gesamte Myologie und Osteologie behandelt, ausser den Knochen der Nase.[24] Und so wählte sich Haller die Nasenknochen zur Bearbeitung aus.[25] Aus ebendiesem Grund bestimmte Haller schon früh die nur schlecht erforschten Blutgefässe zu seinem Hauptarbeitsgebiet.[26] Ausser Winslow, so meinte Haller, gebe es kaum einen Autor, bei dem man sich darüber informieren könne, und auch Winslow habe die Angiologie nur kurz behandelt. Zudem habe nur Bartolomeo Eustachi (ca. 1505-1574) einigermassen brauchbare Tafeln der Gefässe geliefert, die aber auch ihre Schwächen hätten.

Die *Icones anatomicae*

Mitentscheidend bei diesem Entschluss, sich auf die Gefässanatomie zu konzentrieren, waren die im Überfluss vorhandenen Kinderleichen. Denn bei den Kindern liessen sich, so Haller, die Gefässe einfacher als bei den

Erwachsenen mit Wachs füllen, während ihre Muskeln nur schwer darzustellen seien.[27] Der erste Faszikel der *Icones anatomicae* war zwar noch anderen Themen gewidmet, aber vom zweiten Faszikel (1745) an dominieren die Gefässe völlig. Haller liess sich allerdings grundsätzlich die Freiheit, auch andere Themen zu bearbeiten. So stellte er fest, die Faszikel seien weiterhin auf kein bestimmtes Gebiet beschränkt, würden aber doch vor allem die Gefässe behandeln.[28] In Tat und Wahrheit widmeten sich die folgenden sechs Faszikel bis zum Abschluss des Werkes mit Ausnahme des vierten ausschliesslich den Arterien und Venen. Die *Icones anatomicae*, Hallers anatomisches Hauptwerk, sind im Wesentlichen ein Atlas der Angiologie.

Die Entstehung der *Icones* zeigt es: Haller verfolgte anatomische Spezialstudien, zu denen er einzelne Tafeln verfertigen liess, die schliesslich in ein grösseres Werk zusammengebunden wurden. Die *Icones* sind ein Abbild von Hallers fortlaufender Forschung und nicht eine von Anfang an konzipierte, abschliessende Synthese der Angiologie. Ebenso spiegeln Hallers Dissertationen und Unterricht den Gang seiner Forschung. Die anfänglich von ihm selbst und ab 1745 zunehmend von den Schülern verfassten Dissertationen widmen sich einzelnen anatomischen Gebieten, die Haller interessierten: in der Anatomie nebst den Gefässen vor allem die Nerven, das Hirn und das Zellgewebe.[29] In seinem Unterricht legte er vor allem diejenigen Strukturen aus, die er gerade für seine Forschungen sezierte. Die Studenten konnten so keinen geordneten Überblick über die gesamte Anatomie gewinnen und mussten sich diesen nach beendigter Lektion beim Prosektor verschaffen.[30]

Haller lieferte – als Forscher, Autor und Lehrer – eine Anatomie der Fragmente. Dies wurde ihm von verschiedener Seite zur Last gelegt, so etwa von Samuel Thomas Soemmerring (1755-1830), der 50 Jahre später die *Icones anatomicae* zwar für die «richtigsten, vollständigsten» Beschreibungen der meisten Gefässe hielt, dabei aber monierte, sie seien leider «nicht zu einem Ganzen verarbeitet, auch nicht ordentlich und gleichmäßig, sondern nur bruchstückartig vorgetragen».[31] Haller war sich dieser Schwäche durchaus bewusst, machte aber gute Gründe für sein Vorgehen geltend. Der grosse Umfang der Anatomie bringe die Gefahr mit sich, dass eine umfassende Darstellung die Arbeit vieler Jahre beanspruche und möglicherweise nicht zu Ende geführt werden könne. Mit dem schrittweisen Vorgehen könnten hingegen einzelne, gut bearbeitete Teile abgeschlossen und veröffentlicht werden. «Il y a donc de la prudence à ne donner que des fragmens.»[32] Dies war aber nur die pragmatische Begründung für ein Verfahren, das auf einer grundsätzlicheren Überzeugung beruhte. Haller war ein vehementer Verfechter der Spezialforschung und vertrat die Ansicht, dass nur diese die Wissenschaft voranbringen könne. Es galt daher, sich einzelne, kleine und klar definierte Gebiete vorzunehmen und diese gründlich zu bearbeiten (vgl. den Beitrag zum Forscher und Gelehrten in diesem Band). Diesem Prinzip folgte er bei der Vergabe seiner Dissertationen wie auch bei seinen eigenen Abhandlungen. Es leitete ihn in allen seinen Forschungsgebieten und insbesondere auch in der Anatomie und Physiologie.

Die grosse Menge an Körpern begünstigte Hallers Vorhaben, sich den Gefässen zu widmen, da diese ihrer vielen Varianten wegen besonders häufig seziert werden mussten.[33] Doch wozu war das Wissen um diese vielen Varianten nötig? Haller war sich des Vorwurfs bewusst, dass man in Anbetracht der vielen unterschiedlichen Ursprünge, Verläufe und Aufgabelungen der Gefässe nichts für sicher annehmen könne. Er entgegnete darauf, dass man unter dieser Annahme auch nichts Sicheres über die Nerven und die kleinen Muskeln wissen könne.[34] Und überhaupt seien die Varietäten der Venen zwar fast unbegrenzt, nicht aber die der Arterien. Er habe die jeweiligen Gefässe so oft seziert, dass er mit Sicherheit sagen könne, ob eine Struktur immer, üblicherweise, häufig, selten oder nur in Ausnahmen anzutreffen sei. In dieser Feststellung der Häufigkeit lag die Aufgabe der wiederholten Sektion. Das Verdienst, als Erster die Bedeutung dieses vergleichenden Verfahrens erkannt zu haben, schrieb Haller Giambattista Morgagni (1682-1771) zu, den er daher auch als Begründer der Epoche der ‹gelehrteren Anatomie› (‹anatome doctior›) – die der von Albinus eingeleiteten Stufe der ‹Vollkommenheit› (‹perfectio›) voranging – betrachtete.[35] Schon in seiner Kritik an Coschwitz hatte er festgehalten, dass nur an einer einzigen Leiche gesicherte Entdeckungen uns in stetige Widersprüche verwickeln würden, wo hingegen mit Morgagnis Vorgehen das «Verfahren der Natur» («naturae methodus») festgestellt werden könne.[36] In den *Icones anatomicae* betonte er denn auch, dass er die Gesichtsgefässe fünfzigmal seziert habe und so den üblicheren wie auch selteneren Verlauf «aus der Natur selbst» («ex ipsa natura») angeben könne, da er gewissermassen mit ihren «Gewohnheiten» («consuetudines») vertraut sei.[37] Die Begriffe ‹methodus› und ‹consuetudo› machen deutlich, dass es für Haller trotz der vielen Varianten so etwas wie eine Richtschnur der Natur gibt, der die anatomischen Strukturen folgen und die der Anatom durch wiederholte Sektion aufzuspüren hat.

Anatomie in Text und Bild

Albinus wählte für seine berühmten *Tabulae sceleti et musculorum* (1747), nur diejenigen Körper aus, die seinen Vorstellungen von idealen Proportionen entsprachen.[38] Seine Skelette sind schlank, elegant und haben überdurchschnittlich lange Beine. Zudem bildete er nicht einen einzelnen dieser idealen Körper direkt ab, sondern setzte sein Bild in der Art des griechischen Malers Zeuxis aus den perfekten Einzelteilen verschiedener Leichen zusammen. In seinem Streben nach idealer Proportion und Symmetrie liess er auch kleinere, ihn störende Furchen, Erhebungen und Löcher weg oder versetzte sie, um auf beiden Seiten die gleichen harmonischen Verhältnisse zu gewinnen. Das so entstandene ‹sceletum virile perfectum› – wie Albinus es nannte – ist eine Mischung aus detaillierter Naturbeobachtung, Normierung und Idealisierung, es stellt eine idealisierte Norm des menschlichen Körpers dar.

Grundsätzlich anders war das Vorgehen und Ziel Hallers. Auch er rühmte ganz im Geist seiner Zeit die «wunderschönen Proportionen» («pulcherrima illa symmetria») des menschlichen Körpers, liess es aber bei dem Hinweis auf die Schöpferkraft Gottes bewenden, ohne für sich daraus eine anatomische Aufgabe abzuleiten.[39] Dazu war er wohl auch weniger verleitet, da er das variable und unsymmetrische Gefässsystem bearbeitete und sich vor allem auf Kinderleichen stützen musste, die dem Bild des idealen Körpers weniger entsprachen. Hallers Auswahl, welche Leiche er abzeichnen liess, richtete sich daher lediglich danach, wie gut die Präparierung gelungen war und wie sehr die Gefässe dem am häufigsten beobachteten Verlauf entsprachen. Indem die dargestellte Leiche das Übliche, den Durchschnitt repräsentierte, war sie für Haller perfekt – und er bezeichnete sie denn auch an einer Stelle als «ziemlich perfekten Körper» («corpus perfectius»).[40] Den wirklich perfekten Körper, in dem überall Durchschnittsverhältnisse herrschten, konnte es in Anbetracht der vielen Varietäten gar nicht geben – und Haller wollte ihn auch nicht konstruieren. Er zeichnete die Leiche völlig unverändert ab, selbst wenn sie unübliche Gefässvarianten aufwies. Bei der Tafel zu den Gesichtsgefässen wies er den Leser schon in der Vorrede darauf hin, dass die obere Lippenarterie hier in ungewohnter Weise aus der Arteria transversalis faciei entspringe und dass man sie sich mit der unteren Lippenarterie verbunden vorstellen müsse, um ein Bild des üblicheren Verlaufs zu erhalten. Und er meinte dazu: «Aber ich wollte nicht irgend etwas auf eine andere Weise malen lassen, als es die Natur befohlen hat.»[41]

Das Beispiel zeigt, dass die Abbildung für Haller der Erläuterung bedarf. Das Bild vermittelt ohne Text nur ein unvollkommenes Verständnis des Körpers und ist manchmal sogar irreführend. Schöne Tafeln allein sind für Haller nutzlos. Die Tafeln konnten höchstens einen wenn auch repräsentativen Ausschnitt zeigen, eben nur das ‹corpus perfectius›, aber nicht die ganze Spannbreite der Natur. Dennoch bilden sie das Herzstück der *Icones anatomicae*, den Ausgangspunkt und die Leitlinie, entlang deren die Beschreibung fortschreitet. Der Textteil besteht aus der Legende zu den dargestellten Strukturen und den – je nach Bedarf – als Fussnoten hinzugefügten Anmerkungen, die in kürzeren bis seitenlangen Exkursen den Verlauf einer Struktur inklusive Varianten und Literaturverweisen darlegt. Die langen Anmerkungen führten dazu, dass sich der Text zu einer einzigen Tafel auf bis zu 15 Folio-Seiten erstrecken konnte, wobei oft nur ein einzelner Begriff der Legende zuoberst auf der Seite stand.

Haller trug seine Skepsis gegenüber der Leistung der Abbildung wiederholt vor. Es ist vor allem die Vielfalt und Menge der natürlichen Erscheinungen, die das Bild nicht wiedergeben kann. In einer Rezension stellte er fest, «daß keine menschliche Kunst den Reichthum der Natur nachahmen kan».[42] Doch trotz dieser Zurückhaltung schuf Haller Tafelwerke und bemühte sich darum, gute Künstler zu gewinnen. Zimmermanns Feststellung, Haller hätte in Göttingen «eine Art von einer anatomischen Mahler-Akademie» errichtet, ist zwar übertrieben.[43] Aber immerhin: Haller beschäftigte über die Jahre hinweg ein knappes Dutzend Künstler, beaufsichtigte deren Arbeit genau und publizierte schliesslich ein medizinisch-botanisches Œuvre mit über 200 vielfach grossformatigen Tafeln.[44] Und er stellte hohe Anforderungen an die Qualität der Abbildungen. Die in der Pariser *Encyclopédie* erschienen Nachdrucke seiner Gefässdarstellungen bezeichnete er als «unglaublich verstümmelt und verdorben, so dass ich sie ganz und gar nicht als meine eigenen anerkenne».[45]

Die Aufgabe der anatomischen Abbildung

Offenbar war Haller trotz aller Skepsis von der Notwendigkeit und dem Nutzen der Abbildungen überzeugt. Aber welches sollte denn der Nutzen der Abbildung gegenüber dem Text sein? Selbstverständlich musste es auch hier darum gehen, die wahren Verhältnisse möglichst zutreffend wiederzugeben. Der Anatom und Zeichner Rollin zeichnete sich nach Haller dadurch aus, dass er mit seiner «Geduld in der Arbeit, seiner Treue in der Darstellung der Schatten und seiner unermüdeten Liebe für die Perfektion» die meisten Maler übertraf, welche oft ihren Bildern eine «elegante und halbwahre Schönheit» hinzudichteten.[46] Voraussetzung für eine gute Tafel war, dass der Anatom die Strukturen zuverlässig präpariert und dem Zeichner klargemacht hatte. Daran scheiterte gemäss Haller Govert Bidloos Atlas (1685), bei dem man die Kunst des Zeichners Gérard de Lairesse bewundere, aber nicht an den Anatomen denke. Weit günstiger beurteilte Haller die Tafeln von Eustachi, die zwar altertümlich und nicht ansprechend, aber voll von Entdeckungen des Anatomen seien.[47] Es konnte also nicht darum gehen, einfach das abzubilden, was der Künstler vor sich sah.[48]

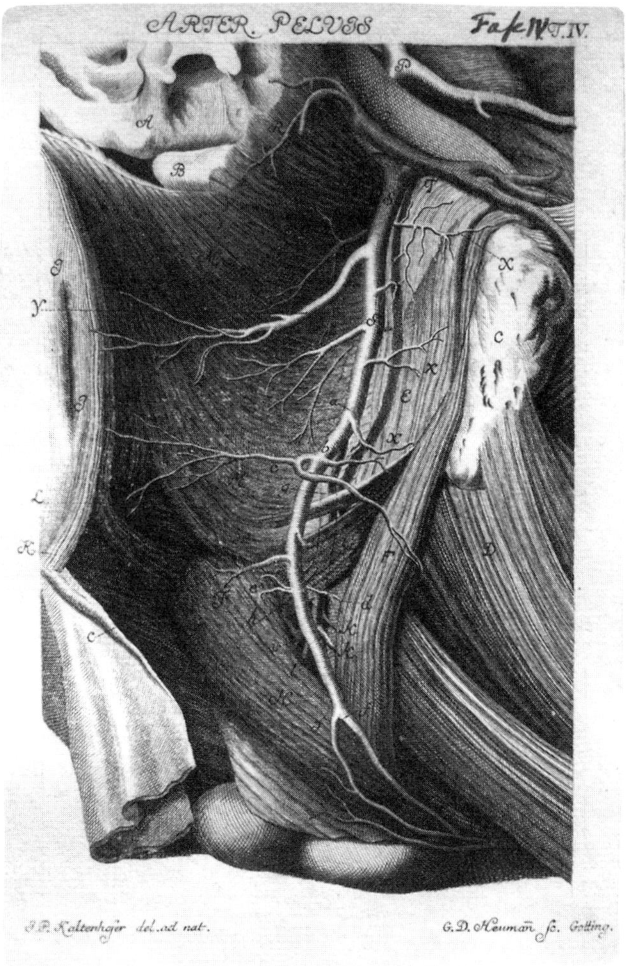

Die Tafel zeigt die Arterien des Beckenraums und spiegelt die Charakteristik von Hallers Anatomie. Im Sinn der Spezialforschung werden einzelne Strukturen vielfach untersucht und in ihrem üblichen Verlauf dargestellt. Die Aufgabe der Abbildung ist es, die interessierenden Strukturen plastisch hervortreten und in ihrer topographischen Lage verständlich werden zu lassen. Der dazugehörende Text gibt Auskunft über nicht darstellbare Details und Varietäten. – Albrecht von Haller: *Icones anatomicae*. 8 Faszikel. Göttingen 1743-1756, Faszikel IV (1749), Tafel 4: Arteriae pelvis; Stich von Georg Daniel Heumann nach der Zeichnung von Joel Paul Kaltenhofer. – Burgerbibliothek Bern.

Hallers zentraler Grundsatz lautet: die anatomische Abbildung muss die Strukturen darstellen, die der Anatom zeigen will, und zwar sollen Formen und Schatten deutlicher hervortreten als in der Natur (vgl. Abb. S. 235). Die reine Nachahmung der Natur führt zu einer schwachen, verschwommenen und wenig nützlichen anatomischen Tafel. Damit stellte er sich in Gegensatz zu William Hunter (1718-1783) und anderen Verfechtern einer naturalistischen Darstellungsweise, zu denen er üblicherweise gezählt wird.[49] Auch für Hunter sind Bidloo und Eustachi die klassischen Vertreter zweier Zeichenstile, er schätzt deren Nutzen aber anders ein als Haller. Eustachis Tafeln, so meint er, geben nur eine Beschreibung oder

Idee, während Bidloo das Objekt wirklich zeigt und eine «close representation of nature» liefert. Dadurch wird das Gezeigte zwar oft etwas undeutlich, behält aber die Eleganz und Harmonie der natürlichen Objekts und hat den Vorteil, dass es darstellt, was wirklich gesehen wurde und dass es «carries the mark of truth, and becomes almost as infallible als the object itself».[50] Diesem Bidloo'schen Modell folgt Hunter,[51] und ganz in diesem Sinn meinte er auch, «Representation in the imitative Arts is a Substitute for reality».[52]

Diesen Anspruch an die Abbildung stellte Haller nicht. Natürlich wollte auch er nur diejenigen Formen und Strukturen darstellen, die man sieht. Auf den von Pieter Camper (1722-1789) vorgebrachten Vorwurf, er hätte die Arterien nicht in allen ihren Schlangenlinien darstellen, sondern – wie Eustachi – begradigen sollen, engegnete er: «Warum aber sollte der Mahler nicht zeichnen was er sieht?»[53] Auf dieser Ebene, in der genauen Wiedergabe der in einem einzelnen Objekt gesehenen Strukturen, war Haller durchaus ein Verfechter der naturalistischen Darstellung. Gerade aber weil ihm diese Einzelheiten wichtig waren, verlangte er, sie in der Abbildung hervorzuheben und damit vom naturalistischen Ideal abzuweichen. Zu diesem Zweck hielt er es auch für nötig, aus der ohnehin nicht darstellbaren Menge an Details auszuwählen, denn «die Überfülle verursacht Unverständlichkeit» («abundantia pariat obscuritatem»).[54]

Dementsprechend fallen auch seine Tafeln durch ihre Klarheit und geordneten Verhältnisse auf. Die einzelnen Gefässe sind präzise aus dem Gewebe herausgearbeitet, frei sichtbar und in ihrem Bezug zu ihrer anatomischen Umgebung erkennbar. Diese Einbettung in die natürlichen Verhältnisse war Haller wichtig, und er sprach Winslow das Verdienst zu, als Erster alle Körperteile in ihrem ursprünglichen Situs beschrieben zu haben.[55] Hallers Tafeln leben von dieser Wechselwirkung zwischen zentralen und umgebenden Strukturen, welche den Abbildungen ihre Plastizität verleiht und damit ein Verständnis für die topografische Situation schafft. Dabei ist dem Betrachter unmittelbar – auch ohne Beschriftung – klar, welches die Haupt- und welches die Nebenstrukturen sind, denn der interessierende Gefässabschnitt wird jeweils deutlich ins Zentrum gerückt.

Das Verfahren macht deutlich, welches die Funktion und der Nutzen der Abbildung für Haller war: Während der Text die anatomischen Strukturen in ihrer Vollständigkeit, das heisst mit allen Details und Varianten, vorzustellen hat, ist es die Aufgabe der Tafel, das Wesentliche ins Zentrum zu setzen, hervorzuheben und in seiner topografischen Lage verständlich zu machen. Der Text enthält die Forschungsergebnisse, die Tafel ist ein didaktisches Mittel, um die hauptsächlichen Erkenntnisse zu vermitteln.[56] Die Abbildung ist für Haller nicht wie bei Hunter eine «universal language», die grundsätzlich klarere Ideen als die Worte vermittelt.[57] Sie ist nur dann klar, wenn sie die ausgewählten Strukturen vereinfacht, betont und ins Zentrum stellt. Damit ist sie dem Text nicht überlegen, sondern eine willkommene Ergänzung.

Experimentelle Physiologie

In der Physiologie war es naheliegend oder gar zwingend, dass Haller seine Position in Auseinandersetzung mit Boerhaave definierte.[58] In Göttingen nahm er seine 1730 begonnene Edition von Boerhaaves Vorlesungen wieder auf und gab sie 1739 bis 1744 in 7 Bänden heraus.[59] Schon mit dieser Ausgabe etablierte sich Haller als einer der führenden Physiologen seiner Zeit. Weit mehr als eine Edition, diskutierte das Werk Boerhaaves Aussagen kritisch unter Beizug sämtlicher Forschungsliteratur und eigener Untersuchungen. Dabei wurde notwendigerweise auch Boerhaaves teilweise mangelnde Literatur- und Fachkenntnis freigelegt. Darin unterschied sich die Ausgabe von derjenigen von Boerhaaves Vorlesungen zur praktischen Medizin, die Gerard van Swieten (1700-1772), Arzt in Leiden und späteres Haupt der österreichischen Medizin, veranstaltete. 1744 erschien in der angesehenen Zeitschrift *Bibliothèque raisonnée* eine Besprechung, in der der anonyme Kritiker – in Wahrheit Haller selbst – feststellte, dass Boerhaave nur ungenügende Erfahrung in der Anatomie gehabt und in den letzten 20 Jahren seines Lebens die Entwicklung der Forschung kaum mehr verfolgt habe. Haller sei daher gezwungen gewesen, seinen Lehrer zu korrigieren. Dies sei ihm möglich gewesen, da er nur dem Weg der Natur gefolgt sei und nicht wie Boerhaave «Hypothesen zu schmücken und ein System zu verteidigen» gehabt habe.[60] Dies ganz im Gegensatz zu van Swieten, der alle Hypothesen und fraglichen Behauptungen seines Lehrers ohne Kritik übernommen habe.

Haller setzte sich selbst ganz bewusst und provokativ in Opposition zu den strengen Anhängern des grossen Boerhaave. Die anonyme Rezension wirbelte einigen Staub auf. Die Darstellung von Boerhaave – der schon zu Lebzeiten zu einer alle anderen Ärzte überragenden Vorbildfigur avancierte – als unerfahrenem Anatomen und Erfinder von Hypothesen wurde vielerorts mit Empörung aufgenommen. Für Haller war dieser Bruch notwendig, um zu einer eigenständigen Position zu finden, die – notabene – weiterhin in vielem Boerhaave verpflichtet war. Seinem Lehrer folgte Haller im grundsätzlich empirischen Ansatz, er machte Beobachtung und Experiment aber noch weit stärker als der Leidener Professor zum Eckpfeiler seiner Physiologie. Sein Ziel war nichts weniger als die Gründung einer neuen, auf experimenteller Grundlage gebauten Physiologie. 1755 schrieb er an den Genfer Naturforscher Charles Bonnet: «J'avois pris le parti de tout refaire, et de verifier absolument toutes les experiences physiologiques, sans excepter les plus simples, comme celles de la circulation.»[61]

Physiologische Experimente, das heisst Experimente am lebenden Tier, wurden bereits seit der Mitte des 17. Jahrhunderts in gewissem Umfang durchgeführt. Zahlreiche Forscher hatten Versuche angestellt, aber eine eigentliche, kontinuierliche Forschungstradition hatte sich daraus nicht entwickelt. Die Experimente entsprangen der Initiative einzelner Persönlichkeiten und wurden meist nicht in grösserer Zahl gemacht. Noch in der Mitte des 18. Jahrhunderts war es eine Ausnahme, wenn eine physiologische Fragestellung mit Hilfe von Tierexperimenten untersucht wurde. Als die Berliner Akademie der Wissenschaften 1753 eine Preisfrage zur Ursache der Herzbewegung ausschrieb, stützte sich nur eine der 17 eingereichten Beiträge auf Experimente.[62] Dass gerade diese – vom französischen Chirurgen Claude-Nicolas Le Cat (1700-1768) verfasste – Arbeit den Preis erhielt, zeigt allerdings, dass sich das Bewusstein langsam änderte.

Haller trug mit seinen Arbeiten wesentlich dazu bei, dieses Bewusstsein zu schärfen. Er führte als Erster systematisch, mit präziser Fragestellung und in grosser Zahl Tierversuche durch (vgl. Abb. S. 239). Sein Ziel, die ganze Physiologie auf eine experimentelle Grundlage zu stellen, konnte er aber nur in Ansätzen verwirklichen. Dafür waren einerseits seine immer wieder formulierte Forderung nach präzisen Detailstudien (vgl. den Beitrag zum Forscher und Gelehrten in diesem Band) und anderseits sein früher Weggang aus Göttingen verantwortlich. Haller führte grössere Tierversuchsreihen erst ab 1746 durch, zuerst im Streit mit dem Jenaer Professor Georg Erhard Hamberger (1697-1755) um die Atemmechanik, dann zur Untersuchung von Herzaktivität, Blutkreislauf, Irritabilität und Sensibilität. Dabei betonte er immer wieder die Überlegenheit seiner empirischen, induktiven Methode gegenüber dem von vielen seiner Gegner verfolgten spekulativen, deduktiven Verfahren. Tatsächlich beginnt mit Haller eine neue Form der physiologischen Forschung, und mit einigem Recht kann man ihn als Begründer der experimentellen Physiologie im modernen Sinn bezeichnen.[63] Während frühere Forscher aus der beobachteten anatomischen Struktur eine Funktion ableiteten, die sie anschliessend im Experiment bestätigten, setzte Haller – und einige seiner jüngeren Zeitgenossen – die Funktion an den Beginn seiner Untersuchungen und versuchte, diese im Tierversuch zu erklären. So stand zum Beispiel die Frage nach dem Ursprung der Herzaktivität am Anfang einer Studie. In aufeinanderfolgenden Versuchsschritten isolierte Haller die Vorhöfe und Kammern des linken und rechten Herzens von ihren Gefässen, sog ihnen das noch vorhandene Blut aus, unterband die Herznerven und reizte Herz und Nerven auf unterschiedliche Weise. Aus seinen Experimenten konnte er schliessen, dass das rhythmisch einströmende Blut der entscheidende auslösende Reizfak-

Das Frontispiz zu Hallers Sammlung von Tierexperimenten zur Irritabilität und Sensibilität zeigt eine Gruppe von Forschern beim Durchführen von Tierversuchen. Es betont die experimentelle Grundlage von Hallers Physiologie, die im 18. Jahrhundert nicht selbstverständlich war. Die Abbildung ist eine relativ freie künstlerische Umsetzung der Verhältnisse in der Göttinger Anatomie. Es wurden nicht mehrere Tiere gleichzeitig untersucht; die Experimente verlangten grosse Aufmerksamkeit und manuelles Geschick. – Albrecht von Haller: *Mémoires sur la nature sensible et irritable des parties du corps animal.* 4 Bde. Lausanne, 1756-1760, Frontispiz in Bd. 1. – Institut für Medizingeschichte, Universität Bern.

tor sei, der das Herz zum Schlagen bringe und dass das Herz ohne Blut stehen bleibe.[64] Diese Erklärung löste Boerhaaves allgemein anerkannte, allein auf theoretischen Überlegungen fussende Erklärung ab, dass der rhythmisch unterbrochene Fluss des Nervenspiritus den Herzschlag auslöse.

Physiologie als ‹belebte Anatomie›

Die Etablierung eines neuen Fundaments der Physiologie war für Haller gleichbedeutend mit der Gründung der Physiologie als eigenständiges Fach (vgl. dazu auch den Beitrag von François Duchesneau in diesem

Band). In diesem Sinn ist die zu Beginn erwähnte Beschreibung Condorcets von Haller als «Gründer der Physiologie» zu verstehen. Haller verschaffte dem Fach mit dem Tierexperiment eine spezifische Forschungsmethode, und er definierte auch den Gegenstand der Physiologie neu. 1747 vollzog er den definitiven Schritt der Ablösung von Boerhaave, indem er ein eigenes Lehrbuch für seine Vorlesungen herausgab, die *Primae lineae physiologiae*. In der Vorrede stellte er in Bezug auf seine Boerhaave-Ausgabe fest: «Es gab Leute, die mir vorwarfen, ich schreibe eine reine Anatomie. Aber die Physiologie ist belebte Anatomie (animata anatome).»[65]

Was war damit gemeint? Boerhaave und die damalige, primär mechanistisch argumentierende Medizin gingen davon aus, dass sich Struktur (Anatomie) und Funktion (Physiologie) gegenseitig bedingen. Im Sinn der weitverbreiteten sogenannten Physiko-Theologie postulierte man, dass jeder einzelne Teil der Natur für einen bestimmten Zweck gebaut war. Auch Haller zweifelte nie daran, dass Herz, Muskeln, Eingeweide etc. die perfekte Struktur besassen, um ihre Funktion wahrzunehmen.[66] Selbst die Organe der Missgeburten waren auf solche Art verformt, um ihre veränderte Aufgabe am besten zu erfüllen (vgl. den Beitrag zur Embryologie in diesem Band). Dabei war klar, dass nicht die Natur selbst ein bestimmtes Ziel verfolgte, sondern nur in Übereinstimmung mit von Gott festgelegten Gesetzen handeln konnte. Es war Gott, der die Strukturen, Gesetze und Funktionen in der Natur festgelegt hatte, die der Forscher zu entdecken trachtete. Dies war allerdings nur die äussere Erscheinung der Natur; die ‹innere Natur›, die letzten Gesetze, Strukturen und Aufgaben waren nur Gott bekannt. Haller fasste 1730 diese Überzeugung in die berühmten Zeilen: «Ins innre der Natur dringt kein erschaffner Geist, | Zu glücklich, wann sie noch die äußre Schale weist!»[67] Damit ist beileibe kein – auch von Goethe missverstandener – Pessimismus angesichts unser beschränkten Erkenntnisfähigkeit gemeint; trotz der letztendlichen Unergründbarkeit der Natur kann es dem glücklichen, das heisst erfolgreichen Forscher gelingen, die äusseren Wirkungen der inneren Natur zu entdecken und somit einen nützlichen Beitrag zur Erweiterung unseres Wissens zu liefern.[68]

Die Trennung zwischen Schöpfer und Schöpfung erlaubte es, die Natur als Maschine aufzufassen, die gemäss den vorgegebenen Gesetzen der Mechanik läuft. Die Entdeckung von ein paar einfachen Prinzipien, die komplexe und bedeutende Bewegungen erklären konnten, war für Haller das Höchste, was ein Forscher erreichen konnte. «Ich bin überzeugt, dass der Naturforscher, welcher ein Ereignis auf ein konstantes, experimentell überprüftes Gesetz zurückführen kann, seine Aufgabe erfüllt hat und dass wir nichts von ihm erhoffen können, als dass er die Wahrheit und Konstanz dieses Gesetzes zeigt.»[69] Haller hatte Newton als erster deutschsprachiger Dichter bereits 1729 in seinem Gedicht *Gedanken über Vernunft,*

Aberglauben, und Unglauben (veröffentlicht 1732) besungen.[70] Er zweifelte nie an der grundsätzlichen Gültigkeit der mechanischen Gesetze und stimmte mit Boerhaave überein, dass es nicht unmöglich sei, mathematische Gesetze auf den menschlichen Körper anzuwenden; aber er betonte die Schwierigkeit des Unterfangens.[71] Um die Bewegungen einer Maschine zu verstehen, müsse man alle ihre Teile kennen. Aber die Gefässe und Fasern der menschlichen Körpers seien so unglaublich fein und komplex, dass selbst genaueste anatomische Kenntnisse nicht ausreichen würden, ihre Bewegungen festzumachen. Es war notwendig, die Tiere lebend und unter dem Mikroskop zu untersuchen, um die Tätigkeit ihrer Organe zu sehen.[72] Bis zu einem gewissen Grad ersetzte Haller die früheren Bestrebungen, die Bewegungen des Körpers zu berechnen, durch deren genaue Beobachtung und Beschreibung. Er wies damit die Mechanik als grundlegendes Erklärungsmodell nicht zurück, aber betonte, dass sich nicht alle Bewegung auf reine Mechanik reduzieren lasse. In allen Editionen seines physiologischen Lehrbuchs, von 1747 bis 1771, hielt er fest, dass die Kraft, die bei der Kontraktion des Muskels aufgewendet werde, sehr gross und «von jeglichem menchanischen Verhältnis entfernt ist».[73] Mit dem Begriff der ‹belebten Anatomie› (‹anatomia animata›) wies Haller nicht nur auf die enge Verbindung von Struktur und Funktion hin, sondern eben auch darauf, dass physiologische Prozesse in ihrer Komplexität eine eigene Qualität aufweisen. Der Körper, hielt Haller fest, ist «unendlich mehr belebt» als ein rein mechanisches Meisterwerk.[74] Physiologie ist nicht nur bewegte, sondern *belebte* Anatomie. Dies zeigten gerade auch Hallers epochale Forschungen zur Irritabilität und Sensibilität.[75]

Irritabilität und Sensibilität

Die mechanistische Medizin im Gefolge von René Descartes betrachtete bis in die Mitte des 18. Jahrhunderts den menschlichen Körper als eine hydraulische Pumpe. Bewegung kommt dadurch zustande, dass die Seele den Befehl zur Bewegung ausgibt, dadurch Nervensaft aus dem Hirn durch die Nerven in die entsprechenden Muskeln pumpt und diese zur Schwellung und damit zur Verkürzung bringt (vgl. Abb. S. 243). Der Körper ist eine passive Maschine, sämtliche Aktivität geht letztendlich von der Seele aus. Boerhaave war grundsätzlich diesem Modell verpflichtet, auch wenn er in seinen späteren Jahren die Existenz von lebendigen, nicht-seelischen und nicht auf die reine Mechanik reduzierbaren Kräften als Möglichkeit in Betracht zog. Albinus und seine Leidener Schüler gingen einen Schritt weiter und postulierten die Existenz solcher Kräfte, ohne allerdings präzise Konzepte formulieren zu können. Für das Vorhandensein der

Kräfte sprach das seit langem bekannte Phänomen, dass auch aus dem Körper herausgeschnittene Organe wie das Herz oder Eingeweide sich weiterhin und ohne Einfluss der Seele bewegen können.

Hallers frühe Vorstellungen über Bewegung und Empfindung stimmten recht genau mit denjenigen seiner Leidener Kollegen überein. Ihm war klar, dass der Körper – insbesondere in den Muskeln und im Herzen – die Fähigkeit hatte, auf Reiz hin zu reagieren, aber der genaue Status dieser Fähigkeit und deren Beziehung zum Nervensystem war unklar. 1750 ging er daran, das Problem in umfangreichen Tierversuchsreihen genauer zu untersuchen (vgl. Abb. S. 327). Dabei stellte er fest, dass lediglich die Muskelfaser die Fähigkeit besass, sich auf Reizung hin zusammenzuziehen, eine Eigenschaft, die er als Irritabilität oder Reizbarkeit bezeichnete. Der Muskel behielt diese Fähigkeit, auch wenn man ihn von allen Nerven isolierte. Die Funktion des Muskels war von derjenigen des Nerven vollständig zu trennen. Letzterer war alleine zuständig für die Empfindung, eine Fähigkeit, für die Haller den Begriff der Sensibilität verwendete. Mit dieser Entdeckung griff Haller das mechanistische Modell in drei grundsätzlichen Punkten an. Erstens postulierte er nicht nur wie seine Leidener Kollegen eine von den Nerven und Seelen unabhängige Bewegungskraft, sondern er lokalisierte diese in der Muskelfaser und wies sie experimentell nach. Zweitens trennte er – auf konzeptioneller wie auf physischer Ebene – die zwei Bereiche der Empfindung und Bewegung, der Nerven und Muskeln. Damit wies er die mit dem mechanistischen Modell verknüpfte Faserlehre zurück, wonach alle Körperteile aus grundsätzlich identischen Elementarfasern aufgebaut und damit auch mehr oder weniger empfindlich und beweglich sind. Und drittens etablierte er eine strikte Korrelation zwischen Struktur und Funktion, nun nicht mehr auf der Ebene der Elementarfasern, sondern auf derjenigen der komplexeren, zusammengesetzten Strukturen, das heisst der Muskel- und Nervenfasern.

Haller trug seine Resultate am 22. April und 6. Mai 1752 in den Versammlungen der *Göttinger Gesellschaft der Wissenschaften* unter dem Titel *Von den empfindlichen und reizbaren Teilen des menschlichen Körpers* (*De partibus corporis humani sensilibus et irritabilibus*) vor.[76] Der Text wurde 1753 veröffentlicht und sogleich ins Deutsche, Französische, Englische, Italienische und Schwedische übersetzt. Das Echo war enorm, aber zwiespältig. Sir John Pringle, der Präsident der *Royal Society*, feierte Hallers Beitrag als den bedeutendsten Schritt seit der Entdeckung des Blutkreislaufs durch William Harvey (1628).[77] Giovanni Battista Bianchi hingegen, ein führender italienischer Anatom und päpstlicher Leibarzt, meinte, die neue These würde die ganze theoretische und praktische Medizin über den Haufen werfen – wenn sie denn wahr wäre.[78] In der Tat implizierte Hallers Traktat, dass die bisherige Vorstellung, wie der Körper funktioniert,

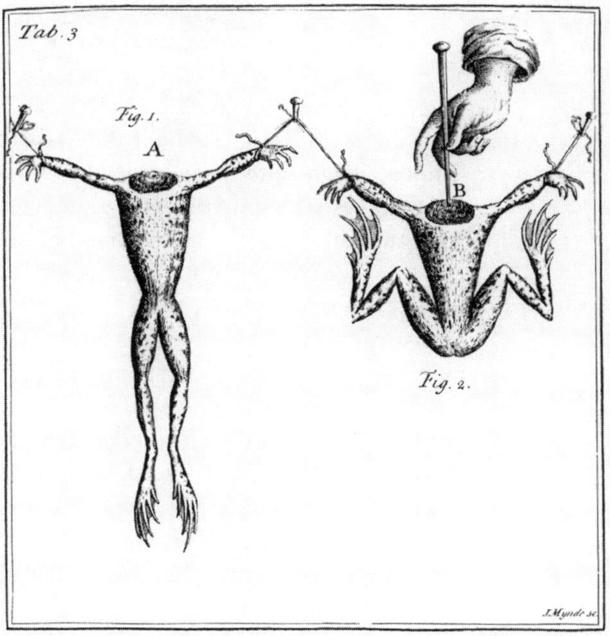

Die Darstellung eines Tierexperiments illustriert das grundlegende, hydraulische Modell der cartesianischen, vor-hallerischen Physiologie. Wird einem dekapitierten Frosch eine Nadel ins Rückenmark gedrückt, so führt dies zu einem Zusammenziehen und Hochschnellen der Hinterbeine. Dies gilt als Beweis dafür, dass die im Rückenmark vorhandene Nervenflüssigkeit durch die Nerven in die Muskeln gepresst wird und diese zur Schwellung und Verkürzung bringt. – John Stuart: *Three lectures on muscular motion … being a supplement to the Philosophical Transactions*. London 1739, Tafel 3. – Universitätsbibliothek Bern.

grundlegend falsch und dass er nicht eine passive Maschine, sondern ein aktiver und reaktiver Organismus mit eigenständigen Kräften war. Beeindruckend oder beunruhigend war dabei vor allem, dass dies durch Hunderte von Experimenten nachgewiesen wurde. Darin lag die eigentliche Sprengkraft von Hallers Arbeit; sie konnte nicht wie viele der damals zirkulierenden Theorien beiseitegelegt, sondern musste ausführlich untersucht und debattiert werden.

Die europäische Kontroverse

Hallers Experimente wurden in ganz Europa wiederholt. Ethische Bedenken gegenüber dem äusserst grausamen Verfahren, bei dem einzelne Körperteile der lebenden Tiere freigelegt und auf unterschiedliche Weise gereizt wurden, wurden kaum geäussert.[79] Einerseits wurde aus der anthropozentrischen Sicht des 18. Jahrhunderts dem Tier ein geringer Stellenwert beigemessen, andererseits wurden die hier zu untersuchenden Fragen als äusserst bedeutend eingeschätzt. Ein wichtiger Prüfstein von Hallers ganzer Theorie war die Frage nach der Empfindlichkeit der Sehnen. Sollten die Sehnen tatsächlich – wie Haller behauptete – unempfindlich sein, so war damit grundsätzlich erwiesen, dass es unempfindliche, nicht von Nerven versorgte Körperteile gab und dass die ganze Vorstellung vom Körper als allgemein sensiblem und beweglichem Fasergebilde verfehlt war. Die Frage war auch von erheblicher Relevanz für die Chirurgie. Denn bis anhin galt die im Krieg und beim Aderlass öfters auftretende Verletzung der Sehnen als ein schwerwiegender Vorfall, auf den heftiger Schmerz, Entzündung, Abszessbildung und womöglich Konvulsionen mit tödlichem Ausgang folgten. Dementsprechend hütete sich jeder Chirurg vor der Berührung der Sehnen und behandelte Wunden mit Sehnenverletzungen durch Aufgiessen von heissem Terpentinöl, um das empfindliche Gewebe abzustumpfen. Sollten die Sehnen tatsächlich unempfindlich sein, so war diese rohe Therapie aufzugeben.

Die Experimente fielen widersprüchlich aus. Die Ärzteschaft teilte sich in Hallerianer und Anti-Hallerianer, und eine Masse von einander widersprechenden Berichten in Büchern, Dissertationen, Streitschriften und Zeitschriftenbeiträgen zur Frage der Irritabilität und Sensibilität überflutete die Leserschaft. Der Grund liegt auf der Hand: Es gab keine standardisierte Vorgaben, wie denn die Experimente durchzuführen seien. Welche Tiere waren zur Untersuchung geeignet, wie mussten sie gehalten und wie genau, wann und wie oft mussten oder durften sie gereizt werden, welche chemischen und physikalischen Reizmethoden waren aussagekräftig? Zwar machte Haller klare Vorgaben, worauf zu achten und wie vorzugehen sei, aber diese wurden nur teilweise befolgt. Insbesondere die Frage, wie weit die Sehne vor ihrer Reizung freizulegen sei, war umstritten. Haller verlangte deren völlige Freilegung, seine Gegner aber behaupteten, dadurch würden alle Nerven entfernt und die Sehne natürlich unempfindlich. Worauf Haller entgegnete, die wenigen über die Sehnen hinlaufenden Nervenfilamente gehörten gar nicht zur Sehne, sondern versorgten das umliegende Gewebe. Eine Einigung kam nicht zustande – die neue Ansicht konnte sich nur teilweise durchsetzen. Bis gegen Ende des Jahrhunderts wurden, wenn auch in vermindertem Mass, Komplikationen beim Aderlass weiterhin den Sehnen angelastet und die Wunden mit heissem Öl behandelt.

Bedeutender als diese Spezialfrage war allerdings die mit der Widerlegung der Experimente verbundene Rückweisung von Hallers ganzer Theorie. Deren zentrale Bedeutung in der Entwicklung einer neuen Wissenschaft, welche die Eigenart lebendiger Prozesse und Kräfte betonte, wurde zwar anerkannt; in diesem Sinn konnte Condorcet zu Recht feststellen, Haller habe eine eigentliche ‹Revolution› in der Physiologie ausgelöst.[80] Nach 1753 wurden strikt mechanistische Auffassungen kaum mehr vertreten. Aber in seiner konkreten Ausformulierung wurde Hallers Konzept nur von einer Minderheit angenommen. Anstelle der von ihm angenommenen Trennung der Bereiche Empfindung und Bewegung erklärte man eine einzige Qualität zur dominierenden Eigenschaft des lebenden Körpers: die Sensibilität. Zuckungen eines gereizten Muskels waren nicht Ausdruck einer ihm innewohnenden Kraft, sondern abhängig von dessen Versorgung mit Nerven, die es ihm ermöglichten, den Reiz zu empfangen und darauf zu reagieren. Irritabilität war nichts anderes als eine Manifestation von Sensibilität. Das Nervensystem rückte ins Zentrum des Interesses. Gereizte Nerven oder Nervenschwäche bestimmten nicht nur die Vorstellungen von Hysterie, Hypochondrie und Melancholie, sondern galten als allgemein prädisponierende Faktoren für eine Unzahl pathologischer Zustände wie Fieber, Entzündungen und Verdauungsstörungen. Der neue Diskurs um Sensibilität beschränkte sich aber nicht nur auf die körperlichen Leiden der Patienten – und insbesondere Patientinnen –, sondern berührte auch die Moral und fand seinen Niederschlag in der ganzen Kultur der Empfindsamkeit.

Auch Haller präzisierte, entwickelte und veränderte seine Lehre von der Irritabilität und Sensibilität im Lauf der Debatte. Am Grundsatz der im Muskel verborgenen Kraft und deren Trennung von der Aktivität der Nerven hielt er fest, aber er tendierte dazu, die Grenzen nicht mehr so scharf zu ziehen und einen gewissen modulatorischen Einfluss der Nerven auf die Muskeln zuzulassen. Der Entwicklung des Vitalismus, der sich pointiert vom Mechanismus absetzte und die Sensibilität und andere Kräfte als physikalisch nicht fassbare Lebenskräfte deutete, stand er skeptisch gegenüber. Zwar verwendete er mehrfach den Begriff der ‹Lebenskraft› (‹faculté vitale›), um die Irritabilität zu bezeichnen, aber er zog den Terminus der ‹innewohnenden Kraft› (‹vis insita›) vor, um deren materielle Lokalisierung zu betonen und um genau zu sein, da die Kraft selbst nach dem Tod noch eine gewisse Zeit aktiv war. Im Prinzip verstand sich Haller weiterhin als Vertreter des Mechanismus, aber eines Mechanismus, der eingestand, dass sich nicht alles auf mechanische Prinzipien reduzieren liess.

Statt dass die Debatte eine Klärung in der Frage der Empfindung und Bewegung gebracht hatte, förderte sie die Entwicklung einer Vielzahl unterschiedlicher Erklärungen. Der Tierversuch hatte seinen ersten grossen Test nicht bestanden. Erstmals wurden in dutzenden Städten Hunderte Tiere in Tausenden Versuchen geopfert, um eine Kontroverse zu entscheiden. Aber die Resultate waren widersprüchlich. Es erstaunt daher nicht, dass der von Haller initiierte Ansatz, über die Fragen von Irritabilität und Sensibilität hinaus die ganze Physiologie auf ein neues, experimentell gesichertes Fundament zu stellen, nach einer anfänglichen Begeisterung lange nicht fortgeführt wurde. Erst in den 1820er und 1830er Jahren, als François Magendie und Johannes Müller allgemein gültige Standards des Experimentierens durchsetzen konnten, um die Aussagekraft ihrer Resultate zu gewährleisten, wurde er umgesetzt.

Die *Elementa physiologiae*

Haller war sich der konstanten Entwicklung wissenschaftlicher Erkenntnise sehr bewusst und betrachtete sich selbst als Teil dieses Prozesses (vgl. den Beitrag zum Forscher und Gelehrten in diesem Band). Dreimal in seinem Leben bemühte er sich, einen umfassenden Überblick über das aktuelle Wissen in der Physiologie zu liefern: 1739-1744 mit seiner Edition der Boerhaave-Vorlesungen, 1757-1766 mit den *Elementa physiologiae* und erneut ab 1774 mit der Arbeit an einer Neuauflage der *Elementa*. Als ihm sein Freund Marcantonio Caldani (1725-1813) meldete, Giambattista Morgagni und seine Schüler hätten auf Widersprüche zwischen den Boerhaave-Vorlesungen und den *Elementa* hingewiesen, stritt Haller dies nicht ab. Vielmehr meinte er, es sei normal, dass man im Laufe von 20 bis 25 Jahren viele Dinge revidiere.[81]

Trotz dieser Vergänglichkeit des Wissens hielt es Haller für sinnvoll, umfassende Darstellungen zu schreiben. Diese würden uns zeigen, wie weit wir vorangeschritten sind und was noch zu tun ist.[82] Worum es dabei geht, zeigt uns die Darstellung der physiologischen Wissenschaft im zweiten Band der *Elementa* (Abb. S. 247). Im Hintergrund sehen wir ein Skelett, das die anatomische Grundlage der Physiologie repräsentiert. Zu seiner Linken erkennen wir eine Gans oder einen grossen Vogel, der für die vergleichende Anatomie steht, aus der wir gemäss Haller viele Erkenntnisse über die Funktion einzelner Organe gewinnen können. Im Vordergrund sind zwei Musen mit je zwei assistierenden Putti dargestellt. Die linke Gruppe führt ein Tierexperiment durch und steht für die experimentelle Physiologie. Die Putti auf der rechten Seite führen geometrische Berechnungen und astronomische Beobachtungen durch, während die Muse vor einer Bibliothek sitzt, nachdenkt und schreibt. Sie formt aus dem durch anatomische, experimentelle, literarische und mathematische Studien gewonnenen Wissen eine kohärente Erzählung, so wie dies Haller in einem Brief an Charles Bonnet formulierte: «En general, je ne medite pas les matieres de Physiologie, que par matieres. Je ramasse alors tous les faits, etrangers ou vus par moi-même, et je me laisse guider par leur concours.»[83]

Dabei ist für Haller kennzeichnend, dass das ganze Verfahren in den *Elementa* sichtbar bleibt: Die unzähligen, aus unterschiedlichsten Quellen stammenden Angaben werden nachgewiesen, gegeneinander abgewogen, und daraus werden die aktuelle Lage des Wissens beziehungsweise die noch bestehenden Lücken gefolgert. Nur diese kritische, alle Stimmen mit einbeziehende Methode konnte Gewähr für ein sicheres Fundament liefern. Dies verlangte einen ungeheuren Aufwand. Im Vorwort des letzten Bandes der *Elementa* gibt Haller an, er habe für dieses «immense Werk [...] den grösseren Teil der letzten 36 Jahre meines Lebens» eingesetzt.[84] Die

Die Abbildung stellt die einzelnen Bereiche der Physiologie nach Hallers Verständnis dar: Anatomie (Skelett), vergleichende Anatomie (Vogel), Tierexperiment, Geometrie und Studium der Literatur (Bibliothek). Integraler Bestandteil der Forschung ist auch die synthetische Sammlung des gesammelten Wissens und – wie dargestellt – die Ausformulierung einer kohärenten wissenschaftlichen Erzählung. – Albrecht von Haller: *Elementa physiologiae corporis humani.* 8 Bde. Lausanne, Bern 1757-1766, Vignette zur Vorrede von Band 2. – Burgerbibliothek Bern.

zweite Auflage nannte er schon im Titel als «ein Werk von fünfzig Jahren». Gemeint ist damit nicht die tatsächliche Ausarbeitung des Buchs, sondern sein ganzes Bemühen um die Errichtung einer neuen Physiologie, deren Fundament die *Elementa* darstellen. Dazu gehören nicht nur die eigenen anatomischen und physiologischen Forschungen, sondern ebenso das Studium der gesamten einschlägigen Literatur. Natürlich stützte sich Haller wenn immer möglich auf eigene Untersuchungen, aber es gab auch viele noch wenig erforschte Bereiche, die er zu behandeln hatte. Beim Kapitel über die Tätigkeiten des Geistes merkte er an, dass er nun in ein «Reich der Hypothesen und Vermutungen» hinabsteigen müsse.[85] Wo immer möglich suchte Haller konkrete Erkenntnisse zu präsentieren; es erstaunt daher nicht, dass er der anatomischen Grundlage der Physiologie breiten Raum gewährte. So besprach er beispielsweise die Anatomie des Herzens auf nicht weniger als 130 Seiten.[86]

Dem umfassenden Anspruch entsprechend sind die *Elementa physiologiae* ein monumentales Werk. Das ganze Wissen wird in acht Quarto-Bänden auf 5'000 Seiten mit rund 50'000 Fussnoten ausgebreitet. Antoine Portal stellte in seiner *Histoire de l'anatomie et de la chirurgie* fest: «Voici le plus grand ouvrage de Médecine qui ait paru dans ce siecle.»[87] Er hielt Hallers Darstellung des Wissensstandes für unübertroffen, hielt aber gleichzeitig fest, dass ihm der Vorwurf der Kompilation gemacht wurde. Haller hatte darauf mit einer langen Liste seiner eigenen Entdeckungen reagiert, die er dem sechsten Band der *Elementa* voranstellte. Doch berührte dieser Nachweis, wie viel Eigenes in das Werk eingeflossen war, nur die Oberfläche der eigentlichen Kritik. Was dahintersteckte, waren zwei grundsätzlich verschiedene Vorstellungen von Wissenschaft. Dies zeigt die Lobrede, die Antoine Louis (1723-1792) als Sekretär der *Académie Royale de Chirurgie* auf Haller hielt. Louis bezeichnete Hallers ‹opus magnum› als ein Verzeichnis von allem, was je zur Physiologie gesagt worden sei. Die unendliche Masse von Irrtümern, die in Hallers Buch besprochen und dann verworfen würden, hätte man getrost beiseitelassen können. Den Weg, den man eingeschlagen habe, um die Fehler nachzuweisen, brauche man nicht noch einmal darzulegen. Die *Primae lineae physiologiae* seien als klar und knapp formuliertes Resultat den vielen Bänden, die nichts als Haller grosse Anstrengungen dokumentierten, vorzuziehen.[88]

Louis erwartete von der Wissenschaft offenbar klare, definitive Aussagen, die nicht mehr zu hinterfragen waren. Auch für Haller zeichnete sich ein guter Forscher grundsätzlich dadurch aus, dass er nichts entdeckte, das später wieder in Frage gestellt werden musste.[89] Aber er nahm die Wissenschaft viel stärker als fortschreitenden Prozess wahr; die kontinuierlich neu gewonnenen Erkenntnisse machten es nötig, die aktuelle Wissensbasis aus den älteren und neueren Resultaten immer wieder neu zu konstruieren. Der Inhalt, das aktuelle Wissen, war aufs Engste mit der Form, wie es gesichert wurde, verbunden. Die *Elementa* sind nicht nur vom Umfang und Inhalt her Hallers Hauptwerk, sie sind auch das deutlichste Zeugnis seines Verständnisses von Wissenschaft.

Werk und Wirkung

Hallers anatomisch-physiologisches Werk ist umfangreich. Bereits erwähnt wurden auf der anatomischen Seite seine Dissertation, die Arbeit über das Zwerchfell und die *Icones anatomicae*, auf der Seite der primär physiologischen Beiträge die Boerhaave-Ausgabe, die *Primae lineae*, die *Elementa*, die Untersuchungen zur Herzaktivität und zu Irritabilität und Sensibilität. Darüber hinaus hat Haller eine Reihe weiterer Dissertationen und Abhandlungen verfasst, von denen er einige in seinen *Opuscula anatomica* und den *Opera minora* abdruckte.[90] Zu erwähnen sind insbesondere seine Studien zur Atemmechanik[91] und dem Blutfluss (Hämodynamik).[92] In den 1770er Jahren verfasste er für die Pariser und Yverdoner *Encyclopédie* 200, oft recht lange anatomisch-physiologische Artikel, in denen er teilweise seine in den *Elementa* gemachten Aussagen weiterentwickelte und mit weniger Zurückhaltung formulierte.[93] Sprechend für Hallers Verständnis als gelehrter Forscher ist seine Sammelausgabe von 230 hervorragenden Dissertationen, die er dadurch der gelehrten Welt einfacher zugänglich machen wollte.[94] Noch bedeutender ist die 1774-1777 erschienene *Bibliotheca anatomica*, in der Haller das gesamte bis auf seine Zeit publizierte anatomisch-physiologische Schrifttum auf 1680 Quarto-Seiten vorstellt und kritisch kommentiert.[95] Ihr Ziel ist es, sozusagen als bibliographisches und noch stärker die historische Entwicklung dokumentierendes Pendant zu den *Elementa*, dem Forscher sämtliche Literatur zu den ihn interessierenden Fragen in die Hand zu geben. Trotz ihres dokumentarischen Charakters ist die *Bibliotheca anatomica* vor allem ein auf die zukünftige Forschung ausgerichtetes Werk.

Welche Wirkung Hallers Werke auf seine Zeit und Nachwelt gehabt haben, wurde bisher kaum erforscht und ist auch schwer abzuschätzen. Auf der einen Seite hat er durch eine Menge einzelner Entdeckungen gewirkt, die in den Kanon des etablierten Wissens aufgenommen wurden.[96] Andererseits – und dies ist viel bedeutender – lieferte Haller sowohl in der Anatomie wie in der Physiologie neue konzeptionelle Ansätze. Seine ‹Anatomie der Fragmente› und sein Verständnis der Abbildung als didaktisches Mittel ist unserem heutigen Wissenschaftsverständnis näher als etwa Albinus' Idealismus oder Hunters Naturalismus. Es wäre aber verkürzt, auf der Basis solcher Einschätzungen Haller in einer eindimensionalen Fortschrittsgeschichte einreihen zu wollen. Die Strömungen und Wechselwirkungen sind zu komplex und noch zu wenig erforscht, um diesbezüglich eine zuverlässige Würdigung vornehmen zu können. Gerade die Rezeption von Hallers berühmtester und bedeutendster Entdeckung – die Lehre von der Irritabilität und Sensibilität – zeigt die Schwierigkeit: Aus dem Ruhm, den sich Haller mit dieser Entdeckung erwarb, lässt sich noch lange nicht ableiten, dass sich seine Deutung der Phänomene auch durchsetzte.

Einen gewissen Anhaltspunkt für Hallers Wirkung als Physiologe geben die Auflagen seiner beiden Lehrbücher. Die *Primae lineae physiologiae*, das einbändige Lehrbuch für die Vorlesungen, gab Haller selbst in drei Auflagen 1747, 1751 und 1765 heraus. Es erschien bis 1822 in sieben lateinischen Nachdrucken, acht deutschen, sechs englischen, drei französischen und einer italienischen Übersetzung. Die *Elementa physiologiae* wurden von Haller nur teilweise überarbeitet, nur zweimal nachgedruckt und nur ins Deutsche übersetzt. Mit einer für damalige Verhältnisse sehr hohen Originalauflage von 3'000 Exemplaren darf ihre Verbreitung aber dennoch nicht unterschätzt werden. Niemand, der in der zweiten Hälfte des 18. Jahrhunderts ernsthaft Physiologie betrieb, kam um diese Werke herum. Doch es ist oft schwierig, zu erkennen, inwiefern ein Zeitgenosse oder Nachfahre Hallers Physiologie verpflichtet ist, lässt sich diese doch nicht als ein mehr oder weniger geschlossenes System wie etwa der Mechanismus Boerhaaves oder der Animismus Stahls fassen, sondern muss vielmehr als dynamisches Modell verstanden werden, in dem sich Inhalt und Methode gegenseitig bedingen. Die dem Berner immer wieder entgegengebrachte Referenz bedeutet noch lange nicht, dass man auch diesem Modell verpflichtet war. Die Physiologie des späten 18. Jahrhunderts war in ihren Inhalten und Methoden sehr pluralistisch, unter ihren prominenten Vertretern gab es sowohl glühende Anhänger wie vehemente Gegner der Haller'schen Physiologie.

Die Wertschätzung der *Elementa* nahm zu in den ersten Jahrzehnten des 19. Jahrhunderts, als sich eine zunehmend experimentell abgestützte Physiologie etablierte, die in ihrem positivistischen Wissenschaftsverständnis in vielem mit demjenigen Hallers übereinstimmte. Der Berliner Naturforscher und Physiologe Karl Asmund Rudolphi (1771-1832) fasste 1821 diese Wertschätzung in der Vorrede zu seinem eigenen Physiologie-Lehrbuch in folgende Worte:

> Wenn alle Verfasser physiologischer Werke befragt werden sollten, welches darunter sie für das Erste hielten, so kann Niemand etwas dagegen haben, wenn sie das ihrige nennen; allein, wenn man sie weiter fragt, welches sie für das Zweite halten, so bin ich überzeugt, daß sie alle ohne Ausnahme Haller's Physiologie nennen werden. Was allen Verfassern aber das Zweite erscheint, ist gewiß das Erste. Nicht wegen seiner Hypothesen, nicht wegen der Anordnung der Materien, sondern wegen des Reichthums an Thatsachen. Daher bleibt sein Werk für alle Zeiten unschätzbar, denn man findet über Alles, was nur irgend dahin gehört, die gründlichste Belehrung.[97]

Anmerkungen

1 Vgl. Thomas Broman: *The transformation of German academic medicine, 1750-1820*. Cambridge 1996.

2 Vgl. Ernst Cassirer: *Die Philosophie der Aufklärung*. 3. Auflage. Tübingen 1973, 87 f.

3 Für eine allgemeine Einschätzung vgl. Peter Hanns Reill: The legacy of the ‹Scientific Revolution›: science and the Enlightenment. In: Roy Porter (Hg.): *The Cambridge history of science. Volume 4: Eighteenth-century science*. Cambridge 2003, 23-43.

4 «Anatomicorum ac Physiologorum facile princeps»; Johann Friedrich Theodor Meckel: *Dissertatio anatomico-physiologica de labyrinthi auris contentis*. Strassburg 1777, 8.

5 Marie-Jean-Antoine-Nicolas Caritat de Condorcet: Éloge de M. de Haller. In: *Histoire de l'Academie Royale des Sciences*, année 1777 (Paris 1780), 127-154, hier 136.

6 Der Beitrag fusst wesentlich auf Hubert Steinke: Hallers Anatomie: Spezialstudien für ein neues Gebäude der

Medizin, In: Rüdiger Schultka, Joseph Neumann (Hg.): *Anatomie und anatomische Sammlungen im 18. Jahrhundert*. Berlin 2007, 111-129; Ders.: *Irritating experiments: Haller's concept and the European controversy on irritability and sensibility, 1750-90*. Amsterdam, New York 2005. Auf diese Schriften wird im Folgenden nicht mehr verwiesen. Hallers anatomische und physiologische Schriften und die Sekundärliteratur sind verzeichnet in Hubert Steinke, Claudia Profos (Hg.): *Bibliographia Halleriana. Verzeichnis der Schriften von und über Albrecht von Haller*. Basel 2004, 68-152, 329-348. Für ein Verzeichnis der grossteils noch nie studierten rund 150 Manuskriptbände Hallers – die mehrenteils auch die Anatomie und Physiologie betreffen – vgl. den Beitrag zum Nachlass in diesem Band.

7 Albrecht Haller: *Dissertatio inauguralis sistens experimenta et dubia circa ductum salivalem novum Coschwizianum*. Leiden 1727.

8 Vgl. Thomas Breitbach: *Albrecht Haller und der Coschwizsche Speichelgang. Die Entlarvung einer Fehlentdeckung*. Diss. med. Bern 1991; Dieter Zibrowius: *Die historische Entwicklung der Kenntnisse und Anschauungen über die Anatomie und Funktion der Ausführungsgänge der großen Speicheldrüsen des Mundes bis zur Mitte des 18. Jahrhunderts*. Giessen 1978, 147-168, 179-202.

9 Albrecht von Haller: *Bibliotheca anatomica*. 2 Bde. Zürich 1774-1777, II: 126.

10 *Abriß von dem neuesten Zustande der Gelehrsamkeit*, 5 (1738), 515 (Rezension von Albinus' *Icones ossium*).

11 *Bibliothèque raisonnée*, 33 (1744), 39 (Rezension von Hallers Ausgabe der Boerhaave-Vorlesungen).

12 Vgl. Werner Kolb: *Geschichte des anatomischen Unterrichtes an der Universität zu Basel, 1460-1900*. Basel 1951, 65-68, 101 f., 169-182.

13 Vgl. Urs Boschung: Anatomie in Bern: ein historischer Abriss. In: Ders. et al. (Hg.): *Die Anatomie in Bern von 1896/97*. Bern 1988, 21-37; Erich Hintzsche: Die geschichtliche Entwicklung anatomischer Arbeit in Bern bis zur Gründung der Hochschule. In: *Berner Zeitschrift für Geschichte und Heimatkunde*, 3 (1942), 49-86, 128-173.

14 Vgl. Lucia Caponera: *Albrecht von Haller e i postulati del vivente. L'anatomia animata tra osservazione ed esperimento*. Diss. phil. Macerata 2007, Kapitel 3.

15 Albrecht Haller: *De musculis diaphragmatis dissertatio anatomica*. Bern 1733. Vgl. dazu Seline Elisabeth Voney: *Albrecht Hallers anatomische Abhandlung über die Muskeln des Zwerchfells, Bern 1733*. Diss. med. Bern 1990.

16 Vgl. den Beitrag zu Göttingen in diesem Band und Hubert Steinke: Science, practice and reputation. The Göttingen University and its Medical Faculty in the 18th century. In: Andrew Cunningham, Ole Grell (Hg.): *Centres of excellence. In search of the best medical education in Europe, 1500-1789* (im Druck).

17 Vgl. Brita Thode: *Die Göttinger Anatomie 1733-1828*. Diss. med. Göttingen 1979; Silke Wagener: ‹... wenigstens im Tode der Welt noch nüzlich und brauchbar ...›. Die Göttinger Anatomie und ihre Leichen. In: *Göttinger Jahrbuch*, 43 (1995), 63-90. Zur allgemeinen Situation vgl. Karin Stukenbrock: *‹Der zerstückte Cörper›. Zur Sozialgeschichte der anatomischen Sektionen in der frühen Neuzeit (1650-1800)*. Stuttgart 2001.

18 Johann Georg Zimmermann: *Das Leben des Herrn von Haller*. Zürich 1755, 163.

19 Die Sektionsprotokolle befinden sich in der Burgerbibliothek Bern, Nachlass Haller, Ms. 8-15.

20 Albrecht von Haller: *Elementa physiologiae corporis humani*. 8 Bde. Lausanne, Bern 1757-1766, I: Vorrede, IX.

21 Bei vier Sektionen ist Geschlecht und Alter nicht angegeben.

22 Vgl. Baldur Gloor: *Die künstlerischen Mitarbeiter an den naturwissenschaftlichen und medizinischen Werken Albrecht von Hallers*. Bern 1958.

23 Albrecht von Haller: *Icones anatomicae quibus praecipuae aliquae partes corporis humani delineatae proponuntur et arteriarum potissimum historia con-*

tinetur. 8 Faszikel. Göttingen 1743-1756; vgl. die Vorrede zum 2. Faszikel und die Rezension in der *Bibliothèque raisonnée*, 36 (1746), 28.

24 Brief an Johannes Gessner, 2.3.1744; Henry E. Sigerist (Hg.): *Albrecht von Hallers Briefe an Johannes Gesner (1728-1777)*. Berlin 1923, 158.

25 Haller, Icones anatomicae 1743-56 (wie Anm. 23), IV: Tafel 2.

26 Ebenda, II: Vorrede zur zweiten Tafel; III: Vorrede zur ersten Tafel.

27 Ebenda, III: Vorrede zur ersten Tafel.

28 Ebenda, II: Vorrede.

29 Für eine Übersicht vgl. Rita Schär: *Albrecht von Hallers neue anatomisch-physiologische Befunde und ihre heutige Gültigkeit*. Bern 1958.

30 Vgl. die Urteile zweier Studenten bei Johann Albrecht Friedrich Reimarus: *Lebensbeschreibung von ihm selbst aufgesetzt*. Hamburg, 1814, 10 und Eduard Bodemann (Hg.): *Von und über Albrecht von Haller: ungedruckte Briefe und Gedichte Hallers sowie ungedruckte Briefe und Notizen über denselben*. Hannover 1885, 189 f.

31 Samuel Thomas von Soemmerring: *Vom Baue des menschlichen Körpers. Gefässlehre*. Bearb. und hg. von Reinhard Hildebrand. Basel 2004, XLV.

32 *Bibliothèque raisonnée*, 36 (1746), 27 (Rezension der *Icones anatomicae*).

33 Haller, Icones anatomicae 1743-56 (wie Anm. 23), II: Vorrede zur zweiten Tafel.

34 Ebenda, III: Vorrede.

35 Haller, Bibliotheca anatomica 1774-77 (wie Anm. 9), II: 3.

36 Haller, Dissertatio 1727 (wie Anm. 7), 4.

37 Haller, Icones anatomicae 1743-56 (wie Anm. 23), III: Vorrede zur zweiten Tafel.

38 Vgl. Reinhard Hildebrand: Attic perfection in anatomy: Bernhard Siegfried Albinus (1697-1770) and Samuel Thomas Soemmerring (1755-1830). In: *Annals of anatomy*, 187 (2005), 555-573.

39 Haller, Elementa 1757-66 (wie Anm. 20), VIII: 47.

40 Haller, Icones anatomicae 1743-56 (wie Anm. 23), V: Vorrede.

41 Ebenda, III: Vorrede zur zweiten Tafel.

42 *Göttingische Anzeigen von Gelehrten Sachen*, 1763, 516.

43 Zimmermann 1755 (wie Anm. 18), 163.

44 Vgl. die Liste im Anhang von Gloor 1958 (wie Anm. 22).

45 Albrecht von Haller (Hg.): *Epistolarum ab eruditis viris ad Alb. Hallerum scriptarum. Pars 1, latinae*. 6 Bde. Bern: 1773-1775, VI: 183.

46 Haller, Icones anatomicae 1743-56 (wie Anm. 23), II: Vorrede.

47 *Nouvelle bibliothèque germanique*, 3 (1747), 264 (Rezension der *Icones anatomicae*).

48 Vgl. *Bibliothèque raisonnée*, 36 (1746), 26 (Rezension der *Icones anatomicae*).

49 Vgl. Marielene Putscher: *Geschichte der medizinischen Abbildung. Von 1600 bis zur Gegenwart*. München 1972, 59-76.

50 William Hunter: *The anatomy of the human gravid uterus exhibited in figures*. Birmingham 1774, preface.

51 Haller verglich Hunters Tafeln denn auch mit Bidloo: «Sie sind auch mit einer ungemeinen Nachahmung der Natur, wie die Bidloischen, selbst der Weichheit und Zärtlichkeit der Theile ausgearbeitet.» *Göttingische Anzeigen von Gelehrten Sachen*, 1775, 817.

52 Martin Kemp: ‹The mark of truth›: looking and learning in some anatomical illustrations from the Renaissance and eighteenth century. In: William F. Bynum, Roy Porter (Hg.): *Medicine and the five senses*. Cambridge 1993, 85-121, hier 85 (Zitat aus einer Vorlesung Hunters in der *Royal Academy of Arts*, 1770).

53 *Göttingische Anzeigen von Gelehrten Sachen*, 1762, 1066.

54 Haller, Icones anatomicae 1743-56 (wie Anm. 23), III: Vorrede Tafel der Arteria carotis externa.

55 Haller, Bibliotheca anatomica 1774-77 (wie Anm. 9), II: 75.

56 Dieser didaktische Zug zeigt sich auch daran, dass Haller den Verlauf von Gefässen vielfach unter den sie ver-

deckenden Strukturen mittels gestrichelter Linien nachzeichnen liess.

57 Hunter 1774 (wie Anm. 50), preface.

58 Zu Hallers Physiologie vgl. insbesondere François Duchesneau: *La physiologie des Lumières. Empirisme, modèles et théories*. Den Haag etc. 1982; Maria Teresa Monti: *Congettura ed esperienza nella fisiologia di Haller. La riforma dell'anatomia animata e il sistema della generazione*. Florenz 1990.

59 *Hermanni Boerhaave ... Praelectiones academicae in proprias institutiones rei medicae*, edidit et notas addidit Albertus Haller. 7 Bde. Göttingen 1739-1744.

60 *Bibliothèque raisonnée*, 33 (1744), 45.

61 Haller an Bonnet, 15.3.1755; Otto Sonntag (Hg.): *The correspondence between Albrecht von Haller and Charles Bonnet*. Bern 1983, 62.

62 Johann Friedrich Meckel an Haller, 28.7.1753; Haller, Epistolae 1773-75 (wie Anm. 45), III: 402-405.

63 Andrew Cunningham vertritt dagegen die Ansicht, die neue Form der experimentellen Physiologie sei erst im 19. Jahrhundert verwirklicht worden; vgl. seinen Aufsatz: The pen and the sword: Recovering the disciplinary identity of physiology and anatomy before 1800. In: *Studies in history and philosophy of the biological and biomedical sciences*, 33 (2002), 631-665; 34 (2003), 51-76.

64 Albrecht von Haller: Experimenta de cordis motu a stimulo nato: lecta d. 10. Novembr. In: *Commentarii Societatis Regiae Scientiarum Gottingensis*, t. 1 ad annum 1751 (1752), 263-266.

65 Albrecht Haller: *Primae lineae physiologiae in usum praelectionum academicarum*. Göttingen 1747, prefatio.

66 Vgl. Richard Toellner: *Albrecht von Haller. Ueber die Einheit im Denken des letzten Universalgelehrten*. Wiesbaden 1971, 146-161; Ders.: Die Bedeutung des physico-theologischen Gottesbeweises für die nachcartesianische Physiologie im 18. Jahrhundert. In: *Berichte zur Wissenschaftsgeschichte*, 5 (1982), 75-82; Maria Teresa Monti: Théologie physique et mécanisme dans la physiologie de Haller. In: Änne Bäumer, Manfred Büttner (Hg.): *Science and religion*. Bochum 1989, 68-79.

67 Aus dem Gedicht *Die Falschheit menschlicher Tugenden*; Ludwig Hirzel (Hg.): Albrecht von Hallers Gedichte. Frauenfeld 1882, 74.

68 Vgl. Toellner 1971 (wie Anm. 66), 56-67.

69 *Relationes de libris novis*, 3 (1752), 175 (Rezension von Robert Whytts *Essay on the vital and other involuntary motions*).

70 Vgl. Shirley A. Roe: Anatomia animata: the Newtonian physiology of Albrecht von Haller. In: Everett Mendelsohn (Hg.): *Transformation and tradition in the sciences*. Cambridge 1984, 273-300, hier 288.

71 Für eine frühe entsprechende Aussage vgl. Wilhelm Ludwig Taube: *Dissertationem inauguralem de vera nervi intercostalis origine* ... praeside D. Alberto Haller ... publice defendet ... Göttingen 1743, 10.

72 Vgl. beispielsweise die Rezension seiner Boerhaave-Ausgabe in der *Bibliothèque raisonnée*, 33 (1744), 44-46.

73 Haller, Primae lineae 1747 (wie Anm. 65), § 415.

74 *Bibliothèque raisonnée*, 33 (1744), 44 (Rezension von Hallers Boerhaave-Ausgabe).

75 Den neusten Beitrag zur bereits vielfach erforschten Irritabilitätslehre liefert Caponera 2007 (wie Anm. 14), Kapitel 4.

76 Albrecht von Haller: De partibus corporis humani sensilibus et irritabilibus. Die 22. April. & die 6. Maii 1752. In: *Commentarii Societatis Regiae Scientiarum Gottingensis*, t 2. ad annum 1752 (1753), 114-158.

77 Pringle an Haller, 1763/64; Otto Sonntag (Hg.): *John Pringle's correspondence with Albrecht von Haller*. Basel 1999, 58.

78 Giambattista Bianchi: Lettera seconda ... alli ... Signori Lettori Pubblici dell' Università di Bologna. In: Giacinto Bartolomeo Fabri (Hg.): *Sulla insensitività ed irritabilità Halleriana: opuscoli di vari autori*. 4 Bde. Bologna 1757-1759, ii: 25-52, hier 36.

79 Vgl. Andreas-Holger Maehle: *Kritik und Verteidigung des Tierversuchs: die Anfänge der Diskussion im 17. und 18. Jahrhundert*. Stuttgart 1992.

80 Condorcet 1780 (wie Anm. 5), 139 f.

81 Haller an Caldani, 14.3.1769; Erich Hintzsche (Hg.): *Albrecht von Haller – Marc Antonio Caldani. Briefwechsel 1756-1776*. Bern, Stuttgart 1966, 186.

82 Haller, Elementa 1757-66 (wie Anm. 20), I: i.

83 Haller an Bonnet, 4.3.1760; Sonntag 1983 (wie Anm. 61), 193.

84 Haller, Elementa 1757-66 (wie Anm. 20), VIII: iii. Vgl. dazu Henrich Buess: Zur Entstehung der ‹Elementa Physiologiae› Albrecht Hallers (1708-1777). In: *Gesnerus*, 15 (1958), 17-35.

85 Haller, Elementa 1757-66 (wie Anm. 20), V: 529.

86 Ebenda, I: 256-385.

87 Antoine Portal: *Histoire de l'anatomie et de la chirurgie*. 7 Bde. Paris 1770-1773, IV: 719.

88 Antoine Louis: Éloge de Haller, lu dans la séance publique du 30 avril 1778. In E.-F. Dubois (Hg.), *Éloges lus dans les séances publiques de L'Académie Royale de Chirurgie de 1750 a 1792 par A. Louis*. Paris 1859, 265-281, hier 272 f.

89 *Abriß von dem neuesten Zustande der Gelehrsamkeit*, 1738, 522 (Rezension von Bernhard Siegfried Albinus' *Icones ossium foetus humani*).

90 Albrecht von Haller: *Opuscula sua anatomica*. Göttingen 1751; Ders.: *Opera minora, emendata, aucta et renovata*. 3 Bde. Lausanne 1763-1768.

91 Vgl. Diana Long Hall: *Why do animals breathe? Physiological problems and iatromechanical research in the early eighteenth century*. New York 1981, 193-221.

92 Vgl. Peter Wobmann: Albrecht von Haller, der Begründer der modernen Hämodynamik. In: *Archiv für Kreislaufforschung*, 52 (1967), 96-128; Heinrich Buess: Die Anfänge der pathologischen Physiologie auf dem Gebiet der Kreislaufforschung nach Albrecht Hallers ‹Elementa physiologiae› (1756/1760). In: *Gesnerus*, 11 (1954), 121-151; Ders.: William Harvey and the foundation of modern haemodynamics by Albrecht von Haller. In: *Medical history*, 14 (1970), 175-182.

93 Vgl. Erich Hintzsche: Albrecht von Hallers Tätigkeit als Enzyklopädist. In: *Clio medica*, 1 (1966), 235-254.

94 *Disputationum anatomicarum selectarum* collegit, edidit, praefatus est Albertus Haller. 7 Bde. Göttingen 1746-1752.

95 Haller, Bibliotheca anatomica 1774-77 (wie Anm. 9).

96 Vgl. Schär 1958 (wie Anm. 29).

97 Karl Asmund Rudolphi: *Grundriss der Physiologie*. 3 Bände. Berlin 1821-1823, I: ivi.

Embryologie

Maria Teresa Monti[1]

Das Studium der embryologischen Entwicklung (Embryogenese) war während Jahrhunderten bestimmt durch seine offensichtlichen philosophisch-theologischen Implikationen sowie das deutliche Ungleichgewicht zwischen der intensiven Problematisierung dieser Folgen und der äusserst schwierigen Beobachtungsgrundlage.[2] Angesichts von unausweichlichen Fragestellungen und einem mühsamen Untersuchungsprozedere wurde die Geburt des Lebens auf zwei grundsätzlich verschiedene Weisen dargestellt: als Entwicklung bereits vor der Paarung und/oder vor der Schwangerschaft existierender Keime (Präformation) oder als allmähliche Bildung und Herausbildung von Organen auf der Basis undifferenzierter Materie (Epigenese). Präformation und Epigenese enthielten Merkmale der Lehre der Ovisten oder Animalkulisten, je nachdem, ob der Lebensbeginn im weiblichen Ei (‹ovum›) oder den männlichen Spermien (‹animalcula spermatica›) lokalisiert wurde. In seiner extremsten Form nahm die Präformationslehre die Präexistenz aller Keime aller Individuen von Beginn bis zum Ende der Zeiten an und führte den Ursprung der Organismen auf einen einzigen göttlichen Schöpfungsakt zurück, in dem die Keime in den Eierstöcken oder Spermien des Stammhalters erschaffen und versammelt wurden. Eine solche Auffassung war in Bezug auf die Geburt des Lebens kreationistisch und daher theologisch ‹orthodox›. Sie konnte deshalb in Bezug auf die Entwicklung der Keime strikt mechanistisch bleiben und wies die Einwirkung jeglichen unnatürlichen Elements von sich. Die Situation der Epigenetiker war entgegengesetzt: Sie behaupteten die Natürlichkeit der Produktion des Lebendigen und setzten sich daher nicht nur dem Vorwurf der theologischen Heterodoxie aus, sondern waren gezwungen, der Materie eine Fähigkeit zur Selbstorganisation zuzugestehen oder ihr rätselhafte aktive Kräfte und Prinzipien zuzuschreiben. Die Mikroskopie des 18. Jahrhunderts lieferte der Debatte um die ‹Metaphysik des Embryos› eine erste

Beobachtungsgrundlage, indem sie sich den Geschlechtsorganen der lebend gebärenden Tiere und der Ausreifung des Eis zuwandte.

Nach drei Jahren intensivster embryologischer Beobachtungen am Hühnerei (1755-1757) präsentierte Albrecht von Haller Forschungsresultate zur Unterstützung der Präformation, die die schon hervorragenden Leistungen des italienischen Mikroskopikers Marcello Malpighi (1628-1694) bei weitem übertrafen. Hallers Buch *Sur la formation du cœur dans le poulet* war das Manifest einer radikal erneuerten Präformationslehre.[3] Die der Entwicklung des Herzens und des Auges gewidmeten Teile waren von einer ausserordentlichen anatomischen Raffinesse; das Kapitel über die Anhangsgebilde (Adnexen) ging sogar weit über das damals Vorstellbare hinaus und lieferte mit seltener argumentativer Eleganz einen neuen Beweis für die Präformation im Ei.

Die Embryologie in Hallers wissenschaftlicher Laufbahn

Sur la formation du cœur dokumentiert den einzigen dramatischen Bruch in Hallers ganzer wissenschaftlicher Karriere. Wie schon bei der bekannteren Lehre der Irritabilität zeigt sich auch hier die letztendliche Gestalt des Systems im Zusammenspiel von theoretischer Kohärenz und Verfeinerung der Beobachtungsgrundlage, hier aber ergibt sich die einzigartige Möglichkeit, das Umkippen der Ausgangsposition zu verfolgen und allfällige, ausserhalb des wissenschaftlichen Kerns liegende Motivationen zu untersuchen, die auf die Resultate ‹im Labor› eingewirkt haben könnten. Auf dem Gipfel seines Ruhms enthielt sich Haller eines Urteils über die embryologische Theorie, mit der er bisher sympathisiert hatte, suchte Bestätigung durch eigene Beobachtungen, stürzte seine Anfangshypothese um und präsentierte eine ungeheure Masse an Daten, die die gegenteilige These unterstützten. Die Hartnäckigkeit, Genauigkeit und die Zweifel auf diesem Weg kennzeichnen die besten Jahre von Hallers wissenschaftlicher Reife.

In zahlreichen Interpretationen wurde eine Vielfalt unterschiedlicher Gründe für diese Wende verantwortlich gemacht.[4] Die Aufmerksamkeit richtete sich mal auf die Resultate der Beobachtungen, mal auf die philosophischen, religiösen oder ideologisch-politischen Vorstellungen, die die Untersuchung des Hühnchens geleitet hätten. Hallers ausgeprägte Nähe zur Physikotheologie bietet aber Anlass zur Vorsicht, wenn man vermuten will, wie er das Verhältnis zwischen ideologischen Vorurteilen und der konkreten Forschung gestaltet haben soll. Denn für Haller bestand das

Ziel der Wissenschaft immer darin, den göttlichen Plan der Welt aufzudecken; daher war es gerade die äusserste Aufrichtigkeit beim Durchführen der Experimente, die die Garantie für die echte und vollkommene Verherrlichung Gottes lieferte. Nur schlecht konzipierte und schlecht durchgeführte Untersuchungen konnten den Atheismus fördern; dieser war nicht durch Rückgriff auf Zensur oder Verbote zurückzuweisen, sondern durch die Verherrlichung der Freiheit und Kreativität des Wissenschaftlers. Über die zur Debatte stehenden Systeme war daher nur in absoluter Ehrlichkeit gegenüber den Laborresultaten zu entscheiden.

Glücklicherweise besitzen wir bis heute die Dokumente zu fast jeder Phase der Beobachtung, zum Wechselspiel zwischen der Untersuchung des Eis und der theoretischer Reflexion und zu den verschiedenen Ebenen der Kommunikation: vom ersten, während der Beobachtungen geführten Laborheft über die rhetorische Ausarbeitung des Materials bis zum gedruckten, für die wissenschaftliche Gemeinschaft bestimmten Traktat. Die Monographie von 1758 entstand aus über 300 annotierten Protokollen,[5] wurde vor der Göttinger Gesellschaft der Wissenschaften vorgetragen (1757-1758),[6] dann auf Französisch gedruckt,[7] unter Einbezug einer zweiten, beinahe so grossen Serie von Protokollen auf Lateinisch überarbeitet (1763-1765)[8] und schliesslich nochmals veröffentlicht (1767).[9] Die Gegenüberstellung von privaten Aufzeichnungen und öffentlicher Kommunikation – sichtbar vor allem in der jüngst erschienenen kritischen Edition[10] – zeigt, dass externe Faktoren eine Rolle spielten, aber zumeist in zeitlicher Verschiebung zum eigentlichen Bruch. Evident wird zudem vor allem, dass die Beobachtungen sowohl Ursache wie Wirkung der theoretischen Kohärenz des Systems waren. Dieses System war also ebenso ein Produkt der Beobachtungen, wie sich diese immer mehr darauf ausrichteten.

In der animalkulistischen Präformationslehre von Herman Boerhaave (1668-1718) aufgewachsen, vollzog Haller eine erste Wendung in seiner Herausgabe der *Institutiones* seines Lehrers (1744), wo er seine neue Sympathie für die Epigenese bekundete.[11] Abraham Trembleys (1710-1784) Experimente über die Regenerationsfähigkeit der Tiere und damit über die Fähigkeit der Materie, Strukturen zu bilden (Morphogenese), hatten ihn von der Möglichkeit überzeugt, dass die Epigenese in der Zukunft auf eine solide Beobachtungs- und Experimentalbasis gestellt werden könnte. Die Desillusionierung kam jedoch von zwei Seiten. Auf der einen Seite widersprachen die Forschungen zur Irritabilität (1746-1752) den angenommenen Fähigkeiten der körperlichen Kräfte. Auf der anderen Seite entpuppte sich ein Vorschlag der Epigenese, der anfänglich wegen dem Namen und Ruhm seines Verkünders Hallers Hoffnungen geweckt hatte, schon bald als trügerischer als alle anderen. Gross war tatsächlich seine Enttäuschung über die theoretische Dürftigkeit und den wissenschaftlichen Dilettantismus, den er in Georges-Louis Leclerc de Buffons (1707-1788) *Histoire naturelle* unbarmherzig freilegte.[12] Die Ernüchterung führte Haller dazu, sein Urteil über beide fraglichen Theorien in der Schwebe zu halten. Es gibt keinen Beweis, dass die Lektüre von Buffon eine entscheidende Rolle bei Hallers Zuwendung zur Präformation gespielt hatte, aber sie war ohne Zweifel dafür verantwortlich, dass er sich nicht mehr mit der Lektüre anderer Autoren begnügte, sondern die «dure nécessité de chercher par moimême» konstatierte.[13] Ohne ein präzises Programm oder vorgegebenes System begann Haller mit Sektionsversuchen schwangerer Vierbeiner[14] und fand letztendlich die vielversprechendsten Untersuchungsbedingungen bei den Eier legenden Haustieren.

Das Journal der Hühnerei-Studien

Ab dem 13. August 1755 notierte Haller über einen Zeitraum von drei Jahren in einem ‹Laborjournal› seine Serien von Beobachtungen des bebrüteten Hühnereis (vgl. Abb. S. 259). Die Niederschrift der lateinisch gehaltenen Protokolle geschah zumeist unmittelbar. Haller notierte nicht nur das Datum beinahe aller seiner Einträge – die er ordentlich in nummerierte Abschnitte unterteilte –, sondern häufig und der Notwendigkeit der Untersuchung folgend auch die Stunde jeder einzelnen Beobachtung; die Protokolle werden so zu beredten Zeugen von Hallers Arbeitsrythmus. Die häufige Unleserlichkeit der Schrift und die vielen Abkürzungen verraten die Mühe der Hand, mit der Geschwindigkeit von Auge und Gedanken Schritt zu halten. Verschiedene Hinweise von der Tintenspur bis zur Entwicklung der Forschungsfragen zeugen von einer teilweisen Überlagerung der Aufzeichnungen, die begonnen und im Lichte neuer Resultate unterbrochen, wieder aufgenommen und vor allem korrigiert wurden. Haller verfolgte die drei Wochen dauernde Embryonalentwicklung des Hühnchens in 27 Beobachtungsserien, die er in alphabetischer Reihenfolge mit Buchstaben kennzeichnete; er beobachtete also die Embryogenese ebenso viele Male. Dabei wählte er immer kürzere Beobachtungsintervalle: Im ersten Monat dauerten sie noch 24 Stunden, danach wurden sie kleiner. Während der intensivsten Periode (das heisst ab Mitte September 1756) scheint der Gebrauch des Journals unregelmässiger zu werden, und in den Aufzeichnungen werden Überschneidungen von früheren und späteren Beobachtungssequenzen sichtbar. In Tat und Wahrheit hatte Haller Seiten leer gelassen, die er sukzessive füllte. Gespannt und ungeduldig, die Beobachtungen der einzelnen Entwicklungsstufen zu vervielfältigen, verfolgte er die Embryogenese mehrerer Serien gleichzeitig und trug die Resultate auf verschiedenen Seiten in seinem Journal ein.

Die Zeichnung stammt aus Hallers Protokollen seiner embryologischen Versuchsreihen. Sie datiert vom 31. August 1755, zwei Wochen nach Beginn der ersten Beobachtungen, die sich insbesondere mit der Herzbildung beschäftigten. Das Bild stellt einen Embryo im Stadium von 72 Stunden dar («figura 3 diei plenae»). – Albrecht von Haller: *Observationes anatomicae Bernenses 1753-1757*, fol. 32v. – Burgerbibliothek Bern, Nachlass Haller, Ms. 5.

Im Journal wurden nur die Beobachtungsprotokolle notiert. Während der drei Sommer der Eier-Studien wird kein Zeichen einer Billigung des einen oder anderen Systems sichtbar; nichts sickerte von den Schlussfolgerungen durch, die dann im gedruckten Werk offengelegt wurden. Die Protokolle verschweigen die Anregungen, die zum Entschluss einer persönlichen Untersuchung der Embryogenese geführt hatten. Sie schweigen ebenso über theoretische Erwartungen; diese blieben möglicherweise von Beginn bis zum Ende unverändert, wahrscheinlicher ist aber doch, dass sie sich während der sich laufend präzisierenden und besser verstandenen Beobachtungen veränderten. Obwohl die zunehmende Verfeinerung der Interpretation als ein insgesamt linearer Prozess erscheint, so gab es doch bisweilen Schwankungen. Positionen, die schon aufgegeben schienen, tauchten mehrfach wieder auf; Variablen präsentierten sich, über deren Charakter als normales oder zufälliges Phänomen Haller nicht entscheiden konnte. Es gab keine Geistesblitze, aber oft Punkte, an denen es kein Zurück mehr gab. Sollte es kritische, entscheidende Beobachtungen gegeben haben, so wurden diese nicht als solche im Journal gekennzeichnet; ihre Bedeutung wird nur in indirekter Form sichtbar durch einen anschliessenden Qualitätssprung, durch das Verlassen eines (natürlich nunmehr eingeordneten) Untersuchungsbereichs oder durch die Festlegung des weiteren Forschungsplans, der von einer neu gesicherten Grundlage ausging.

Die Entwicklung von Knochen und Herz

Der Briefwechsel mit dem Genfer Naturforscher Charles Bonnet (1720-1793), mit dem Haller von 1754 bis zu seinem Tod über 900 Briefe austauschte, begleitete und leitete die Erforschung des Hühnereis.[15] Die Briefe aus Genf berührten sehr geschickt die richtigen Saiten von Hallers Empfindung und bestimmten das ganz besondere Verhältnis zwischen den beiden Korrespondenten. Haller nahm die Aufgabe der Untersuchung und des Beweises auf sich; Bonnet erhob sich zum kritischen Gewissen und prüfte die philosophisch-theologische Orthodoxie der vorgetragenen Thesen. Im spezifischen Fall der Erforschung der Embryogenese übten Bonnets Einflüsterungen allerdings die Rolle der Anregung zur Innovation aus und standen nicht mit Hallers Forschungsprogramm in Konflikt, solange sie sich nicht anmassten, am bestehenden physiko-theologischen Modell zu rütteln. Bonnet erschuf und benützte für sich eine scheinbar untergebene Position; nur hin und wieder verriet er seine Ungeduld angesichts der unendlichen Vorsicht, Sorgfalt und Genauigkeit seines Freundes. Zumeist gelang es ihm nicht, den Forschungsprozess zu beschleunigen oder dessen Resultate umzubiegen, aber er war in der Lage, Einfluss auf dessen Ausrichtung zu nehmen. Als Verteidiger der Lehre von der Präformation im Ei, versuchte er sofort, Haller zu einer Wahl zwischen den beiden embryologischen Systemen zu drängen. Der offensichtlich verärgerte Physiologe antwortete unmissverständlich: «je n'ai aucun systeme sur la generation. Deprevenu de l'evolution, je vois de plus en plus une matiere simple et gluante se construire et se figurer peu a peu.»[16] Mit der Offenheit von Hallers eigener Aussage spielend, hielt es Bonnet für gegeben, dass der Freund auf der Seite der Präformation gelandet sei.

Um Bonnets Strategie zu verstehen, ist es nützlich, die Diskussion über die embryonale Knochenbildung zu verfolgen, die seit den ersten Monaten des Briefwechsels intensiv geführt wurde. Der Genfer begann mit einer ziemlich positiven Beurteilung von Henri-Louis Duhamel du Monceaus (1700-1782) These über die Entwicklung der Knochen aus der Knochenhaut (Periost),[17] der einzigen, die aus seiner Sicht mit der Präformation in Einklang zu bringen war. Haller antwortete mit einer Verurteilung, die keinen Einspruch duldete. Seiner Meinung nach entstanden die Knochen des Hühnchens in einem Prozess der Verfestigung unförmiger und transparenter Masse, bei dem die zukünftige knöcherne Natur und die Gefässstrukturen absolut nicht voraussehbar waren. Zwei Jahre später nahm Bonnet das Thema mit einem scheinbar unschuldigen Vorschlag wieder auf: die von Haller beobachtete gelatinöse Substanz «est sans doute elle même organizée; elle est un Os membraneux ou plûtôt gelatineux».[18] Haller verstand sofort die Tragweite des Vorschlags, der zwischen der eigentlichen Realität der Dinge und dem, was man davon sah, unterschied. Er befürchtete, dass dieser Ansatz als Vorwand dienen könnte, die Beobachtung in eine untergeordnete Rolle abzudrängen, und antwortete: «J'apelle glu dans le poulet, ce qui en a parfaitement l'air et les proprietés. [...] Je ne dispute pas sur sa structure interieure, *je n'etablis que ce que je vois.*»[19]

Haller machte seine neue Unterstützung der Präformation erstmals am 1. Juli 1757 in einem Brief an den italienischen Arzt Ignazio Somis (1718-

1793) bekannt.[20] Die Konversion hatte allerdings auf die bisher vertretene These über die Knochenbildung keinen Einfluss. Die *Deux mémoires sur la formation des os*,[21] das Manifest der Haller'schen Osteogenese, erschien wenige Monate nach *Sur la formation du cœur* und vollzog einen Wandel, der Bonnet die Sprache verschlug. Die Ossifikation wurde nicht nur als bedeutsames Element im Gesamtprogramm der embryologischen Forschung dargestellt, sondern vor allem als ein weiterer und neuer Beweis der Präformation. Haller erklärte seinen eigenen radikalen Wandel in Bezug auf das embryologische System, aber er blieb bei seiner Zurückweisung von Duhamels Theorie, die allgemein als die einzige mit der Präformation vereinbare Erklärung der Knochenbildung galt. Dies war ein ziemlich gewagtes Unternehmen: der knorpelige (enchondrale) Ursprung des Knochens, den er weiterhin gegen die Bildung aus der Knochenhaut vertrat, war die einzige Erklärungsmöglichkeit, um jegliche Neubildung auszuschliessen. Die Knochenhaut zeigte tatsächlich eine vollständig andere Natur als der Knochen. Sie bildete sich als Letztes, deutlich nach der Bildung von Knochenkernen im Knorpel. Hätte die Beobachtung gezeigt, dass die Organbildung von der Knochenhaut, das heisst von einer solch anders gearteten Grundlage, ausgeht, hätte man eine Neubildung annehmen müssen, um den Abstand zu erklären. Eine solche Schlussfolgerung hätte eine explosive Wirkung auf die Kohärenz des ganzen Systems gehabt. Was war passiert? Haller hatte es zurückgewiesen, den Beobachtungen Gewalt anzutun, aber hatte sich in der Zwischenzeit Bonnets theoretisches Erklärungsmodell angeeignet. Die Trennung zwischen dem Sichtbaren und dem Vorhandenen, die er ein paar Monate vorher noch klar zurückgewiesen hatte, erlaubte ihm jetzt, den beobachteten Phänomenen treu zu bleiben und sie dennoch innerhalb des beruhigenden theoretischen Rahmens der Präformation zu sehen. In der scheinbar unförmigen Masse präexistierte das Programm und die Struktur des ausgebildeten Knochens.

Das Studium der Embryogenese des Herzens verlief gleichzeitig dazu. Die bisher unübertroffenen Beobachtungen von Malpighi verbesserte Haller insofern, als er die Identifikation des Ursprungsventrikels im rechten und linken Herzen korrigierte, welcher letzterer in Tat und Wahrheit die Erweiterung der Aorta (‹bulbus aortae›) war. Er begriff und beschrieb die Verengung, die zwischen dem einzigen ursprünglichen Ventrikel und dem ‹bulbus› besteht, untersuchte die Verpflanzung der Pulmonalgefässe und identifizierte drei Aortenbögen, die sich möglicherweise in verschiedenen Phasen der Inkubation unterschieden. Haller verstand es als seine Aufgabe, mit dem von Malpighi ungelösten Problem zurechtzukommen, das heisst mit der Einfügung des kleinen Kreislaufs in die tubulöse Struktur des embryonalen Herzens. Haller war lange zwischen Zweifel und Ratlosigkeit hin- und hergeworfen und hatte – zumindest bis in die ersten

Monate des Jahres 1757 – grosse Mühe, die ‹Blasen› (‹bullae›) des Herzens und die ‹Roten Fäden› (‹fila rubra›), die vom ‹bulbus aortae› abzweigten, zu identifizieren. Es war die Entwicklung des rechten Ventrikels (Herzkammer) und die Bestimmung des Abstands zwischen dem venösen und dem arteriellen Teil des Herzens, die ihn zur Lösung der Probleme führte. Die Beobachtungen drängten zur Wende zur Präformation, und diese Wende schien die Notwendigkeit einer kohärenten theoretischen Systematisierung der Phänomene immer dringlicher zu machen. Die Irrtümer Malpighis erschienen als immer gefährlicher: Der italienische Mikroskopiker hatte sich getäuscht, weil er die Verpflanzung des Pulmonalkreislaufs in das entstehende Herz nicht zu erläutern wusste (und es in seiner unkorrekten Darstellung auch nicht erläutern konnte) oder genauer weil er – und dies war die beunruhigende Hypothese – ihre epigenetische Neubildung angenommen hatte. War einmal die Gewissheit des Systems gewonnen, so war es eine Kleinigkeit, die Fakten in Übereinstimmung zu bringen. Alle Anstrengung lief darauf hinaus, im entwickelten Herzen die zu Beginn wahrgenommenen Erscheinungen zu finden; und auch begann Haller sich nun darüber zu äussern, wie die Entfaltung der Organe vor sich gehe, bevor die Strukturen die Schwelle zur Sichtbarkeit überschritten hätten. Bonnet wurde erst informiert, als es möglich wurde, ihm das vorzulegen, was er erwartete, nämlich eine festgefügte und homogene Theorie.

Der ‹Beweis› der Präformation

In seinem erwähnten Brief vom 1. Juli 1757 kündigte Haller Somis die Lösung aller Rätsel der Herzentwicklung, die bevorstehende Veröffentlichung seines Traktats und seine neue Unterstützung der Präformation an. Vielleicht war Haller zu diesem Zeitpunkt wirklich an der Redaktion seiner embryologischen Schrift, das heisst, noch bevor er sich auf die Beobachtungen stützen konnte, die er in *Sur la formation du cœur* als entscheidend für die Konversion zur Präformationslehre darstellte und von denen wir dank den Laborprotokollen wissen, dass sie erst später datieren. Tatsächlich kündete er am selben Tag auch dem Physiologen Leopoldo Marc'Antonio Caldani (1725-1813) an, seine Untersuchungen auf die Gefässstrukturen des Eidotters auszurichten.[22] Er erwähnte dies nur beiläufig: Tatsächlich verfolgte er diese Studien aber bis zum Ende, und sie wurden zu einem Eckpfeiler der neuen Präformationslehre.

In den Protokollen von 1755 wurde das ‹venöse Gebilde› (‹figura venosa›), das heisst das Netz extraembryonaler Gefässe zur Ernährung des Embryos, als ein über die Dottermembran ausgebreitetes Geflecht betrachtet, aber ihre Gefässe wurden generell als ‹zum Nabel gehörig› (‹umbilicalia›) genannt. Im fortgeschrittenen Beobachtungsstadium identifizierte Haller noch ein weiteres Gefässsystem, das er einer anderen unbestimmten Nabel-Membran zuordnete. Während des weiteren Forschungsverlaufs blieb die einzige beständige Idee diejenige von zwei unterschiedlichen Gefässsystemen, und es ergab sich eine überraschende Wende in der Anordnung der ‹figura venosa›. Ihr Netz und die Membran, auf der sie sich ausbreitete, wurden ‹umbilicalia› genannt und damit vom Dottersack und dem Gefässsystem des Eigelbs unterschieden. In den ersten Augenblicken der Bebrütung beobachtete Haller also die Anlage der ‹wirklichen› ‹figura venosa› an ihrem ‹richtigen› Ort, aber er ordnete sie dem ‹falschen› Organ zu, das heisst der Nabel-Membran; nach dem Verlauf einiger Stunden hielt er ein Netz für die ‹figura venosa›, das nicht identisch mit ihr war und das sich auf der Nabel-Membran ausbreitete; schliesslich beschrieb er Dottersack und Nabel-Membran mit ihren Gefässsystemen, allerdings ohne zu verstehen, dass das, was sich auf dem Dotter entwickelte, die endgültige Form der ‹figura venosa› war und dass das am Ende weit ausgedehnte Nabelschnur-Netz überhaupt nie etwas damit zu tun hatte.

Dass Haller Zweifel über das Gefässsystem der Anhangsgebilde hatte, ist dadurch erhärtet, dass er immer wieder darauf zurückkam, aber im Laborprotokoll noch zu Beginn des Sommers 1757 kein richtiges Interesse an ihrer Präexistenz dokumentierte. Dieses stellte sich ein, als er spezifische Eigenschaften, die aber zum fortgeschrittenen Entwicklungsstadium gehörten, verallgemeinerte und begann, ein Faktum zu überprüfen und zu systematisieren, dem er bisher geringe Bedeutung zugemessen hatte. Es handelte sich um die Kontinuität zwischen dem Eingeweidesack des Hühnchens und dem Dottersack, zwischen der äusseren Dottermembran und der Haut des zukünftigen Lebewesens. In der letzten Woche der Bebrütung zeigte sich tatsächlich eine Strukurähnlichkeit zwischen den Eingeweidewänden und dem Dottersack. Trotzdem gibt es im Laborprotokoll keine Spur eines Experiments, das – in variierter und wiederholter Form, wie gemäss Hallers Forschungskanon zu erwarten – auf der Basis der Kontinuität der Membrane geliefert hätte, was der Physiologe kühn behauptet hatte, nämlich den ‹Beweis› der Präformation im Ei. Die im Ei vor der Befruchtung existierende Dottermembran stellte – so behauptete Haller – mit ihrer inneren Membran eine Verlängerung derjenigen dar, die den Dünndarm des Embryos ausgekleidet und dessen Magen, Rachen und Mund überzogen hatte. Das äussere Blatt war nichts anderes als eine Ausdehnung der äusseren Membran des Darms und war daher mit dem Gekröse (‹Mesenterium›) und dem Bauchfell (‹Peritoneum›) verbunden. Die Membrane waren präexistent: Daher musste auch der Embryo präexistieren, da er sozusagen deren Verlängerung war. Dieser neue Anhaltspunkt befreite die unsichtbare Präexistenz – die bis jetzt von allen Verfechtern des Systems vertreten wurde – vom störenden Anschein einer abgekürzten Lösung und milderte bis zu einem gewissen Grad die Dringlichkeit, direkt sichtbare Strukturen zu zeigen. Die Ausbreitung der ‹figura venosa› wurde zum exemplarischen Fall des bei der Entwicklung präformierter Teile ablaufenden Mechanismus, als die Frage nach der wirklichen Sichtbarkeit der Präformation schon zweitrangig geworden war.

Die einleuchtende Darstellung, verbunden mit der Originalität und Eleganz der Publikation von 1758, versteckte vor den Augen der gelehrten Welt einige dunkle Punkte, die Haller selbst beträchtlich beunruhigen mussten. So wie der Beweis 1757 formuliert worden war, bestätigte er tatsächlich die Präexistenz des Embryos durch diejenige des mit den Eingeweidemembranen verbundenen Dottersacks. Aber gerade das Gefässsystem des Dottersacks breitete sich – wie erwähnt – relativ spät aus und liess sich gut vom auf der Nabel-Membran präformierten Netz (‹figura venosa›) unterscheiden. Dieses letztere aber konnte keine Rolle beim Beweis spielen, da es von der Struktur und den Gefässen her nicht zum Dotter und den Eingeweiden des Embryos gehörte und mit irrelevanten Gefässen verbunden war. Kurz und gut: ein Gefässnetz war präformiert, aber es entwickelte sich nicht auf der präexistierenden Membran; eine Membran präexistierte, aber sie trug Arterien und Venen, die aus dieser Sicht von keinerlei Bedeutung waren.

Der Streit mit Caspar Friedrich Wolff und die letzten Forschungen

Nach der Publikation von *Sur la formation du cœur* begann Bonnet wieder, Haller zu bedrängen. Es gab zu viele klassische Fragen der theoretischen Embryologie, auf die das Werk seines Freundes nicht eingegangen war. Haller machte sich für eine Weile lustig über solche Sorgen, begann dann aber zunehmend Zeichen von Ungeduld zu zeigen. Von ganz anderen Zweifeln geplagt, wies er Bonnet zurück, indem er ihm darlegte, was er sogleich als die einzige echte Herausforderung der Neo-Präformationslehre erkannt hatte, nämlich die Neo-Epigenese, wie sie der junge Berliner Arzt Caspar Friedrich Wolff (1734-1794) in seiner Dissertation von 1759 vorgestellt hatte.[23] Dieser war direkt auf das Herz der Haller'schen Embryologie losgegangen, indem er deren theoretisches Postulat (die Unterscheidung des Sichtbaren vom Vorhandenen) sowie ihre empirische Stütze (die Kontinuität der Membrane) angriff. Der Streit zwischen Haller und

Wolff, vielleicht der wichtigste in der Embryologie des 18. Jahrhunderts, war ein Zusammenstoss zwischen zwei unvereinbarlichen Modellen wissenschaftlicher Erklärung und zwischen zwei grundsätzlich verschiedenen Auffassungen über Sinn und Zweck der Forschung.

In seinem ersten Versuch setzte sich Haller mit der Neo-Epigenese nicht auf der Ebene der Beobachtungen auseinander; dies geschah erst 1764 in Reaktion auf einen neuen und noch massiveren Angriff Wolffs.[24] Die 1763 wiederaufgenommenen Untersuchungen wurden durch ganz andere Sorgen angestossen. Über Monate quälte sich Haller mit den Anhangsgebilden und deren Gefässnetzen ab. Die einzelnen Teile des Puzzles, die schon seit langem da waren, fanden erst im folgenden Jahr zusammen, als Haller in seiner Hartnäckigkeit endlich die wirkliche Natur der Nabel-Membran erkannte. Die Entdeckung der Dotter-Natur der ‹figura venosa› und der Membran, auf der sie sich ausbreitete, war zu diesem Zeitpunkt eine plötzliche Eingebung und eine weitgehend theoretische Schlussfolgerung. War einmal nachgewiesen, dass der Dottersack präexistierte und dass dagegen die Nabel-Membran «in der Form einer Gefässblase entstand»[25], so konnte die ‹figura venosa› nicht mit einem «Exemplar einer Neubildung»[26] verbunden sein. Sie musste vielmehr zum Dottersack gehören; dieser war schon das Hauptargument für die Behauptung der Membran-Kontinuität gewesen. Der Beweis erlangte endlich die Stichhaltigkeit, die ihm gefehlt hatte. Nun war nicht nur die ursprüngliche Kontinuität der Membrane von Dotter und Embryo nachgewiesen, sondern endlich auch die Präexistenz der Gefässstrukturen gesichert, die das Ende oder eine Verlängerung der Eingeweide-Arterien darstellten.

Zu diesem Zeitpunkt war sich Haller sicher, die endgültige Systematisierung aller seiner embryologischen Thesen erreicht zu haben; der zweite Angriff von Wolff war ihm deshalb äusserst unangenehm. Er machte sich an eine mühsame Überprüfung der kritisierten Behauptungen. In diesem Moment wurden seine physiko-theologischen Überzeugungen durch die Unanfechtbarkeit von Wolffs Untersuchungen und die Schwäche der eigenen, in aller Eile gewonnenen Resultate einer harten Probe unterzogen und zeigten Risse. Wolffs Resultate stammten aus meisterhaft durchgeführten Beobachtungen und zeugten von einer völligen Beherrschung schwierigster Techniken, aber sie verliehen – zur grossen Beunruhigung Hallers – der bis anhin immer als tendenziell atheistisch und materialistisch beurteilten Epigenese Würde und wissenschaftliche Glaubwürdigkeit. Hallers Resultate waren weit davon entfernt, die Phantasie und Originalität der Forschungen zu erreichen, die seine besten Jahre gekennzeichnet hatten. Daher machte Haller das, was er in seiner langen wissenschaftlichen Karriere noch nie gemacht hatte: Er ermahnte seinen Gegner zur Vorsicht und wies darauf hin, dass sich die Präformationslehre gegenüber der Epigenese durch eine grössere Übereinstimmung mit der Religion auszeichne.[27]

Die letzte, stark erweiterte, überarbeitete und ins Lateinische übersetzte Fassung von Hallers embryologischem Werk erschien 1767 unter dem Titel *Commentarius de formatione cordis in ovo incubato*. Sie lieferte eine grundlegende Revision der damals verfügbaren Kenntnisse und stellte einen Meilenstein des wissenschaftlichen Fortschritts dar. Der gedruckte Text zeigte natürlich keine Zeichen des Zweifels und Überdenkens, wie sie im Laborjournal zwischen 1763 und 1765 sichtbar sind. Obwohl Haller die Schrift als seine Antwort an Wolff präsentierte, vertraute er doch seine eigentliche (vorwiegend theoretische) Widerlegung vielmehr dem letzten Band der *Elementa physiologiae* an, in dem man – wie er selbst zugab – «von der Dämmerung in die Finsterheit abstieg».[28]

Die letzte lateinische Fassung des Traktats verschärfte das Ungleichgewicht zwischen der eindrücklichen Menge des empirischen Materials (das gegenüber 1758 beinahe verdoppelt wurde) und der verlegenen Nüchternheit, mit der sich Haller – fast widerwillig – über die klassischen Fragen der theoretischen Embryologie äusserte. Die Konversion zur Präformationslehre hatte in der Tat Hallers Vorsicht betreffs der spekulativen Fragen nicht gelöst. Bonnet konnte ihm nur ein paar wenige Hinweise entreissen zugunsten der extremsten Form der Präexistenz, nämlich der Einschachtelung aller Keime in den Geschlechtsorganen des Stammhalters jeder einzelnen Art. Trotz allem wich Haller den beliebtesten, in den Salons diskutierten Rätseln weiterhin aus; er äusserte sich widerwillig und kurz über die Rolle des Männchens in der Lehre von der Präformation im Ei, über den Prozess der Befruchtung, über die Ähnlichkeit zwischen Nachwuchs und beiden Eltern und auch über die Vererbung von Deformitäten und erworbenen Merkmalen oder über das Schicksal der durch Kreuzung entstandenen Tiere.

Das Mikroskop

Die Tatsache, dass der neue ‹Beweis› der Präformation die Notwendigkeit, die präformierten Strukturen wirklich zu sehen etwas weniger dringlich machte, verbesserte Hallers schon grundsätzlich schwieriges Verhältnis zum Mikroskop nicht. Bei der Präsentation seiner Resultate hatte er schon mehrfach erklärt, dass er sich der nackten Augen oder höchstens einer Linse, aber nicht des Mikroskops bedient habe, auch wenn er diese schon bei anderen anatomischen Untersuchungen angewendet hatte. Briefwechsel und Laborprotokolle dokumentieren tatsächlich, dass Haller dieses Instrument nur gelegentlich genutzt hatte. Er bevorzugte Linsen schwächerer Stärke, um nicht – wie er schrieb – in die von Malpighi auf Grund der übermässigen Vergrösserung begangenen Irrtümer zu fallen. Trotzdem bat er Bonnet schon am Ende des ersten Sommers seiner Untersuchungen um Unterstützung, weil er die Wiederaufnahme seiner Beobachtungen mit neuen Mikroskopen plante, in Bern aber nicht die Handwerker zur Ausführung seiner genauen Wünsche fand. Schon seit den ersten Beobachtungen wies er auf die Notwendigkeit einer Vorrichtung hin, die einerseits die Hände des Forschers frei liess und andererseits die Blendung vermied, die die den Embryo umgebende Eiweissschicht verursachte. Bonnet empfahl eine Ständerlupe (‹porte-loupe›), wie sie bereits Trembley für seine Beobachtungen der Polypen benutzt hatte (Abb. S. 268); diese traf aber trotz Hallers Drängen erst ein, als ein grosser Teil der Arbeit bereits vollbracht war. In den Briefen an Bonnet betonte Haller die Bedeutung des Instruments für die Widerlegung von Malpighis Lehre von der Herzbildung, er bediente sich des Geschenks (das ihn unvollständig befriedigte) aber erst für die letzten Forschungen und vermutlich für die Untersuchung des Verhältnisses zwischen Nabel-Membran und ‹figura venosa›. Bei der Wiederaufnahme seiner embryologischen Studien im Jahr 1763 begann Haller, seine Unzufriedenheit mit den gewöhnlichen Instrumenten auszudrücken, mit denen er das Ei nicht wie gewünscht beobachten konnte. Er wandte sich nochmals an Bonnet mit der Bitte um ein einfach zu handhabendes Instrument, das sowohl für transparente wie für undurchsichtige Strukturen geeignet war. Der Genfer Freund empfahl ‹gute Lupen›, die Haller wie eine Brille auf die Nase stecken und einfach anpassen könne. Er versprach, nochmals Trembley um Rat zu bitten, es wurde aber nichts daraus.

Haller erwähnte den Typus des benutzten Mikroskops oder die Stärke der Linsen weder in seinem Journal noch im gedruckten Werk. Wir wissen aber von seinen Forschungen zu ganz anderen Dingen, dass er ein zusammengesetztes, verhältnismässig günstiges Nürnberger Mikroskop vom Typ Culpeper besass (Abb. S. 269). Dieses lieferte eine 40- bis 63-fache Vergrösserung und war daher relativ schwach im Vergleich zu demjenigen, das Malpighi ein Jahrhundert vorher zur Verfügung gestanden hatte. Die erreichten Resultate zeigen allerdings deutlich Hallers völlige Beherrschung der schwierigen Techniken der (Mikro-)Manipulation und Kontrastbildung, die für die Darstellung der feinen embryologischen Strukturen notwendig waren.

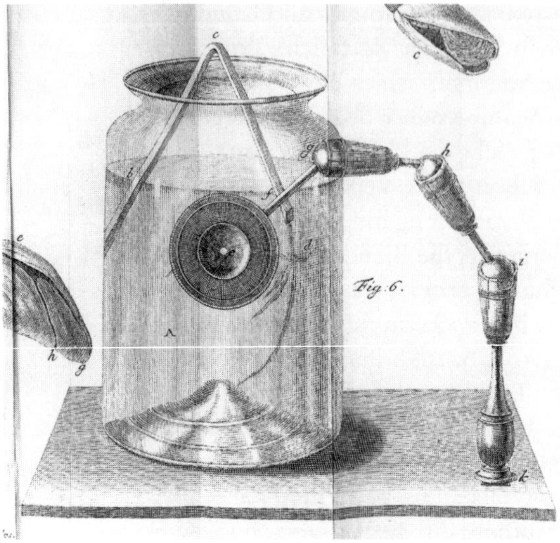

Die Abbildung zeigt eine Ständerlupe, wie sie Haller in ähnlicher Form für seine embryologischen Beobachtungen benutzte. Sie ermöglichte es ihm, beide Hände für die feine Manipulation des Eis und das Führen des Protokolls frei zu halten. – John Tuberville Needham: *Nouvelles découvertes faites avec le microscope*. Leiden 1747, Tafel VII, Abb. 6. – Medizinhistorisches Institut der Universität Zürich.

Die Missbildungen

Die Studien über die Entstehung der Missbildungen – der sogenannten ‹monstra› – stellen ein Unikum in der Entwicklung von Hallers embryologischen Forschungen dar.[29] Sie bildeten ein Forschungsgebiet, das bezüglich Intensität des Interesses, aber insbesondere bezüglich Kontinuität der Positionen nie Unterbrechungen zeigte und das die verschiedenen Wandlungen des embryologischen Systems unversehrt überstand. Der letzte, 1768 publizierte Band von Hallers *Opera minora* umfasste problemlos einen ganz frischen Traktat, *De monstris*, wie auch eine neue, aber nicht grundsätzlich überarbeitete Ausgabe aller in den vorausgegangenen 30 Jahren verfassten teratologischen Schriften.[30]

Die erste Behandlung des Themas war ein epochemachender Sektionsbericht über eine Doppelmissgeburt, die 1735, also zur Zeit von Hallers Unterstützung der animalkulistischen Präformationslehre, im französischen Landesteil von Bern auf die Welt kam (Abb. S. 271). Für Haller bestand nie ein Zweifel, dass dieses doppelköpfige, vierbeinige, an der Brust zusammengewachsene Wesen potentiell überlebensfähig war. Der bis zum Bauchnabel vereinte Bauchraum zeigte zwei Verdauungskanäle, zwei Geschlechtsorgane sowie eine Leber und eine Milz, beide von aussergewöhnlicher Grösse. Nichts war an der Gestalt der Teile aussergewöhnlich, abgesehen von der übermässigen Entwicklung, die die nur einfache Ausformung einiger Organe zu kompensieren schien. Die Öffnung des Brustkorbs aber überzeugte Haller vom göttlichen Plan, der sich in der

Mikroskop aus dem Besitz der Familie Haller, das möglicherweise Haller selbst gehörte. Es handelt sich um ein typisches Nürnberger Mikroskop des Typus Culpeper mit einer rund 50-fachen Vergrösserung. Haller benutzte es für anatomische, aber nur ausnahmsweise für embryologische Beobachtungen, da er optische Verzerrungen befürchtete. – Burgerbibliothek Bern.

Abnormität manifestierte, und brachte ihn dazu, das Dasein von missgebildeten Keimen anzunehmen. Tatsächlich lag das nur einfach ausgebildete, aber stark vergrösserte Herz ganz in der Mitte und damit am besten Ort für eine möglichst perfekte Verteilung des Blutes in beide Körper. Auch der ganze Kreislaufapparat zeigte eine Mischung von normalen und ausserordentlichen Teilen, die überraschend gut auf das Überleben der beiden Lebewesen ausgerichtet war. Die entscheidende Beobachtung aber war die Existenz nur eines Herzens. Dieses stellte den deutlichsten Beweis dafür dar, dass der Zwillings-Embryo schon von Beginn an missgebildet gewesen war: Einfach ausgebildet war das Herz, und einfach (und damit missgebildet) war also auch schon der Keim gewesen. Es hatte nie zwei getrennt existierende Keime gegeben, die durch mechanische Einwirkungen zusammengeschmolzen und zerquetscht worden wären.

Es ist schwierig zu sagen, wie viel Haller 1735 über den jahrhundertealten Streit über den Ursprung der Missbildungen gewusst hatte.[31] Dieser hatte sich 1733 verstärkt, als Jacques-Bénigne Winslow (1669-1760) die von Louis Lémery (1677-1743) und anderen seit den 1720er Jahren vertretene These einer zufälligen Bildung der ‹Monster› scharf angriff. Winslow ging davon aus, dass die Missbildungen der göttlichen Vorsehung entsprechen und damit auch göttlichen Ursprungs sind. Lémery dagegen insistierte auf dem chaotischen Charakter der monströsen Struktur, die deutliche Zeichen der Funktions-Unfähigkeit trug und daher nicht auf Gott zurückgeführt werden konnte. Beide Gegner bewegten sich im Umkreis der Präformationslehre, und die Befürworter der Zufälligkeit beschränkten sich darauf, zuzugeben, dass der göttliche Plan von widrigen mechanischen Umständen durchkreuzt werden könne. Haller seinerseits erzeugte eine Entleerung des Missbildungsbegriffs, indem er dasjenige nicht als Missbildung anerkannte, was potentiell keine Einschränkung der Funktionsfähigkeit zeigte und aus seiner Sicht ein eigenes und neues Lebewesen darstellte. Diese war auf ihre Weise ein Ausdruck der göttlichen Weisheit und Allmacht und daher ein schlagender Beweis für die unbeschränkte Freiheit Gottes, der alle möglichen Arten von Lebewesen schuf und für deren bestmögliche Lebensqualität entsprechend ihrer spezifischen Anatomie sorgte.

In der Periode der offiziellen Befürwortung der Epigenese veröffentlichte Haller – nebst bibliographisch erweiterten Neuauflagen seine Abhandlung von 1735 – Schriften im Zusammenhang mit seiner Unterrichtszeit in Göttingen, in denen er einen beachtlichen theoretischen Aufwand in der Widerlegung von Lémery trieb. Im Mittelpunkt der teratologischen Frage stand nie die Entscheidung um Epigenese und Präformation, wohl aber die Bedeutung der Zufälligkeit im Entwicklungsprozess. Zufallsfaktoren waren unter der Bedingung zulässig, dass sie nicht bis in die Anfänge des Lebens hineinspielten, sondern im Rahmen der innerhalb des normalen embryologischen Ablaufs vorhandenen Variabilität auftauchten. Die Wirkung der mütterliche Einbildungskraft (‹imaginatio›), deren Einfluss auf den Foetus traditionellerweise angenommen wurde, schloss Haller ohne Wenn und Aber aus.

Auch auf diesem Gebiet wurde Haller jahrelang von Bonnet bedrängt, der als Anhänger der Zufälligkeit der Missgeburten abwechslungsweise mit ideologischem Druck, teilweiser Zustimmung und der Verurteilung der ursprünglichen Missbildung als Hypothese von faulen Forschern auf ihn einwirkte. Die beiden Teile von *De monstris* engten tatsächlich das Konzept einer ‹richtigen› Missbildung ein, aber sie widerstanden dem Angriff Bonnets; dieser konnte sich keine aus Gottes Hand hervorgegangenen missgebildeten Keime vorstellen und nahm an, dass der Zufall die Form direkt bewirkt und sie nicht nur verformt habe. Nicht einmal in diesem Fall, das heisst 30 Jahre nach Abschluss der eigenen Beobachtungen, plante Haller eine reine Kompilation, sondern er verfeinerte kritisch seine eigene Position. Er gab Bonnet nicht nur nicht nach, sondern wollte ihn auch zurückweisen, indem er ihn auf dessen bevorzugtem theologischen Gebiet zu Fall brachte. Haller nahm die gegen Lémery vorgebrachte Kritik auf und folgerte: «prenez garde qu'il est bien dangereux d'admetre la formation d'un doit par accident. S'il peut se former un doit, il se formera une main, un bras, un homme.»[32] Die Unterstellung wog schwer – und dessen war sich auch Bonnet bewusst – weil sie die immer (und von beiden) zurückgewiesene Haltung derjenigen widerspiegelte, die «veulent nous aracher la demonstration la plus forte, et la plus populaire, que nous ayons de l'existence de DIEU.»[33]

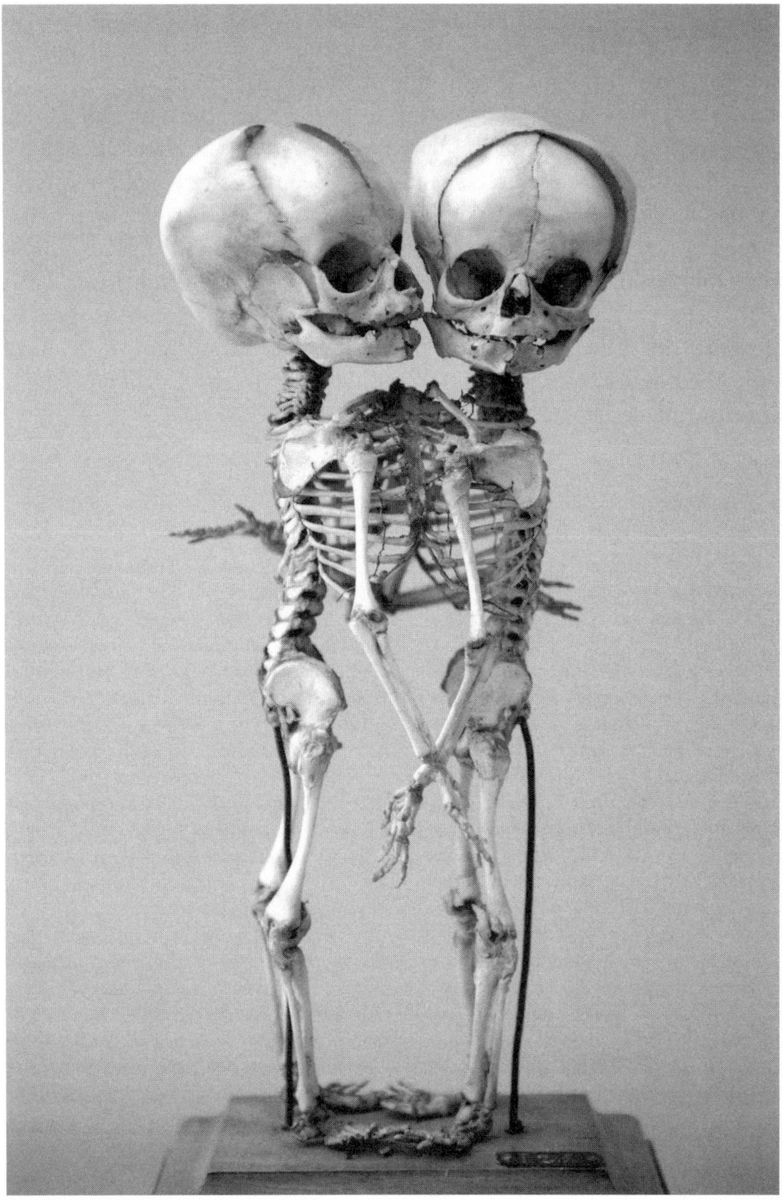

Diese 1735 in Corcerelles im Waadtland totgeborenen Zwillinge (Thorakopagus) wurden von Haller im Auftrag des Rates seziert. Die Untersuchung und Deutung der Zwillinge stand am Beginn seiner ‹Monster›-Forschungen und blieb der zentrale Ausgangspunkt für seine theoretischen Überlegungen zur Entstehung der Missbildungen. Das Skelett wurde vom Chirurgen Johann Ludwig Hommel präpariert. – Institut für Medizingeschichte, Universität Bern.

Hallers grundsätzlich erfolgreicher Plan war es also, diese metaphysisch-theologischen Überlegungen nur als Ergänzung zu den gesamten embryologischen Beobachtungen einzubringen; damit kehrte er die bisherige Form der Kontroverse um. Die Naturalisierung der ‹Monster›-Forschung war nur scheinbar dank den Befürwortern des mechanischen Zufalls zustande gekommen. Es war im Gegenteil gerade mit Haller, dem Hauptvertreter der ursprünglichen Missbildung, dass die Teratologie einen Qualitätssprung machte. Das entscheidende Argument war für ihn also nicht das metaphysische, sondern die Beobachtung des einen funktionstüchtigen Herzens in Zwillingen. Das theologische Echo verstärkte nur die Reichweite des Beweises, der als letzte Bestätigungsinstanz in Hallers Physikotheologie immer und ausschliesslich der wissenschaftlichen Ebene entsprang und angehörte.

Anmerkungen

1 Aus dem Italienischen übersetzt von Hubert Steinke.

2 Zur Geschichte der Embryologie vgl. Francis J. Cole: *Early theories of sexual generation*. Oxford 1930; Jean Rostand: *La formation de l'être: histoire des idées sur la génération*. Paris 1930; Joseph Needham: *A history of embryology*. Cambridge 1959; Jacques Roger: *Les sciences de la vie dans la pensée française du XVIIIe siècle. La génération des animaux de Descartes à l'Encyclopédie*. Paris 1971; Walter Bernardi: *Le metafisiche dell'embrione. Scienze della vita e filosofia da Malpighi a Spallanzani (1672-1793)*. Firenze 1986; Justine E. H. Smith: *The problem of animal generation in early modern philosophy*. Cambridge 2006.

3 Albrecht von Haller: *Sur la formation du cœur dans le poulet, sur l'oeil; sur la structure du jaune etc.* 2 Bde. Lausanne 1758.

4 Renato Mazzolini: Sugli studi embriologici di Albrecht von Haller negli anni 1755-1758. In: *Annali dell'Istituto Storico Italo-Germanico in Trento* (1977), 183-242; Shirley A. Roe: *Matter, life, and generation. 18th-century embryology and the Haller-Wolff debate*. Cambridge 1981; François Duchesneau: *La physiologie des Lumières. Empirisme, modèles et théories*. The Hague 1982, 277-311; Amor Cherni: *Epistémologie de la transparence. Sur l'embryologie de A. von Haller*. Paris 1998; Maria Teresa Monti (Hg.): Albrecht von Haller: *Commentarius de formatione cordis in ovo incubato. Edizione critica*. Basel 2000. Weitere Literatur ist aufgeführt bei Hubert Steinke, Claudia Profos (Hg.): *Bibliographia Halleriana. Verzeichnis der Schriften von und über Albrecht von Haller*. Basel 2004, 341-344.

5 *Observationes anatomicae Bernenses 1753-1757*. Burgerbibliothek Bern, Nachlass Haller, Ms. 5.

6 Vgl. die Handschriften: *Commentarius de formatione cordis in ovo incubato primus, sive historia phaenomenorum* (Archiv der Akademie der Wissenschaften, Göttingen, Ms. Scient. 12, IV/13); *Commentarius de formatione cordis in pullo incubato. Corollaria ex parte historica deducta* (Ms. Scient. 12, IV/14).

7 Haller, Sur la formation du cœur 1758 (wie Anm. 3).

8 *Observationes anatomicae Bernenses 1762-1765*. Burgerbibliothek Bern, Nachlass Haller, Ms. 7.

9 Albrecht von Haller: *Commentarius de formatione cordis in ovo incubato primus [-secundus]*, In: Ders.: *Opera minora*. 3 Bde. Lausanne 1762-1768, II (1767): 54-421.

10 Haller, Commentarius 2000 (wie Anm. 4).

11 *Hermanni Boerhaave ... Praelectiones academicae in proprias Institutiones rei medicae. Edidit et notas addidit Albertus Haller.* 7 Bde. Göttingen 1739-1744, V/II (1744): 485-523, insbes. 499.

12 Vgl. Albrecht von Haller: *Réflexions sur le système de la génération de M. de Buffon traduites d'une préface allemande ... qui doit être mise à la tête du second volume de la traduction allemande de l'ouvrage de M. de Buffon.* Genève, 1751.

13 Ebenda, 51.

14 Vgl. die Anmerkungen in den *Demonstrationes anatomicae Gottingenses 1751-1753* (Burgerbibliothek, Nachlass Haller, Ms. 31), die teilweise ihre Entsprechung in der Dissertation seines Schülers Johann Christoph Kuhlemann finden (*Dissertatio ... exhibens observationes quasdam circa negotium generationis in ovibus factas.* Göttingen 1753) und teilweise von Haller publiziert wurden in *De quadrupedum utero, conceptu et fetu.* In Haller, Opera minora (wie Anm. 9), II: 422-459.

15 Otto Sonntag (Hg.): *The correspondence between Albrecht von Haller and Charles Bonnet.* Bern 1983.

16 Haller an Bonnet, 14.10.1754; ebenda, 53.

17 Vgl. François Delaporte: Theories of osteogenesis in the eighteenth century. In: *Journal of the History of Biology* (1983), 343-360.

18 Bonnet an Haller, 18.12.1756; Sonntag 1983 (wie Anm. 16), 90.

19 Haller an Bonnet, 8.1.1757; ebenda, 92 f. (meine Hervorhebung).

20 Erich Hintzsche (Hg.): *Albrecht von Haller – Ignazio Somis. Briefwechsel 1754-1777.* Bern 1965, 40.

21 Albrecht von Haller: *Deux mémoires sur la formation des os, fondés sur des expériences.* Lausanne 1758.

22 Vgl. Erich Hintzsche (Hg.): *Albrecht von Haller – Marc Antonio Caldani. Briefwechsel 1756-1776.* Bern 1966, 28 f.

23 Caspar Friedrich Wolff: *Theoria generationis.* Halle 1759.

24 Caspar Friedrich Wolff: *Theorie von der Generation in zwo Abhandlungen erklärt und bewiesen.* Berlin 1764.

25 Haller, Commentarius 2000 (wie Anm. 4), 260.

26 Ebenda, 510.

27 Die Briefe von Haller sind verschollen, für Wolffs Briefe (und insbesondere denjenigen vom 17.4.1767) vgl. Roe 1981 (wie Anm. 4), 158-173.

28 Albrecht von Haller: *Elementa physiologiae corporis humani.* 8 Bde. Bern, Lausanne 1757-1766, VIII: 106.

29 Vgl. Friedrich August Bernhard Sturm: *Albrecht von Hallers Lehre über die Entstehung der Missbildungen.* Diss. med. Bonn 1974; Patrick Tort: *L'ordre et les monstres. Le débat sur l'orgine des déviations anatomiques au XVIIIe siècle.* Paris 1980, insbes. 149-191; Urs Boschung: ‹Une manifestation de la sagesse divine›. Le foetus bicéphale préparé par Albert Haller en 1735. In Christoph Mörgeli (Hg.): *Les objets médicaux et leurs textes.* Lyon 1996, 26-38.

30 Haller, Opera minora 1763-68 (wie Anm. 9), III: 1-173.

31 Vgl. dazu Jean Céard: *La nature et les prodiges. L'insolite au XVIe siècle en France.* Genève 1977; Tort 1980 (wie Anm. 31); Dudley Wilson: *Signs and portents. Monstrous birth from the Middle Ages to the Enlightenment.* London, New York 1993; Michael Hagner (Hg.): *Der falsche Körper. Beiträge zu einer Geschichte der Monstrositäten.* Göttingen 1995; Katherine Park, Lorraine Daston: *Wonders and the order of nature 1150-1750.* New York 1998.

32 Haller an Bonnet, 27.5.1766; Sonntag 1983 (wie Anm. 15), 498.

33 Haller an Bonnet, 6.7.1757; ebenda, 105.

Praktische Medizin

Urs Boschung

Medizin: Theorie und Praxis – Wissenschaft und Kunst

«Medizin ist die Wissenschaft von jenen Dingen, durch deren Anwendung gesundes Leben bewahrt, krankes Leben aber wieder in den Zustand der Gesundheit gesetzt wird, womit Notwendigkeit, Nutzen und Adel der Medizin unmittelbar gegeben sind.»[1] Diese Definition mit der Unterscheidung von Wissenschaft und Praxis vernahm Haller aus dem Mund seines Lehrers Herman Boerhaave in der Vorlesung über die Grundlagen der Medizin (‹Institutiones›). Und weiter: «Wer sich für die Medizin entschlossen hat, ist gemäss dem Wesen unserer Wissenschaft verpflichtet, das alles zu lernen, was die Alten und Neueren an Sicherem und Unzweifelhaftem gelehrt haben und danach – soweit es menschlichem Verstand möglich ist – diesen Gegebenheiten getreulich seine eigenen Beobachtungen hinzuzufügen.» Ärztliches Wissen reicht also in seinem Ursprung zeitlich weit zurück, ist jedoch nicht abgeschlossen, sondern kann und muss durch Beiträge jedes einzelnen Arztes ständig erweitert und vervollkommnet werden.

Die ‹Institutiones› oder ‹Anfangsgründe› der Medizin «[...] umfassen die Kenntnis aller jener Dinge, die zur Bewahrung der Gesundheit und zur Behandlung (oder Heilung) der Krankheiten erforderlich sind», nämlich die Lehre von den normalen Lebensvorgängen (Physiologie), von den Krankheiten (Pathologie), von Krankheitszeichen (Semiotik), von der Gesunderhaltung (Hygiene) und von der Krankenbehandlung (Therapeutik). Das Gelernte wird in der *Praxis* für den individuellen Kranken in die Tat umgesetzt.[2] Wie dies geschieht, erklärte Boerhaave in seiner Vorlesung über die *Aphorismen zur Erkennung und Behandlung der Krankheiten*. Es geht darum, die Krankheit im Patienten selbst auf Grund bestimmter physischer Zeichen zu entdecken und je nach Stand zu beurteilen, auf welche

Weise die Behandlung (oder Heilung, das lateinische Wort ‹curare› bedeutet beides) vorzunehmen ist.[3] Heilung wird erreicht, indem Vorgänge im Körper erregt, gedämpft oder gelenkt werden durch die Anwendung von Massnahmen, mit deren Einsatz der kunsterfahrene Arzt vertraut sein muss, nämlich Regelung der Lebensweise, Gabe von Medikamenten und Einsatz der Chirurgie.[4] Dass letztere die Ärzte nichts anginge, sondern wie viele meinen, den Handwerkschirurgen überlassen werden könnte, wies Boerhaave zurück. Die Behandlung der äusseren, d. h. chirurgischen Krankheiten sei der älteste Teil der Medizin, wie bei Homer ersichtlich. Hippokrates, der Vater der Medizin, habe sich in seinen Schriften ausführlich mit Wunden, Geschwüren, Fisteln, Knochenbrüchen und Verrenkungen befasst. Schliesslich entsprächen den ‹augenfälligen› Leiden an der Körperoberfläche nicht selten innere, verborgene Leiden, denn zwischen beiden bestehe eine enge Wechselbeziehung.[5] Nur auf dieser Grundlage könne in der ärztlichen Praxis etwas in rechter Ordnung bewirkt und etwas Wahres gelehrt werden.[6] Damit war zwar den Handwerkschirurgen die Daseinsberechtigung nicht gerade abgesprochen, doch auch klar signalisiert, dass dem Arzt die Herrschaft über die gesamte Medizin zustand.

Haller teilte in seiner Auffassung vom Wesen der Medizin die Ansichten seines Lehrers. Medizin war zuerst eine Wissenschaft. Ihr Wissensschatz reicht in seinen Anfängen bis in die Antike zurück und war durch die Jahrhunderte gemehrt worden. Er erforderte jedoch eine ständige Überprüfung, da unstreitig ein Fortschreiten der Erkenntnis festzustellen war (vgl. den Beitrag zum Forscher und Gelehrten in diesem Band). Haller dokumentierte in seinen kommentierten Bücherverzeichnissen, den *Bibliothecae*, für Anatomie, Botanik, Chirurgie und praktische Medizin diesen ‹Fortschritt›. Er arbeitete an der Ergänzung und Umgestaltung der medizinischen Wissenschaft vor allem als beobachtender und experimentierender Forscher und steuerte auch als praktizierender Arzt einiges bei. Als medizinischer Experte verhalf er medizinischen Erkenntnissen zur Umsetzung in Staat und Gesellschaft.

Hallers ärztliche Tätigkeit

In einem Nachruf schrieb der französische Publizist Henri Linguet (1736-1794) über Haller: «Er hat die Arzneikunst niemals ausgeübet [...]. Er war ein Arzneigelehrter, aber kein Arzt.» Dieser Behauptung trat Johann Georg Zimmermann energisch entgegen:

> Haller hat die Arzneikunst allerdings ausgeübet, und zwar in Bern, von Haus zu Haus, von 1729 bis 1736. In Göttingen lies er sich von 1737 bis

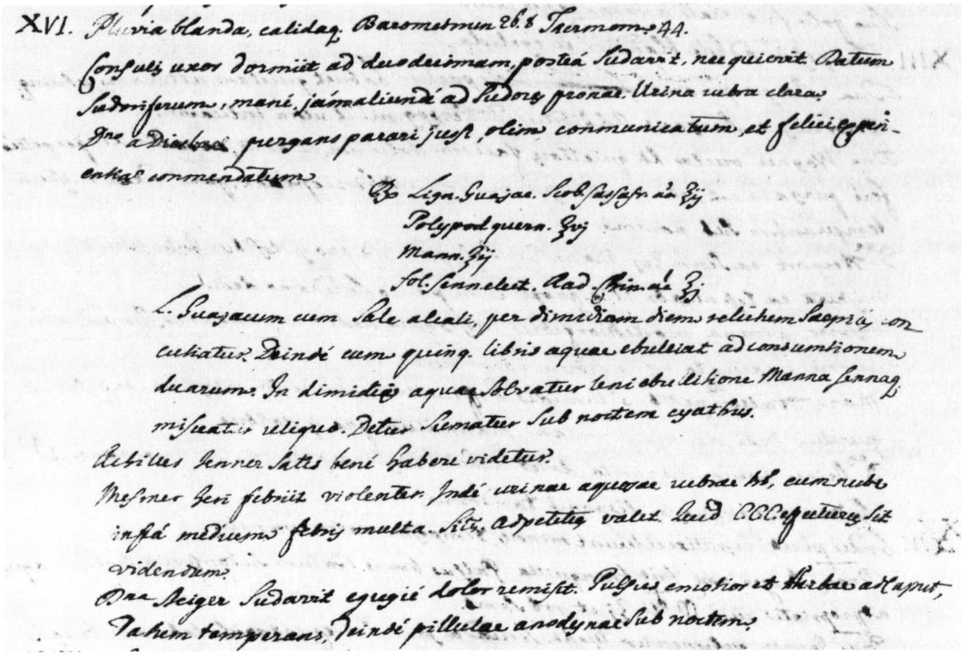

Ausschnitt aus Hallers Eintrag in sein Praxisjournal vom 16. Februar 1733. Haller notiert zuerst die Wetterverhältnisse, dann folgt eine kurze Notiz zum Besuch bei Frau Schultheiss Steiger («consulis uxor»), anschliessend die ausführlichere Konsultation des «Dominus Diesbach» und weiterer zwei Patienten sowie ein erneuter Besuch bei Frau Steiger. – Burgerbibliothek Bern, Nachlass Haller, Ms. 17, fol. 175v.

1753 oft aus Freundschaft, oder in wichtigen Fällen, zu Kranken rufen. Er that eben das nachher, zu jeder Zeit, in Bern. Schriftlich hat er seine Räthe immer ertheilt, und für den gemeinen Mann in der Schweiz, wie an viele grosse Herren von Europa. Ueber die dunkelsten Krankheiten fragten ihn sehr oft Aerzte um seinen Rath. Die Kranken seiner Familie hat er immer besorget. Seine wichtigsten Kuren, und fast bis an seine lezte Lebenszeit fortgesezte Beiträge zu der Geschichte der Krankheit[,] an der er starb, sind mit edler Einfalt, und seiner gewönlichen Würde von ihm beschrieben.[7]

Dass Haller von einem Zeitgenossen als Arzt ignoriert werden konnte, mag daran liegen, dass er nie Leibarzt hochgestellter Persönlichkeiten war und mit der überwiegenden Mehrzahl seiner Veröffentlichungen die Grundlagenwissenschaften Anatomie, Physiologie und Botanik vertrat.

Barbara Steiger, geb. Braun (gest. 1734), war wohl Hallers wichtigste Patientin. Als Frau des Schultheissen (Bürgermeister) gehörte sie zum allerersten Kreis der Bürgerschaft. Haller fand den Zugang zur Familie Steiger nicht zuletzt durch verwandtschaftliche Verbindungen. – Ölbild, 1727, von Johann Grimm, 95 x 77 cm. – Privatbesitz.

Bern, 1729-1736

1729 kehrte Haller nach absolviertem Medizinstudium in Tübingen und Leiden und nach Aufenthalten in London, Paris und Basel als promovierter Doktor nach Bern zurück. In der Stadt mit etwa 12'000 Einwohnern waren zu dieser Zeit sieben Stadtärzte, einige weitere Kollegen und rund zwölf handwerklich ausgebildete Chirurgen. Der junge Arzt wurde – wie die Korrespondenz belegt – sogleich von Verwandten und Bekannten beigezogen. Im April 1731 begann Haller, die Krankenkonsultationen meist wohl täglich in einem Journal festzuhalten (vgl. Abb. S. 276).[8] Er beendete die Aufzeichnungen – von einer einzigen Eintragung abgesehen – im Mai 1736, als die Berufung auf die Professur in Göttingen feststand. In seinem Journal notierte Haller in knapper Form die Beschwerden der Patienten und seine ärztlichen Feststellungen und Verordnungen. Die Patienten werden mit dem Geschlechtsnamen, selten mit dem Vornamen und mit weiteren Angaben zu Stellung, Tätigkeit und Wohnort charakterisiert. Bei der ersten Konsultation werden kurz Vorgeschichte und Beginn des Leidens festgehalten, später stehen die Befunde des Arztes und die angeordnete Behandlung im Vordergrund.

In seiner fünfjährigen Praxistätigkeit verzeichnete Haller 2300 Konsultationen von 290 Patienten, die der eigenen Familie, der näheren und weiteren Verwandtschaft und die vornehmlich der Mittelschicht der Berner Burgerschaft angehörten.[9] Eine besondere Stellung kam der Gemahlin des Schultheissen, Barbara Steiger-Braun, zu, auf die rund 120 Konsultationen entfielen (Abb. S. 277). Haller beurteilte am Ende einer Behandlung manchmal das Resultat des betreffenden Falles. Von den 540 Fällen[10] wurden rund 70 ausdrücklich mit der Feststellung der Genesung oder der Besserung abgeschlossen, namentlich wenn die Behandlung längere Zeit gedauert hatte.[11] Bei banalen und kurz dauernden Gesundheitsstörungen mochte sich eine derartige Feststellung erübrigt haben. In den Aufzeichnungen wurden auch der Verlauf der Krankheit und der Erfolg der Therapie beurteilt. 1200, d. h. rund die Hälfte aller Konsultationen enthalten solche Bemerkungen über das Befinden des Patienten und die Wirkung der Arzneimittel. Diese lauten zu etwa zwei Dritteln positiv, zu 10 % zweifelhaft und zu 20 % negativ.[12] Auch wenn für den Kranken wirksame Therapie und tatsächliche Besserung nicht dasselbe sein musste, so erlebte doch der Arzt auf diese Weise Sinn und Nutzen der Medizin. Doch auch die Grenzen der ärztlichen Tätigkeit wurden sichtbar, dokumentiert durch die Erwähnung von 28 Todesfällen. Acht Erwachsene und sechs Kinder behandelte Haller während längerer Zeit, wogegen er sieben Mal erst im Endzustand gerufen wurde und sieben Mal an der Behandlung nicht beteiligt war.

Göttingen, 1736-1753

Mit der Annahme der Professur für Anatomie und Botanik erhoffte sich Haller, die Fesseln der Praxis loszuwerden, die ihm in Bern schwer vorgekommen waren und die sich dennoch nicht als golden, das heisst einträglich, erwiesen hatten.[13] Als Professor war er zwar nicht Lehrer der praktischen Medizin, doch gerade in schwierigen Fällen erwarteten Patienten und Kollegen von ihm als Mitglied der Medizinischen Fakultät und Kenner des Baus des menschlichen Körpers Rat und Hilfe.

Zuerst und immer wieder stand Haller in der eigenen Familie am Krankenbett. Kurz nach der Ankunft in Göttingen trat bei seiner Frau Marianne das ‹Friesel- oder Miliarfieber› auf. Trotz aller Bemühungen der beigezogenen Kollegen Richter und Werlhof starb Marianne am 31. Oktober

1736. Dem ‹Miliarfieber› galt von da an Hallers besondere Aufmerksamkeit. Die letzte, «wegen ihrer Einzigartigkeit» noch in Göttingen in das Berner Journal eingetragene Krankengeschichte betrifft denn auch eine 17-jährige hochschwangere Frau, zu der er im Sommer 1738 wegen Miliarfieber gerufen wurde.[14] Als Medikament gab er eine Kampferemulsion, mit der er in ähnlichen Fällen, so bei Pocken, versuchte, die Krankheitsmaterie durch die Haut austreten zu lassen. Den Tod nach Miliarfieber bei einer Wöchnerin trotz Kampferbehandlung hatte Haller bereits 1737 erlebt.[15] Tragischerweise starb auch Hallers zweite Frau, Elisabeth Bucher, nach der Geburt ihres ersten Kindes am 4. Juli 1740 an diesem bösartigen Leiden. Der hirsekornförmige Hautausschlag, der der Friesel-Krankheit den Namen gab, ist aus heutiger Sicht eine Nebenerscheinung, wie sie bei hohem Fieber unterschiedlicher Ursache auftreten kann. Bei Marianne muss als Diagnose Typhus vermutet werden, da bei der Autopsie ein perforiertes Dünndarmgeschwür entdeckt wurde. Elisabeth starb dagegen als Wöchnerin am Kindbettfieber (Puerperalsepsis).

Einige weitere Belege für Hallers ärztliche Tätigkeit finden sich in seinen Berichten über pathologisch-anatomische Beobachtungen (*Opuscula pathologica*).[16] Die ausführlichsten Angaben beziehen sich auf Krankheit und Tod seiner beiden Söhne. Beide starben an Lungenentzündung, der vierjährige Ludwig Albrecht am 30. April 1738,[17] der siebenjährige, sonst so kräftige und unternehmungslustige Karl Gottlieb Albrecht, am 13. November 1752. «Leb' wohl auf ewig, lieber Junge, und erwarte den Vater!», klagte Haller erschüttert in seinem Bericht, in dem er die Befunde der Autopsie folgen liess, die er dieses Mal nicht imstande war persönlich durchzuführen.[18]

Zu den Aufgaben des Professors für Anatomie und Botanik gehörte auch der Unterricht in Chirurgie. Dieser beschränkte sich bei Haller und manchem seiner Kollegen auf theoretische Erörterungen und auf die Demonstration der wichtigsten Operationen an der Leiche, da ja – von einzelnen Ausnahmen abgesehen – die akademischen Ärzte die Ausübung der Chirurgie den handwerklich ausgebildeten Wundärzten überliessen. In der Rückschau hielt Haller 1775 fest:

> Obwohl mir der Lehrstuhl für Chirurgie während siebzehn Jahren anvertraut war und obwohl ich an der Leiche die schwierigsten Operationen öfters vorgezeigt habe, so habe ich es dennoch nie über mich gebracht, in einen lebenden Menschen zu schneiden, allzusehr in Furcht, ich könnte schaden. Ich war aber bei vielen Behandlungen anwesend und habe meine Ratschläge erteilt [...].[19]

Hallers chirurgisch-konsiliarische Tätigkeit lässt sich bei einigen Gelegenheiten belegen, so bei einem Mädchen, das sich an der Stirn verletzte, bei einem Gärtner, der an einem Aneurysma der Halsschlagader litt, sowie bei einem im Duell verletzten Studenten.[20]

Bern – Roche – Bern, 1753-1777

Obschon Haller von Göttingen nach Bern zurückkehrte, um das Amt des Rathausammanns anzutreten, hatten seine Mitbürger nicht vergessen, dass er auch Arzt war. Er begegnete hier wieder seiner Tante Maria Magdalena Engel (1687-1754), die immer noch an Gallenkoliken litt, die er schon 1729 behandelt hatte.[21] Einer vornehmen Witwe verordnete er gegen dasselbe Leiden Opium.[22] Als beim alten Freund Franz Ludwig Steiger beginnende Wassersucht festgestellt wurde, reiste er zu ihm nach Burgdorf.[23] Die Schwerhörigkeit seines Vetters Samuel Engel vermochte eine elektrische Kur nicht zu bessern.[24] Eine 30-jährige Patientin starb 1756 in der Blüte ihres Alters an Dysenterie.[25] Bei mehreren Kindern angesehener Familien beaufsichtigte er die Pockenschutzimpfung (Variolation), die jedoch bei der Tochter Amalia zu keiner Reaktion führte.[26]

Als Salzdirektor mit Sitz in Roche kam Haller in eine Gegend, in der im gebirgigen Teil kaum eine ärztliche Versorgung bestand, andererseits am nahen Genfersee der beliebte Lausanner Arzt Tissot wirkte, der immer wieder vornehme Kurgäste von auswärts anzog. Mit Tissot unterhielt Haller seit 1754 eine rege Korrespondenz, in der oft von Patienten die Rede war, auch von solchen, die die beiden gemeinsam betreuten, wie 1759/1760 den Schotten John Ker, Duke of Roxburgh.[27] Eine ständige Sorge Hallers galt der Gesundheit der Töchter Amalie und Albertine, die zeitweise bei Familien in Lausanne in Pension weilten. 1761 besuchte er den Abt von St-Maurice, 1762 betreute er den schwerkranken Landvogt (‹Gubernator›) von Aigle.[28] Im Winter 1762/1763 galt es, eine Epidemie von ‹putridem Fieber› in den abgelegenen Tälern nördlich von Aigle zu bekämpfen.[29] Er habe seine Ohren nicht vor der Stimme der Menschlichkeit verschliessen können, gab Haller als Grund für sein Engagement an, dies trotz seiner Abneigung, die Arzneikunst anders als durch seine Ratschläge auszuüben.

Vom Oktober 1764 an wieder in Bern, konnte er sich den Ansprüchen seiner Mitbürger nur schwer entziehen: «On me renfonce dans la pratique ici: il n'y a presque pas de Medecins [...]».[30] Für einen Zeitraum von etwa zehn Jahren lassen sich in der Korrespondenz, namentlich mit Tissot eine Vielzahl von Patientinnen und Patienten nachweisen, die von Haller betreut wurden, meist wohl nicht von ihm allein, sondern im Verein mit andern Ärzten. So beaufsichtigte er 1768 die Pockenimpfung der in Bern zur Erziehung weilenden Prinzen Wilhelm August und Peter Friedrich Ludwig von Holstein-Gottorp.[31] Einige Fallberichte in Hallers *Opuscula pa-*

thologica von 1768 lassen sich bestimmten Personen zuweisen. So verbirgt sich unter dem ‹Vir illustris› der bernische Schultheiss Johann Anton Tillier und unter dem ‹67-jährigen Mann› Hallers Schwager Hans Franz Wyss.[32] Über die erfolgreiche Anwendung von sauren Tropfen bei Wöchnerinnen und in mehreren Fällen von Nervenschwäche wurden Beobachtungen vorgelegt, die nicht zuletzt dank der werbewirksamen Publikation von J. G. Zimmermann dazu führten, dass das ‹Elixir acidum Halleri› in den Arzneischatz aufgenommen wurde, wo es sich bis in 20. Jahrhundert halten konnte.[33] In einer seiner allerletzten Publikationen berichtete Haller 1777 nochmals über einige der von ihm ärztlich betreuten Patienten.[34]

Dass seine reservierte und ambivalente Haltung gegenüber der ärztlichen Praxis seine Stellung in Bern nicht gerade stärkte, war Haller wohlbewusst, namentlich als es darum ging, dass Bern ihm ein Angebot vorlegen würde, das ihm erlaubte, den drängenden Ruf nach Göttingen endgültig abzulehnen. 1766 schreibt er an Tissot:

> [...] elle [sc. Berne] feroit peutetre quelque chose pour moi, si je m'etois borné a la pratique. Mais elle est peu sensible a la botanique et a l'anatomie, et mes travaux republiquains n'excedent pas ceux de bien d'autres membres du Gouvernement.[35]

Hallers Briefkonsultationen

Haller erteilte nicht nur mündlich und persönlich seinen ärztlichen Rat, sondern – wie viele Kollegen seiner Zeit – auch in schriftlicher Form. Im Repertorium zu Hallers Korrespondenz werden in 152 von 1200 Briefwechseln Konsultationsschreiben, sogenannten ‹Consultes›, erwähnt.[36] Dabei handelt es sich um jene Anfragen von Patienten und Ärzten, die in Hallers Briefsammlung erhalten geblieben sind. Hallers Antworten sind hingegen nur in den wenigsten Fällen bekannt.

Anfragen erreichten Haller – je nach Wohnort – überwiegend aus der Schweiz und aus Deutschland, mit zunehmender Berühmtheit auch aus Frankreich, Italien, Schweden, dem heutigen Polen, in den letzten Lebensjahren überdies aus England, Holland und Dänemark. Neben Medizinalpersonen und Angehörigen verschiedener Stände finden sich erlauchte Leidende und deren Angehörige. So fragte die Gräfin von Bentinck für ihre Freundin Wilhelmine von Bayreuth um Rat, und für den nachmaligen schwedischen König Gustav III. (1746-1792) riet Haller zum Wechsel der Amme und Jahre später zur Pockenimpfung.[37]

Dass die Mitwirkung eines entfernten Ratgebers bei der Behandlung zu Schwierigkeiten führen konnte, wird deutlich am Beispiel der Mutter von

Horace Bénédict de Saussure. Als sich Widersprüche mit den Empfehlungen des behandelnden Arztes ergaben, wünschte sich Haller auch gegen den Willen der Patientin zurückzuziehen:

> Je ne pensois en verité point a faire de la peine a Madame de Saussure. Mais dés qu'on a un Medecin present, dont on est a meme d'avoir les visites et les conseils, on doit le preferer de beaucoup a un medecin absent, et celui ci a grand tort s'il critique les conseils de l'autre. Ce conflit ote la confiance, rend l'usage des remedes précaire, et fait plus de mal que de bien au malade meme.[38]

Publikationen aus der eigenen Praxis

Die eigene ärztliche Erfahrung gab für Haller verhältnismässig selten Anlass zu Veröffentlichungen. Seine Aufzeichnungen aus den Jahren 1731 bis 1736 – in der Transkription immerhin rund 70'000 Wörter umfassend – weisen keinerlei Spuren einer geplanten systematischen Auswertung auf.[39] Für sich selbst konnte Haller dennoch nützliche Erkenntnisse über seine Patienten und über die Wirkung der Medikamente gewinnen, wie er in der Rückschau seinem Biographen Zimmermann versichert.[40]

Die Mehrzahl von Hallers Publikationen aus der Praxis lassen sich charakterisieren als Berichte über Krankheitsverläufe mit jeweils abschliessendem Autopsiebefund. Dagegen gibt es nur wenige Aufsätze, die der Krankenbehandlung und -heilung gewidmet sind.

Die beiden frühesten klinisch-pathologisch-anatomischen Beiträge erschienen noch während der Berner Zeit und betreffen den an Phthise (Tuberkulose) verstorbenen Schwager Hallers und zwei an Lungenentzündung erkrankte Schwestern, von denen die eine starb, so dass der Autopsiebefund Rückschlüsse bezüglich der unterschiedlichen anatomischen Grundlage von Peripneumonie (Lungenentzündung) und Pleuritis (Rippenfellentzündung) erlaubte. (1735).[41] Haller veröffentlichte diese Fälle in leicht veränderter Form erneut in den *Opuscula pathologica* 1755 und 1768 und ergänzte sie mit Beobachtungen, die er in der Göttinger Anatomie bei zahlreichen Sektionen angestellt und bereits in akademischen Gelegenheitsschriften zum Druck gegeben hatte (Abb. S. 283).

Die *Opuscula pathologica* enthalten auch Hallers reine klinische Beobachtungen ohne Autopsiebefunde und Nachrichten über Behandlungserfolge. Bedeutsam ist der 1736 erstmals erschienene Bericht über die Berner Pockenepidemie von 1735. Er stellt die einzige eigentliche Auswertung der im Krankenjournal enthaltenen Daten von zwanzig erkrankten Kindern und Jugendlichen dar und schlägt für die schlimmste Form der Krankheit,

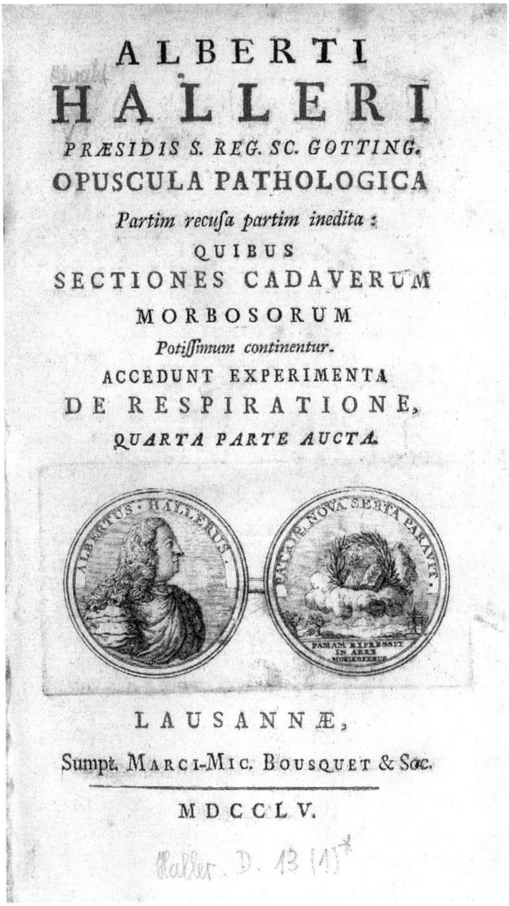

ALBERTI
HALLERI
PRÆSIDIS S. REG. SC. GOTTING.
OPUSCULA PATHOLOGICA
Partim recusa partim inedita:
QUIBUS
SECTIONES CADAVERUM
MORBOSORUM
Potissimum continentur.
ACCEDUNT EXPERIMENTA
DE RESPIRATIONE,
QUARTA PARTE AUCTA.

LAUSANNÆ,
Sumpt. MARCI-MIC. BOUSQUET & Soc.
MDCCLV.

Haller veröffentlichte mehrere Krankengeschichten und Autopsiebefunde aus seiner Praxis in den *Opuscula pathologica*. Das Titelblatt zeigt die 1754 geprägte Haller-Medaille (Abb. S. 507) und verbildlicht Hallers zunehmenden Ruhm als medizinische Autorität. – Burgerbibliothek Bern.

die hämorrhagischen Pocken, eine neuartige Behandlung mit Kampfer vor, deren günstige Wirkung mit der Krankengeschichte einer einzelnen Patientin, der Enkelin des Schultheissen Steiger illustriert wird. Die erweiterte Auflage von 1768 enthält Belege für mehrere erfolgreiche, «durch sehr einfache Mittel bewürkte Curen» Hallers mit Chinarinde und sauren Tropfen sowie den Wiederabdruck seines *Memoire* über die Bekämpfung der Epidemie von 1762/1763. Ausdrücklich als Fortsetzung der *Opuscula pathologica* verstand Haller die im Herbst 1777 der Gesellschaft der Wissenschaften in Göttingen vorgelegten Beispiele schwerer Krankheiten. Darin setzt er seinen im Jahr zuvor abgestatteten Bericht über die an sich selbst beobachtete Wirkung des Opiums fort.[42]

Behördliche Schriften

Haller war von 1756 bis 1758 und von 1765 bis zum Lebensende Mitglied des bernischen Sanitätsrates (vgl. den Beitrag zum Magistraten in diesem Band).[43] Gemäss seiner Zweckbestimmung, Seuchen bei Mensch und Tier zu verhüten und zu bekämpfen, wandte sich der Sanitätsrat mit Anträgen an die Behörden und mit Ratschlägen und Vorschriften an das Publikum. Gegen ‹bösartige Fieber› wurde 1765 landesweit ein Mandat bekanntgemacht.[44] Daniel Rudolf Ith, der gemeinsam mit Haller und Rosselet die

Empfehlungen verfasst hatte, starb an der beschriebenen Krankheit. 1771 wurde eine *Anleitung zur Heilung der rothen Ruhr* veröffentlicht.[45] Ein unter den Menschenfreunden Europas diskutiertes Thema waren Massnahmen zur Rettung der Ertrunkenen. Haller schrieb 1765 einen entsprechenden Bericht, in dem nebst Beatmung das Einblasen von Tabakrauch in den Enddarm empfohlen wurde. 1776 wurde die Vorschrift erneuert und ein entsprechender Klistierapparat abgebildet, der an verschiedenen Orten für den Notfall bereitgestellt werden sollte.[46]

Erfahrungen anderer Ärzte

Konsultationen, Vorlesungen, Dissertationen

Krankengeschichten und deren Beurteilung durch ärztliche Autoritäten galten von jeher als lehrreiche Beispiele für die Praxis. So liess Haller die Antworten Boerhaaves auf zugesandte Konsultationsschreiben 1744, 1750 und 1752 abdrucken und vermehrte die Ausgaben mit weiteren, auch eigenen bisher unveröffentlichten Texten, so mit drei Fallvorstellungen Boerhaaves aus der Studienzeit (1726) und zwei Konsilien, die er während der Berner Praxis von seinem Lehrer erbeten hatte (1734, 1736).[47] Die Ausgaben der *Konsultationen* enthielten ferner eine *Einführung in die klinische Praxis* und Ausführungen über den Blasenstein. Boerhaaves Vorlesung über die Augenkrankheiten edierte Haller 1746 nach der Handschrift des Basler Professors Johann Rudolf Zwinger.[48]

Die vorurteilsfreie Beschreibung des natürlichen Verlaufs der Krankheiten war für Haller eine der Grundlagen der medizinischen Wissenschaft. Er begleitete deshalb eine in Lausanne veranstaltete Ausgabe von Berichten über epidemische Krankheiten, die 1699 bis 1702 in Breslau herrschten, mit einem lobenden Vorwort, dies obschon die Verfasser als Anhänger Georg Ernst Stahls mit seinen theoretischen Überzeugungen im Widerspruch standen. Da diese Ärzte vieles der Natur überliessen, lerne man die einzelne Krankheit, «wie sie selber ist», umso besser kennen.[49]

Als Büchersammler und Besitzer einer grossen Bibliothek, als Rezensent und Hochschullehrer nahm Haller im Meer der medizinischen Literatur manches wahr, was nach seiner Meinung verdient hätte, besser bekannt und berücksichtigt zu werden, auch wenn es nur in Form einer Dissertation erschienen war. So wie er kleinere anatomisch-physiologische Gelegenheitsschriften gesammelt herausgab, so veranstaltete er auch Neudrucke von Abhandlungen zur Chirurgie und zur praktischen Medizin.[50] Sein Anliegen war es, jene älteren und neueren Arbeiten vor dem Vergessen zu bewahren, die nach seinem Urteil zur Beschreibung und Behandlung der Krankheiten «eigene und zuverlässige Wahrnehmungen» beigetragen hatten.[51] Nach dem Beispiel von Hippokrates und Sydenham verlangte er Beschreibungen, die am Krankenbett getreulich aufgezeichnet wurden, so dass jedermann die betreffende Krankheit erkennen konnte, und Behandlungen, die ungewöhnlich und nicht bloss durch einzelne Versuche, sondern über längere Zeit sich bewährt hatten. Auch Krankengeschichten mit beigegebenem Sektionsbefund fand er der Beachtung wert. Auf was es ihm jeweils ankam, erläuterte er im Inhaltsverzeichnis in kurzen Zusammenfassungen jeder einzelnen Schrift.[52]

Die Überzeugung, nützliche Erkenntnisse der antiken Medizin wieder zugänglich zu machen, bewog Haller auch bei der Herausgabe der Werke von Hippokrates, Aretaeus, Celsus und anderer Autoren mitzuwirken. Am Anfang stand vermutlich die Idee der Lausanner Buchhändler, die *Medicae artis principes* von Charles Estienne, Genf 1567, wieder neu zu beleben.[53] Buchhändler bestimmten denn auch die Textgrundlage, während Haller nur kurze Einleitungen beisteuerte.[54]

Kritische Bücherverzeichnisse

In seinen Veröffentlichungen fühlte sich Haller durchwegs verpflichtet, die Quellen seiner Kenntnisse anzugeben.[55] Seit der Studienzeit verfasste er zusammenfassende Urteile über gelesene Bücher, anfänglich nur zum Selbstgebrauch, später zusätzlich zur Veröffentlichung als Rezension.[56] Diese Materialsammlung war auf etwa 4'000 Auszüge angewachsen, als Haller 1751 Boerhaaves Lektüreempfehlung für Medizinstudenten neu herausgab. Er ergänzte den 1712 ursprünglich als Vorlesung vorgetragenen, später mehrfach gedruckten Text mit umfangreichen Ergänzungen, indem er die gesamte medizinische Literatur auflistete und mit bewertenden Angaben versah. In der Vorrede und in der Selbstrezension musste er sich für viele Fehler, die zum Teil auf das Konto des Amsterdamer Verlegers gingen, entschuldigen.[57] Zwanzig Jahre nach der Boerhaave-Ausgabe nahm sich Haller dieselbe Aufgabe erneut vor. Nach Botanik und Anatomie besprach er in seinen *Bibliothecae* die chirurgische und medizinisch-praktische Literatur. Während er die Chirurgie in erstaunlich kurzer Zeit bearbeitet hatte, reichten Kräfte und Lebenszeit nicht mehr, die unermessliche Menge praktischer Schriften zusammenzustellen und zu bewerten. Die chronologische Reihe der besprochenen Autoren endet 1707. Wie in der *Bibliotheca anatomica* dargelegt, war es Hallers Absicht «zu zeigen, was jeder der Autoren an Eigenem und Lobenswertem habe, was er richtiger, was er als erster festgestellt hat.» Auch sollte ein Vorgeschmack dessen gegeben werden, was in den einzelnen Werken zu erwarten war.[58]

Entwicklung, Stand und Zukunft der Medizin

Mit der für die *Bibliothecae* deklarierten Zielsetzung und mit der verwendeten chronologischen Darstellung dokumentierte Haller seine Auffassung, dass die Medizin als Wissenschaft und Praxis im Fortschreiten begriffen sei und festgestellt werden könne, wer und was zur Verbesserung und zum Fortschritt beigetragen habe und weiter beitrage, aber auch was sich als nutzlos und irrig erwies. Am Beispiel der Beurteilung von Galen wird Hallers Vorgehen deutlich. Nach Boerhaaves richtigem Urteil habe Galen der Medizin genützt und geschadet. Lob erhält er von Haller für seine anatomischen Arbeiten, auch dass er versuchte, die Krankheiten zu lokalisieren, dass er das Studium von Hippokrates empfahl und wirksame Therapien verwendete. Schädlich war dagegen die simplifizierende Säftetheorie, die dem geschwächten oder gereizten Zustand der festen Teile zu wenig Rechnung getragen habe.[59]

Die ‹wahre› Medizin beginnt für Haller im 16. Jahrhundert mit der Wiederbelebung der antiken Medizin, mit der Lektüre der hippokratischen Schriften und der Erforschung der menschlichen Anatomie.[60] Die wichtigste Entwicklung erfolgt im 17. Jahrhundert mit der Demonstration des Blutkreislaufs durch Harvey und mit der Verdrängung verschiedener, bisher herrschender medizinischer ‹Sekten› durch Sydenham, der die Krankheitsvorgänge ohne Vorurteil beobachtete und die Therapie reformierte, indem er sie den Bestrebungen der Natur anpasste. Die meisten Ärzte, allen voran Boerhaave, übernahmen Sydenhams Grundsätze, die zur hippokratischen Einfachheit zurückzuführen schien.[61] Boerhaave stellte fest: «Demnach kann (die Medizin) heute frei von aller Sektiererei gepflegt werden, da sie durch sichere Befunde, die Anatomie, Botanik, Chemie, Physik, Mechanik und gesicherte Wirkungen ihrer Ausübung vorangebracht worden ist.»[62] Doch nicht alle Ärzte folgten dieser Richtung. Namentlich Georg Ernst Stahl schien für Haller trotz einiger Anleihen bei Hippokrates der veralteten Lehre von Johann Baptist van Helmont (1579-1644) anzuhangen, der die Lebens- und Krankheitsvorgänge als Wirkungen eines belebenden Prinzips, des ‹Archaeus›, verstand. An dessen Stelle setzte Stahl die unsterbliche Seele, erforschte deren Wirken im Krankheitsgeschehen und stufte der Nutzen der Anatomie als gering ein. Stahls zahlreiche Anhänger hätten diese Lehre weitherum verbreitet, so dass sie auch gegenwärtig (1777) in Belgien, Holland, Frankreich und England an verschiedenen Orten noch dominiere und auch die Grundlage der neuen Theorie des ‹principe vital› bilde.[63]

Haller richtete sich in den Anfängen seiner Tätigkeit als praktizierender Arzt nach Sydenhams Empfehlungen.[64] In späteren Jahren war für ihn klar, dass die Medizin namentlich in der Therapie der akuten Fieber Fortschritte erzielt hatte, deren Grundsätze er denn auch selbst in seinen ärztlichen Anordnungen befolgte:

> Neuestens ist schliesslich begriffen worden, dass die einfache Therapie der akuten Fieber wieder darauf hinaus läuft, dass wir anfangs wie bei einem entzündlichen Geschehen [...] für Stuhlgang sorgen, saure Mittel geben, der Fäulnis widerstehen, [später] aber das Übel wie ein bösartiges, die Kräfte niederwerfendes Leiden behandeln und mit Chinarinde, Wein und anderen gleichartigen Hilfsmitteln die darniederliegende Natur unterstützen.[65]

Wie an der Behandlung der Fieber ersichtlich, war die pathophysiologische Grundlage dieser Krankheiten bei weitem nicht geklärt. Feste und flüssige Teile, Herz, Gefässe, Blut und andere Körpersäfte waren betroffen. Fäulnis von Blut, Galle usw. schien mit Hilfe von Säuren bekämpft werden zu können, wie Haller mehrfach beobachtet hatte. Sein saures Elixier diente ihm aber auch dazu, «die Nerven einigermaßen abzuhärten» und Schwermut, Kopfschmerzen und Krämpfe, namentlich bei überempfindlichen Damen zu behandeln.[66] Haller stützte sich hier auf die von ihm gegründete Irritabilitätslehre, deren unmittelbare Bedeutung für die praktische Medizin er im Übrigen zurückhaltend beurteilte.[67]

Bei zahlreichen Krankheiten war klar, dass sie sich an einem bestimmten, oft durch den Schmerz angezeigten Ort abspielten. Hier Licht ins Dunkel zu bringen war Aufgabe der pathologischen Anatomie. Vom grossen Vorbild, dem *Sepulchretum* Theophile Bonets, einem ‹unsterblichen Werk›, rühmte Haller:

> Wenn je erwartet werden kann, dass wir über den Sitz der Krankheiten und ihre wirkliche, nicht schulmässige Ursache die Wahrheit erkennen können, so hat man sie von diesem Unternehmen zu erhoffen, und man wünscht sich dies um so mehr, als jetzt in ganz Europa ein Überfluss an Spitälern besteht und Leichensektionen leicht möglich sind.[68]

Mit dieser Einschätzung lag Haller auf der Linie, die die medizinische Wissenschaft zu jener Zeit verfolgte und die einen Höhepunkt erreichte mit Giovanni Battista Morgagnis klassischem Werk *De sedibus et causis morborum* (1761), das unter vielen anderen auch Hallers Beobachtungen referiert und das er als Frucht unvergleichlichen Fleisses und als «ausgezeichnetes und höchst nützliches Werk» lobte.[69] In den Spitälern sollte nach Hallers Meinung zudem die Anwendung und Wirkung der Arzneimittel systematisch geprüft werden, indem Gruppen von Patienten mit der gleichen Krankheit verschiedene Behandlungen erhielten und genau beobachtet würden.[70] Dem Spital mass er auch in der medizinischen Ausbildung eine zentrale Position bei, als er 1765 für die Berner Regierung ein

Gutachten zur Verbesserung des Medizinalwesens verfasste. An Spitalpatienten liessen sich – im Gegensatz zur Privatpraxis – die ärztlichen Behandlungsprinzipien leichter durchsetzen und die Wirksamkeit der Heilmittel besser zeigen.[71] Hier sollten die jungen, von der Universität heimkehrenden Ärzte mindestens ein Jahr praktische Erfahrung unter Leitung eines erfahrenen Arztes sammeln, und Ähnliches hätte für Hebammen und Wundärzte zu gelten.[72] Das Spital als Ort der Ausbildung und Gewinnung neuer Erkenntnisse lieferte Gewähr, dass entscheidendes gelehrtes Wissen wie auch neue praktische Erfahrung bis zu allen Ebenen des Heilpersonals gelangte. Auf diese Weise sollte nach und nach eine bessere Versorgung der Bevölkerung in Stadt und Land erzielt werden, entsprechend einem Hauptanliegen einer aufgeklärten Medizin.

Anmerkungen

1 Herman Boerhaave: *Praelectiones academicae in proprias institutiones rei medicae*, edidit et notas addidit Albertus Haller. 5 Bde. Turin 1742-1745, I, § 22, 23. – Zur Theorie und Praxis bei Haller vgl. Hubert Steinke, Urs Boschung: Nützliche Medizin. Theorie und Praxis bei Albrecht von Haller. In: *Cardanus. Jahrbuch für Wissenschaftsgeschichte*, 7 (2007), 135-149.

2 Boerhaave 1742-45 (wie Anm. 1), I: 5.

3 Gerard van Swieten: *Commentaria in Hermanni Boerhaave Aphorismos de cognoscendis et curandis morbis.* 5 Bde. Paris 1755-1773, I: 5 (§ 2).

4 Van Swieten 1755-73 (wie Anm. 3), I: 7 (§ 5).

5 Van Swieten 1755-73 (wie Anm. 3), I: 196.

6 Van Swieten 1755-73 (wie Anm. 3), I: 197-884 (§ 145-557).

7 Ueber den Herrn von Haller: aus Linguets Annalen, übers. und mit Anmerkungen begleitet von Herrn Hofrath [Johann Georg] Zimmermann. In: *Deutsches Museum* (Leipzig), 2 (1777), 430-433, hier 432.

8 Burgerbibliothek Bern, Nachlass Haller, Ms. 17. Für eine erste Auswertung vgl. Urs Boschung: Albrecht Haller's patient records (Berne 1731-1736). In: *Gesnerus*, 53 (1996), 5-14.

9 Die meisten Personen lassen sich identifizieren und familiär verorten; vgl. Hubert Steinke: Der junge Arzt und seine Patienten: Albrecht von Hallers Praxis in Bern 1731-1736. In: Elisabeth Dietrich-Daum et al. (Hg.): *Arztpraxen im Vergleich, 18.-20. Jahrhundert.* Bozen 2008, 79-86.

10 Die Konsultationen der einzelnen Patienten wurden – wenn sich Serien mit zwischengeschalteten zeitlichen Lücken ergaben – zu Fällen gruppiert.

11 Verwendet werden Begriffe wie ‹convalescens›, ‹convaluit›, ‹sanatus›, ‹dimissa› etc.

12 Es heisst z. B. ‹bene habet›, ‹melius habet›, ‹omnia recte›, ‹levatus ab usu ptisanae›, ‹habet mediocriter›, ‹frustra fuit› etc.

13 An Gessner, 18.5.1736; Henry E. Sigerist (Hg.): *Albrecht von Hallers Briefe an Johannes Gesner (1728-1777).* Berlin 1923, 115. – Das Praxisjournal enthält keinerlei Angaben über die Honorierung der ärztlichen Tätigkeit.

14 Burgerbibilotohek Bern, Nachlass Haller, Ms. 17, fol. 143r.

15 An Gessner, 28.3.1737; Sigerist 1923 (wie Anm. 13), 128.

16 Nur bei wenigen der auf die Göttinger Anatomie gelangenden Toten war die Krankengeschichte bekannt. Eine Frau hatte Haller und andere Göttinger Ärzte jahrelang wegen Uterusblutungen

konsultiert. Zu einem vornehmen jungen Mann war er am letzten Lebenstag gerufen worden, nur um die aussichtslose Prognose zu bestätigen. Die Sektion ergab eine eigentümliche Verwachsung von Lunge und Herz: Albrecht von Haller: Opuscula pathologica. In: Ders.: *Opera minora*. Bd. 3. Lausanne 1768, 343 (Obs. 47, Hist. 3), 365 f. (Obs. 64).

17 Ebenda, 294 (Obs. 16, Hist. 1).

18 Ebenda, 295 (Obs. 16, Hist. 2).

19 Albrecht von Haller: *Bibliotheca chirurgica*. 2 Bde. Bern, Basel, 1774-1775, II: 171.

20 Haller, Opusc. pathol. 1768 (wie Anm. 16), 283 f. (Obs. 3), 285 (Obs. 6), 372 (Obs. 69).

21 Ebenda, 328 f (Obs. 39, Hist. 15).

22 Ebenda, 321 f. (Obs. 38, Hist. 1).

23 An Tissot, 21.5.1754; Erich Hintzsche (Hg.): *Albrecht von Hallers Briefe an Auguste Tissot, 1754-1777*. Bern, Stuttgart, Wien, 1977, 28.

24 Haller, Opusc. pathol. 1768 (wie Anm. 16), 368-271 (Obs. 67).

25 Ebenda, 305 (Obs. 25). – An Tissot, 31.8.1756; Hintzsche 1977 (wie Anm. 23), 53.

26 Haller, Opusc. pathol. 1768 (wie Anm. 16), 356-358 (Obs. 55).

27 Hintzsche 1977 (wie Anm. 23), 83-91, 96 f.; Haller, Opusc. pathol. 1768 (wie Anm. 16), 377 f. (Obs. 73: ‹Febris nervosa›); ebd., 371 f. (Obs. 68: ‹Ulcus pulmonale sanatum›) betrifft M. Courvoisier in Vevey: Hintzsche 1977 (wie Anm. 23), 110-114, 116 f., 127).

28 An Tissot, 22.6.1761, 1., 11.1.1762; Hintzsche 1977 (wie Anm. 23), 117 f., 124 f.

29 Albrecht von Haller: Beschreibung der im Canton Bern im Jahre 1762 sich äussernden epidemischen Krankheit. In: *Sammlung kleiner Hallerischer Schriften*. 2. Aufl., 3 Bde. Bern, 1772, III: 107-116; Haller, Opusc. pathol. 1768 (wie Anm. 16), 372-376. Eugène Olivier: *Médecine et santé dans le pays de Vaud au XVIIIe siècle, 1675-1798*. 2 Bde. Lausanne, 1939, II: 673 vermutet eine Grippe.

30 An Tissot, 22.10.1764; Hintzsche 1977 (wie Anm. 23), 197.

31 An Gessner, 7.5., 6.10.1768; Sigerist 1923 (wie Anm. 13), 411, 418.

32 «Amaurosis imperfecta, & debilitas totius corporis»: Haller, Opusc. pathol. 1768 (wie Anm. 16), 379 f., Obs. 76; «Corticis peruviani ad gangraenam vires»: ebenda, 382, Obs. 80.

33 Urs Boschung: Albrecht von Haller als Arzt: zur Geschichte des Elixir acidum Halleri. In: *Gesnerus*, 34 (1977), 267-293.

34 Albrecht von Haller: Morborum graviorum exempla: sermo ad. a. 1777, die 15. Nov. 1777 recitatus. In: *Novi commentarii Societatis Regiae Scientiarum Gottingensis*, t. 8 ad a. 1777 (1778), 1-13. Auch hier lassen sich aus den Korrespondenzen mehrere Personen aus Hallers Umgebung identifizieren, so z. B. J. J. Dick, der Hauslehrer von Hallers Kindern, später Pfarrer in Spiez und Bolligen («3. Sanguinis coagulatio», Morb. grav. exempla, S. 6 f.).

35 An Tissot, 31.1.1766; Hintzsche 1977 (wie Anm. 23), 225.

36 Stefan Hächler: Arzt aus Distanz. Fernkonsultationen bei Albrecht von Haller. In: Martin Stuber, Stefan Hächler und Luc Lienhard (Hg.): *Hallers Netz. Ein europäischer Gelehrtenbriefwechsel zur Zeit der Aufklärung*. Basel 2005, 317-349. Die Gesamtzahl der ‹Consultes› wird auf 400-600 geschätzt (346, Anm. 50).

37 Hächler 2005 (wie Anm. 36), 327; an Gemmingen, 13.4.1776: Hermann Fischer (Hg.): *Briefwechsel zwischen Albrecht von Haller und Eberhard Friedrich von Gemmingen nebst dem Briefwechsel zwischen Gemmingen und Bodmer: aus Ludwig Hirzels Nachlass*. Tübingen 1899, S. 93 f.; an Tissot, 9.2.1761: Hintzsche 1977 (wie Anm. 23), 111.

38 An Saussure, 20.5.1763: Otto Sonntag (Hg.): *The correspondence between Albrecht von Haller and Horace-Bénédict de Saussure*. Bern, Stuttgart, Toronto 1993, 143.

39 Das Manuskript weist keinen Personen- oder Sachindex auf; seine anatomischen und embryologischen Beobachtungen hat Haller fortlaufend nummeriert.

40 Eduard Bodemann (Hg.): *Von und*

über Albrecht von Haller: ungedruckte Briefe und Gedichte Hallers sowie ungedruckte Briefe und Notizen über denselben. Hannover 1885, 85 (‹Projet de Pratique›).

41 Albrecht Haller: *Observatio de peripneumonia contagiosa et perniciali. In: Commercium litterarium ad rei medicae et scientiae naturalis incrementum institutum*. Nürnberg 1735, 12-13.

42 Haller, Morb. grav. exempla 1778 (wie Anm. 34); Albrecht von Haller: Commentatio de opii in corpus humanum efficacia recitata d. XVI. Nov. MDCCLXXVI. In: *Novi Commentarii Societatis Regiae Scientiarum Gottingensis*, t VII ad a. 1776 (1777), 1-16.

43 Gustav Tobler: Albrecht von Haller als bernischer Sanitätsrat. In: *Fürs Schweizer Haus. Illustriertes Wochenblatt für die Schweizer Familie*, 1 (1902), 468, 484, 504-506; Olivier 1939 (wie Anm. 29), ad indicem; Steinke/Boschung 2007 (wie Anm. 1); vgl. auch den Beitrag über den Magistraten Haller in diesem Band.

44 *Nöthiger Unterricht, wie bey den herrschenden bösartigen Fiebern die Krankheit abgewandt, oder aufs zuverläßigste geheilt werden könne: auf hohen Befehl verfasst, und zum Besten des Landes bekannt gemacht, den 28. Merz 1765*. Bern 1765.

45 *Kurze Anleitung zur Heilung der rothen Ruhr, gegeben den 23. Sept. 1771*. Bern 1771; Hallers Autorschaft ist nicht gesichert.

46 *Bericht, wie die aus dem Wasser gezogenen Menschen wieder zu sich selbst gebracht, und ihr Leben erhalten werden könne. Auf hohen Befehl bekannt gemacht den 9. Heumonat 1765*. Bern 1765. Eine erneuerte Ausgabe erschien 1776.

47 Albrecht Haller (Hg.): *Consultationes medicae sive sylloge epistolarum cum responsis Hermanni Boerhaave: in Britannia primum editae nunc aliquot exemplis auctiores: adcesserunt eiusdem de calculo libessus & introductio ad praxim clinicam*. Göttingen 1744. Eine erweiterte Ausgabe veröffentlichte Haller 1752.

48 Albrecht Haller (Hg.): *Hermanni Boerhaave … Praelectiones publicae de morbis oculorum: ex codice m.s. editae*. Göttingen 1746. Eine erweiterte Ausgabe veröffentlichte Haller 1748.

49 *Historia morborum qui annis MDCXCIX, MDCC, MDCCI, MDCCII Vratislaviae grassati sunt, a Colleg. Acad. Leopold. Nat. Cur. Vratislaviens. in lucem edita … praefatus est Albertus Haller*. Lausanne, Genf 1746; vgl. *Göttingische Zeitungen von gelehrten Sachen*, 1747, 693-695.

50 Haller, Albrecht von (Hg.): *Disputationes chirurgicae selectae*. 5 Bde. Lausanne, 1755-1756; ders. (Hg.): *Disputationes ad morborum historiam et curationem facientes*. 7 Bde. Lausanne, 1757-1760.

51 *Göttingische Anzeigen von gelehrten Sachen* 1757, 46.

52 Haller, Disp. ad morb. 1757-60 (wie Anm. 49), I: praefatio.

53 Haller, Albrecht von (Hg.): *Artis medicae principes: Hippocrates, Aretaeus, Alexander, Aurelianus, Celsus, Rhazeus*. 11 Bde. Lausanne 1769-74; vgl. *Göttingische Gelehrte Anzeigen* 1770, 231.

54 Albrecht von Haller: *Bibliotheca medicinae practicae qua scripta ad partem medicinae practicam facientia a rerum initiis recensentur*. 4 Bde. Bern und Basel 1776-1788, I: 93.

55 *Göttingische Zeitungen von gelehrte Sachen* 1745, 120.

56 Haller werden rund 9'000 Rezensionen zugeschrieben; vgl. den Beitrag zur Literaturkritik in diesem Band.

57 Albrecht von Haller (Hg.): *Hermanni Boerhaave … Methodus studii medici*. Amsterdam 1751; *Göttingische Zeitungen von gelehrten Sachen* 1751, 849-852.

58 Albrecht von Haller: *Bibliotheca anatomica qua scripta ad anatomen et physiologiam facientia a rerum initiis recensentur*. 2 Bde. Zürich 1774-77, I: praefatio, VII.

59 Haller, Bibl. med. pract. 1776-88 (wie Anm. 54), I: 230 f.

60 Haller, Bibl. med. pract. 1776-88 (wie Anm. 54), II: 65.

61 Haller, Bibl. med. pract. 1776-88 (wie Anm. 54), III: 188 f.

62 Boerhaave 1742-45 (wie Anm. 1), I: 5.

63 Haller, Bibl. med. pract. 1776-88 (wie Anm. 54), III: 575.

64 Bodemann 1885 (wie Anm. 40), 85.

65 Haller, Bibl. med. pract. 1776-88 (wie Anm. 54), III: 189; die wichtigsten Beiträge stammten von R. Morton und J. Huxham.

66 Von den Nervenkrankheiten und einer Hülfe gegen dieselben in einem sauren Elixir, aus dem Lateinischen des Herrn von Haller übers. [von Johann Georg Zimmermann]. In: *Hannoverisches Magazin*, 1772, 1521-1524.

67 Für die Chirurgie war wichtig, dass Haller die Sensibilität der Sehnen widerlegte, die alte Angst vor fatalen Komplikationen bei deren Verletzung als unbegründet und das Begiessen der Wunde mit heissem Öl als verfehlt betrachtete. Allerdings blieben viele Chirurgen bei dieser alten Praxis. Vgl. Hubert Steinke: *Irritating experiments. Haller's concept and the European controversy on irritability and sensibility, 1750-1790*. Amsterdam, New York 2005, 240-45.

68 Haller, Bibl. med. pract. 1776-88 (wie Anm. 54), III: 237, «opus immortale»; vgl. Haller, Boerhaave methodus 1751 (wie Anm. 57), 618.

69 Giovanni Battista Morgagni: *De sedibus et causis morborum per anatomen indagatis*. Venedig 1761, Liber III., Epist. XLII., Art. 36 (Blasenleiden); Liber II., Epist. XXI., Art. 39, 40 (Lungenentzündung); Haller, Bibl. med. pract. (wie Anm. 54), IV: 424, 426: «insignissimum & utilissimum opus». – In Hallers Ausgabe der *Opuscula pathologica* von 1768 wird dagegen Morgagni mit keinem Wort erwähnt.

70 Bodemann 1885 (wie Anm. 40), 86. Eine experimentelle Überprüfung und damit Erneuerung und Vereinfachung des gesamten Heilmittelbestandes verlangte Haller auch in seiner Vorrede zur *Pharmacopoea Helvetica*. Basel 1771.

71 André Bélat: *«Die Arzney ist eines der gewissesten Mittel der Entvölkerung eines Landes vorzukommen». Albrecht von Hallers Gutachten zur Verbesserung des bernischen Medizinalwesens, Bern 1765*. Diss. med. dent. Bern 1995, 24, 28.

72 Haller, Gutachten 1765 (wie Anm. 71), 31.

Botanik

Jean-Marc Drouin und Luc Lienhard

Hallers botanisches Werk

Haller bezeichnete die Botanik – ebenso wie die Dichtung – als eine seiner Nebenbeschäftigungen. Anlässlich der Veröffentlichung seiner Schweizer Flora von 1742 stellte er fest, er habe dem Werk «den grössten Theil seiner Musse» gewidmet.[1] Doch ebenso wie bei der Dichtung muss diese Aussage reflektiert und für den modernen Leser übersetzt werden. Wenn man denn bei einem vielseitig tätigen Gelehrten wie Haller überhaupt von Haupt- und Nebenbeschäftigungen sprechen kann, so nimmt die theoretische Medizin (Anatomie, Physiologie, Embryologie) die zentrale Position, die Botanik aber bereits den zweiten Rang ein. Dies liegt weniger daran, dass Haller in Göttingen nicht nur Professor der Medizin und Chirurgie, sondern auch der Botanik war. Vielmehr macht der Hinweis auf «den grössten Theil seiner Musse» deutlich, dass Haller die Begeisterung des 18. Jahrhunderts für die Botanik teilte und sich dem Fach mit der ihm eigenen Gründlichkeit und mit hohem wissenschaftlichen Anspruch widmete. Die logische Folge seiner vielseitigen Tätigkeit war eine Beschränkung in der Botanik. An Carl Linné (1707-1778) schrieb er 1737: «Ich richte fast meine ganze Arbeit nur auf die einheimischen Pflanzen, da ich zur gleichen Zeit auch Medizin und Anatomie ausüben muss, nicht so wie Du, der geweihte Priester der Flora.»[2] Der früh gefasste Entschluss, nicht das gesamte Pflanzenreich, sondern nur die Schweizer Flora zu untersuchen, beruhte aber nicht nur auf Zeitmangel, sondern auch auf der Überzeugung, dass ein klar abgestecktes Forschungsgebiet der Wissenschaft mehr Fortschritt bringe (vgl. den Beitrag zum Forscher und Gelehrten in diesem Band). Diese beiden Charakteristika – die hohe wissenschaftliche Qualität und die Fokussierung auf Spezialgebiete, sei es eine kleine Region, bestimmte Pflanzengruppen oder die Bibliographie – kennzeichnen Hallers botanisches Werk.

Es ist keineswegs das Resultat von Nebenstunden, sondern das Ergebnis von 50 Jahren ernsthafter Forschung von der Studienzeit bis zum Lebensende.

Hallers Motivation, Botanik zu betreiben, war vielschichtig. Rückblickend stellte er fest: «[...] ich liebte die Bücher und eine sitzende Lebensweise. Ich sah ein, dass es meiner Gesundheit schlecht bekäme, wenn ich in ständigen Studien erbleichte. Ich sah mich um, wie ich diese Trägheit überwinden könnte und fand kein anderes Heilmittel als die Beschäftigung mit der Botanik.»[3] Diese Begründung mag zutreffen, bleibt aber an der Oberfläche. Als junger, ehrgeiziger und wissbegieriger Berner Arzt war er mit einer von Konrad Gessner bis Johann Jakob Scheuchzer reichenden Tradition der naturhistorischen Erforschung der Schweiz konfrontiert, in deren Zentrum die Alpen standen. Dabei stellte er fest, dass die grossen Gelehrten mit ihren enzyklopädischen Ansprüchen nur Stückwerke geliefert hatten.[4] Hallers Entscheidung, nicht die ganze Naturgeschichte, sondern nur die Botanik zu erforschen, hat wohl nicht zuletzt biographische Gründe: sein bester Freund Johannes Gessner (1709-1790) betrieb botanische Studien, und das Fach war auch von unmittelbar medizinischer Relevanz. Zudem bot sich gerade die Botanik für physikotheologisch motivierte Forschungen an, welche die geordnete Vielfalt der Natur und die Schönheit und Zweckmässigkeit der Schöpfung nachzuweisen versuchten. Die Zeilen aus seinem Gedicht *Die Alpen* weisen in diese Richtung: «Durchsucht den holden Bau der buntgeschmückten Kräuter | [...] | ihr werdet alles schön und doch verschieden finden | Und den zu reichen Schatz stäts graben, nie ergründen!»[5]

Die Verbindung von Dichtung und botanischer Forschung zeigen auch die Fussnoten in späteren Auflagen, welche den poetisch beschriebenen Alpenpflanzen ganz klar einen wissenschaftlichen Namen aus seiner Flora zuweisen. Auch seine erste Alpenreise, welche ihn zum Gedicht *Die Alpen* inspirierte, war vorwiegend eine botanische Exkursion.[6]

Schon während des Medizinstudiums mit Pflanzenkunde konfrontiert, begann sich Haller, angeregt durch Freunde, erst kurz vor der Alpenreise während seines Studienaufenthaltes an der Universität Basel intensiver mit Botanik zu beschäftigen. Während seiner Zeit als praktizierender Arzt in Bern von 1729 bis 1736 machte er weitere Pflanzen-Sammelreisen und publizierte dazu kleinere botanische Arbeiten. 1736 wurde er Professor für Anatomie, Botanik und Chirurgie an der neu gegründeten Georg-August-Universität in Göttingen. Seine Antrittsvorlesung hatte die Methode des Pflanzenstudiums ohne Lehrer zum Thema.[7] Als Botanikprofessor baute er den wissenschaftlichen Universitätsgarten auf und hielt dessen Bestand – inklusive der Wildpflanzen der Region – in zwei gedruckten Verzeichnissen fest.[8] Seine grösseren botanischen Publikationen dieser Zeit waren eine

Neuauflage der Flora von Jena,[9] eine Monographie der europäischen Laucharten[10] und insbesondere die erste Auflage seiner Schweizer Flora, die *Enumeratio methodica stirpium Helvetiae indigenarum* von 1742 (Abb. S. 295).[11] Er schuf damit die erste umfassende, wissenschaftliche Flora der Schweiz. Auch in Deutschland unternahm er Exkursionen zum Pflanzensammeln vor allem in der Umgebung Göttingens, aber auch in den Harz,[12] nach Jena und in die Lüneburger Heide.[13] Seine Besuche in der Heimat nutzte er mehrmals für botanische Reisen in die Alpen. Die Harzreise und mehrere Alpenreisen wurden dokumentiert und auch publiziert.[14]

Nach der Rückkehr nach Bern 1753 blieb Haller vorerst kaum Zeit für Botanik. Erst als Direktor der bernischen Salzwerke im waadtländischen Roche ab 1758 setzte er seine botanische Sammeltätigkeit vor allem im Amt Aigle und im benachbarten Wallis fort. Oft kombinierte er das Botanisieren mit seinen Amtspflichten wie Waldinspektionen.[15] Hier konnte er die vollständige Überarbeitung seiner Schweizer Flora stark vorantreiben und publizierte von 1759 bis 1767 mehrere Ergänzungen zur *Enumeratio*.[16] Sozusagen als Nebenprodukt realisierte er auch eine Monographie der europäischen Orchideen.[17] 1764 endet seine Amtszeit in der Waadt, und Haller kehrt nach Bern zurück. In dieser letzten Periode entstanden seine Neuauflage von Johann Scheuchzers Gräserwerk[18] sowie seine ökonomisch-botanischen Schriften: ein Verzeichnis der Bäume und Sträucher, eine Abhandlung über Futterkräuter und eine Arbeit über Getreidesorten (vgl. auch den Beitrag zu Haller als ökonomischem Patrioten in diesem Band).[19] 1768 erschien sein botanisches Hauptwerk, die zweite, von Grund auf neu bearbeitete und wesentlich erweiterte Auflage der Schweizer Flora unter dem Titel *Historia stirpium indigenarum Helvetiae inchoata*.[20] Bald darauf veröffentlichte Haller ein weiteres gewichtiges Werk: die *Bibliotheca Botanica*, eine zweibändige, kommentierte Bibliographie des gesamten Schrifttums zur Botanik bis in seine Zeit.[21]

Eine umfassende Untersuchung von Hallers botanischem Werk und dessen Bedeutung liegt nicht vor.[22] Einige Beiträge liefern allgemeine Überblicke,[23] die meisten betreffen nur Teilaspekte wie das Verhältnis zwischen Botanik und Dichtung,[24] seine Zeit in Göttingen,[25] sein Herbarium in Paris[26], seine Flechtenkunde[27] oder seine Rolle als Erforscher der Flora der Schweiz.[28] Einige Arbeiten behandeln Hallers botanische Korrespondenz, speziell natürlich die Beziehung zwischen Haller und Linné,[29] aber auch den Briefwechsel mit anderen Botanikern,[30] die Bedeutung der Kommunikationsvorgänge für Hallers botanisches Werk[31] und den Pflanzenaustausch mit Italien oder Russland.[32] Das Verhältnis zwischen Botanik und Dichtung wird nur in einer Arbeit behandelt.[33]

Der Grund für die ungenügende Erforschung von Hallers Botanik liegt im Wesentlichen darin, dass er – wie alle Botaniker seines Jahrhunderts –

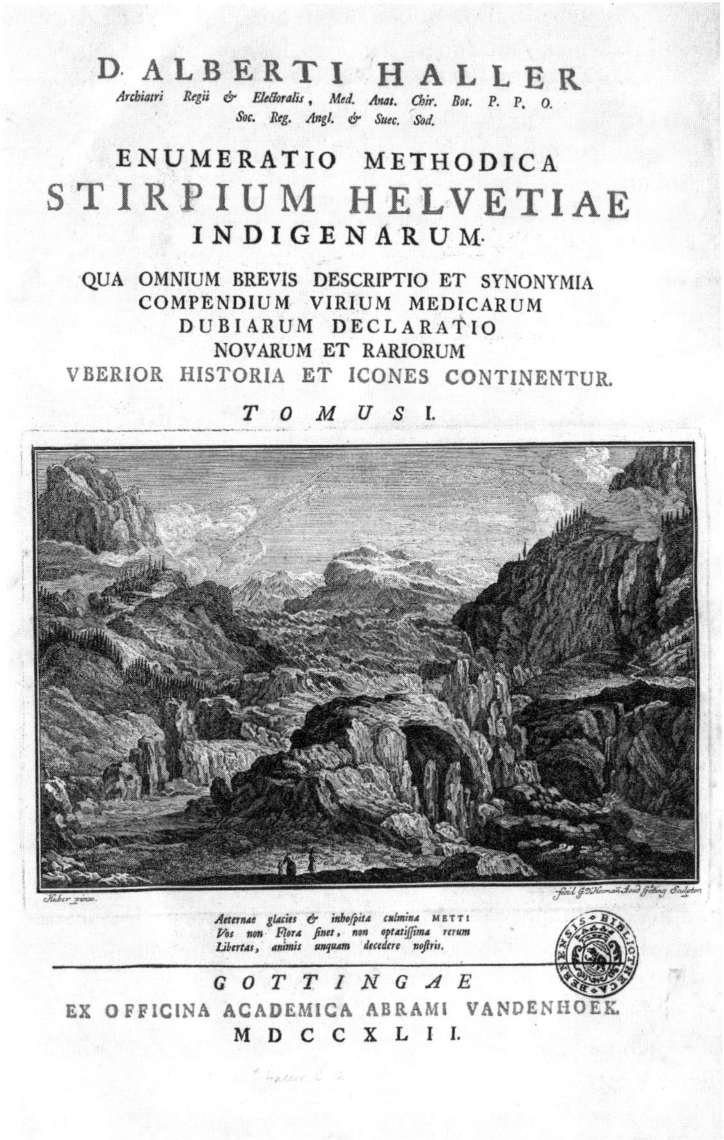

D. ALBERTI HALLER
Archiatri Regii & Electoralis, Med. Anat. Chir. Bot. P. P. O.
Soc. Reg. Angl. & Suec. Sod.

ENUMERATIO METHODICA
STIRPIUM HELVETIAE
INDIGENARUM.

QUA OMNIUM BREVIS DESCRIPTIO ET SYNONYMIA
COMPENDIUM VIRIUM MEDICARUM
DUBIARUM DECLARATIO
NOVARUM ET RARIORUM
VBERIOR HISTORIA ET ICONES CONTINENTUR.

TOMUS I.

Huber pinx. *fecit G. D. Heumann Acad. Götting. Sculptor.*

Aeternae glacies & inhospita culmina METTI
Vos non Flora finet, non optatissima rerum
Libertas, animis unquam decedere nostris.

GOTTINGAE
EX OFFICINA ACADEMICA ABRAMI VANDENHOEK.
MDCCXLII.

Haller schloss die Arbeit an der ersten Auflage seiner Schweizer Flora während seiner Zeit als Professor in Göttingen ab und liess das Buch 1742 auch dort drucken. Um das Werk fernab der Heimat vollenden zu können, war er auf zahlreiche Helfer angewiesen, die die eigenen Beobachtungen und Sammlungen ergänzten. Auf diese Helfer griff Haller auch für die weit umfangreichere zweite Auflage von 1768 zurück. Das Titelblatt beider Auflagen zeigt den unteren Grindelwaldgletscher und macht deutlich, dass Hallers Hauptinteresse den Alpenpflanzen galt. – Burgerbibliothek Bern.

im Schatten Linnés steht. Hallers unbestrittene Stellung als einer der führenden Botaniker seiner Zeit ändert daran nichts. Besonders durch das Nicht-Verwenden der sich allmählich durchsetzenden linnéschen Nomenklatur verbaute er sich weitgehend die längerfristige Rezeption seiner eigenen Schriften. Systematik und Nomenklatur standen im Zentrum der damaligen Botanik und waren auch für Haller wichtig. Daher muss die allgemeine Entwicklung im 18. Jahrhundert sowie Hallers Position und Bedeutung in dieser Frage zuerst erörtert werden. Anschliessend wird Hallers spezifischer Ansatz bezüglich Wissenssammlung, Artbegriff und Ökologie vorgestellt. Das Schlusskapitel untersucht, wie Haller zu seinem botanischen Wissen gelangt, eine Frage, die die neuere Wissenschaftsgeschichte interessiert und sich inbesondere bei Haller gut studieren lässt. Den Einstieg ins Thema liefert die Frage nach der Stellung der Botanik im Wissenssystem der Aufklärung.

Die Botanik: eine eigenständige Wissenschaft

«Le premier malheur de la Botanique est d'avoir été regardée dès sa naissance, comme une partie de la Médecine.»[34] Jean-Jacques Rousseaus (1712-1778) provozierende Formulierung ist gewiss nicht als historische Wahrheit aufzufassen, denn die Heilpflanzenkunde hat, entgegen der Meinung des Genfer Philosophen, die Botanik stets positiv beeinflusst. Dennoch erklärt diese Feststellung die Entwicklung der Botanik zur eigenständigen Wissenschaft.

Rousseau folgt dabei dem Konzept der Paragraphen 43 und 46 der *Philosophia botanica*, in denen Carl Linné die Ärzte, «welche den Nutzen und die Verwendung der Pflanzen für den menschlichen Körper erforschen»,[35] lediglich unter die ‹Botanophilen›, also Pflanzenliebhaber, und nicht unter die ‹echten Botaniker› reiht. Die Botanik erscheint dabei als eigene Wissenschaft, unabhängig von der Medizin. Dies bedeutet jedoch nicht, dass die Botaniker sich nicht um die praktische Anwendung ihres Faches kümmern, vielmehr sehen sie verschiedene Anwendungen, neben der medizinischen auch gärtnerische, handwerkliche, land- und forstwirtschaftliche, und legen grosses Gewicht darauf, dass ihre Forschung einen theoretischen Status, vergleichbar mit der Geometrie oder Mechanik, erhält. Dieser Wunsch zeigt sich insbesondere durch die Koexistenz und Komplementarität von der Natur der Pflanzen (Physiologie) und deren Geschichte (Systematik). Obwohl beide Bereiche die Botanik im weiteren Sinne ausmachen, werden sie als sehr unterschiedliche Wissenschaftsbereiche behandelt. Dabei stellt er selbst im Unterricht für Medizinstudenten die Systematik und Nomenklatur klar in den Vordergrund, betont die mangelnde

Kenntnis der Heilwirkungen und damit die Eigenständigkeit des botanischen Fachs.[36] In Hallers Floren und anderen Arbeiten werden – soweit zu der jeweiligen Art bekannt – die medizinischen und land- und forstwirtschaftlichen (ökonomischen) Verwendungsmöglichkeiten sowie allenfalls die Giftigkeit in einem eigenen Abschnitt erwähnt. Haller versucht hier also direkt seinem Anspruch an die Wissenschaften, der Gesellschaft nützlich zu sein, gerecht zu werden.[37]

Bei Francis Bacon (1561-1626) und expliziter in d'Alemberts (1717-1783) *Discours préliminaire* der *Encyclopédie* wird die Pflanzenkunde zwei Typen des Wissens zugeordnet, der eine basierend auf Kenntnis, der andere auf Verstand. Linné stellt in der *Philosophia botanica* die Botanik innerhalb der gesamten Wissenschaften in eine völlig neue Konstellation.[38] Nachdem er alles, was sich auf der Erde befindet, in verschiedene Elemente aufteilte, welche durch ihre Einfachheit und durch die Naturgesetze definiert und nach einem von Gott erdachten Klassifikationssystem zusammengestellt sind, ordnet Linné der Physik die Erforschung der Eigenschaften der Elemente zu und der Naturwissenschaft die der Naturgesetze. Die gesamte Natur teilt er in die drei Reiche Mineralien, Pflanzen und Tiere mit der folgenden Formel ein: «Steine wachsen, Pflanzen wachsen und leben, Tiere wachsen, leben und riechen.»[39] Er schliesst mit folgender Definition: «Botanik ist diejenige Naturwissenschaft welche die Kenntnis der Pflanzen behandelt».[40] Welchem Wissensbereich die Botaniker ihre Fachrichtung auch immer zuordnen, sie stimmen überein, dass die wissenschaftliche Erkenntnis nur in der Natur selbst zu finden ist.

Die grosse Konfusion der Natur

Trotz des Prestiges, welches eine Sammlung bringt, kann sich im 18. Jahrhundert immer mehr die Idee durchsetzen, dass ein Botaniker nicht zögern sollte, seine Studierstube zu verlassen. «La Botanique n'est pas une science sédentaire et paresseuse, qui se puisse acquérir dans le repos et dans l'ombre d'un Cabinet», stellt Fontenelle (1657-1757) in seinem Nachruf zu Joseph Pitton de Tournefort (1656-1708) fest.[41] Für Haller ist dieses – nicht immer in die Praxis umgesetzte – Postulat bereits eine selbstverständliche Voraussetzung der botanischen Forschung.[42] Hinter der rhetorischen Lobrede auf die naturwissenschaftliche Forschungsreise ist, verbunden mit der räumlichen Verbreitung der beobachteten Phänomene, die erkenntnistheoretische Rechtfertigung erkennbar.[43] Ob eine einfache botanische Demonstration im Feld oder eine Weltumsegelung, das Prinzip bleibt das gleiche: Draussen muss der Naturforscher seine Erkenntnisse, seine Studienobjekte oder sein Forschungsmaterial suchen. Das Konzept der ‹wissenschaftlichen

Reise› wird für eine Expedition über Tausende von Kilometern gleich angewendet wie für Reisen in der näheren Umgebung, wie sie von Linné in Schweden oder von Haller in der Schweiz realisiert wurden.

In allen Fällen gilt es für den Botaniker, die Variabilität der Pflanzen zu verstehen und diese mit einem System zu bewältigen, welches Ordnung in die Vielfalt bringt. Auch hier bietet Fontenelle wiederum Erklärungen. In seiner Lobrede kommt er nach den Jahren der Ausbildung des Botanikers, seinen ersten Reisen und Arbeiten auf die *Eléments de Botanique* (1694) zu sprechen, welche zum Ziel haben «mettre de l'ordre dans ce nombre prodigieux de plantes, semées si confusément sur la terre, et même sous les eaux de la mer».[44] Dies ist jedoch nicht einfach: «Cet ordre si nécessaire n'a pas été établi par la nature, celle-ci ayant préféré une confusion magnifique à la commodité des Physiciens, et c'est à eux à mettre presque malgré elle de l'arrangement et un Système dans les Plantes.»[45]

So findet sich die Ordnung, welche die Klassifizierungen bringen, nicht in der Natur, sie wurde durch diejenigen geschaffen, welche die Natur studiert haben. Eine solche Ordnung ist aber nicht weniger nützlich. Eine unbekannte Pflanze kann mit der Blüte ihrer Klasse zugeordnet werden, mit der Frucht wird die Gattung bestimmt, die übrigen Merkmale ergeben die Art, vorausgesetzt man findet einen passenden Namen, den ihr Tournefort oder andere Botaniker gegeben haben.[46]

So erhellt Fontenelles Analyse die Kontroversen über die Systeme, welche die Botaniker vom Ende des 17. bis Anfang des 19. Jahrhunderts beschäftigen. Seit der zweiten Hälfte des 17. Jahrhunderts entstanden grosse Klassifikationsprojekte mit dem Ziel, die Gesamtheit aller bisher bekannten Pflanzen in verschiedenen Gruppen zu erfassen. Der Engländer John Ray (1627-1705) schlug eine Klassifikation vor, welche bereits eine ausdrückliche Unterscheidung von Pflanzen mit einem oder zwei Keimblättern beinhaltet. Das bereits erwähnte System von Tournefort umfasst mehr als 8'000 Arten mit 673 Gattungen, welche ausschliesslich auf Blüten- und Fruchtmerkmalen beruhen, und verbindet diese Gattungen in Klassen. Tournefort übernimmt die klassische Unterscheidung von Kräutern und Bäumen, und unter Berücksichtigung der Blütenform (glockenförmig, trichterförmig, mit Lippe, Schmetterlingsblüte, Doldenblüte, Rosenblüte usw.) erhält er siebzehn Kräuter- und fünf Baum-Klassen, gesamthaft zweiundzwanzig.[47] Dieses System bestach zahlreiche Botaniker durch seine Klarheit und hatte Anhänger bis zum Ende des 18. Jahrhunderts, wurde jedoch fast überall von Linnés Vorschlag im *Systema naturae* abgelöst.

Linnés System basiert ausschliesslich auf der Anzahl und Anordnung der in der Blüte sichtbaren Sexualorgane (Staubfäden und Griffel). Die erste Klasse enthält Pflanzen, welche nur einen Staubfaden enthalten (Monandria), die zweite Blüten mit zwei Staubfäden (Diandria). Auf diese

Weise wird weiter bis zur zehnten Klasse mit zehn Staubfäden (Decandria) unterschieden. Die folgenden 14 Klassen enthalten entweder noch mehr Staubfäden, verschiedene Blüten wie die sogenannten Polygamia und die Kryptogamia mit verborgenen Sexualorganen. Kaum publiziert, wurde Linnés System auch von mehreren Botanikern als zu ‹künstlich› kritisiert.

Die Suche nach dem natürlichen System

Haller anerkannte den Nutzen dieser ‹willkürliche[n] Ordnung› – wie er sie nannte – als praktisches, einfaches Instrument, welches geeignet sei, die Pflanzen übersichtlich zu gliedern, und dadurch Fortschritt bringe.[48] Wissenschaftlichen Ansprüchen genüge sie aber nicht. Er formulierte seine Einwände schon 1737 in einem Brief an Linné: «Ich gedenke, wenn ich kann, einer anderen Spur zu folgen, welche mit der Natur besser im Einklang zu stehen scheint als das Aufstellen von [künstlichen] Klassen, nämlich eher den Verwandtschaften der Pflanzen nachzuspüren als den Unterabteilungen des Systems, welche oft den natürlichen Genera Gewalt antun. [...] beim Studium der Verwandtschaften suchen wir die verborgene Verkettung der Natur auf.»[49]

Das Ziel Hallers und vieler seiner Zeitgenossen war es, dem versteckten Plan der Schöpfung auf die Spur zu kommen. Haller hatte sehr klare (und noch heute aktuelle) Vorstellungen über den Aufbau eines natürlichen Systems der Pflanzen. Ein solches System zu finden bot ihm aber beträchtliche Schwierigkeiten. Er versuchte vor allem die Ansätze Rays und Tourneforts weiterzuentwickeln und publizierte mehrere, immer wieder überarbeitete Modelle, so im Göttinger Gartenverzeichnis, in der *Enumeratio* und in der *Historia*. Im letzten Werk bildete er dazu 19 Klassen (vgl. Abb. S. 301). Die erste grobe Unterteilung kennt man auch von Linné: Pflanzen mit Blüten und solche ohne Blüten. Während bei Linné aber die Blütenlosen gesamthaft die Klasse XXIV bilden, unterteilt Haller Schachtelhalme, Farne, Moose, Flechten, Algen, Pilze in je eine Klasse (XIV bis XIX). Bei den Blütenpflanzen macht er eine Untergruppe ohne Blütenblätter (Apetalae), aber mit Staubfäden, welche z. B. Klasse XII Gramines (Grasartige) enthält. Die grösste Gruppe ‹mit Blütenblättern› wird wieder unterteilt in zusammengesetzte Blüten Kl. I Compositae (Korbblütler), unregelmässige Blüten mit Kl. II Monopetales (z. B. Lippenblütler) und Kl. III Polypetales (z. B. Schmetterlingsblütler) und regelmässige Blüten mit Kl. IV Cruciatae (Kreuzblütler) bis Kl. VIII Polystemones (z. B. Rosengewächse). Dazu kommen noch die Lilienartigen (Einkeimblättrigen) mit den Kl. IX bis XI. Hallers Gliederung auf dieser Stufe ist sehr einleuchtend, so sind beispielsweise die Lippenblütler oder die Liliengewächse jeweils sauber in einer Klasse vereint, während sie mit Linnés künstlichem System auf drei respektive fünf Klassen verteilt werden. Mit Hallers Anspruch bis auf Gattungsstufe die natürliche Hierarchie zu berücksichtigen, wurden seine Systeme aber sehr kompliziert und kaum brauchbar. Ein Durchbruch gelang Haller nicht, obwohl er eine ganze Reihe von Pflanzengruppen aus heutiger Sicht richtig erfasst hatte.[50]

Auch andere Botaniker bemühten sich um die Errichtung eines natürlichen Systems, allen voran Michel Adanson (1727-1806). Er entwickelte in seinem Werk *Familles de plantes* (1763), ein auf allen Pflanzenmerkmalen beruhendes System, das die Pflanzen in Familien mit den meisten Ähnlichkeiten verbindet. Und selbst Linné fand ein natürliches System erstrebenswert, es blieb jedoch bei mehreren Versuchen, welche er nicht anwandte.[51] Die einschlägigen Ereignisse zum Durchbruch des natürlichen Systems fanden erst knapp nach Hallers Tod statt. Im Jahr 1779 erschien die erste Auflage der *Flore française* (datiert 1778) von Jean-Baptiste Lamarck (1744-1829). Ihr Autor – heute besser bekannt durch seine Ideen, welche er ab 1800 zur Evolution der Arten entwickelte – unterscheidet darin klar zwei Ziele einer Klassifikation: Einerseits Identifikation einer Pflanze, welche man in den Händen hält, welche bereits beschrieben wurde, deren Namen man aber nicht kennt; andererseits Abbilden einer natürlichen Ordnung durch Gruppierung von Arten nach ihrer echten Ähnlichkeit. Letztendlich schufen erst die vergleichend morphologischen, phylogenetischen und paläontologischen Untersuchungen im 19. Jahrhundert die Möglichkeiten für die Entwicklung eines annähernd natürlichen Systems.[52]

Die neue Nomenklatur

Nicht nur die systematische Einteilung der Pflanzen, sondern auch ihre Benennung führte zu lebhaften Debatten. Tournefort wies auf die unterschiedliche Herkunft der Namen hin. Diejenigen, welche in der Antike als Erste den Pflanzen Namen vergeben hätten, liessen sich von einem bestimmten Merkmal der Art leiten. So benannten sie eine Sumpfpflanze in Anlehnung an den Frosch, lateinisch ‹rana›, mit ‹Ranunculus› (Hahnenfuss). Um aber eine Gattung zu benennen, müsse ein Merkmal gewählt werden, welches für alle Vertreter dieser Gruppe gelte und nicht nur für die erste entdeckte Art. So gäbe es auch zahlreiche ‹Ranunculi›, welche auf trockenem Untergrund wachsen.[53] Trotzdem müssten die einmal vergebenen Gattungsnamen auch mit der Gefahr der Verwirrung beibehalten werden, die Artnamen hingegen seien wie eine Definition. Tournefort erkannte das Problem der Methode, stellte aber das Prinzip der Nicht-Differenzierung zwischen Benennung und Definition nicht in Frage. Die Trennung

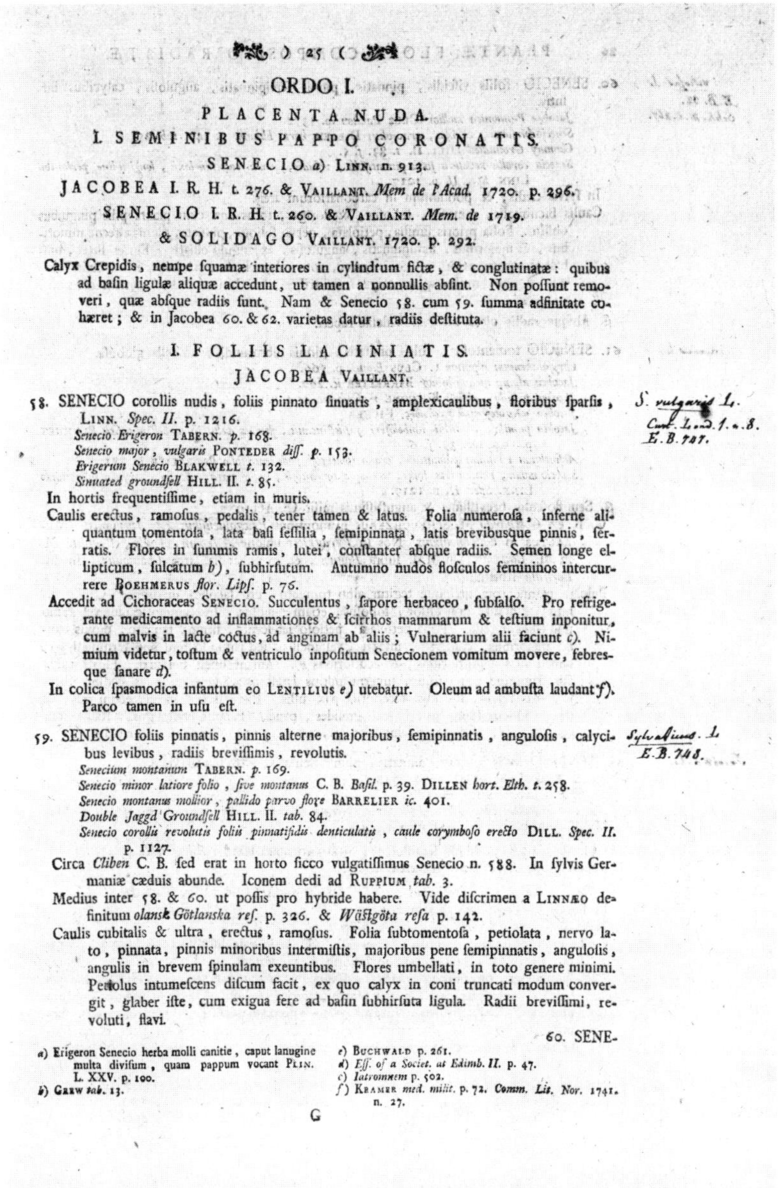

) 25 (

ORDO I.

PLACENTA NUDA.

I. SEMINIBUS PAPPO CORONATIS.

SENECIO *a)* LINN. n. 913.

JACOBEA I. R. H. t. 276. & VAILLANT. *Mem de l'Acad.* 1720. p. 296.

SENECIO I. R. H. t. 260. & VAILLANT. *Mem. de* 1719.

& SOLIDAGO VAILLANT. 1720. p. 292.

Calyx Crepidis, nempe ſquamæ interiores in cylindrum fictæ, & conglutinatæ: quibus ad baſin ligulæ aliquæ accedunt, ut tamen a nonnullis abſint. Non poſſunt removeri, quæ abſque radiis ſunt. Nam & Senecio 58. cum 59. ſumma adfinitate cohæret; & in Jacobea 60. & 62. varietas datur, radiis deſtituta.

I. FOLIIS LACINIATIS.

JACOBEA VAILLANT.

58. SENECIO corollis nudis, foliis pinnato ſinuatis, amplexicaulibus, floribus ſparſis, LINN. *Spec. II.* p. 1216. — S. vulgaris L. / E.B. 747.

Senecio Erigeron TABERN. *p.* 168.

Senecio major, vulgaris PONTEDER *diſſ. p.* 153.

Erigerum Senecio BLAKWELL *t.* 132.

Sinuated groundſell HILL. II. *t.* 85.

In hortis frequentiſſime, etiam in muris.

Caulis erectus, ramoſus, pedalis, tener tamen & latus. Folia numeroſa, inferne aliquantum tomentoſa, lata baſi ſeſſilia, ſemipinnata, latis brevibusque pinnis, ſerratis. Flores in ſummis ramis, lutei, conſtanter abſque radiis. Semen longe ellipticum, ſulcatum *b)*, ſubhirſutum. Autumno nudos floſculos femininos intercurrere BOEHMERUS *flor. Lipſ.* p. 76.

Accedit ad Cichoraceas SENECIO. Succulentus, ſapore herbaceo, ſubſalſo. Pro refrigerante medicamento ad inflammationes & ſcirrhos mammarum & teſtium inponitur, cum malvis in lacte coctus, ad anginam ab aliis; Vulnerarium alii faciunt *c)*. Nimium videtur, toſtum & ventriculo inpoſitum Senecionem vomitum movere, febresque ſanare *d)*.

In colica ſpasmodica infantum eo LENTILIUS *e)* utebatur. Oleum ad ambuſta laudant *f)*. Parco tamen in uſu eſt.

59. SENECIO foliis pinnatis, pinnis alterne majoribus, ſemipinnatis, anguloſis, calycibus levibus, radiis breviſſimis, revolutis. — E.B. 748.

Senecium montanum TABERN. *p.* 169.

Senecio minor latiore folio, ſive montanus C. B. *Baſil.* p. 39. DILLEN *hort. Elth. t.* 258.

Senecio montanus mollior, pallido parvo flore BARRELIER *ic.* 401.

Double Jaggd Groundſell HILL. II. *tab.* 84.

Senecio corollis revolutis foliis pinnatifidis denticulatis, caule corymboſo erecto DILL. *Spec. II.* p. 1127.

Circa *Cliben* C. B. ſed erat in horto ſicco vulgatiſſimus Senecio n. 588. In ſylvis Germaniæ cæduis abunde. Iconem dedi ad RUPPIUM *tab.* 3.

Medius inter 58. & 60. ut poſſis pro hybride habere. Vide diſcrimen a LINNÆO definitum *olansk Götlanska reſ.* p. 326. & *Wäſtgöta reſa* p. 142.

Caulis cubitalis & ultra, erectus, ramoſus. Folia ſubtomentoſa, petiolata, nervo lato, pinnata, pinnis minoribus intermiſtis, majoribus pene ſemipinnatis, anguloſis, angulis in brevem ſpinulam exeuntibus. Flores umbellati, in toto genere minimi. Petiolus intumeſcens diſcum facit, ex quo calyx in coni truncati modum convergit, glaber iſte, cum exigua fere ad baſin ſubhirſuta ligula. Radii breviſſimi, revoluti, flavi.

60. SENE-

a) Erigeron Senecio herba molli canitie, caput lanugine multa diviſum, quam pappum vocant PLIN. L. XXV. p. 100.

b) GREW *tab.* 13.

c) BUCHWALD p. 261.

d) *Eſſ. of a Societ. at Edimb. II.* p. 47.

e) *Iatromnem* p. 502.

f) KRAMER *med. milit.* p. 72. *Comm. Lit. Nor.* 1741. n. 27.

G

Die Seite aus der zweiten Auflage der Schweizer Flora von 1768 zeigt Hallers Bemühen, im Gegensatz zu Linné eine natürliche Klassifikation der Pflanzen bis auf Gattungsstufe festzulegen, die Pflanzen genau zu charakterisieren und deren Beschreibung in der älteren Literatur zu belegen. Am Rand wurden handschriftlich linnésche Namen ergänzt. – Albrecht von Haller: *Historia stirpium indigenarum Helvetiae inchoata*. Bern 1768, 25. – Burgerbibliothek Bern.

dieser beiden Vorgänge geht auf Linné mit der Einführung der binären Nomenklatur zurück.

Linné stellte klare Regeln zur Benennung der Gattungen auf.[54] So verurteilte er die Verwendung ‹primitiver› Namen, das heisst Namen ohne Ursprung und ohne Bedeutung.[55] Dieses Prinzip lässt auch keine ‹barbarischen› Namen zu, da diese einer Sprache entstammen, welche «die Gelehrten nicht verstehen».[56] Hingegen liess er als Zeichen ehrfurchtsvoller Bewunderung die Benennung einer Gattung zu Ehren eines Botanikers zu, auch wenn dieser keinen Bezug zu der Pflanze aufweist, die seinen Namen trägt. Linné listet dabei zahlreiche Gattungsnamen auf, die dieser Regel entsprechen. Man findet darunter vertraute Namen wie ‹Fuchsia›, ‹Magnolia› oder ‹Camellia›, welche sich auf berühmte Autoren wie Leonhart Fuchs (1501-1566) und Pierre Magnol (1638-1715) aber auch auf eher unbedeutende wie Georg Joseph Kamel (1661-1706), Jesuit und Missionar auf den Philippinen, beziehen. Linné selbst schuf solche Ehrennamen und benannte beispielsweise 1737 eine südafrikanische Gattung der Rachenblütler ‹Halleria›[57] Die besten Namen seien jedoch diejenigen, welche sich auf ein eindeutiges Merkmal beziehen.[58]

All dies betrifft nur den Gattungsnamen. Kapitel VIII der *Philosophia botanica* ist den nachfolgenden Wörtern gewidmet, welche die Art kennzeichnen.[59] Mit der gleichen Sorgfalt wie für die Gattungsnamen stellt Linné Regeln auf zum Aufbau, Stil und sogar der Länge dieses mehrteiligen, beschreibenden Namens (‹Phrase›), welcher heute ‹Diagnose› genannt wird.

Auch Haller lieferte in seiner Anleitung zum Botanikstudium (1736) klare Anleitungen zur sauberen, differenzierenden Beschreibung (Diagnose) von Arten und deren Gruppierung (Systematik). Er forderte – wie Linné im *Systema naturae* (1735) – eindeutige, vor allem morphologische Merkmale in klar festgelegter Reihenfolge (Diagnose) als Grundlage für eine geregelte wissenschaftliche Benennung.[60] Die beiden waren sich im Aufbau dieser Phrasen einig, diskutierten brieflich darüber und wendeten sie in ihren Werken an. Die mehrteiligen Artnamen (Polynome), bestehend aus Gattungsname und differenzierender Diagnose, blieben aber auch nach einer Vereinheitlichung schwerfällig und waren immer wieder Änderungen unterworfen. Linné ging deshalb einen Schritt weiter: Er ergänzte die ursprünglichen Bezeichnungen mit zweiteiligen Namen (Binomen), bestehend aus Gattungsnamen und Artadjektiv, welche er – auf den ersten Blick paradoxerweise – Trivialnamen nannte. Als ‹Nomina trivialia› waren solche Kurznamen seit der Antike bekannt, Linné hat diese aber als Erster systematisch und streng zweiteilig als Ergänzung eingeführt. Er wurde damit zum Begründer der sogenannten ‹binären Nomenklatur›, der noch heute weltweit üblichen wissenschaftlichen Methode zur Benennung von Lebewesen. Haller hat Linnés Binome – ursprünglich nur als Erleichterung für Studierende vorgesehen[61] – konsequent nicht verwendet. «Trivialnamen, welche einst der berühmte Mann [Linné] veröffentlichte und bereits Rivinus genügend vorgab, wollte ich keine neuen schaffen, da sie mir meist keine Erleichterung darstellen und es sehr schwierig ist die typischen Eigenschaften in einem Wort zusummenzudrängen.»[62] Die binäre Nomenklatur war ihm also zu ungenau, ein einzelnes Adjektiv ungenügend, um eine Art zu charakterisieren. Noch in der ersten Auflage der *Species Plantarum* warnt auch Linné in der Vorrede vor der Gefahr eines Kurznamens, losgelöst von den differenzierenden Merkmalen.[63] Der Erfolg der linnéschen Namen verdrängte solche Bedenken, und bald waren nur noch Binome gebräuchlich. Hallers Einwand trifft insofern zu, dass zum korrekten wissenschaftlichen Namen heute auch der Autor, dem die Erstbeschreibung zugrunde liegt, gehört. Der vollständige Name ist also eigentlich dreiteilig und bezieht sich auf eine Beschreibung, vergleichbar der Diagnose, welche Haller als Name beibehalten wollte.

Neben der Ungenauigkeit war es für Haller vor allem der Bruch mit der Tradition, das radikale Auslöschen der Pflanzennamen der alten Botaniker durch die neue Methode, welche ihn davon abhielt, diese zu verwenden. Würdigung der Leistung seiner Vorgänger war Bestandteil von Hallers Wissenschaftsverständnis; dabei ging es nicht nur um eine rückwärtsgerichtete Anerkennung, sondern ebenso um die umfassende Sichtung der Literatur zur Feststellung des aktuellen Wissens und der Forschungslücken (vgl. den Beitrag zu Haller als Forscher und Gelehrtem in diesem Band). Dieser Idee sind auch seine umfangreichen Bibliographien, in unserem Fall die *Bibliotheca Botanica* verpflichtet.[64] Bezüglich Nomenklatur war für ihn die Auflistung der Pflanzennamen, welche frühere Botaniker der Art gegeben hatten, Bestandteil der Artbeschreibung. Er betrieb die Aufarbeitung der Synonyme so gewissenhaft, dass Linné sie ungeprüft in seine *Species plantarum* übernehmen konnte.[65]

Haller, Linné und die Folgen

Unter Linnés Zeitgenossen erkannte Jean-Jacques Rousseau sehr schnell auch die theoretische Tragweite der linnéschen Nomenklatur.[66] In der Einleitung zu seinen *Lettres sur la botanique* rollte er die Geschichte der Botanik mit der Frage der Nomenklatur als Leitfaden auf.[67] Unter Würdigung seiner Verdienste für die Klassifizierung wirft er darin Tournefort vor, noch neue Phrasen denjenigen angehängt zu haben, welche bereits die Nomenklatur behinderten. Am Schluss erwähnt er Linné, der bei der Durchsicht der Gattungsnamen nur diejenigen bewahrte, «qui étaient vraiment naturels», und für jede Art eine Phrase in einem sachlichen und genauen

Latein lieferte, «aussi commode aux Botanistes» wie die Algebra den «géomètres». Er unterstreicht, dass dies nur eine Perfektion der Beschreibung war und erst die Einführung der binären Namen die ausschlaggebende Neuerung brachte. Rousseau freut sich, dass sich diese Nomenklaturreform immer mehr durchsetzt, und bedauert den verbleibenden Widerstand, den er «jalousies nationales» zuschreibt. Er lobte Antoine-Laurent de Jussieu, die neuen Namen im Jardin du Roi in Paris eingeführt zu haben, «préférant ainsi l'utilité publique à la gloire d'une nouvelle refonte».[68] Rousseaus Text ist eine überzeugende Rechtfertigung der Nomenklatur, indem er zeigt, dass ohne diese jeder Botaniker nur auf sich selbst gestellt wäre, ohne von den Erkenntnissen der Vorgänger und Kollegen profitieren zu können. Oder anders gesagt, erst die Einigung über die Benennung erlaubt ein gemeinsames und übertragbares Wissen über die Pflanzen aufzubauen.

Haller war nicht der Einzige, der Rousseaus Begeisterung für Linné nicht teilte. Beschäftigt mit der Redaktion seiner monumentalen *Histoire naturelle*, pendelnd zwischen Paris, wo er den Jardin des Plantes leitet, und seinen Ländereien von Montbard, wo er das Leben eines Provinzadligen führt, nahm Georges-Louis Leclerc de Buffon (1707-1788) eine hochmütige und entschiedene Opposition gegenüber dem gesamten linnéschen Werk ein. Diese ging bis zur Ablehnung der binären Nomenklatur. Allerdings ist dies nur praktikabel, wie Lamarck, ohne Buffon zu erwähnen, feststellte, wenn man sich auf die überblickbaren Vierbeiner (Buffons Spezialgebiet) beschränkt, für diejenigen, welche mit den artenreichen Insekten oder Pflanzen arbeiten, jedoch undenkbar.[69] Dieser Punkt mag auch bei Haller eine Rolle gespielt haben. Seine botanischen Forschungen beschränkten sich zur Hauptsache auf relativ kleine Gebiete, deshalb drängte sich bei ihm – im Unterschied zu Linné, der die Pflanzen der ganzen Welt erfasste – auch eine Vereinfachung der Benennung nicht so stark auf.

Adanson stellt Linné noch in anderer Form in Frage: nämlich bezüglich der Vorrangstellung von Latein und Griechisch als einzigen Sprachen, um den Pflanzen Namen zu geben. «A l'égard des noms de pays que quelques botanistes modernes appellent barbares, il faut en donner ici l'explication; ils entendent par ce terme, tous les noms étrangers, indiens, africains, américains, et même ceux de quelques nations européennes. Mais si ces auteurs dogmatiques eussent voyagé, ils eussent reconnu que dans ces divers pays on traite pareillement de barbares nos noms européens; ils sont tels relativement à leur façon de prononcer, comme les leurs le sont à la nôtre. [...] convenons que tous ces noms mis dans la balance équivalent les uns aux autres, et qu'ils doivent être adoptés toutes les fois qu'ils ne sont ni trop longs, ni trop rudes, ni trop difficiles à prononcer.»[70]

Die Ironie des Schicksals will, dass der Gattungsname des berühmtesten afrikanischen Baumes dem Baobab zu Ehren dessen, der die ‹noms de pays› verteidigte, ‹Adansonia› wurde.[71] Dennoch trifft seine Einstellung, weit von einer Aussenseiterposition entfernt, eine allgemeine Tendenz, sich vermehrt für Lokalnamen der Pflanzen zu interessieren.

Das Festhalten an der polynomen Nomenklatur hatte für die Wirkungsgeschichte von Hallers botanischem Werk schwerwiegende Folgen. Für seine Zeitgenossen war er zwar einer der führenden Botaniker. Selbst Linné erwähnt in der *Philosophia Botanica* keinen anderen Kollegen so oft wie seinen Widersacher Haller.[72] Die offizielle Einführung der linnéschen Nomenklatur im Laufe des 19. Jahrhunderts machte aber Hallers Floren schwer zugänglich, und dadurch gerieten auch seine empirischen und methodischen Erkenntnisse in Vergessenheit. Insbesondere gehen seine über 300 Neubeschreibungen von Arten, vorwiegend aus den Alpen, nicht auf ihn zurück, da ein gültiger, binärer Name fehlt. Einige dieser Entdeckungen wurden aber von anderen Autoren nach ihm benannt. Beispiele sind ‹Cardaminopsis halleri› (Schaumkresse), ‹Carex halleriana› (Segge), ‹Festuca halleri› (Schwingel), ‹Laserpitium halleri› (Laserkraut), ‹Leucanthemum halleri› (Margerite), ‹Oxytropis halleri› (Spitzkiel; vgl. Abb. S. 306), ‹Primula halleri› (Schlüsselblume), ‹Pulsatilla halleri› (Anemone), ‹Saxifraga halleri› (Steinbrech) oder ‹Senecio halleri› (Kreuzkraut) und auch die Laubmoose ‹Bartramia halleriana› und ‹Campylium halleri›.

Die alten Synonyme wurden wie Hallers Artnamen durch die binäre Nomenklatur immer mehr verdrängt und als Pflanzenbenennung im 19. Jahrhundert für offiziell ungültig erklärt. Hallers Sammlung der Synonyme ist eine der letzten, ausführlichsten und umfangreichsten Listen in dieser Form. Heute kann sie als wertvolle botanikhistorische Quelle für die Identifizierung von Pflanzennamen in ‹vorlinnéschen› Werken und Manuskripten verwendet werden.[73]

Die Stellung als Begründer der biologischen Nomenklatur, welche Linné allgemein einnimmt, ist vielleicht auch mit einer gewissen Ungerechtigkeit anderen Autoren gegenüber verbunden. Sie basiert auf der Vorrangstellung der Blütenpflanzen gegenüber den Moosen, Flechten, Algen und Pilzen, wo Haller führend und Linnés Forschungen weniger bedeutend waren. Für die Botanik – wie auch für die Zoologie – bleibt sein Werk ein aktiver Bestandteil der Wissenschaft: Für die zoologische Nomenklatur wurde die zehnte Auflage der *Systema Naturae*, 1758 von Linné publiziert, als Ursprung bestimmt, während die botanische Nomenklatur (mit Ausnahme der meisten Laubmoose und einiger Algengruppen) auf der ersten Auflage seiner *Species Plantarum* von 1753 beruht.[74] Mit anderen Worten: Ein Name wird als gültig anerkannt, wenn dieser nach diesen Stichdaten vergeben wurde und den von Linné aufgestellten Regel entspricht, diese genau festgelegten Regeln wurden durch einen Code ergänzt und werden dauernd aktualisiert und neu herausgegeben.[75]

Haller bemühte sich um die vollständige Erfassung sämtlicher Schweizer Pflanzen und lieferte über 300 Neubeschreibungen. Zahlreiche dieser Entdeckungen bildete Haller in seinen Werken ab. Eine davon ist die später nach ihm benannte Art des Spitzkiels (‹Oxytropis halleri›). – Hallers Spitzkiel aus: Albrecht Haller: *Opuscula sua botanica*. Göttingen 1749, Tafel 2 (Kupferstich von C. F. Fritsch nach einer Vorlage von C. J. Rollin, Ausschnitt). – Burgerbibliothek Bern.

Tradition und Innovation

Hallers spezifische Form und Ausrichtung der botanischen Forschung ist durch drei Elemente geprägt. Erstens stand er in einer Tradition der naturhistorischen Erforschung der Schweiz, in deren Zentrum die Alpen stehen. Zweitens vertrat er – wie bereits zu Beginn erwähnt – die Meinung, dass nur präzise Detailstudien die Forschung voranbringen. Er plante daher weder ein naturhistorisch-enzyklopädisches Inventar der Alpen noch eine Untersuchung der weltweiten Pflanzenwelt. Drittens bemühte er sich um die Errichtung eines natürlichen Systems. Die drei Elemente spielen ineinander. Das natürliche System konnte nur auf der Basis einer möglichst vollständigen Erfassung des vorhandenen Materials, der Pflanzen der Schweiz und deren genauster Beschreibung und Unterscheidung aufgebaut werden. Dieses Bemühen um Vollständigkeit und Genauigkeit kennzeichnet die *Enumeratio* von 1742 und ist auch für die Arbeit an der

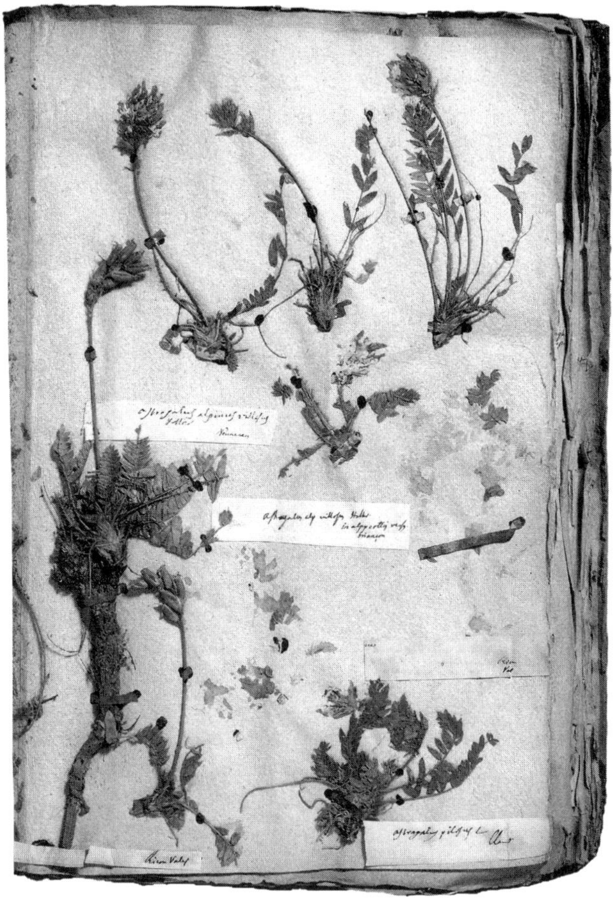

Der Beleg rechts oben auf einem Bogen aus Hallers Herbar diente als Vorlage für die Abbildung von Hallers Spitzkiel. Hallers 60-bändiges Herbar gelangte mit dem Verkauf seiner Bibliothek 1778 über Mailand nach Pavia und wurde 1796 von den napoleonischen Truppen als Beutegut nach Paris gebracht. – Muséum National d'Histoire Naturelle, Paris, Herbier Haller, Band XV.

stark erweiterten *Historia* von 1768 verantwortlich. Diese Auflage verzeichnet rund 2500 Pflanzen, etwa 1900 Blütenpflanzen, aber auch Schachtelhalme, Farne, Moose, Flechten, Pilze und Algen.

Sowohl für die genaue und vollständige Erfassung der Schweizer Flora wie auch für die Festlegung der Verwandtschaftsverhältnisse zwischen den Pflanzen war für Haller das wiederholte Auffinden und Untersuchen einer Art notwendig. Dieser methodische Anspruch kennzeichnet nicht nur seine Botanik, sondern auch seine Anatomie und Physiologie (vgl. den entsprechenden Beitrag in diesem Band). An Linné schrieb er, dass «wir nicht in allen Fällen sagen können, was eine Art und was eine Variabilität ist, zumindest nicht ohne Kulturversuch und wiederholte Beobachtung».[76] Das wiederholte und genaue Beobachten einer grossen Zahl war nicht nur ein methodisches Postulat, sondern ist seinerseits auch dafür verantwortlich, dass Haller früh die mögliche Variabilität der Individuen einer Art erkannte. Im Gegensatz dazu sah Linné die Art lange als eine feste, konstante Einheit an, wohl auch, da sein künstliches System und natürlich besonders seine binäre Nomenklatur nur mit dieser Voraussetzung wirklich funktionierten.

Hallers moderne Auffassung des Artbegriffs war wohl auch der Grund für sein zukunftsweisendes Denken, möglichst viele ökologische Angaben zu den einzelnen Pflanzen zusammenzutragen. Die Angaben zum Fundort, zum Lebensraum und zur Häufigkeit in seinen Floren sind in diesem Detailreichtum für die Zeit einmalig. Erst im Laufe des 19. Jahrhunderts wurden in publizierten Pflanzenwerken einer Region solche Informationen systematisch und ausführlich erwähnt.

Diese Sammlung von Informationen machte Haller auch zum Pionier der Pflanzengeographie. Seine vergleichende Übersicht der Höhenzonen wurde noch über hundert Jahre später von Christ in seinem Pflanzenleben der Schweiz zitiert.[77] Als epochal gilt die in der Vorrede zur *Historia* erstmals formulierte Analogie der Höhenstufen in den Alpen mit den geographischen Breitenzonen der Nordhalbkugel. Trotz seiner Beschränkung auf ein kleines Gebiet hatte Haller ganz Europa im Blick und stellte fest: «Helvetien stellt beinahe alle Länder von Europa, von den entfernten Spitzbergen weg bis nach Spanien vor.»[78]

Hallers Informationsquellen

«C'était alors la plus riche des flores de l'Europe», beurteilt Georges Cuvier 1857 die *Historia*.[79] Woher stammte Hallers derart umfangreiches Datenmaterial? Es standen ihm drei Typen von Quellen zur Verfügung: 1. eigene Beobachtungen und Aufsammlungen von seinen botanischen Reisen, 2. ‹historische› Informationen: Publikationen, Manuskripte (vor allem von Reisen seiner Vorgänger), getrocknete Pflanzen aus älteren Herbarien und 3. aktive Mithilfe von botanischen Helfern (aktuelle Pflanzensammlungen). Der Vorteil der Botanik, dass Belegmaterial überprüft und auch zusammen mit erläuternden Informationen verschickt werden kann, kam Hallers empirischer Arbeitsweise sehr gelegen und machte die Informationsquellen zwei und drei fast ebenso wertvoll wie die erste.

Hallers Herbar mit über 10'000 Belegen in 60 Folianten (davon 8 Bände Kryptogame) zeugt von der Wichtigkeit einer Vergleichssammlung für ihn (vgl. Abb. S. 307).[80] Viele der getrockneten Pflanzen wurden durch andere Botaniker gesammelt. Der rege Pflanzentausch wird auch durch die zahlreichen Belege Hallers in Sammlungen seiner Kollegen, welche sich heute in grossen Herbarien befinden, deutlich.[81]

Entscheidend für das Gelingen von Hallers Floren war seine Korrespondenz (vgl. den Beitrag zur Gelehrtenrepublik in diesem Band).[82] «Was ihm gefehlet, hat er durch die Hülfe seiner Freunde bekommen.»[83] Grössere botanische Projekte sind nicht ohne fremde Mithilfe möglich. Linné konnte junge Botaniker – Apostel, wie er sie nannte – zum Pflanzen-Sammeln in die ganze Welt ausschicken. Dabei wurde er grosszügig von Königin Louise Ulrike von Schweden und von der ostindischen Kompanie unterstützt.[84] Haller erhielt trotz seines Renomées für seine botanischen Projekte wie viele andere Botaniker kaum finanzielle Unterstützung. Er war deshalb darauf angewiesen, seine über ganz Europa sich erstreckenden Beziehungen zu mobilisieren. Unter seinen rund 1'200 Korrespondenten fand er ein reiches Potential an Pflanzensammlern, das er nicht nur für seine Schweizer Flora, sondern auch für seine Verzeichnisse in Deutschland und die Bearbeitung grösserer Pflanzengruppen nutzbringend einsetzte.

Hallers Botaniker können in drei Typen aufgeteilt werden. In der Korrespondenz braucht er die von Linné geprägten Begriffe ‹Botanici› und ‹Botanophili›, unterscheidet aber noch eine dritte Kategorie, die ‹Venatores› oder Pflanzen-Jäger. 1. ‹Botaniker› beschäftigten sich wissenschaftlich mit Botanik, nahmen zu Haller eine tendenziell gleichwertige Position ein und wurden primär durch Pflanzentausch entschädigt. Die meist in freundschaftlichem Ton gehaltene Korrespondenz basierte auf gegenseitigen Interessen. 2. ‹Pflanzenliebhaber› waren oft Studenten oder Akademiker, in erster Linie Ärzte, Chirurgen und Geistliche, welche sich vor allem zum Vergnügen mit Botanik beschäftigten, zu Haller tendenziell in einer Lehrer-Schüler-Beziehung standen, oft zum Sammeln ausgeschickt wurden und die Entschädigung durch Ruhm und Ehre, (medizinischen) Rat und teilweise Pflanzentausch erhielten. Die Korrespondenz begann meist auf Initiative der Pflanzenliebhaber und wurde oft von anderen Korrespondenten vermittelt. 3. Pflanzen-Jäger waren im Auftragsverhältnis gezielt ausgeschickte und finanziell entschädigte Pflanzenkenner, zum Teil auch wenig gebildete, aber talentierte Forstarbeiter oder Bauern. Meist bestand keine Beziehung über die Korrespondenz zwischen Haller und den Venatores hinaus. Ausnahmen sind Pflanzenliebhaber, welche bezahlt wurden und in diesem Fall zu Pflanzen-Jägern wurden.

Dank dem geschickten Aufbau und der konsequenten Ausnützung dieser unterschiedlichen Wissensressourcen war es Haller möglich, in Anbetracht seiner limitierten finanziellen und zeitlichen Möglichkeiten dennoch ein Werk zu schaffen, das durch seine wissenschaftliche Qualität und methodische Stringenz hervorstach und der Botanik wesentliche Impulse lieferte.

Anmerkungen

1 *Göttingische Anzeigen von gelehrten Sachen*, 1742, 679.

2 Brief vom 3.7.1737, Original in Latein. Der Brief ist ediert auf http://linnaeus.c18.net (1.1.2008).

3 Albrecht von Haller: *Historia stirpium indigenarum Helvetiae inchoata.* 3 Bde. Bern 1768, Praefatio.

4 Vgl. Hubert Steinke, Martin Stuber: Hallers Alpen – Kontinuität und Abgrenzung, In: Simona Boscani, Jon Mathieu (Hg.): *Wissenschaft – Berge – Ideologien. Johann Jakob Scheuchzer (1672-1733) und seine Zeit* (im Druck).

5 Vers 367-370 aus Hallers Gedicht *Die Alpen.* In: Ludwig Hirzel (Hg.): *Albrecht von Hallers Gedichte.* Frauenfeld 1882, 36.

6 Vgl. Aurélie Luther (Hg.): *Albrecht von Haller: Premier Voyage dans les Alpes et autres textes, 1728-1732.* Genève 2008.

7 Publiziert als: Albrecht Haller: *De methodico studio botanices absque praeceptore.* Göttingen 1736. Auch in: Albrecht Haller: *Opuscula sua botanica.* Göttingen 1749.

8 Albrecht Haller: *Brevis enumeratio stirpium horti Gottingensis accedunt animadversiones aliquae et novarum descriptiones.* Göttingen 1743; ders.: *Enumeratio plantarum horti regii et agri Gottingensis.* Göttingen 1753.

9 Albrecht Haller: *Flora Ienensis Henrici Bernhardi Ruppii ex posthumis auctoris schedis et propriis observationibus aucta et emendata, accesserunt plantarum rariorum novae icones.* Jena 1745.

10 Albrecht Haller: *De allii genere naturali libellus, cum figuris aeneis.* Göttingen 1745. Vgl. Luc Lienhard: Die älteste Allium-Monographie. In: *Allium – Lauchgewächse. Schweizer Staudengärten*, 36 (2007), 97-107.

11 Albrecht Haller: *Enumeratio methodica stirpium helvetiae indigenarum.* 2 Bde. Göttingen 1742.

12 Gerhard Wagenitz, Reimer Eck: Hallers botanische Harzreise im Jahre 1738. In: Christoph Bromacher et al. (Hg.): *Festschrift Zoller. Beiträge zu Philosophie und Geschichte der Naturwissenschaften, Evolution und Systematik, Ökologie und Morphologie, Geobotanik, Pollenanalyse und Archäobotanik.* Berlin, Stuttgart 1993, 27-40.

13 Gerhard Wagenitz, Thomas Kaiser: Floristische Angaben Albrecht von Hallers aus Celle und Umgebung in der Mitte des 18. Jahrhunderts. In: *Floristische Notizen aus der Lüneburger Heide*, 10 (2002), 10-16.

14 Albrecht Haller (Praeses), Friedrich Cropp (Respondens): *Ex itinere in sylvam hercyniam hac aestate suscepto observationes botanicas.* Göttingen 1738; Albrecht Haller: Descriptio itineris alpine, suscepti m. Julio anni 1734 [recte 1731]. In: *Tempe Helvetica*, (1736), 553-575; ders.: *Iter helveticum anni MDCCXXXVIIII.* Göttingen,1740. Alle drei Reisen auch in: Haller, Opuscula botanica 1749 (wie Anm. 7).

15 Vgl. Martin Stuber, Stefan Hächler: Ancien Régime vernetzt – Albrecht von Hallers bernische Korrespondenz. In: *Berner Zeitschrift für Geschichte und Heimatkunde*, 62 (2000), 125-190, hier: 166.

16 Die sogenannten *Emendationes*, in verschiedenen Zeitschriften erschienen. Vgl. Hubert Steinke, Claudia Profos (Hg.): *Bibliographia Halleriana. Verzeichnis der Schriften von und über Albrecht von Haller.* Basel 2004, 181-183.

17 Albrecht von Haller: Orchidum classis constituta. In: *Acta Helvetica, physico-mathematico-anatomico-botanico-medica*, 4 (1760), 82-166.

18 *Joh. Scheuchzeri agrostographia, sive graminum, juncorum, cyperorum, cyperoidum, iisque affinium historia, accesserunt Alberti v. Haller, synonyma nuperiora, graminum septuaginta species, de generibus graminum epicrisis, denique plantae rhaetici itineris anno 1709 a J. Scheuchzero suscepti.* Zürich 1775.

19 Vgl. Martin Stuber, Luc Lienhard: Nützliche Pflanzen. Systematische Verzeichnisse von Wild- und Kulturpflanzen

im Umfeld der Oekonomischen Gesellschaft Bern. In: *Cardanus. Jahrbuch für Wissenschaftsgeschichte*, 7 (2007), 65-106.

20 Haller, Historia 1768 (wie Anm. 3).

21 Albrecht von Haller: *Bibliotheca botanica qua scripta ad rem herbariam facientia a rerum initiis recensentur.* 2 Bde. Zürich 1771-72.

22 Vgl. Steinke/Profos 2004 (wie Anm. 16), 16, 354-356.

23 Die profundeste Studie ist Heinrich Zoller: Albrecht von Hallers Pflanzensammlungen in Göttingen, sein botanisches Werk und sein Verhältnis zu Carl von Linné. In: *Nachrichten der Akademie der Wissenschaften zu Göttingen, II. Mathematisch-Physikalische Klasse*, Jg. 1958, Nr. 10 (1958), 217-251. Weitere Titel: Heinrich Zoller: Das Missverständnis um Hallers botanische Leistung. In: *Albrecht von Haller, 1708-1777: zehn Vorträge gehalten am Berner Haller-Symposion vom 6. bis 8. Oktober 1977.* Basel 1977, 97-110; Ludwig Fischer: Albrecht von Haller's botanische Leistungen. In: *Albrecht von Haller: Denkschrift.* Bern, 1877, 97-102; Gunter Mann: Vorwort zum Reprint von Haller, Bibliotheca botanica 1771-72 (wie Anm. 21). Hildesheim/New York 1969, V-X; Richard Toellner: Haller als Botaniker. In: *Algorismus*, 38 (2002), 419-427; Gerhard Wagenitz: Haller als Botaniker. In: *Albrecht von Haller, 1708-1777: Ausstellung, Niedersächsische Staats- und Universitätsbibliothek Göttingen.* Göttingen 1977, 23-29.

24 Urs Boschung: Haller botaniste et poète – A la découverte des Alpes. In: Jean-Claude Pont, Jan Lacki (Hg.): *Une cordée originale. Histoire des relations entre science et montagne.* Chêne-Bourg 2000, 96-119.

25 Gerhard Wagenitz: Floristik und Geobotanik in Göttingen von Albrecht von Haller bis Heinz Ellenberg. In: *Tüxenia*, 23 (2003), 41-50; ders: Albrecht von Haller als Botaniker in Göttingen. In: *Göttinger Jahrbuch*, 51 (2003a), 15-26; Heinrich Zoller: Albrecht von Hallers Herbarium in Göttingen. In: *Verhandlungen der Schweizerischen Naturforschenden Gesellschaft. Wissenschaftlicher Teil*, 1977, 97-110.

26 Edmond Bonnet: L'herbier et les manuscrits d'Albert de Haller. In: *Journal de botanique*, 3 (1889), 354-360; Marlène Margez, Cécile Aupic, Denis Lamy: La restauration de l'herbier Haller du Muséum national d'Histoire naturelle. In: *Support tracé*, 5 (2006), 58-68; Heinrich Zoller: A l'occasion du 250e anniversaire de Albrecht von Haller: quelques remarques sur son œuvre botanique et ses collections. In: *Bulletin du Museum national d'histoire naturelle*, série 2, t. 30, no 3 (1958), 305-312.

27 Eduard Frey: Albrecht von Haller als Lichenologe. In: *Mitteilungen der Naturforschenden Gesellschaft in Bern*, n. F., 21. (1964), 1-65.

28 Gavin Rylands de Beer: Haller's Historia stirpium. In: *Annals of Science*, 9 (1953), 1-46; Boschung 2000 (wie Anm. 25); Luc Lienhard: Haller et la découverte botanique des Alpes. In: Pont/Lacki 2000 (wie Anm. 24), 120-138; Carl Schröter: [Haller als Erforscher der Schweizerflora] In: *Mitteilungen der Naturforschenden Gesellschaft in Bern aus dem Jahre 1908*, Nr. 1665-1700 (1909), 191-199.

29 Eduard Fischer: Hallers Beziehungen zu den Naturforschern seiner Zeit, speziell zu Linné. In: *Mitteilungen der Naturforschenden Gesellschaft in Bern aus dem Jahre 1908*, (1909), 145-172; Gerhard Wagenitz: Hallers Bedeutung für die Botanik im Zeitalter Linnés. In: *Albrecht von Haller zum 200. Todestag.* Göttingen, 1977, 26-31; Gerhard Wagenitz: Anfänge der Botanik an der Georgia Augusta im Spannungsfeld zwischen Haller und Linné. In: *Nachrichten der Akademie der Wissenschaften zu Göttingen, II. Mathematisch-Physikalische Klasse*, Jg. 2001, Nr. 2 (2001), 25-43.

30 Hermann Christ: Der Briefwechsel der Basler Botaniker des 18. Jahrhunderts Achilles Mieg, Werner de La Chenal und Jacob Christoph Ramspeck mit Albrecht v. Haller. In: *Verhandlungen der Schweizerischen Naturforschenden Gesellschaft in Basel*, 29 (1918), 1-59; Gavin de Beer, Bernard Gagnebin: Abraham Gagnebin de la Ferrière d'après sa correspondance. In: *Bulletin de la Société Neu-*

châteloise des Sciences Naturelles, 80 (1957), 45-79; Urs Boschung: Der Leipziger Medizinprofessor Christian Gottlieb Ludwig (1709-1773) in seinen Briefen an Albrecht von Haller (1708-1777). In: Hanspeter Marti, Detlef Döring (Hg.): *Die Universität Leipzig und ihr gelehrtes Umfeld 1680-1780*. Basel 2004, 409-445.

31 Luc Lienhard: ‹La machine botanique›. Zur Entstehung von Hallers Flora der Schweiz. In: Martin Stuber, Stefan Hächler, Luc Lienhard (Hg.): *Hallers Netz. Ein europäischer Gelehrtenbriefwechsel zur Zeit der Aufklärung*. Basel 2005, 371-410.

32 Martin Stuber: Forschungsreisen im Studierzimmer. Zur Rezeption der Grossen Nordischen Expedition (1733-1743) bei Albrecht von Haller und Samuel Engel. In: *Gesnerus*, 57 (2000), 168-181; Stefan Hächler: Deux réseaux de correspondance en interaction. La correspondance entre Albert de Haller (1708-1777) et Carlo Allioni (1728-1804). In: Pierre-Yves Beaurepaire (Hg.): *La plume et la toile. Pouvoirs et réseaux de correspondance dans l'Europe des Lumières*. Artois 2002, 253-272; ders: Albrecht von Hallers wissenschaftliche Beziehungen zu Russland. In: Erich Donnert (Hg.): *Europa in der Frühen Neuzeit. Festschrift für Günter Mühlpfordt*. Bd. 6. Köln 2002, 997-1004; ders.: Albrecht (von) Haller (1708-1777) und seine Beziehungen zu St. Petersburg. In: Elmar Mittler, Silke Glitsch (Hg.): *300 Jahre St. Petersburg. Russland und die ‹Göttingische Seele›. Ausstellung in der Paulinerkirche*. Göttingen 2003, 71-90.

33 Ann B. Shteir: Albrecht von Haller's botany and ‹Die Alpen›. In: *Eighteenth-century studies*, 10 (1977), 169-184.

34 Jean-Jacques Rousseau: *Œuvres complètes*. Paris 1959 ff. Bd. 4 (1969), 1201.

35 Carl Linné: *Philosophia botanica*. Stockholm 1751, 15 f.

36 Haller, De studio botanico 1736 (wie Anm. 7).

37 Die reichhaltige Sammlung wurde später in zwei separaten Verzeichnissen unter der Aufsicht Hallers publiziert: Philippe Rodolphe Vicat: *Histoire des plantes vénéneuses de la Suisse: contenant leur description, leurs mauvais effets sur les hommes et sur les animaux, avec leurs antidotes*. Yverdon 1776; ders.: *Matière médicale*. 2 Bde. Bern 1776;. Vom Begründer der Homöopathie erschien eine deutsche Übersetzung: Samuel Hahnemann: *Albrecht von Haller's Arzneimittellehre der vaterländischen Pflanzen nebst ihrem ökonomischen und technischen Nutzen*. Aus dem Franz. übers. Leipzig 1806.

38 Zum kulturellen Kontext vgl. Thierry Hoquet (Hg.): *Les fondements de la botanique. Linné et la classification des plantes*. Paris 2005.

39 Linné 1751 (wie Anm. 35), 1.

40 Ebenda, 1.

41 Bernard Le Bouyer de Fontenelle: Joseph Pitton de Tournefort. In: ders.: *Eloges des académiciens*. La Haye 1740, 171-172.

42 Vgl. das Zitat zu Anmerkung 3.

43 Siehe Jean-Marc Drouin: Von Linné zu Darwin: die Forschungsreisen der Naturhistoriker. In: Michel Serres (Hg.): *Elemente einer Geschichte der Wissenschaften*. Frankfurt am Main 1994, 569-595.

44 Fontenelle 1740 (wie Anm. 41), 177. Die lateinische Ausgabe dieses Werks erschien vier Jahre später unter dem Titel *Institutiones rei herbariae*.

45 Ebenda, 177.

46 Ebenda, 179.

47 G. Becker et al.: *Tournefort*. Paris 1957.

48 Albrecht von Haller: Vorrede zu dem ersten Theile der allgemeinen Historie der Natur [1750]. In: *Sammlung kleiner Hallerischer Schriften*, 2. verb. und verm. Aufl. 3 Bde. Bern 1772, I, 47-77, hier 65.

49 Brief vom 3.7.1737, Original in Latein. Der Brief ist ediert auf http://linnaeus.c18.net (1.1.2008).

50 Wagenitz 1977 (wie Anm. 23), 24 und Wagenitz 2001 (wie Anm. 29), 29.

51 Staffan Müller-Wille: *Botanik und weltweiter Handel zur Begründung eines Natürlichen Systems der Pflanzen durch Carl von Linné (1707-1778)*. Berlin 1999, 195-317.

52 Zoller 1958 (wie Anm. 27), 244.

53 Becker 1957 (wie Anm. 47), 284 (nach Tourneforts *Isagoge in rem herbariam*).

54 Vgl. William T. Stearn: *Botanical Latin. History, grammar, syntax, terminology and vocabulary*. 3. Aufl., London 1983, 282-300.

55 Linné 1751 (wie Anm. 35), 160, § 220. Vgl. Stearn 1983 (wie Anm. 54), 285.

56 Linné 1751 (wie Anm. 35), 160, § 220.

57 Neuere Systeme zählen die Gattung zur Familie der ‹Stilbaceae›.

58 Linné 1751 (wie Anm. 35), 175-187, § 240.

59 Ebenda, 226, §286. Erstmals wurden diese Regeln publiziert in: Carl Linné: *Systema naturæ, sive regna tria naturae systematice proposita per classes, ordines, genera et species*. Leiden, 1735.

60 Erstmals publiziert in: Linné 1735 (wie Anm. 59) und in: Haller, De studio botanices 1736 (wie Anm. 7).

61 Lisbet Körner: *Linnaeus: Nature and Nation*. Cambridge MA/London, 1999, 7 und 43.

62 Haller, Historia 1768 (wie Anm. 3), Vorrede, XXIII (Übers. a. d. Lat.)

63 Carl Linné: *Species plantarum*. Stockholm 1753, Vorrede.

64 Jessen vergleicht den Umfang der *Bibliotheca botanica* von Haller und Linné und schliesst daraus auf den Wert, den die beiden jeweils der botanischen Literatur beimessen: Linné 132 Oktav-, Haller 1438 Quart-Seiten. Vgl. Karl F. W. Jessen: *Botanik der Gegenwart und Vorzeit in culturhistorischer Entwicklung: ein Beitrag zur Geschichte der abendländischen Völker*. Leipzig, 1864, 296.

65 Vgl. Linnés Brief an Haller vom 21.10.1746, ediert bei Albrecht von Haller (Hg.): *Epistolarum ab eruditis viris ad Alb. Hallerum scriptarum*. Pars 1, latinae. Bd. 2. Bern 1773, 305-306.

66 Vgl. Bernadette Bensaude-Vincent, Bruno Bernardi (Hg.): *Rousseau et les sciences*. Paris 2003.

67 Rousseau 1969 (wie Anm. 34), 1201-1209.

68 Ebenda, 1207.

69 Jean-Baptiste de Lamarcke: *Encyclopédie méthodique. Botanique*. Paris 1783, 444 f.

70 Michel Adanson: *Familles des Plantes*. Paris 1763, I: clxxiii.

71 Vgl. Michel Adanson: *Voyage au Sénégal*. Présenté et annoté par Denis Reynaud et Jean Schmidt. Saint-Etienne 1996, 161-163.

72 Linné 1751 (wie Anm. 35). Haller taucht namentlich in zahlreichen Paragraphen, wie unter den ‹Phytologi›, ‹Descriptores›, ‹Monographi›, ‹Curiosi›, ‹Adonides› (Gartenvorsteher), ‹Floristae›, ‹Synonymistae›, ‹Observatores› und ‹Systematicis› auf.

73 Es existiert eine Datenbank zu Hallers botanischer Nomenklatur mit Konkordanz zu den heute verwendeten Namen (Teil der Haller-Datenbank, Institut für Medizingeschichte der Universität Bern).

74 Vgl. Pascal Duris: *Linné et la France (1780-1850)*. Genève 1993.

75 Z. B. Internationaler Code der Botanischen Nomenklatur: www.bgbm.org/iapt/nomenclature/code/Tokyo-d/default.htm.

76 Brief vom 17.10.1746, Original in Latein. Der Brief ist ediert auf http://linnaeus.c18.net (1.1.2008).

77 Hermann Christ: *Das Pflanzenleben der Schweiz*. Zürich 1879, 10-12.

78 Haller, Historia 1768 (wie Anm. 3), Vorrede. In Hallers eigener deutscher Übersetzung publiziert in: Haller, Kleine Schriften (wie Anm. 48), III: 147.

79 Georges Cuvier: Haller, Albert de. In: M. Michaud (Hg.): *Biographie universelle ancienne et moderne*. Nouv. éd. Bd. 18. Paris 1857, 368-373.

80 Es gelangte nach dem Verkauf durch die Erben an Kaiser Joseph zuerst nach Pavia und später durch Napoleon nach Paris und befindet sich heute im *Muséum National d'Histoire Naturelle* (Herbarium P), vgl. Zoller 1958 (wie Anm. 23), 307; Maria Teresa Monti: L'erbario di Haller. Disavventure di una collezione naturalistica nella Lombardia asburgica. In: *Archivio Geobotanico*, 4/2 (1998), 173-179. Eine kleinere Sammlung befindet sich im Albrecht-von-Haller-Institut für

Pflanzenwissenschaften der Universität Göttingen (Herbarium GOET), vgl. dazu Zoller 1958 (wie Anm. 7).

81 Von folgenden Herbarien ist bekannt, dass sie eine grössere Menge von Belegen Hallers besitzen: Basel (Herbarium BAS), Genève (GE), Zürich (Z); Berlin (B), Kiel (KIEL), Moskau (MW), München (M) Oxford (OXF), Bergius Foundation Stockholm (SBT) und Linnean Society of London (LINN).

82 Vgl. dazu Lienhard 2005 (wie Anm. 31).

83 *Göttingische Anzeigen von gelehrten Sachen* 1742: 679.

84 Rob E. Fries: De Linneanska ‹Apostlarnas› Resor. Kommentarer till en Karta. In: *Svenska Linné-Sällskapets Arsskrift* 32-34 (1951), 31-40; Sverker Sörlin: Scientific Travel – The Linnean Tradition. In: Tore Frängsmyr (Hg.): *Science in Sweden: The Royal Swedish Academy of Sciences 1739-1989*. Canton Mass. 1989, 96-123; vgl. zum Thema auch Müller-Wille 1999 (wie Anm. 51), 195-317.

Haller in seiner Zeit

Der Forscher und Gelehrte

Otto Sonntag und Hubert Steinke

Heutzutage stellt man sich den Forscher gemeinhin als Mann – seltener als Frau – im weissen Mantel vor, der komplexe Experimente in einem mit Apparaturen vollgestopften Labor durchführt. Auch wenn dieses Klischee nur einen Teil der Realität abbildet, so repräsentiert es doch zu Recht die Einheitlichkeit der heutigen naturwissenschaftlichen Forschung, indem es signalisiert, dass hochspezialisierte Forscher in einem ebenso spezialisierten Umfeld – zumeist Forschungsinstitutionen in Universitäten und grossen Firmen – arbeiten und sich dabei auf allgemein anerkannte Grundlagen und Methoden der modernen Naturwissenschaften stützen. Eine solche Einheitlichkeit gab es im 18. Jahrhundert nicht. Die Gelehrten – der Begriff des Forschers war noch kaum verbreitet – unterschieden sich in ihren angenommenen Grundlagen und Methoden oft erheblich und waren in ganz unterschiedlicher, oft auch wechselnder Umgebung tätig. Dies trifft insbesondere auch auf Albrecht von Haller zu, der je nachdem in der Rolle des Dichters, Arztes, Universitätsprofessors, Akademiepräsidenten, Gelehrten von Weltruf oder Magistraten wahrgenommen wurde und diese Rollen auch auszufüllen hatte.[1] Während man in Paris und London vom ‹célèbre› oder ‹great Haller› sprach, war in Bern die übliche Bezeichnung ‹Herr Alt Salzdirektor Haller›. Dies bedeutet nicht, dass Haller in Bern nicht auch als Gelehrter galt, nur wurde diese Rolle stärker als andernorts von derjenigen des Magistraten überlagert.

Haller selbst hat sein Auftreten den unterschiedlichen Funktionen angepasst, die zentrale Grundlage seines Handelns blieb dabei aber immer die Wissenschaft. Sein Schüler Johann Georg Zimmermann notierte: «Daß von Hallern als Gelehrten alles ausgegangen sey was er gethan und gewirkt hat, glaube ich nicht; aber alles was er that und wirkte, hat er allerdings einzig und allein durch das *Medium* der Gelehrsamkeit gewirkt. Diese machte alle seine Stärke aus, und durch seine natürliche Heftigkeit kam diese Stärke in Bewegung.»[2] In Hallers wissenschaftlichem Werk äussert sich die Gelehrsamkeit in der Verarbeitung eines ungeheuren Wissens, in der Sachlichkeit und Präzision der Sprache sowie in der methodischen Reflexion und argumentativen Stringenz. In den literarischen Schriften fällt ebendiese Sparsamkeit und überlegte Wahl der Worte, die klare Führung des Gedankens und die breite Kenntnis der Materie auf, die selbst bei den Gedichten noch zu erklärenden Anmerkungen führt. Auch als Salzdirektor und Magistrat bemühte sich Haller, seine Entscheidungen und Vorschläge wenn immer möglich auf einer gesicherten Wissensgrundlage zu formulieren. Doch wäre es verfehlt, wegen der bestimmenden Charakteristik der Gelehrsamkeit aus Haller einen trockenen Stubengelehrten zu machen. Wie Zimmermann zu Recht betont, ist es nicht eine sich selbst genügende Gelehrsamkeit, sondern eine ‹natürliche Heftigkeit›, die Haller antrieb. Es ist ein intensives Fühlen und Erfahren, das hinter seinen Liebes- und Lehrgedichten steht, es ist ein ausgeprägter Ehrgeiz und Wissensdrang, der ihn zum Forscher und Kritiker machte, es ist der Glaube an die Verbesserungsfähigkeit unserer Welt, der seine politischen Romane wie seine Schriften zu Landwirtschaft, Technologie und Verwaltung prägt, und es ist wohl nicht nur die intellektuelle Überzeugung von der Richtigkeit der Offenbarung, sondern ebenso die Beklemmung über die Kälte des eigenen Glaubens, die ihn zum religiösen Eiferer gegen die Freigeister werden liess.

Worin genau die von Zimmermann erwähnte Gelehrsamkeit besteht, was Haller als Forscher und Gelehrten auszeichnet, soll im Folgenden aufgezeigt werden. Es geht darum, sowohl sein eigenes Forschen wie auch seine Aussagen über Wissenschaft, Forscher und die Institutionen der Gelehrsamkeit in den Blick zu nehmen. Dabei werden einige Charakteristika sichtbar, die typisch für seine Zeit sind, der Schwerpunkt liegt aber auf denjenigen Eigenheiten, die von spezifischer Hallerischer Prägung sind und die er mit besonderem Nachdruck vertreten hat. Während sich Hallers Vorstellungen über Gottes Schöpfung und den Nutzen der Forschung mit denjenigen vieler anderer Naturforscher seines Jahrhunderts decken, so vertrat er in Bezug auf die Fragen der Wissensbasis, Spezialisierung, Forschungsmethoden, Streit und Anerkennung der Gelehrten vielfach eigenständige und originelle Positionen, die ihn von der Mehrheit der damaligen Forscher unterscheiden. Abgesehen von zwei Vorreden – die eine über den Nutzen der Hypothesen und die andere über den Nutzen wissenschaftlicher Gesellschaften – hat Haller keine Traktate über die Wissenschaft verfasst. Sein grosses Werk – insbesondere seine Buchbesprechungen in der *Bibliothèque raisonnée* sowie die auf experimentellen Studien basierten Schriften – bietet aber ausreichend Stoff, um ein verlässliches Bild vom Forscher und Gelehrten Haller zu zeichnen.[3]

Die Erforschung von Gottes Schöpfung

In den frühen 1730er Jahren, zur gleichen Zeit als der Zürcher Gelehrte Johann Jakob Scheuchzer (1672-1733) mit seiner *Physica sacra* den grossangelegten Nachweisversuch einer Konkordanz von Bibel und Naturwissenschaft unternahm, machte sich der junge Haller an eine gezielte Lektüre der Bibel (vgl. auch den Beitrag zur Religion und Theologie in diesem Band).[4] Er verfasste einen 37-seitigen, unveröffentlichten Kommentar, in dem er sich von einer orthodoxen, wörtlichen Lesung der Bibel distanzierte. Zur Genesis bemerkte er: «Die Anfänge der Welt werden auf eine gewisse poetische Weise erzählt, deren naturwissenschaftlicher Schlüssel nicht gegeben wird, aber es scheint nicht sicher, dass Gott gewollt hat, dass das Verfahren seines Tuns uns einsichtig sein sollte; so kurz und allegorisch wird alles erzählt.»[5] Viele andere Bibeltexte wie etwa die Geschichte Hiobs seien literarische Erfindungen, die nicht wörtlich zu lesen sind; auch seien nicht alle biblischen Texte direkt von Gott inspiriert. Mit dieser ‹vernünftigen› Auslegung stellte Haller die Sonderstellung der Bibel als Offenbarungstext keineswegs in Frage, im Gegensatz zum Lesen im ‹Buch der Natur› sprach er ihr aber jegliche Relevanz für die naturwissenschaftliche Forschung ab.

Dennoch war für Haller die Religiosität ein wichtiger Antrieb für die Erforschung der Natur; enstprechende Hinweise finden sich in seinem Werk so häufig und in so unterschiedlichen Zusammenhängen, dass ihre Bedeutung als wichtige treibende Kraft ausser Frage steht. Die grundsätzlichen, von den Verteidigern der Wissenschaft im 17. Jahrhundert entwickelten Argumente waren für Haller immer noch entscheidend. Wie Newton, Boyle, Leibniz, Boerhaave und viele andere glaubte er, dass die Gewinnung neuer Erkenntnisse über die göttliche Harmonie der Natur und der Nachweis von göttlicher Weisheit und Kraft eine Form der Anbetung und Verherrlichung des Schöpfers war.[6]

Sein Gott hatte, wie der platonische Demiurg, eine Welt der grösstmöglichen Vielfalt und Abstufungen geschaffen, so wie es das weitverbreitete und auch von Haller geschätzte Konzept von der ‹Grossen Kette der Wesen› annahm. Da das Schauspiel der Schöpfung nicht ohne Zuschauer sein durfte, hatte Gott die Menschen befähigt, seine Wunder zu erforschen. Haller nahm die teleologische Doktrin, dass die Welt zur Erbauung und zum Nutzen des Menschen geschaffen wurde, für gegeben an; die Tatsache, dass der Mensch allein die Vielfalt, Ordnung und Verhältnisse in der Natur wahrnehmen und geniessen konnte, war ein Beweis dafür.[7] Der Schöpfer hatte offenbar den Menschen dazu bestimmt, so schrieb er 1743, das Material für die abschliessende Beschreibung der Welt zu sammeln; er lud ihn geradezu dazu ein, hatte er doch eine Welt von unendlicher Vielfalt und so grosser Schönheit geschaffen, dass sie nur ein Minimum an Rohheit aufwies.[8]

In diesem Zusammenhang entwickelte Haller die bemerkenswerte Idee, dass das Ende der Erde mit der Vervollkommnung der wissenschaftlichen Erkenntnisse verknüpft sei. Seine Wahrnehmung einer unendlichen Vielfalt der Natur und einer nur langsamen Zunahme menschlichen Wissens führte ihn zur Annahme, dass dieses Ende noch weit entfernt ist: «Si cette vaste étendue de la Nature, si cette infinité d'organisations toutes parfaites dans leurs espèces, sont toutes destinées à être connues, nous avons lieu d'espérer que notre Globe ne sera détruit qu'après bien des Siècles.»[9]

Die Perfektion der Natur galt Haller wie den meisten seiner Zeitgenossen – Deisten sowohl wie strenggläubigen Christen – als Hinweis auf die Existenz Gottes. Von allen Wissenschaften schien Haller keine einen deutlicheren Beweis eines intelligenten Bauplans zu liefern als die Anatomie: «on se priveroit des preuves les plus frapantes d'un Créateur infiniment sage, si on négligeoit l'art qui a le mieux réussi à en découvrir les traces, dans la merveilleuse harmonie de la structure et des besoins des animaux.»[10] Diese physikotheologische Annahme der zweckmässigen Einrichtung der Natur und der Harmonie von Struktur und Funktion lieferte die für Hallers Zeit notwendige methodische Prämisse, die es erlaubte, von der Funktion auf die Struktur und von der Struktur auf die Funktion zu schliessen.[11] Daraus ergab sich für Haller – etwa im Gegensatz zu Scheuchzer – aber weder ein Forschungs- noch ein Publikationsprogramm. Er nahm eine Akzentverschiebung vor, durch die sich das teleologische System gewissermassen verselbständigte und ein eigenes Koordinatensystem bildete. Die Aufgabe der Forschung war die Suche nach Struktur beziehungsweise Funktion, ohne dass noch Gott oder ein religiöses Argument berücksichtigt werden musste. Haller sagte explizit: «Sichtbaren Wahrheiten die Religion entgegen setzen zu wollen, ist das gefährlichste, was man wieder sie [die Religion] vornehmen kan.»[12] Mit anderen Worten: es kann kein religiöses Argument für oder gegen eine wissenschaftliche Tatsache geben. Und wenn ein solches Argument vorgebracht werden sollte, so kann dies höchstens die Religion, nicht aber die Wissenschaft in Bedrängnis bringen. Diese methodologische Entkoppelung der Wissenschaft von der Religion ist ein Haller'sches Credo. Dass er diese Entkoppelung zwar forderte, aber als orthodoxer Christ und Mensch des 18. Jahrhunderts nicht immer konsequent umsetzte, liegt auf der Hand.[13]

Um die Mitte des Jahrhunderts konnte Haller Rousseaus Klage beistimmen, dass der Unglaube zunehme und dass viele Gelehrte zu dieser Entwicklung beitrügen. Im Gegensatz zu Rousseau war er allerdings der Ansicht, dass dieser Trend nur mit den geistigen Waffen der Wissenschaft bekämpft werden könne, denn «die Entdeckung der Weisheit GOttes muß ja eher zu seiner Verehrung führen, als die tumme Blindheit über die Werke der Natur, die dem Hrn. R. so wohl gefällt.»[14] In seinen späten Jahren als christlicher Apologet deutete Haller an, dass die Gottlosigkeit von Voltaire und anderen nicht nur von deren mangelnder Kenntnis der Sprachen und Geschichte der alten Völker und Bücher herrühre, sondern auch vom Fehlen eines tiefergehenden Verständnisses der Wissenschaften: «keiner hat die Natur genug gekannt, daß er die Spuren der Gottheit selbst hätte entdecken können, die doch so häufig, so strahlenreich in den Absichten, und in der Ordnung erschaffener Dinge leuchten. Wo ein Hobbes zweifelte, da glaubte ein Newton, wo ein Ofrai [de la Mettrie] spottete, da betete Boerhaave an.»[15]

Die Erforschung von Gottes Schöpfung war ein menschliches Bedürfnis. Haller meinte, der Mensch sei zwar von Natur aus träge, er habe aber auch ‹elastische› Kräfte, die ihm helfen, seine Trägheit zu überwinden; zentral dabei war die Neugier, eine Eigenschaft, die ihn vor allen anderen Lebewesen auszeichnete.[16] In dieser Einschätzung folgte er einer bis auf Aristoteles zurückgehenden Tradition. 1748 zitierte er Linnés Abhandlung *De curiositate naturali*, welche auf die bereits beim Kleinkind vorhandene Neugier hinwies.[17] Haller wie Linné verliehen der menschlichen Neugier eine religiöse Billigung und betonten, dass sie Teil des göttlichen Plans sei – ein weiteres Zeichen von Gottes Weisheit.

Insofern die Wissenschaft die menschliche Neugierde befriedigt, musste sie dem Forscher ein Vergnügen bereiten. Tatsächlich beschrieb Haller das Streben nach der Wahrheit und deren Entdeckung als eine Quelle höchsten und reinsten Vergnügens. Er ging nicht so weit wie Linné, der in seiner Abhandlung das Studium der Natur als einen Vorgeschmack göttlichen Entzückens und als den Gipfel des menschlichen Glücks bezeichnete, aber auch er verlieh ihm eine geistige Dimension. In seinem frühen Gedicht *An Herrn D. Gessner* tröstete er seinen Zürcher Freund mit dem Gedanken, dass die Liebe der Wahrheit erhabene Sphären eröffne und fernab des Lärms des Pöbels eine Quelle unbegrenzten Vergnügens biete. Ein Jahrzehnt später schrieb er, dass das Studium der Natur Freuden und Belohnungen mit sich bringe, die reiner, beständiger und vielfältiger seien als alles, was das öffentliche Leben anbieten könne.[18] Als Haller in seinen späteren Jahren an den Regierungsgeschäften beteiligt war, kontrastierte er das oft frustrierende Arbeiten im Getümmel und der Vergänglichkeit des menschlichen Alltags mit den Freuden, die das Studium der Ordnung und Dauerhaftigkeit der Natur mit sich bringt. Er sah dann seine Studien als «sejour de la tranquillité et de cette satisfaction moderée que Bacon a fort bien reconnu etre la seule qui convienne a l'homme».[19] Das Studium der Natur kann also zu einer Heiterkeit des Geistes führen, die in vielen anderen Beschäftigungen unerreichbar ist; Fontenelle zum Beispiel sah darin den grossen Gewinn, den die Forscher aus ihren Bemühungen ziehen können.

Universalwissen und Spezialforschung

1726, noch nicht 18-jährig, besuchte Haller auf einer Studienreise in Halle den berühmten Anatomen Johann Georg Coschwitz (1679-1729). In seinem Tagebuch notierte er: «Es scheint, dem Mann fehlt noch an Fleiß noch an Geschiklichkeit, aber an Gelt und Büchern. Er hat keinen rechten Begrif von dem, was in Europa in anatomicis vorgeht, scheint auch nicht genug gelesen zu haben.»[20] Dieses frühe Urteil über einen angesehenen Forscher bleibt für Hallers ganzes Leben kennzeichnend. Immer wieder hob er die Notwendigkeit einer umfassenden und genauen Kenntnis des aktuellen Wissensstandes hervor. In einer Rezension von René Croissant de Garengeots *Splanchnologie* (1742) kam er auf die Vorzüge der Belesenheit in der Anatomie zu sprechen:

> Quand on a lu, & qu'on a lu avec attention, on se trouve en païs de connoissance; lorsqu'on dissèque un corps, on sait ce qu'il faut voir, on est instruit de ce qui est ou connu, ou contesté; on regarde avec des yeux d'intérêt les grandeurs, les situations, & les figures. Soit que l'on veuille vérifier les découvertes des bons Auteurs, soit qu'on veuille corriger des descriptions défectueuses, on s'attache au travail avec émulation, & avec un plaisir inconnu aux Anatomistes non lettrés.[21]

Die Lektüre schärft den Blick und spornt uns an, Ungesichertes zu überprüfen und Neues herauszufinden. Dank einem solchen kritischen Blick, so Haller, seien die grossen anatomischen Werke entstanden; wem dieser Blick fehle, der bearbeitete den Körper, ohne dass ihn etwas besonders interessiere, und werde demzufolge auch nichts herausfinden.

Forschung als gelehrtes Geschäft zu betreiben war nicht nur ein Grundprinzip von Hallers Anatomie, sondern überhaupt ein zentrales Postulat seiner Wissenschaft, das er auch wie kaum ein Zweiter umsetzte. Bereits als Student begann er damit, das gesamte Wissen der Medizin – und anderer Gebiete – zu verarbeiten und die gelesenen Bücher kurz zusammenzufassen und zu beurteilen. Diesem Prinzip blieb er treu, so dass er am Ende seines Lebens rund 5'000 handschriftliche und – für die Jahre nach 1745 – 9'000 gedruckte Rezensionen in den *Göttingischen Gelehrten Anzeigen* hinterliess (vgl. den Beitrag zur Literaturkritik in diesem Band). Haller trieb einen erheblichen Aufwand, den aktuellen Wissensstand allgemein bekannt zu machen. Nebst den Rezensionen gab er in den 1740er und

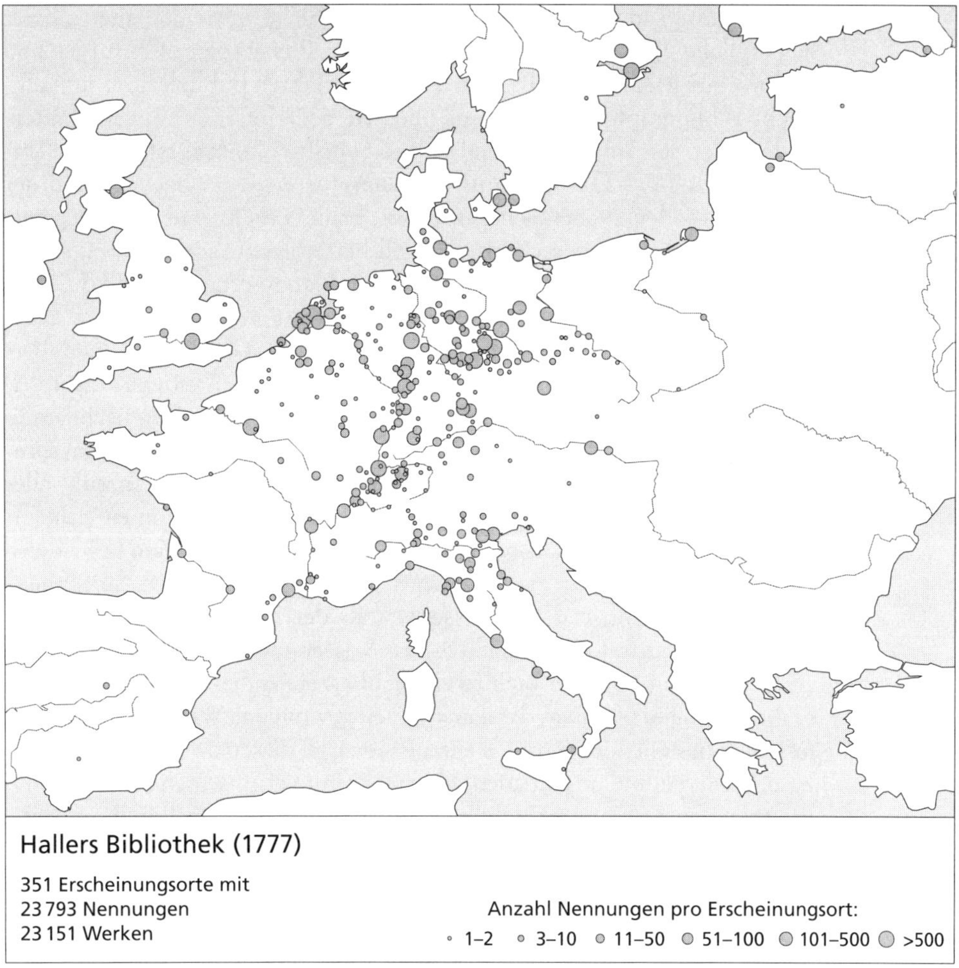

Die Karte zeigt die Erscheinungsorte der Bücher aus Hallers Bibliothek. Die geographische Ausdehnung und die grosse Menge an Titeln sind ein Abbild nicht nur der damaligen wissenschaftlichen Produktion, sondern gleichzeitig auch von Hallers unmässigem Wissens- und Lesedurst. Aus seinen Rezensionen und Schriften können wir schliessen, dass er die Bücher nicht nur besessen, sondern auch gelesen und für seine Forschung nutzbar gemacht hat. – Kartographie: Richard Stuber, Bern.

1750er Jahren in 19 Bänden 645 aus seiner Sicht wertvolle, aber schwer zugängliche Dissertationen zur Anatomie, Physiologie, Chirurgie und praktischen Medizin heraus.[22] In den 1770er Jahren publizierte er umfangreiche Bibliographien zur Botanik und den medizinischen Wissenschaften, in denen er den Inhalt von rund 50'000 Schriften kurz vorstellte und kritisch beurteilte.[23] Die Kenntnis der Literatur eines Fachgebiets und der dazugehörenden Nebenfächer war aus Hallers Sicht eine grundlegende Voraussetzung, um Forschung sinnvoll betreiben zu können. Erst sie ermöglichte es, die offenen Forschungsfelder klar zu erkennen und die eigenen Spezialgebiete festzulegen.

Die umfangreiche, ja unmässige Lektüre war die Grundlage von Hallers ausgedehntem Wissen (vgl. Abb. S. 323). Giacomo Casanova (1725-1798) urteilte in einem Brief über den Berner Gelehrten, einen Tag nachdem er ihn 1760 besucht hatte: «Man hatte den Eindruck, mit einem Mann zu sprechen, der 2'000 Jahre gelebt hat und der durch Zufall der Augenzeuge aller Dinge gewesen war, über die er sprach. [...] Es ist gemeinhin ein schmeichelhaftes Lob, wenn man von einem Mann sagt, er sei in allem bewandert; von Herrn Haller muss man aber sagen, dass er alles weiss.»[24] Aufschlussreich ist hier weniger die Allwissenheit als der Eindruck, dass Haller als Augenzeuge auftrat. Er verstand es, das Wissen nicht nur zu sammeln und zu memorieren, sondern auch zu einem überzeugenden Bericht zu formen. Haller gelang es offenbar, das dauernd neu gewonnene Wissen zu verdauen, in seinen bestehenden Kosmos einzubauen und diesen dadurch fortlaufend zu präzisieren und auszubauen. Nur so konnte er in seinen Schriften und Rezensionen die unterschiedlichsten Wissensgebiete schnell und mit kritischem Blick beurteilen und einbauen. Erst dadurch und nicht alleine durch das Ansammeln einer Unmenge von Faktenwissen konnte er beeindrucken und etwa zum von Johann Gottfried Herder geprägten Spruch Anlass geben, er trage «eine Alpenlast der Gelehrsamkeit» auf sich.[25]

Die sprichwörtliche Allwissenheit war einer der wichtigen Bausteine von Hallers Ruhm. Auch in der neueren Forschung wird Haller vielfach als ‹der letzte Universalgelehrte› bezeichnet.[26] Haller selbst mass dem enzyklopädischen Wissen keinen eigenen Wert bei. «La Nature ne nous a pas faits pour être universels», meinte er und hielt fest, dass Leibniz mehr zu unserem Wissen beigetragen hätte, wenn er sich auf eine Disziplin spezialisiert hätte, anstatt die ganze Breite der Wissenschaften zu pflegen.[27] Diesem Ideal folgte Haller nach. Er mag das Wissen und Denken seiner Zeit wie vielleicht kein Zweiter umfassend überblickt, reflektiert, als Rezensent kommentiert und allenfalls auch für sich in eine stimmige Einheit gebracht haben, er war aber selbst nicht in einer für sein Jahrhundert aussergewöhnlichen Breite als produktiver Forscher und Gelehrter tätig. Seine Gedichte sind zwar von philosophischen Reflexionen durchdrungen, seine medizinischen Werke stützen sich vielfach auf mathematische, physikalische und chemische Erkenntnisse, seine religiösen Schriften sind theologischen Argumentationen verpflichtet, und die politischen Romane spiegeln seine breiten historischen Kenntnisse, aber seine zentralen Beiträge beschränken sich auf die Bereiche Dichtung, Literaturkritik (Rezensionswesen), medizinische Wissenschaften (insbesondere Anatomie, Physiologie und Embryologie) und Botanik sowie auf einzelne Gebiete der Naturgeschichte, Landwirtschaft und Technologie. Auch wenn Haller damit immer noch ein breites Feld bearbeitete, so bemühte er sich doch, seiner Einsicht in die beschränkten Fähigkeiten des menschlichen Geistes zu folgen.

Im gezielten Vorantreiben von Spezialforschung sah Haller den einzig gangbaren Weg. Es galt, sich einzelne, kleine und klar definierte Gebiete vorzunehmen und diese gründlich zu bearbeiten. Der Autor einer wissenschaftlichen Abhandlung, so Haller,

> nimmt nicht eine ganze Kunst über sich, [er] liefert auch nicht einen kurzen Innbegriff, oder gleichsam die Landcharte eines weitausgedähnten Reiches, wovon [er] in dem allzu engen Raume allerdings nur wenige Stätte, und keinen der Fleken würde auszeichnen können. [Man] sucht sich ein kleines Gebieth aus, dessen Hügel und Bäche, Fleken und Dörfer, und fast die einzelnen Häuser man zu bemerken übernimmt.[28]

Diesem Prinzip folgte Haller auch bei seinen eigenen Forschungen. Obwohl es in der Schweiz seit Konrad Gessner (1516-1565) eine starke Tradition der umfassenden Naturgeschichtsschreibung gab, der auch Johann Jakob Scheuchzer verpflichtet war, wandte sich Haller von einem solch grossartigen Projekt ab und beschränkte sich ganz auf die Botanik.[29] Derselbe Ansatz leitet ihn in der Anatomie: Er plante nicht, wie andere bedeutende Anatomen seines Jahrhunderts, einen in sich geschlossenen, anatomischen Atlanten. Die einzelnen Faszikel seiner *Icones anatomicae* sind das Produkt laufender Forschung. Sie zeigen vorwiegend die Gefässanatomie – Hallers zentrales Forschungsgebiet –, decken aber auch dieses Gebiet nicht vollständig ab. Haller publizierte, wie er selbst auch offen zugab, eine Anatomie der Fragmente (vgl. den Beitrag zur Anatomie in diesem Band). Im Bereich der Physiologie war Hallers Ziel weiter gesteckt: Schon früh arbeitete er darauf hin, das ganze Fach auf eine neue, auf Beobachtung und Experiment fussende Basis zu stellen. Doch auch hier blieb er trotz des weitreichenden Anspruchs seinen methodischen Prinzipien treu und beschränkte sich auf Spezialstudien – selbstverständlich konnte er auf diese Weise längst nicht das ganz Feld der Physiologie erforschen (vgl. den Beitrag zur Physiologie in diesem Band). In vorsichtiger, aber zukunftsgerichteter Einschätzung bezeichnete er den Wissensstand in der Physiologie als «noch [...] sehr unvollkommen»[30] und hielt ganz allgemein fest: «La Physique a besoin de matériaux, le tems d'en élever des Bâtimens n'est pas encore venu.»[31]

Forschungsmethoden

In seiner Vorrede *Über den Nutzen der Hypothesen* hielt Haller 1750 fest:

> Bequemere Sternrohre, ründere Glastropfen, richtigere Abtheilungen eines Zolles, Sprizen und Messer thaten mehr zur Vergrösserung des Reiches der Wissenschaften, als der schöpferische Geist des Des Cartes, als der Vater der Ordnung Aristoteles, als der belesene Gassendi. Bey jedem Schritte, den man näher zur Natur that, fand man das Gemählde unähnlicher, welches uns die Weltweisen von derselbsen gemacht hatten.[32]

Wie Richard Toellner gezeigt hat, war Hallers geistige Heimat die Frühaufklärung der Niederlande mit Herman Boerhaave als einer der Leitfiguren.[33] Das detaillierte Studium von Newton und Boyle im Anschluss an seine medizinische Ausbildung prägte sein Wissenschaftsmodell, bevor er selbst grössere Forschungen in Angriff genommen hatte. Die experimentelle Tradition in Leiden, Boerhaaves Verlangen nach empirischem Nachweis und die tatsächliche Durchführung von Experimenten durch den Anatomieprofessor Bernhard Siegfried Albinus (1697-1770) führten ihm das Ansehen, die Notwendigkeit und die Durchführbarkeit des empirischen Ansatzes vor Augen (vgl. Abb. S. 327). In seinen eigenen Schriften forderte er immer wieder Beobachtung und Experiment als Grundlage aller Wissenschaften ein (vgl. den Beitrag zur Anatomie und Physiologie in diesem Band). Mit dieser Rhetorik konnte er sich des Zuspruchs der gelehrten Welt sicher sein. Das Entscheidende und Herausragende von Haller ist jedoch, mit welcher Konsequenz er – etwa im Gegensatz zu Boerhaave – diese Forderung in seinen verschiedenen Arbeitsgebieten auch in die Tat umsetzte. Als Botaniker legte er grossen Wert darauf, möglichst alle Pflanzen mehrfach in allen ihren Varietäten und an möglichst allen ihren Standorten ausfindig zu machen, um ein umfassendes Bild der natürlichen Verwandtschaft und Verbreitung zu gewinnen (vgl. den Beitrag zur Botanik in diesem Band). In ähnlicher Weise sezierte er dutzendfach die gleichen anatomischen Strukturen, um den üblichen sowie den selteneren Verlauf der Gefässe zu bestimmen (vgl. den Beitrag zur Anatomie in diesem Band). Als Embryologe trieb er die Wiederholung, Genauigkeit und Komplexität der Beobachtungen auf eine bisher unerreichte Stufe der Perfektion (vgl.

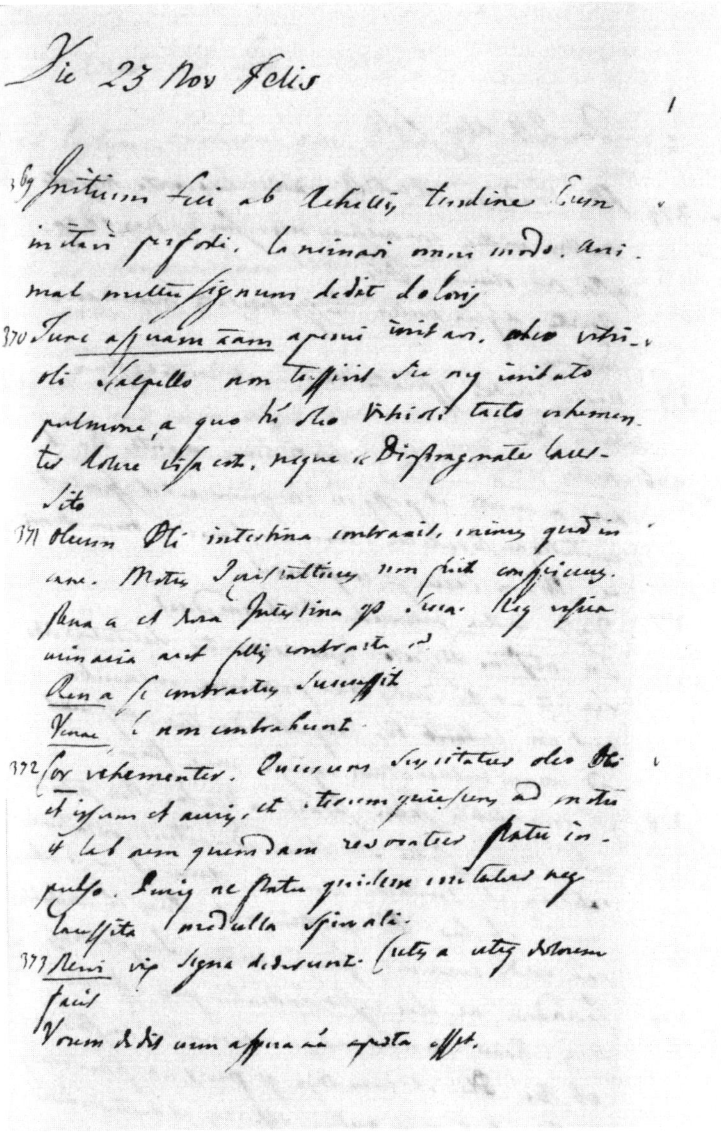
Die 23 Nov Felis

Der empirische Ansatz prägte Hallers Denkweise und bildete das Rückgrat seiner wissenschaftlichen Arbeiten. Er protokollierte seine Forschungen in 15 Bänden mit rund 30'000 einzelnen Beobachtungen und Experimenten. Dank Nummerierungen und einem Indexband behielt Haller den Überblick über seine Forschungsresultate. Gezeigt ist das Protokoll eines am 23.11.1750 durchgeführten Experiments an einer Katze, bei der die Empfindlichkeit der Achillessehne und der Luftröhre sowie die Reizbarkeit von Eingeweide, Harnblase, Niere und Venen untersucht wurden. – Burgerbibliothek Bern, Nachlass Haller, Ms. 14 oder 15, fol. 120r.

den Beitrag zur Embryologie in diesem Band). In der Physiologie schliesslich, seinem wichtigsten Forschungsgebiet, arbeitete er daran, das ganze Fach auf eine neue, experimentell verifizierte Grundlage zu stellen.[34] Gerade in diesem Fach war seine Forderung nach dem Experiment besonders bedeutungsvoll, war es doch hier im Gegensatz zu den physikalischen Wissenschaften noch nicht als Standardmethode etabliert und nahm gegenüber der spekulativen Theoriebildung eine randständige Position ein (vgl. den Beitrag zur Physiologie in diesem Band).

Innerhalb der empirischen Wissensgewinnung musste differenziert werden zwischen Experiment und Beobachtung; diese Trennung war allgemein anerkannt, weniger klar war aber, worin sich genau die beiden Methoden unterscheiden. Haller platzierte das Experiment in einer an Réaumur gerichteten Widmung von Laborprotokollen in die Nähe der Beobachtung: «Les expériences, que j'ai l'honneur de vous adresser, n'ont presque couté que la peine de voir. La Nature s'offroit au Physicien, elle ne lui a pas fait acheter ses faveurs.»[35] Er spielte damit den invasiven Charakter des Experiments herunter, im Gegensatz etwa zu d'Alembert, der hervorhob, dass der experimentierende im Gegensatz zum beobachtenden Forscher der Natur ihre Geheimnisse entreisse und neue Phänomene kreiere.[36] Diese Vorstellung des mächtigen und gleichsam schöpferischen Wissenschaftlers war nicht mit Hallers Physikotheologie vereinbar. Aus seiner Sicht war es vielmehr die gezielte Fragestellung und genaue Versuchsanordnung, die das Experiment kennzeichnete: «En effet tout ce qu'on voit n'est pas expérience. Il ne mérite ce nom, que lorsqu'on a voulu le voir, & qu'on a aidé la Nature à se montrer.»[37] Der geschickte Experimentator stellte nur die idealen Rahmenbedingungen her, die es der Natur erlaubten, sich dem Menschen, für den sie ja geschaffen wurde, zu offenbaren; so wirkte er im Sinne von Gottes Schöpfung.

Dabei war von zentraler Bedeutung, dass das Experiment wiederholt wurde. Es gäbe tausend Gründe, meinte Haller, wieso ein einzelnes Experiment misslingen könne. Er sei immer erstaunt gewesen, zu lesen, dass gewisse Forscher offenbar immer nur das sehen, was sie sehen wollten. Nur in den Romanen seien die Helden immer siegreich; dies aber sei nicht der Lauf der Natur.[38] Daher seien die Experimente immer wieder durchzuführen. In Bezug auf seine Forschungen zur Irritabilität und Sensibilität meinte er, die Zahl der von ihm und seinen Freunden durchgeführten Experimente sei sehr gross, und dies sei wichtig: «Des causes étrangers peuvent introduire de l'erreur dans des expériences, qu'on ne vérifie pas, mais ces causes se separent à mesure, qu'on réitere le même fait, par là même, qu'elles sont étrangeres; après un certain nombre de vérifications il ne reste que les resultats, qui naissent de la nature des choses.»[39] Es galt auch hier: Der experimentierende Forscher versuchte, der Natur möglichst keinen

Zwang anzutun; das Ziel der Wiederholung war es vielmehr, die durch die experimentelle Situation bedingten Veränderungen wieder zurückzunehmen, damit die wahre Natur der Dinge sichtbar wurde.

Die Forderung nach empirischem Wissen bedeutete keine naive Absage an jegliche theoretische Spekulation. In seiner Vorrede *Über den Nutzen der Hypothesen* entwarf Haller vielmehr ein Plädoyer für die Hypothese.[40] Entscheidend für ihn war, dass diese deutlich als solche gekennzeichnet war:

> Wir können annehmen was wir wollen, wenn wir den Leser nur bey dem angenommenen aufrichtig erinnern, unsere wahrscheinliche Meynung seye von dem Wahren noch sehr, oder noch ziemlich, oder nur wenig enfernet: wenn wir gestehen, es fehle uns zur Ueberzeugung diese noch ungemachte Erfahrung, jenes Maaß, oder der Bau von diesem noch nicht bestimmten Theile. Kann jemand klagen, wenn man Scheidemünze für Scheidemünze angiebt, und ihren Preiß nicht höher sezt, als das Silber an derselben werth ist? der betrügt allein, der sie für lauter Silber anbietet.[41]

Hypothesen, so Haller, seien nützlich, da sie die einzelnen gesicherten Teile unseres Wissen verbinden, das sonst allzu fragmentarisch bleibe. Kein Forscher, nicht einmal Newton kam ohne sie aus. «Sie sind zwar noch die Wahrheit nicht, aber sie führen dazu.»[42] Ihr wichtigster Nutzen aber lag darin, dass sie Fragen stellen, «deren Beantwortung von der Erfahrung gefodert wird, und die ohne Hypothese uns nicht eingefallen wären, eine Wirkung, die ihren unsäglichen Vortheil in den Wissenschaften hat».[43] Damit war die Hypothesenbildung eng mit der experimentellen Forschung verknüpft: Sie ging von experimentell gesicherten Fakten aus und verlangte nach weiterer experimenteller Untersuchung. In diesem Konzept lieferten die empirischen Forschungen die Wahrheit, während die Hypothesen nur verschiedene Grade unvollständiger Sicherheit garantieren konnten. Das letztendliche Ziel war eine vollständig auf Fakten gegründete Wissenschaft; der aktuelle Wissensstand aber konnte nur aus einem Gerüst gesicherter Fakten bestehen, die durch Hypothesen verbunden waren.

Der Forscher

Hallers Betrachtungen über die notwendigen geistigen und charakterlichen Fähigkeiten eines Forschers widerspiegeln sowohl seine Ansichten über die Methoden und den Fortschritt der Wissenschaften wie auch seine calvinistische Auffassung. Angesichts seiner Befürwortung eines vorsichtigen Empirisimus ist es kein Zufall, dass er dazu neigte, gewisse moralische und charakterliche Züge zu betonen und herausragende geistige Fähigkeiten herunterzuspielen.

Der Wert von Gewissenhaftigkeit, Genauigkeit und Sorge um das Detail war offenkundig. Haller wiederholte gerne, dass die Wahrheit – insbesondere in anatomischen und physiologischen Untersuchungen – in den kleinsten und mehrfach verifizierten Details liege. Er betrachtete die Ordnung als einen zentralen Grund für den Erfolg seiner eigenen Projekte; sie war weit wichtiger als sein ungeheures Gedächtnis, das andere als so bedeutend einschätzten: «Je n'ai jamais brillé par ma memoire que je sache», sagte er Zimmermann; «c'est l'ordre qui m'a fait paroitre en avoir» (vgl. Abb. S. 331).[44] In einem Zeitalter, das sich so sehr um die Errichtung der Ordnung im Reich der Natur bemühte, war Haller einer von vielen Gelehrten, die das Denken in Systemen (‹esprit de système›) ablehnten, aber das systematische Denken (‹esprit systématique›) hochhielten.

Die Schwächen von Möchtegern-Forschern beruhten für Haller oft auf einem Mangel an einer oder mehreren der oben erwähnten Qualitäten. Die antiken Gelehrten blieben hinter seinen Anforderungen an eine wirkliche Forschung nicht zuletzt deswegen zurück, weil sie die Geduld für vielfach wiederholte Beobachtungen und Experimente nicht aufbrachten. Den gleichen Fehler stellte Haller bei den modernen Schöpfern von Systemen fest. Descartes, der seinen eigenen Ratschlag des Zweifelns ignorierte und anmassende Theorien erfand, mangelte es an Bescheidenheit; er war diesbezüglich ein typisches Beispiel für die Gruppe der modernen System-Schöpfer. Mehr als einmal benutzte Haller den Ausdruck der ‹stolzen Trägheit›, um spekulative Denker zu charakterisieren, die mutmassten, um die Natur zu erklären, ohne diese selbst zu untersuchen und ohne sich mit der ‹bescheidenen Methode› der empirischen Untersuchung auf ein beschränktes Thema zu konzentrieren. Er sprach auch von einer ‹arbeitsamen Trägheit› von Kompilatoren, die wahllos die Meinungen anderer sammelten und veröffentlichten. Gleichzeitig aber betonte er, dass eine kritische Sammlung von verifizierten und gemäss der Natur geordneten Entdeckungen weit entfernt von solchen Kompilationen sei. Haller unterstrich die Nützlichkeit des kritischen Durchforstens früherer Publikationen in den einzelnen Forschungsgebieten.[45]

Einige von Hallers Urteilen zeugen von einer moralischen Missbilligung rein logischen Denkens als Ausdruck von Müssiggang und Faulheit, wie sie von englischen Puritanern des 17. Jahrhunderts vertreten wurde. Wirkliche Arbeitsamkeit verlangt eine gewisse physische Betätigung oder Auseinandersetzung mit materiellen Dingen. Der Experimentalforscher muss aristokratische oder philosophische Vorurteile angesichts der manuellen Arbeit weglegen. Hallers frommer Landsmann Johann Jakob Scheuchzer (1672-1733) schrieb, dass ein Mann, der etwas Nützliches in der Natur-

Haller war der Ansicht, dass er die unheimliche Breite und Tiefe seines Wissens nicht einem ausserordentlichen Gedächtnis, sondern der Ordnung verdanke. In der Tat zeugt sein handschriftlicher Nachlass von einer mit äusserster Zielstrebigkeit, Prägnanz und Konsequenz durchgeführten Archivierung des angelesenen und selbst produzierten Wissens. Darunter befinden sich u. a. acht mit Register versehene Bände, in die Haller aus der Lektüre stammende Informationen zu einzelnen Pflanzengattungen und Muskeln eingetragen hat. – Burgerbibliothek Bern, Nachlass Haller, Ms. 32, *Botanica Tom. III.*

geschichte leisten wolle, sich nicht behaglich beim Ofen niederlassen und fantastische Ideen ausbrüten könne, sondern sich aufraffen, Berge und Täler überqueren und die Natur aus erster Hand studieren müsse.[46] Haller tadelte die Wortspielereien der Scholastiker und deren Verachtung für die natürliche Welt und die mechanischen Künste. Die metaphysischen Spekulationen ihrer Nachfolger in den Zirkeln der Jesuiten und Wolffianer erschienen ihm als leere Vergnügen. Haller sah in der Notwendigkeit, den Weg der direkten Erfahrung zu gehen, um zum Wissen über die Natur zu gelangen, einen moralischen Gewinn: «La Nature n'a pas voulu, que nous puissions prévoir ses loix, cette facilité nous auroit enorgueillis & rendus paresseux. Ignorans dans tout ce que nous ne savons pas par expérience, nous en devenons plus humbles & plus industrieux.»[47] In ähnlicher Weise war bei Boerhaave und einigen seiner holländischen Zeitgenossen der Calvinismus und dessen Betonung der Beschränktheit des menschlichen Intellekts prägend für ihre bescheidene Haltung und ihren experimentellen Zugang in der Naturforschung.[48]

Die von Haller betonten Tugenden des Fleisses, der Geduld und der Gewissenhaftigkeit hätten gut auch von einem reformierten Pfarrer gepredigt werden können. Dies bedeutet zwar nicht, dass Calvinisten und Protestanten die Einzigen gewesen wären, die diese Tugenden gelobt oder dass sie dies immer aus rein religiösen Gründen getan hätten. Auch brachte Haller sie nicht explizit mit protestantischen Lehren in Verbindung. Trotzdem zeigen seine Schriften eine bemerkenswerte Übereinstimmung, wenn nicht sogar eine ursächliche Verbindung, zwischen vielen der sowohl in der Wissenschaft wie auch im asketischen Protestantismus idealisierten Charaktereigenschaften. Diese erfreuliche Übereinstimmung der Werte machte es Haller einfacher, seiner wissenschaftlichen Tätigkeit auch eine religiöse und moralische Bedeutung zu geben.

Haller liess wenig Zweifel daran, dass geistige Unabhängigkeit und Offenheit als weitere wichtige Eigenschaften des Forschers mehr bei den Protestanten als bei den Katholiken anzutreffen seien. Er führte den Aufschwung des wissenschaftlichen Geistes nicht so direkt auf den Protestantismus zurück, wie dies der erste Historiker der Londoner *Royal Society*, Thomas Sprat, getan hatte, aber er wies darauf hin, dass Galileos Schwierigkeiten mit der römischen Kirche auf denselben Hass auf die Wahrheit zurückzuführen sei, der die Verfolgung der frühen Protestanten ausgelöst habe.[49]

Während er weitere Beispiele autoritären und wissenschaftsfeindlichen Verhaltens der Katholiken aufführte, so anerkannte er im Gegenzug, dass die protestantische Kirche den Weg der Tolerierung neuer Ideen und der Förderung der freien Forschung gegangen sei. Dass dieses Umfeld die Arbeit eines Wissenschaftlers beeinflussen konnte, legt Hallers Vergleich seiner eigenen Edition von Boerhaaves Vorlesungen mit derjenigen von Gerard van Swieten (1700-1772) nahe. Der Wiener Katholik und ehemalige Boerhaave-Schüler habe alle Theorien und Hypothesen seines Lehrers ohne Kritik übernommen, während der Protestant Haller ihn – trotz grosser Hochachtung – jeweils korrigiere, wo die Fakten oder Überlegungen nicht stichhaltig schienen. Und er fügte hinzu: «Mr. van Swieten commente en Catholique, & Mr. Haller en Protestant.»[50] Haller musste schwerlich hinzufügen, dass er den letzteren Ansatz als den fruchtbareren für den Fortschritt der Wissenschaft betrachtete.

Haller hielt mehrfach fest, dass ein guter Forscher nicht ausserordentliche intellektuelle oder geistige Fähigkeiten brauche. Insbesondere in Disziplinen, die auf einer exakten Beobachtung von Details beruhen, konnten gewöhnliche Menschen nützliche Beiträge liefern. «Un Génie médiocre peut donner une excellente Description Anatomique», schrieb er und verteidigte damit die Aufnahme kleinerer Autoren in eine medizinische Bibliographie.[51] Die Behauptung in Jean Senebiers *L'art d'observer* (1775), dass die Wahrnehmung von etwas Neuem bei einem vertrauten Objekt Genie, eine «vue perçante de l'ame», verlange, rief in Hallers Rezension die Gegenbehauptung hervor, dass Aufmerksamkeit und Fleiss genüge.[52] Viele Jahre früher hatte Haller festgehalten, dass Frederik Ruysch (1638-1731) sich selbst eine Nische unter den Pionieren der Anatomie geschaffen habe, indem er seine mangelnde geistige Brillanz und Originalität mit grossem Fleiss, unendlicher Geduld und aussergewöhnlicher Aufmerksamkeit für die kleinsten Details kompensiert habe.[53]

War die Beobachtung der Natur für Haller eine Fertigkeit, zu der gewöhnliche Menschen fähig waren, so verlangte die Konzeption, das Design eines Experiments eine ‹Erfindungskunst› (‹ars inveniendi›), eine Kunst, die nicht einfach beschrieben werden kann und die nur wenigen Menschen verliehen wurde.[54] Immerhin konnten diese von einem besonders talentierten Forscher konzipierten Experimente auch von weniger begnadeten, aber unvoreingenommenen und sorgfältigen Wissenschaftlern ausgeführt, wiederholt und geprüft werden. Die ‹Erfindungskunst› entwickelt eine Vielzahl von Möglichkeiten, wie eine Untersuchung durchgeführt werden kann, und bemerkt, auf welche Faktoren zu achten ist. Die spezifische Fertigkeit des Experimentators lag für Haller auf der reflektiv-manuellen Ebene, beim Design des Experiments, während sie bei anderen Forschern wie etwa bei seinem Schüler Zimmermann auf der reflektiv-visuellen Ebene, bei der sinnes- und verstandesmässigen Durchdringung der sichtbaren Resultate lag. Hallers Wertschätzung der experimentellen Tätigkeit war ungewöhnlich in einer Zeit, welche der Meinung war, dass es zur Beobachtung Genie und Verstand, zur Durchführung von Experimenten aber nur eine gewisse Fertigkeit brauche.[55]

Wenn Haller der Bedeutung des Genies im Sinn von aussergewöhnlichen geistigen Fähigkeiten zustimmte, so war dies meist bei der Besprechung der mathematischen Wissenschaften. Er anerkannte, dass Newton, Leibniz, Bernoulli und ein paar andere das normale menschliche Mass überragten. Die Kraft ihres Genies manifestierte sich vor allem in umfassenden Theorien und in der höheren Mathematik. Wenn das Genie nicht in der Art von Descartes für überhebliche Phantasieflüge, die uns blenden, aber nicht erhellen, missbraucht wurde, so konnte es Leistungen erbringen, die übermenschlich erschienen und daher einzigartig waren. Die Entdeckung der Infinitesimalrechnung hatte für Haller diesen Aspekt von «quelque chose de plus qu'humain par la simple singularité de l'idée.»[56] In der Besprechung einer Neuausgabe der *Principia mathematica* äusserte er sich über die Schwierigkeit, Newton zu folgen, wo er sich nicht die Mühe gemacht hatte, auszuführen, wie er seine Resultate gewonnen hatte. «Quand des esprits ordinaires ont voulu le suivre, ils ont trouvé à chaque instant des difficultés insurmontables. C'est une route coupée par une infinité de rivières, où il n'y a point de ponts, parce qu'il n'en faloit pas à un Homme tel que Newton, mais qui ne sont pas guéables pour le commun des Hommes.»[57] Die höheren Regionen der Mathematik waren offenbar für den durchschnittlichen Verstand nicht erreichbar.

Haller gehörte zu der bedeutenden Zahl zeitgenössischer Denker, die dazu neigten, die Methode – zumindest in den nicht-mathematischen Wissenschaften – als eine Art von Ersatz für Genie zu betrachten. Dies ist nicht erstaunlich für einen Mann, der regelmässig Francis Bacon (1561-1626) als seinen methodologischen Führer pries; denn Bacon hatte seine Methodik für die gewöhnlichen Menschen bestimmt. Für Haller war klar, dass die Forscher in der Botanik und anderen Bereichen der Naturgeschichte zunehmend von einer Methode der Klassifikation abhängig waren. Auch wenn die Regeln von Klassifikatoren wie Linné zufällig und fehlbar waren, so leisteten sie doch enorme Dienste: «Man hat nunmehr die unzählbare Menge der Gewächse in eine solche Ordnung gesezet, daß wir leichter, und unendlich gewisser, zehntausend Pflanzen unterscheiden, als die Alten ihre sechshunderte.»[58] Die Benutzung von Instrumenten, die die moderne Naturforschung kennzeichnete, machte die intellektuelle Schärfe auch weniger notwendig. Wenn die antiken Gelehrten nur beschränkten Erfolg in der Anatomie, Botanik und Astronomie hatten, so war dies nicht «faute de genie; c'est qu'ils ont manqué d'Instrumens nécessaires, pour faire avec précision des Expériences, sans lesquelles le genie ne peut rien, & qui seules revèlent la Nature.»[59] Oder wie Bonnet es in einem Brief an Haller ausdrückte: Die Alten hatten versucht, mit ihrem Intellekt das herauszufinden, was die Modernen dank ihren Methoden und Instrumenten erreichten.[60]

Das Modell des Forschers mit verhältnismässig durchschnittlichen oder erwerbbaren Eigenschaften stimmte mit Hallers Wahrnehmung der zunehmenden Popularität der Wissenschaften überein. Indem mehr und mehr Personen vom Studium der Natur und insbesondere von der Naturgeschichte angezogen wurden, verlor die Wissenschaft etwas von ihrem heroischen Charakter. Zugleich etablierte sich zunehmend die Überzeugung der *Encyclopédie*, dass die Wahrheit dem gewöhnlichen Menschen zugänglich sei. Wie auch immer Haller die Bedeutung genialer Pioniere für den bereits vollbrachten Fortschritt der Wissenschaft einschätzte, so erwartete er doch für die Zukunft weniger grossartige Durchbrüche als einen stetigen Zuwachs kleinerer Entdeckungen. Nach dem Zeitalter Newtons schienen für den Fortschritt nicht einzelne Genies, sondern eine

Masse eifriger Arbeiter nötig zu sein. Diese Vorstellung stand in Einklang mit der Vorstellung, dass Wissenschaft auch einen ethischen und religiösen Sinn hat. Sie erlaubte es, die ernsthafte Hinwendung zur Forschung als eine moralische Pflicht zu betrachten, denn konnte man dem Einzelnen auch kaum einen Mangel an angeborenem Genie vorwerfen, so konnte man doch von ihm erwarten, dass er sich in den Tugenden der Ordentlichkeit, Geduld, Bescheidenheit, Sorgfalt und Ausdauer übte.

Forschungspolitik und Gelehrtenkultur

Entsprechend Hallers Wissenschaftsbild als einer in aufwendiger Spezialforschung von einer Vielzahl von Forschern geleisteten und langsam, aber stetig zu neuen Erkenntnissen führenden Arbeit stellte sich ihm drängender als anderen Gelehrten die Frage nach deren institutioneller Verankerung. Anlässlich der Gründung der wesentlich von ihm geprägten *Göttinger Gesellschaft der Wissenschaften* (1751) stellte er mit Bedauern fest, dass die Dozenten aus Amtspflicht den gesamten Umfang ihres Fachs lehren müssen und sich nicht nach ihren eigenen Interessen, sondern nach denen der Studenten zu richten haben. Da sie ihre ganze Zeit der Lehre widmen, können sie die Wissenschaft nicht vorantreiben. Demgegenüber ist die wissenschaftliche Gesellschaft einzig ‹zu neuen Entdeckungen› (‹ad inveniendum›) geschaffen.[61] Haller hob diese damals gängige Trennung von Forschung in der Akademie und Lehre an der Universität nicht prinzipiell auf, indem die einzelnen Klassen der Akademie aber durch Professoren der Universität besetzt wurden, entstand eine enge personelle Bindung; und da diese Professoren regelmässig Beiträge abzuliefern hatten, wurde die Forschung zumindest teilweise auch an der Universität zur Pflicht.[62]

Für sich selbst hatte Haller eine ihm eigene Lösung gefunden, Lehre und Forschung zu verbinden. Während er die jüngeren und passiveren Studenten vernachlässigte, kümmerte er sich umso mehr um seine erfahreneren und aktiveren Schüler. Zu Beginn seiner Amtszeit (ab 1736) waren die unter seiner Leitung verfertigten Dissertationen wie üblich zumeist noch sein eigenes Werk, aber zunehmend verlangte er von seinen Doktoranden selbständige Arbeit und hielt sie insbesondere in seinen späteren Jahren (1746-53) zu aufwendigen Untersuchungen an. Er begründete dieses Vorgehen folgendermassen:

> Denn wirklich kann durch die Kandidaten Einiges erreicht werden, was man weniger von den Professoren erwarten wird, wenn sie [die Kandidaten] nur Zeit, Geduld und Fleiss aufwenden wollen; und aus diesem Grund hielt ich dafür, den Brauch der Dissertation auf jenen Zweck zu

> beschränken, zu dem die Gelehrten Gesellschaften geschaffen sind, nämlich zum Erfinden, zur Klärung bei unklaren Streitigkeiten, zur vollständigen Verfertigung der einzelnen Teile des Wahren.[63]

Haller setzte hier die von den Studenten an der Universität geleistete Forschung zumindest ihrer Form nach auf eine Stufe mit derjenigen, die an der Akademie betrieben wird. Er hob hervor, dass es eine Besonderheit der Göttinger Gesellschaft sei, auch für die Studenten von Nutzen zu sein; es solle sich ein Dialog entwickeln, in dem die Schüler nicht nur von den Entdeckungen und Überlegungen der Lehrer lernen, sondern ihre eigene Erkenntnisse beitragen können.[64]

Dabei sollten die Arbeiten der Doktoranden gleichsam den Kern einer institutionalisierten, fortwährenden Forschung bilden:

> Man könnte in der That auf keine andere Weise näher zu der Vollkommenheit derer anatomischen Kentnisse gelangen, als wenn man diesen guten Rath auf einer hohen Schule, die mit allen Bequemlichkeiten dazu versehen wäre, viele Jahre, und durch ganze Jahrhunderte befolgte, und ausserdem noch, wie in Göttingen, eine Ruhmbegierde und besondere Nacheiferung, nebst einer öffentlichen Belohnung, diese gute Absicht unterstüzte.[65]

Der Erfolg dieses Projekts war an eine angemessene Bezahlung und Anerkennung der Forschungsleistung gebunden. Haller zeichnete ein für seine Zeit unüblich prosaisches Bild des Forschers. Die Hoffnung auf Ruhm und Anerkennung, schrieb er wiederholt, sei zu allen Zeiten ein Anreiz für Arbeit und Tugend gewesen. In den *Elementa physiologiae* behauptet er gar, dass das Verlangen nach Ehre gleich wie die Neugierde angeboren sei als ein gottgegebener Drang, sich in den Augen der Zeitgenossen hervorzutun, um die schwere Bürde des täglichen Lebens meistern zu können.[66] Wissenschaftler sind hier keineswegs eine Ausnahme, ihr Pflichtsinn und ihre Begeisterung für die Wahrheit müssen durch diesen Drang gestärkt werden. In demselben Text, in dem er die angeborene Neugier behandelte, hielt er auch fest, dass, wenn überhaupt, nur wenige Forscher allein aus der Suche nach Wahrheit an ihren Studien festhalten würden, sondern zumeist auch ihren Ruhm und ihr Ansehen im Auge hätten (vgl. Abb. S. 337).[67]

Der von Haller porträtierte Wissenschaftler ist stark bestimmt durch die Aussicht auf materielle Belohnung und die Anerkennung durch den Staat und die allgemeine Öffentlichkeit. Als junger Arzt, zurück von seiner Reise nach England, zeigte er sich beeindruckt von der Verehrung, die man dem eben gestorbenen Newton entgegenbrachte. «Newtons prächtige Leichebegängnüß und Grab in Westminster Church, und insonderheit deß ganzen Volks ungemeine Verehrung gegen diesen großen Geist

Haller war ein ausgeprägter Verfechter des wissenschaftlichen Wettbewerbs. Aus seiner Sicht war das Streben nach Anerkennung und Auszeichnung ein wesentlicher Antrieb der Forschung. Haller prägte den Wahlspruch der ab 1751 in Gold, Silber und Zinn verliehenen Preismedaille der Göttinger Gesellschaft der Wissenschaften: «Decora merenti» – «Ehre dem, der es verdient». Dargestellt ist Minerva mit dem Lorbeerkranz, auf der Rückseite ein Porträt von König Georg II. – Johann Melchior Mörikofer: Silbermedaille der Göttinger Gesellschaft der Wissenschaften. – Niedersächsisches Münzkabinett der Deutschen Bank, Hannover.

zeugen, daß man hier auf besondere Gelehrtheit so viel hält als anderstwo auf Adel und Kriegsdiensten».[68] Die der Wissenschaft günstige Atmosphäre, die Haller in England und in einem geringeren Grad auch in Frankreich ausmachte, fehlte seiner Meinung nach in den deutschen Staaten und der Schweiz weitgehend. Die beträchtlichen Errungenschaften der deutschen Wissenschaftler, schrieb er gegen Ende seines Lebens, seien trotz der fehlenden Hoffnung auf materielle Belohnung zustande gekommen.[69] In seinen Plänen für die *Gesellschaft der Wissenschaften in Göttingen* betonte er die Notwendigkeit der Anbindung an den Staat und die Protektion durch den Herrscher. Solche Verbindungen würden der Gesellschaft den notwendigen Glanz verleihen; darunter verstand er auch die Bezahlung der ordentlichen Mitglieder, die Aufnahme vornehmer Männer als Ehrenmitglieder und eine öffentliche und prächtige Jahresversammlung. Ohne solche Schmeicheleien könne die Mitgliedschaft als eine unwillkommene Bürde betrachtet werden.[70]

Der Haller'sche Forscher war abgesehen von offiziellen Ehrungen und materiellen Entschädigungen für verschiedene Formen von Anerkennung empfänglich, die ihm seine gelehrten Freunde gewähren konnten. Die Aufnahme in eine gelehrte Gesellschaft war eine davon. Die Verbindung des eigenen Namens mit einer Theorie oder Hypothese war eine andere:

> Ein Lehrgebäude, das unsern Namen führen soll, eine Meinung, die unsern Kräften entsprossen ist, thut bey dem Gelehrten, was die Ehrsucht bey dem Alexander that: Mühe, Aufwand, Zeit, Erfahrungen, Kunst

> und Werkzeuge, alle Kräfte des Willens und des Verstandes, werden mit Lust, und ohne Widerspruch angewandt, wenn wir einen Zwek dabey haben, wenn dadurch unser Lehrgebäude wahrscheinlicher, gewisser und angenehmer wird.[71]

Dazu gehörte auch die Verlockung der Unsterblichkeit, indem der eigene Name in das wissenschaftliche Vokabular aufgenommen wurde. Haller befürwortete die Praxis, die Namen hervorragender Botaniker in die Pflanzen-Nomenklatur aufzunehmen; dies sei einerseits eine Anerkennung von üblicherweise nicht belohnten Mühen und diene gleichzeitig als Ansporn für andere, ebenfalls diese Mühen auf sich zu nehmen.[72]

Die Wissenschaftler sind aus Hallers Sicht vor allem daran interessiert, dass Zeitgenossen und Nachwelt ihre Beiträge zur Forschung anerkennen, das heisst insbesondere ihre Priorität von Entdeckungen. Natürlich konnte Haller Prioritätsdispute als sinnlos und erniedrigend bezeichnen: «Diese Streitigkeiten über die Ehre der ersten Wahrnehmung», schrieb er 1758 in einem Bericht über eine im englischen *Critical Review* ausgefochtene Kontroverse, «kommen uns allemahl als Zeichen einer hervordringenden Eitelkeit vor, da es ja wohl möglich ist, daß verschiedene Gelehrte, die die Natur selber rathsfragen in entlegenen Ländern die nehmlichen Sachen sehen, ohne daß sie des einen Schüler den andern verrahten haben: denn die Natur ist ja in allen Ländern die nehmliche, und zeigt allen denen, die sie erforschen, die gleiche lehrende Seite.»[73] Obwohl er die Möglichkeit voneinander unabhängiger Entdeckungen zuliess, blieb er keineswegs gleichgültig gegenüber der Prioritätsfrage. Um dem mehrfach vorgebrachten Einwand zu entgegnen, seine *Elementa physiologiae* seien nur eine Kompilation der Entdeckungen anderer Forscher, führte er im sechsten Band eine lange Liste seiner eigenen Entdeckungen in der Physiologie auf.[74]

Die Anerkennung der Leistungen der einzelnen Forscher bedeutete für Haller auch die Anerkennung der Beiträge früherer Gelehrter. Eines der erklärten Ziele seiner historischen Übersichten über frühere Publikationen war es, Prioritätsfragen zu klären und jedem Forscher Gerechtigkeit widerfahren zu lassen.[75] Auf die Kritik von La Mettrie und anderen, die ihm ein Übermass an Literaturverweisen in seinen Schriften vorwarfen, entgegnete er:

> Dieser [Zweck] ist einzig die dankbare Hochachtung, die er für diejenigen Männer trägt, durch deren Arbeit er gelehrter worden. Wann er im menschlichen Körper etwas besonders angemerkt, so hat er sich nicht gleich im Rechte geglaubt dieses unbekannte Land in Besitz zu nehmen, bis er sich überzeuget, daß kein anderer es vor ihm entdecket, hat er aber die Spuren anderer Männer gefunden, die vor ihm auf eben diese Neuigkeiten gekommen, so hat er sich verbunden gehalten, ihre Nah-

men anzuzeigen, um die grössern oder kleinern Verdienste eines jeden Mannes aufs aller sorgfältigste der Nachwelt zur Verehrung aufzubehalten.[76]

Schärfer als die meisten seiner Zeitgenossen erkannte Haller die grosse Kraft des Wettstreits um Priorität und Anerkennung. In seinen Schriften neigte er dazu, wissenschaftliche Rivalitäten und Dispute zu entschuldigen, da diese dem Fortschritt des Wissens dienten. In seiner Vorrede *Über den Nutzen der Hypothesen* nannte er sie eine notwendige Folge des natürlichen Stolzes und der Ruhmbegierde des Menschen. Er verteidigte wissenschaftliche Hypothesen nicht zuletzt wegen deren psychologischem Wert: Sie erwecken Eifersucht und Wettstreit unter den Gelehrten. «Der Preiß ist die Ehre des Rechthabens, und das gemeine Beste genießt die Früchte des Bestrebens der Streitenden.» Der Wettstreit beruhte auf dem Bestreben des Forschers, herauszuragen und seinen intellektuellen Besitz zu verteidigen. Dies regte ihn dazu an, ein Gebiet aus dem weiten Reich der Wissenschaften auszuwählen, dieses fleissig zu bearbeiten und, wenn es ihm streitig gemacht wurde, zu verteidigen. Rein geometrische Sätze und faktische Erklärungen könnten keine Kontroverse und keinen Wettstreit auslösen.[77] Das Wort ‹Wettstreit› erscheint oft in Hallers Beschreibung der gelehrten Gesellschaften, als deren ‹raison d'être› er die Entdeckung oder Erfindung neuen Wissens betrachtete. In seiner präsidialen Eröffnungsrede der Göttinger Gesellschaft versuchte er zu zeigen, dass das Mitglied einer Gesellschaft einen starken und gesunden Ansporn verspüre, wissenschaftlich aktiv zu sein, um die Anerkennung seiner akademischen Kollegen zu gewinnen und deren Verachtung zu vermeiden (vgl. auch den Beitrag zur Gelehrtenrepublik in diesem Band).[78]

Auch wenn Haller den Wettbewerb und das gezielte Streben nach persönlichem Ruhm in der Regel als selbstverständlich betrachtete oder sogar begrüsste, so betrachtete er ihn bisweilen – insbesondere in privaten Äusserungen – auch als störend und als aus religiöser Sicht tadelnswert. Er setzte dann solche Hinweise auf Ehrgeiz bei Forschern gleich mit Neid und dem Drang nach Herrschaft über andere, sei es auf der physischen, geistigen oder intellektuellen Ebene. Dies waren Zeichen der grundsätzlichen Verdorbenheit des Menschen, die aus dem Sündenfall folgte, dessen Realität der Calvinist Haller nie in Zweifel zog. «Comment vivre», fragte er Bonnet 1761, «avec une troupe de Philosophes avantageux, dont chacun aspire a la monarchie universelle – et du moins aux hommages de la flaterie?» Die Antwort lautete: durch eine sorgfältige Zuteilung der einzelnen Bereiche. Als Präsident der Göttinger Gesellschaft sei ihm dies geglückt, «en divisant et subdivisant si bien les matiéres, que chaque Membre ut son petit empire a lui; ils pouvoient tous espérer d'etre les premiers».[79] Haller bestand in Göttingen auf klaren Regeln in der Gelehrtenrepublik, die von einem Präsidenten mit Rückendeckung durch den König durchgesetzt wurden, um die Eifersüchteleien und moralischen Schwächen der Mitglieder unter Kontrolle zu halten.

Robert Merton hat argumentiert, dass solche, häufig in der Wissenschaftsgeschichte sichtbare Ambivalenzen im Konflikt zwischen der institutionellen Norm der Originalität und letztlich inkompatiblen Normen wie Bescheidenheit wurzeln.[80] In Hallers Fall waren die sich gegenüberstehenden Tugenden verwurzelt in – oder zumindest verstärkt durch – seinem christlichen Glauben. Beispiele dieser Ambivalenz finden sich in seinem Briefwechsel mit seinem Biographen Zimmermann. In der Antwort auf die Feststellung, dass wissenschaftliche Studien den Forscher unempfindlich für die wichtigen Fragen der Religion und des Lebens nach dem Tode mache, verteidigte Haller die grundsätzliche Unschuld der Forschung. Er fügte aber hinzu, dass die Studien ohne jeglichen Wunsch nach Ruhm oder Geld durchgeführt werden müssten, um über jeden Vorwurf erhaben zu sein. Als sein Schüler darauf bestand, dass hinter allen Anstrengungen aller Forscher (mit Ausnahme Hallers!) das Verlangen stehe, sich über seine Mitmenschen zu erheben, antwortete Haller, dass andere, bessere Motivationen genügen könnten. «Je ne crois pas etre plus audessus de la vanité qu'un autre. Mais je ne vois pas, qu'on ne puisse travailler par inclination, par devoir, par curiosité; par avidité de savoir, par ennui, sans precisement se resoudre à devenir grand-homme.»[81] Er fuhr fort, Zimmermann zu versichern, dass er selbst mit seinen Arbeiten nie den Ruhm gesucht habe, obwohl er sich in seinem privaten Tagebuch – einer Aufzeichnung seiner wechselnden religiösen Empfindungen – wiederholt für seinen Stolz und Ehrgeiz tadelte. Die Sorge des Forschers um seinen eigenen Ruhm und Gewinn, die für Haller ansonsten akzeptabel war, wenn sie nicht zu weit getrieben wurde, schien ihm in solchen Momenten die Unschuld und Reinheit der Motive des Forschers zu beflecken, der allein seine Neugier befriedigte oder sich in seinen Untersuchungen bemühte, Gott und seinen Mitmenschen zu dienen.

Der Nutzen der Forschung

Das Wohl der Bevölkerung war für Haller das letztendliche Hauptziel wissenschaftlicher Bemühungen. In der Tradition von Francis Bacon sah er die Aufgabe der Forschung darin, der Menschheit einen praktischen Nutzen zu bringen. Er ging nicht so weit wie der Genfer Naturforscher Jean Senebier (1742-1809), der forderte, ein Forscher müsse sich zu Beginn jeder Arbeit fragen, welchen Beitrag diese zum Wohl der Mitbürger leiste.[82]

Auch verlangte er von wissenschaftlichen Gesellschaften keine unmittelbare Verbindung von Theorie und Praxis, von Neugier und Nutzen, wie dies Leibniz in seinen Denkschriften von 1700 getan hatte und gemäss deren striktem Standard weder die Londoner *Royal Society* noch die Pariser *Académie des Sciences* es geschafft hatten, über die Ebene von unbedeutenden ‹Curiositäten› hinauszugehen.[83] Aber er nahm es als gegeben an, dass wirklicher Nutzen, auch wenn er nicht direkt gesucht wurde, ein voraussehbares Nebenprodukt wissenschaftlicher Unternehmungen war.

Notwendige Voraussetzung dafür war, dass die Forschung nicht zweifelhaftes, sondern gesichertes Wissen produzierte, dass das Spekulative vom Erwiesenen getrennt wurde. Ein guter Forscher zeichnete sich dadurch aus, dass er nichts entdeckt hatte, das später wieder in Frage gestellt werden musste. Das gesicherte Wissen in der Medizin war insofern nützlich, als es einen «Einfluß in die Artzney-Kunst» hatte, das heisst von praktischer medizinischer Bedeutung war.[84] Für Haller war – entsprechend dem Selbstverständnis der Medizin seiner Zeit – die Therapie, die Heilung des Kranken die entscheidende Disziplin, auf die alles hinauslief (vgl. den Beitrag zur praktischen Medizin in diesem Band). Im Anschluss an die Aufzählung der einzelnen Wissenschaftszweige der Medizin hielt er fest: «La pratique elle même est le centre dans lequel doivent se réunir toutes les connaissances dont nous venons de montrer l'utilité.»[85] Seinen Bericht über die Berner Pockenepidemie von 1735 eröffnete er mit dem feierlichen Satz: «Wer eine einzige Krankheit richtig beschrieben und gelehrt hat, sie wirksam zu vertreiben, der hat sich mehr um das Menschengeschlecht verdient gemacht als jene Entvölkerer des Erdkreises, Cäsar oder Alexander: das hat die Vernunft diktiert, das hat Sydenham verkündet.»[86]

Aus dieser Perspektive musste sich Haller fragen, inwiefern er mit seinen eigenen, vorwiegend auf die Gewinnung grundlegender anatomischer, physiologischer, embryologischer und botanischer Erkenntnisse abzielenden Forschungen Nutzen schaffte. Aus seiner Irritabilitäts- und Sensibilitätslehre leitete er zwar – wenn auch mit Zurückhaltung – neue Therapiekonzepte ab (vgl. den Beitrag zur praktischen Medizin in diesem Band), ansonsten aber lieferten seine Forschungen keine unmittelbar praktisch relevanten Ergebnisse. Haller war sich dieser Problematik durchaus bewusst. In Bezug auf seine detaillierten anatomischen Gefässstudien meinte er, man könne ihm natürlich vorwerfen, er betreibe ‹Mikrologie› (‹micrologia›). Aber er hielt an seinen Forschungen fest, denn «es ist schwer, die Grenze festzulegen, wo die Neugier aufhört, einen Nutzen zu haben».[87] Er konnte sicherlich d'Alemberts Behauptung im *Discours préliminaire* der Pariser *Encyclopédie* beipflichten, dass alle rein von Neugier geleiteten wissenschaftlichen Unternehmungen potentiell nützlich sind.

Für Haller war der Nutzen der Wissenschaft gut mit ihren religiösen Zielen vereinbar, ganz im Sinne des allgemeinen Gebots, seinem Nächsten zu helfen. In seinem Befund, dass das Studium aller Teile der Natur der Menschheit irgendeinen Nutzen bringe, stützte er sich auf die Religion: Kein Teil der Natur kann nutzlos sein, da er aus der Hand des unendlich weisen Schöpfers hervorgegangen ist (vgl. den Beitrag zur Religion und Theologie in diesem Band). Linné, der immer wieder den Nutzen der Naturgeschichte hervorhob, konnte in ähnlicher Weise geltend machen, dass «die Gottheit das Studium seiner Werke so eng mit unserem allgemeinem Vorteil und Glück verbunden hat, dass wir, je mehr wir sie untersuchen, desto mehr zu unserem Nutzen und Vergnügen entdecken.»[88] Ein anderes Beispiel dieser Tendenz, den Nutzen der Wissenschaft in die religiöse und teleologische Sprache zu fassen, findet sich bei Stephen Hales (1677-1761), einem englischen Geistlichen und Naturforscher, dessen Werke Haller sehr schätzte: «As the beautiful Fabrick of this World was chiefly framed and adapted to the Use of Man, so the greater insight we get into the Nature and Properties of Things, so much the more Beneficial will they be to us, the more will our real Riches thereby increase, the more also will Man's original Grant of Dominion over the Creatures be inlarged.»[89] Diese weitreichende Vorstellung, dass die Menschen ein gottgegebenes Recht haben, die Natur zu ihrem eigenen Nutzen zu verwerten, taucht auch in Hallers Schriften auf.

Haller war der Meinung, dass die Wissenschaft von einer praktischen Ausrichtung profitiere, da sowohl Herrscher wie Bürger eher durch nützliche Resultate als durch abstrakte Theorien zu beeindrucken seien. In einem Bericht über Linnés erfolgreiche Rettung eines wurmstichigen Waldes machte er die typische Bemerkung: «Je suis charmé toutes les fois que je vois les Sciences se raprocher de l'utilité publique, c'est le véritable moyen de les faire fleurir. Les Princes seront toujours plus faciles à récompenser des Arts utiles, qu'à mettre des prix à de stériles occupations.»[90] Aus dieser Sicht ist es denn auch folgerichtig, dass der auf den praktischen Nutzen ausgerichtete Bereich der wissenschaftlich geleiteten Landwirtschaft, Ökonomie und Botanik einen zentralen Stellenwert in Hallers Welt einnahm (vgl. den Beitrag zum ökonomischen Patrioten in diesem Band).

Haller ging in seinen Bemerkungen zur praktischen Anwendung der Wissenschaften nicht von einer radikalen Veränderung von Umgebung und Lebensstil des Menschen aus. Die Verheissungen der Technologie und die Faszination von Maschinen, die die *Encyclopédie* und den öffentlichen Diskurs in England prägte, ist kaum sichtbar in seinen Schriften. Eine Betonung der Vermehrung materieller Güter und Annehmlichkeiten hätte in der Tat mit einigen seiner hochgehalteten Werte kollidiert. Als junger Dichter hatte er das einfache, spartanische Leben der Alpenbewohner gepriesen, und in späteren Jahren warnte er vor den Gefahren des sich ausbreitenden Luxus. Als Christ, der sich um das Leben nach dem Tod sorgte, wies er darauf hin, dass die göttliche Offenbarung die Menschen lehrte, sich nicht zu sehr an die weltlichen Dinge und Freuden zu hängen. Seine Vorstellung vom praktischen Nutzen der Wissenschaften blieb daher immer innerhalb moderater Grenzen.

Anmerkungen

1 Vgl. allgemein zum Bild des Gelehrten Steven Shapin: The image of the man of science. In: Roy Porter (Hg.): *Eighteenth-century science*. Cambridge 2004, 159-183.

2 Eduard Bodemann (Hg.): *Von und über Albrecht von Haller: ungedruckte Briefe und Gedichte Hallers sowie ungedruckte Briefe und Notizen über denselben*. Hannover 1885, 214.

3 Eine umfassende, auf sämtlichen Schriften basierende Studie, die Haller als Forscher und Gelehrten untersucht, steht aus. Der vorliegende Aufsatz basiert wesentlich auf Otto Sonntag: The motivations of the scientist: the self-image of Albrecht von Haller. In: *Isis*, 65 (1974), 336-351; Ders.: Albrecht von Haller on the future of science. In: *Journal of the history of ideas*, 35 (1974), 313-322; Ders.: Albrecht von Haller on academies and the advancement of science: the case of Göttingen. In: *Annals of science*, 32 (1975), 379-391; Ders.: The mental and temperamental qualities of Haller's scientist. In: *Physis. Rivista internazionale di storia della scienza*, 19 (1977), 173-184; Hubert Steinke: *Irritating experiments: Haller's concept and the European controversy on irritability and sensibility, 1750-90*. Amsterdam, New York 2005.

4 Zu Hallers Verhältnis zu Scheuchzer vgl. Hubert Steinke, Martin Stuber: Hallers Alpen – Kontinuität und Abgrenzung. In: Simona Boscani, Jon Mathieu (Hg.): *Wissenschaft – Berge – Ideologien. Johann Jakob Scheuchzer (1672-1733)* (im Druck).

5 Die Übersetzung des lateinischen Originals folgt Karl S. Guthke: Der junge Haller und die Bibel. In: *Jahrbuch des Freien Deutschen Hochstifts*, 1968, 1-21, hier 8 f.

6 Zu Hallers Physikotheologie siehe Richard Toellner: *Albrecht von Haller. Über die Einheit im Denken des letzten Universalgelehrten*. Wiesbaden 1971, 146-161; Ders.: Die Bedeutung des physico-theologischen Gottesbeweises für die nachcartesianische Physiologie im 18. Jahrhundert. In: *Berichte zur Wissenschaftsgeschichte*, 5 (1982), 75-82; Maria Teresa Monti: Théologie physique et mécanisme dans la physiologie de Haller. In: Anne Bäumer, Manfred Büttner (Hg.): *Science and Religion = Wissenschaft und Religion*. Bochum 1989, 68-79; Urs Boschung: Une manifestation de la sagesse divine: le foetus bicéphale préparé par Albert Haller en 1735. In: Christoph Mörgeli (Hg.): *Les objets médicaux et leurs textes*. [Lyon] 1996, 26-38.

7 Albrecht von Haller: *Briefe über einige noch lebenden Freygeister. Einwürfe wider die Offenbarung*. 2. Aufl. 3 Bde. Bern 1778, III: 56 f.

8 *Bibliothèque raisonnée*, 30 (1743), 425 (Rezension von Jakob Theodor Kleins *Historiae piscium*).

9 Ebenda. Vgl. auch Sonntag, future 1974 (wie Anm. 3), 321-322.

10 *Bibliothèque raisonnée*, 39 (1747), 270 (Rezension von Linnés *Wästgöta-resa*).

11 Auf die notwendige Unterscheidung zwischen der Physikotheologie als «polemic in favour of God» und der Teleologie als Forschungsprämisse weist hin: Andrew Cunningham: The pen and the sword: recovering the disciplinary

identity of physiology and anatomy before 1800. In: *Studies in history and philosophy of the biological and biomedical sciences*, 33 (2002), 631-665; 34 (2003), 51-76, hier 74.

12 *Göttingische Anzeigen von Gelehrten Sachen (GGA)*, 1760, 1356.

13 Als Beispiel wird meist Hallers Konversion von der Epigenese zur Präformation angeführt. Für eine differenzierte Einschätzung von Hallers Motivation für diesen Schritt vgl. den Beitrag zur Embryologie in diesem Band.

14 *GGA*, 1753, 236 (Rezension von Rousseaus erstem *Discours*).

15 Albrecht von Haller: *Briefe über die wichtigsten Wahrheiten der Offenbarung*. Bern 1772, 6.

16 Albrecht von Haller: Vorrede zum ersten Theile der allgemeinen ‹Historie der Natur› [über den Nutzen der Hypothesen, 1750]. In: *Sammlung kleiner Hallerischer Schriften*. 2. Aufl. 3 Bde. Bern 1772, I: 54 f; Ders.: *Elementa physiologiae corporis humani*. 8 Bde. Lausanne, Bern 1757-1766, V: 578.

17 *GGA*, 1748, 1108.

18 *Bibliothèque raisonnée*, 30 (1743), 437 (Rezension von Jakob Theodor Kleins *Historiae piscium*).

19 Haller an Bonnet, 8.8.1769; Otto Sonntag (Hg.): *The correspondence between Albrecht von Haller and Charles Bonnet*. Bern 1983, 830.

20 Erich Hintzsche (Hg.): *Albrecht Hallers Tagebücher seiner Reisen nach Deutschland, Holland und England 1723-1727*. Neue Aufl. Bern etc. 1971, 60.

21 *Bibliothèque raisonnée*, 31 (1743), 272 f.

22 *Disputationum anatomicarum selectarum*, collegit, edidit, praefatus est Albertus Haller. 7 Bde. Göttingen 1746-1752; *Disputationes chirurgicae selectae*, collegit, edidit, praefatus est Albertus Hallerus. 5 Bde. Lausanne 1755-1756; *Disputationes ad morborum historiam et curationem facientes*, quas collegit, edidit et recensuit Albertus Hallerus. 7 Bde. Lausanne 1757-1760.

23 Albrecht von Haller: *Bibliotheca botanica*. 2 Bde. Zürich 1771-1772; Ders.: *Bibliotheca anatomica*. 2 Bde. Zürich 1774-1777; Ders.: *Bibliotheca chirugica*. 2 Bde. Bern, Basel 1774-1775; ders.: *Bibliotheca medicinae practicae*. 4 Bde. Bern, Basel 1776-1788.

24 Brief vom 25.6.1760 an Ludwig von Muralt; Pierre Grellet: *Les aventures de Casanova en Suisse*. Lausanne 1919, 96.

25 Johann Gottfried Herder: Briefe zur Beförderung der Humanität, Achte Sammlung. In: Ders.: *Sämtliche Werke*, hrsg. von Bernhard Suphan. Bd. 18. Berlin 1883, 116.

26 Toellner 1971 (wie Anm. 6).

27 *Bibliothèque raisonnée*, 37 (1746), 179-182 (Rezension des Briefwechsels zwischen Leibniz und Johannes Bernoulli).

28 Albrecht von Haller: Rede an dem Geburtstage Georg des Zweyten [über den Nutzen wissenschaftlicher Gesellschaften, 1751]. In: Haller, Kleine Schriften (wie Anm. 16), II: 173-206, hier 195 f. Vgl. auch Haller, Elementa 1757-66 (wie Anm. 16), I: Vorrede, ix.

29 Vgl. Steinke/Stuber (wie Anm. 4).

30 *GGA*, 1760, 606.

31 *Bibliothèque raisonnée*, 36 (1746), 32 (Rezension von Hallers *Icones anatomicae*).

32 Haller, Vorrede Buffon 1772 (wie Anm. 16), 51 f.

33 Toellner 1971 (wie Anm. 6), 195.

34 Haller wollte auch die praktische Medizin auf eine experimentelle Grundlage stellen und verfolgte die Idee, im Spital grössere systematische Therapieversuche mit parallelisierten Patientengruppen durchzuführen; dieses Projekt wurde jedoch nicht umgesetzt. Vgl. Hubert Steinke, Urs Boschung: Nützliche Medizin. Theorie und Praxis bei Albrecht von Haller. In: *Cardanus. Jahrbuch für Wissenschaftsgeschichte*, 7 (2007), 135-149.

35 Albrecht von Haller: *Mémoires sur la nature sensible et irritable des parties du corps animal*. 4 Bde. Lausanne 1756-1760, I, Widmung.

36 J. le Rond d'Alembert: Expérimental (Philosophie nat.). In: Ders., Denis Diderot (Hg.): *Encyclopédie, ou Dictionnaire raisonné des sciences, des arts et des métiers*. 17 Bde. Paris 1751-1765, VI (1756): 298.

37 Haller, Mémoires 1756-60 (wie Anm. 35), I: 115.

38 Ebenda, I: 114 f.

39 Ebenda, IV: 25.

40 Für eine ausführliche Untersuchung zu Hallers Konzept der Hypothese siehe Simone de Angelis: *Von Newton zu Haller. Studien zum Naturbegriff zwischen Empirismus und deduktiver Methode in der Schweizer Frühaufklärung.* Tübingen 2003.

41 Haller, Vorrede Buffon 1772 (wie Anm. 16), 72.

42 Ebenda, 60.

43 Ebenda, 67.

44 Haller an Zimmermann, 28.6.1754; Bodemann 1885 (wie Anm. 2), 17.

45 Haller äusserte sich ausführlich über die Unterscheidung zwischen reinen Kompilationen oder Sammlungen und nützlichen und sogar notwendigen Handbüchern; vgl. *Nouvelle bibliothèque*, 18 (1744), 174-180 (Rezension von Johann Christoph Riegers *Introductio in notitiam rerum naturalium*) und Haller, Elementa 1757-66 (wie Anm. 16), I: Vorrede, vi-viii.

46 Johann Jakob Scheuchzer: *Natur-Historie des Schweizerlandes.* 2. Aufl. Zürich 1752, 2.

47 *Bibliothèque raisonnée,* 41 (1748), 20 (Rezension der Verhandlungen der Schwedischen Akademie der Wissenschaften).

48 Vgl. Rina Knoeff: *Herman Boerhaave (1668-1738): calvinist chemist and physician.* Amsterdam 2002.

49 *Bibliothèque raisonnée*, 36 (1746), 5 f. (Rezension von Anton-Lazzaro Moros *De crostacei*, wo Haller auch auf «ces Climats d'obédience» des italienischen Autors hinwies).

50 *Bibliothèque raisonnée*, 33 (1746), 46 (Rezension von Hallers Ausgabe der *Praelectiones academicae*).

51 *Bibliothèque raisonnée*, 47 (1751), 122 (Rezension von Hallers *Methodus studii medici*).

52 Jean Senebier: *L'art d'observer.* 2 Bde. Genf 1775, I: 15; *GGA* 1775, 419.

53 *Nouvelle bibliothèque* 18 (1744), 195 f. (Rezension von Johann Christoph Riegers *Introductio in notitiam rerum naturalium*).

54 Haller, Elementa 1757-66 (wie Anm. 16), I: Vorrede, iv; vgl. Steinke 2005 (wie Anm. 3), 70-73.

55 Vgl. Claire Salomon-Bayet: *L'institution de la science et l'expérience du vivant. Méthode et expérience à l'Académie royale des sciences 1666-1793.* Paris 1978, 337.

56 *Bibliothèque raisonnée*, 34 (1745), 277 (Rezension von Johann Jakob Bruckers *Pinacotheca scriptorum*).

57 *Bibliothèque raisonnée*, 37 (1746), 57.

58 Haller, Vorrede Buffon 1772 (wie Anm. 16), 61.

59 *Nouvelle bibliothèque* 18 (1744), 195 (Rezension von Johann Christoph Riegers *Introductio in notitiam rerum naturalium*).

60 Bonnet an Haller, 15.4.1768; Sonntag 1983 (wie Anm. 19), 747.

61 Haller, Rede 1772 (wie Anm. 28), 194.

62 Vgl. dazu: Richard Toellner: Die Verbindung von Lehre und Forschung an der jungen Georgia Augusta zu Göttingen. In: *Hippokrates*, 39 (1968), 859-863. Sonntag 1975 (wie Anm. 3).

63 Begleitschreiben Hallers zur Dissertation seines Schülers Allan Swainston: *De purpura*. Göttingen 1752.

64 Haller, Rede 1772 (wie Anm. 28), 204.

65 Haller, Elementa 1757-66 (wie Anm. 16), I: Vorrede; zitiert nach Albrecht von Haller: *Anfangsgründe der Physiologie des menschlichen Körpers*, aus dem Latein. übers. von Johann Samuel Halle. 8 Bde. Berlin 1759-76, Bd. 1, Vorrede.

66 Haller, Elementa 1757-66 (wie Anm. 16), V: 578.

67 Haller, Vorrede Buffon 1772 (wie Anm. 16), 67.

68 Haller, Tagebücher 1971 (wie Anm. 20), 93 f.

69 *GGA*, 1778, 488 (Rezension einer Publikation der Berliner Gesellschaft der naturforschenden Freunde).

70 Vgl. Sonntag 1975 (wie Anm. 3).

71 Haller, Vorrede Buffon 1772 (wie Anm. 16), 66.

72 *GGA*, 1771, Zugabe: ccxxxvii (Re-

zension von Georg Rudolf Böhmers *De plantis in cultorum memoriam nominatis*).

73 *GGA*, 1758, 1237.

74 Vgl. Rita Schär: *Albrecht von Hallers neue anatomisch-physiologische Befunde und ihre heutige Gültigkeit.* Bern 1958.

75 Vgl. Erich Hintzsche: Albrecht von Hallers Bedeutung für die Geschichte der Medizin. In: *Proceedings of the XIXth International Congress for the History of Medicine*. Basel, New York 1966, 409.

76 *GGA*, 1745, 120 (Rezension von Hallers Edition von Boerhaaves *Praelectiones academicae*).

77 Haller, Vorrede Buffon 1772 (wie Anm. 16), 50, 68-70.

78 Haller, Rede 1772 (wie Anm. 28), 194 f.

79 Haller an Bonnet, 16.3.1761, 3.6. 1764; Sonntag 1983 (wie Anm. 19), 234 f., 381.

80 Robert K. Merton: The reward system of science. In: Piotr Sztompka (Hg.): *On social structure and science*. Chicago 1996, 289-295.

81 Zimmermann an Haller, 25.11. und 8.12.1754; Rudolf Ischer (Hg.): J. G. Zimmermanns Briefe an Haller. In: *Neues Berner Taschenbuch auf das Jahr 1906*, 208, 212; Hallers Antworten vom 30.11. und 17.12.1754 in Bodemann 1885 (wie Anm. 2), 28, 29.

82 Senebier 1775 (wie Anm. 52): I: Vorrede, ix.

83 Vgl. Leibniz' zwei Denkschriften von 1700, ediert in Hans-Stephan Brather (Hg.): *Leibniz und seine Akademie. Ausgewählte Quellen zur Geschichte der Berliner Sozietät der Wissenschaften 1697-1716.* Berlin 1993, 71-80.

84 *Abriß von dem neuesten Zustande der Gelehrsamkeit*, 1738, 522 (Rezension von Bernhard Siegfried Albinus' *Icones ossium foetus humani*).

85 Erich Hintzsche: A. v. Hallers ‹Prospectus d'un dictionnaire universel de médecine› [1776]. In: *Gesnerus*, 23 (1966), 48-54, hier 53.

86 Albrecht Haller: Historia constitutionis variolosae. In: *Commercium litterarium ad rei medicae et scientiae naturalis incrementum institutum*. Nürnberg 1736, S. 73-78.

87 Albrecht von Haller: *Icones anatomicae*. 8 Faszikel. Göttingen 1743-1756, III: Vorrede zur ersten Tafel.

88 Carl von Linné: *Museum Adolphi Friderici Regis*. Stockholm 1754, Vorrede.

89 Stephen Hales: *Statical essays*. London 1733, Widmung, vii.

90 *Bibliothèque raisonnée*, 39 (1747), 278 (Rezension von Linnés *Wästgöta-resa*).

Der Magistrat und ökonomische Patriot

Martin Stuber und Regula Wyss

Kann man den Bernern vorwerfen, sie hätten Haller nicht erkannt? Kann man ihnen vorwerfen, sie hätten ihn nicht belohnt? Kann man auf der anderen Seite Haller vorwerfen, er habe zu wenig Patriotismus an den Tag gelegt? Johann Georg Zimmermann, zu der Zeit königlicher Leibarzt in Hannover, stellte diese Fragen einen Monat nach Hallers Tod in einem Brief an Abraham Rengger, Helfer am Berner Münster.[1] Hintergrund ist die Absicht Zimmermanns, sein über zwei Jahrzehnte früher erschienenes *Leben des Herrn von Haller* zu überarbeiten und neu herauszugeben. Zimmermann hatte in dieser ersten Biographie Hallers dessen Position in Bern einseitig negativ gezeichnet. Haller sei in Bern viel weniger bekannt als in Deutschland, England, Frankreich und Holland. Ein Ruhm, der sich auf «gesammlete Kräuter» und auf «mühsame Zergliederungen» stütze, finde bei den meisten Bernern mangels «Belesenheit und Wissenschaft» keine Resonanz. Im Gegenteil gelte hier gelehrte Arbeit als «verächtlich und lächerlich», weil sie vermeintlich auf das «Glücke der Republic keinen Einfluß» habe. Angesichts des hohen Stellenwerts, den man in Bern Reichtum und hoher Geburt zukommen lasse, erstaune die «Gleichgültigkeit der Berner für einen Gelehrten» aber nicht.[2] Und wie könnte denn Haller zu Regierungsgeschäften tauglich sein, so Zimmermann mit ironischem Unterton, habe er doch bei einer gewissen «Staats-Ceremonie vergessen seinen Handschuh auszuziehen».[3]

Zimmermann hat sein Überarbeitungsprojekt nicht realisiert.[4] Vermutlich wären dabei gerade die Passagen zu Bern modifiziert worden. In der Erstfassung scheinen sie stark von Zimmermanns eigenen Erfahrungen als Aussenseiter geprägt zu sein, die er in Bern als Bürger der Untertanenstadt Brugg hat machen müssen.[5] Zudem stand Haller zum Zeitpunkt von Zimmermanns Einschätzung (1755) an einem anderen Ort als am Ende seines Lebens. Tatsächlich fielen die Antworten Renggers (1778) auf die eingangs aufgeführten Fragen sehr viel positiver aus. Jeder Berner sei «stolz auf Haller» gewesen; auch sei Haller belohnt worden, wenn auch nicht immer ganz so, wie er es gewünscht habe. Umgekehrt könne man Haller alles andere als unpatriotisches Verhalten vorwerfen. Zu eindeutig seien die Proben seines Patriotismus, so mit seinen Verordnungen für die Akademie in Lausanne, mit seiner Mithilfe bei der Stiftung der Waisenhäuser und mit zahlreichen weiteren Staatsgeschäften. Einzig, dass er in seiner Funktion als Rathausammann während der Ratsversammlungen private Bücher gelesen habe, «das war vermuthlich nicht patriotisch».[6]

Die gegensätzlichen Interpretationen Zimmermanns und Renggers markieren die beiden Pole, zwischen denen sich die weiteren Publikationen zum Thema situieren lassen. Auf der einen Seite zeichnen zahlreiche generalisierende Darstellungen das Bild eines in seiner Heimat vollständig Verkannten. Noch am mildesten lautet das Urteil von Emil Blösch (1877), wonach Haller in der «kleinen Stadtrepublik» nicht die Anerkennung finden konnte, die ihm gebührte.[7] Schärfer formuliert es Richard Feller in seiner klassischen Darstellung (1955): «Bern hatte für ihn nicht viel übrig.»[8] Ähnlich negativ fällt die Bilanz von Christoph Siegrist (1967) aus. Dem «Weltberühmten» sei es ein Leben lang nicht gelungen, in Bern eine «angemessene Stellung» zu finden, was seinen Grund in den «persönlichen Rancunen» und in der «Wissenschaftsfeindlichkeit» des Patriziats habe.[9] Erstaunlicherweise dominieren solche eindimensionalen Deutungen bis in die jüngste Zeit gerade die an ein breiteres Publikum gerichteten Darstellungen.[10] Dies, obschon Spezialuntersuchungen seit längerer Zeit ein sehr viel differenzierteres Bild zeigen, das erstens die singuläre Erscheinung Haller genauer in das historische Umfeld seiner Zeit einbettet und sich zweitens nicht nur auf Zimmermanns zeitgenössische Hallerbiographie und deren Derivate, sondern auch auf zahlreiche Komplementärquellen wie Briefe und Verwaltungsquellen stützt.[11] Denselben multiperspektivischen Weg beschreitet die vorliegende Darstellung, indem sie in der Analyse von Hallers Stellung im Berner Patriziat, Hallers Magistratsrolle und Hallers Tätigkeit in der *Oekonomischen Gesellschaft Bern* die unterschiedliche Innen- und Aussensichten mit konkreten Praktiken zu kombinieren sucht. Dabei ergeben sich über den Einzelfall hinaus zahlreiche Bezüge zum Verhältnis von Wissenschaft und Gesellschaft im Ancien Régime im Allgemeinen.

Erste Versuche

Der geschilderte Gegensatz zeigt sich exemplarisch bei der Interpretation von Hallers ersten Versuchen, sich in Bern eine Anstellung zu verschaffen. Zimmermann deutete die Konstellation, als Haller 1729 nach seinen Studien- und Reisejahren als 20-jähriger Doktor der Medizin in seine Heimatstadt zurückkehrte, folgendermassen: «Er kehret in sein Vaterland zurück, sein Herz wallet den Gelegenheiten entgegen, sich in seinem Stande nöthig, geehret, und was weit mehr als das Glück selber ist, des Glücks würdig zu machen: Aber der Neid der gesprächigen Unwissenheit stehet an seiner Pforte [...].»[12]

Ähnlich beurteilte man im *Schweizerischen Museum* (1790) rückblickend die Jahre nach Hallers erster Rückkehr in die Heimatstadt. Er habe sich in Bern die «Achtung und Begünstigung» erhofft, wovon er auswärts zahlreiche Beweise empfangen habe. Erfahren habe er aber nur «Kränkung», «Vernachlässigung» und selbst «Neid», dem «jeder Mann von Genie» in seinem Vaterland ausgesetzt sei.[13] Am Ausgangspunkt solcher Einschätzungen steht die Interpretation von Hallers fehlgeschlagenen Bewerbungen als vierter Stadtarzt (1734) und als Professor der Eloquenz an der Berner Hohen Schule (1734, 1735). Zimmermann führte Hallers Misserfolg auf die ungerechtfertigte Kritik an Hallers Vielseitigkeit zurück: «Warum sollte dann der Dr. Haller wollen Spithal-Arzt werden, sagte man in Bern, er ist ja Poet? Und bey der verledigten Stelle eines Professors in der Beredsamkeit hiess es, sie gehöre einem Arzte nicht.»[14]

Eine solche Sicht wird relativiert, wenn man über den Einzelfall hinaus stärker den zeitgenössischen Kontext berücksichtigt. Hallers Bewerbung als Stadtarzt war zugelassen worden, obschon er gemäss Reglement noch zu jung gewesen war; bei der Wahl unterlag er dann aber einem älteren Kollegen. Dies erlebten vor und nach Haller die meisten jungen Ärzte; nur selten und nur bei Ärztemangel erreichte ein Junger beim ersten Versuch sein Ziel.[15] Bei der Bewerbung als Professor der Eloquenz standen dem jungen Haller immerhin 11 andere Bewerber gegenüber; der schliesslich erfolgreiche Johann Georg Altmann war 13 Jahre älter als Haller und hatte sich vorher schon fünfmal vergeblich um eine Professur beworben.[16]

Kaum ein Jahr später erhielt Haller die Stelle des Bibliothekars an der Berner Stadtbibliothek.[17] Er verdankte diese Wahl zum einen der Freundschaft mit seinem Vorgänger Franz Ludwig Steiger, dem er bereits seit Monaten geholfen hatte, das der Bibliothek einverleibte Medaillenkabinett zu ordnen; zum anderen der Fürsprache von dessen Vater, dem Schultheissen Isaak Steiger, mit dessen Nichte Marianne Wyss sich Haller verheiratet hatte.[18] In seiner kurzen Amtszeit erstellte Haller ein umfangreiches Verzeichnis der antiken Münzen und nahm eine Neuaufstellung der 14'000 Bände vor. Anstelle des alten Katalogs von 1694, der nach Wissensgebieten geordnet war und für die Benutzung nicht mehr genügte, begann er mit einem alphabetischen Katalog. Auch legte er ein Verzeichnis von notwendigen Neuanschaffungen an, das insofern von einem planmässigen Vorgehen zeugt, als er das Hauptgewicht auf den Erwerb grosser und kostbarer Werke legte, deren Anschaffung dem Einzelnen nicht so leicht möglich war.[19]

Dreiviertel Jahre nach Stellenantritt als Bibliothekar erreichte Haller der Ruf an die Universität Göttingen. Für den weitreichenden Entscheid fragte Haller seinen Patron Isaak Steiger um Rat. Dieser riet zur Annahme des Angebots, denn Haller habe in Bern vorerst nichts anderes zu erwarten als die Bibliothekarsstelle und allenfalls eine Stadtarztstelle. Gleichzeitig blieben seine Aussichten auf eine spätere Wahl in den Grossen Rat auch beim Wegzug intakt und er, Steiger, werde sich ein Vergnügen daraus machen, Haller dabei behilflich zu sein.[20] Ebenfalls ausgelotet wurden Hallers aktuelle Möglichkeiten in Bern mit politischen Vorstössen durch seine Freunde. Mit einer Eingabe (‹Heimlichermahnung›) versuchte man, für Haller entweder eine Art ‹Wartgeld› bis zur nächsten freiwerdenden Stadtarztstelle zu beschaffen oder eine auf ihn zugeschnittene Professur für Mathematik an der Hohen Schule neu einzurichten. Die Antwort des Kleinen Rats fiel aber aus grundsätzlichen finanzpolitischen Gründen negativ aus.[21] Darauf wollten rund 30 Burger – namentlich genannt werden der Ratsherr Bernhard von Diesbach, der künftige Schultheiss Johann Anton Tillier, der künftige Seckelmeister Franz Ludwig Steiger sowie der künftige Venner Beat Sigmund Ougsburger[22] – das Geschäft vor den Grossen Rat bringen, weil dem «Publico» daran gelegen sei, dass ein «solchgelehrter und taugentlicher Mann» Bern erhalten bleibe. Auch dieses Ansinnen wurde aber zurückgewiesen, diesmal mit dem staatspolitischen Argument, das Geschäft betreffe «weder Saz- noch Ordnung» und es berühre auch die «burgerliche Freyheit» nicht.[23]

Familienpolitik aus Distanz

Als Haller den Ruf nach Göttingen schliesslich annahm, schrieb er seinem Freund Johannes Gessner: «Ich werde ja nicht auf immer weg sein, sondern in die Heimat zurückkehren, sobald unser Grosser Rat ergänzt wird und mir das Glück [einer Wahl] vergönnt ist.»[24] Ein Sitz im Grossen Rat hatte für die burgerlichen Familien nahezu existenzielle Bedeutung, da die Teilnahme am Stadtregiment und damit der Zugang zu den einträglichen Staatsämtern daran gebunden waren. Gemäss der (inoffiziellen) Rangordnung um die Mitte des 18. Jahrhunderts zählte die Familie Haller unter den nicht ganz 80 regierenden, das heisst im Grossen Rat vertretenen und damit zum Patriziat gehörenden Geschlechtern, nur zur vierten von insgesamt fünf Klassen.[25] Der junge Haller selbst schätzte die eigenen Wahlchancen als nicht allzu gross ein, sei er in Bern doch nur der Sohn eines Sekretärs – der früh verstorbene Vater war Landschreiber in Baden gewesen – und der Schwiegersohn eines Kaufmanns.[26] Die Zugehörigkeit einer solchen Familie zum Patriziat war durch die Abschliessungstendenzen zunehmend gefährdet (vgl. den Beitrag zu Bern in diesem Band). Im anonymen Memorial *Gedanken eines aufrichtigen Patrioten* (1735), hinter dem man Haller vermutet, wird diese Verengung auf immer weniger regierende Geschlechter angeklagt und nach Gegenmassnahmen gerufen.[27]

Bei den vorausgegangenen Wahlen («Burgerbesatzung») von 1735 war Haller wegen der Mindestaltergrenze von 30 Jahren noch nicht in Frage gekommen. Ob es Haller bei den nächsten, in ungefähr 10 Jahren zu erwartenden Wahlen reichen würde, war alles andere als sicher. Hocherfreut konnte er dann aber am 17. April 1745 seinem Freund Gessner mitteilen: «Vor zwei Wochen im Vaterland angelangt, bin ich gestern einstimmig in unseren Grossen Rat aufgenommen worden. So habe ich nun Grund zur Hoffnung, früher oder später in die Heimat zurückzukehren.»[28]

Dass Haller dieses glanzvolle Resultat keineswegs in den Schoss gefallen war, zeigen die über 70 Briefe, die er im Hinblick auf seine Promotion zwischen 1737 und 1745 von Göttingen aus mit seinen Berner Freunden und Verwandten zu diesem Thema wechselte. Man spekulierte darin über den Zeitpunkt der Ratserneuerung, unterstützte Haller in seinen Heiratsstrategien, analysierte Hallers Wahlchancen, beschäftigte sich anlässlich des «Burgerlärms» von 1744 mit Kritik am Wahlsystem und schickte Reaktionen auf Hallers erfolgreiche Wahl.[29] Einige Beispiele sollen dies illustrieren. Als sich Haller nach dem frühen Tod seiner ersten Ehefrau, Marianne, wieder verheiraten wollte und von Göttingen aus in Bern nach einer möglichen Ehefrau Ausschau hielt, spielten wahltaktische Überlegungen eine wichtige Rolle. Die meisten der rund 80 freien Sitze im Grossen Rat wurden nämlich aufgrund von Nominationen vergeben, was die Töchter von Inhabern solcher Nominationsrechte entsprechend begehrt machte, denn diese Rechte wurden in der Regel zugunsten von männlichen Verwandten – und dabei nicht selten für den Schwiegersohn – eingesetzt. Hallers Künftige, Elisabeth Bucher, war eine solche «Barettlitochter».[30] Entscheidend für Hallers Wahl war dann aber wohl die Unterstützung durch seinen Patron Isaak Steiger, der bei der 1745er-Promotion nicht nur Haller, sondern auch fünf weitere Kandidaten durchbrachte, so wie er bereits bei der Promotion von 1735 sechs Stellen vergeben hatte.[31] Selbst ein mächtiger Patron wie Steiger konnte aber seinen Einfluss nur geltend machen, wenn die innerfamiliäre Konstellation vorher geklärt wurde. Nicht ohne Mühe gelang es Albrecht von Haller, seinen älteren Bruder Niklaus Emanuel davon zu überzeugen, dass die eigene Promotion der Familie mehr bringe; als Kompensation für seinen Verzicht wurde dem Bruder ein höher dotiertes Amt als die Almosnerstelle, die er zu der Zeit innehatte, in Aussicht gestellt.[32] Eine zweite Voraussetzung war Hallers persönliche Präsenz in Bern unmittelbar vor den jeweils rund um Ostern stattfindenden Wahlen, um verschiedenen wichtigen Personen, die für seine Promotion ausschlaggebend sein konnten, die Aufwartung zu machen und sie mit Geschenken zu versehen.[33]

Haller hatte mit seiner 1745 erfolgten Wahl in den Grossen Rat die entscheidende Hürde seiner Magistratskarriere genommen; es sollte aber noch bis 1753 dauern, bis er seine erste Magistratsstelle antreten konnte. Wie sehr sich Haller in der Zwischenzeit weiterhin um die Stellung seiner Familie im Patriziat bemühte, wird in der dramatischen Geschichte um seine älteste Tochter Marianne deutlich, deren Verheiratung in Bern er von Göttingen aus moderierte. Auf der Quellengrundlage eines dichten Briefverkehrs mit über 40 beteiligten Personen und über 160 Briefen zwischen 1749 und 1753 lässt sich der vielstimmige Kommunikationsprozess zwischen Göttingen und Bern als Ausgleich zwischen Familieninteresse und Emotionen rekonstruieren.[34]

Insgesamt waren die familienökonomischen Überlegungen keineswegs nur auf das Familienoberhaupt ausgerichtet. Als Haller später – in den 1760er Jahren – die erneute Rückkehr nach Göttingen in Betracht zog, war es sein ältester Sohn Gottlieb Emanuel, der ihn an die väterliche Pflicht erinnerte, die Familienökonomie höher als alles andere zu gewichten:

> Der Papa redet wieder vom weggehen. Diese That würde unsere ganze Familie auf ewig stürzen und mich besonders unglücklich machen, der ich keine andere Hülfe in der Welt als den Papa habe. Ich kenne die Liebe, so der Papa zu unserem Geschlechte heget, ich soll hoffen, einigen Antheil daran zu haben. Mag nun das bewegliche Bitten und das leicht vorzusehende traurige Schicksal eines ältesten Sohnes nicht etwas auf einen gütigen Vater vermögen, kann dessen Herz nicht erweicht werden?[35]

Offensichtlich folgte Haller auch den Wünschen seiner Nachkommen, als er die internationale Forscherkarriere auf höchstem Niveau zugunsten einer bernischen Magistratenlaufbahn auf mittlerem Niveau zurückstellte.[36] Es ist eine Prioritätssetzung, die dem gelehrten Europa unverständlich blieb. Der Basler Gelehrte Isaak Iselin schrieb dem Berliner Buchhändler und Verleger Friedrich Christoph Nicolai: «[…] und darum kann ich H. von Haller nicht begreifen, der lieber zu Bern ein Sklave als zu

Göttingen Präsident einer ansehnl. Akademie und Canzler einer vortrefflichen Universität seyn will.»[37]

Vertrauten wie Horace-Bénédict de Saussure war dagegen klar, dass Hallers Integration in den bernischen Magistratenstand ihn eben gerade nicht zum Sklaven machte, sondern ihm und seiner Familie standesgemässe Stellung und Auskommen sicherte. «Je sens cependant bien la force de vos raisons, & je sens bien comme vous que vous devés faire plus d'attention à vos rélations de Père de Famille & de Citoyen qu'à celle d'Homme de Lettres.»[38] Und auch Johann Georg Zimmermann betonte die grossen Nachteile für die Zukunft der Familie, bliebe Haller in Göttingen: Der älteste Sohn könnte später unter Umständen eine Professorenstelle, für eine der Töchter wäre vielleicht eine gute Heirat zu finden; was geschehe aber mit all den anderen Familienangehörigen, denen fern der Heimat nichts als Tränen blieben?[39]

Rathaus, Schulen, Waisenhaus

Als Haller mit seiner Mitgliedschaft im Grossen Rat die theoretische Möglichkeit bekam, ein Staatsamt zu erlangen, interessierte er sich zunächst für den Posten eines Kommissars der bernischen Gelder in London, was aber die Universität Göttingen nicht billigte (1747/48).[40] Fünf Jahre später weilte Haller in der erwähnten Heiratsangelegenheit seiner Tochter Marianne um Ostern in Bern und bewarb sich mit «gnädiger Erlaubnis von Hannover» um das Amt des Rathausammans.[41] Unter 34 Bewerbern war ihm das Los günstig.[42] Haller bewertete diesen «Ruff der göttlichen Vorsehung»[43] später in seiner Autobiographie durchaus positiv: «Ich trat […] eine in meinem Vaterland gesuchte und beliebte Bedienung an, mit deren eben damahls das Recht ein neues Glied des großen Raths zu empfehlen verknüpfet war.»[44]

Das Nominationsrecht war für Hallers Interesse am Amt des Rathausammans zentral, und er bezeichnete es in einem Brief an einen Freund als «das schönste Vorrecht meiner Stelle».[45] Dieses Recht scheint sich als Gewohnheitsrecht durchgesetzt zu haben, nicht zuletzt als Entschädigung zur vergleichsweise bescheidenen Entlöhnung, die mit ihren jährlichen 500 Kronen derjenigen einer mittleren Pfarrstelle entsprach.[46] Bestandteil des Gehalts waren auch die Amtswohnung im Rathaus, die Nutzung der Rathaushalde sowie verschiedene mehr oder weniger institutionalisierte Trinkgelder. Als Kuriosum zu erwähnen ist das Recht an den Überzügen der Stühle in der grossen Ratsstube, mit dem eine der vielen Anekdoten zu Haller verbunden ist. Nachdem 1755 die 299 Ratsstühle neu bezogen worden und ebenso viele Stücke des alten grünen Tuchs an Haller gefallen seien, habe man dessen Kinder in Bern für längere Zeit nur noch grün gewandet antreffen können.[47]

Vor dem Amtsantritt hatte Haller ein Notariatsexamen abzulegen, in welchem er «genugsame Proben seiner Capacitet abstattete», wie es ihm bescheinigt wurde.[48] Das Pflichtenheft des Rathausammanns war fixiert im Amtseid. Er durfte das Rathaus nur verlassen, wenn er vorher bekannt gab, «wo er auff Nachfragen zu finden seyn werde», und über Nacht war es ihm nur mit Bewilligung des Schultheissen erlaubt, «nit von der Statt zu seyn»; er hatte das Rathaus in «guter Sorg und Verwahrung» zu halten und alle «Stuben und Cammeren» täglich reinigen zu lassen; und er unterlag dem absoluten Schweigegebot bei allem, was «geheimb zu halten gebotten wird».[49]

Zudem hatte er bei den täglichen Ratssitzungen anwesend zu sein, wo er bei den Abstimmungen die Stimmen zu zählen, nicht aber das Protokoll zu führen hatte; ihm oblag auch die tägliche Begleitung der Schultheissen auf ihrem Nachhauseweg; selbst am Sonntag war er nicht frei, musste er doch den Schultheissen in Kirche und Rathaus begleiten.[50] Zu seinen repräsentativen Pflichten gehörte schliesslich die Sorge für Unterkunft und Verpflegung durchreisender Gäste der Regierung.[51] Insgesamt erlangte der Rathausammann mit seinen regelmässigen Kontakten zum innersten Zirkel der Macht tiefere Einblicke in die Staatsgeschäfte als die übrigen Angehörigen des Grossen Rates und konnte zudem ein persönliches Beziehungsnetz zu den politischen Entscheidungsträgern aufbauen. Es erstaunt nicht, dass das Amt als Sprungbrett für eine Magistratskarriere galt und auch unter den grossen Familien des Berner Patriziats begehrt war.[52]

Trotz der offensichtlichen Bedeutung dieses Amts ist eine gewisse Spannung zwischen dem international renommierten Gelehrten Haller und dem Berner Rathausammann Haller natürlich nicht von der Hand zu weisen. Er selbst schrieb einen Monat nach seiner Vereidigung seinem Zürcher Freund Johannes Gessner: «Gutes mischt sich mit Schlechtem. Ich verlasse den Sitz der Musen und verwickle mich in Staatsgeschäfte, an die ich nicht gewöhnt bin und den Fortschritt meiner wissenschaftlichen Tätigkeit in nichts fördern.»[53] Dasselbe Spannungsverhältnis spiegelt sich in der Anekdote, wonach Haller während einer Verhandlung im Grossen Rat wegen seiner Privatlektüre gerügt worden sei. Er habe sein Buch sofort geschlossen, sei aufgestanden und habe sämtliche diskutierten Geschäfte samt den gefassten Beschlüssen vollständig und genau wiedergegeben. Darauf habe man Haller erlaubt, sich fortan im Grossen Rat nach seinem eigenen Gutdünken zu beschäftigen.[54]

Wie stark Haller schon in dieser Zeit ins bernische Regiment integriert war, zeigen auch seine zahlreichen Sitze in den Kammern. Während seiner Amtszeit als Rathausammann amtierte Haller als Assessor des oberen

Schulrates (gewählt 1754), als Mitglied der Bibliothekskommission (1754), als Mitglied der Landsfriedlichen Kommission (1755) sowie als Assessor des Sanitätsrates (1756), nach Ende seiner Amtszeit auf Ostern 1757 zudem als Waisenhausverwalter (1757), als Mitglied des akademischen Senats (1757), als Mitglied des oberen Chorgerichts (1757), als Mitglied der Landesökonomiekammer (1757) sowie als Aufseher über die Ausgrabungen der römischen Altertümer in Kulm (1758).[55]

Im Schulrat setzte sich Haller für die Verbesserung des Lateinunterrichts ein. Nach dem Vorbild des philologisch-pädagogischen Seminars, das sein früherer Kollege Mathias Gesner in Göttingen eingerichtet hatte, erarbeitete er 1754 den Entwurf zur Gründung eines entsprechenden Seminars in Bern, das die künftigen Lehrer der Lateinschule heranziehen sollte. Hallers Projekt wurde sofort genehmigt, wohl nicht zuletzt deshalb, weil keine finanziellen Folgen damit verbunden waren; er setzte voraus, dass die Lehrperson ohne verbindliche Entschädigung «mit Vergnügen eine so nuzliche und gottgefällige Anstalt unterstützen» würde, allenfalls belohnt mit «in Dero Belieben hinzustellenden Geschenken».[56]

Kaum wurde Haller 1754 in den Schulrat berufen, begannen sich in seinem privaten Briefwechsel mit waadtländischen Korrespondenten Diskussionen über disziplinarische und moralische Probleme an der Akademie Lausanne zu häufen. Dabei versuchten die verschiedenen Lausanner Magistraten, Professoren und Pfarrherren sich bei Haller in ein möglichst gutes Licht zu stellen und gleichzeitig missliebige Konkurrenten anzuschwärzen.[57] Als Haller dann Anfang 1757 zusammen mit Karl Emanuel von Bonstetten den Auftrag erhielt, an der Akademie in Lausanne die Vorwürfe vor Ort zu untersuchen, war er bereits sehr gut über die Probleme und die personellen Konstellationen informiert.[58] Die beiden Schulräte reisten am 9. Februar 1757 nach Lausanne, wo sie gleich am nächsten Tag mit der Visitation begannen. Zuerst wurden die betroffenen Geistlichen, Professoren und Studenten angehört, dann mussten schriftliche Gutachten und Stellungnahmen eingeholt sowie unverlangt eingereichte Briefe und ‹Mémoires› entgegengenommen werden. Im Mai lieferten die beiden dem Kleinen Rat den Schlussbericht ab, in dem sie unter anderem die zu geringe Anzahl gehaltener Lektionen, das ungenügende Ausgangsniveau der Studenten sowie die schlechte Ausstattung der Bibliothek bemängelten; festgehalten wurden aber auch Kritikpunkte der Studenten, so das Fehlen von gedruckten Vorlesungsskripten.[59] Auf der Grundlage dieses Berichts erarbeiteten Haller und Bonstetten zusammen mit dem Kuratel, der aus vier Mitgliedern des Kleinen Rates gebildeten Aufsichtsbehörde der Akademie, ein neues Reglement, das im Juli abgesegnet wurde. Darin wurde unter anderem festgehalten, dass die Theologieprofessoren über «gedruckte Systema» zu lesen hatten und dass sowohl die Professoren als auch die Studierenden die erlaubten Ferienzeiten nicht überschreiten durften.[60] Insgesamt erhielt Haller vor, während und nach der Visitation von 20 Korrespondenten rund 60 Briefe zum Thema. Aus der Sicht der Lausanner direkt Betroffenen handelt es sich dabei um Versuche, die anstehenden Umstrukturierungen in ihrem Sinn und zu ihrem eigenen Vorteil zu beeinflussen; aus der Sicht Hallers und der Berner Verwaltung stellt dieser briefliche Austausch eine hervorragende Informationsquelle dar, um komplementär zu den offiziellen Informationskanälen auf informellem Weg mit den lokalen Akteuren in Tuchfühlung zu bleiben und deren Einschätzungen, Kritikpunkte und Hoffnungen kennenzulernen.[61]

1756 nahm Haller Einsitz in die vorberatende Kommission für ein Waisenhausprojekt. Pläne für eine neue Anstalt zur Aufnahme verwaister Burgerkinder bestanden seit der Aufhebung des ersten Zucht- und Waisenhauses 1684, die konkrete Umsetzung erfolgte aber erst viele Jahrzehnte später. Ein Anzug im Grossen Rat brachte 1755 den Stein ins Rollen.[62] Im März des gleichen Jahres arbeitete die Kommission ein Gutachten über die Notwendigkeit einer «Pflanzschule für Burgerkinder» und deren geeignete Ausgestaltung aus. Man darf davon ausgehen, dass Haller der Hauptverfasser von diesem sowie von zwei weiteren Gutachten vom 29. April 1755 und vom 2. März 1756 war – in seiner Autobiographie schrieb er später: «die eingegebenen Entwürffe und Memoralien setzte ich durchgehends auf».[63] Welch grosse Bedeutung Haller dieser Tätigkeit auch rückblickend gab, zeigt schon die Tatsache, dass er die *Authentischen Acten über das neuerrichtete Waysenhaus in Bern* in seine *Sammlung kleiner Hallerischer Schriften* aufnahm, unmittelbar anschliessend an seine epochemachende Abhandlung *Von den empfindlichen und reizbaren Theilen des Menschlichen Körpers*.[64] Hallers Engagement für das Waisenhaus enthält eine gewisse Folgerichtigkeit. Ein wichtiges Vorbild ist im berühmten Waisenhaus August Hermann Franckes in Halle zu vermuten, das er 1726 auf seinen Studienreisen besucht hatte.[65] Michael Stettler erkennt in der Passage der Waisenhaus-Eingabe, die den Hochmut des Patriziats geisselt und dessen Einbildung, zum Regieren geboren zu sein, den Verfasser des Memorials von 1735 wieder und zieht den Schluss: «Auch als Magistrat blieb Haller sich selber treu.»[66] Und auch die Bemerkung, «die Republik übertrifft an Mildigkeit gegen die Armen vermuthlich alle Fürsten in der Welt»,[67] könnte durchaus ein Gedanke Hallers sein.[68]

Im Weiteren heben Haller und seine Mitverfasser hervor, dass im Waisenhaus die armen und elternlosen Burgerkinder zur Arbeitsamkeit erzogen werden könnten, denn «die Glükseligkeit aller Staaten» beruhe «ohne Ausnahme auf der Menge arbeitsamer Einwohner».[69] In der entscheidenden Sitzung vom 25. Januar 1756 gab der Grosse Rat mit dem Stimmenverhältnis von 88 zu 83 Stimmen seine grundsätzliche Zustimmung zum

Projekt. Haller verbuchte dies als einen persönlichen Sieg, auch wenn ihn die zahlreichen Gegenstimmen ärgerten.[70] In den veröffentlichten Waisenhaus-Akten bemerkte Haller dann, die Anzahl der Stimmen für die verschiedenen Meinungen bekannt zu machen, habe man «der Ehrerbietung gegen den Landesherrn widersprechend befunden».[71] 1757 konnte das Waisenhaus eröffnet und probehalber für die Dauer von 20 Jahren eingerichtet werden. Haller, der das Amt des Seckelmeisters übernahm, legte kurz vor der Eröffnung eine *Instruktion des Waysenvaters* vor, die ein Bild von den konkreten Umsetzungsabsichten liefert. Vom Leiter wurde erwartet, dass er der Erziehung der Kinder diene und dabei die «Förderung der guten Sitten, der Sparsamkeit und andere gute Absichten» besonders ins Auge fasse.[72] Er hatte alle Ausgaben im Hausbuch zu notieren und jährlich vor der Waisenhauskommission Rechnung abzulegen. Neben dem haushälterischen Umgang mit Geld betont Haller in der Instruktion auch die Bedeutung einer gesunden Ernährung und Kleidung der Kinder.[73]

Direktor der bernischen Salzbergwerke

Mit der Wahl zum Direktor der bernischen Salzbergwerke in Roche erhielt Haller 1758 ein Amt, das vergleichbar mit einer Landvogtei war und ihm ein höheres Einkommen als bislang brachte – die jährlichen 3'000 Kronen bedeuteten gegenüber seinem früheren Gehalt als Rathausammann eine Steigerung um das Sechsfache.[74] Wie bei anderen biographischen Wendepunkten bilanzierte er auch dieses Mal die neue Stellung in einem Brief an seinen Zürcher Freund Johannes Gessner: «Sie bringt mir mittelmässige Einkünfte, aber dafür sehr viel Musse und die Hoffnung, mich um das Vaterland verdient zu machen. Zudem komme ich in eine Gegend, die reich an Pflanzen ist und erhalte Gelegenheit, die grosse Physiologie zu beenden und zugleich an der Neuausgabe der *Enumeratio* zu arbeiten.»[75]

Die neuen Verwaltungsaufgaben nahmen aber den nunmehr 50-jährigen Haller viel stärker in Anspruch, als er anfänglich geglaubt hatte.[76] In seinen Briefen beklagte er sich häufig über die starke, auch körperliche Belastung, die das Amt mit sich brachte.[77] Mit seinem neuen Arbeitsbereich, insbesondere dem Rechnungswesen, musste sich Haller zuerst vertraut machen. In seiner ersten Jahresrechnung wurden von seinen Vorgesetzten nicht weniger als 59 Punkte beanstandet, davon ein grosser Teil Buchungs- und Rechnungsfehler (Abb. S. 359).[78]

Hallers Pflichtenheft beinhaltete die Aufsicht über die bernischen Salzwerke in Bex, Roche und Aigle, namentlich über die Angestellten, über die Gebäude, Schächte, Stollen und Leitungen sowie über die Wälder.[79] Erachtete er eine Reparatur als notwendig, musste er zuerst in Bern um Erlaubnis fragen und einen Kostenvoranschlag vorlegen.[80] Auch hatte er vierzehntäglich Berichte nach Bern zu schicken und vierteljährlich wie auch jährlich Rechnung abzulegen.[81] In der Anfangsphase schrieb der Sekretär die Briefe an die Salzkommission in Bern; einzelne Lücken liess er manchmal offen, wahrscheinlich an Stellen, wo er Hallers Vorlage nicht lesen konnte. Haller ergänzte diese offenbar vor dem Versand mit seiner eigenen, nicht sehr leserlichen Handschrift.[82] Seit dem Waldbrand, der 1762 wütete, berichtete Haller öfter eigenhändig nach Bern. Dies begründete er mit den Ereignissen, die seine schnelle Reaktion erforderten; dabei entschuldigte er sich für seine nur schwer leserliche Handschrift.[83]

Mehr als einmal bat Haller in seinen Berichten an die Kommission um Klärung seiner Kompetenzen.[84] Dasselbe Bestreben manifestiert sich in den zahlreichen Privatbriefen, die Haller mit Angehörigen der bernischen Salzadministration wechselte.[85] Nicht weniger als fünf seiner Vorgänger oder Nachfolger als Direktor der bernischen Salzwerke in Roche finden sich unter denjenigen Korrespondenten, mit denen er sich informell über Verwaltungsusancen austauschte, die offenbar nirgends offiziell festgeschrieben waren. Beispielsweise erhielt Haller in seinem ersten Amtsjahr in Roche von seinem Vorgänger Gabriel Herport präzise Auskünfte darüber, ob für den Kauf von Wasserleitungsröhren in Bern eine Bewilligung einzuholen sei oder ob Herport während seiner Amtszeit in einem bestimmten Waldstück der ortsansässigen Bevölkerung das Recht zur Einrichtung von Kohlenmeilern zugestanden habe.[86]

Hallers Privatkorrespondenz mit Mitgliedern der Salzadministration hatte noch eine zweite Funktion: Die detailliert erörterten Kommissionssitzungen und personellen Konstellationen waren Ausdruck von Hallers Versuchen, seinen Anliegen auch auf informellem Weg zum Durchbruch zu helfen. Bestimmend war die Auseinandersetzung mit dem Salzfaktor Johann Franz Samuel Knecht, der sich den Anweisungen des vorgesetzten Salzdirektors nur ungern unterzog. Bezeichnenderweise wurde dabei die Kommunikation selbst zum Konfliktgegenstand. Knecht forderte von Haller vergeblich, dass dieser seine Befehle ausschliesslich schriftlich formulierte; umgekehrt beklagte Haller, dass sich Knecht unter Umgehung des Dienstwegs immer wieder direkt nach Bern oder Aigle gewandt habe.[87] In seiner Sicht hatten die «niemals erlaubte Privatkorrespondenz der Subordinierten an die Kammer» zwingend eine «äusserste Unordnung» zur Folge.[88]

Auf der Grundlage seiner regelmässigen Besuche der einzelnen Bergwerke machte Haller verschiedenste Verbesserungsvorschläge. Er stellte Anträge zur Anlage neuer Schächte, Galerien und Luftlöcher sowie für die Verbesserung der Zufahrtsstrassen durch Schwellen und Kiesfuhren.[89] Als er merkte, dass die Bewirtschaftung des Bergwerks in Chamossaire unren-

Als Salzdirektor in Roche hatte sich Haller in einen neuen Arbeitsbereich einzuarbeiten; insbesondere mit dem Rechnungswesen musste er sich zuerst vertraut machen. In seiner ersten Jahresrechnung wurden von seinen Vorgesetzten zahlreiche Buchungs- und Rechnungsfehler beanstandet. In der Folge konnte sich Haller solche Massregelungen mehr oder weniger ersparen, nicht zuletzt mittels brieflichem Austausch mit seinen Vorgängern, die ihn auf die heiklen Punkte aufmerksam machten. – Jahresrechnung 1761 und 1762 der Salzwerke Roche, Aigle und Bevieux. – Staatsarchiv des Kantons Bern

tabel geworden war, sprach er sich im Interesse der Staatskasse sofort für die Aufhebung des dortigen Betriebs aus, «wenn auch dabey meine Eigenliebe etwas leiden sollte» – die Salzgewinnung in Chamossaire war erst ein paar Jahre vorher aufgrund eines Gutachtens von Haller überhaupt aufgenommen worden.[90]

In seiner Autobiographie hob Haller als wichtigsten Punkt der Tätigkeit in Roche seine Versuche hervor, bei denen «die Sohle bloß durch die Sonne gar gemacht wurde».[91] Das Verdampfen des Salzwassers über dem Feuer war ein äusserst holzintensiver Vorgang, was angesichts der vergleichsweise tiefen Salzkonzentration der Quellen in Bex besonders ins Gewicht fiel. Zwar war mittels Gradierwerken, in denen man das Quellwasser mehrmals über Stroh oder Schwarzdorn-Reisigbündel hinabtropfen liess, eine bis zu zehnmal höhere Konzentration mit entsprechend geringerem Energieverbrauch für die Verdampfung zu erreichen; doch die Gradierhäuser waren in Bau und Unterhalt teuer und holzintensiv (vgl. Abb. S. 55).[92] Demgegenüber versuchte Haller zu zeigen, dass die geschickte Nutzung der Sonneneinstrahlung in einer vergleichsweise regenarmen Gegend zu einer grossen Ersparnis sowohl an Holz als auch an Gradierhäusern führe und man gleichzeitig «mehr und vollkommeneres Salz» erhalte.[93] Haller hielt seine Versuchsreihen genauestens in Tabellen fest und informierte die Roche-Salzkommission laufend über seine Fortschritte.[94] Die Qualität des neuen Salzes stiess dann aber nicht überall auf Begeisterung.[95] Als Haller 1760 davon erste Proben nach Bern zum Vertrieb schickte, traf bei der Salzkammer eine anonyme Klage über das neue, bittere, unreine und schlammige Salz ein.[96] Haller setzte seine Versuche trotzdem weitere zwei Jahre fort und wurde dafür von externen Sachverständigen durchaus gelobt.[97] Daraus gingen verschiedene kleinere Veröffentlichungen in den Zeitschriften der Göttinger Gesellschaft der Wissenschaften und der Pariser Académie des Sciences sowie eine grössere Publikation, herausgegeben «auf hohen Befehl» der Berner Obrigkeit, hervor.[98] In dieser *Beschreibung der Salzwerke in dem Amte Aelen* formulierte Haller den territorialwirtschaftlichen Hintergrund seiner Bemühungen. Zum einen gelte es angesichts der grossen bernischen Salzimporte die einheimische Produktion anzuheben, zum anderen sei im Hinblick auf die nachkommenden Generationen ein möglichst sparsamer Umgang mit Holz anzustreben. Der gesamte zweite Teil von Hallers Abhandlung bestand in ihrer ursprünglichen Fassung denn auch aus einer 70 Druckseiten umfassenden, detaillierten Beschreibung der für die Salinen in Frage kommenden Wälder.[99] Diese Betonung der Holzversorgung hat ihren Grund, gehörten die Salinen doch zu den grössten Energieverbrauchern der Zeit.[100] Bei den Solleitungen schlägt Haller einen Umstieg auf Eisenröhren vor, denn von den insgesamt rund 12 Kilometer langen Leitungen aus Holz müssten jeweils jedes Jahr rund ein Zehntel ersetzt werden, «eine Menge, die nach und nach die stärksten Wälder eröden muss.»[101] Analog hinterfragt Haller auch beim Verdunstungsvorgang die herkömmliche Technologie, denn die Gradierhäuser mit ihrem Holzbedarf «eröden» ebenfalls «ganze Wälder»[102] und der Holzverbrauch für das Verdampfen des Salzwassers über dem Feuer in den Siedepfannen sei bei dem tiefen Salzgehalt der Solen derart gross, «dass er endlich dem Werthe des Salzes zu nahe kömmt».[103] Beides zusammen habe «den Wunsch bey mir erwekt», so Haller, «ein anders Mittel zu erfinden, Holz zu ersparen».[104] Um seine Strategie der optimalen Nutzung der Sonnenenergie zu realisieren, schlägt Haller zur Verdunstung unter Sonneneinwirkung ein grosszügig dimensioniertes Becken aus Marmor vor, bedeckt von einem beweglichen Dach, mit dem man die atmosphärischen Bedingungen optimal ausnützen könnte. Gegenüber dem 220 Meter langen Gradierhaus in Aigle, dessen Errichtung im Jahr 1730 rund 16'000 Reichstaler kostete und das jährlich 3'000 Zentner Salz lieferte, seien die Erstellungskosten mit 7'000 Reichstalern vergleichsweise gering, besonders auch im Hinblick auf die mögliche Produktionssteigerung von 10'000 Zentnern.[105]

Hallers neue Methode der Salzgewinn hat sich nicht durchgesetzt.[106] Es wäre aber verfehlt, deswegen Hallers Wirken in Roche als Misserfolg zu deuten. Am Schluss seiner Amtszeit erhielt er von seinen Vorgesetzten zahlreiche Zeichen der Anerkennung. Die im Juni 1764 in Roche erschienene Inspektionskommission rühmte den verbesserten Zustand der Bergwerke und Domänen.[107] Hallers Berichten mass man in Bern eine solche Wichtigkeit bei, dass man sie einzubinden und aufzubewahren beschloss. Und die Anerkennung seiner Innovationen war immerhin genügend gross, dass ihm der Rat den Auftrag gab, seine Erfahrungen zu veröffentlichen, und ihn für diese Arbeit mit 50 Dublonen entlöhnte.[108] Schliesslich betonte auch der eineinhalb Jahrhunderte später amtierende technische Direktor der Saline die technologische Innovationskraft, die in den vorgeschlagenen Strategien Hallers lag.[109] Schon zu Hallers Lebzeiten erhielten diese Resonanz auf europäischer Ebene;[110] und Hallers Genfer Freund Charles Bonnet schrieb euphorisch: «Berne vous aura de grandes obligations du service que vous lui rendés en perfectionnant ses salines. Syracuse avoit un Archiméde, Berne un Haller.»[111]

Haller hatte sich in seiner Roche-Zeit aber nicht nur mit der Salzgewinnung zu beschäftigen. Als der Gouverneur von Aigle im Frühling 1762 unerwartet starb, übernahm Haller interimistisch die Leitung der Verwaltung der vier «Mandements» Aigle, Ollon, Bex und les Ormonts. In seiner einjährigen Amtszeit brachte Haller einiges in Bewegung.[112] Bei seinem Amtsantritt herrschte im Notariatswesen Wildwuchs, hatte doch das für die Waadt 1758 erlassene Notariatsreglement hier keine Geltung – das Gouvernement Aigle zählte zur deutsch-bernischen Verwaltung.[113] In der lokalen Verwaltung nahmen Notare wichtige Funktionen ein, beispielsweise als Sekretäre im unteren Gericht oder in der Landvogtei. Im August 1762 schilderte Haller der Berner Obrigkeit die unbefriedigende Situation und schlug ein Notariatsreglement vor, das vergleichbar war mit demjenigen in der Waadt. Hallers Anregungen wurden aufgenommen, und der Grosse Rat stellte noch im gleichen Jahr auf Vorschlag der Vennerkammer die Notare unter das Mandat für die Waadt von 1758. Dies war eine der ersten Handlungen, die nach und nach zur Eingliederung des Gouvernement Aigle in die Verwaltung des Waadtlandes führte.

Während seines Doppelmandats war Haller in seinen beiden Ämtern in Auseinandersetzungen mit dem Abt von St. Maurice verwickelt. Den

Hauptstreitpunkt bildeten die Wälder bei Gryon, die zwar zu den Besitzungen des Abts zählten, in denen aber den Bernern seit dem 17. Jahrhundert der Holzschlag für die Salinen erlaubt war.[114] Im weiteren Zusammenhang solcher Rechtsstreitigkeiten setzte sich Haller für eine Erneuerung des Archivs im Schloss von Aigle ein.[115] Auch nahm er sich einer vereinheitlichten Gesetzessammlung an, die alle Rechtsordnungen des Gebietes umfassen sollte und die er dann rund ein Jahrzehnt später zusammen mit Vinzenz Bernhard Tscharner zur Druckreife brachte.[116]

Hallers Zeit in Roche wird von verschiedenen Autoren als sein glücklichster Lebensabschnitt bezeichnet.[117] Seine Aufgaben waren oft sehr praktischer Art, wie seine Berichte über den Waldbrand am Mont d'Arvel[118] oder sein Mitwirken an vorderster Front, als ein Sturm das neu errichtete Gradierhaus zerstört hatte, detailreich zeigen.[119] Sein Einsatz für die Region erhielt verschiedene Zeugnisse des Dankes, so vom Rat von Bex, der für die Unterstützung gegen die erneuten Ansprüche der Abtei St. Maurice dankte;[120] oder vom Kastlan in Aigle, der ihm im Namen der Vorsteher der drei Flachland-Bezirke des Gouvernements von Aigle zwei Silbergeräte als Ausdruck der Dankbarkeit überbrachte.[121] Zu Hallers liebsten Aufgaben in Roche gehörte die Verwaltung der Schlossdomänen, wo er Bodenmeliorationen durchführen liess und Kulturversuche mit Hafer, Esparsette und rotem Klee machte.[122] «Hier aber lebe ich», schrieb er seinem Freund Giambattista Morgagni nach Padua am 27. Oktober 1759, «auf ländliche Weise und beschäftigt mit allen zum Landbau gehörenden Arbeiten, einzig erfreut, die leichteren Landgüter zu verbessern, Wasser ab- und zuzuleiten, Sümpfe zu trocknen und Dornbüsche herauszureissen; ich möchte mir selbst Beifall spenden, weil ich ja neue Ernten und lächelnde Weiden dem Morast, den Einöden und den Dornsträuchern nachfolgen sehe.»[123] Dass für Haller diese Tätigkeiten sehr viel mehr bedeuteten als blosse Liebhaberei, wird sich im nächsten Kapitel zeigen.

Oekonomische Gesellschaft Bern

Am 25. März 1778 führte die Oekonomische Gesellschaft für ihren verstorbenen Präsidenten Albrecht von Haller eine grosse Gedenkfeier durch, die mit der Teilnahme der beiden bernischen Schultheissen und zahlreicher Mitglieder des Kleinen und Grossen Rates besonderen Glanz erhielt (vgl. Abb. S. 363).[124] Vinzenz Bernhard Tscharner hielt die offizielle Gedenkrede, die kurze Zeit später französisch und deutsch veröffentlicht wurde. Sie gipfelte im Bekenntnis, dass «der Ruhm seines Namens» die «kräfftigste Stüze» der Gesellschaft gewesen sei und ihre «vorzüglichste Ehre bleiben» werde.[125] Tatsächlich hatte Haller viel zur europäischen Aus-

Die Oekonomische Gesellschaft kaufte 1779, ein Jahr nach der grossen Versammlung zu Ehren Hallers, eine von Johann Friedrich Funk gehauene Porträtbüste in Marmor. Sie ist heute verschollen, nur Gipsabgüsse haben sich erhalten. – Gipsabguss der Büste von J. F. Funk, Höhe 62 cm. – Burgerbibliothek Bern.

strahlung der Berner Sozietät beigetragen. Er tat dies aber nicht nur als Galionsfigur, sondern auch als einer ihrer tatkräftigsten Akteure. Tscharner erinnerte denn auch ebenso an den «würdigen Präsidenten» wie an den «unermüdeten Gönner», den «klugen Wegweiser» und den «willigen Mitarbeiter».[126] Als Präsident amtierte Haller in den Jahren 1766, 1768 sowie 1770 bis 1776, ehe ihm 1777 wegen seiner Verdienste «um das Beste der Gesellschaft» das «immer währende Präsidium» angetragen wurde.[127] Hallers Präsenz an den Sitzungen der Sozietät war selbst in hohem Alter und in den Zeiten der Krankheit erstaunlich gross, was auch Tscharner in seiner Erinnerungsrede betonte.[128] Für die letzten Jahre von Hallers Präsidentschaft darf man allerdings durchaus die Frage stellen, wie viele Impulse er als alter und kranker Mann noch geben konnte.[129] Übers Ganze gesehen ist jedoch Hallers grosser Anteil an den Aktivitäten der Oekonomischen Gesellschaft nicht zu übersehen. Schon die ältere Forschungsliteratur hat die konkrete inhaltliche Bedeutung hervorgehoben, die Haller in den verschiedenen ökonomisch-patriotischen Themenbereichen zukommt, so als «ein Begründer des rationellen Kunstfutterbaus der Schweiz», als «ein Mitbegründer der Theorie für Bodenmeliorationen», als «der Begründer einer durchgreifenden Viehseuchenpolizei» und als der Verfasser des «erste[n] dendrologische[n] Verzeichnis[ses], das auf Grund eigener Beobachtungen in der Schweiz veröffentlicht wurde».[130] Zwei neuere Untersuchungen heben zudem die Bedeutung von Hallers Privatkorrespondenz für die internationale Vernetzung der Berner Sozietät hervor.[131]

Die Oekonomische Gesellschaft Bern war Teil jener europaweiten Bewegung, die ein praxisorientiertes Wissenschaftsverständnis mit der Vorstellung von ökonomischem Wachstum und mit einem auf die «Glückseligkeit» fokussierten Politikbegriff verknüpfte. In der Schweiz wurde diese Reformbewegung getragen von den sogenannten ökonomischen Patrioten.[132] Ihre institutionellen Vorbilder waren zum einen die frühen ökonomisch-patriotischen Gesellschaften in Edinburgh (gegr. 1723), Dublin (1731), London (1754) und Rennes (1757), zum anderen die grossen Akademien und Wissenschaftsgesellschaften in Berlin (1700), Stockholm (1739), Kopenhagen (1742), Göttingen (1751) und Florenz (1753), die sich ebenfalls zunehmend am gesellschaftlichen Nutzen auszurichten begannen.[133] Die von der Forschung lange Zeit übersehene Nähe zwischen den ökonomisch-patriotischen Gesellschaften und der Akademiebewegung verkörperte kaum ein anderer besser als Albrecht von Haller, der in Göttingen als Gründungspräsident der Gesellschaft der Wissenschaften amtiert hatte und später in seiner Heimat die Oekonomische Gesellschaft präsidierte. Diese Rolle Hallers kann hier allerdings – gerade angesichts des laufenden grossen Forschungsprojekts zur Berner Sozietät[134] – erst in Einzelaspekten zur Darstellung kommen, wobei zum einen die Anfangsjahre der Gesellschaft, zum anderen die Bemühungen zur verbesserten Nutzung der Pflanzenressourcen fokussiert werden sollen.

Hallers Beziehung zur Oekonomischen Gesellschaft Bern begann wenig vielversprechend. In ihre Gründung in den Jahren 1758/59 war er nicht direkt involviert – er weilte zu dieser Zeit als Salzdirektor im abgelegenen Roche. Dort erhielt er im März 1761 die Aufforderung, die Präsidentschaft der Zweiggesellschaft in Aigle zu übernehmen. Die Mitglieder liess man ihn aber nicht selber auswählen, sondern schickte diesen gleichzeitig wie Haller direkt aus Bern eine Aufforderung. Haller antwortete verärgert, befand sich doch unter den angefragten Personen neben seinen Vertrauten Abraham-Louis Decoppet und Ludwig Hans Rudolph von Graffenried ausgerechnet der mit ihm verfeindete Salzfaktor Johann Franz Samuel Knecht.[135] Nach diesem unglücklichen Start scheint die Zweiggesellschaft in Aigle denn auch nie richtig in Schwung gekommen zu sein.

Erstaunlicherweise erschien Haller vergleichsweise spät – und erst noch auf Anstoss von aussen – auf der Mitgliederliste der Oekonomischen Gesellschaft. Im Januar 1762 schrieb Hallers langjähriger Lausanner Korrespondent Gabriel de Seigneux de Correvon der Berner Sozietät: «M. de

Haller m' écrit, *Je fais peu ou rien pour la societé dont à la verité je ne suis pas, comme je l'ai vu par la liste* [etc.] J'en ay eté surpris et le public le sera sans doute aussi. Son nom et son zele eussent fait presque autant d'effet que ses lumières.»[136]

Die Gesellschaft reagierte rasch und liess Sekretär Vinzenz Bernhard Tscharner, der mit Haller schon seit vielen Jahren in Korrespondenz stand, einen entschuldigenden Brief schreiben: Man wünsche sehr, dass Haller die Mitgliedschaft annehme; die Sozietät hätte Haller am liebsten gleich bei ihrer Gründung zum Präsidenten gewählt, habe aber angesichts der Umstände gewartet bis zum Ende seiner Amtszeit in Roche.[137] Die Antwort Hallers erfolgte postwendend. Tatsächlich sei er schon im Januar 1759 von Samuel Engel, der zum engeren Kreis der Initianten gehörte, ausdrücklich zur Teilnahme eingeladen worden, was ihm aber wegen der damals einsetzenden Amtspflichten in Roche unmöglich gewesen sei.[138] An der Versammlung vom 6. März 1762 wurde Haller dann als ordentliches Mitglied aufgenommen,[139] und Niklaus Emanuel Tscharner fand in seinem Brief an Haller die entschuldigenden Worte, die Sozietät habe es erst gewagt, ihn als Mitglied aufzunehmen, als sie sicher sein konnte, seiner würdig zu sein.[140]

Betrachtet man Hallers Privatkorrespondenz etwas genauer, dann wird sofort ersichtlich, dass er sich trotz der räumlichen Distanz von allem Anfang über die Berner Sozietät und ihre Aktivitäten genau auf dem Laufenden gehalten hat, ja er war teilweise in diese involviert. Als sich sein Genfer Freund Charles Bonnet im Februar 1759 bei ihm nach der eben gegründeten «Societé pour l'agriculture» in Bern erkundigte,[141] äusserte er sich in seinem Antwortbrief wohlinformiert zu ihrer – aus seiner Sicht gewünschten – Ausrichtung: «Oui Monsieur, cette Societé s'est formée. Je souhaite qu'elle soit experimentale, et qu'elle n'aboutisse pas a une Cotterie, ou a des traductions.»[142]

Ein erster Korrespondent von Haller aus dem inneren Kreis der Oekonomischen Gesellschaft war Elie Bertrand, Pfarrer an der französischen Kirche in Bern und französischsprachiger Sekretär der Sozietät. Von ihm erhielt Haller in Roche rund 50 Briefe, in denen die Berner Sozietät und ihre Publikationen ein wichtiges Thema darstellten.[143] Illustrativ ist Bertrands Brief von Ende Januar 1759: die Gesellschaft befinde sich auf guten Wegen, hätten doch schon 60 Personen subskribiert; seiner Ansicht nach hätte man aber Haller vor dem Verfassen des Programms unbedingt konsultieren müssen.[144]

Der zweite Vertraute war der erwähnte Samuel Engel.[145] Mitte Januar 1759 bat Engel in einer ganzen Reihe von Fragen um Hallers konkrete Mithilfe zuhanden der Oekonomischen Gesellschaft, so erstens um eine Liste mit den wichtigsten einschlägigen Zeitschriften und Büchern aus England, Schweden und Dänemark. Zweitens beabsichtige man im gesellschaftseigenen Publikationsorgan regelmässig Beiträge zur Naturgeschichte der Schweiz zu veröffentlichen, wozu niemand besser geeignet sei als Haller. Drittens wünschte sich Engel von Haller ein kritisches Urteil zu den konstituierenden Papieren der Sozietät: aus dem eigentlichen Gründerkreis könne niemand wie Haller auf eigene Erfahrungen in einer wissenschaftlichen Gesellschaft oder Akademie zurückgreifen.[146]

Einen Monat später schrieb Engel, dass die Oekonomische Gesellschaft Hallers Experimente zur Salzgewinnung, von denen ihm dieser offensichtlich berichtet hatte, gerne in ihre Zeitschrift aufnehmen würde.[147] Im gleichen Monat berichtete Engel, die Gesellschaft habe zahlreiche neue Arten respektive Sorten von Futterpflanzen, Getreide und Gemüse bestellt; falls Haller zusätzliche «nützliche» Pflanzen bekannt seien, soll er sie ihm bitte nennen.[148] Kurze Zeit später liess Engel einige Futterpflanzen Haller mit der Bitte zukommen, diese zu bestimmen.[149] Ein paar Monate später wurde Haller von Engel gebeten, für das Publikationsorgan der Oekonomischen Gesellschaft eine Abhandlung über Futterpflanzen zu schreiben, die auf die Bedürfnisse der Ökonomen ausgerichtet und gleichzeitig den wissenschaftlichen Ansprüchen der Botaniker genügen könne.[150] Als Haller wegen Zeitmangels abwinkte, liess Engel nicht locker. Er könne seine Gründe zwar verstehen, Haller sei aber als Einziger dazu befähigt, diese nützliche Arbeit auszuführen.[151]

Haller verfasste schliesslich die gewünschte Abhandlung zu den Futterpflanzen, später ebenso entsprechende Verzeichnisse zu den Getreidearten sowie zu den Bäumen und Sträuchern.[152] Obschon alle drei im Publikationsorgan der Oekonomischen Gesellschaft erschienen, bestanden bezüglich ihrem wissenschaftlichen Gehalt grosse Unterschiede. Das *Verzeichniss der in Helvetien wildwachsenden Bäume und Stauden* kompilierte Haller auf der Grundlage der entstehenden Zweitauflage seiner grossen Flora der Schweiz (*Historia stirpium*, 1768) als «Arbeit weniger Stunden», wie er selber festhielt. Die *Abhandlungen über Futterkräuter* und die *Beschreibung der Geschlechter, Arten und Spielarten des Getreydes*, die Haller bezeichnenderweise zuerst lateinisch im Publikationsorgan der Göttinger Gesellschaft der Wissenschaften veröffentlichte, sind dagegen als eigenständige wissenschaftliche Werke zu betrachten, fussen sie doch beide auf spezifischen empirischen Grundlagen (vgl. Abb. S. 367). Es entspricht Hallers Wissenschaftsverständnis, dass er alle darin beschriebenen Arten und Sorten vor sich gehabt hat, um sie mit dem «anatomischen Messer und der Vergrösserungslinse» untersuchen zu können (vgl. den Beitrag zum Forscher und Gelehrten in diesem Band).[153] Zu diesem Zweck tauschte er mit Korrespondenten aus ganz Europa getrocknete Pflanzen und Samen aus. Und er unternahm mit Letzteren zahlreiche Anbauversuche, so insbeson-

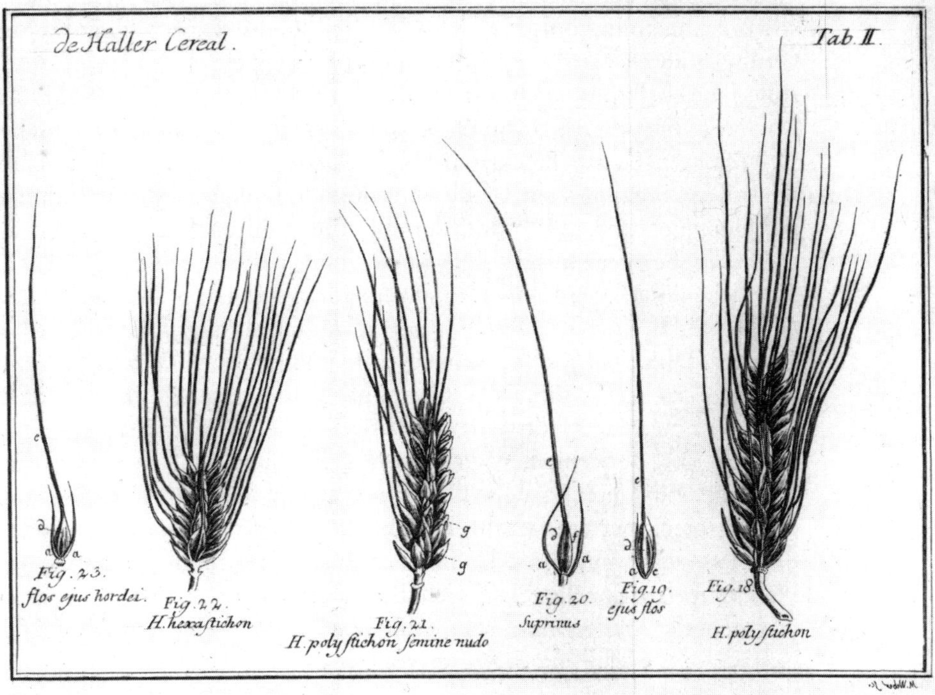

Im Gegensatz zu Carl von Linné unterschied Haller das Getreide nicht nur nach Arten, sondern auch nach Sorten. In dieser Differenzierung – hier Sorten der Saatgerste – sah Haller einen entscheidenden Faktor für die Steigerung des Ertrags. – Albrecht von Haller: Beschreibung der Geschlechter, Arten und Spielarten des Getreides. In: *Neue Sammlung physisch-ökonomischer Schriften, hrsg. von der oekonomischen Gesellschaft in Bern*, 2 (1782), 1-94, hier Tafel II. – Burgerbibliothek Bern.

dere auf den Schlossdomänen in Roche, die dann als Erfahrungsberichte in die beiden Publikationen einflossen. Hallers Einfluss auf das ökonomisch-patriotische Projekt einer verbesserten Nutzung der vegetabilen Ressourcen ging über seine eigenen Publikationen hinaus. Im Umfeld der Berner Sozietät wurden im Zeitraum zwischen 1762 und 1782 insgesamt elf systematische Verzeichnisse von Wild- und Kulturpflanzen veröffentlicht. Die über 1370 darin verzeichneten Pflanzen behandelten rund 650 verschiedene Arten oder Sorten und stellen in ihrer Gesamtheit ein umfassendes Inventar der aktuellen und der potentiellen Pflanzenressourcen des bernischen Territoriums dar. Diese umfassenden Auflistungen von räumlich oder thematisch präzis eingegrenzten Pflanzengruppen standen auf der

Grundlage wissenschaftlich bereinigter Nomenklatur und verzeichneten sowohl einheimische als auch fremde Arten respektive Sorten mit Einbürgerungspotential. In diesem Grossunternehmen hielt Haller die Schlüsselrolle inne.[154] *Erstens* diente seine Schweizer Flora den bernischen Pflanzenverzeichnissen als Grundlage und wurde unter allen botanischen Referenzwerken am häufigsten zitiert. Dabei war Hallers Flora selber schon Bestandteil des territorialen Inventars «nützlicher» Pflanzen, finden sich doch bei rund 20 Prozent aller dort aufgeführten Arten Hinweise auf medizinische oder ökonomische Anwendungen. *Zweitens* stand Haller zu sämtlichen Verfassern dieser Pflanzenkataloge in enger Beziehung. Decoppet, Dick, Koch und Ricou waren seine langjährigen botanischen Mitarbeiter, Miller hatte er bei seinem Aufenthalt auf den Britischen Inseln besucht, Niklaus Emanuel Tscharner gab er botanische Hilfestellungen. *Drittens* unterhielt Haller einen intensiven wissenschaftlichen Austausch mit dem Vorbild Schweden, wo sich eine einflussreiche Gruppe in der Akademie der Wissenschaften um Carl von Linné schon seit den 1730er Jahren mit der intensivierten Nutzung der einheimischen Pflanzenressourcen und der Naturalisation von ausländischen Pflanzen beschäftigte. Zudem war Hallers internationales Netz vielfältig verflochten mit dem Korrespondenznetz der Oekonomischen Gesellschaft, ganz besonders auch bei den vielfältigen Vorgängen des Kulturpflanzentransfers.[155]

Hallers Bemühungen um die intensivierte Nutzung der Pflanzenressourcen bildeten das Zentrum seiner Tätigkeit für die Oekonomische Gesellschaft Bern. Daneben veröffentlichte er in deren Zeitschrift einen Erfahrungsbericht zur Entsumpfung eines Landstückes, der aus seiner Tätigkeit in Roche hervorging,[156] sowie eine Abhandlung zur Bekämpfung der Viehseuche, die er in seiner Funktion eines Assessor perpetuus des Sanitätsrats verfasste (vgl. unten). Zusammen mit Hallers Publikation zum Salzwesen, die ja von der Redaktion ebenfalls für das Publikationsorgan der Oekonomischen Gesellschaft vorgesehen war, machen diese Veröffentlichungen darauf aufmerksam, wie eng der Magistrat und der ökonomische Patriot in ein und derselben Person verbunden waren, respektive sich komplementär ergänzten.

Assessor perpetuus des Sanitätsrats

Wenige Monate nach Hallers Rückkehr aus Roche unternahm der Sanitätsrat angesichts der «im ganzen Land herumb stark eingerissenen Fäulungs Fieberen» den ungewöhnlichen Schritt, die Regierung um «Beiordnung» des Herrn Haller zu bitten. Am 7. März 1765 entsprach der Berner Rat dem Ansinnen. Haller trat erneut in dieses Kollegium ein, dem er schon vor seiner Salzdirektorenzeit 1756 bis 1758 angehört hatte und das er in der Folge bis an sein Lebensende nicht mehr verliess.[157] Es war nicht zuletzt die Tätigkeit in diesem Gremium, die ihn dazu veranlasste, endgültig in Bern zu bleiben und trotz immer wiederkehrenden Angeboten aus ganz Europa nicht an die Stätten der Wissenschaft zurückzukehren. Als ihn 1769 ein attraktives Angebot aus Göttingen erreichte, fragte der Sanitätsrat in einem Brief vom 7. März 1769 beim Kleinen Rat an, ob man Haller nicht mit einem «innländischen Beruf» von allen weiteren «ausländischen Vocationen» fernhalten und für immer ans Vaterland binden könne.[158] Schon am folgenden Tag erhielt der Sanitätsrat den Auftrag, mit Haller entsprechend zu verhandeln und ein Gutachten zu verfassen. Dieses am 11. März vorliegende Schreiben umriss den weiteren Begründungszusammenhang. Wegen der immer wieder auftretenden Epidemien, die im bernischen Territorium der «Population schon allzu grossen Schaden» zugefügt haben, sei von der Obrigkeit in den letzten Jahren ein beträchtlicher Aufwand betrieben worden, «die Arzneykunst zu aüfnen», die «Land-Schärer» besser auszubilden und die «Wehmüttern zu ächtem Underricht» zu bringen, damit den epidemischen Krankheiten «mit mehrerem Erfolg begegnet», bei chirurgischen Eingriffen «weniger Underthanen verderbet» und viele gebärende Frauen «der Verwahrlosung entrissen werden möchten». Da der Erfolg solcher Einrichtungen von der späteren Aufsicht über diese abhänge, könne man Haller, dessen «Celebrität in der Medicin» in alle Teile Europas und darüber hinaus reiche, unter keinen Umständen entbehren.[159] Herangezogen wurden genau dieselben drei Punkte, wie sie Haller 1765 in seinem *Gutachten zur Verbesserung des Medizinalwesens* aufgeführt hatte und die dann auch im entsprechenden Projekt-Reglement des Sanitätsrates von 1766 erschienen: Die verbesserte Ausbildung der Ärzte, der Wundärzte und der Hebammen.[160] Und auch der bevölkerungspolitische Ausgangspunkt findet sich analog schon in Hallers Gutachten: «Die Arzney ist eines der gewissesten Mittel der Entvölkerung eines Landes vorzukommen.»[161] Schultheiss und Räte folgten dieser Argumentation und ernannten Haller am 31. März 1769 zum Assessor perpetuus des Sanitätsrates mit einem Jahresgehalt von 400 Kronen.[162] Haller beurteilte den Erfolg im Brief an seinen Lausanner Kollegen Samuel-Auguste Tissot differenziert: «Il ne faut pas regarder la somme, qui est peu proportionnée, mais a la nouveauté du cas. Me voila donc fixé dans ma patrie. Cette petite somme aidera a me faire passer plus commodement le reste de mes jours, et je serois plus heureux encore, si les afaires publiques ne m'enlevoient un si grand nombre d'heures.»[163]

Ebenfalls mit einer gewissen Ambivalenz äusserte sich Haller in seiner Autobiographie. Er habe das Vertrauen, das ihm seine Mitbürger schenkten, mit grosser Dankbarkeit entgegengenommen und sei sich der – gerade in einer Republik – «schmeichelhafte[n]» Ausnahmebehandlung sehr bewusst gewesen, habe aber trotzdem bedauert, dass er sich dadurch «in so mancherley Geschäfte zerstreuen» und seine «Studien grossentheils zurüksezen» musste.[164]

Von seinen Leistungen im Sanitätsrat hob Haller selber die zahlreichen Verordnungen hervor, die er «abrathen geholffen, mehrentheils auch selbst aufgesetzt», so diejenigen zur «Abhaltung selbst aufgeworfener Landärzte», zur «Ablehnung der Viehseuche», zur «Rettung der Ertrunkenen», zur «Heilung der rothen Ruhr» und zur Abwehr der «Pestseuchen».[165] Bislang fehlt eine umfassende Studie, welche Hallers Tätigkeit im Sanitätsrat in ihrer ganzen Breite als Gesamtheit in den Blick nimmt. Neben einer knappen älteren Übersicht[166] existieren erst eine Reihe von Spezialstudien zu einzelnen Themen wie dem erwähnten *Gutachten zur Verbesserung des bernischen Medizinalwesens*,[167] Hallers Tabakrauchklistiermaschine zur Errettung Ertrunkener,[168] dem von Haller mitverfassten Pflichtenheft für Stadtärzte,[169] Hallers Tätigkeit in der Perspektive des Waadtlandes,[170] Hallers internationale Kommunikation zwecks Pestabwehr[171] sowie Hallers Massnahmenpaket gegen die Viehseuche. Gerade in diesem veterinärmedizinischen Bereich zeigte sich Hallers vermittelnde Stellung zwischen Wissenschaft, Verwaltung und Ökonomie.[172] Seine Viehseuchenabhandlung veröffentlichte er zum einen lateinisch in der Göttinger Gelehrtenzeitschrift *Novi commentarii*, zum anderen im Publikationsorgan der Oekonomischen Gesellschaft Bern, schliesslich auch als eigenständige Schrift – «auf hohen Befehl verfasst und zum besten des Landes bekannt gemacht» – in der Hochobrigkeitlichen Buchdruckerei. Die Qualität von Hallers Abhandlung beruht zum einen auf einer umfassenden Kenntnis der internationalen Forschungsliteratur, zum anderen auf den exakten empirischen Grundlagen in Form zahlreicher Sektionen. Gleichzeitig war sich Haller aber der Grenzen in der Bestimmung der Seuchenursachen und der daraus abzuleitenden medizinischen Gegenmittel bewusst. Im Gegensatz zu vielen seiner Kollegen bezeichnete er die Beschränkung auf eine medizinische Bekämpfung als unverantwortlich und setzte nahezu ausschliesslich auf eine strenge Viehpolizei (vgl. Abb. S. 371). Dabei waren die einzelnen von Haller vorgeschlagenen Massnahmen keineswegs alle neu. Handelsbeschränkungen, Quarantäne und Gesundheitscheine für Vieh kannte man vielerorts bereits im 17. Jahrhundert. Neu war Hallers umfassende Konzeption, bei der das Zusammenspiel der einzelnen Elemente mitbedacht wurde. Ausgangspunkt war ihm immer die exakte Krankheitsdefinition auf wissenschaftlicher Grundlage, denn nur im Fall der ansteckenden Lungenseuche (*Pleuropneumonie*) waren die harten und einschneidenden Massnahmen geboten. Auch zog Haller die Vollzugsproblematik in seine Strategie mit ein. Gerade die Durchsetzung der Notschlachtungen bot im

Die Alpsömmerung stand ebenso wie der Viehmarkt im besonderen Fokus von Hallers viehpolizeilichen Massnahmen zur Bekämpfung der Tierseuchen; an beiden Orten herrschte infolge starker Durchmischung ein erhöhtes Ansteckungsrisiko. – Albrecht von Haller: *Gedicht von der Schönheit und dem Nuzen der Schweizerischen Alpen = Ode sur les Alpes,* hg. von David Herrliberger. Bern 1773, Tafel XXV. – Burgerbibliothek Bern.

Ausland nämlich grosse Schwierigkeiten. Haller sah in grosszügigen Entschädigungszahlungen den einzigen Weg, die Landleute zu motivieren, angestecktes Vieh gleich beim ersten Verdacht zu melden. Insgesamt war Hallers Strategie, die er als Sanitätsrat auch gleich selber umsetzen konnte, äusserst erfolgreich. In einem rückblickenden Brief an einen befreundeten Magistraten setzte Haller die rund 300 Notschlachtungen, die während der europaweiten Seuche 1772/73 im bernischen Territorium vollzogen wurden, in Relation zu den ausserordentlich hohen Seuchenkosten in anderen Staaten: «Und hingegen wie viel Millionen hat Holland und jetzt Frankreich eingebüsst!»[173]

Fazit

Die ältere Forschungsliteratur fasste Albrecht von Hallers Verhältnis zu Bern meist im Klischee des europaweit berühmten Gelehrten, der sich in seiner Heimat ein Leben lang vergeblich um eine angemessene Stellung bemühte. Betrachtet man dagegen seine konkrete Tätigkeit und berücksichtigt neben den zeitgenössischen Fremdurteilen immer auch Hallers eigene Deutungen, erscheint ein vielseitig tätiger Magistrat, der in den unterschiedlichsten Bereichen wesentliche Impulse setzen konnte und durchaus Zeichen der Anerkennung erhielt. Dabei war Hallers Tätigkeit im Dienst der Republik in mehrfacher Hinsicht geprägt von seinen Eigenschaften als grosser Gelehrter und Kommunikator. Seine systematische Arbeitsweise zeigte sich schon in seiner frühen Arbeit als Bibliothekar; von seinem Hang zu gründlichster Empirie zeugen die Versuche mit neuen Kulturpflanzen, die Messreihen beim Gewinnen der Sole mittels Sonnenenergie in Roche sowie die zahlreichen Tiersektionen während der ausgebrochenen Viehseuche. Ausdruck von Hallers kommunikativer Vernetzung als Magistrat und ökonomischer Patriot waren seine informellen Direktkontakte zu den unterschiedlichen Exponenten der Lausanner Akademie vor und während der Visitation, seine europaweiten Kommunikationskanäle beim Bekämpfen der Pest und seine zentrale Rolle beim Transfer von Kulturpflanzen. Zudem gelang es Haller dank seinen kommunikativen Qualitäten immer wieder, erfolgreich Verbündete für die familienökonomischen Ziele zu mobilisieren, so bei seiner Wahl in den Grossen Rat ebenso wie bei der eigenen Heirat und derjenigen seiner Tochter.

Inhaltlich umfassen Hallers Tätigkeiten als Magistrat mit den Bildungsreformen, der Erziehung zur Arbeitsamkeit, der Minderung der Krisenanfälligkeit und der optimierten Nutzung einheimischer Ressourcen die ganze Palette der aufgeklärten Reformbewegung, wie sie sich in der zweiten Hälfte des 18. Jahrhunderts auf europäischer Ebene präsentierte und mit der Haller in vielfältigem Austausch stand. Hallers aktive Rolle in der Oekonomischen Gesellschaft Bern ist daher nichts als folgerichtig. Um angemessen interpretiert zu werden, müssen Hallers Stellung in der ökonomisch-patriotischen Reformbewegung und seine Verwaltungstätigkeit unbedingt gemeinsam in den Blick genommen werden, agierte er doch gleichzeitig als wissenschaftlicher Experte und als ausführender Mann der Verwaltung.[174] Dabei scheint Haller zusammen mit weiteren Kollegen in der Oekonomischen Gesellschaft Bern eine spezifische Richtung zu vertreten, die erstens durch Nähe zum obrigkeitlichen Paternalismus und zweitens durch die besondere Betonung von Beobachtung und Erfahrung auf wissenschaftlicher Grundlage gekennzeichnet ist.

Anmerkungen

1 Zimmermann an Rengger, 15.1.1778; Eduard Bodemann (Hg.): *Von und über Albrecht von Haller: ungedruckte Briefe und Gedichte Hallers sowie ungedruckte Briefe und Notizen über denselben*. Hannover 1885, 180.

2 Johann Georg Zimmermann: *Das Leben des Herrn von Haller*. Zürich 1755, Vorrede.

3 Ebenda, 355.

4 Eduard Bodemann (Hg.): *Johann Georg Zimmermann. Sein Leben und bisher ungedruckte Briefe an denselben*. Hannover 1878, 9.

5 Vgl. Emil Blösch: Albrecht von Haller's Lebenslauf. In: *Albrecht von Haller, geb. den 8. Oktober 1708 – gest. den 12. December 1777. Denkschrift*. Bern 1877, 1-40, hier 15.

6 Rengger an Zimmermann, 14.2.1778; Bodemann 1885 (wie Anm. 1), 183.

7 Blösch 1877 (wie Anm. 5), 6.

8 Richard Feller: *Geschichte Berns. Bd. III: Glaubenskämpfe und Aufklärung 1653 bis 1790*. Bern 1955, 392.

9 Christoph Siegrist: *Albrecht von Haller*. Stuttgart 1967, 9.

10 Siehe dazu Stefan Hächler: Albrecht von Haller im Spiegel der Literatur des 20. Jahrhunderts. In: André Holenstein et al. (Hg.): *Berns goldene Zeit. Das 18. Jahrhundert neu entdeckt*. Bern 2008 (im Druck).

11 Erich Hintzsche: Einige kritische Bemerkungen zur Bio- und Ergographie Albrecht von Hallers. In: *Gesnerus*, 16 (1959), 1-15, hier 8 f.; Urs Boschung: Albert de Haller: réussite scientifique à l'étranger ou réussite sociale dans la patrie. In: *Révue médicale de la Suisse Romande*, 112 (1992), 1051-1059; Martin Stuber, Stefan Hächler: Ancien Régime vernetzt. Albrecht von Hallers bernische Korrespondenz. In: *Berner Zeitschrift für Geschichte und Heimatkunde*, 62 (2000), 125-190.

12 Zimmermann 1755 (wie Anm. 2), 86 f.

13 William Coxe: Albert Haller. In: *Schweizerisches Museum*, 6 (Zürich 1790), 561-597.

14 Zimmermann 1755 (wie Anm. 2), 108 f.

15 Hintzsche 1959 (wie Anm. 11), 8.

16 Friedrich Haag: *Die Hohen Schulen zu Bern in ihrer geschichtlichen Entwicklung von 1528 bis 1834. Mit besonderer Berücksichtigung der kulturhistorischen Verhältnisse*. Bern 1903, 101 f.; Rudolf Ischer: *Johann Georg Altmann (1695- 1758). Die Deutsche Gesellschaft und die moralischen Wochenschriften in Bern*. Bern 1902, 54.

17 Hans Blösch: Albrecht von Haller als Bibliothekar. In: *Mélanges offerts à M. Marcel Godet*. Neuchâtel 1937, 165-178; die jährliche Besoldung betrug 36 Kronen, 10 Mütt Dinkel und 1 Fass Wein (ebenda, 165).

18 Ebenda, 169.

19 Ebenda, 169 f.

20 Steiger an Haller, 8.2.1736; ebenda, 167 f.

21 Adolf Lechner: Aus Albrecht Hallers zwei letzten Bernerjahren vor seiner Abreise nach Göttingen im September 1736. In: *Blätter für bernische Geschichte, Kunst und Altertumskunde*, 7 (1911), 130-135; vgl. Boschung 1992 (wie Anm. 11), 1054 f.

22 Zimmermann 1755 (wie Anm. 2), 117.

23 Lechner 1911 (wie Anm. 21), 133.

24 Haller an Gessner, 15.5.1736; Urs Boschung: *Albrecht von Haller in Göttingen. Briefe und Selbstzeugnisse*. Bern 1994, 9.

25 Karl F. Wälchli: Von der Reformation bis zur Revolution. In: *Illustrierte Berner Enzyklopädie*. Bern-Wabern 1981, 107-150; siehe dazu jetzt Nadir Weber: Auf dem Weg zur Adelsrepublik. Die Titulaturenfrage im Bern des 18. Jahrhunderts. In: *Berner Zeitschrift für Geschichte und Heimatkunde*, 70 (2008), 3-34, hier 7-9.

26 Haller an J. R. Sinner, 17.12.1738; Emil F. Rössler: *Die Gründung der Universität Göttingen*. Göttingen 1855, 315, 322.

27 Burgerbibliothek Bern, Mss. hist.

helv. III, 51 (Abschrift); vgl. zur Einbettung und Zuschreibung des Memorials an Haller: Max Widmann: *Albrecht von Hallers Staatsromane und Hallers Bedeutung als politischer Schriftsteller*. Biel 1894, 179-182; Michael Stettler: Haller und Bern. In: *Albrecht von Haller 1709-1777. Zehn Vorträge*. Bern 1977, 1-18, hier 4.

28 Haller an Gessner, 17.4.1745; Boschung 1994 (wie Anm. 24), 65.

29 Siehe dazu ausführlich: Stuber/Hächler 2000 (wie Anm. 11), 145-159; Boschung 1994 (wie Anm. 24); an diesem Austausch zwischen Göttingen und Bern beteiligten sich u. a. Hallers Jugendfreunde Gottlieb von Diesbach (im Grossen Rat, GR, seit 1735), Niklaus Gatschet, Albrecht Herport, Johann Rudolf Sinner (GR 1735) und Franz Ludwig Steiger (GR 1735), Hallers Vetter Samuel Engel (GR 1745), Hallers Tante Maria Magdalena Engel, Hallers Onkel Samuel I. Haller (GR 1718) sowie Hallers Patron Isaak Steiger (GR 1701); vgl. zu diesen Korrespondenzen im Einzelnen: Urs Boschung et al. (Hg.): *Repertorium zu Albrecht von Hallers Korrespondenz 1724-1777*. 2 Bde. Basel 2002, I: Nr. 247, 273, 274, 336, 428, 458, 983, 1013, 1014.

30 Stuber/Hächler 2000 (wie Anm. 11), 149-153; vgl. Boschung 1992 (wie Anm. 11), 1056.

31 Steiger an Haller, 5.5.1741, 6.9.1741; C. von Steiger: Isaak Steiger. Biografie eines Zeitgenossen Hallers. In: *Berner Taschenbuch auf das Jahr 1879*, 1-64, hier 48, 60.

32 Stuber/Hächler 2000 (wie Anm. 11), 155 f.

33 Samuel Haller an Haller, 17.2.1745 (Burgerbibliothek Bern, Nachlass Haller).

34 Martin Stuber: Intimität – Familienökonomie – Stadtgespräch. Kommunikationsgeschichte einer Heirat im Ancien Régime. In: Ders., Stefan Hächler, Luc Lienhard (Hg.): *Hallers Netz. Ein europäischer Gelehrtenbriefwechsel zur Zeit der Aufklärung*. Basel 2005, 463-503.

35 G. E. Haller an Haller, 29.3.1764; Ludwig Hirzel (Hg.): *Albrecht von Hallers Gedichte*. Frauenfeld 1882, CDVI.

36 Vgl. ebenda, CDVI-CDVIII; Martin Stuber: Vatergespräche. Söhne und Töchter im Briefwechsel Albrecht von Hallers. In: *Schweizerische Zeitschrift für Geschichte*, 52 (2002), 414-429.

37 Isaak Iselin an Christoph Friedrich Nicolai, 2.3.1767; Holger Jacob-Friesen: *Profile der Aufklärung. Friedrich Nicolai – Isaak Iselin. Briefwechsel, 1767-1782*. Bern 1997, 155.

38 Saussure an Haller, 3.10.1763; Otto Sonntag (Hg.): *The correspondence between Albrecht von Haller and Horace-Bénédict de Saussure*. Bern etc. 1990, 167 f.

39 Zimmermann an Haller, 24.8.1752; Rudolf Ischer (Hg.): J. G. Zimmermanns Briefe an Haller, nach dem Manuskript der Stadtbibliothek. In: *Neues Berner Taschenbuch auf das Jahr 1904-1912*, hier 1904, 24.

40 Boschung 1994 (wie Anm. 24), 17; Hirzel 1882 (wie Anm. 36), CCXLV.

41 Zimmermann 1755 (wie Anm. 2), 348.

42 Boschung 1994 (wie Anm. 24), 17.

43 Haller an Asch, 21.6.1735; Rössler 1855 (wie Anm. 26), 349.

44 Autobiographie Hallers; ebenda, 378-384, hier 378.

45 Haller an Asch, 21.6.1753; ebenda, 349; vgl. den allgemeinen Befund in: Karl Geiser: Die Verfassung des alten Bern. In: *Festschrift zur VII. Säkularfeier der Gründung Bern's, 1191-1891*. Bern 1891, 128.

46 Erich Hintzsche (Hg.): *Albrecht von Hallers Briefe an Auguste Tissot 1754-1777*. Bern, Stuttgart, Wien 1977, 493 f.

47 A. Zesiger: Haller als Rathausammann. In: *Blätter für bernische Geschichte, Kunst und Altertumskunde*, 1909, 65-69, hier 68; Heinz Balmer: *Albrecht von Haller*. Bern 1977, 23.

48 Nach Hans Strahm: Albrecht von Haller im bernischen Staatsdienst. In: *Verwaltungs-Praxis*, 7 (1973), 197-203, hier 197.

49 Nach Zesiger 1909 (wie Anm. 47), 66.

50 Balmer 1977 (wie Anm. 47), 22 f., 66 f.

51 Hintzsche 1977 (wie Anm. 46), 494.

52 Ebenda, 493; so das Urteil auch bei Strahm 1973 (wie Anm. 48), 197 f.

53 Haller an Gessner, 31.5.1753; Boschung 1994 (wie Anm. 24), 93.

54 Herminie Chavannes: *Biographie de Albert de Haller.* 2nde éd. Paris 1845, 120 f.

55 Stuber/Hächler/Lienhard 2005 (wie Anm. 34), 572; Friedrich Haag: Albrecht von Haller als Mitglied des Bernischen Schulrats 1754-1758 nach den Manualen des Schulrats im Bernischen Staatsarchiv. In: *Süddeutsche Blätter für höhere Unterrichtsanstalten mit Einschluss der Kunstschulen und der höheren Mädchenschulen,* 5 (1897), 85-91, 162-168; Mathias Münger: *Albrecht von Haller: Erziehung und Bildung in seinem Denken und Wirken.* Diss. phil. Bern 1971, 176-225 (Schulrat), 177 (Bibliothekskommission).

56 Friedrich Haag: *Die Hohen Schulen zu Bern in ihrer geschichtlichen Entwicklung von 1528 bis 1834.* Bern 1903, 138.

57 Stuber/Hächler 2000 (wie Anm. 11), 159-165.

58 Friedrich Haag: Die Mission Albrecht Hallers nach Lausanne im Jahre 1757. In: *Neues Berner Taschenbuch auf das Jahr 1900.* Bern 1899, 53-75; Münger 1971 (wie Anm. 55), 187-213; Henri Vuilleumier: *Histoire de l'église réformée du pays de vaud sous le régime bernois. Tome quatrième: Le declin du régime bernois.* Lausanne 1933, 231-235.

59 Münger 1971 (wie Anm. 55), 193 schreibt diesen Bericht v. a. Haller zu.

60 Ebenda, 203 f.

61 Stuber/Hächler 2000 (wie Anm. 11), 164.

62 Hans Morgenthaler: *Die Burgerlichen Waisenhäuser der Stadt Bern.* Bern 1938, 29 f.

63 Haller, Autobiographie 1855 (wie Anm. 44), 379; Hubert Steinke, Claudia Profos (Hg.): *Bibliographia Halleriana. Verzeichnis der Schriften von und über Albrecht von Haller.* Basel 2004, 216; Morgenthaler 1938 (wie Anm. 62), 53 f.; Münger (wie Anm. 55), 226-239; Mitarbeiter waren Samuel Engel, Johann Anton Herport, Albrecht von Mülinen und Gottlieb Emanuel von Haller.

64 Authentische Acten über das neuerrichtete Waysenhaus in Bern vom Jahr 1755 bis 1757: aus den Zürchischen Sammlungen des Jahres 1757. In: *Sammlung kleiner Hallerischer Schriften,* 2., verb. u. verm. Aufl. 3 Bde. Bern 1772, II: 105-171.

65 Erich Hintzsche (Hg.): Albrecht Hallers Tagebücher seiner Reisen nach Deutschland, Holland und England 1723-1727. Bern etc. 1971, 61 f.; vgl. Münger 1971 (wie Anm. 55), 223.

66 Stettler 1977 (wie Anm. 27), 7, der sich auf die folgende Passage bezieht: «Der patricische Hochmuth, die Einbildung zur Regierung gebohren zu seyn, die Gemächlichkeit, ohne wahre Arbeit, allerley Beysteuern zum Lebensunterhalte zu erhalten, sind allerdings die Ursachen dieses Verderbens». Haller, Waysenhaus 1772 (wie Anm. 64), 119).

67 Gutachten vom März 1755 über die «Pflanzschule für Burgerskinder», nach: Morgenthaler 1938 (wie Anm. 62), 31-47, hier 34.

68 Siehe Hallers verwandte Argumentation bei der Entschädigungsfrage bei einer Viehseuche: Martin Stuber, Regula Wyss: Die Viehseuche 1772/73. In: Holenstein 2008 (wie Anm. 10), im Druck).

69 Haller, Waysenhaus 1772 (wie Anm. 64), 113.

70 Zimmermann an Haller, 12.4.1758, 29.1.1756, 4.3.1756; Bodemann 1885 (wie Anm. 1), 54 f., 43 f; Münger 1971 (wie Anm. 55), 226.

71 Haller, Waysenhaus 1772 (wie Anm. 64). Aufgrund einer obrigkeitlichen Intervention konnte Haller nicht alles so vollständig veröffentlichen, wie er das eigentlich beabsichtigt hatte; vgl. Münger 1971 (wie Anm. 55), 227.

72 Instruction des Waysenvaters, in: Haller, Waysenhaus 1772 (wie Anm. 64), 160-170.

73 Ebenda, 164.

74 Gustav Tobler: Albrecht von Haller als Salzdirektor. In: *Für's Schweizer-Haus: Illustriertes Wochenblatt für die Schweizerfamilie,* 1 (1902), Nr. 25, 391-394; Strahm 1973 (wie Anm. 48); Stuber/Hächler 2000 (wie Anm. 11), 165-174;

Sammlung mit Dokumenten zur Salzverwaltung: Burgerbibliothek Bern, Mss. hist. Helv. IV 11-16, 6 Bde.; Rechnungen der Salzdirektion (aus Hallers Amtszeit: Staatsarchiv des Kantons Bern, BV 809-814) sowie Briefe und Memorialia an die Roche-Kommission in Bern (aus Hallers Amtszeit: ebenda, BV 382-384); in den Archives Cantonales Vaudoises finden sich weitere Aktenbestände zu den Salinen in Roche, insbesondere die Manuale der Salzdirektion (Bv); zu Hallers einschlägigen persönlichen Manuskripten und Publikationen siehe unten.

75 Haller an Gessner, 4.4.1758; Henry E. Siegrist (Hg.): *Albrecht von Hallers Briefe an Johannes Gessner 1728-1777*. Berlin 1923, 280; übers. in: Urs Boschung (Hg.): *Zwanzig Briefe Albrecht von Hallers an Johannes Gessner*. Bern 1972, 28.

76 Haller an Zimmermann, 9.9.1758; Bodemann 1885 (wie Anm. 1), 57.

77 Stuber/Hächler 2000 (wie Anm. 11), 166. Vgl. z. B. Hallers Bericht an die Vennerkammer vom 30.9.1763; Silvio Valceschini: *Un poète et naturaliste au pouvoir: Albert de Haller, Vice-gouverneur d'Aigle en 1762-1763*. Aigle 1977, 85.

78 Strahm 1973 (wie Anm. 48), 200;

79 Tobler 1902 (wie Anm. 74), 2; Haller an die Roche-Kommission, 14.11. 1758 (Staatsarchiv Bern, BV 382).

80 Beispielsweise bei der Reparatur des Uhr-Turms des Faktorenhauses in Roche 1759 (Staatsarchiv Bern, BV 382).

81 Strahm 1973 (wie Anm. 48), 199.

82 Vgl. Martin Stuber: Albrecht von Haller – Handschrift unleserlich. In: *Schweizerische Ärztezeitung*, 83, 6 (2002), 277-278.

83 Haller an Salz-Kommission, 4.6. 1762 (Staatsarchiv Bern BV 383).

84 Haller an Roche-Kommission, 16.2. 1759; 21.12.1759 (Staatsarchiv Bern BV 382).

85 Stuber/Hächler 2000 (wie Anm. 11), 166.

86 Ebenda, 170 f.; siehe auch Repertorium 2002 (wie Anm. 29), I: Nr. 912.

87 Der Streit ist in den Briefen Hallers und Knechts an die Salzkommission dokumentiert (Staatsarchiv Bern BV 382, 383); zur Privatkorrespondenz in diesem Streit vgl. Stuber/Hächler 2000 (wie Anm. 11), 172 f.

88 Nach Tobler 1902 (wie Anm. 74), 4.

89 Ebenda, 5.

90 Ebenda.

91 Haller, Autobiographie 1855 (wie Anm. 44), 381.

92 J. Clavel et al.: *Die Minen und Salinen von Bex. Ein grossartiges Werk unserer Vorfahren*. Lausanne 1986, 16-18; Edouard Payot: *Mines et Salines Vaudoises de Bex. Au point de vue historique, technique et administratif*. Montreux 1921, 45-52.

93 Haller, Autobiographie 1855 (wie Anm. 44), 381.

94 Staatsarchiv Bern, BV 382.

95 Vgl. allgemein zur schlechten Qualität von Sonnensalz: Hans-Heinz Emons, Hans-Henning Walter: *Mit dem Salz durch die Jahrtausende*. 2. Aufl. Leipzig 1984, 133, 154.

96 Tobler 1902 (wie Anm. 74), 6.

97 Tobler 1902 (wie Anm. 84), 6 gibt zwei Personen an: bei «Herr Montigin aus Paris» handelt es sich wohl um Etienne Mignol de Montigny, Sous-Directeur der AdS Paris, für 1764 als Salzexperte nachgewiesen; Repertorium 2002 (wie Anm. 29), I: Nr. 1063. Bei «Inspektor de Floigne aus Yverdon» könnte es sich um den Verwaltungsbeamten V. de Foignes handeln, der als Teilnehmer an zwei Versammlungen der Oekonomischen Gesellschaft Bern nachgewiesen ist (27.10.1761, 4.12.1762); an der Versammlung vom 27.10.1761 erhalten sowohl de Foigne wie de Montigny die Ehrenmitgliedschaft. Martin Stuber et al. (Hg.): Forschungsdatenbank zur Oekonomischen Gesellschaft Bern. Standort: Historisches Institut der Universität Bern.

98 Albrecht von Haller: *Kurzer Auszug einer Beschreibung der Salzwerke in dem Amte Aelen*. Bern 1765 (vgl. Staatsarchiv Bern BV 309: Beschreibung der Salzwerke von 1764); im Folgenden zitiert nach der späteren Ausgabe: Albrecht von Haller: Beschreibung der Salzwerke im Amte Aelen. In: Haller, Kleine Schriften 1772 (wie Anm. 64), III: 1-106. Die

weiteren einschlägigen Publikationen Hallers sind aufgeführt in: Steinke/Profos 2004 (wie Anm. 63), 216-218. Im gleichen Zusammenhang erschien Hallers Abhandlung über die Windverhältnisse in Roche, denn davon beeinflusst war die Effizienz der Gradierwerke und der ‹Sonnenverdunstung›: Albrecht von Haller: Abhandlung über den Roche-Wind; aus dem Lateinischen. In: Haller, Kleine Schriften (wie Anm. 64), III: 171-199.

99 Vgl. Martin Stuber: *Wälder für Generationen. Konzeptionen der Nachhaltigkeit im Kanton Bern 1750-1880.* Köln, Weimar, Wien 2008.

100 Jean-François Bergier: *Une histoire du sel.* Fribourg 1982, 86 f.; Christoph Sonnlechner, Verena Winiwarter: Räumlich konzentrierter Verbrauch von Holz. Das Beispiel der Saline Hallein und der Stadt Salzburg vom 16. bis zum 19. Jahrhundert. In: Wolfram Siemann et al. (Hg.): *Städtische Holzversorgung. Machtpolitik, Armenfürsorge und Umweltkonflikte in Bayern und Österreich (1750-1850).* München 2002, 55-77.

101 Haller, Salzwerke 1772 (wie Anm. 98), 50.

102 Ebenda, 59.

103 Ebenda, 52.

104 Ebenda, 58.

105 Das Gradierhaus in Aigle wurde von Joachim Friedrich Freiherr von Beust erbaut, einem der zentralen Akteure bei der Entwicklung der sogenannten Dornengradierung. Emons/Walter 1984 (wie Anm. 96), 133; Haller, Salzwerke 1772 (wie Anm. 98), 59, 100 f.

106 Burgerbibliothek Bern, GA Oek. Ges. 46 (9); Haller hat als einer der Ersten überhaupt das sogenannte Sonnensalz systematisch geprüft. Obschon sich in der Folge auch berühmte Salinisten wie Bergrat F. A. Senff und C. Langsdorf eingehend mit dieser neuen Möglichkeit beschäftigten, setzte sich das Sonnensalz nicht durch; die erfolgreichen grossen Innovationen waren andere: im ersten Drittel des 19. Jahrhunderts die Erschliessung gesättigter Solen mittels Tiefenbohrungen; an der Wende zum 20. Jahrhundert die verbesserte Wärmeausnutzung beim Feuerungsprozess. Vgl. Emons/Walter 1984 (wie Anm. 95), 134 f.; Artikel ‹Salz›. In: Johann Georg Krünitz: *Ökonomisch-technologische Enzyklopädie.* Band 107 (1807), 420, hier: 132, 477 f.

107 Bericht der Deputierten, 25.6.1764 (Staatsarchiv Bern BV 384).

108 Tobler 1902 (wie Anm. 74), 8.

109 Payot 1921 (wie Anm. 92), 51.

110 Stuber/Hächler 2000 (wie Anm. 11), 168-170.

111 Bonnet an Haller, 7.9.1757; Otto Sonntag (Hg.): The correspondence between Albrecht von Haller and Charles Bonnet. Bern etc. 1983, 113.

112 Umfassend Valceschini 1977 (wie Anm. 77), 20 f.

113 Vgl. Archives Cantonales Vaudoises Ba 8 No. 14: Mandat concernant la réduction et les devoirs des notaires du Pays de Vaud, 21.12.1758; vgl. auch zum Folgenden: Valceschini 1977 (wie Anm. 77), 29-32.

114 Valceschini 1977 (wie Anm. 77), 62-72; Archives Cantonales Vaudoises Br 25: Rapport de de Haller à la Chambre des bannerets, 14.11.1762, 499-504 (Streit um Beglaubigung); Staatsarchiv Bern BV 383 (Waldnutzung).

115 Valceschini 1977 (wie Anm. 77), 35-37.

116 *Code des loix des trois mandemens de la plaine du gouvernement d'Aigle. Publ. par ordre de LL.EE.* Berne 1772; die Zuschreibung nach Haller, Autobiographie 1855 (wie Anm. 44), 381. Dies im Gegensatz zur älteren Fachliteratur, die Marc-Antoine Porta als Verfasser angibt; zur Erarbeitung der Sammlung vgl. Repertorium 2002 (wie Anm. 29), I: Nr. 191, 230, 728, 1112.

117 Strahm 1973 (wie Anm. 48), 202; Stettler 1977 (wie Anm. 27), 7; Balmer 1977 (wie Anm. 47), 26 f.

118 Valceschini 1977 (wie Anm. 77), 46 f.

119 Haller an die Salzkommission, 18.3.1760 (Staatsarchiv Bern BV 382); vgl. die einschlägigen Gutachten und Briefe in der Burgerbibliothek Bern, Mss.hist.helv. XIII 135.

120 Repertorium 2002 (wie Anm. 29), I: Nr. 348.

121 Ebenda, I: Nr. 93.

122 Staatsarchiv Bern BV 382; Strahm 1973 (wie Anm. 48), 201.

123 Haller an Morgagni, 27.10.1759; Erich Hintzsche (Hg.): *Albrecht von Haller – Giambattista Morgagni, Briefwechsel 1745-1768*. Bern, Stuttgart 1964, 94; übers. in: Hans Häberli/Urs Boschung: *Albrecht von Haller 1708-1777. Ausstellung Burgerbibliothek Bern*. Bern 1977, 49.

124 Versammlung vom 25.3.1778 (Forschungsdatenbank wie Anm. 97); siehe zur Oekonomischen Gesellschaft Bern vorläufig als Übersicht: Emil Erne: *Die schweizerischen Sozietäten. Lexikalische Darstellung der Reformgesellschaften des 18. Jahrhunderts in der Schweiz*. Zürich 1988, 188-204; sowie neuerdings die Aufsatzsammlung: André Holenstein, Martin Stuber, Gerrendina Gerber-Visser (Hg.): *Nützliche Wissenschaft und Ökonomie im Ancien Régime. Akteure, Themen, Kommunikationsformen* (Cardanus Jahrbuch für Wissenschaftsgeschichte, Bd. 7). Heidelberg 2007.

125 Vinzenz Bernhard von Tscharner: Lobrede auf Hrn. Albert Haller. In: *Neue Sammlung physisch-ökonomischer Schriften*, 1, (Bern 1779), 1-87, hier 42 f.

126 Ebenda, 4.

127 Versammlungen vom 9.1.1768, 6.1.1779, 4.1.1772, 2.1.1773, 29.1.1774, 6.1.1776, 25.1.1777 (Forschungsdatenbank wie Anm. 97).

128 Tscharner 1779 (wie Anm. 125), 42.

129 Daniel Salzmann: *Aufstieg und Niedergang der Oekonomischen Gesellschaft in Bern 1759-1797. Tätigkeitsprofil und Innenperspektive.* Lizentiatsarbeit Bern 2006, 131.

130 Felix Anderegg: *Albrecht v. Hallers Bedeutung für die schweizerische Landwirtschaft: ein Beitrag zur Agrargeschichte der Schweiz*. Bern 1903, 18, 31, 46; Kurt Guggisberg: Albrecht von Haller und die Oekonomische Gesellschaft von Bern. In: *Tätigkeitsbericht der Oekon. und gemeinnützigen Gesellschaft des Kantons Bern 1957*. Bern 1958, 2-17; Silvio Martini: Albrecht von Haller (1708-1777) als Förderer der Forstwissenschaft und der Landwirtschaft in der Schweiz. In: *Schweizerische landwirtschaftliche Monatshefte*, 44 (1966), 321-327, hier 324.

131 Martin Stuber et al.: Exploration von Netzwerken durch Visualisierung. Die Korrespondenznetze von Banks, Haller, Heister, Linné, Rousseau, Trew und der Oekonomischen Gesellschaft Bern. In: Regina Dauser et al. (Hg.): *Wissen im Netz. Botanik und Pflanzentransfer in europäischen Korrespondenznetzen des 18. Jahrhunderts*. Augsburg (Colloquia Augustana, Bd. 24, im Druck); Martin Stuber: «Vous ignorez que je suis cultivateur». Albrecht von Hallers Korrespondenz zu Themen der Ökonomischen Gesellschaft Bern. In: Stuber/Hächler/Lienhard 2005 (wie Anm. 35), 505-541.

132 Georg C. L. Schmidt: *Der Schweizer Bauer im Zeitalter des Frühkapitalismus: die Wandlung der Schweizer Bauernwirtschaft im achtzehnten Jahrhundert und die Politik der Ökonomischen Patrioten*. 2 Bde. Bern 1932; Rudolf Braun: *Das ausgehende Ancien Régime in der Schweiz*. Göttingen, Zürich 1984, 85-109.

133 Siehe zu dieser Bewegung allgemein Rudolf Schlögl: Die patriotisch-gemeinnützigen Gesellschaften. Organisation, Sozialstruktur, Tätigkeitsfelder, in: Helmut Reinalter (Hg.): *Aufklärungsgesellschaften*. Frankfurt am Main etc. 1993, 61-81; Torsten Meyer, Marcus Popplow: «To employ each of nature's products in the most favorable way possible». Nature as a commodity in eighteenth-century german economic discourse. In: *Historical Social Research*, 29/4 (2004), 4-40.

134 Vgl. dazu André Holenstein, Christian Pfister, Martin Stuber: Nützliche Wissenschaft, Naturaneignung und Politik. Die Oekonomische Gesellschaft Bern im europäischen Kontext 1750-1850 (SNF-Projekt). In: *Pro saeculo XVIII. Societas Helvetica*, 25 (2004), 9-11; sowie die Projekthomepage: www.oeg.hist.unibe.ch.

135 Haller an die Oekonomische Gesellschaft, 17.3.1761, 23.3.1761 (Burgerbibliothek Bern); Conrad Bäschlin: *Die Blütezeit der Ökonomischen Gesellschaft in Bern 1759-1766*. Laupen 1913, 199-201.

136 Seigneux de Correvon an die Oekonomische Gesellschaft, 20.1.1762 (Burgerbibliothek Bern).

137 Tscharner an Haller, 19.2.1759 (ebenda).

138 Haller an Tscharner, 22.2.1759 (ebenda).

139 Versammlung vom 6.3.1759 (Forschungsdatenbank wie Anm. 97).

140 N. E. Tscharner an Haller, 9.3. 1762 (Burgerbibliothek Bern).

141 Bonnet an Haller, 6.2.1759; Sonntag 1983 (wie Anm. 111), 154.

142 Haller an Bonnet, 20.2.1759; ebenda, 156.

143 Repertorium (wie Anm. 29), I: Nr. 96.

144 Bertrand an Haller, 30.1.1759 (Burgerbibliothek Bern).

145 Repertorium (wie Anm. 29), I: Nr. 274.

146 Engel an Haller, 14.1.1759 (Burgerbibliothek Bern).

147 Engel an Haller, 25.2.1759 (ebenda).

148 Engel an Haller, 13.2.1759 (ebenda).

149 Engel an Haller, 8.3.1 (ebenda).

150 Engel an Haller, 28.5.1759 (ebenda).

151 Engel an Haller, 9.8.1759 (ebenda).

152 Albrecht von Haller: Verzeichniss der in Helvetien wildwachsenden Bäume und Stauden. In: *Abhandlungen und Beobachtungen durch die oekonomische Gesellschaft zu Bern gesammelt*, 4/2 (1763), 3-40; Ders.: Abhandlung über die Futterkräuter der Neuern. In: ebenda, 11/1 (1770), 3-48; Ders. Beschreibung der Geschlechter, Arten und Spielarten des Getreydes. In: *Neue Sammlung physisch-ökonomischer Schriften, hrsg. von der oekonomischen Gesellschaft in Bern*, 2 (1782), 1-94; im Folgenden nach: Martin Stuber, Luc Lienhard: Nützliche Pflanzen. Systematische Verzeichnisse von Wild- und Kulturpflanzen im Umfeld der Oekonomischen Gesellschaft Bern 1762-1782. In: Holenstein/Stuber/Gerber-Visser 2007 (wie Anm. 124), 65-106.

153 Haller, Getreyde 1782 (wie Anm. 152), 6.

154 Stuber/Lienhard 2007 (wie Anm. 152).

155 Martin Stuber: Kulturpflanzentransfer im Netz der Oekonomischen Gesellschaft Bern. In: Dauser et al. (wie Anm. 131).

156 Albrecht von Haller: Erfahrungen in Verbesserung eines Moorgrundes. In: *Abhandlungen und Beobachtungen durch die oekonomische Gesellschaft zu Bern gesammelt*, 5/4 (1764), 53-70.

157 Yvonne Thurnheer: *Die Stadtärzte und ihr Amt im alten Bern*. Bern 1944, 94.

158 Nach Gustav Tobler: Haller als bernischer Sanitätsrat. Separatdruck aus: *Für's Schweizer Haus: Illustriertes Wochenblatt für die Schweizerfamilie*, 1 (1902), Nr. 30-32, 6 f.

159 Ebenda, 8; siehe zu diesen Bemühungen um eine verbesserte Ausbildung des medizinischen Personals: Hermann Rennefahrt, Erich Hintzsche: *Sechshundert Jahre Inselspital 1354-1954*. Bern 1954, 312.

160 André Bélat: *«Die Arzney ist eines der gewissesten Mittel der Entvölkerung eines Landes vorzukommen»: Albrecht von Hallers Gutachten zur Verbesserung des bernischen Medizinalwesens, Bern 1765*. Diss. med. dent. Bern 1995. Darin ediert Hallres *Gedanken über die Verbesserung der zur Kunst zu Heilen einschlagende Wissenschaften*; Urs Boschung: Médecine et publique au XVIIIe siècle à travers la correspondance d'Albert de Haller et d'Auguste Tissot. In: *Revue médicale de la Suisse romande*, 106 (1986), 35-45, hier 42 f.; Hubert Steinke, Urs Boschung: Nützliche Medizin. Theorie und Praxis bei Albrecht von Haller. In: Holenstein/Stuber/Gerber-Visser (wie Anm. 124), 133-147, hier 143-145.

161 Nach Bélat 1995 (wie Anm. 160), 21.

162 Tobler 1902 (wie Anm. 158), 9.

163 Haller an Tissot, April 1769; Hintzsche 1977 (wie Anm. 46), 304. Vgl. Häberli/Boschung 1977 (wie Anm. 123), 50.

164 Haller, Autobiographie 1855 (wie Anm. 44), 380 f.

165 Ebenda, 379.

166 Tobler 1902 (wie Anm. 158).

167 Bélat 1995 (wie Anm. 160).

168 Urs Boschung: Tabakrauchklistiermaschine zur Errettung Ertrunkener. In: Holenstein 2008 (wie Anm. 10; im Druck).

169 Thurnheer 1944 (wie Anm. 157), 80 f.

170 Eugène Olivier: *Médecine et santé dans le pays de Vaud au XVIIIe siècle, 1675-1798*. 2 Bde. Lausanne 1939, ad indicem.

171 Stuber/Hächler 2000 (wie Anm. 11), 174-178.

172 Im Folgenden nach Stuber 2005 (wie Anm. 131), 520-531; Martin Stuber: Wissenschaftler und Verwaltungsmann zugleich – Albrecht von Haller und die Viehseuchenpolizei. In: Martin Stuber et al. (Hg.): *Kartoffeln, Klee und kluge Köpfe. 250 Jahre Oekonomische und Gemeinnützige Gesellschaft des Kantons Bern OGG* (im Druck); Stuber/Wyss 2008 (wie Anm. 68).

173 Haller an Gemmingen, 6.12.1776; Hermann Fischer (Hg.): *Briefwechsel zwischen Albrecht von Haller und Eberhard Friedrich von Gemmingen nebst einem Briefwechsel zwischen Gemmingen und Bodmer*. Tübingen 1909, 107.

174 Vgl. zur Komplementarität allgemein Hans Erich Bödeker: Medien der patriotischen Gesellschaften. In: Ernst Fischer et al. (Hg.): *Von Almanach bis Zeitung. Ein Handbuch der Medien in Deutschland 1700-1800*. München 1999, 285-302, hier 287.

Haller und die Gelehrtenrepublik

HUBERT STEINKE UND MARTIN STUBER

Mit dem Begriff der ‹Gelehrtenrepublik› (Respublica Litteraria, République des Lettres, Republic of Letters) wird die Gemeinschaft der Gelehrten von der Reformation bis zur Französischen Revolution bezeichnet. Der Ausdruck wurde seit dem 16. Jahrhundert zunehmend – und auch heute noch – verwendet, um die vielen und vielfältigen, ideellen und reellen Verbindungen zwischen den Intellektuellen in dieser Epoche zu beschreiben. Die neuere Forschung betont dabei vor allem den Aspekt der Kommunikation, durch die sich aus einzelnen Gelehrten erst eine Gemeinschaft herausbilden kann; in dieser Perspektive ist die Gelehrtenrepublik das frühneuzeitliche Kommunikationssystem des gelehrten Standes.[1] Anspruch auf Mitgliedschaft dieses Standes konnte erheben, wer wahlweise die lateinische Bildungssprache beherrschte, eine Universität besucht hatte und/oder eine eigene gelehrte Publikation vorweisen konnte.[2] Der Austausch zwischen den Mitgliedern fand nicht nur statt durch direkte Kontakte, sondern ebenso durch ein vielseitiges Zusammenspiel von Institutionen (Universitäten, Bibliotheken, Akademien, Sozietäten, Botanische Gärten) und Druckmedien (Bücher, Zeitschriften). Von besonderer Bedeutung war der Brief, der ein konstitutives und vielleicht das zentrale Merkmal der damaligen Gelehrtenkultur darstellt.[3] Wer keine Briefe schrieb, war nicht nur weitgehend vom direkten Kontakt mit Gelehrten ausgeschlossen, ihm fehlten auch wesentliche Beziehungsnetze, um sich über die aktuellen Diskussionen zu informieren und daran teilzunehmen. Ohne Briefe konnte man allenfalls ein beobachtendes, nicht aber ein aktives Mitglied der Gelehrtenrepublik sein.

Indem die neuere Forschung ihr Augenmerk auf die Kommunikation richtet, interessiert sie sich weniger für die Ideologien und Wissensbestände der Gelehrten an sich, als dafür, wie diese generiert, etabliert und verbreitet werden. Wissenschaft und Gelehrsamkeit wird so als eine kulturelle und soziale Praxis verstanden, die es zu analysieren gilt.[4] Dieser doppelten Frage nach der Kommunikation und den Praktiken der Gelehrtenrepublik ist auch der vorliegende Beitrag verpflichtet.

Albrecht von Haller ist ein ideales Beispiel, um dieser Frage nachzugehen. Er war auf allen wichtigen Ebenen der Gelehrtenrepublik auf vielfältige Weise tätig: Er studierte und dozierte, unternahm Studienreisen, unterhielt einen umfangreichen Briefwechsel, war aktives Mitglied mehrerer gelehrter Gesellschaften, agierte als Experte für die Regierung, organisierte und leitete Forschungsprojekte, kaufte und schrieb unzählige Abhandlungen und Bücher, war tätig als Rezensent, führte wissenschaftliche Kontroversen und bemühte sich um die Verbreitung der gesicherten Wissensbestände. All diese – und weitere – Aktivitäten sind durch zahlreiche Briefe, Akten, Handschriften und Publikationen dokumentiert. Aber nur ein Teil dieser Belege wurde bisher genauer studiert. Hallers Position und Aktivität in der Gelehrtenrepublik sowie die sich darin spiegelnden Strukturen und Mechanismen können daher nur in Teilaspekten dargestellt werden. Im Zentrum steht Hallers Briefwechsel, der bereits genau verzeichnet[5] und exemplarisch analysiert wurde.[6] Dies steht in Einklang mit der zentralen Rolle, die dem Brief in der damaligen Gelehrtenkultur – und, wie sich zeigen wird, auch in Hallers Leben – zukommt. Daneben soll auch auf einige nicht-briefliche Aspekte der Produktion und Kritik von Wissen eingegangen werden; damit wird Hallers Bedeutung als einer der produktivsten Gelehrten seiner Zeit berücksichtigt.

Hallers Korrespondenznetz

Haller schrieb 1754 seinem Schüler und ersten Biographen Johann Georg Zimmermannn: «Pour mes correspondances j'en ai eu de tous cotés. Depuis Petersbourg jusqu'en Espagne.»[7] Haller unterhielt tatsächlich ein Korrespondenznetz von europäischem Ausmass, das zu den umfangreichsten der gesamten Frühen Neuzeit gehört.[8] Von seinem Austausch mit 1139 Korrespondenten, 50 Korrespondentinnen und 11 Institutionen sind 16'981 Briefe überliefert. Von Hallers eigenen Briefen hat sich nur eine kleinere Zahl (rund 3750) erhalten, während er selbst den grösseren Teil der an ihn gerichteten Schreiben aufbewahrte (rund 13'200). Diese stammen aus insgesamt 447 verschiedenen Absendeorten aus – bezogen auf die heutigen Landesgrenzen – nicht weniger als 21 europäischen Staaten sowie einem in Übersee (vgl. Karte S. 383).

Am meisten Briefe werden von praktizierenden Ärzten geschrieben (32 % aller Briefe; vgl. Grafik S. 385). Dazu zählen neben den freien Praktikern auch Spitalärzte, Feldärzte, Stadtärzte, Landärzte und Hofärzte so-

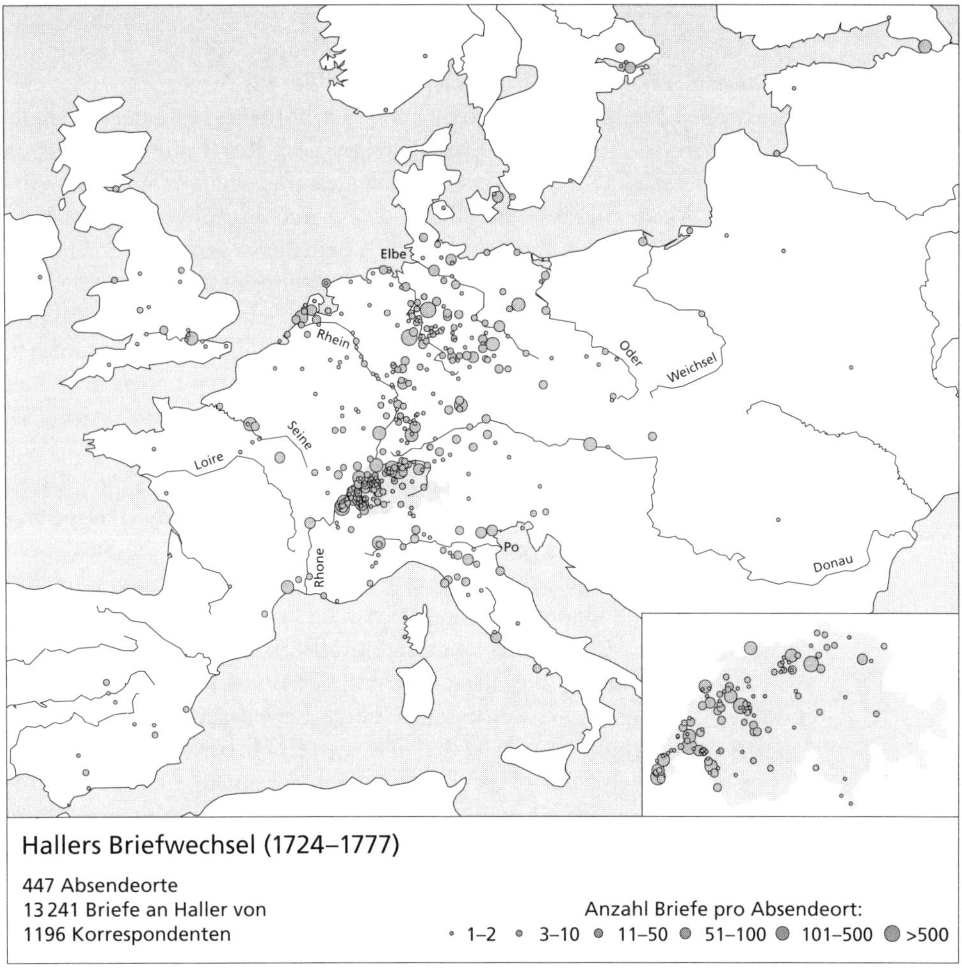

Hallers Korrespondenznetz gehört zu den umfangreichsten der ganzen Frühen Neuzeit. Es umfasst nicht nur ein mehr oder wenig homogenes Gebiet zwischen Loire und Oder, sondern auch einzelne Orte auf der Iberischen Halbinsel, in Ober- und Mittelitalien, in Osteuropa bis nach St. Petersburg, in Skandinavien und auf den Britischen Inseln. Die meisten Briefe erhielt Haller aus Hannover (2291), Bern (872), Lausanne (726), Zürich (701), Göttingen (633), Genf (536), Basel (365), Paris (352), London (298), Berlin (296), Turin (253), Genthod (217), Brugg (209), Leipzig (209), Nürnberg (189), Strassburg (186), Wien (166), Aigle (162), Nyon (154), Aarberg (141), Tübingen (137), Leiden (123), La Ferrière (114), Echallens (113), Montpellier (109) und St. Petersburg (107). – Datengrundlage: Haller-Datenbank, Universität Bern; Kartographie: Richard Stuber, Bern.

wie – falls mit einem medizinischen Doktortitel versehen – einzelne Chirurgen und Prosektoren. Die zweitgrösste Gruppe sind die Magistraten und Staatsmänner (13 %), hauptsächlich gebildet aus Angehörigen der eidgenössischen Stadtregimente, aber auch aus höheren Hofbeamten deutscher Territorien sowie einzelnen Regenten und Regentinnen. Es folgen die nichtmedizinischen Universitätsdozenten und weitere Wissenschaftler, die als Akademiesekretäre, Gartendirektoren, Hofphysiker oder Professoren an Akademien tätig sind (11 %). Beinahe so gross ist die Gruppe der universitären Medizinprofessoren (11 %), etwas kleiner diejenige der Schulmänner (10 %), die Professoren an Hohen Schulen, Gymnasien und Akademieschulen, Sprachdozenten, Hofmeister und Hauslehrer umfasst. Als weitere Kategorien folgen Privatiers (7 %), die ihren Lebensunterhalt aus ihren Vermögenswerten gewinnen, Verwaltungsbeamte (3 %) wie Bibliothekare, kleinere Hofbeamte und Gerichtsdiener, Geistliche (3 %) wie Vikare, Pfarrer und Domherren, im Buchgewerbe Tätige (2 %) wie Buchhändler, Verleger, Drucker und Kupferstecher, die zu einer Gruppe zusammengefassten Chirurgen und Apotheker (2 %) sowie die Studenten (2 %), zu denen auch die nicht wenigen Korrespondenten zählen, die ihre eben fertiggestellte Dissertation an Haller schicken. Unter der Restkategorie Verschiedene (4 %) verstecken sich 24 Offiziere, 30 selbständig Tätige wie Kaufleute, Krämer, Bankiers, Uhrmacher, Advokaten und deren Angestellte sowie 42 Frauen ohne selbständige Erwerbstätigkeit. Diese auf dem Broterwerb zum Zeitpunkt der einzelnen Briefe basierende Kategorisierung kann differenziert werden, wenn nach der Ausbildung der Korrespondenten gefragt wird. Einen akademischen Abschluss im engeren Sinne besitzen 526 Korrespondenten, wobei dazu auch die 38 mit Magistertitel gerechnet werden. Diese zeichnen für insgesamt 7939 Briefe verantwortlich (60 % aller Briefe). Nimmt man zusätzlich die 181 an einer Universität immatrikulierten Studenten ohne Abschluss sowie die 58 Theologen hinzu, so ergibt dies mit 765 zwei Drittel aller Korrespondenten, von denen insgesamt 9164 Briefe (70 %) stammen. Allein von den 486 Korrespondenten mit Doktortitel in Medizin stammen 7090 Briefe (54 %).

Die Sozialstruktur von Hallers Netz tritt in ihrer Besonderheit deutlicher hervor, wenn sie mit derjenigen anderer Netze verglichen wird. Der Nürnberger Arzt Christoph Jakob Trew (1695-1769) unterhielt ein deutlich stärker von medizinischem Personal geprägtes Netz, stammen von diesem doch 72 % aller Briefe, während es bei Haller nur 45 % sind.[9] Im Unterschied dazu macht dieses Personal bei Esprit Calvet (1728-1810), Arzt und Medizinprofessor in Avignon, nur 30 % aus, während es in diesem Fall die katholischen Kleriker sind, die den spezifischen Charakter dieses Briefwechsels bestimmen (32 %).[10] Eine völlig andere Struktur kennzeichnet das Netz von Jean-Jacques Rousseau (1712-1778), in dem

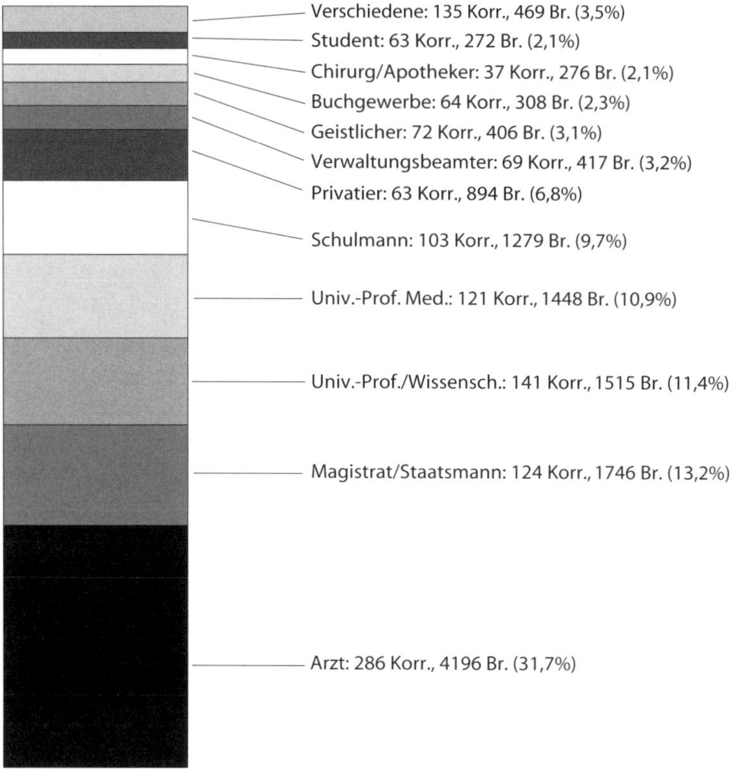

Positionen der Korrespondenten Hallers, gewichtet nach Briefen

1188 Korrespondenten (exkl. Institutionen),
13 226 Briefe

Ärzte bilden die weitaus grösste ‹Berufsgattung› der Korrespondenten Hallers. Rechnet man die akademisch tätigen Mediziner (‹Univ.-Prof. Med.›) hinzu, stellen die Ärzte über 40 %. Insgesamt machen die Akademiker deutlich über 50 % aus. Die zweitgrösste einzelne ‹Berufsgattung› bilden die Magistraten und Staatsmänner. – Datengrundlage: Haller-Datenbank, Universität Bern.

die Ärzte nur 3 % der Korrespondenten ausmachen und die katholischen Kleriker und die protestantischen Pfarrer je 5 %. Dominiert wird Rousseaus Netz dagegen von den Hof- und Landadeligen, den Offizieren und den Hofbeamten (36 %).[11] Wiederum völlig andere Schwerpunkte sind im Netz von Gotthold Ephraim Lessing (1729-1781) mit 14 % adeligen Briefpartnern und bloss 2 % naturwissenschaftlich Gebildeten festzustellen. Die wichtigsten Korrespondentengruppen Lessings sind Gelehrte (40 %) wie Professoren, Erzieher, Geistliche, dann die freien Schriftsteller, die bürgerlichen Staatsdiener (13 %) und Vertreter des Buchgewerbes (10 %).[12]

Im Vergleich mit anderen Briefnetzen fällt der ausgeprochen gelehrte, wissenschaftliche und akademische Charakter von Hallers Briefwechsel auf. Dementsprechend sind die Wissenschaften in allen ihren Facetten das Hauptthema der Korrespondenz. Medizin, Botanik, Naturgeschichte, weitere Wissenschaften und der ganze Wissenschaftsbetrieb (Büchersendungen, Mitgliedschaften, Berufungen etc.) sind für knapp zwei Drittel der Briefinhalte verantwortlich. Die weiteren wichtigen Themen sind Persönliches und Familiäres (11 %), Politik, Verwaltung und Oekonomie (10 %), medizinische Praxis (8 %) und Dichtung (6 %).[13] Diese Gruppierung darf nicht darüber hinwegtäuschen, dass die einzelnen Bereiche nahtlos ineinanderfliessen können und dass das ganze Themenspektrum äusserst breit und vielseitig ist. Gerade Hallers umfangreiche Korrespondenzen waren meist ausgesprochen multithematisch und bewegten sich nicht selten sogar in ein und demselben Brief gleichzeitig in den unterschiedlichen Kommunikationsräumen der Gelehrtenrepublik, der Aufklärung, des Literaturmarkts und der Stadtrepublik Bern. Exemplarisch kann Charles Bonnet genannt werden, der mit Haller als Gelehrter über Embryologie diskutierte, als Angehöriger des Genfer Patriziats interne Staatsgeschäfte austauschte und als Gegner der ‹philosophes› Argumente gegen diese entwickelte.

Aufbau des Beziehungsnetzes

Wie entstand Hallers mächtiges Korrespondenznetz und welches war seine persönliche Motivation zu diesem Grossunternehmen? Im oben genannten Brief an Zimmermann von 1754 äusserte sich Haller auch dazu: «Je n'en jamais commencé, parcequ'en me faisant plaisir elle me chargeoit. Mais aussi je n'ai laissé personne sans reponse, et j'ai meme repondu avec expedition.»[14] Der erste Teil der Aussage hat allerdings weniger mit Realität als mit Selbststilisierung zu tun. Haller bemühte sich durchaus aktiv um den Aufbau seines Korrespondenznetzes, wobei er insbesondere bei den älteren Wissenschaftskoryphäen selber die Initiative zu ergreifen hatte

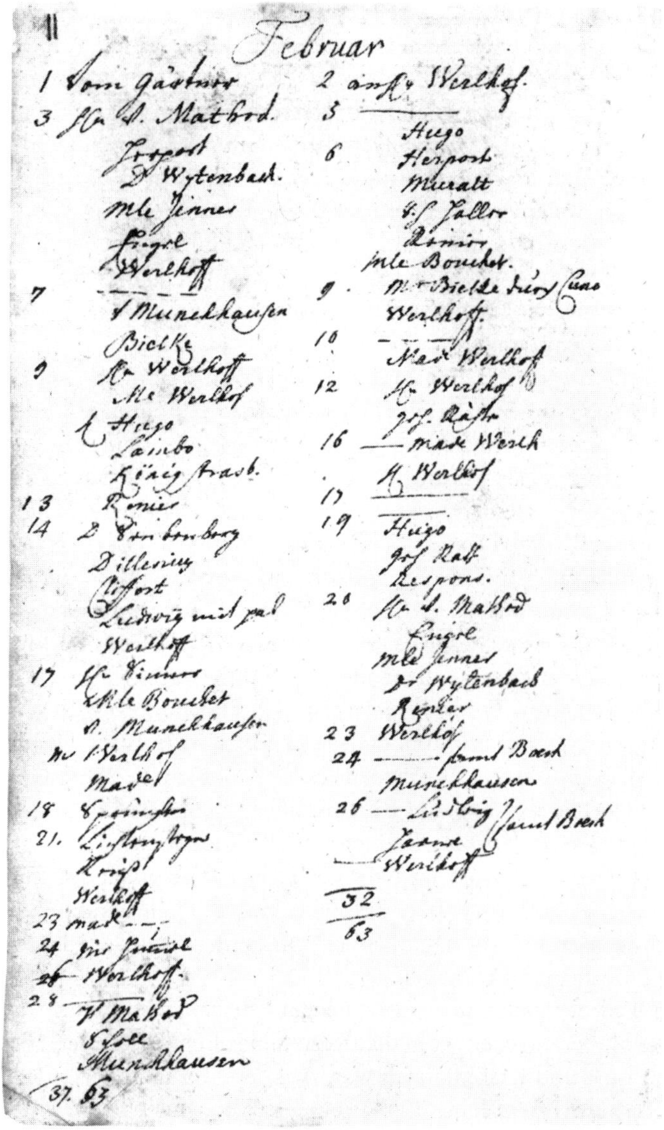

Hallers Schreibkalender – von denen sich einige Bände erhalten haben – belegen, dass er sich zielstrebig und bewusst um den Ausbau und Unterhalt seiner Korrespondenz bemühte. Die Kalender verzeichnen die ein- und ausgehenden Briefe, hier diejenigen vom Februar 1739. – Burgerbibliothek Bern, Nachlass Haller, Ms. 93

(vgl. Abb. S. 387). Zum einen konnte er sich dabei auf vorausgegangene Kontakte von Angesicht zu Angesicht beziehen, Während seiner Studienreisen suchte er bewusst Begegnungen mit berühmten Gelehrten wie dem 25 Jahre älteren Helmstedter Medizinprofessor Lorenz Heister, dem 36 Jahre älteren Zürcher Universalgelehrten Johann Jakob Scheuchzer und dem 48 Jahre älteren Hans Sloane, Präsident der Royal Society in London – mit allen dreien eröffnete er später eine Korrespondenz.[15] Zum anderen bot er bei der Erstkontaktnahme im Brief den umworbenen Korrespondenten verschiedene Dienstleistungen an, so die regelmässige Versorgung mit ausländischer Fachliteratur, mit allgemeinen gelehrten Neuigkeiten und mit Alpenpflanzen.

Nicht selten konnte sich Haller zusätzlich auf Mittelpersonen stützen, etwa im Fall der folgenreichen brieflichen Kontaktaufnahme zum Nürnberger Arzt und Redaktor Christoph Jakob Trew, bei der Barbiergeselle Johann Ludwig Hommel als Vermittler agierte.[16] Hommel hatte in Nürnberg die Anatomiekurse von Trew besucht und war dann 1732 als Hallers Gehilfe nach Bern gezogen. Dass Haller als junger praktizierender Arzt in der Folge von Bern aus in Trews *Commercium Litterarium* insgesamt 16 botanische und medizinische Artikel veröffentlichen konnte, hatte er nicht nur der soliden, aber keineswegs herausragenden Qualität seiner Beiträge zu verdanken, sondern vor allem auch seinem Briefverkehr mit dem Nürnberger Chefredaktor. Und es waren letztlich Hallers Publikationen in diesem renommierten Periodikum, die 1736 zu Hallers Berufung an die Universität Göttingen führten. Dort wurde er als Professor der Anatomie, Botanik und Chirurgie, als Leiter des Botanischen Gartens, als Chefredaktor der *Göttingischen Gelehrten Anzeigen*, als Präsident der Göttinger Gesellschaft der Wissenschaften und als Verfasser bahnbrechender Forschungen dann selber zur Koryphäe. Erst jetzt musste Haller nicht mehr um die Aufnahme von Korrespondenzen bitten, sondern wurde vielmehr – oft sogar im Übermass – darum gebeten.

Im zweiten Teil der genannten Passage seines Briefs an Zimmermann charakterisierte Haller dagegen wohl den Kern seines Lebens im Netz, das ihm tatsächlich Lust und Last zugleich war. Auf der einen Seite bedeutete ihm der Briefverkehr eigentliches Lebenselixier. Während seiner Zeit in Göttingen, als er heftig an Heimweh litt, schrieb Haller seinem Jugendfreund Johann Rudolf Sinner nach Bern, in solchen Briefen führe er die einzigen Gespräche, die ihm in der Fremde noch geblieben seien (1742);[17] während seiner Zeit als Salzdirektor in Roche bedauerte Haller gegenüber seinem Genfer Freund Charles Bonnet, die vielen Amtsgeschäfte würden seinen «commerce de lettres» beeinträchtigen, der doch zu seinen ersten Vergnügen zähle (1758, 1762);[18] zurück in Bern, klagte Haller dem gleichen Bonnet, dass er mangels freier Zeit seit Tagen zwei Briefe ungeöffnet auf seinem Schreibtisch liegen habe: «C'est trop que de faire ce que l'on aime pas, et de ne pas pouvoir faire, ce que l'on aimeroit» (1766);[19] und ein aufmerksamer Beobachter wie Karl Viktor Bonstetten stellte nach einem Besuch im Studierzimmer des alten Hallers fest, die Briefe gehörten wie die Bibliothek zu dessen «aliments spirituels».[20] Dass auf der anderen Seite ein derart ausgedehnter Briefverkehr auch eine Last darstellte, leuchtet sofort ein, wenn man das quantitative Ausmass bedenkt. Haller erhielt zwischen 1724 und 1777 im Durchschnitt jeden Tag einen Brief. Und er hat «keinen Brief ohne Antwort gelassen, ja er hat so gar seine Antworten mit einer unbegreiflichen Geschwindigkeit besorgt.»[21] Aus jedem erhaltenen Brief ging für Haller eine Verpflichtung hervor, die er mit Effizienz, aber keineswegs immer mit Freude erfüllte.

Briefnetze der Frühen Neuzeit

Haller sah sein Korrespondenznetz von allem Anfang an in der grossen Tradition des gelehrten Briefwechsels. In seiner Jugend erstand er Dutzende von edierten ‹epistolae medicinales› aus dem 16., 17. und frühen 18. Jahrhundert; seine an ihn gerichteten Briefe bewahrte er schon als 15-jähriger Medizinstudent sorgfältig auf; in den Tagebüchern seiner Studienreisen verzeichnete er minutiös alle ein- und ausgegangenen Briefe.

Im Verlauf der Frühen Neuzeit haben Tausende von Gelehrten miteinander korrespondiert und dabei ein Briefnetz über ganz Europa ausgespannt, von dem sich nur eine beschränkte, aber doch ansehnliche Zahl von Knotenpunkten erhalten hat, die wir heute als grössere und kleinere Korrespondenznetze einzelner Persönlichkeiten wahrnehmen. Diese mehr oder weniger isoliert erscheinenden Netze unterscheiden sich in Grösse, geographischer Ausdehnung, Teilnehmerschaft, Inhalten und Sprache teilweise beträchtlich. Typologisch ist zu differenzieren zwischen Netzen ‹nationalen› Typs, deren europäische Dimension sich bloss in Ausläufern manifestiert, den Netzen, die über ein einziges Staatsgebiet hinaus immerhin einen Teil Europas abdecken, und schliesslich denjenigen ‹europäischen› Typs, deren Briefkontakte Verbindungen über den gesamten Kontinent etablieren.

Der vorwiegend lateinisch geführte Briefwechsel des Wittenberger Gelehrten und Reformators Philipp Melanchthon (1497-1560), von dem rund 9'000 Briefe überliefert sind, drehte sich hauptsächlich um die Reformation und diente dem Austausch zwischen Theologen, Pfarrern und politischen Entscheidungsträgern in den reformatorischen Stammlanden. Die Korrespondenz von Henry Oldenburg (1619-1677), Sekretär der Londoner Royal Society, war wesentlich kleiner, aber viel internationaler und wurde demnach auch auf englisch, französisch und lateinisch geführt. Sie verband Patrone der Wissenschaften, Privatgelehrte und Naturforscher, die sich insbesondere der Mathematik und Physik widmeten, die Royal Society förderten und die *Philosophical Transactions* belieferten. Von ähnlicher Grösse zeigt sich das Netz des italienischen Naturforschers Lazzaro Spallanzani (1729-1799), das aber vor allem national ausgerichtet ist und ausser nach Genf (Charles Bonnet, Jean Senebier) und ins hauptstädtische Wien nur sehr wenige Verbindungen ausserhalb Italiens aufweist. Hier tauschten sich Universitätsprofessoren, Ärzte und andere Gelehrte mit Interesse an Naturgeschichte und Biologie aus.

Neben all diesen Unterschieden lässt sich eine Konstante festmachen, die den Gelehrtenbriefwechsel in der Frühen Neuzeit kennzeichnet: über die Jahrhunderte hinweg, von Melanchthon bis zu Spallanzani, war er sachlich, oft geschäftsmässig gehalten und auf die Bildung von Kontaktnetzen und den Austausch von Information ausgerichtet. Dies schloss eine enge Freundschaft nicht aus, doch beruhte die Beziehung weniger auf einem Austausch über persönliche und private Freuden und Leiden als auf gegenseitiger Unterstützung in beruflichen und gelehrten Belangen und auf einem Dialog über Wissenschaft, Religion und Politik, der auf seine Weise zu einer intimen Kenntnis und Anteilnahme an der Gedanken- und Gefühlswelt des Gegenübers führte. Der Brief entsprang nicht dem primären Bedürfnis, sich selbst dem Gegenüber brieflich mitzuteilen, sondern dem Bestreben, Kontakte zu knüpfen und Informationen zu vermitteln. Auch die mit dem Wachstum der Gelehrtenrepublik im 18. Jahrhundert verbundene Zunahme der Briefwechsel war nicht einem ‹Briefkult› zu verdanken. Der literarische Anspruch, den die grossen Stilvorbilder von Cicero bis Erasmus erhoben, war der Funktion des Briefs als Beziehungs- und Informationsträger untergeordnet. Es leuchtet ein, dass angesichts der grossen Mengen nicht jeder Brief ein literarisches Werk sein konnte. Und er musste es auch nicht sein, denn nicht der einzelne Brief als gelehrtes Produkt stand im gelehrten Alltag im Zentrum, sondern der kontinuierliche Austausch von Wissen, Informationen und Realien.

Nützliche Freundschaften

Von der Mitte des 18. Jahrhunderts an verbreitete sich allerdings ein Briefverhalten, das von persönlicher Anteilnahme, gesteigerter Freundschaft und Empfindsamkeit geprägt war und auf das der Begriff ‹Briefkult› zutrifft. Hier sind für Deutschland beispielsweise die Korrespondenz von Gellert und in Frankreich diejenige von Rousseau zu nennen. Die Information des Gelehrtenbriefes wurde durch die Emotion ersetzt, die Mitteilung durch die Erzählung und das Interesse an der Wissenschaft durch das Interesse an der Person. Charakteristisch für diesen neuen Briefstil ist die Aussage von Charlotte in Goethes *Wahlverwandtschaften* (1809): es sei «in manchen Fällen nothwendig und freundlich [...], lieber nichts zu schreiben, als nicht zu schreiben.»

Ein solcher ‹nichts-sagender› Brief wäre in Hallers gelehrtem Briefnetz fehl am Platz gewesen. Der junge Arzt Johann Julius Walbaum (1724-1799) entschuldigte sich bei seinem ehemaligen Lehrer Haller für sein langes Stillschweigen damit, dass er nichts Merkwürdiges mitzuteilen gehabt habe: «ich weiß gar wohl, wie Ew. Hochwohlgebohren ein Feind von leeren Complimentenbriefen seyen.»[22] Ein gelehrter Briefwechsel, der für die wissenschaftliche Arbeit gewinnbringend sein sollte, musste sich an gewisse Spielregeln halten. Unmissverständlich äusserte sich Laurent Garcin, Arzt in Neuchâtel, als er Haller die Aufnahme einer Korrespondenz anbot: «Je ne demande pas mieux que d'entretenir un commerce avec vous qui me sera toujours agréable et glorieux. La Communication est d'une grande utilité dans les sciences, quand elle se fait d'une manière sincere et satisfaisante. Je tacherais toujours de correspondre à vos desirs, toutes les fois que vous m'en donnerez les occasions.»[23]

In ihrem gelehrten Austausch fühlten sich Haller und seine Briefpartner einem Verhaltenskodex verpflichtet, zu dessen Beschreibung sie vornehmlich die Begriffe ‹Freundschaft› und ‹Vertrauen› verwendeten.[24] Diese Begriffe sind frühaufklärerischen Konzepten verpflichtet, die den gegenseitigen Nutzen einer Beziehung in den Vordergrund stellten. In zeitgenössischen Traktaten wie auch in Lexika des 18. Jahrhunderts, etwa im *Zedler* oder in der *Encyclopédie*, finden wir Beschreibungen der Prinzipien der Freundschaft: Sie ist gekennzeichnet durch einen ‹commerce mutuel›, einen gegenseitigen Austausch. Freundschaft ist nicht nur ein Verhältnis, sondern vor allem ein bewusstes Geben und Nehmen. Der Freund wird nicht erkennbar in seinen Worten, sondern in seinen Taten. Der Leipziger Philosoph Christian August Crusius nannte Freundschaft «diejenige Vereinigung der Gemüther [...], welche eine genauere wechselseitige Beförderung der Privatabsichten einzelner Personen zum Zwecke hat»[25].

Ohne sein Gegenüber auf ein bestimmtes Verhalten verpflichten zu müssen, konnte der gelehrte Briefschreiber darauf vertrauen, dass sein Partner die freundschaftlichen Prinzipien nicht verletzt. Dadurch wurde ein reibungsloser Austausch ermöglicht, der – falls er für beide Seiten nützlich war – auch fortgeführt wurde. Entwickelte sich der Kontakt allzu einseitig, indem ein Briefpartner seine Pflichten versäumte, drohte das Ende der Korrespondenz. Haller kündigte dies beispielsweise dem saumseligen Christoph Jakob Trew über einen Mittelsmann an: «Indeßen werde ich noch eine Zeitlang fortfahren hiesige Gel. Zeitungen und

In der Gelehrtenrepublik gab es unterschiedliche Möglichkeiten, einen Forscher für seine wissenschaftlichen Leistungen auszuzeichnen. Die üblichste war die Mitgliedschaft in einer gelehrten Gesellschaft. Darüber hinaus gab es einige wenige besonders ehrenvolle Orden. Haller wurde 1776 vom schwedischen König zum Ritter des Nordstern-Ordens ernannt. Diese Auszeichnung wurde als so bedeutend eingestuft, dass sie – von Haller oder seinen Nachfahren – nachträglich in das 1773 verfertigte Bildnis eingefügt wurde. – Albrecht von Haller, Ölgemälde von Sigmund Freudenberger, 56 x 46 cm, 1773. – Privatbesitz.

nova zu schiken, bey fortfahrender entmangelung aber der bogen deß Commercii und der briefe freylich diese ledig einseitige correspondence aufheben.»[26]

Der Patron im Netz

Der gegenseitige gelehrt-freundschaftliche Austausch war nicht unbedingt ein Kontakt zwischen Gleichwertigen. Die Gelehrtenrepublik war ihrem Selbstverständnis gemäss meritokratisch. Nicht Herkunft, Position oder Bekanntschaften sollten über den Rang eines Gelehrten entscheiden, sondern sein Wissen, seine Leistung und sein Beitrag zum Fortschritt der Wissenschaft und zum Wohl der Menschheit. Wie kaum ein Zweiter hat Haller die Bedeutung dieses Prinzips für Forschung und Wissenschaft betont (vgl. den Beitrag zum Forscher und Gelehrten in diesem Band). Ein einfaches und verhältnismässig zuverlässiges Mittel zur Erkennung des Rangs, den ein Wissenschaftler aus der Sicht seiner Zeitgenossen einnahm, ist die Bestimmung seiner Mitgliedschaft in gelehrten Gesellschaften und

Akademien.[27] Auch Hallers Briefpartner betonten die Bedeutung solcher Mitgliedschaften. Der Arzt und Naturforscher Leopoldo Marcantonio Caldani etwa strebte mit Hallers Unterstützung die Mitgliedschaft in der *Royal Society* an, um, wie er sagte, seine Chancen für eine Berufung auf einen Lehrstuhl in Padua zu erhöhen.[28]

Gemessen an seinen Mitgliedschaften, gehörte Haller selbst ab der Mitte des Jahrhunderts zum Kreis der allerersten Gelehrten. Er war Mitglied mehrerer der bedeutenderen Gesellschaften, so derjenigen von Uppsala (1733), London (1739), Stockholm (1747), Berlin (1749) und Bologna (1751) und wurde 1751 zudem Präsident der neugegründeten Göttinger Gesellschaft der Wissenschaften. Bis zu seinem Lebensende wurde er Mitglied von insgesamt 31 gelehrten Gesellschaften, darunter auch derjenigen von Paris (1754), München (1759), Haarlem (1764) und St. Petersburg (1776; vgl. Abb. S. 477). Ein solches Palmarès konnten nur ganz wenige Gelehrte seines Jahrhunderts aufweisen (vgl. Abb. S. 392).

Nicht zuletzt dank dieser hohen Reputation nahm Haller in vielen Briefwechseln die dominierende Position ein. Dadurch erweiterte sich das gelehrt-freundschaftliche Verhältnis um ein solches der Patronage. Der Begriff der Patronage oder des Klientelsystems bezeichnet eine Beziehung zwischen Ungleichen, in der der Patron dem Klienten Schutz und Zugang zu Informationen und Ressourcen gewährt, vom Klienten dagegen Loyalität und Unterstützung erwartet.[29] Diese in der ständischen Gesellschaft beobachtete Allianz wurde in jüngster Zeit auch als Grundlage von Praktiken in der Gelehrtenrepublik beschrieben.[30] Die Patrone waren berühmte Gelehrte und andere wichtige Figuren in der Welt der Wissenschaft, die ihre Klienten durch ihre Reputation, Macht und Beziehungen an sich binden konnten. Dabei galt, dass trotz der allgemein akzeptierten hierarchischen Verhältnisse nicht einer alleine als oberste Instanz anerkannt wurde. D'Alembert meinte: «on y souffre quelques Magistrats, mais on ne veut point de Rois.»[31]

Auch Haller war trotz seiner herausragenden Stellung kein König; viele seiner Briefpartner waren angesehene Mitglieder der Gelehrtenrepublik. 630 Personen, über die Hälfte seiner Korrespondenten, wurden im Laufe ihres Lebens Mitglied mindestens einer gelehrten Gesellschaft; sie verfassten 85 % aller an Haller gerichteten Briefe. 271 davon waren Mitglied in mindestens einer der besonders bedeutenden Gesellschaften von London, Paris, Berlin, St. Petersburg, Stockholm und Bologna. Wir können sie als die wissenschaftliche Elite in Hallers Briefnetz bezeichnen. Mit Dutzenden dieser Personen wechselte Haller über zehn und vielfach deutlich mehr Briefe; insgesamt schrieb diese Gruppe der ‹Spitzengelehrten› 7145 oder 54 % aller an Haller gerichteten Briefe. Diese Zahlen sind bedeutend höher als diejenigen aller anderen grossen wissenschaftlichen Briefwechsel des 18. Jahrhunderts, d. h. als diejenigen von Johann I Bernoulli (1667-1748), Leonhard Euler (1707-1783), Charles Bonnet (1720-1793), Jean Formey (1711-1797), Lazzaro Spallanzani (1729-1799), Joseph Banks (1743-1820), Alessandro Volta (1745-1827) und anderen.[32] Sie zeigen Hallers zentrale Stellung oder – in der Sprache der Netzwerkanalyse – seine ausserordentliche Zentralität in der Gelehrtenrepublik.

Einer der wenigen Gelehrten seiner Zeit, die man hinsichtlich Zentralität mit Haller vergleichen kann, ist Carl von Linné. Der schwedische Botaniker erlangte trotz seiner geographisch peripheren Stellung eine Position, die es niemandem, der in der Botanik reussieren wollte, erlaubte, *nicht* mit ihm in Tauschbeziehung zu treten.[33] Die vergleichende Analyse der wichtigsten Korrespondenznetze von Botanikern im 18. Jahrhundert lässt Haller und Linné als dominante Zentralfiguren erscheinen, die zueinander in einem gewissermassen strukturell bedingten Konkurrenzverhältnis standen. Wenn die beiden Zentralfiguren miteinander nur eingeschränkt kommunizierten, was nicht selten der Fall war (vgl. den Beitrag zur Botanik in diesem Band), eröffnete dies den Vermittlern entsprechende Möglichkeiten.[34] Eine solche Figur war Jean-Rodolphe de Vautravers, Legationsrat in London und später als Hofmeister durch Europa reisend, der sowohl mit Haller als auch mit Linné intensiv korrespondierte und teilweise zwischen den beiden vermittelte; eine andere Elie Bertrand, Pfarrer der französischen Kirche in Bern, der gleichzeitig mit Haller und mit dessen grossem weltanschaulichen Gegner Voltaire vertraulichen Umgang pflegte.

Hallers zahlreiche Verbindungen mit hochkarätigen Forschern waren nicht nur ein Resultat, sondern ebenso eine Ursache seines hohen Ansehens und seiner wichtigen Stellung in der Gelehrtenrepublik. Nicht nur das durch wissenschaftliche Leistungen erworbene Ansehen, sondern gerade auch die Position als Zentralfigur seines Netzes machte Haller gegenüber den meisten Korrespondenten zum Patron, der als einer der bestinformierten Gelehrten seiner Zeit seinen Informations- und Wissensvorsprung als Gut einsetzen konnte. Zudem sass Haller als Universitätsprofessor, als Präsident der Göttinger Gesellschaft der Wissenschaften, später der Berner Oekonomischen Gesellschaft sowie als zeitweiliger Chefredaktor und langjähriger Rezensent der *Göttingischen Gelehrten Anzeigen* an wichtigen Schaltstellen der Gelehrtenrepublik. In Hallers Netz manifestiert sich diese institutionell abgesicherte Stellung als Patron besonders augenfällig in den zahlreichen Briefen, mit welchen Haller um die Vermitttlung von Universitäts- oder Verwaltungsstellen in ganz Europa angegangen wurde,[35] Buchautoren Haller als Rezensenten der *Göttingischen Gelehrten Anzeigen* günstig zu beeinflussen versuchten, oder auch in den wiederholten Bemühungen, beim Präsidenten der Gesellschaft der Wissenschaften um

Aufnahme als Mitglied zu bitten. Überhaupt sind zwischen Hallers Netz und den Institutionen der Gelehrtenrepublik vielfältige Interaktionen zu beobachten. Die Korrespondenz spielte dabei die Rolle eines kommunikativen Schmiermittels, indem sie die informellen und persönlichen Briefkontakte die institutionellen Verbindungen erweiterte, unterlief oder neu vernetzte. Aus der Historikerperspektive nehmen damit die Briefe gegenüber den offiziellen Quellen der Institutionen den Charakter von Komplementärquellen an, die eine zweite, den Zeitgenossen bloss sehr selektiv zugängliche Kommunikationsebene darstellen.[36]

Kritik und Anerkennung

Die Unterscheidung zwischen bedeutenderen und weniger bedeutenden Gelehrten entsprach dem meritokratischen System der Gelehrtenrepublik. Sie stellte aber ein kniffliges Problem dar, indem unbestimmt war, wer denn den Rang der einzelnen Gelehrten festlegen sollte. Gemäss dem Ideal der Gelehrtenrepublik war jedes ihrer Mitglieder urteilsfähig, was die Materie der Gelehrsamkeit betraf. In der Realität fällten Universitätsprofessoren, Gesellschaftspräsidenten, Kritiker und einflussreiche Autoren Entscheide und Urteile, die von wesentlichem Einfluss auf die übrige Gemeinschaft war. Von dieser Spannung zwischen Ideal und Realität war die Gelehrtenkultur geprägt.[37] In Bezug auf die Mitgliedschaften in gelehrten Gesellschaften war die Problemlage verhältnismässig einfach. Bei der Aufnahme neuer Mitglieder konnte deren Leistungen betont werden, wogegen niemand etwas einzuwenden hatte, lag es doch im Wesen der Gelehrtenrepublik als ‹community of obligation› (Anne Goldgar), den Beitrag des Einzelnen am Projekt der Wissensvermehrung anzuerkennen und ihn enstprechend zu ermuntern.[38] Die Ablehnung eines Aufnahmegesuchs war insofern unproblematisch, als sie nicht öffentlich kommuniziert werden musste. Die Gesellschaften verteilten damit grundsätzlich Lob, aber keine Kritik. Dem einzelnen Kandidaten gegenüber musste allerdings eine Antwort gefunden werden. Auch Haller war in dieser Zwickmühle. Den Berliner Armenarzt Paul Batigne (1724-1773), der sich durch Vermittlung von Charles Bonnet um die Mitgliedschaft in der Göttinger Gesellschaft der Wissenschaften beworben hatte, hielt er für zu wenig qualifiziert. Seinem eigenen empirischen Wissenschaftsverständnis gemäss beurteilte er dessen Werk in einem Brief an Bonnet als «ein wenig arm an Materie»; daneben betonte er – in Verniedlichung seiner tatsächlichen Machtfülle – die Beschränktheit seiner Möglichkeiten bei der Mitgliederwahl.[39] Dieser letztere Hinweis war es wohl auch, den er dem Bewerber Batigne übermittelte; zu einer Mitgliedschaft kam es nie. Auf diese Weise konnte Haller sowohl seinen eigenen Anspruch an wissenschaftliche Qualität wie auch das Prinzip der Anerkennung aller Mitglieder der Gelehrtenrepublik aufrechterhalten.

Das Problem wurde öffentlich sichtbar in der Frage der Wissenschafts- und Literaturkritik, dem Rezensionswesen.[40] Charles Bonnet brachte es in einem Brief an Haller auf den Punkt:

> Je sçais bien que le Public éclairé Juge d'après lui-même; majs je sçais bien aussi que quantité de gens même raisonnables Jugent d'après les Journalistes. Cet abus n'est pas un des moindres que les Journaux ayent introduits dans la Republique des Lettres. Un Journaliste décide du haut de son Tribunal sans avoir eu le temps ni les moyens de s'instruire de la Cause qui est par devant lui, et l'Auteur est condamné sans avoir été oui.[41]

Ein Kritiker, der ein dezidiertes Urteil fällte, machte sich des Missbrauchs seiner Macht schuldig, wenn er die Leser dazu verleitete, ihre eigenen kritischen Fähigkeiten zu vernachlässigen. Dabei bedeutete die scharfe Kritik nicht nur einen Angriff auf die Gelehrtenwürde der Leser, sondern ebenso auf diejenige des kritisierten Autors. Damit stand sie im Konflikt mit dem Prinzip der Mässigung und Höflichkeit (‹politesse›), zwei wesentlichen Merkmalen der Gelehrtenrepublik. Aus diesem Grund beschränkte sich ein Grossteil der Zeitschriften darauf, wohlwollende Zusammenfassungen der Buchinhalte zu liefern, und fällte nur ansatzweise kritische Verdikte. Die *Acta eruditorum* (Leipzig, 1682-1776), eines der ältesten und führenden Rezensionsjournale, lieferte oft sehr lange Berichte von einem Detailgrad, der die eigentliche Lektüre des Buchs beinahe ersetzte; sie enthielten nur selten ein Urteil. Einige Zeitschriften wie etwa die *Tübingischen Berichte von gelehrten Sachen* (Tübingen, 1752-1763) waren noch stärker dem Prinzip der Höflichkeit verpflichtet und lobten beinahe ohne Ausnahme die Anstrengungen und Leistungen der Autoren. Die meisten Zeitschriften, von den internationalen *Journal des Savants* (Paris, 1665 ff.) und *Monthly Review* (London, 1749-1845) über die mehr national wirksamen *Frankfurter Gelehrten Anzeigen* (1736-1790) bis zu den lokalen Blättern wie die *Critischen Nachrichten* (Greifswald, 1750-1754, 1765-1774) liessen vereinzelte Kritik zu, die aber in der Regel nur einen bescheidenen Raum einnahm. Besondere Vorsicht war bei Kontroversen zwischen angesehenen Forschern geboten. Der *Monthly Review*, beispielsweise, präsentierte Hallers Irritabilitätstraktat (vgl. den Beitrag zur Anatomie und Physiologie in diesem Band) und die gegnerische Schrift von Robert Whytt unmittelbar nacheinander, ohne eine der beiden konträren Positionen zu favorisieren, und argumentierte, dass «the acknowledged abilities of both [authors] may serve to excuse our not interposing any judgement of our own on either side».[42] Zeitschriften wie die *Bibliothèque raisonnée* (Amsterdam, 1728-1753) oder die *Bibliothèque Germanique* (Berlin, 1720-1760), die essayartige Besprechungen lieferten, stellten die Werke üblicherweise aus einer etwas weitergefassten Perspektive vor und enthielten daher auch kritische Ansätze.

Nun war aber die Kritik als Grundhaltung ein wesentliches Merkmal der ganzen Aufklärungsbewegung. Es erstaunt daher nicht, dass sich schon seit dem frühen 18. Jahrhundert neben dem dominanten Typus der freundlichen Buchvorstellung auch kritischere Ansätze verbreiteten. Haller war einer der vehementesten und aktivsten Verfechter dieser Richtung. Zwar befürwortete er das Prinzip der gegenseitigen Wertschätzung und Ermunterung, er verband aber mit der allseits verlangten Höflichkeit etwas anderes:

> J'entens souvent ce mot [politesse] mais il ne signifie presque toujours que des voiles légers, qu'on donne à l'envie de déprimer: on voudroit jouir en même tems & de l'honneur de la victoire, & de la faveur, que la modération s'attire. La politesse est chez moi dans les choses: il faut, pour oser se parer de cette vertu; savoir rendre justice à son adversaire, reconnoitre avec plaisir chez lui, ce qu'il a de bon, de vrai, & de nouveau, & ne s'opposer qu'avec repugnance, à ce qu'il peut y avoir mélé d'hypothetique, ou d'érronné.[43]

Höflich zu sein bedeutete für Haller nicht, jemanden zu würdigen, weil er Mitglied der Gelehrtenrepublik war, sondern die ‹Fakten› zu respektieren; es bedeutete nicht, die Schwächen einer Schrift zu übergehen, sondern sowohl deren Stärken wie auch deren Fehler aufzudecken.[44] Nachsicht war nur so weit erlaubt, als dadurch die Wahrheit nicht verfälscht wurde. Falsche Theorien waren wie ansteckende Seuchen: Sie verbreiteten sich rasch auf Kosten der Wahrheit, die es zu verteidigen galt.[45] Kritik war daher notwendig und sollte sich möglichst nicht von persönlichen Interessen und Vorlieben leiten lassen, sondern auf genauer Fachkenntnis gründen.

Als prägender Kopf der *Göttingischen Gelehrten Anzeigen*, des führenden deutschen Rezensionsjournals seiner Zeit, für das er 9'000 Buchbesprechungen verfasste, hatte Haller die Möglichkeit, seine Ideale zu formulieren und im grossen Stil umzusetzen (vgl. auch den Beitrag zur Literaturkritik in diesem Band). Anlässlich seiner Einsetzung als Chefredaktor hielt er in der Vorrede zum Jahrgang 1747 fest, dass der Kritiker befähigt sein müsse, ein «gültiges Urtheil über den Werth der Dinge» zu fällen, müsse die Rezension doch «das gute anpreisen, das mittelmäßige anzeigen, das schlechte entschuldigen, das falsche und elende bestrafen. Sie ist ein Zeugnis, worauf ein Käufer sich soll verlassen können».[46] Eine einfache Zusammenfassung etwa des Inhalts von Winslows Anatomie sei Unsinn, da selbst das schlechteste Werk die gleichen Inhalte behandeln würde. Wenn aber der Kritiker festhielt, dass die genauen anatomischen Beschreibungen nicht auf den Werken anderer Autoren, sondern auf Winslows eigener Forschung beruhten, dass der Autor in dieser und jener Hinsicht neue Entdeckungen gemacht habe und dass seine Beschreibung der Nerven und Arterien die besten seien, die es gebe, so erhalte der Leser eine nützliche Information. Was Haller verlangte, war das Urteil eines Fachexperten, entsprechend seiner Forderung einer Spezialisierung der Wissenschaften (vgl. den Beitrag zum Forscher und Gelehrten in diesem Band). Aus dieser Sicht war die Gelehrtenrepublik nicht vereint durch Wissen und Fähigkeiten, über die alle ihre Mitglieder grundsätzlich verfügten, sondern durch das Projekt des Fortschritts der Wissenschaften, zu dem jeder auf seine eigene, unterschiedliche Weise beitragen konnte.

Informationsbeschaffung

Das für den wissenschaftlichen Fortschritt nötige neue Wissen entsteht in einem komplexen Wechselspiel von Informationsbeschaffung und Lektüre, praktischer Forschung und theoretischer Reflexion, lokaler Zusammenarbeit und Austausch mit Auswärtigen sowie schriftlicher Fixierung und Verbreitung. Haller hat alle diese Ebenen der Wissensproduktion effizient eingesetzt und so ein riesiges Œuvre geschaffen von 24 monographischen Werken in 50 Bänden, 136 Abhandlungen, 200 *Encyclopédie*-Artikeln, 25 Vorreden, 9'000 Rezensionen, 25 Bänden mit Überarbeitungen eigener Schriften und weiteren 10 von ihm herausgegebenen Werken in 52 Bänden. Zeugen dieses Produktionsprozesses sind nebst der umfangreichen Korrespondenz auch seine Bibliothek, die rund 100 erhaltenen Handschriften-Bände und das 60-bändige Herbar (vgl. den Beitrag über die Bibliothek und den Nachlass in diesem Band). Der Umfang des Werks war schon den Zeitgenossen Anlass zur Verwunderung. Wiederholt zeigten sich Hallers Briefpartner erstaunt über die unaufhörliche Produktion neuer, umfangreicher und bedeutender Werke. Der Pariser Anatom Félix Vicq d'Azyr stellte nach Hallers Tod fest, es gebe seit Galen – also seit der Antike – wohl keinen Forscher, der so viel publiziert habe wie Haller.[47]

Die erste Hürde, die sich einem Gelehrten des 18. Jahrhunderts bei der Forschung stellte, war der Zugang zur Information. Trotz international agierender Buchhändler und Buchmessen war das Verlagswesen sehr vielfältig und breit verstreut. Selbst an den Zentren der Wissenschaft hatte man keinen einfachen Zugriff auf die Literatur. So meldete beispielsweise der Arzt und Haller-Schüler Johann Adrian Theodor Sprögel aus Berlin, dass Hallers Hauptwerk, die *Elementa*, ein breit rezipiertes Werk, das immerhin in einer Auflage von 3'000 Stück gedruckt wurde, dort nicht greifbar sei.[48] Und ebenso berichtete der Arzt Giovanni Lapi aus Rom, er habe nur die ersten drei Bände der *Elementa* erhalten können.[49] Haller hingegen konnte aus dem für die Wissens- und Buchproduktion viel abgelegeneren Bern vermelden: «Ich bin jezt mit büchern recht überschwemmt, von allen orten her.»[50] Damit weist er auf den zentralen Punkt der Bücherbeschaffung hin: Es genügte nicht, einen guten Buchhändler oder ein paar wenige Beziehungen zu haben, sondern man benötigte eine Vielzahl von Korrespondenten an verschiedenen Orten, um an die lokal produzierten Bücher und Zeitschriften heranzukommen. Je mehr Beziehungen man knüpfte, desto grösser wurde die Wahrscheinlichkeit, dass man die gewünschten Bücher auf irgendeinem Weg, der nicht unbedingt der direkteste sein musste, erhielt.

Ein Blick auf die Karte mit den Druckorten der Bücher aus Hallers Bibliothek (Abb. S. 323) zeigt das Ausmass, das die Bücherbeschaffung in seinem Fall annahm. Der ausserordentlich hohe Literaturbedarf war bedingt durch sein Wissenschaftsverständnis, gemäss dem die umfassende Konsultation und Verarbeitung der Literatur ein integraler und unverzichtbarer Bestandteil des Forschungsprozesses bildete (vgl. den Beitrag zum Forscher und Gelehrten in diesem Band). Sein weitgespanntes Korrespondenznetz sicherte ihm den nötigen konstanten Zufluss von Publikationen. Ein Pool von rund 50 Korrespondenten, von denen er je mindestens 30 Briefe, meist sogar über 50 Briefe erhielt, garantierte Haller die kontinuierliche Versorgung mit Literatur. Diese Informanten sassen bezeichnenderweise in den Universitätsstädten Basel, Göttingen, Kopenhagen, Paris, Leipzig, Montpellier, Padua, Strassburg, Tübingen, Turin, Uppsala, Wien und Wittenberg sowie an weiteren wichtigen Wissenszentren wie Berlin, Genf, London, Lyon, St. Petersburg, Stockholm und Zürich. Ihre Korrespondenz beschränkte sich aber nicht auf den Bücheraustausch, vielmehr informierte man sich ganz allgemein und in vielfältigster Weise über Zustände und Veränderungen am eigenen Wohnort und in anderen Zentren der Gelehrsamkeit.

Das grosse Kontaktnetz und die hohe Reputation ermöglichten es Haller, über diesen konstanten Informationsfluss hinaus bei Bedarf spezifische Nachrichten zu besonderen Themen und Ereignissen einzuholen. Dazu konnte er entweder neue Korrespondenten rekrutieren, sich an einen seiner Gewährsleute oder an kleinere Briefpartner wenden. Dabei ging es insbesondere im Fall von sich abzeichnenden oder bereits bestehenden wissenschaftlichen Kontroversen häufig nicht mehr um am lokalen Ort allgemein zugängliche Mitteilungen wie etwa den Hinweis auf die Publikation eines Buchs, sondern um ‹Insider-Informationen›. So erfuhr Haller etwa von Frederik de Thoms (1696-1746), dem Schwiegersohn von

Hallers Lehrer Boerhaave, dass man ein anonymes – in Tat und Wahrheit von Haller verfasstes – kritisches Urteil über den grossen Boerhaave in Leiden als absolut fehl am Platz erachte.[51] Ein halbes Jahr später, im September 1745, vernahm er zudem aus Franeker von Johann Samuel König (1712-1757), dass man in Leiden eine Replik darauf verfasst habe.[52] Auf Hallers Bitte bemühte sich Thoms erfolgreich, die Replik im Manuskript einsehen zu können. Er erreichte auch, dass das Erscheinen der ätzenden Kritik verzögert und diese gemildert wurde. Gleichzeitig erfuhr Haller von zwei weiteren seiner Briefpartner in Leiden und St. Petersburg, dass es sich beim Autor der Replik um den Leidener Arzt Willem van Noortwyck (ca. 1713 – n. 1777), den Schwager des Wiener Boerhaave-Schülers Gerard van Swieten (1700-1772), handle.[53] Für Haller war somit klar, dass sich seine Gegnerschaft weniger aus den Leidener Boerhaavianern als aus dem Kreis um van Swieten rekrutierte. Damit war Haller schon gut drei Monate bevor die Replik überhaupt gedruckt war, darüber informiert, dass die Gegenseite nicht nur durch solidargemeinschaftliche Bande (Schüler Boerhaaves), sondern auch durch Verwandtschaft verbunden war. In seiner – wiederum anonymen – Erwiderung konnte er daher herausstreichen, dass sein Gegner der Schwager van Swietens sei und es diesem daher vielmehr um dessen als um Boerhaaves Ruhm gehe.[54] Und bei alledem gelang es ihm, gegenüber seinen Informanten geheim zu halten, dass er der Verfasser der den Streit auslösenden Rezension gewesen war.

Produktion und Verbreitung von Wissen

Dank den durch das Briefnetz erhaltenen Büchern und Informationen verschaffte sich Haller einen ausgezeichneten Überblick über die aktuelle Wissenslage und die europaweit verfolgten Forschungen. Dies erlaubte es ihm, präzise zu bestimmen, welches Wissen als gesichert, welches als zweifelhaft oder widersprüchlich erschien und in welche Richtung die eigenen Forschungen zu lenken waren. Auch auf dieser Ebene der eigentlichen Wissensproduktion spielte sein Netzwerk eine wichtige Rolle, so ganz besonders bei der Botanik, deren Qualität zu einem guten Teil auf der Forschungskooperation von räumlich getrennten Partnern beruhte, namentlich auf den unzähligen Pflanzensendungen und nomenklatorischen Bereinigungen, die *vor* den Publikationen stattfanden (vgl. den Beitrag zur Botanik in diesem Band). Obschon sich Haller im Wesentlichen auf die schweizerische Flora beschränkte, liess er sich zur Artenbereinigung durchaus auch Vergleichsmaterial aus ganz Europa und darüber hinaus beispielsweise auch aus Afrika, Sibirien, Nordamerika und der Südsee schicken. Auf der Basis dieser vergleichenden Betrachtungsweise gelangte

Haller zu wegweisenden Einsichten, die ihn zu einem Mitbegründer der Pflanzengeographie machte.[55] Wie sehr Hallers berühmter Vergleich der Alpenhöhenstufen mit den eurasischen Vegetationsgürteln auch von den Ergebnissen der Grossen Nordischen Expedition inspiriert war, zeigt beispielsweise seine Beschreibung der alpinen Vegetationsstufe unmittelbar oberhalb der Waldgrenze: «In dieser Gegend wachsen häufige Pflanzen, die man gemeiniglich Alpenpflanzen nennt, und von denen sehr viele, die ich hier nicht herzählen kann, auch in Lappland, Sibirien, und Kamtschatka, verschiedene auch auf den höchsten Gebirgen von Asien gefunden werden; die hohen Berge bringen die meistten von diesen niedrigen Alpenpflanzen hervor.»[56]

Verwandte Netzfunktionen sind in Hallers Bemühungen um agrarische Produktionssteigerung, die er als Mitglied und späterer Präsident der Berner Oekonomischen Gesellschaft vorantrieb, zu beobachten (vgl. den Beitrag zum ökonomischen Patrioten in diesem Band). In diesen Briefwechseln über ortsfremde Futtergräser, Getreidesorten und Kartoffeln ging es zum einen um die Vereinheitlichung der Nomenklatur, die in diesem Bereich von Lokalnamen geprägt war, zum anderen um die Beschaffung der Pflanzen, schliesslich um den Austausch von lokalen Anbauerfahrungen. Ein weiteres Gebiet ist die experimentelle Physiologie, in deren Bereich er einzelnen Briefpartnern auch konkrete Forschungsaufträge zu bestimmten Fragestellungen gab. Der Hauptteil der experimentellen Untersuchungen wurde allerdings auf lokaler Ebene in Göttingen durchgeführt. Hier bildete Haller gemeinsam mit einer wechselnden Gruppe von insgesamt rund 20 Doktoranden eine kleine Forschungsgemeinschaft, die zahlreiche Tierexperimente durchführte und Abhandlungen von weitreichender Bedeutung veröffentlichte.[57] Gemeinsames Credo dieser Gruppe war das Vertrauen in Beobachtung und Experiment als wesentliche Grundlage aller Forschungen, der Fokus auf ein genau definiertes Spezialgebiet und der Ehrgeiz, klare und hoffentlich bedeutende Ergebnisse liefern zu können. Diese hochspezialisierte, an der Universität institutionalisierte Forschergruppe entsprach Hallers Ideal einer Forschungsgemeinschaft wohl mindestens so sehr wie die heterogene Gelehrtenrepublik.

Mit seinen eigenen Forschungen löste Haller wiederholt wissenschaftliche Kontroversen aus.[58] In Kontrast zum in der Gelehrtenrepublik hochgehaltenen Ideal der gegenseitigen Anerkennung befürwortete er dies. Betreffend den Streit um die Atemmechanik, den er mit dem Jenaer Professor Georg Erhard Hamberger (1697-1755) austrug, meinte er:

> Wäre Boerhavens, und meine Meynung von dem Athemholen niemals in Zweifel gezogen worden, so hätte ich mich mit einem oder zween Gründen vergnügt, und meine Ueberzeugung nicht vermehret. Der

> Umfang der Wissenschaften ist unermeßlich, man weiß nicht, wo man anfangen soll, in einem Felde zu arbeiten, dessen Weite und Fruchtbarkeit gleich groß sind. Aber der Streit lehret uns einen Theil dieses Feldes wählen, den wir fleißiger umarbeiten, und wenn man ihn uns streitig macht, mit Ernst umzäunen. Ich wurde genöthiget, neue Versuche zu machen, und diese öfters zu wiederholen, und fand nicht nur die Wahrheit dessen, das ich vertheidigte, sondern ich fand neue Gründe dazu. [...] Streitende Secten sind wie Stahl und Feuersteine, sie zeugen zwar Feuer, aber auch Licht dabey, uns zu erleuchten.[59]

Im Gelehrtenstreit – und im sich darin ausdrückenden Ehrgeiz des Forschers – sah Haller einen entscheidenden und notwendigen Antrieb für die Forschung (vgl. den Beitrag zum Forscher und Gelehrten in diesem Band). Dank seinen ausgezeichneten Verbindungen war er oft in der Lage, seine eigenen Ansichten breit und an prominenter Stelle bekannt zu machen und so den Ausgang der Debatte zu seinen Gunsten zu beeinflussen. Überhaupt setzte er sein Korrespondenznetz in den Dienst seiner ehrgeizigen wissenschaftlichen Ziele. Wenn er seine eigenen Werke an Briefpartner verschickte, ging es zwar auch um einen ausgeglichenen Austausch von Geschenk und Gegengeschenk,[60] mehr noch aber um die gezielte Streuung an Multiplikatoren, die als Redaktoren, Rezensenten, wissenschaftliche Sekretäre oder vielbeachtete wissenschaftliche Autoren wichtige Schaltstellen der Gelehrtenrepublik besetzten. Dies bedeutet nicht, dass sich Haller nur gerade um die Verbreitung seiner eigenen Forschungsresultate bemüht hätte. Er edierte Hunderte von schwer zugänglichen medizinischen Dissertationen, verfasste zahlreiche medizinische Artikel für die *Encyclopédie* und publizierte umfangreiche kritische Bibliographien zur Botanik und den medizinischen Wissenschaften, um den aktuellen Zustand des Wissens bekannt zu machen.

Europäische Kommunikation

Bei der Verbreitung eigener Arbeiten sowie des Wissens überhaupt zielte ein Gelehrter des 18. Jahrhunderts selbstverständlich über konfessionelle, nationale und sprachliche Grenzen hinaus. Nicht jeder verfügte aber auch über europaweit gestreute Verbindungen, um seine Anliegen präzis und effektiv zu platzieren. Haller gehörte zum kleinen Kreis von Gelehrten, die diese Voraussetzungen erfüllten. Sein Briefnetz erstreckte sich von Moskau bis Dublin und von Stockholm bis Malaga. Angesichts der grossen Distanzen, der kulturellen Vielfalt und der politischen Fragmentierung dieses europäischen Kommunikationssystems interessiert zunächst die

Frage nach dessen Organisation. Festzuhalten ist einmal, dass die staatlichen und konfessionellen Grenzen in Hallers Netz zwar thematisiert wurden, aber nur in Einzelfällen die übergreifende Kommunikation behinderten. Weiter ist auf ein hochentwickeltes Brieftransportsystem zu verweisen, das sich nicht nur auf die offiziellen Postkurse mit ihren verhältnismässig hohen Portogebühren stützte, sondern auch auf reisende Bekannte und auf die Vermittlerdienste der als Schaltstellen fungierenden Personen. Dieses Transportsystem erscheint allerdings nicht nur wegen der Kosten, sondern auch wegen der unabdingbaren genauen Kenntnisse über die Postverbindungen und des ebenso unabdingbaren persönlichen Beziehungsnetzes als nicht für jedermann leicht zugänglich. Zwar kann man in Hallers Netz zum Teil erstaunlich kurze Brieftransportzeiten feststellen, etwa ganze 6 Tage von Göttingen nach Stockholm oder 18 Tage von Bern nach London. Aber allein die Tatsache, dass der materielle Verkehr von Briefen und Paketen ein häufiges und immer wiederkehrendes Briefthema darstellt, zeigt deutlich, wie wenig selbstverständlich der briefliche Austausch auf einer europäischen Ebene zu dieser Zeit noch war. Für eine europäische Kommunikation erschwerend wirkte auf den ersten Blick auch die Tendenz zur sprachlichen Fragmentierung als Folge des Rückgangs der alten Universalsprache Latein, der in Hallers Korrespondenz immer wieder beklagt wurde.[61] Die starke Präsenz der ‹Nationalsprachen› Französisch (39 %), Deutsch (24 %) und Englisch (15 %) neben dem Lateinischen (21 %) zeugt aber gerade vom Bemühen, dieser Fragmentierung entgegenzuwirken. Dahinter stehen natürlich auch überdurchschnittliche Sprachfähigkeiten der Hauptperson im Netz, die man allgemein zu den Voraussetzungen beim Unterhalt eines europäischen Korrespondenznetzes zählt und die beispielsweise auch bei einem Oldenburg oder einem Leibniz zu beobachten sind. Die Verwendung einer bestimmten Briefsprache lässt sich in Hallers Netz aber nicht nur funktional erklären. Zwar hatte die Verwendung von Latein im Austausch mit den Italienern und den Skandinaviern durchaus den Zweck, Sprachbarrieren zu überwinden. Wenn sich aber zwei deutschsprachige Briefpartner auf Lateinisch oder auch auf Englisch unterhielten, liess sich dies nur auf der Ebene des kulturellen Habitus deuten. Dazu passt, dass die Sprachkorrektheit sehr wohl ein Netzthema war, allerdings in begrenztem Umfang. Im Vergleich zwischen unveröffentlichter und veröffentlichter Fassung der Briefe fallen selbst bei guten Lateinern zahlreiche Flüchtigkeitsfehler auf, in denen sich ein pragmatischer Umgang mit Sprachkorrektheit manifestiert, der dem Typus ‹Alltagsbrief› entspricht.[62]

Es liegt nahe, die europäischen Kommunikationsprozesse in Hallers Netz auch unter dem Gesichtspunkt des Kulturtransfers zu betrachten, wobei dies mit Vorteil im Rahmen einer entnationalisierten Variante geschieht, die nicht in erster Linie von staatlichen Grenzen ausgeht, sondern den Netzwerkcharakter interkultureller Wechselbeziehungen betont.[63] Haller war in seiner wissenschaftlichen Tätigkeit derart eng mit Göttingen und seinen gelehrten Institutionen verknüpft, dass in seinem Netz diesbezüglich zwischen Deutschland und der Schweiz eher Verflechtungen als eigentliche Transferprozesse zu beobachten sind.[64] Als Bestandteil der deutschen Kultur erscheint Haller auch in seiner Rolle als Dichter, in der er als Erneuerer der deutschen Literatur wahrgenommen wurde. Wenn man aber Hallers Verflechtungen mit dem deutschen Kulturraum unter dem Aspekt seiner Vermittlerrolle betrachtete, können all diese Phänomene auch in der Perspektive des Kulturtransfers analysiert werden, so insbesondere seine Bemühungen als ‹Schweizer› um die Übernahme eines ‹korrekten› Deutsch. Dies zeigt sich in seinem Netz zum einen in der aufwendigen Überarbeitung seiner Gedichte, in denen er zusammen mit seinen Briefpartnern zugunsten des deutschen Publikums die schweizerischen Besonderheiten ersetzte, zum anderen in seiner deutschen Korrespondenzsprache, die sich im Gefolge des Wohnortwechsels von Bern nach Göttingen von einem ungelenken, sich syntaktisch ans Lateinische anlehnenden und mit Helvetismen durchsetzten Stil hin zu einem rhetorisch geschliffenen, am Ostmitteldeutschen orientierten Sprachgebrauch veränderte.[65] Ebenfalls als Kulturtransfer aufzufassen sind Hallers briefliche Bemühungen um die Übersetzung seiner Werke, zumeist ins Französische. Überhaupt war in Hallers Netz der Austausch zwischen dem deutschen und dem französischen Kulturraum von besonderer Bedeutung. Haller nahm dabei eine klassisch schweizerische Position ein, indem er in einer trilateralen Konstellation als Schweizer zwischen französischer und deutscher Wissenschaft bzw. Literatur vermittelte (‹Helvetia mediatrix›).[66]

Exemplifiziert sei dies mit Passagen aus Hallers Briefwechseln mit dem Lausanner Arzt Samuel-Auguste Tissot und dem Genfer Naturforscher Horace-Bénédict de Saussure. Die Grundkonstellation ist umrissen in einer Passage aus einem Brief Hallers an Tissot:

> Je suis entouré de livres de la foire, qui a richement rendu. Il y a des observations de chirurgie de Schmucker, l'esculape de M. Zimmermann, des observations de medecine de M. Buttner, un abregé de chirurgie de M. Theden, une infinité d'autres livres tous en Allemand, le latin va disparoitre entierement. Voila M. Lepechin qui a donné en Russien 2 volumes de son journal de voyages. Tous savoir va se reduire a l'etude des langues.[67]

Auf der einen Seite stand Haller, der unabhängig von seinen Aufenthaltsorten integriert war in die deutschsprachige Wissenschaftsgemeinschaft und sich gleichzeitig, nicht zuletzt dank seiner guten Sprachkenntnisse, problemlos auf der Ebene der europäischen Gelehrtenrepublik bewegte. Auf der anderen Seite befanden sich Tissot und Saussure, welche wie die meisten ihrer Kollegen in Lausanne oder Genf – und im besonderen Gegensatz zu denjenigen in Bern – nicht in der Lage waren, aus eigenen Kräften die aktuelle Fachliteratur von der anderen Seite der deutsch-französischen Sprachgrenze aufzunehmen, jedenfalls wenn sie nicht lateinisch verfasst war. «Si Vous saviés l'allemand. Vous le liriés avec plaisir», so Haller zu Tissot, als er diesen auf ein eben in Berlin erschienenes Werk zur praktischen Medizin hinwies. Vor dem gleichen Problem stand de Saussure auch bei einem schweizerischen Binnentransfer: «Je vous suis bien obligé de l'offre que vous me faites du Gruner, je l'ai fait venir, mais je ne sçais point encore l'Allemand», antwortete er Haller, als dieser ihm auf seine inhaltlichen Fragen zu Samuel Gottlieb Gruners *Eisgebirge des Schweizerlandes* anbot, das Werk einfach zu schicken.[68] De Saussure wollte Genaueres über Qualität und Publikumsaufnahme von Gruners Werk erfahren, weil er eine ähnliche Publikation auf Französisch plante: «Or cet Ouvrage seroit parfait inutile si celui de Mr. Gruner est bon.»[69] Hier manifestiert sich derselbe Anspruch wie bei Saussures Erkundigungen, als er sich mit Untersuchungen zur Elektrizität zu beschäftigen begann: «Dites moi de grace, Monsieur, si l'on n'a rien publié dernièrement en Allemand sur ce sujet.»[70] Es ist das Bemühen um den Forschungsstand, aber auch um den Geltungsbereich der eigenen Forschungen auf der anderen Seite der deutsch-französischen Sprachgrenze, wie er sich analog auch bei Haller beobachten lässt. Er bat Tissot um eine bestimmte französische Dissertation, auf die er bei der Lektüre des *Journal de Savants* gestossen war. Er setzte sich bei seinen eigenen Publikationen dafür ein, dass sie in der französischen Wissenschaftswelt zur Kenntnis genommen wurden.[71] Und er nahm es umgekehrt erfreut zur Kenntnis, dass Tissot in Deutschland rezipiert wurde: «Je voudrois que Vous puissiés lire l'ouvrage de Susmilch sur les tables des morts et des vivants. Il est excellent, tout y est raproché. Vous y êtes cité.»[72]

Welcher Stellenwert diesem deutsch-französischen Austausch zukam, welch grossem Bedürfnis er entsprach und mit welchen Schwierigkeiten er konfrontiert war, bringt eine Briefstelle von de Saussure zusammenfassend auf den Punkt:

> Faites moi la grace, Monsieur, de me dire comment vous faites pour être au fait des Ouvrages d'Hist. Naturelle qui s'impriment en Allemagne, je n'en sçais presque jamais rien d'ailleurs que par les avis que vous avés quelquefois la bonté de m'en donner, et je lis pourtant presque tous les Journaux François. Je voudrois que vous eussiés la bonté de m'indiquer

> quelque bon Journal Latin, ou même Allemand parce que je puis me faire traduire les Articles qui m'intéressent, & qu'aumoins les titres des Livres latins sont en Latin. Vous auriés en mème tems la bonté de me dire où & comment on souscrit pour ce Journal. Ensuite je vous prierois de me donner l'adresse de quelque bon Libraire de Leipsic ou de Francfort pour faire venir les Livres qui me feront plaisir.[73]

Es erstaunt nicht, dass Haller in seiner Antwort an de Saussure auf die *Göttingischen Gelehrten Anzeigen* verwies.[74] Und es erstaunt nach dem bisher Gesagten ebenfalls nicht, dass Haller bei den *Göttingischen Gelehrten Anzeigen* hinsichtlich der Rezension französischer Werke eine herausragende Stellung einnahm, und von Bern aus den umfassenderen und sogar den schnelleren Zugang zur aktuellen französischen Forschung hatte als die Göttinger Chefredaktion.[75]

Eine ähnliche Vermittlerrolle zeigte Haller auch in seiner Korrespondenz mit den eher an den Rändern der europäischen Gelehrtenrepublik gelegenen Gebieten wie Skandinavien, Russland, Osteuropa und Italien.[76] Schliesslich sind auch grosse Teile des die Korrespondenz begleitenden Realientransfers als Kulturtransferprozesse aufzufassen, insbesondere der Transfer von andernorts erfolgreichen Agrarpflanzen.[77]

Das Leben im Netz

Ein guter Teil der Brief- und Aufklärungsforschung geht davon aus, dass die Briefkultur der Aufklärungszeit einen vollständigen Bruch mit den traditionellen Kommunikationsformen darstelle. Etwas überspitzt formuliert, erkennt diese Richtung erst im freundschaftlich-empfindsamen Brief der zweiten Hälfte des 18. Jahrhunderts einen ‹natürlichen› Stil und eine freie Darstellung der Verfasserpersönlichkeit, und zwar in der doppelten Befreiung vom formelhaften Kanzleistil und vom künstlichen Stil des galanten Briefs. Die Analyse von Hallers Netz ergibt ein etwas anderes Bild, indem sich hier ‹alt› und ‹neu› sehr viel weniger dichotomisch gegenüberstehen. So zeigen sich verschiedene Korrespondenztypen mit ‹natürlichem› Sprachstil, die nicht oder nur teilweise mit den neuen Kommunikationsformen der Aufklärung zu tun haben. Zu nennen sind zum einen der familiäre Brief, der in einer ungekünstelten und direkten Sprache auch persönliche Gefühle und Anteilnahme zum Ausdruck brachte, dabei aber vollständig innerhalb der alten ständischen Welt zu verorten ist, zum anderen der ‹reine› Informationsbrief im Rahmen einer nützlichen Gelehrtenfreundschaft, der in der Tradition der frühneuzeitlichen Gelehrtenrepublik steht. Schon eher im Kontext der aufgeklärten Geselligkeit anzusiedeln

Die Korrespondenz verschaffte dem Gelehrten nicht nur wissenschaftlichen Austausch, sondern auch persönlichen Kontakt zu den abwesenden Freunden. Über die eigentliche Gelehrtenrepublik hinaus führten Gelehrte wie Haller auch umfangreiche Briefwechsel mit Verwandten oder Bekannten aus der näheren Umgebung. Das Bild zeigt den Berner Arzt Johann Friedrich von Herrenschwand an seinem Schreibtisch im Schloss Greng bei der Erledigung seiner Korrespondenz. Die fertig geschriebenen und auf das gängige Format gefalteten Briefe reicht er zum Versiegeln an seine Gattin weiter. In ihrer rechten Hand hält sie einen Stab mit Siegellack, den sie wohl an der Kerze zum Schmelzen bringt, die die Tochter bereithält. An diesem Ort verfasste Herrenschwand wohl auch die meisten seiner 43 an Haller gerichteten Briefe. – Ölgemälde von J. d'Lander, 1761. – Burgerbibliothek Bern.

ist dagegen der freundschaftliche Briefstil, der dadurch gekennzeichnet ist, dass sich hier neben der Informationsfunktion auch phatische (Aufnahme und Unterhalt des Kontakts), poetische (metaphorische Sprache), metasprachliche (Äusserungen über den Schreibakt) und emotive Funktionen (Aussagen des Schreibers zu Alter und Krankheit) erkennen lassen.[78] Aber auch in Hallers freundschaftlichen Briefwechseln wurde nicht einfach die Information durch die Emotion ersetzt, wie es für den empfindsamen Brief letztlich charakteristisch ist. Vielmehr scheinen das Interesse am Briefpartner und die zahlreichen Kontakt erhaltenden und unterstützenden Passagen in den meisten dieser Briefe Bestandteil des *networkings* zu sein, das für Aufbau und Unterhalt eines Briefnetzes unabdingbar war. Dieses Netz hatte aber seine Hauptfunktion nicht im Austausch von Emotionen, sondern von gelehrten Informationen, Wissensbeständen und Realien im Fall des Gelehrtennetzes, von gesellschaftlichen Ereignissen, Wahlabsprachen und Magistratsinterna im Fall der vernetzten bernischen Stadtrepublik. Dass der persönliche Austausch nicht am Ausgangspunkt von Hallers Netz stand, heisst aber auf der anderen Seite nicht, dass er für Haller und für seine vertrauten Korrespondenten nicht auch persönlich von grosser Bedeutung wäre (vgl. Abb. S. 407).

Es gehört zu den Grundannahmen der Briefforschung, dass die Integration des weiblichen Geschlechts die Briefkultur der Aufklärung charakterisiert, indem in dieser Zeit der Brief in seiner unverfälschten Natürlichkeit und in seiner Eignung zum intimen Dialog als typisch weibliche Gattung entdeckt wurde. Demgegenüber führte Haller intime Freundschaftsdialoge nahezu ausschliesslich mit Männern, namentlich mit seinen Berner Jugendfreunden im literarisch interessierten Kreis um die Deutsche Gesellschaft sowie mit einzelnen langjährigen Briefpartnern wie Paul Gottlieb Werlhof und Charles Bonnet. In Hallers Korrespondenz mit Frauen lässt sich aber trotzdem aufgeklärtes Kommunikationsverhalten beobachten, namentlich im Austausch mit einzelnen Dichterinnen, Literatinnen, Salonnières und Verehrerinnen seiner Dichtung, die sich mit Haller über philosophische, literarische und politische Ansichten austauschten. Die meisten Korrespondenzen mit Frauen führte Haller aber nicht im Rahmen aufklärerischer Geselligkeit, sondern mit Familienangehörigen. Diese Briefe enthalten Gesellschaftsnachrichten zu Geburten, Verlobungen, Heiraten, Krankheiten, Todesfällen, breiteten Skandale aus, behandelten praktische Probleme der Kindererziehung, besprachen finanzielle Engpässe und Laufbahnentscheide. Sie zeigen auf der einen Seite einen ‹menschlichen› Haller, der sich auch für Alltäglichkeiten des Lebens interessierte und dessen Rat im zwischenmenschlichen Bereich ebenso gefragt war wie im professionellen, und sie zeigten auf der anderen Seite verhältnismässig weite Handlungs- und Kommunikationsspielräume von Frauen, die sich aber weniger im aufklärerischen als vielmehr innerhalb des traditionellen stadtpatrizischen Milieus bewegten.[79]

Auch ein Gelehrter europäischen Zuschnitts wie Albrecht von Haller war in grossen Teilen seiner Briefkommunikation eng mit seiner Heimat verflochten.[80] Rund ein Viertel aller Briefe an Haller sind von Bernern verfasst oder stammen sonst aus dem Territorium der Stadtrepublik Bern, das auch das heutige Waadtland und Teile des heutigen Aargaus umfasste. Hier war Hallers Netz am dichtesten, und hier weisen nicht nur die Hauptorte Bern und Lausanne sehr hohe Briefzahlen auf, sondern auch kleinere Orte wie Aarberg, Aigle, Brugg, Echallens, La Ferrière, Nyon und Wimmis. In Hallers Göttinger Zeit war Bern der zweithäufigste Absendeort überhaupt, woran nicht weniger als 43 Personen, grösstenteils Freunde und Verwandte, beteiligt waren. Der intensive Austausch mit ihnen half Haller in Göttingen über sein Heimweh hinweg und ersetzte ihm den fehlenden freundschaftlichen Umgang vor Ort. Zudem wäre es Haller ohne die zahlreichen Briefe nicht gelungen, aus der Ferne seine familienstrategischen Ziele in seiner Heimatstadt zu erreichen, so die Stärkung der Stellung seiner Familie durch geschickte Heiratspolitik und seine Wahl in den Grossen Rat.[81] In der Zeit nach Göttingen verschob sich das Profil der bernischen Korrespondenz von einer Freundschafts- und Familienkorrespondenz zu einer Magistratskorrespondenz, in der sich Haller über seine Tätigkeiten im Dienst der Republik austauschte (vgl. den Beitrag zum Magistraten in diesem Band). Dabei erscheint Hallers Tätigkeit als bernischer Magistrat gerade in ihren innovativen Aspekten in vielfältiger informeller Vernetzung mit den Verwaltungen anderer Territorien, aber auch mit dem europäischen Diskurs der Gelehrtenrepublik respektive der Aufklärung.

Gelehrtenrepublik und Aufklärung

Hallers umfangreiches, vielfältiges Briefnetz – wie auch sein ebenso vielgestaltiges wissenschaftliches und literarisches Werk – fordert uns dazu auf, die Charakteristika von Gelehrtenrepublik und Aufklärung und insbesondere deren Verhältnis genauer zu bestimmen. Es legt nahe, dass der oft gezeichnete Gegensatz zwischen einer konservativen, rückwärtsgewandten, in sich gekehrten, wenn nicht selbstverliebten Gelehrtenrepublik und einer davon getrennten radikalen, vorwärtsblickenden, reform- und öffentlichkeitsorientierten Aufklärung allzu vereinfacht ist.[82] Natürlich stehen Haller und viele seiner Briefpartner in klarer Opposition zur Religions- und Gesellschaftskritik von Voltaire und Rousseau und betrachten den in der Pariser Salons gepflegten geistreichen Witz als oberflächliche Tändelei, die ihrer Vorstellung von Gelehrtheit entgegensteht. Doch erstens gibt es deutliche personelle Überschneidungen zwischen Hallers Briefnetz und demjenigen der Pariser ‹philosophes›, und zweitens macht sie diese Ablehnung noch nicht zu grundsätzlichen Gegnern der Aufklärung. In Hallers Werk, in seinem Briefnetz und in der Gelehrtenrepublik überhaupt ist das genuin aufklärerische Bemühen um Empirie und Praxis, kritische Beleuchtung, Verbreitung und nützliche Anwendung des Wissens und die damit verbundene Forderung nach Reform von Staat und Gesellschaft stark vertreten. Wenn wir schliesslich – wie im Beitrag zu Haller und der Aufklärung in diesem Band – die Aufklärung als eine Denkhaltung verstehen, die bereit ist, alle Gegenstände wahrzunehmen, alle Meinungen zu diskutieren, und die sich darum bemüht, den eigenen Standpunkt zu verlassen, um zu begreifen, wie es möglich ist, dass andere anders denken (ohne die eigene Position zu verleugnen), dann muss Haller und mit ihm sein Briefnetz ganz eindeutig als ein Teil dieser Strömung bezeichnet werden. Dies bedeutet nicht, die bestehenden Unterschiede zwischen radikaleren und konservativeren Kräften zu relativieren. Wohl aber stellt sich damit die – insbesondere von Laurence Brockliss pointiert und überzeugend gestellte – Frage, ob wir nicht die Aufklärung als eine Strömung innerhalb der seit der Reformation und bis zum Ende des 18. Jahrhunderts bestehenden Gelehrtenrepublik verstehen sollten.[83] Solange die Gelehrtenrepublik des 18. Jahrhunderts nicht genauer erforscht ist, muss diese Frage offenbleiben. Hallers Briefnetz ist eine der hervorragenden Quellen, um sich dieses Forschungsdesiderats anzunehmen.

Anmerkungen

1 Hans Bots, Françoise Waquet: *La République des Lettres*. Paris 1997; Ulrich Johannes Schneider (Hg.): *Kultur und Kommunikation. Die europäische Gelehrtenrepublik im Zeitalter von Leibniz und Lessing*. Wolfenbüttel 2005; Jürgen Fohrmann (Hg.): *Gelehrte Kommunikation. Wissenschaft und Medium zwischen dem 16. und 20. Jahrhundert*. Wien, Köln, Weimar 2005.

2 Heinrich Bosse: Die gelehrte Republik. In: Hans-Wolf Jäger (Hg.): *‹Öffentlichkeit› im 18. Jahrhundert*. Göttingen 1997, 51-76.

3 Michael Kempe: Gelehrte Korrespondenzen. Frühneuzeitliche Wissenschaftskultur im Mediuum postalischer Kommunikation. In: Fabio Crivellari et al. (Hg.): *Die Medien der Geschichte*. Konstanz 2004, 407-429.

4 Siehe z. B.: Richard van Dülmen, Sina Rauschenbach (Hg.): *Macht des Wissens. Die Entstehung der modernen Wissensgesellschaft*. Köln, Weimar, Wien 2004; Helmut Zedelmaier, Martin Mulsow (Hg.): *Die Praktiken der Gelehrsamkeit in der Frühen Neuzeit*. Tübingen 2001; Hans Erich Bödeker et al. (Hg.): *Wissenschaft als kulturelle Praxis, 1750-1900*. Göttingen 1999; Peter Burke: *A social history of knowledge. From Gutenberg to Diderot*. Cambridge 1997; Steven Shapin: *A social history of truth: civility and science in seventeenth-century England*. Chicago 1994.

5 Urs Boschung et al. (Hg.): *Reperto-*

rium zu Albrecht von Hallers Korrespondenz 1724-1777. 2 Bde. Basel 2002.

6 Martin Stuber; Stefan Hächler; Luc Lienhard (Hg.): *Hallers Netz. Ein europäischer Gelehrtenbriefwechsel zur Zeit der Aufklärung.* Basel 2005. Der vorliegende Beitrag fusst wesentlich auf der darin enthaltenen Gesamtanalyse von Martin Stuber, Stefan Hächler und Hubert Steinke (3-216).

7 Haller an Zimmermann, 28.6.1754; Eduard Bodemann (Hg.): *Von und über Albrecht von Haller. Ungedruckte Briefe und Gedichte Hallers sowie ungedruckte Briefe und Notizen über denselben.* Hannover 1885, 18.

8 Siehe Boschung et al. 2002 (wie Anm. 5); Pierre-Yves Beaurepaire (Hg.): *Pouvoirs et réseaux de correspondance dans l'Europe des Lumières.* Arras 2002, 253-272; Christine Berckvens-Stevelinck et al. (Hg.): *Les grands intermédiares culturels de la République des Lettres. Études de réseaux de correspondances du XVIe au XVIIIe siècles.* Paris 2005.

9 Hubert Steinke (Hg.): *Der nützliche Brief: die Korrespondenz zwischen Albrecht von Haller und Christoph Jakob Trew 1733-1763.* Basel 1999, 42-55.

10 Laurence Brockliss: *Calvet's web. Enlightenment and the Republic of Letters in eighteenth-century France.* Oxford 2002.

11 Daniel Roche: Les primitifs du Rousseauisme: une analyse sociologique et quantitative de la correspondance de J. J. Rousseau. In: *Annales*, 26 (1971), 151-172.

12 Hans Erich Bödeker: Lessings Briefwechsel. In: Ders., Ulrich Herrmann (Hg.): *Über den Prozess der Aufklärung in Deutschland im 18. Jahrhundert. Personen, Institutionen und Medien.* Göttingen 1987, 113-138.

13 Diese Zahlen beruhen auf der Analyse von Hallers kleinen Briefwechseln mit 1-5 Briefen; bei einer Untersuchung der ganzen Korrespondenz könnten sich noch gewisse Verschiebungen ergeben.

14 Haller an Zimmermann, 28.6.1754; Bodemann 1885 (wie Anm. 7), 18.

15 Martin Stuber: Brief und Mobilität bei Albrecht von Haller. Zur Geographie einer europäischen Gelehrtenkorrespondenz. In: Johannes Burkhardt, Christine Werkstetter (Hg.): *Kommunikation und Medien in der Frühen Neuzeit.* München 2005, 313-334.

16 Steinke 1999 (wie Anm. 9), 20-24, 61-63.

17 Haller an Sinner, 11.2.1742; Bodemann 1885 (wie Anm. 7), 112-115.

18 Haller an Bonnet, 30.10.1758; 11.11.1762; Otto Sonntag (Hg.): *The correspondence between Albrecht von Haller and Charles Bonnet.* Bern [etc.] 1983, 147, 306.

19 Haller an Bonnet, 21.1.1766; Sonntag 1983 (wie Anm. 18), 470.

20 Stuber/Hächler/Steinke 2005 (wie Anm. 6), 103.

21 Johann Georg Zimmermann: *Das Leben des Herrn von Haller.* Zürich 1755, 410 f.

22 Walbaum an Haller, 14.2.1751; Burgerbibliothek Bern, Nachlass Haller.

23 Garcin an Haller, 1.12.1734; Burgerbibliothek Bern, Nachlass Haller.

24 Vgl. Steinke 1999 (wie Anm. 9); Franz Mauelshagen: Networks of trust. Scholarly correpondence and scientific exchange in early modern Europe. In: *Medieval History Journal*, 6 (2003), 1-32.

25 Christian August Crusius: *Anweisung vernünftig zu leben.* Leipzig 1744, 861.

26 Haller an Beurer, 18.6.1747; Steinke 1999 (wie Anm. 9), 33.

27 Von der breiten Literatur sei hier nur genannt Holger Zaunstöck, Markus Meumann (Hg.): *Sozietäten, Netzwerke, Kommunikation. Neue Forschungen zur Vergesellschaftung im Jahrhundert der Aufklärung.* Tübingen 2003.

28 Caldani an Haller, 5.9.1761; Erich Hintzsche (Hg.): *Albrecht von Haller – Marc Antonio Caldani. Briefwechsel 1756-1776.* Bern, Stuttgart 1966, 101.

29 Vgl. Wolfgang Reinhard: Oligarchische Verflechtung und Konfession in oberdeutschen Städten. In: Antoni Maczak (Hg.): *Klientelsysteme im Europa der Frühen Neuzeit.* München 1988, 47-62.

30 Mario Biagioli: Galileo's system of patronage. In: *History of science*, 28 (1990), 1-62; Bruce T. Moran (Hg.): *Pat-*

ronage and institutions. Science, technology, and medicine at the European court, 1500-1750. Rochester, Woodbridge 1991; Lisa T. Sarasohn: Nicolas-Claude Fabri de Peiresc and the patronage of the new science in the seventeenth century. In: *Isis*, 84 (1993), 70-90.

31 Jean le Rond d'Alembert: Essai sur la société des gens de lettres et des grands, sur la réputation, sur les mécenes, et sur les récompenses littéraires. In: Ders.: Mélanges de littérature, d'histoire, et de philosophie. Nouvelle éd. 3 Bde. Amsterdam 1759, I: 321-412, hier 346.

32 Vgl. René Sigrist: Correspondances scientifiques du 18e siècle: présentation d'une méthode de comparaison. In: *Revue Suisse d'histoire*, 58/2 (2008; im Druck); Ders.: Chiffrer et déchiffrer la correspondance scientifique de Vallisnieri. In: Dario Generali et al. (Hg.): *Le reti in rete. Per l'inventario e l'edizione dell'Archivio Vallisnieri* (im Druck); Sigrist bezieht in seine Untersuchungen auch noch Personen ein, die nicht Mitglieder der sechs erwähnten Gesellschaften waren, aber als bedeutende Forscher in den modernen Lexika verzeichnet sind, und kommt so auf 280 statt 271 bedeutende Wissenschaftler.

33 Vgl. Gunnar Eriksson: The botanical success of Linnaeus. The aspect of organization and publicity. In: *Yearbook of the Swedish Linnaeus Society, 1978, 57-66.*

34 Martin Stuber et al.: Exploration von Netzwerken durch Visualisierung. Die Korrespondenznetze von Banks, Haller, Heister, Linné, Rousseau, Trew und der Oekonomischen Gesellschaft Bern. In: Regina Dauser et al. (Hg.): *Wissen im Netz. Botanik und Pflanzentransfer in europäischen Korrespondenznetzen des 18. Jahrhunderts.* Augsburg (Colloquia Augustana, im Druck).

35 Stuber 2005 (wie Anm. 15), S. 329-339.

36 Martin Stuber: Journal and Letter. The interaction between two communication media in the correspondence of Albrecht von Haller. In: Hans-Jürgen Lüsebrink, Jeremy Popkin (Hg.): *Enlightenment, revolution and the periodical press.* Oxford 2004, 114-141.

37 Vgl. Lorraine Daston: The ideal and reality of the Republic of Letters in the Enlightenment. In: *Science in context*, 4 (1991), 367-386.

38 Anne Goldgar: *Impolite learning. Conduct and community in the Republic of Letters 1680-1750.* New Haven, London 1995.

39 Haller an Bonnet, 17.7.1768; Sonntag 1983 (wie Anm. 18), 765.

40 Die Behandlung dieses Themas basiert auf Hubert Steinke: *Irritating experiments. Haller's concept and the European controversy of irritability and sensibility 1750-90.* Amsterdam, New York 2005, 251-265.

41 Bonnet an Haller, 13.3.1762; Sonntag 1983 (wie Anm. 18), 268.

42 *Monthly Review*, 14 (1756), 140.

43 Albrecht von Haller: Mémoire sur plusieurs phénomènes importants de la respiration: fondé sur les expériences. In: Ders.: *Sur la formation du cœur dans le poulet, sur l'œil, sur la structure du jaune &c.* 2 Bde. Lausanne 1758, II: 197-366, hier 206 f.

44 Die Notwendigkeit einer offenen Kritik wurde schon von Bayle formuliert; vgl. Pierre Bayle: *Dictionnaire historique et critique*. Rotterdam 1697, 809 f. (Artikel ‹Catius›). Gleichzeitig betonte aber Bayle die Gleichheit der Mitglieder der Gelehrtenrepublik; vgl. Ders: Preface. In: *Nouvelles de la république des lettres* (Amsterdam), Mars 1684.

45 *Göttingische Gelehrte Anzeigen*, 1748, 502.

46 *Göttingische Gelehrte Anzeigen*, 1747, Vorrede.

47 [Félix Vicq d'Azyr:] Éloge de M. de Haller. In: *Histoire de la Société Royale de Médecine*, année 1776, t. 1 (Paris 1779), 59-93, hier 93.

48 Sprögel an Haller, 29.7.1758; Burgerbibliothek Bern, Nachlass Haller.

49 Lapi an Haller, 20.1.1773; Burgerbibliothek Bern, Nachlass Haller.

50 Haller an Heyne, 17.9.1774; Frank William Peter Dougherty (Hg.): *Christian Gottlob Heyne's correspondence with Albrecht and Gottlieb Emanuel von Haller.* Göttingen 1997, 161.

51 Thoms an Haller, 6.4.1745; Erich

Hintzsche: Boerhaaviana aus der Burgerbibliothek in Bern. In: Gerrit A. Lindeboom (Hg.): *Boerhaave and his time*. Leiden 1970, 144-164, hier 156.

52 König an Haller, 6.9.1745; Burgerbibliothek Bern, Nachlass Haller.

53 Van Royen an Haller, 10.2.1746; *Epistolarum ab eruditis viris ad Alb. Hallerum scriptarum*. Pars 1, latinae. 6 Bde. Bern 1773-1775, II: 251.

54 *Bibliothèque raisonnée*, 40 (1748), 205-226, 454-468.

55 Josef Schmitthüsen: *Vor- und Frühgeschichte der Biogeographie*. Saarbrücken 1985; Martin Stuber: Forschungsreisen im Studierzimmer. Die Rezeption der Grossen Nordischen Expedition (1733-1743) bei Albrecht von Haller und Samuel Engel. In: *Gesnerus*, 57 (2000), 168-181.

56 Albrecht von Haller: Vorrede zu der Geschichte der Helvetischen Gewächse. Aus dem Lat. übersetzt. In: *Sammlung kleiner Hallerischer Schriften*. 3 Bde. Bern 1772, III: 119-154, hier: 148.

57 Vgl. Steinke 2005 (wie Anm. 40), 50-58.

58 Hubert Steinke: Der Patron im Netz. Die Rolle des Briefwechsels in wissenschaftlichen Kontroversen. In: Stuber/Hächler/Steinke 2005 (wie Anm. 6), S. 441-462.

59 Albrecht von Haller: Vorrede, In: *Allgemeine Historie der Natur nach allen ihren besondern Theilen abgehandelt, nebst einer Beschreibung der Naturalienkammer* ... Erster Theil [von Georges Louis Leclerec de Buffon und Louis Jean Marie Daubenton]. Hamburg, Leipzig 1750, ix-xxii, hier xviii f.

60 Paula Findlen: The economy of scientific exchange in early modern Italy. In: Moran 1991 (wie Anm. 30); 5-24; Valentin Groeber: Liebesgaben. Zu Geschenken, Freiwilligkeit und Abhängigkeit zwischen dem 14. und dem 16. Jahrhundert. In: *Traverse*, 2 (2002), 39-51, hier 47.

61 Siehe allgemein: Jürgen Schiewe: Von Latein zu Deutsch, von Deutsch zu Englisch. Gründe und Folgen des Wechsels von Wissenschaftssprachen. In: Friedhelm Debus, Franz Gustav Kollmann, Uwe Pörksen (Hg.): *Deutsch als Wissenschaftssprache im 20. Jahrhundert*. Stuttgart 2001, 81-104.

62 David Krebs: Latein als Medium wissenschaftlicher Kommunikation bei Albrecht von Haller. In: Stuber/Hächler/Lienhard 2005 (wie Anm. 6), 351-370.

63 Hans-Jürgen Lüsebrink: Kulturtransfer – methodisches Modell und Anwendungsperspektiven. In: Ingeborg Tömmel (Hg.): *Europäische Integration als Prozess von Angleichung und Differenzierung*. Opladen 2001, 213-226.

64 Im Folgenden nach: Martin Stuber: Binnenverkehr in der europäischen Gelehrtenrepublik. Zum wissenschaftlichen Austausch zwischen ‹Deutschland› und der ‹Schweiz› im Korrespondenznetz Albrecht von Hallers. In: *Das achtzehnte Jahrhundert*, 26 (2002), 193-207, hier 202-207.

65 Claudia Profos: Die ‹ungelenksame› Sprache und der ‹babilonish dialect›. Zur inneren und äusseren Mehrsprachigkeit in der Korrespondenz Albrecht von Hallers. In: Stuber/Hächler/Lienhard 2005 (wie Anm. 6), 351-370.

66 Vgl. Helmut Holzhey, Simone Zurbuchen: Die Schweiz zwischen deutscher und französischer Aufklärung. In: Werner Schneiders (Hg.): *Aufklärung als Mission – La mission des Lumières. Akzeptanzprobleme und Kommunikationsdefizite*. Marburg 1993, 303-318.

67 Haller an Tissot, 21.7.1774; Erich Hintzsche (Hg.): *Albrecht von Hallers Briefe an Auguste Tissot, 1754-1777*. Bern, Stuttgart, Wien 1977, 394 f.

68 Saussure an Haller, 2.5.1767; Otto Sonntag (Hg.). *The correspondence between Albrecht von Haller and Horace Bénédict de Saussure*. Bern, Stuttgart, Toronto 1990, 353 f.

69 Saussure an Haller, 27.5.1767; ebenda, 359-361.

70 Saussure an Haller, 18.7.1766; ebenda, 285-287.

71 Haller an Tissot, 14.12.1759; Hintzsche 1977 (wie Anm. 67), 70.

72 Haller an Tissot, 31.1.1763; ebenda, 155.

73 Sausssure an Haller, 6.3.1767; Sonntag 1990 (wie Anm. 68), 332-335.

74 Haller an Saussure, 15.3.1767; ebenda, 337 f.

75 Z. B. Haller an Heyne, 27.6.1771; Heyne an Haller, 10.7.1771, 26.9.1772; Frank William Peter Dougherty (Hg.): *Commercium epistolicum J. F. Blumenbachii: aus einem Briefwechsel des klassischen Zeitalters der Naturgeschichte.* Göttingen 1984, 51-55, 102-106.

76 Stefan Hächler: Albrecht von Haller (1708-1777) und seine Beziehungen zu St. Petersburg. In: Elmar Mittler, Silke Glitsch (Hg.): *300 Jahre St. Petersburg: Russland und die ‹Göttingische Seele›.* Göttingen, 2003, 71-90; Stefan Hächler: Deux réseaux de correspondance en interaction. La correspondance entre Albert de Haller (1708-1777) et Carlo Allioni (1728-1804). In: Beaurepaire 2002 (wie Anm. 8), 253-272.

77 Martin Stuber: Kulturpflanzentransfer im Netz der Oekonomischen Gesellschaft Bern. In: Dauser (wie Anm. 34; im Druck).

78 Profos 2005 (wie Anm. 65).

79 Barbara Braun-Bucher: «Les vertus de votre sexe». Albrecht von Hallers Korrespondenz mit Frauen. In: Stuber/Hächler/Lienhard 2005 (wie Anm. 6), 277-315.

80 Martin Stuber, Stefan Hächler: Ancien Régime vernetzt. Albrecht von Hallers bernische Korrespondenz. In: *Berner Zeitschrift für Geschichte und Heimatkunde*, 62 (2000), 125-190.

81 Martin Stuber: Intimität – Familienökonomie – Stadtgespräch. Kommunikationsgeschichte einer Heirat im Ancien Régime. In: Stuber/Hächler/Lienhard 2005 (wie Anm. 6), 463-503.

82 Vgl. die Diskussion bei Brockliss 2002 (wie Anm. 10), introduction.

83 Ebenda, conclusion.

Haller und die Aufklärung

Wolfgang Pross

Hallers Epoche

Albrecht von Hallers Leben erstreckt sich mit seinen Eckdaten von 1708 bis 1777 über einen grossen Teil des Jahrhunderts der Aufklärung, mit dem sich die vorindustrielle Moderne vollendet. Es ist zwar üblich geworden, die Zeit ab dem späten Mittelalter und der frühen Renaissance insgesamt als ‹Frühe Neuzeit› zu betrachten, aber eine solche Einebnung unterschiedlich rasch und keineswegs synchron ablaufender Entwicklungen auf verschiedenen Gebieten bedeutet auch eine gewisse Vernachlässigung der grossen Einschnitte, welche nach dem Humanismus des 15. Jahrhunderts erst die Reformation und Gegenreformation im 16. Jahrhundert brachten, und schliesslich die Zäsur, die durch die wissenschaftliche Revolution des 17. Jahrhunderts und die gleichzeitige Entstehung des Naturrechts entstand. Sie verstellt auch den Blick auf das, was die Aufklärung tatsächlich mit der Zusammenfassung der vielen vorhandenen Tendenzen, aber auch in der Produktion und Organisation neuen Wissens geleistet hat, vor allem durch den Abbau der Vorherrschaft des systematischen Denkens zugunsten der Aufwertung von Empirie und Praxis. Dabei ist die Aufklärung nicht die nur von abstrakt rationalen Tendenzen geprägte Bewegung gewesen, wie man ihr – vor allem in der aufklärungsfeindlichen romantischen Tradition des deutschen Historismus und der Restauration – lange unterstellte.[1] Allerdings fällt Hallers Leben als Wissenschaftler und als Schriftsteller in eine für die Interpretation auch heute noch problematische und ungenügend erschlossene Epoche der deutschen Geistesgeschichte von etwa 1690 bis 1750/70: Wie diese Zeit in der Literaturgeschichte nur als Vorläufer der Goethe-Zeit betrachtet wurde, so erschien etwa die Philosophie im gleichen Zeitraum nur als Vorgeschichte des Kritizismus Immanuel Kants, in der im Wesentlichen die Systematisierung der Philosophie Leibniz' durch Christian Wolff und die Geschichte der Schulmetaphysik einen prominenten Platz behauptete. Wenig beachtet wurde dagegen lange Zeit der gesamte Bereich der *Philosophia practica* (Ethik, Ästhetik oder Naturwissenschaften), da ihm aufgrund des Mangels an Systematisierung und der Verhaftung in der Tradition des von Kant verurteilten populären Eudämonismus von nicht wenigen Fachphilosophen der Status des Philosophischen bis heute abgesprochen wird; allerdings hat sich in den letzten Jahren die Situation etwas gewandelt, und es kann von einem Interesse gerade auch der Literaturwissenschaft an den praktischen Aspekten des Naturrechts gesprochen werden.[2]

Es gibt etliche Gründe für die Verspätung der Auseinandersetzung mit dem Wandel, der sich von der Epoche des Barock zur Aufklärung vollzieht, denn es bereitet erhebliche Schwierigkeiten, die Heterogenität der deutschen literarischen und kulturellen Entwicklung zwischen dem Ende des 30-jährigen Krieges und einer langsamen Konsolidierung – erst spät mit der Etablierung der Machtzentren Preussen (unter Friedrich II.) und Österreich (unter Kaiserin Maria Theresia) – auf griffige Nenner zu bringen. Die Kriege der Zeit, u. a. die Reunionskriege, die Erbfolgekriege um den spanischen Thron und um die Nachfolge Karls VI. auf dem deutschen Kaiserthron, und schliesslich nochmals die Kriege Friedrichs II. von Preussen waren kaum dazu angetan, kulturelle Kontinuität zu sichern. Der politischen Zersplitterung des Heiligen Römischen Reiches entspricht eine diffuse kulturelle Realität, in der einige Zentren (Berlin, Dresden, Frankfurt/Oder, Halle, Hamburg, Jena, Leipzig, Wien) miteinander konkurrieren, ohne wirklich modellbildend wirken zu können, wie in den anderen europäischen Ländern etwa London, Paris oder auch Neapel. Universitäten und Akademien sind, trotz der Bemühungen von Leibniz, Thomasius, Wolff oder Gottsched, befangen in scholastischer Gelehrsamkeit und noch wenig offen für die intellektuellen Impulse, wie sie vor allem von der Entwicklung der Naturwissenschaften ausgehen konnten; erst die Gründung der Georgia Augusta zu Göttingen 1737 bedeutet die Etablierung einer modernen Modelluniversität (vgl. den Beitrag zu Göttingen in diesem Band). Für die deutsche Geistesgeschichte blieb die erste Hälfte des 18. Jahrhunderts, wie 1928 ein Barockforscher formuliert hatte, «die fast dunkelste Epoche der deutschen Geistesgeschichte», und sie ist, wie vor kurzem ein Band zur Positionsbestimmung der Zeit um 1700 formulierte, «in der kulturwissenschaftlichen Forschung immer noch weitestgehend eine *terra incognita*».[3] Einheitliche Trägerschichten und Adressaten des literarischen und intellektuellen Lebens sind in dieser Situation schwer auszumachen, und nicht zufällig wird ein Grossteil der literarischen Produktion anonym veröffentlicht. Man hat sich denn auch vielfach auf die unspezifische Kategorie eines sich langsam ausbildenden Bürgertums bezogen, als würde sich hier langsam ein konkretes ‹bürgerliches› individuelles Subjekt aus dieser Anonymität herauskristallisieren, ohne aber konkret von diesem Theorem einer postulierten ‹Verbürgerlichung› profitieren zu können.[4] Die ebenso zweifelhafte Alternative war, die gesamte geistige und literarische Entwicklung des 18. Jahrhunderts eng mit der Geschichte des Pietismus und des protestantischen Pfarrhauses zu verknüpfen; auch wenn der religiöse Anteil an der Entwicklung des deutschen Wortschatzes und der Mentalität des 18. Jahrhunderts nicht gering ist,[5] besteht die Gefahr einer Verkennung des laizistischen, ja säkularisierenden Charakters von Literatur, selbst wo sie religiöse Themen wählt: Kirchliche Instanzen mit ihrem Anspruch auf Auslegungshoheit der Bibel waren keineswegs erbaut von der poetischen Lizenz, mit der sich Milton, Bodmer, Klopstock oder Lavater ohne Scheu biblischer Gestalten bis hinauf zum Schöpfer und der Erlösergestalt Christi bemächtigten, und schon gar nicht von der Faszination, die sie Satan verliehen.

Erst die Preisgabe der Hypostasierung eines mehr oder weniger konkreten gesellschaftlichen Standes wie des ‹Bürgertums› oder des ‹protestantischen Pfarrhauses› zum ‹Urheber› der Entwicklung zugunsten der Fokussierung auf die ‹zivile›, vom Naturrecht her bestimmte Mentalität, die mehreren Ständen gemeinsam ist und keine konfessionellen Unterschiede kennt, hat sich als erfolgversprechender Ansatz erwiesen. Zudem lassen sich in Deutschland, dem es ohnehin an einem kulturellen und politischen Zentrum fehlte, mehrere ausgeprägt heterogene Gruppen – wie etwa die Pietisten, die Galanten, die Skeptiker und die Polyhistoren – bezeichnen, die durch ein gemeinsames Interesse verbunden waren: eine antimetaphysische Anschauung, die sich gegen die dominante Schulphilosophie der Universitäten richtete und die eine Hinwendung zur ‹philosophia practica› und zur Reflexion des geselligen Handelns propagierte.[6] Der Fokus bei der Zusammenstellung dieser Gruppen liegt in der Heterodoxie gegenüber kategorisch festgelegten Verhaltens- und Wissensmustern, und in diesen inhomogenen und durchaus nicht koordinierten Lebenswelten liegt auch der Ansatzpunkt zu jener fruchtbaren Konkurrenz von Standpunkten, auf der der aufgeklärte Intellektualismus beruht. Er artikuliert sich

- bei den Pietisten im Widerstand gegen die offizielle Heilsverwaltung durch eine ‹Kirche›;
- bei den Galanten in der Ablehnung einer Hofetikette, deren Ritualen nur eine Klugheitslehre gegenüberstand, die dem eigenen Überleben in der Intrigenwelt des Hofes diente und die nun von einer ästhetisch durchgeformten ‹urbanitas› ersetzt werden sollte;
- bei den Skeptikern im Zweifel an der dogmatischen Festlegung des Wissbaren;

– und schliesslich bei den Polyhistoren in der Relativierung alter Wissensbestände durch neue Erfahrungen, wie sie vor allem die experimentelle empirische Naturforschung nach dem Vorbild Bacons und der *Royal Society* propagierte.[7] Aber dies galt auch für den Bereich der Gesellschaftslehre; das Naturrecht, angetreten, um die zeitlosen gültigen Rechte des Menschen im Kontrast zu den Konventionen bestimmter Formen der Vergesellschaftung zu bestimmen, erweist im Horizont der Überprüfung historischer Materialien und der sich kumulierenden ethnographischen Erfahrungen immer deutlicher den konventionellen Charakter aller Rechts- und Gesellschaftsordnungen. Die Auffassung der Aufklärung vom Menschen, von den Ausprägungen seines gesellschaftlichen Handelns in verschiedenen Gesellschaften und zu verschiedenen Zeiten ist von solchen grundsätzlichen Überlegungen her geprägt, die zudem einer internationalen Diskussion angehört.[8] Wissenschaften und Literatur befinden sich am Ende des 17. Jahrhunderts im deutschen Sprachraum in einer Situation, die weder aus einer traditionell nationalgeschichtlichen noch aus einer linearen Perspektive der kulturellen Entwicklung erfasst werden kann.

Der Intellektualismus der Aufklärung

Wenn man nüchtern einen Ansatzpunkt für die Aufklärung bezeichnen will, so liegt er darin, soziale Herrschaft und Naturbeherrschung gleichermassen zu thematisieren; allerdings geschieht dies in einem Konkurrenzkampf rivalisierender Gruppen, die jeweils ihrem Anspruch auf ‹richtige› Weltauslegung im Gewand sowohl ethisch-religiöser Normen wie intellektueller Postulate Geltung zu verschaffen versuchen.[9] Von vornherein bestand ein fundamentaler Gegensatz zwischen intellektualistischem und empiristischem Rationalismus, die als Ausgangspunkte von zwei Richtungen innerhalb des neuzeitlichen Denkens anzusehen sind. Der Intellektualismus ist im Namen sogenannter ‹moralischer› Werte, hinter denen sich die Illusion der Betrachtung des Menschen als Sinnzentrum der Welt – jeder ‹kopernikanischen Wende› zum Trotz – verbirgt, gewillt, in seiner Entgegensetzung von Geist und Materie bis an die Grenze jenes Idealismus vorzudringen, dessen Postulate der Philosoph Immanuel Kant verkünden wird. Der Empirismus ist dagegen bereit, sich auf die Verankerung des Menschen in seiner biologischen Natur einzulassen und ihm zugleich eine Relativität des sozialen Verhaltens zuzugestehen: Menschen agieren in Abhängigkeit von dem geographischen Ort, dem Klima und den Lebensverhältnissen, die ihn bestimmen, von den Konventionen, die ihre Weltsicht prägen, entsprechend dem Entwicklungsstand ihrer technischen

Kultur, und letztlich werden damit absolute und universal gültige Normen fragwürdig.

Diese Gegensätze werden am Ende der Aufklärung einander gegenüberstehen: hier die ‹anthropozentrische Illusion›, die jede Erkenntnis abhängig macht von der Struktur eines ‹Geistes›, welcher der Wirklichkeit letztlich fremd bleibt, und dort der Naturalismus einer völligen Einbettung des Menschen in die Natur, aus dessen in seiner biologischen Organisation wurzelnden Überlebenstechnik, die seiner Gattung vor allen übrigen Lebewesen einen Vorteil verschafft, sein gesamtes soziales und kulturelles Handeln – Sprache und Denken einbegriffen – hervorgeht.[10] Wir können davon ausgehen, dass in dem scheinbar monolithischen Begriff des ‹Rationalismus› damit von vornherein zwei widersprüchliche und konkurrierende Tendenzen bestanden, die unter gleichen Vorzeichen und mit ähnlichen Methoden um die Vorherrschaft kämpfen, dabei aber die gleichen Begriffe wie ‹Ideal›, ‹Vernunft›, ‹Natur› als Parolen verwenden, die sie mit unterschiedlichen, ihren Intentionen entsprechenden Inhalten füllen. Aber die Voraussetzung für die Bewegung des 18. Jahrhunderts lag dabei trotz aller Gruppenrivalität primär in der Sicherung dieses umkämpften Feldes gegen alle äusseren Ansprüche. Ohne Rücksicht auf den religiösen Hintergrund, die territoriale Herkunft oder die Zugehörigkeit zu einem bestimmten sozialen Stand, wichtige Figuren der Aufklärung wie Muratori, Voltaire, Hume oder Haller sind sich alle darin einig, die Freiheit des Denkens und der Forschung zu verteidigen:

- gegen jedes Denkmonopol und jede normierende Heilsverwaltung; daher der Kampf gegen die dogmatische Theologie im Zeichen des Lichtes der Vernunft. Allerdings bedeutet dies nicht unbedingt eine Preisgabe des Offenbarungsglaubens, sondern die schwierige Akkommodation dieses Glaubens und des natürlichen Lichts der Erkenntnis;
- gegen die Willkür von Herrschaft; daher der Kampf gegen jeden Despotismus, der sich vor keiner Instanz rechtfertigt. Allerdings heisst auch dies keineswegs die Ablehnung von staatlicher Herrschaft in den tradierten Formen, sondern die Partizipation aller am Gemeinwesen;
- schliesslich gegen alles Regellose in der Auffassung der Natur; der Mensch wird, aus der Passivität der Kontemplation ihrer Wunder gerissen, ‹minister et interpres›, ihr Diener und Exeget, wie Francis Bacon zu Beginn des 17. Jahrhunderts sagt, ja gelegentlich auch ihr Folterknecht, der ihr die Antworten auf die Fragen abpresst, die sie nicht freiwillig beantwortet. Allerdings gibt es auch auf diesem Gebiet die grundlegenden Unterschiede in der Methodik, welche die empirischen Verfahren von den mechanisch-mathematischen trennen und die vor allem von dem geprägt werden, was als gültige Evidenz betrachtet wird.

Nur mit Hilfe einer solch differenzierenden Betrachtung des Begriffes des Rationalismus lässt sich auch Albrecht von Hallers Beitrag und seine Stellung innerhalb der ‹lumières› bestimmen.

Die Gebiete, auf denen sich der Kampf der beiden Gruppen um die Autonomie der Diskussion ihrer Fragestellungen gegenüber herrschenden Autoritäten, aber in gegenseitiger Konkurrenz entfaltet, betreffen damit zum einen das Verhältnis von Laizismus und Religion im Säkularisierungsprozess, dann die Frage der Anthropologie, die sich die Deutung der Stellung des Menschen im Kosmos zur Aufgabe macht, und ebenso die Fixierung des Wissenschaftsbegriffs und den Platz der Naturwissenschaften, die den Rahmen für diese Fragestellung einer ‹Anthropodizee› – einer Verortung des Menschen und Definition seiner Stellung in der Welt – bilden. Ferner geht es um Fragen der rationalen Organisation der Gesellschaft und des wirtschaftlichen Handelns zum Erhalt des Gemeinwohls (‹bonum commune›), um den zunehmend historischen Rückblick auf die Entwicklung der Kulturen und die Erweiterung des ethnographischen Horizonts und schliesslich um das Verhältnis von gesellschaftlichen Konventionen zu den Formen künstlerischer Expressivität, die – weit entfernt, blosser Luxus gegenüber dem Alltag zu sein – zu den Lebensnotwendigkeiten jeder Kultur zählen. Auf allen diesen Gebieten hat sich Albrecht von Haller betätigt oder geäussert, und sosehr er in erster Linie Naturforscher gewesen sein mag, so war, wie die Verarbeitung seiner extensiven Lektüren zeigt, sein Interessenhorizont von ebenso stupender Weite und Kenntnis in allen Wissensbereichen wie in seinen Fachgebieten der Anatomie, Physiologie und Botanik; allerdings ohne dass dies dazu führte, dass er jeweils die avanciertesten oder immer konsistente Positionen einnehmen wollte oder konnte. Wie andere Figuren seines Jahrhunderts litt auch Haller unter der Schwierigkeit, neues Wissen und eigene Forschung mit traditionellen Beständen der Offenbarungsreligion und metaphysischen Bedürfnissen oder mit gesellschaftlichen Konventionen in Einklang zu bringen (vgl. dazu auch den Beitrag zur Religion und Theologie in diesem Band). Aber selbst ein Newton brachte trotz der Demonstration seines Weltsystems Jahre mit dem Versuch zu, die Gültigkeit der alten kreationistischen Chronologie mit der Festlegung der Erschaffung der Welt auf das Jahr 4004 v. Chr. zu konsolidieren; Haller zögert 1750 nicht, in seiner *Vorrede* zum ersten Band der deutschen Ausgabe von Buffons *Histoire naturelle* die Bedenklichkeit dieses Unternehmens hervorzuheben, und das, obwohl er selbst daran festzuhalten suchte.[11] Und Immanuel Kant erklärte 1792 – also noch nach Erscheinen der drei fundamentalen *Kritiken* – in voller Übereinkunft mit der Tradition Calvins und zum Entsetzen Goethes, Herders und Schillers – die menschliche Gattung für von Natur aus verderbt; die philosophischen Begründungen für diese Positionsnahme erscheinen angesichts der öffentlichen Wirkungen eines solchen Bekenntnisses als durchaus zweitrangig.[12] Auch Haller erregte mit der Verteidigung dogmatischer theologischer Positionen Verwunderung, ebenso wie mit dem für die akademische Welt so erstaunlichen Rückzug aus einem Brennpunkt wissenschaftlicher Aktualität, wie ihn die Georgia Augusta in Göttingen bildete, in das vergleichsweise abgelegene Bern. Sosehr er als Wissenschaftler sich dem Fortschritt der Erkenntnis verpflichtet fühlte, so offen bekannte er sich zu seinem Widerspruch gegen das radikale Denken der ‹Freigeister› und der Enzyklopädisten, was ihn nicht hinderte, an der *Encyclopédie* mitzuwirken. Und seine eigenen Publikationsstrategien unterscheiden sich keineswegs von denen eines Voltaire, wenn es darum ging, sich in der Öffentlichkeit Geltung zu verschaffen; der Fall seiner anonymen Rezension der eigenen Boerhaave-Ausgabe, die eine Kontroverse über die Autorität seines grossen Vorgängers und Lehrers auslöste, zeigt, dass er diese Technik ebenso beherrscht wie dieser in seinen zahlreichen Polemiken.[13]

Die grösste Leistung der Aufklärung liegt wohl darin, dass sie den Typus des modernen Intellektuellen geschaffen hat: eine Denkhaltung, die bereit ist, alle Gegenstände wahrzunehmen, ob sie sich den eigenen Wahrnehmungs- und Ordnungsrastern einfügen oder nicht; die versucht, alle Meinungen zu diskutieren, egal ob sie mit den eigenen Überzeugungen übereinstimmen oder nicht, und die sich darum bemüht, einmal den eigenen Standpunkt zu verlassen, um zu begreifen, wie es möglich ist, dass andere anders denken. Dabei bedeutet diese Form des Intellektualismus nicht, keine eigenen Standpunkte haben zu sollen oder zu dürfen: So veranlasste Christian Wolff 1744 die Veröffentlichung der absolut verfemten *Ethik* Baruch Spinozas unter dem Titel *B. v. S. Sittenlehre, widerleget von dem berühmten Weltweisen unserer Zeit Herrn Christian Wolf*, die keineswegs deren Widerlegung zum Ziel hatte, sondern eine Auseinandersetzung mit dem gefürchteten Text ermöglichen sollte. Selbst ein dogmatischer Anhänger von Leibniz und Wolff wie Johann Christoph Gottsched veröffentlichte 1741-1744 eine kommentierte deutsche Übersetzung jener grossen Bibel des Skeptizismus, des *Dictionnaire historique & critique* von Pierre Bayle, und mit der Publikationsgenehmigung für die erste deutsche Ausgabe von Claude-Adrien Helvétius' *De l'esprit* liess Gottsched 1760 diesem Tabubruch – immerhin als zuständiger Zensor! – noch einen weiteren folgen.[14] Georg Christoph Lichtenberg (1744-1799), der in Göttingen Albrecht von Hallers Kollege geworden wäre, wäre dieser 1770 nochmals von Bern an seine alte Wirkungsstätte zurückgekehrt, hat einem solchen Begriff von Aufklärung als Mut zur Relativierung des eigenen Standpunktes Ausdruck verliehen in der berühmten Formulierung: «Zweifle an allem wenigstens Einmal, und wäre es auch der Satz: zweimal 2 ist 4.»[15] Es gehört durchaus zu den Wesenszügen dieser Denkhaltung, die eigenen Voraussetzungen schonungslos bis zu einem Punkt zurückzuverfolgen, an dem möglicherweise auch die Unhaltbarkeit der eigenen, scheinbar axiomatischen Basis sichtbar wird oder aber die Uneindeutigkeit der Befunde für eine mehrfache Auslegung mit ganz verschiedenen Konsequenzen spricht. Haller hat sich, trotz eines nicht gering ausgeprägten Selbstbewusstseins als Forscher, solchen Aporien immer wieder ausgesetzt. Sogar auf dem Gebiet des Religiösen, wo er zumindest öffentlich eine unerschütterliche Glaubensgewissheit demonstrierte, zog er den Freigeist Voltaire dessen erbittertem dogmatischen Gegner – dem Jesuiten Claude-Adrien Nonnotte – vor. In seiner Rezension einer deutschen Ausgabe von dessen *Erreurs de Voltaire* (1766), die sich gegen den *Essai sur les mœurs* richtete, heisst es deshalb – und der Kontext der Aussage bezieht sich auf Nonnottes Verteidigung der Aufhebung des Edikts von Nantes und der Kirchenpolitik James' II. von England – rhetorisch, aber durchaus eindeutig: «Wir wissen nicht, wen wir von beyden vorziehn müssen, ob den duldenden und etwas billigen Deisten, oder den verfolgenden und blutgierigen Priester.»[16] Die Fähigkeit zur Relativierung des eigenen Standpunktes, dieses Charakteristikum der Aufklärung, ermöglicht auch, dass selbst Antipoden wie Haller und Voltaire gemeinsame Grundüberzeugungen und Zielsetzungen teilen. Sie produziert eine Einstellung des Intellektuellen zu sich selbst, die es ihm ermöglicht, sich selbst als ‹Fremden› in einer nur scheinbar vertrauten oder garantierten Umwelt zu betrachten, die es ständig neu zu vermessen und zu definieren gilt; die Distanznahme zu sich selbst ist dafür die entscheidende Voraussetzung. Und sie bedingt das Wagnis, ständig neu ins Unbekannte aufzubrechen und neue Wissensgebiete zu erschliessen; Francis Bacons *Instauratio magna* (1620) hat mit ihrem Titelkupfer – der Durchfahrt durch die Säulen des Herkules – das Sinnbild für diese Haltung geschaffen (Abb. S. 423).

Haller um 1750: Territorien der Erfahrung und das ‹weite Meer› des Wissens

Als Haller 1750 in Göttingen für eine *Sammlung neuer und merkwürdiger Reisen* eine Vorrede schrieb, formulierte er einen wesentlichen Gesichtspunkt für eine Betrachtung der historisch-sozialen Welt, der in seinem Ansatz durchaus als kulturrelativistisch bezeichnet werden darf:

> Wir werden in einem Lande unter Bürgern erzogen, die alle einen gleichen Glauben, gleiche Sitten, und überhaupt gleiche Meinungen haben; diese flechten sich nach und nach in unsre Sinnen ein, und werden zu einer falschen Ueberzeugung. Nichts ist fähiger, diese Vorurtheile zu

Die Wissenschaft lässt die Säulen des Herkules und damit die Grenzen des Bekannten hinter sich, um die Weite der unerforschten See zu gewinnen. Das Frontispiz zu Francis Bacons *Instauratio magna* (London 1620) verkündet programmatisch das Motto der empirischen Naturforschung, das Hallers Einstellung zur Wissenschaft prägte.

> zerstreuen, als die Kenntnis vieler Völker, bey denen die Sitten, die Geseze, die Meinungen verschieden sind, eine Verschiedenheit, die durch eine leichte Bemühung uns lehrt, dasjenige wegzuwerfen, worinn die Menschen uneinig sind, und das für die Stimme der Natur zu halten, worinn alle Völker miteinander übereinstimmen. So wild, so grob die Einwohner der in der friedlichen See zerstreuten Inseln sind, so weit der Grönländer von Brasilien oder vom Vorgebürge der guten Hofnung abliegt, so allgemein sind doch die ersten Grundsäze des Rechtes der Natur bey allen Völkern: Niemand beleidigen, einem jeden das Seine lassen, in seinem Beruffe vollkommen seyn, sind der Weg zur Ehre bey den alten Römern, bey den Anwohnern der Strasse Davis, und bey den Hottentotten.[17]

Was die Berichte der Entdeckungsreisenden zu lehren vermögen, ist die Erkenntnis der Standortgebundenheit des eigenen Verhaltens, der eigenen Normen und Anschauungen; und dies kann bewirken, diese als Vorurteile wahrzunehmen. Zwar besitzen sie den Anschein einer naturgegebenen und selbstverständlichen Legitimität, lassen sich aber durchaus relativieren. Nur der Mangel an Erfahrung anderer Realitäten – es könnte auch eine Reise durch die Zeit, nicht bloss an einen anderen Ort sein – macht unser Denken statisch und letztlich fehlerhaft, nur weil wir glauben, dass das uns Vertraute bereits die Grenzen des Wissens und den richtigen Weg zur Erkenntnis absteckt. Und Haller dehnt diesen Gedanken auf alle Gebiete des Wissens aus; es geht darum, durch die Erfahrungen anderer ebenso wie die eigenen die Beschränkung durch das vertraute Milieu zu überwinden:

> Mit einem Worte, wir lernen durch sie die Welt kennen, und ersezen einigermassen den Mangel eigener Reisen und eigener Erfahrung. Wir bereichern uns mit tausend nüzlichen Wahrheiten; wir legen unsere Vorurtheile ab, und wir geniessen die Frucht der langwierigen Bemühungen andrer Männer, die in verschiedenen Zeiten und an verschiedenen Orten für uns gearbeitet haben. Der Arzt, der Kräuterkenner, der Mineralienliebhaber, der Naturkündiger, der Sittenlehrer, der Staatsgelehrte, der Patriot, der Gottesgelehrte, der Kaufmann, der Künstler, lernen auf tausenderley Arten, sie erweitern ihre Begriffe, und kommen auf Spuren, auf die ihr eigener Verstand sie niemals hätte führen können.[18]

‹Aufklärung› ist hier keineswegs ‹Selbstdenken› in einem Sinn, wie es Kant propagieren sollte, sondern die Einsicht in eine Grundtatsache, welche die ‹conditio sine qua non› jeder Art von Reflexion über den Menschen als soziales Wesen und besonders in den Formen der wissenschaftlichen Praxis bilden muss: Die Wirklichkeit ist reicher und vielfältiger, als sich unsere Vernunft – an Denkgewohnheiten oder an Zwänge von systematischen Ansätzen gefesselt – dies zu erträumen vermag. Das, was als ‹wirklich› gelten darf, ist nicht mehr abhängig von der Möglichkeit seiner Demonstration, und der Kernsatz der Schulmetaphysik: ‹omne ens est verum› – alles, was wirklich ist, kann in seinem Dasein erwiesen werden –, wird durch Evidenz und Erfahrung ausser Kraft gesetzt. Die Fülle des Erfahrbaren und damit Möglichen übersteigt das, was als beweisbar, ja selbst als vorstellbar gedacht werden kann. Gerade nach der Mitte des Jahrhunderts wird dies sichtbar, durch die *Encyclopédie* und im Kampf der Berliner Akademie – mit Leonhard Euler an der Spitze – gegen die Leibniz'sche Monadenlehre und den Wolffianismus.[19] Als Zusammenfassung solcher Tendenzen schreibt Diderot 1754 in *De l'interprétation de la nature* bündig von einer grossen Revolution, die das Ende der Vorrangstellung der geometrisch-demonstrativen Methode durch das Vordringen des Empirismus signalisiert, und zwar in den Bereichen der Naturforschung, der Ästhetik und des Ethischen:

> Nous touchons au moment d'une grande révolution dans les sciences. Au penchant que les esprits me paraissent avoir à la morale, aux belles-lettres, à l'histoire de la nature, et à la physique expérimentale, j'oserais presque assurer qu'avant qu'il soit cent ans, on ne comptera pas trois grands géomètres en Europe. Cette science s'arrêtera tout court, où l'auront laissée les Bernoulli, les Euler, les Maupertuis, les Clairaut, les

> Fontaine, les D'Alembert et les La Grange. Ils auront posé les colonnes d'Hercule. On n'ira point au delà [...].[20]

Während die geometrische Methode an ihren Grenzen angelangt scheint, die sie nicht mehr zu überschreiten vermag, eröffnet sich für die Empirie ein unbegrenztes Feld der Erfahrung. Die methodische Durchsetzung des Evidenz-Prinzips auf den von Diderot genannten Gebieten – der experimentellen Methode in der Naturforschung, der Reflexion der gesellschaftlichen Konventionen als Experimenten, die die Mensch zu verschiedenen Zeiten und Orten gleichsam mit sich angestellt hat, und mit der Analyse des Menschen als Sinnenwesens – ist die entscheidende und der Aufklärung genuin zugehörige Triebkraft des 18. Jahrhunderts; der Bruch zwischen Metaphysik und Evidenz ist unheilbar geworden. Und gerade innerhalb dieser Entwicklung kommt Haller eine bedeutende Funktion zu, vor allem als Resultat seiner Tätigkeit als Anatom.

In einer denkwürdigen, anonym in der *Bibliothèque raisonnée* veröffentlichten Besprechung seiner eigenen Ausgabe der *Praelectiones academicae* seines Leidener Lehrers Boerhaave formuliert er schon 1744 kritisch, dieser habe viele Territorien des Körpers nur vom Hörensagen und durch die Berichte zweifelhafter Zeugen gekannt und nicht aus der eigenen Anschauung (vgl. auch den Beitrag zur Anatomie und Physiologie in diesem Band). Er sei wie ein Philosoph, der über fremde Länder schreibe, die er nicht selbst gesehen hat, weshalb er seine Thesen auf den Berichten unzuverlässiger Reisender aufbauen muss, deren Berichte meist mangelnde Sorgfalt und allzu grosse Bewunderung für das Ungewöhnliche verraten:

> Mais cette connaissance de l'Anatomie n'étoit pas assez générale. Une infinité de positions, de figures, de vaisseaux, de nerfs, manquoient à M. *Boerhaave*, il ne les avoit jamais vus, & il étoit obligé de les transcrire de quelque Auteur: triste nécessité pour un Philosophe, quand il est réduit à écrire sur des Païs étrangers, où il n'a pas voyagé lui-même, & où il est obligé de s'en raporter à des Voyageurs, souvent peu attentifs, quelquefois peu fidèles, & presque toujours trop amateurs du merveilleux. Ce defaut revenoit à chaque page, tantôt c'étoit quelque chose moins que la Nature, & tantôt c'étoit quelque chose de plus. Falloit-il livrer le Lecteur à l'erreur, et l'exposer à se tromper avec confiance sur la foi d'un des plus Grands-hommes du Siècle? Mr. *Haller* aimoit trop la Vérité, pour la sacrifier à un Précepteur, quelque vénération qu'il eût d'ailleurs pour lui.[21]

Besonders zwei Fehler ergäben sich daraus, nämlich einmal in der Natur weniger zu finden, als sie bietet, und dann wieder mehr, als vorhanden ist. Deshalb habe Haller, so fährt er in der Maske des (Selbst-)Rezensenten fort, gegen Boerhaave nicht mehr im Detail Widerspruch eingelegt, sondern dessen Ausführungen durch die eigenen anatomischen Erfahrungen ergänzt oder korrigiert sowie zusätzlich noch die Publikationen anderer Fachkollegen aufgeführt. Denn: «A quoi bon se flater? Le corps humain renferme tant des Provinces, & ces Provinces sont composées de tant de Cantons particuliers, qu'après avoir vieilli dans l'art, on trouve toujours encore quelque coin où l'on est étranger, & heureux qui ne l'est que dans quelques coins!»[22]

Der Vergleich des Körpers mit einem noch nicht ausreichend vermessenen Terrain wird sogar noch erweitert; es geht nicht nur um seine topographische Erfassung, sondern darum, zu zeigen, wie er sich als lebender Körper verhält und verändert. Selbst die lebhafteste Beschreibung – wie sie Homer in der *Ilias* vom Schild des Achilleus gibt, den Hephaistos auf Bitten seiner Mutter Thetis schmiedet (18. Gesang, V. 478-608) – vermag diesem in kontinuierlicher Bewegung befindlichen Organismus nicht gerecht zu werden; es bedarf der Autopsie durch Vivisektion und der Unterstützung durch die Physik, um die Grenzen der Anatomie des toten Körpers zu überwinden:

> Ce n'est pas assez que de donner la topographie du Corps humain, une liste de ses Fleuves, & de ses principaux Cantons. Notre corps est infiniment plus animé, que les Tableaux de Vulcain. Ses parties sont dans un mouvement continuel. La seule description ne suffit pas pour déterminer ces mouvemens qui cessent avec la mort, & dont les ressorts sont trop fins & hors de la portée du Scalpel. Il a donc fallu disséquer des Animaux vivans, & de les mettre sous le Microscope, pour voir agir leurs viscères & leurs vaisseaux; il a fallu tirer de la Physique, une infinité de faits, que l'Anatomie devineroit jamais. Mr. *Haller* a imité son maître dans ce travail, il a même eu quelque avantage, par les progrès, que la Physique fait tous les jours, par les nouvelles découvertes, & par une lecture plus étendue.[23]

Boerhaave hatte, so moniert Haller in diesem Zusammenhang weiter, in den letzten zwanzig Jahren seiner Tätigkeit die Lektüre neuer wissenschaftlicher Literatur vernachlässigt, um seine Beobachtungen und vor allem seine Theorien, die auf eine systematische Darstellung abzielten, zu verifizieren. Dies habe durchaus dazu geführt, dass sich Unbewiesenes und Ungeprüftes als faktische Erkenntnis in das Werk eingeschlichen habe, nicht zuletzt auch durch einen systematischen Ansatz, der geeignet sei, die Beobachtung zu verfälschen. Für sich reklamiert Haller dagegen, dass seine Methodik darauf basiere, alle seine Erkenntnisse darauf zu überprüfen, ob sie von anderen bestätigt oder falsifiziert werden könnten:

> D'ailleurs Mr. *Haller* n'a aucun Système de sa façon: il n'est pas tenté de faire usage d'un fait douteux, d'un raisonnement problématique: il est par là plus libre d'aller droit au vrai, que son Maître même, qui avoit des hypothèses à orner, & un Système à défendre. On s'appercevra aisément de cette différence du Maître et du Disciple. Celui-là a ses vues & son but, en raportant des faits, il seroit fâché d'en trouver des contraires, & peut-être tâche-t-il de les recuser. Celui-ci les reçoit avec un plaisir égal, de la main de la Nature, quel que puisse être leur but, il ne peut mener qu'à la vérité; et c'est le chemin de la vérité qu'il suit constamment, sans jamais s'en détourner. Que ces faits soient avérés, qu'ils soient exacts, c'est là tout ce qu'il leur demande; l'esprit de parti ne l'engage ni à les faire valoir, ni à les critiquer.[24]

Es ist ein bedeutender Grundsatz, den Haller hier ausspricht: Der Systematiker beobachtet in einer bestimmten Absicht und fürchtet nichts mehr als Befunde, die seinem Konzept widersprechen; der wirkliche Naturforscher nimmt dagegen alles, was ihm die Natur enthüllt, dankbar entgegen, und es steht ihm nicht zu, die Gegenstände seinen Erkenntnisvorgaben anzupassen.

Sechs Jahre später, und damit im gleichen Jahr wie dem zitierten Vorwort zu den Reisebeschreibungen, leitet Haller den ersten Band der deutschen Übersetzung der *Histoire naturelle* von Buffon mit einer *Vorrede* ein, in der er diesen Gesichtspunkt wiederholt, nun aber mit einem Akzent auf dem Unterschied zwischen der mathematischen Methode, wie sie Descartes oder Newton – Letzterer unter klarem Ausschluss jeglicher Hypothesen – propagiert hatten. Der Grund ist für Haller ein zweifacher: Der Gegenstand der empirischen Forschung lässt sich nicht auf einfache Bestandteile als Grundelemente zerlegen, wie dies für den Mathematiker der Fall ist; und die Vielfalt der Naturkörper ist – gerade wie diejenige des Pflanzenreiches zeigt – noch längst nicht erforscht. Hypothesen braucht es hier als Hilfsmittel, die zur Ordnung der erkannten Teile führen können, nicht mehr, aber auch nicht weniger:

> Die Mathematik geht mit überaus einfachen Dingen um, mit Linien, mit Dreyecken, mit Vielecken, mit Zahlen, deren Eigenschaften wenig an der Anzahl und vollkommen ausgemacht sind. Sie beschäfftiget sich mit diesen einfachen Größen, und suchet deren Verhältnisse und Zusammensetzungen. Keine andere menschlichen Wissenschaften haben diesen Vortheil, und es läßt sich bey keiner die gleiche Strenge gebrauchen.
>
> Da ich von der Naturlehre in ihrem ganzen Umfange hauptsächlich schreibe: so ist es bekannt, daß uns von den Körpern, aus denen die Natur besteht, und von der Bewegung, die ihre Kräfte ausmacht, das meiste un-

> bekannt ist. Ein mathematischer Lehrer fängt vom Puncte, von der Linie, von solchen einzelnen Dingen an, deren vollständige Erklärung er zur Hand hat. Wo fängt der Naturlehrer an? Die Elemente der Körper sind völlig verborgen: die ersten aus den Elementen entstandenen Körner der Materie, die Urkräfte der Schwere, der Schnellkraft, des electrischen und des magnetischen Wesens, des Lichts und Feuers, sind uns nur hin und wieder stückweise, und unvollkommen bekannt. Der gröbere Bau, der Thiere und Pflanzen, der Bau, den die Vergrößerungsgläser einsehen, und der nur Gebirge von Elementen entdeckt, ist noch wenig und selten in einzelnen Körpern entworfen. Selbst der noch gröbere Bau, den ein Messer zergliederet, den eine Richtschnur mißt, und ein Treibofen trennet, ist noch so unausgeführt, so unzuverläßig, daß die größten Mathematiker, wenn sie haben von den Kräften der Thiere schreiben sollen, die Feder niedergeleget und verlanget haben, man solle ihnen Maaße und Winkel und einen Grund schaffen, auf den sie bauen könnten. Kann man denn von uns eine mathematische Strenge verlangen, kann eine Summe von Begriffen gewiß werden, wenn die einzelnen noch unbestimmt sind?[25]

Hypothesen sind Ordnungsraster, um Daten zu erfassen, und besitzen ihren Wert als geistiges Instrumentar, sich schrittweise einer vollkommeneren Erkenntnis der Naturkörper anzunähern.[26] Radikal ist hier zudem das Eintreten Hallers für die Bedeutung der Erfahrung, die sich durch Gebrauch technischer Hilfsmittel ergibt (vgl. auch den Beitrag zum Forscher und Gelehrten in diesem Band). Erfahrung ist nicht nur Evidenz, die aus der Autopsie und Erfassung der sich darstellenden Phänomene resultiert, sondern sie ist auch immer ‹instrumentale› Evidenz, und hier wird später eines der Hauptmotive des Naturforschers Goethe liegen, sich so negativ über Haller zu äussern:

> Ein großer Vorzug der neuern Zeiten war, die immer steigende Kunst der Arbeiter, die zur Entblößung der Natur Werkzeuge verfertigten. Bequemere Sternröhren, rundere Glaßtropfen, richtigere Abtheilungen eines Zolles, Spritzen und Messer thaten mehr zur Vergrößerung des Reiches der Wissenschaften, als der schöpferische Geist des des Cartes, als der Vater der Ordnung Aristoteles, als der belesene Gassendi. Bey jedem Schritte, den man näher zur Natur that, fand man das Gemählde unähnlicher, welches uns die Weltweisen von derselben gemacht hatten [...].[27]

Im zwölften Brief seiner *Lettres philosophiques*, der Francis Bacon gewidmet ist, hatte Voltaire 1734 den gleichen Gesichtspunkt formuliert; dieser sei es gewesen, der als Erster realisiert hatte, dass es grosse technische Erfindungen am Ende des Mittelalters waren, welche den Übergang in eine neue Zeit ermöglichten, ohne dass die traditionelle Gelehrsamkeit – gleich ob scholastisch-aristotelischer oder humanistisch-platonischer Prägung – dazu etwas beigetragen hätte. Schiesspulver, Buchdruck, Brille, Magnetnadel und Kompass – von grosser Bedeutung bei der Zufallsentdeckung Amerikas – legten nahe, dass diese technischen Fähigkeiten planvoll und systematisch eingesetzt werden könnten, um die Natur besser zu erkennen und zu beherrschen, unser Wissen zu vervollkommnen und um das Leben selbst auf eine höhere Stufe der Verbesserung zu führen. Dazu bedurfte es jedoch einer programmatischen Revolution des Wissens, die vor allem auf dem Umgang mit Realien und dem Erfindungsgeist basierte, der auf handwerklicher Technik – dem *instinct mécanique* – aufbaut:

> [...] les hommes sçavoient aller au bout du monde, ils sçavoient détruire des Villes avec une tonnerre artificielle plus terrible que le tonnerre véritable; mais ils ne connoissoient pas la circulation du sang, la pesanteur de l'air, les loix du mouvement, la lumiere, le nombre de nos planettes, &c. & un homme qui soutenoit une thèse sur les catégories d'Aristote, sur l'universel (*à parte rei*) ou telle autre sottise, étoit regardé comme un prodige.
> Les inventions les plus étonnantes & les plus utiles, ne sont pas celles qui font le plus d'honneur à l'esprit humain.
> C'est à l'instinct mécanique qui est chez la plupart des hommes que nous devons tous les Arts, & nullement à la saine philosophie.[28]

Der Herausgeber von Hallers *Tagebuch*, Johann Daniel Heinzmann, sollte Hallers Buffon-Einleitung 1787 neu veröffentlichen[29] – im Jahr also, in dem Immanuel Kant seine zweite Auflage der *Kritik der reinen Vernunft* publizierte, deren Vorwort gerade jenen Baconismus negierte, dem sie vordergründig noch huldigte. In einem rapiden Überblick über den Aufstieg der Wissenschaft von der Logik und Geometrie bis hin zu der von ihm neubegründeten Wissenschaft der Metaphysik schreibt Kant über die Entwicklung der empirischen Wissenschaften:

> Als *Galilei* seine Kugeln die schiefe Fläche mit einer von ihm selbst gewählten Schwere herabrollen, oder *Torricelli* die Luft ein Gewicht, was er sich zum voraus dem einer ihm bekannten Wassersäule gleich gedacht hatte, tragen ließ, oder in noch späterer Zeit *Stahl* Metalle in Kalk und diesen wiederum in Metall verwandelte, indem er ihnen etwas entzog und wiedergab: so ging allen Naturforschern ein Licht auf. Sie begriffen, daß die Vernunft nur das einsieht, was sie selbst nach ihrem Entwurfe hervorbringt, daß sie mit Prinzipien ihrer Urteile nach beständigen Gesetzen vorangehen und die Natur nötigen müsse, auf ihre Fragen zu antworten, nicht aber sich von ihr allein gleichsam am Leitbande gängeln lassen müsse; denn sonst hängen zufällige, nach keinem

> vorher entworfenen Plane gemachte Beobachtungen gar nicht in einem notwendigen Gesetze zusammen, welches doch die Vernunft sucht und bedarf. Die Vernunft muß mit ihren Prinzipien, nach denen allein übereinkommende Erscheinungen für Gesetze gelten können, in einer Hand, und mit dem Experiment, das sie nach jenen ausdachte, in der anderen, an die Natur gehen, zwar um von ihr belehrt zu werden, aber nicht in der Qualität eines Schülers, der sich alles vorsagen läßt, was der Lehrer will, sondern eines bestallten Richters, der die Zeugen nötigt, auf die Fragen zu antworten, die er ihnen vorlegt. Und so hat sogar Physik die so vorteilhafte Revolution ihrer Denkart lediglich dem Einfalle zu verdanken, demjenigen, was die Vernunft selbst in die Natur hineinlegt, gemäß, dasjenige in ihr zu suchen (nicht ihr anzudichten), was sie von dieser lernen muß, und wovon sie für sich selbst nichts wissen würde. Hiedurch ist die Naturwissenschaft allererst in den sicheren Gang einer Wissenschaft gebracht worden, da sie so viel Jahrhunderte durch nichts weiter als ein bloßes Herumtappen gewesen war.[30]

Nichts wäre Haller fremder gewesen als die bereits 1786 in den *Metaphysischen Anfangsgründen der Naturwissenschaft* formulierte Einstellung Kants – und man kann im Folgenden anstelle des Beispiels der Chemie ruhig die Medizin einsetzen –, als ‹eigentliche Wissenschaft› nur diejenige zu bezeichnen,

> deren Gewißheit apodiktisch ist; Erkenntnis, die bloß empirische Gewißheit enthalten kann, ist ein nur uneigentlich so genanntes *Wissen*. Dasjenige Ganze der Erkenntnis, was systematisch ist, kann schon darum *Wissenschaft* heißen, und, wenn die Verknüpfung der Erkenntnis in diesem System ein Zusammenhang von Gründen und Folgen ist, so gar *rationale* Wissenschaft. Wenn aber diese Gründe oder Prinzipien in ihr, wie z. B. in der Chemie, doch zuletzt bloß empirisch sind, und die Gesetze, aus denen die gegebene Facta durch die Vernunft erklärt werden, bloß Erfahrungsgesetze sind, so führen sie kein Bewußtsein ihrer *Notwendigkeit* bei sich (sind nicht apodiktisch-gewiß) und alsdenn verdient das Ganze in strengem Sinne nicht den Namen einer Wissenschaft, und Chymie sollte daher eher systematische Kunst, als Wissenschaft heißen.[31]

Dem Konzept eines solchen «apodiktischen» Wissens wäre Haller völlig verständnislos gegenübergestanden, wie der herabwürdigenden Unterscheidung von echten Wissenschaften und denjenigen, die ‹nur› Techniken (‹artes›) darstellen sollten, weil sie sich ihrer Ergebnisse erst über lange und immer wieder neu angestellte Versuche versichern. Über seinem Werk steht von Anfang an gleichsam als Motto «Mit der Schärfe des Messers und des Verstandes» («cultelli & ingenii acie»), mit dem sein Tübinger Lehrer

Johann Duvernoy schon 1725 Hallers Vorgehen gekennzeichnet hat: Autopsie und scharfsinnige Kritik der Befunde, die auch Autoritäten nicht schonte. Denn seine ersten medizinischen Arbeiten in Tübingen (1724/25) und die Dissertation in Leiden (1727) enthielten einen Angriff auf eine solche wissenschaftliche Autorität; dem angesehenen Schüler Georg Ernst Stahls in Halle, Daniel Georg Coschwitz, wurde hier die Entdeckung eines angeblich neuen Speichelganges abgesprochen. Wie es scheint, hatte sich Duvernoy auf Anregung seines erst 16-jährigen Studenten mit dieser Entdeckung auseinandergesetzt; bei dem öffentlichen Vortrag seiner Ergebnisse wählte er Haller zu seinem Respondenten, und in der Druckfassung sprach er diesem auch seine Anerkennung aus:

> Es lässt sich sehr wohl ersehen, daß vorzüglich jene Methode und jenes wissenschaftliche Vorgehen deinen Beifall finden, die ihre Kenntnisse nicht aus Modellen oder Abbildungen, nicht aus der Übernahme fremder Lehrmeinungen oder den Mutmassungen des eigenen Denkens schöpfen, sondern deren Lehrmeisterin die Natur mit Hilfe genauer und häufig wiederholter Experimente ist, die auf der Glaubwürdigkeit der Naturgegenstände und der Autopsie beruhen. [...] Fahre ohne Säumen darin fort, dich klug der Schärfe des Messers und des Verstandes zu bedienen und die Labyrinthe des Körpers – zuerst in den natürlichen Phänomenen seiner Teile, aber auch in den unerklärlichen Erscheinungen oder Anomalien – mit dem Skalpell blosszulegen, damit du einmal, so dir der Himmel günstig ist, mithilfe einer zuverlässigeren Physiologie zu einer festgegründeten Pathologie finden mögest, in der in jeder Hinsicht dein Glück bestehen wird.[32]

Zwar wäre jene Sicherheit, welche die von Kant als einzig gültig gepriesene geometrische Methode vermittelt, das Ziel auch der empirischen Wissenschaften; aber die Verhältnisse sind in den lebenden Organismen wesentlich komplexer und vor allem weit weniger evident. So bleibt, was sie betrifft, nur die optimistische Annahme einer graduellen Annäherung an ihre genaue Erforschung, die auf der Funktionalität beruht, welche die Ökonomie des Körpers beherrscht; in seinem Gedicht *Gedanken über Vernunft, Aberglauben und Unglauben* von 1729 nimmt Haller darauf Bezug:

> Kein Thier ist so gering, du weists, o Stähelin!
> Es zielt doch jeder Theil nach seinem Zwecke hin:
> Ein unsichtbar Geflecht von zärtlichen Gefässen,
> Nach mehr als Menschen Kunst gebildet und gemessen,
> Führt den bestimmten Saft in stätem Kreis-Lauf fort,
> Verschieden überall und stäts an seinen Ort;
> Nichts stört des andern Thun, nichts füllt des andern Stelle,

Nichts fehlt, nichts ist zu viel, nichts ruht, nichts läuft zu schnelle;
Ja, in dem Samen schon, eh er das Leben haucht,
Sind Gänge schon gehölt, die erst das Thier gebraucht;
Der Mensch, vor dessen Wort sich soll die Erde bücken,
Ist ein Zusammenhang von eitel Meister-Stücken;
In ihm vereinigt sich der Körper Kunst und Pracht,
Kein Glied ist, das ihn nicht zum Herrn der Schöpfung macht.[33]

Sicher ist dies eine in Versform konzentrierte Darstellung der Präformationslehre, die auf dem Argument der Physikotheologie von der zweckmässigen Zusammenstimmung der Körperteile beruht. Aber dies ist eine sehr generelle Überzeugung, die der Bestätigung durch die Erfahrung des Anatomen und Physiologen bedarf. Denn die organische Beschaffenheit – und dies ist für Haller das faszinierende Moment – ist bei den Tieren der gleichen Gattung zwar von Körper zu Körper auf unendliche Weise verschieden, und doch folgen sie einem gemeinsamen Bauplan. Aber nicht nur die Zahl der Pflanzen, sondern auch die der Lebewesen ist uns unbekannt, eine Tatsache, die Abraham Trembleys 1744 veröffentlichte Entdeckung des Polypen nachhaltig bewusstgemacht hat. Hallers Freund Charles Bonnet hat 1764 in seiner *Contemplation de la nature* eine konzise Formulierung der Konsequenzen gegeben, welche die Forscher daraus zu ziehen hätten: Angesichts einer solchen revolutionären Entdeckung ist es unmöglich, in der Naturgeschichte auf einer starren Ordnung zu beharren, die ‹a priori› aufgestellt werden könnte. Es bedarf der Möglichkeit einer ständigen Rückkorrektur der systematisierten Erkenntnis des bereits Bekannten durch neue Tatsachen:

> Les polypes nous ont étonné, parce qu'à leur apparition ils n'ont trouvé dans nôtre cerveau aucune idée analogue, & que nous avions pris grand soin d'en écarter jusques à la possibilité de leur existence. […] Les polypes sont placés sur les frontieres d'un autre Univers, qui aura un jour ses Colombs & ses Vespuces. Imaginerons-nous que nous ayons pénétré dans l'intérieur des Continens, pour avoir entrevû de loin quelques côtes? Nous nous formerons de plus grandes idées de la nature; nous la regarderons comme un tout immense, & nous nous persuaderons fortement, que ce que nous en découvrons, n'est que la plus petite partie de ce qu'elle renferme. A force d'avoir été étonnés, nous ne le serons plus; mais nous observerons; nous amasserons de nouvelles vérités, nous les lierons si nous pouvons, & nous nous attendrons à tout, parce que nous dirons sans cesse, que le connu ne peut servir de modèle à l'inconnu, & que les modèles ont été variés à l'infini.[34]

Die Entdeckung der Polypen hat für die Naturgeschichte – vergleichbar mit der Bedeutung der Entdeckung Amerikas für unser Weltbild – den Begriff der Natur selbst verändert: Wenn das Bekannte nicht als Modell für das noch Unerforschte oder Unentdeckte dienen kann, weil die Variationsfähigkeit der aufgestellten Artentypen deren Grenzen und damit den Bereich des Vorstellbaren überschreitet, so ergibt sich daraus generell die relative Bedeutungslosigkeit von Rahmenschemata wie der Physikotheologie. Denn solche theoretischen Annahmen müssen so allgemein formuliert sein, dass sie der ständigen Zunahme der Detailerkenntnis gewachsen sind, sonst würden sie sofort destabilisiert. Haller selbst hat dies in einem für ihn so heiklen Punkt wie der Frage nach der Erkenntnis Gottes aus der Natur durchaus konzediert; als er sich in der *Vorrede* zum zweiten Band von Buffons *Histoire naturelle* 1752 durchaus kritisch sowohl mit Buffons wie mit Joseph Needhams Theorie der Erzeugung befasste, wies er ebenso gelassen wie deutlich die Bedenken zurück, die von theologischer oder philosophischer Seite dagegen erhoben wurden. Die Furcht, wie sie etwa die Sorbonne angesichts von Buffons ersten Bänden der *Histoire naturelle* artikuliert habe, dass die Naturforschung die Annahme von selbständig handelnden, dem Zugriff Gottes entzogenen Kräften begünstigen könne, sei ebenso unnötig wie verfrüht. Im Vordergrund stehe für die Forschung die radikale Notwendigkeit der empirischen Darlegung der Naturvielfalt, und nicht ihre Reduktion auf allgemein gültige Axiome, über die man immer noch debattieren könne, wenn man erst einmal genügend wisse: «Wir können also ruhig erwarten, ob die Erfahrungen der Weisen die wachsenden und belebenden Kräfte des Herrn Needhams bestärken oder wiederlegen werden. Sie werden uns allemal näher zur Wahrheit führen, und diese zu Gott.»[35]

Gerade diese Überlegungen zur Bedeutung des Singulären, wie sie Haller oder Bonnet anstellten, wirkt auch auf einem ganz anderen Feld, nämlich dem der Bemühungen um eine Theorie der Geschichte und ihre anthropologische Fundierung. Auch hier geht es um die Rolle, die das einzelne Faktum oder Ereignis für den Zusammenhang des Ganzen spielt; etwa zeitgleich mit Bonnets *Contemplation* schreibt Johann Gottfried Herder, auf den Haller massiv und zeitlebens gewirkt hat, in seinem frühen *Versuch einer Geschichte der lyrischen Dichtkunst* (1764/66): «Da sich mein Gegenstand immer verändert: so weiß ich nicht, wo ich die Einheit finden soll; so oft ich das Tier auf das Feld des Vergrößerungsglases bringe: erscheint es unter einer andern Gestalt.»[36]

Die Formulierung lässt – obwohl sie sich auf die Ode als Gegenstand der Untersuchung bezieht – im Verweis auf John Needhams mikroskopische Untersuchungen bereits früh Herders Interesse für die Naturgeschichte erkennen; sein historisches Verfahren sollte sich zu einer Methodik entwickeln, welche die Domänen der Natur und der Geschichte in Analogie betrachtete, wobei der Begriff des ‹Naturgesetzes› mit seinen methodischen Implikationen den Übergang vom Gegenstand der Naturgeschichte zu demjenigen der Historik konstituiert.[37] Entsprechend wird Herder die «Schwäche des allgemeinen Charakterisirens» gegenüber den empirischen Befunden mit dem gleichen Nachdruck betonen,[38] wie sie Haller und Bonnet als Nachteil für die Naturgeschichte hervorheben. Kennzeichnend ist damit für die Aufklärung im Bereich der Naturforschung wie der historischen und sozialen Anthropologie eine Zurückdrängung der Systematiken und normativen Annahmen, um dem Wissenszuwachs auf allen Gebieten, sowohl durch die experimentelle Forschung wie durch die Zunahme des ethnographischen wie historischen Wissens, gerecht werden zu können. Dies bedeutet freilich nicht, dass es keine Ordnungsprinzipien geben könnte, die in der Vielfalt der Naturerscheinungen wie der Variabilität des menschlichen Handelns wirksam sind; aber sie treten hinter dem Bedürfnis, diese sich heterogen präsentierende Wirklichkeit zu erfassen, zunächst einmal zurück, und die Forscher sehen davon ab, immer sofort auf ein unmittelbares Wirken Gottes in der Welt zu rekurrieren.[39] Was sich stattdessen deutlich artikuliert, ist das Interesse für Modellbildungen, welche komplexe Verhältnisse reduzieren, ohne den Zusammenhang mit der empirischen Realität zu verlieren. Dies ist der Fall in den Annahmen der Naturforscher über lebende Körper, ob es sich nun um die Hypothese eines einheitlichen Lebenstypus bei Buffon, die Rolle der Fiber als Grundelement des organischen Körpers und die Irritabilität als ihre Grundkraft bei Haller oder um die Hypothese einer ‹vis essentialis› bei Caspar Friedrich Wolff handelt. In Analogie dazu entsteht bzw. steigert sich das Interesse für die naturnahen Völker und die ersten Stadien gesellschaftlicher Organisation, um, wie Herder formuliert, «die ersten, notwendigen, allgemeinen Naturgesetze der Menschheit» aus der natürlichen Soziabilität abzuleiten, bevor die Konventionen und Fehlentwicklungen komplexer Gesellschaften deren konstitutive Elemente verschütten – Rousseaus zweiter *Discours sur l'origine de l'inégalité* (1755) mit seinem provozierenden «Commençons donc par écarter les faits» ist hier nur ein Extremfall.[40] Und gerade die Philosophie versucht im Gefolge John Lockes, in der Konstruktion einer ‹Geschichte des menschlichen Geistes› bei Condillac, Buffon, David Hartley oder Jean-Baptiste René Robinet, die Genese der menschlichen Erkenntnisvermögen auf der Grundlage seiner sinnlichen Fähigkeiten, ja seines Körperbaues nachzuzeichnen und eine Verbindung zwischen dem Menschen als Naturwesen und der Welt seiner kulturellen und geschichtlichen Selbstproduktion herzustellen. Der Weg, den die Aufklärung durchmisst, führt einerseits dank der Neugier für die Vielfalt der Wirklichkeit weg von verlässlichen Stereotypen zu einer multipolaren Weltsicht, in der es schwerer wird, feste oder gar dogmatische Standpunkte zu behalten. Aber der Ausgangspunkt ist paradoxerweise der Versuch, eine überzeitlich gültige Norm festzulegen, die in der Identifikation von ‹naturgemässem› und in diesem Sinne auch ‹gottgefälligem› Leben wurzelt; von hier aus wird eine Kritik der modernen Gesellschaft möglich, die sich von diesem Ideal entfernt hat. Die Hinwendung von Autoren des 18. Jahrhunderts wie Bodmer, Gessner oder eben Haller zu den ‹verlorenenen Paradiesen› der Bibel, dem naturnahen Leben der bukolischen Tradition oder der sicherlich stilisierten pastoralen Idylle, welche die *Alpen* schildern, nimmt von hier ihren Ursprung (vgl. dazu auch den Beitrag zur Dichtung in diesem Band). In diesem Sinn ist das thematische Spektrum der Gedichte, die Haller in seinem *Versuch Schweizerischer Gedichten* 1732 zu einem Corpus zusammenfügt, nicht ein Zufallsprodukt, sondern durch einen inneren Zusammenhang bestimmt: Als Alexander Pope das wohl berühmteste Lehrgedicht der Aufklärung niederschrieb, seinen *Essay on Man* (1732-1734), wandte er sich an einen Politiker, den unter Queen Anne so einflussreichen Henry St. John, Lord Viscount Bolingbroke, der ihm gedankliche Anregungen für seinen Essay vermittelte, darüber hinaus aber auch Popes Aufmerksamkeit auf die Funktion des Lehrgedichts in der modernen Welt lenkte. Der Ursprung der Dichtkunst ist – einem traditionellen Topos zufolge, wie er sich auch zu Beginn von Martin Opitz' *Buch von der Teutschen Poeterey* findet – von einer gemeinschaftsstiftenden Funktion geprägt, in der sich ein religiös-kultisches und ein gesetzgeberisches Moment verbinden, um die Menschen aus dem Zustand tierhafter Wildheit herauszuführen. Man könnte meinen, so Lord Bolingbroke, die Etablierung eines geordneten zivilen Lebens mache die Aufgabe der Dichter überflüssig. Aber wenn etwa die alten keltischen Barden in das heutige England zurückkehrten, so würden sie zwei Dinge erkennen: einmal, dass es heute ihre Aufgabe wäre, den ursprünglichen Gemeingeist wiederherzustellen, den der Egoismus von Einzelnen oder ganzen Gruppen in einer modernen Gesellschaft beeinträchtigt. Zweitens ist es ein Irrtum, zu glauben, dass jene von den Dichterpriestern und -königen einst gelegten Fundamente von Religion und Staat Garanten einer geordneten Entwicklung sein könnten. Die Leidenschaften des Parteiengeistes erzeugen gesellschaftliche Fehlentwicklungen und tragen zur Stabilisierung von Vorurteilen bei, die zu barbarischen Verhaltensweisen führen können, die weit ärger sind als die Unwissenheit des Naturzustandes, weil sie sich mit dem Mantel der Zivilisation bedecken. Hier gelten Irrtum und die Autorität eingeschliffener Missbräuche mehr als Wahrheit und Vernunft, und diese durch den Hinweis auf den ursprünglichen naturnahen Zustand wiederherzustellen, ist Aufgabe der modernen Lehrdichtung.[41]

‹Legislative Style› – Der Gegenstand und das Verfahren der ‹modernen› Dichtung

Zwischen der Veröffentlichung des *Versuchs* in der dritten (Bern 1743) und der vierten Auflage (Göttingen 1748) erschien 1746 in Frankfurt am Main eine Neuausgabe von Martin Opitz' Gedichten durch Daniel Wilhelm Triller (1695-1782).[42] Sie wird eröffnet mit einem *Lobgedichte, auf den unsterblichen Poeten, Martin Opiz von Boberfeld*, das nicht nur den Dichter selbst rühmt, sondern auch die Wiederherstellung der deutschen Poesie nach der Epoche des Verfalls schildert, den die Schule Lohensteins gebracht hatte. Haller wird darin in einer Reihe mit anderen Zeitgenossen ein Platz zugewiesen:

Drauf verfiel der Dichter Hauffen
Theils in Niederträchtigkeit,
Theils auch in Verwegenheit
Rauch und Wolcken zu verkauffen:
Endlich hat Dein Geist und Sinn
Sich von neuem eingefunden,
Endlich fiel das Spielwerck hin,
Endlich war der Dunst verschwunden,
Und die Schwind- und Wassersucht
Nahmen schimpflich ihre Flucht.

Canitz, *Neukirch*, *Pietsch* und *Besser*,
Richey, *Brocks* und *Zimmermann*,
Haben Dir es nachgethan,
Werden durch Dich täglich grösser,
Haller steigt durch Dich empor,
Günther brennt von Deinem Feuer,
Böhlau stimmt nach Dir sein Rohr,
Gleichwie *Seidel* seine Leyer;
Gottsched singt, und *Lindner* spielt,
Wie es Deine Kunst befiehlt.[43]

Trillers ehrenvolle Erwähnung Hallers ist sicher auch ein Versuch, im Streit zwischen der Partei Gottscheds – der er eigentlich nahestand – und den Schweizern zu vermitteln. Aber auf diese Aufnahme in die Reihe der Erneuerer der deutschen Dichtung antwortet Haller in der *Vorrede* zur vierten Auflage des *Versuchs* 1748 – selbstbewusst, wenn auch mit erkennbarer Pique – gleich mehrfach: Er erhebt hier deutlich den Anspruch, auf eine genuin neue Art zu dichten, und er verbittet sich, ermuntert durch Jakob Immanuel Pyras Verteidigung seiner spezifischen Schreibart,[44] die Eingliederung in eine Schar von Nachahmern des grossen Schlesiers. Unter Hinweis auf das für ihn gültige Vorbild der englischen Lehrdichtung – und gemeint ist John Dryden – wird das Verfahren beschrieben, das sein Vorgehen kennzeichnet, und schliesslich sogar eine gewisse ‹sprezzatura› (Nachlässigkeit) der Diktion gerechtfertigt, die er letztendlich mit Opitz teile.[45] Auch das von Triller zu solch unerreichbarer Höhe erhobene Vorbild arbeite mit solchen Provinzialismen, welche zur Grazie der Dichtung sogar beitrügen:

> Es ist das dritte mahl, daß ich an dieser Ausbesserung arbeite [...]. Bey vielen Stellen habe ich auch keinen Ausweg finden können und lieber einen Sprachfehler als einen matten Gedanken stehen lassen wollen. Ich bitte diejenigen, die die Reinigkeit der Sprache zum Hauptwesen der Dichtkunst machen, nur den Opiz ohne Vorurtheil durchzusehen. Sie werden leicht gestehen, dass man mit Provinzial Wörtern, mit ungewöhnlichen Ausdrücken und mit würklichen Fehlern wider die Sprachkunst dennoch ihren eigenen Beyfall und ihre Verwunderung habe erhalten können.[46]

Der Hinweis auf die ‹Reinigkeit der Sprache› kommt nicht von ungefähr; denn Trillers Opitz-Ausgabe beginnt, nach dem zitierten Widmungsgedicht, mit dem Neudruck von dessen *Buch von der teutschen Poeterey*, in dem der Sprachreinheit eine so grosse Rolle zugemessen wird. Hallers Interesse liegt aber nicht in der programmatischen Rückkehr zu einem gemässigten niederen Stil;[47] er setzt der Opitz-Nachfolge seiner Zeitgenossen «die Liebe zum Denken und den Vorzug der schweren Dichtkunst» entgegen, die er von englischen Vorbildern übernommen habe. Damit zielt er auf die schwierige Verbindung eines knappen, pathetischen Stils mit einer schmucklosen Diktion, eine Norm, die Dryden in der Vorrede zu seinem Gedicht *Religio Laici or a Laymans Faith* (1682) für das Lehrgedicht vorgegeben hatte:

> The Expressions of a Poem, design'd purely for Instruction ought to be Plain and Natural, and yet Majestick: for here the Poet is presum'd to be a kind of Law-giver, and those three qualities which I have nam'd are proper to the legislative style. The Florid, Elevated and Figurative way is for the Passions; for Love and Hatred, Fear and Anger, are begotten in the Soul by shewing the Objects out of their true proportion; either greater than the Life, or less; but instruction is to be given by shewing them what they naturally are. A Man is to be cheated into passion, but to be reason'd into Truth.[48]

Unter dieser Voraussetzung, so schreibt Haller in dieser *Vorrede* mit Blick auf die Angriffe der Gottsched-Schule, «entstund bei mir die neue Art zu

Dichten, die so vielen Deutschen zu missfallen das Unglük gehabt hat, die ich aber so wenig bereue, daß ich wünschen möchte, noch viel mehr Gedanken in viel mindre Zeilen gebracht zu haben.»[49]

Die *Vorrede* zu Werlhofs Gedichten (1749) führt dieses Ideal eines gedrängten Stils noch weiter aus:

> Wahre und gründliche Gedanken, wohl ausgefundene Aehnlichkeiten verschiedener Begriffe, scharf unterschiedene Unähnlichkeiten ähnlicher Ideen, kurze und dennoch das Wesen der Dinge abmahlende Beywörter, wohlanständige Vorstellungen wirklicher zärtlicher Leidenschaften, alles dieses sind Schönheiten, die auch ohne die Zierde des Schalles und der Sprache gefallen, aber die sich der Vollkommenheit nähern, wenn dieser äußere Schmuck sie begleitet. Ich finde diese Vereinigung beyder Vorzüge nicht nur deswegen schön, weil Wohlklang, Reinigkeit und Richtigkeit Eigenschaften guter Gedichte sind, sondern auch deswegen, weil es sehr schwer und folglich sehr ungemein ist, wenn ein Dichter sie mit der Stärke der Gedanken und dem Feuer des Ausdruckes verbindet.[50]

Neben John Dryden tritt nun noch ein zweiter Autor ins Blickfeld, dessen Poetik gerade für den Stil und das Sujet der *Alpen* von Bedeutung ist; es ist Ludovico Antonio Muratori mit seiner Schrift *Della perfetta poesia italiana* (1706). Muratori gehört, mit Giovanni Maria Crescimbeni (*Trattato della bellezza della volgar poesia*, 1700) und Gian Vincenzo Gravina (*Della ragion poetica*, 1708) zu den Autoren, die sich mit der Dichtervereinigung der *Arcadia* gegen den Concettismo der Lyrik eines Giambattista Marino wandten und deren Rezeption auch bei Bodmer und Breitinger kenntlich ist. Muratori trifft dabei eine erstaunliche Unterscheidung zwischen dem Stil Marinos und dem von ihm favorisierten neuen Ideal: Ersterer ist eine Entartung einer naturnahen Sprache und Dichtung, ein ‹stile fiorito›, der durch Bilder und Eleganz zu blenden sucht; das neue Ideal ist der ‹stil maturo› einer Spätzeit, der den Reichtum der Gedanken unter einer kargen, konzentrierten, aber natürlichen Sprache verbirgt.[51] Als Beispiel der Realisierung eines reifen Stils, der sowohl ergötzlich wie gleichzeitig wahrscheinlich ist, benennt Muratori das Genre des Hirtengedichts, das vor allem Vergil mit seinen *Bucolica* verkörpere. Aufgabe des Dichters sei hier die Vervollkommnung der Natur, d. h. die Darstellung der Hirten «nicht als rohes und ungehobeltes Volk, wie es das normalerweise ist, sondern als Figuren voller Sanftmut, Einsicht und Anmut». Der Zustand des Menschen im Zustand pastoraler Unschuld, fern von jeder Deformation durch die Kultur des Stadtlebens mit seiner Gelehrsamkeit, gesellschaftlichen Rücksichten und der Politesse des Umgangs verlangt nach einem Stil, der seine Kunstgriffe verbirgt, um die Einfachheit der Sitten und die Schlichtheit der Gefühle des Hirtenvolks darzustellen.[52] Aber mit dieser künstlich erzeugten Natürlichkeit und Wahrscheinlichkeit stellt sich auch die Frage, ob die Schilderung alltäglicher Verrichtungen des Hirtenlebens zulässig ist, welche eigentlich nicht als der Würde der Dichtung angemessene ‹schöne› Sujets betrachtet werden können. Entschieden plädiert hier Muratori für die Legitimität niedriger Gegenstände, selbst wenn es sich um banale Verrichtungen wie die Besorgung des Viehs oder die Bestellung der Felder handeln sollte; denn gerade hier zeigt sich die Meisterschaft des Dichters in der Handhabung seiner Gegenstände, denn nicht mehr der ästhetisch reizlose Gegenstand, sondern die Handhabung der poetischen Fertigkeit wird hier zur Quelle des ästhetischen Vergnügens und bewirkt die Bezauberung der Phantasie.[53] Noch im zweiten Teil seiner Rezension von Sulzers *Allgemeiner Theorie der Schönen Künste* wird Haller genau diese Position reflektieren und deshalb Pope höher bewerten als Homer: «Wahrheit. Wiederum zeigt hier Hr. S[ulzer], daß Pope in seinen Lehrgedichten dichterischer als Homer gewesen ist. (Und wir finden: es war mehr Kunst nöthig, das Düngen und die Erziehung der Rinder edel zu beschreiben, als Schlachten zu schildern).»[54]

Unmittelbarer Vorgänger in der Praxis für Hallers Stil in den *Alpen* scheint jedoch der Freiherr Friedrich Rudolph von Canitz (1654-1699) gewesen zu sein, dessen Gedichte von Johann Ulrich König erst 1727 posthum – gemeinsam mit dessen eigener *Untersuchung von dem Guten Geschmack in der Dicht- und Redekunst* – veröffentlicht wurden; zugleich ist dies ein lyrisches Corpus, das auch für Hallers Zusammenstellung seiner Gedichte zu einer Sammlung als Muster bedeutsam gewesen sein dürfte.[55] Eines dieser Gedichte aus dem Jahr 1692, das als Einladung an einen Freund gerichtet ist, den Dichter auf seinem Landgut zu besuchen, ist in der Wortwahl, dem Stilniveau und in dem Lobpreis eines Lebens, das der Natur konform ist, ein Zeugnis der Veränderung des lyrischen Stils und eines seiner Sujets, wie es dann Hallers Lehrgedicht in aller Ausführlichkeit darstellen sollte:

> Hier merck ich, daß die Ruh in schlechten Hütten wohnet,
> Wenn Unglück und Verdruß nicht der Palläste schonet;
> Daß es viel besser ist, bey Kohl und Rüben stehn
> Als in dem Labyrinth des Hofes irre gehn.
> Hier ist mein eigner Grund, der mir selbst angestorben;
> Hier ist kein Fußbreit Land durch schlimmes Recht erworben;
> Kein Stein, der Wittwen drückt, und Waysen Thränen preßt,
> Kein Ort, der einen Fluch zum Echo schallen läßt.
> Hier kann ich Schaf und Rind in den begrünten Auen,
> Die Scheunen voller Frucht, das Feld voll Hoffnung, schauen; [...]

Von allem bin ich Herr, was in dem Paradieß
Der Vater Adam erst mit eignem Nahmen hieß. [...]
Hier leb ich, wie ich soll. Mein Wille giebt Gesetze,
Und keinem Rechenschafft. Ich fürchte kein Geschwätze,
Wenn, ob der Hunds-Stern gleich am heitern Himmel glüht,
Man mich bey dem Camin im Fuchspeltz sitzen sieht.
So mach ichs, wenn die Lufft mit Regen überzogen:
Wenn Iris aber nun mit dem gefärbten Bogen
Den Horizont bekrönt, führt mich auf neue Spur
Das Wunder-grosse Buch der gütigen Natur.
Mein GOtt! was zeiget uns doch die an allen Seiten!
Da halt ich ein Gespräch mit frommen Arbeits-Leuten,
Die stellen manchen Schluß, in ihrer Einfalt, dar,
Der selbst dem Seneca noch schwer zu lösen war.
Da seh ich, was für Wahn uns Menschen offt bedecket,
Daß viel gesunder Sinn auch in den Sclaven stecket,
Und was ein grosser Mund, als ein Orakel, spricht,
Zuweilen mehr betreugt, als oft ein Irrwisch-Licht.
Oh mehr denn güldne Zeit! belobtes Acker-Leben! [...][56]

Die Lektion des Naturrechts von der ursprünglichen Gleichheit der Menschen, welche die gesellschaftliche Entwicklung verdeckt hat, ist hier bereits eindrücklich präsent; aus dem topischen Gegensatz von Hof- und Stadtleben zur unverdorbenen Natürlichkeit des ländlichen Lebens wird hier bereits ein Sujet der ernsten Satire, wie sie Haller übernehmen und Schiller an Haller rühmen sollte. In ihr verbindet sich die Kritik an der modernen Gesellschaft mit der Trauer um den Verlust jenes Arkadien, der für die meisten Kulturen unausweichlich ist. Haller schliesst am Ende der *Alpen* – Canitz' Formel von dem Grund, der dem Besitzer ‹angestorben› sei, zitierend – jedoch mit einer Mahnung, die eine Denkfigur ganz anderer Art enthält, als man sie bei ihm vermuten möchte. Wenn er davon spricht, dass in den modernen Gesellschaften ein ‹Strom› von künstlichen Bedürfnissen die Gesellschaft überflutet, gegen den alle Vernunftlehren ‹eitel› bleiben müssten, so tritt Machiavellis politische Einsicht in die Bedingungen der Dauer und des Bestandes von Gesellschaften hervor:

Bei euch, vergnügtes Volk, hat nie in den Gemüthern
Der Laster schwarze Brut den ersten Sitz gefasst,
Euch sättigt die Natur mit ungesuchten Gütern;
Die macht der Wahn nicht schwer, noch der Genuß verhasst;
Kein innerlicher Feind nagt unter euren Brüsten,
Wo nie die späte Reu mit Blut die Freude zahlt;
Euch überschwemmt kein Strom von wallenden Gelüsten,

Dawider die Vernunft mit eiteln Lehren prahlt.
Nichts ist, das euch erdrückt, nichts ist, das euch erhebet,
Ihr lebet immer gleich und sterbet, wie ihr lebet.

O selig! wer wie ihr mit selbst gezognen Stieren
Den angestorbnen Grund von eignen Aeckern pflügt;
Den reine Wolle deckt, belaubte Kränze zieren
Und ungewürzte Speis aus süßer Milch vergnügt;
Der sich bei Zephyrs Hauch und kühlen Wasser-Fällen
In ungesorgtem Schlaf auf weichen Rasen streckt;
Den nie in hoher See das Brausen wilder Wellen,
Noch der Trompeten Schall in bangen Zelten weckt;
Der seinen Zustand liebt und niemals wünscht zu bessern!
Das Glück ist viel zu arm, sein Wohlsein zu vergrößern.[57]

Am Beginn des dritten Buches der *Discorsi sopra la prima deca di Livio* (1513/17, Erstdruck 1531) steht ein Kapitel, dessen Titel lautet: «Will man, dass ein Stand oder ein ganzes Gemeinwesen lange Bestand habe, ist es nötig, sie immer wieder zu ihrer Ausgangssituation zurückzuführen.»[58] Gemeint sind hier sowohl einzelne Schichten oder das gesamte Gemeinwesen, die immer wieder neu an diejenige Praxis anknüpfen müssen, die einst ihren Gemeingeist begründet und zum Erfolg geführt hatte. Für Machiavelli ist dieser, wie jede Erscheinung des biologischen und sozialen Lebens, einem Erosionsprozess unterworfen; Heilung dafür gibt es nur durch äussere Umstände, die eine grosse Anspannung der eigenen Kräfte des Gemeinwesens im Sinne ihrer ursprünglichen Motive auslösen, oder durch das Auftreten von Figuren, die nicht durch Lehre, sondern durch ihren praktischen und vorbildhaften Einsatz die Republik zu ihren Ursprüngen zurückführt. Aber da die Zeitdauer jedes Gemeinwesens – ebenso wie die jedes Naturkörpers – beschränkt ist, kann es eine Situation geben, in der jede Hilfe oder Belehrung zu spät kommt; das Auftreten des Cato von Utica oder des Caesar-Mörders Brutus im Rom der ausgehenden Republik sind dafür exemplarisch – das Übel der Gesellschaft war bereits zu weit fortgeschritten. Es gibt zwei bemerkenswerte Belege für die Bedeutung dieser Lehre bei Haller; einer findet sich in der bereits 1734 gehaltenen Rede über den Vorrang der Alten vor den Modernen. Dort nimmt Haller Bezug auf die ebenso umstrittene wie diskutierte Utopie der *Geschichte der Sevaramben* (1671-75) des als Person schwer fassbaren, aber vermutlich durch Spinoza beeinflussten und dementsprechend suspekten Denis Veiras,[59] die er – sogar positiv – mit Platons utopischem Entwurf vergleicht. Sicher entwerfen moderne Denker einen sinnvoller organisierten Staat, aber was nützt der Entwurf, wenn der alte soziale Zusammenhalt geschrumpft ist?

Es mag sein, dass die fiktive Republik der Sevaramben durch die Nützlichkeit und die Möglichkeiten der Einrichtungen, die sie bietet, Platons Ideen zum Staat bei weitem übertrifft; doch die modernen Staatslehrer werden es schwer haben, auf eine heute bestehende Republik zu verweisen, die es an Stärke und Sorgfalt der Gesetze mit Sparta aufnehmen könnte.[60]

Hallers späte Staatsromane greifen diesen Impuls noch auf (vgl. auch den Beitrag zu Roman, Staat und Gesellschaft in diesem Band). So problematisch der Ruf ist, in dem diese aus literarischen, aber auch politischen Gründen stehen, so darf eines nicht übersehen werden: Hallers Botschaft wurde durchaus in dem Anspruch verstanden, den dieser frühe Hinweis enthält. Der junge Verfasser der *Geschichte Gottfriedens von Berlichingen mit der Eisernen Hand* – die Erstfassung des späteren *Götz von Berlichingen* – setzte ein Motto aus dem eben 1771 erschienenen *Usong* über seinen Text. Haller schildert hier, wie der Prinz Usong am Beispiel der republikanischen Institutionen Venedigs erkennt, worin die Ursache des Verfalls des chinesischen Reiches liegt – in den eingeschliffenen Missbräuchen, welche selbst das exemplarische Verhalten grosser Herrscher nicht mehr zu korrigieren vermag: «Noch gewinnen zuweilen die glänzenden Beyspiele tugendhafter Kayser, und die siegreiche Beredsamkeit alter Weisen, das Herz eines Fürsten, und bereden ihn, sein Vergnügen im Glüke des Landes zu suchen. Aber das Uebel ist geschehen, das Herz des Volkes ist in den Koth getreten, und keiner edlen Begierden mehr fähig.»[61]

Die Übernahme des letzten Satzes des Zitats als Motto seines Dramas ist eines der wenigen positiven Zeugnisse Goethes zu Haller – von den negativen wird noch zu sprechen sein. Aber dieses in der publizierten Version des *Götz von Berlichingen* gestrichene Motto zeigt, wie stark die von Machiavelli ausgehende Kritik der Gemeinwesen noch im 18. Jahrhundert wirkte, die eine völlige Denaturierung des sozialen Lebens anprangerte und zur rechtzeitigen Korrektur der Misstände aufforderte.

«How can finite grasp infinity?» Hallers Newton, Goethes Faust und Herders Gott

Nach der Mitte des Jahrhunderts, die fast gleichzeitig das Erscheinen der ersten Bände von Buffons *Histoire naturelle* (1749) und der *Encyclopédie* (1751) bringt, scheint ein Höhepunkt der Aufklärung erreicht, aber auch eine Wende markiert. Einerseits hatte das Erdbeben von Lissabon 1755 grundsätzliche Zweifel daran ausgelöst, dass die Welt von einem ordnenden Schöpfer planvoll gestaltet sei, und mit der wachsenden Kritik an den

Grundprinzipien der Leibniz'schen Philosophie entfiel auch die Möglichkeit, den Offenbarungsglauben mit der zunehmenden Erkenntnis der Komplexität der Natur auf bequeme Weise zu akkommodieren. Auf der anderen Seite bleibt der Optimismus der Forschenden ungebrochen, bestätigt durch die Entwicklungen in der Astronomie und Kosmologie auf der einen Seite und durch die Fortschritte der Physik, Chemie und Physiologie auf der anderen Seite, die zu einer Auflösung des traditionellen Begriffes einer toten und undurchdringlichen Materie, der ‹res extensa› Descartes' führen. Von Kants *Allgemeiner Naturgeschichte und Theorie des Himmels* (1755) und Lamberts *Cosmologischen Briefen über die Einrichtung des Weltbaues* (1761) über Wilhelm Herschels Entdeckung des Uranus (1781) bis zur *Exposition du système du monde* von Pierre-Simon Laplace (1796) erweitert sich die raum-zeitliche Dimension des Universums ins Ungeheure. Herkömmliche Vorstellungen von der Materie werden durch die Forschungen zu Magnetismus, Elektrizität, zur Beschaffenheit der Atmosphäre der Erde und zu den Gasen – u. a. von Joseph Priestley, Benjamin Franklin, Georg Christoph Lichtenberg oder Giuseppe Ruggero Boscovich – aufgelöst, und damit scheint sich der Naturprozess in einer Weise darzustellen, wie ihn Buffon in der Einleitungsabhandlung seiner *Histoire naturelle* formuliert hatte:

> [...] il semble que tout ce qui peut être, est; la main du Créateur ne paroît pas s'être ouverte pour donner l'être à un certain nombre déterminé d'espèces; mais il semble qu'elle ait jetté tout-à-la-fois un monde d'êtres relatifs et non relatifs, une infinité de combinaisons harmoniques et contraires, et une perpetuité de destructions et renouvellemens. Quelle idée de puissance ce spectacle ne nous offre-t-il pas?[62]

Gott als planender ‹Architekt› der Welt macht dem Bild eines Schöpfers Platz, der sich hinter die Allmacht der Natur mit ihrer scheinbaren Lust an einer ungemessenen Vielfalt von widersprüchlichen Naturerscheinungen und am unendlichen Kreislauf von Schöpfung und Zerstörung zurückzieht. Im Bildprogramm der Vignetten des ersten Bandes der *Histoire naturelle* wird dies geradezu augenfällig gemacht: Der Fortschritt der Wissenschaften in Astronomie und Mechanik wird illustriert durch Galileis schiefe Ebene und den Erdschatten, der auf den Mond fällt (Abb. S. 444), und die Aufgabe der Wissenschaften vom Lebenden durch die Tätigkeiten des Anatomen und des Botanikers (Abb. S. 444). Eine besondere Aufgabe stellt der Naturforschung die Erklärung der Entstehung des Lebens aus den scheinbar unbelebten Elementen; sie wird aufgezeigt in den Pflanzen und Muscheln, die sich am Ufer einer unermesslichen See finden (Abb. S. 445). Und dieses Thema wird in Buffons Naturgeschichte bis zur Ankunft des Menschen auf der Erde weitergeführt – wie wäre in dieser Ent-

Mechanik und Astronomie haben – hier dargestellt durch Galileis schiefe Ebene und den Erdschatten, der auf den Mond fällt – die Grundlagen für das moderne Weltbild der Physik geschaffen. – Vignette zu Buffon, *Allgemeine Historie der Natur nach allen ihren besonderen Theilen abgehandelt; nebst einer Beschreibung der Naturalienkammer Sr. Majestät des Königs von Frankreich*. Mit einer Vorrede von Herrn Doctor Albrecht von Haller. Erster Theil [Erster Band], Hamburg und Leipzig 1750; *Beweise der Theorie der Erde*, 75.

Der Naturgeschichte fehlt die Gewissheit, mit der die Physik zu operieren vermag, wie Haller in seiner *Vorrede* zur deutschen Ausgabe von Buffon darstellt. Ihr Weg zur Erforschung der Pflanzen- und Tierwelt führt über Beobachtung, Experiment und Anatomie der Naturkörper. – Vignette zu Buffon, *Allgemeine Historie der Natur*. Ersten Theils zweyter Band, Hamburg und Leipzig 1750; *Geschichte der Thiere*, 3.

Meer und Land bezeugen die Geschichte der Erde und der Entwicklung der Lebewesen; die Kette der Wesen kennt Übergänge zwischen den Lebensformen der verschiedenen Naturreiche, von Pflanze zu Tier, von Meeres- zu Landtieren. – Vignette zu Buffon, *Allgemeine Historie der Natur*. Erster Theil [Erster Band], Hamburg und Leipzig 1750; *Historie und Theorie der Erde*, 43.

Der Mensch ist das letzte und höchste Geschöpf, das die Natur hervorbringt; sein ursprünglicher Zustand, wie ihn die Bibel oder Dichter wie Haller in den *Alpen* schildern, ist der Massstab, an dem die Entwicklungen der Kultur zu messen sind. – Vignette zu Buffon, *Allgemeine Historie der Natur*. Ersten Theils zweyter Band, Hamburg und Leipzig 1750; *Natürliche Historie des Menschen*, 201.

wicklung der Anfang des Menschengeschlechts zu verorten? Die letzte, hier bedeutsame Vignette zeigt die Ursituation des Menschengeschlechts, nicht als Vertreibung aus dem Paradies, sondern als Besitznahme der Erde, die mit der Herrschaft des ersten Menschenpaares über die Tiere beginnt (Abb. S. 445).

Haller selbst stellt sich dieser Entwicklung in der *Vorrede* zum zweiten Band der deutschen Ausgabe der *Histoire naturelle* Buffons (1752), in der es im Kern um die Frage geht, wie weit die Welt sich autonom zu entwickeln vermag. Dabei stimmt er den Argumenten Buffons und Needhams durchaus zu, die für die Annahme einer «allgemein gebildeten oder bildbaren Materie» sprechen, «die gleichgültig ist, ein Mensch, ein Thier, oder ein Kraut zu werden». Die Gesetze, welche die Natur in der Erzeugung der Naturkörper verwendet, verraten höchste Sparsamkeit und Zweckmässigkeit:

> Die weit herrschenden Gesetze der Schwere, der anziehenden Kraft und des federhaften Triebes scheinen bey der Natur eine große Geneigtheit zu beweisen, viele Körper mit gleichen Kräften zu versehen, und viele Wirkungen mit gleichen Gesetzen zu bewerkstelligen. Es scheint eine Spur eines unendlichen Verstandes in dieser Kunst zu liegen, so verschiedene, so widersprechende, und so zusammengesetzte Wirkungen durch einerley Mittel zuwege zu bringen, und man findet in dieser sparsamen Weisheit einen Beweis der alles beherrschenden Weisheit, die vermuthlich in allen Thaten die kürzesten Mittel ergreift, und niemals zwey Gesetze brauchen wird, wo ein einziges zureicht.[63]

Die drei Reiche der Natur sind miteinander verbunden und – wie eben Trembleys Entdeckung des Polypen gezeigt hat – nicht durch Grenzen voneinander getrennt. Aber Buffons Annahme, dass es Keime seien, die dafür sorgten, dass es wenigstens innerhalb der Gattungen eine Konstanz gäbe, die immer wieder identische Lebewesen hervorbrächte, widerspricht er aufgrund seiner Erfahrung als Anatom:

> Kein Mensch ist in seinem inneren Baue dem andern ähnlich, und folglich kein Kind seinem Vater.
> Die Zergliederung hat mich von dieser sehr verdrießlichen Wahrheit belehret, die meine Arbeit vielfach verdoppelt hat. Wenn die Menschen einander ähnlich wären, so wäre eine Beschreibung und eine Abbildung der Schlagadern der Hand genugsam. Wenn sie einmal dem Urbilde ähnlich wäre, so würde sie es allemal bleiben. Aber von dieser bequemen Aehnlichkeit finden wir die Natur weit entfernt. Es sind niemals zween Menschen gesehen worden, in denen nicht alle Nerven, alle Schlagadern, alle zurückführenden Adern und selbst die Muskeln und

die Knochen unendlich voneinander verschieden sind. [...] Diese Verschiedenheit herrschet in der ganzen Natur, und kein Kraut ist jemals dem ähnlich gewesen, aus dessen Saamen es entsprossen ist, wie es doch nach dem H[errn] v[on] B[uffon] aufs vollkommenste sein sollte. [...] Diese Verschiedenheit ist gar viel größer, als man sie, bey der gewöhnlichen Weise die Anatomie zu lehren, anzugeben pflegt. Sie ist, zumal in den Nerven und den zurückführenden Adern so groß, so unendlich, daß man fast keine Beschreibung von ihr zu stande zu bringen vermögend ist, und bald glauben sollte, die Natur arbeite nicht nur ohne Modell, sondern auch ohne Grundriß die Thiere aus, obwohl man hierinn gleichfalls zu weit gehen würde.[64]

Haller konfrontiert hier zwei Formen von Evidenz der Erfahrung: jene der äusseren Erscheinung und diejenige, die auf der Erkenntnis durch das Skalpell beruht. Die ‹phänomenale Evidenz› der Typenlehre, wie sie Buffon vertritt, wird von der ‹instrumentellen Evidenz› des Anatomen in Frage gestellt und damit auch die Konsequenzen, welche die generelle Annahme einer autonom und trotzdem durch Keime konstant wirkenden Natur bei Buffon betreffen. Nach Haller bedarf es dagegen Gottes als einer konstant wirkenden Ursache, um die Fähigkeit der Natur zu Vielfalt und Variation in Schranken zu halten:

Wenn die Materie Kräfte hat, die etwas bilden, so hat sie sie nicht auf eine blinde Weise. Sie sind mit ewigen Schranken umschlossen, und bilden immer vollkommen, nicht das Mechanisch Gleiche, sondern etwas ähnliches, das in einem unverletzlichen Grundrisse vorgeschrieben ist: aber mit einer Verschiedenheit, die den Zwang einer blindlings wirkenden Materie ausschließt. [...] Wer hat der Materie des Saamens erlaubt, mehr oder weniger Gefäße zu zeugen, mehr oder weniger Nerven zu bilden, die Zweige zu verdoppeln, oder zu vermindern, aber ihr dabey monarchisch und unwidersprochen befohlen, dennoch allemal eine große Schlagader, allemal ein Herz, allemal die großen sympathischen Nerven, allemal die großen Muskeln, und alles dasjenige, was nicht nur zum Leben, sondern zu dessen Bequemlichkeit und Glücke nöthig ist, unversäumlich hervor zu bringen? Wäre die Natur nicht die Hand der erschaffenden Weisheit, so würden eben sowol in der Hauptanlage, als in den kleinen und zahlreichen Theilen des Baues Verschiedenheiten seyn, und dennoch geschieht dieses beständig und jenes niemahls.[65]

Scheinbar handelt es sich um zwei Positionen, bei denen man versucht sein könnte, Hallers Bedenken gegenüber Buffon aus theologischen Gründen als antiquiert zu bezeichnen. Aber jene permanente, nie aufhörende Wirksamkeit Gottes in der Welt, die Haller als Anatom annimmt, gewinnt einen anderen Aspekt, wenn man sie im Licht der Lektüre Spinozas durch das späte 18. Jahrhundert betrachtet, die für die Entwicklung der Naturauffassung der Klassik und Romantik so entscheidend ist. Allerdings gibt es auch hier unterschiedliche Formen der Aneignung des lange verfemten jüdischen Philosophen: einmal diejenige Goethes, der Buffons phänomenale Evidenz mit seiner Spinoza-Lektüre verbindet,[66] und aus ihr entsteht eine ganzheitliche Morphologie, die auf die Hilfe der Instrumente verzichten will, da sie den ‹menschlichen Standpunkt› verändern würden. Daneben steht Herder, der von der Vielfalt der Naturerscheinungen fasziniert ist, welche die moderne Erfahrungswissenschaft dank ihrer Erkenntnisinstrumente aufdeckt. Bei ihm verwandelt sich die für Haller unabdingbare Gegenwart eines persönlichen Gottes in der Vielfalt der Naturkörper unter dem Einfluss Spinozas in die unablässige Wirkung einer von einem unpersönlichen Gott ausgehenden Kraft.

So kann im Kontext der Buffon-Vorreden das Porträt Newtons, wie es Haller in dem Gedicht *Die Falschheit menschlicher Tugenden* schon 1730 gezeichnet hatte, die Konturen einer Problemlage gewinnen, die sich nach 1750 entfalten sollte. Haller zeichnet in Newton das Bild des modernen Wissenschaftlers, der auf der einen Seite in der Lage ist, mit Hilfe der Mathematik und Geometrie die Schranken der menschlichen Erkenntnis zu durchbrechen, zum andern aber bleibt dieser Wissenschaft das Eindringen in die Funktionsweise der sich ständig verändernden Materie – besonders in den organischen Körpern – ein unerreichbares Ziel. Die «Gebirge von Elementen», von denen Haller in seiner *Vorrede* zum ersten Band von Buffon gesprochen hatte,[67] sind eben nicht der demonstrativen Methode zugänglich, sondern nur einer Erfahrung, die durch Instrumente in die äusserliche Hülle der Körper einzudringen weiss, im Bewusstsein der Tatsache, dass sie deshalb noch keineswegs ihr Funktionieren zu erkennen vermag. Liest man aus dieser Perspektive die Eröffnungsszene *Nacht* von Goethes *Faust* – und sie ist bereits im *Urfaust* von 1773/75 enthalten –, so lässt sich nicht ganz von der Hand weisen, dass Haller hier ein Modell geliefert hat, dessen sich der junge Goethe bedient: im ungelebten Leben des Gelehrten, das nicht nur in der Verzweiflung über das erworbene spärliche Wissen zu enden droht, sondern auch noch mit der Erkenntnis, dass sich die Natur selbst einer tieferen Einsicht verweigert. Goethe gestaltet dies in der Erscheinung des Erdgeistes, der Faust mit den Worten zurückweist: «Du gleichst dem Geist, den du begreiffst, / Nicht mir!» (*Urfaust*, V. 159 f.). Haller entwirft jenseits aller Unterschiede, die seinen Newton von Goethes Helden unterscheiden, das gleiche Drama des Wissenschaftlers, indem er dessen Errungenschaften gegen die Defizite des Wissens stellt:

Versenkt im tiefen Traum nachforschender Gedanken,
Schwingt ein erhabner Geist sich aus der Menschheit Schranken.
Seht den verwirrten Blick, der stets abwesend ist
Und vielleicht itzt den Raum von andern Welten misst;
Sein stäts gespannter Sinn verzehrt der Jahre Blüthe,
Schlaf, Ruh und Wollust fliehn sein himmlisches Gemüthe.
Wie durch unendlicher verborgner Zahlen Reih
Ein krumm geflochtner Zug gerecht zu messen sei;
Warum die Sterne sich an eigne Gleise halten;
Wie bunte Farben sich aus lichten Strahlen spalten;
Was für ein innrer Trieb der Welten Wirbel dreht;
Was für ein Zug das Meer zu gleichen Stunden bläht;
Das alles weiß er schon: er füllt die Welt mit Klarheit,
Er ist ein stäter Quell von unerkannter Wahrheit.
Doch, ach, es lischt in ihm des Lebens kurzer Tacht,
Den Müh und scharfer Witz zu heftig angefacht!
Er stirbt, von wissen satt, und einst wird in den Sternen
Ein Kenner der Natur des Weisen Namen lernen.
Erscheine, großer Geist, wann in dem tiefen nichts
Der Welt Begriff dir bleibt und die Begier des Lichts,
Und laß von deinem Witz, den hundert Völker ehren,
Mein lehr-begierig Ohr die letzten Proben hören!
Wie unterscheidest du die Wahrheit und den Traum?
Wie trennt im Wesen sich das feste von dem Raum?
Der Körper rauhen Stoff, wer schränkt ihn in Gestalten,
Die stäts verändert sind und doch sich stäts erhalten?
Den Zug, der alles senkt, den Trieb, der alles dehnt,
Den Reiz in dem Magnet, wonach sich Eisen sehnt,
Des Lichtes schnelle Fahrt, die Erbschaft der Bewegung,
Der Theilchen ewig Band, die Quelle neuer Regung,
Dieß lehre, großer Geist, die schwache Sterblichkeit,
Worin dir niemand gleicht und alles dich bereut!
Doch suche nur im Riß von künstlichen Figuren,
Beim Licht der Ziffer-Kunst, der Wahrheit dunkle Spuren;
Ins innre der Natur dringt kein erschaffner Geist,
Zu glücklich, wann sie noch die äußre Schale weist!
Du hast nach reifer Müh und nach durchwachten Jahren
Erst selbst, wie viel uns fehlt, wie nichts du weist, erfahren![68]

Es gibt in John Drydens bedeutendem, nach seiner Konversion zum Katholizismus verfassten Gedicht *The Hind and the Panther* (1687) im ersten Teil eine Verszeile, die Haller in seinem Goethe später so anstössigen

Vers «*Ins innre der Natur dringt kein erschaffner Geist*» aufgegriffen und umformuliert hat: «How can finite grasp infinity?» (V. 105). Dryden ging es um die Frage nach dem Verhältnis von geoffenbarter Wahrheit und dem, was Vernunft und Sinne für den Glauben leisten können. Die Antwort ist negativ – der Glaube bedarf des Zeugnisses der Vernunft und der Sinne nicht:

For what my senses can themselves perceive
I need no revelation to believe.
[...]
Let reason then at her Own quarry fly,
But how can finite grasp infinity?
[...]
God thus asserted: man is to believe
Beyond what sense and reason can conceive,
And for mysterious things of faith rely
On the Proponent, heav'ns authority.[69]

Für Haller ist dagegen die Welt eine Möglichkeit der Erfahrung der Wirkung Gottes, die allerdings ihre Grenzen in der Fähigkeit des Forschers hat, die Körperwelt in ihrer inneren Funktionsweise zu ergründen, und dies ist in dem von Dryden adaptierten Vers ausgedrückt. Goethe sollte nun im ersten Band seiner morphologischen Studien von 1820 die Verse 289 bis 292 aus diesem Gedicht zu einer Invektive gegen den Naturforscher Haller benutzen, den er hier als ‹Philister› apostrophiert:

Unwilliger Ausruf

Ins Innere der Natur
O! du Philister!
Dringt kein erschaffner Geist.
Mich und Geschwister
Mögt ihr an solches Wort
Nur nicht erinnern:
Wir denken: Ort für Ort
Sind wir im Innern.
Glückselig! wem sie nur
Die äußere Schale weist!
Das hör' ich sechzig Jahre wiederholen
Und fluche drauf, aber verstohlen;
Sage mir tausend tausendmale:
Alles gibt sie reichlich und gern;
Natur hat weder Kern
Noch Schale,

Alles ist sie mit einemmale;
Dich prüfe du nur allermeist,
Ob du Kern oder Schale seist.[70]

Auf den ersten Blick ist nicht ganz klar, worin das Motiv für die Heftigkeit für diesen *Unwilligen Ausruf* liegt, abgesehen von dem Preis Newtons, der nach Haller herausgefunden habe, «wie bunte Farben sich aus lichten Strahlen spalten» (V. 264); dieser ist dem Verfasser der *Farbenlehre* (1810) unerträglich, zu der er – parallel zu den morphologischen Studien – 1820 noch einen Nachtrag veröffentlicht hatte. Denn an sich ist Goethe in seinem Glauben an die Unermesslichkeit des Alls als Gegenstand der Naturforschung von Haller nicht so weit entfernt; und auch die Vorstellung, wie er sie im zweiten Heft zur Morphologie äussert, dass der Ganzheit der belebten Natur «eine Idee zum Grund liege, wonach Gott in der Natur, die Natur in Gott, von Ewigkeit zu Ewigkeit, schaffen und wirken möge», bietet keinen Anlass zu diesem Widerspruch. Expliziter wird dagegen die Feststellung einer ‹Schwierigkeit›, die Goethe in seiner Notiz *Bedenken und Ergebung* trifft,

> daß zwischen Idee und Erfahrung eine gewisse Kluft befestigt scheint, die zu überschreiten unsere ganze Kraft sich vergeblich bemüht. Demohngeachtet bleibt unser ewiges Bestreben diesen Hiatus mit Vernunft, Verstand, Einbildungskraft, Glauben, Gefühl, Wahn und, wenn wir sonst nichts vermögen, mit Albernheit zu überwinden.
> Endlich finden wir, bei redlich fortgesetzten Bemühungen, daß der Philosoph wohl möchte Recht haben welcher behauptet, daß keine Idee der Erfahrung völlig kongruiere, aber wohl zugibt daß Idee und Erfahrung analog sein können, ja müssen.[71]

Ein solches Mittel, die Kluft zwischen der Idee der sich nach einem Gestaltprinzip wandelnden Natur, und der phänomenalen Erfahrung, die diese nicht immer zu bestätigen scheint, war für Goethe das Konzept des Bildungstriebs von Johann Friedrich Blumenbach (1781) gewesen. Er sieht in ihm eine Fortsetzung der Bemühungen des Epigenetikers Caspar Friedrich Wolff um die Lehre von der Generation, aber mit dem Vorteil, dass die von Wolff entwickelte These von einer der Materie inhärenten *vis essentialis*, welche die Epigenese bewirkten, eben bei Blumenbach von allen Konnotationen des Materiellen befreit wurde:

> […] an einer organischen Materie, und wenn sie noch so lebendig gedacht wird, bleibt immer etwas Stoffartiges kleben. Das Wort Kraft bezeichnet zunächst etwas nur Physisches, sogar Mechanisches, und das was sich aus jener Materie organisieren soll bleibt uns ein dunkler unbegreiflicher Punkt. Nun gewann Blumenbach das Höchste und Letzte

> des Ausdrucks, er anthropomorphisierte das Wort des Rätsels und nannte das, wovon die Rede war, einen *nisus formativus*, einen Trieb, eine heftige Tätigkeit, wodurch die Bildung bewirkt werden sollte.[72]

Blumenbach entzieht damit, so Goethe, den Bildungstrieb jeder Analyse – dieser tritt uns in der Natur «als ein Gott entgegen, als Schöpfer und Erhalter, welchen anzubeten, zu verehren und zu preisen wir auf alle Weise aufgefordert sind».[73] Es geht bei der Invektive gegen Haller um Prinzipielleres als blosses Ressentiment, nämlich um die Ablehnung jener ‹instrumentellen Evidenz›, die für Haller ein unverzichtbares Mittel der Forschung gebildet hatte. Der erst in der Fassung von 1808 vollendete Schlussteil der ersten Szene des *Faust*, mit dem durch den Ostergesang verhinderten Selbstmord, gibt von diesem Motiv Rechenschaft, in der Apostrophe der Gerätschaften, die der Wissenschaftler von seinem Vater geerbt hat:

> Ihr Instrumente freylich, spottet mein,
> Mit Rad und Kämmen, Walz' und Bügel.
> Ich stand am Thor, ihr solltet Schlüssel seyn;
> Zwar euer Bart ist kraus, doch hebt ihr nicht die Riegel.
> Geheimnißvoll am lichten Tag
> Läßt sich Natur des Schleyers nicht berauben,
> Und was sie deinem Geist nicht offenbaren mag,
> Das zwingst du ihr nicht ab mit Hebeln und mit Schrauben.
> Du alt Geräthe das ich nicht gebraucht,
> Du stehst nur hier, weil dich mein Vater brauchte.[74]

Für Goethe gibt es, wie es in einem kleinen, an die *Urworte Orphisch* anschliessenden Gedicht zu Beginn des zweiten Heftes der Morphologie heisst, weder ein ‹Innen› noch ein ‹Aussen› der Naturkörper, und somit ist die Rede von einem ‹Eindringen› in ihr ‹Inneres› für ihn sinnlos; Pflanzen und Lebewesen bespiegeln sich vielmehr wechselseitig als Phänomene für die Erfahrung eines unendlich variablen Lebenstypus.[75]

Im Gegensatz zu Goethes offen und und mehrfach geäusserter Aversion gegen Haller gibt es nun gerade bei Herder eine völlig andere Rezeption, die diesen in Richtung auf einen von Spinoza inspirierten Monismus uminterpretierte, der sich allerdings von demjenigen Goethes beträchtlich unterscheidet. Bereits im ersten Band seiner *Ideen zur Philosophie der Geschichte der Menschheit* hatte Herder die von Haller unterschiedenen Kräfte des animalischen Körpers – Elastizität, Irritabilität und Sensibilität – zur Erscheinung einer einzigen, in den Naturreichen graduell sich entwickelnden und differenzierenden Kraft gedeutet.[76] Seine Schrift *Gott. Einige Gespräche* (1787) – ein bedeutendes Zeugnis der Spinoza-Rezeption in Deutschland, die nicht nur Lessing und Spinoza gegen Jacobis Vorwurf des Atheismus verteidigen[77] – enthält entscheidende Bezugnahmen auf Haller, allerdings in unterschiedlicher Weise. Herder zitiert einerseits kritisch aus *Über Vernunft, Aberglauben und Unglauben* und dem *Unvollkommenen Gedicht über die Ewigkeit*;[78] es geht dabei um Passagen, welche die Vorstellung der Theodizee von einem wählenden Gott poetisch umsetzen, der aus der Fülle der Möglichkeiten den besten Plan für seine Schöpfung gewählt und sich dadurch auch die Möglichkeit gesichert habe, gelegentlich noch in das Naturgesetz, das seine Schöpfung regiert, einzugreifen. Herder kritisiert solche Anthropomorphismen der Vorstellung Gottes, die Leibniz leider gefördert und damit Dichter wie Haller oder seinen Nachfolger Johann Peter Uz (besonders im Gedicht *Theodicee*, veröffentlicht 1755) veranlasst habe, für inadäquate Gottesvorstellungen poetische Bilder zu finden: «Vor Gott lagen keine Risse aufgeschlagen; er saß nicht, wie ein grübelnder Künstler, der sich den Kopf zerbrach, entwarf, verglich, verwarf, wählte. Kein Reich des Möglichen ist ohne und außer Gott da: denn wenn Ers nicht schaffen wollte, nicht schaffen konnte, so war es nicht möglich.»[79]

Aber es gibt andere Passagen in dieser Schrift, die auf der Folie von Hallers Naturauffassung gelesen werden müssen, wie sie gerade die *Vorrede* zum zweiten Band der *Histoire naturelle* Buffons reflektierte. Im zweiten der Spinoza-Gespräche setzt sich Herder mit zwei für ihn absurden Propositionen auseinander, von denen die eine in Descartes' Begriff der Materie als einer toten *res extensa* liegt, die andere in der abwegigen Unterstellung, Spinoza habe Gott zu einem blossen, in dieser Materie wirkenden Teil der Welt gemacht.[80] Dagegen setzt Herder nun seine Auffassung von einer allseits belebten Materie, die sich nirgends so manifestiert wie in der Entstehung neuen Lebens, wobei Hallers und Wolffs Überlegungen – ohne Rücksicht auf die Alternative von Präformation oder Epigenese – zusammenfliessen:

> Erwägen Sie die innere Fülle der Kraft, die sich in jedem lebendigen Wesen zeiget, wie es durch eine ihm eingepflanzte ungeheure Wirksamkeit entstehen und sich nicht anders als durch solche erhalten und fortpflanzen konnte. Betrachten Sie die Kräfte, die im Bau eines Tieres so verschwiegen wirken! Mit welcher Macht hangen seine Teile zusammen! welch ein Räder- und Triebwerk gehört dazu, daß es sich bewege, sich seinen Lebenssaft bereite, alle die Handlungen ausübe, dazu es bestimmt ist, endlich daß es aus seiner Natur gleichartige Wesen, Bilder seiner selbst, lebend und wirkend, aus eigner Kraft und nach gleicher Anlage hervorbringe und erzeuge. In der Generation allein liegt das Wunder einer eingepflanzten, einwohnenden Macht der Gottheit, die sich,

> wenn ich so kühn reden darf, in das Wesen jeder Organisation gleichsam selbst beschränkt hat und in diesem Wesen nach ewigen Gesetzen unverrückt und unwandelbar, wie die Gottheit allein wirken kann, wirket. In der Materie, die wir tot nennen, streben auf jedem Punkt nicht minder und nicht kleinere göttliche Kräfte: wir sind mit Allmacht umgeben, wir schwimmen in einem Ocean der Allmacht [...]. Nicht etwa nur für uns ist das Wesen des Ewigen unausmeßbar; es ist an sich selbst keines Maßes fähig; in jedem Punkt seiner Wirkung, der nur für uns ein Punkt ist, trägt es seine ganze Unendlichkeit mit sich.[81]

Hallers Auffassung von den Kräften der Materie, die «mit ewigen Schranken umschlossen» sind und «immer vollkommen, nicht das Mechanisch Gleiche, sondern etwas ähnliches [bilden], das in einem unverletzlichen Grundrisse vorgeschrieben ist: aber mit einer Verschiedenheit, die den Zwang einer blindlings wirkenden Materie ausschließt», erhält hier unter der Signatur einer neuen, an Spinoza orientierten Gottesvorstellung eine neue Wendung. Hallers scheinbar so antiquierte, in der Physikotheologie verankerte Forderung, Gott in das gesamte organische Geschehen einzubeziehen, wird dadurch erfüllt, dass der alte Begriff der Materie für obsolet erklärt wird;[82] und es sind gerade die Hilfsmittel und Ergebnisse einer Naturforschung wie derjenigen Hallers, welche Herder zufolge diese Möglichkeit bieten.

Anmerkungen

1 Zu den bedeutenden Darstellungen der Aufklärung zählen die älteren Studien von Ernst Cassirer: *Die Philosophie der Aufklärung*. Tübingen 1932; Paul Hazard: *La crise de la conscience européenne* (1680-1715). Paris 1935; Max Wundt: *Die deutsche Schulphilosophie im Zeitalter der Aufklärung*. Tübingen 1945; Fritz Valjavec: *Geschichte der abendländischen Aufklärung*. Wien, München 1961. – Unter den neueren Darstellungen sind zu nennen: Peter Gay: *The Enlightenment*. 2 Bde. New York, London 1977; Panajotis Kondylis: *Die Aufklärung im Rahmen des neuzeitlichen Rationalismus*. Stuttgart 1981; Jonathan I. Israel.: *Radical Enlightenment: philosophy and the making of modernity 1650-1750*. Oxford 2001; Ders.: *Enlightenment contested: philosophy, modernity, and the emancipation of Man 1670-1752*. Oxford 2006. – Seit etwa 1970 tritt in Gesamtdarstellungen der Aufklärung auch ihre Bedeutung für die Ausprägung der modernen Anthropologie stärker hervor; vgl. Sergio Moravia: *La scienza dell'uomo nel Settecento*. Bari, Roma 1970; Michèle Duchet: *Anthropologie et histoire au siècle des Lumieres: Buffon, Voltaire, Rousseau, Helvétius, Diderot*. Paris 1971; Edoardo Tortarolo: *L'illuminismo. Ragioni e dubbi della modernità*. Roma 1999. Ferner seien die der Aufklärung gewidmeten Bände aus dem monumentalen Werk von Georges Gusdorf *Les sciences humaines et la pensée occidentale* (12 Bde., Paris 1966-1985) genannt: *Les principes de la pensée au siècle des lumières* (Bd. 4, 1971); *Dieu, la nature, l'homme au siècle des lumières* (Bd. 5, 1972); *L'avènement des sciences humaines au siècle des lumières* (Bd. 5, 1973).

2 Exemplarisch hierzu Friedrich Vollhardt: *Selbstliebe und Geselligkeit. Untersuchungen zum Verhältnis von naturrechtlichem Denken und moraldidaktischer Literatur im 17. und 18. Jahrhundert.* Tübingen 2001.

3 Vgl. hierzu Richard Alewyns Rezension von Karl Viëtors *Probleme der deutschen Barockliteratur* von 1928, in: Richard Alewyn (Hg.): *Deutsche Barockforschung. Dokumentation einer Epoche.* Köln, Berlin [2]1966, 421-425, hier 425. – Ferner: Sylvia Neudecker, Dirk Niefanger, Jörg Wesche (Hg.): *Kulturelle Orientierung um 1700. Traditionen, Programme, konzeptionelle Vielfalt.* Tübingen 2004, 2.

4 Besonders einflussreich waren die beiden folgenden Studien: Leo Balet: *Die Verbürgerlichung der deutschen Kunst, Literatur und Musik im 18. Jahrhundert.* Strassburg u. a. 1936; Arnold Hirsch: *Bürgertum und Barock im deutschen Roman. Eine Untersuchung über die Entstehung des modernen Weltbildes.* Frankfurt am Main 1934.

5 Vgl. August Langen: *Der Wortschatz des deutschen Pietismus.* Tübingen 1954.

6 So Ernst Lewalter: *Spanisch-jesuitische und deutsch-lutherische Metaphysik des 17. Jahrhunderts. Ein Beitrag zur Geschichte der iberisch-deutschen Kulturbeziehungen und zur Vorgeschichte des deutschen Idealismus.* Hamburg 1935, hierzu 81 f.

7 Exemplarisch dafür ist Morhofs *Polyhistor*, der erstmals 1688 erschienen war; vgl. hierzu das einleitende Kapitel des Überblicks über die Naturwissenschaften: *Quomodo historia naturalis sit instituenda, e mente Franc[isci] Baconis Verulamii, et eius sequentium vestigia.* In: *Danielis Georgii Morhofii Polyhistor literarius, philosophicus et practicus.* Editio quarta. 2 Bde. Lübeck 1747, II: 121-149.

8 Vgl. hierzu exemplarisch die Studie von Lucas Marco Gisi: *Einbildungskraft und Mythologie. Die Verschränkung von Anthropologie und Geschichte im 18. Jahrhundert.* Berlin 2007.

9 Dem Philosophiehistoriker Panajotis Kondylis (wie Anm. 1) geht es vor allem um diesen Sachverhalt, der zunächst paradox erscheinen mag: dass rivalisierende Gruppen ein und dieselbe Denkstruktur benutzen, um sie mit verschiedenen Inhalten zu füllen und von dort aus gegeneinander zu polemisieren; vgl. Anm. 10 zu 56, 56 f.

10 Ebenda, 52.

11 [Georges Leclerc, Comte de Buffon] *Allgemeine Historie der Natur nach allen ihren besonderen Theilen abgehandelt; nebst einer Beschreibung der Naturalienkammer Sr. Majestät des Königes von Frankreich.* Mit einer Vorrede von Herrn Doctor Albrecht von Haller [...]. Erster Theil. Hamburg, Leipzig 1750; vgl. hierzu Hallers Vorrede, XIV. – Isaac Newtons *The chronology of ancient kingdoms amended* war in London 1728 erschienen, ein Jahr nach dem Tod des grossen Gelehrten.

12 Immanuel Kant publizierte 1792 seinen Aufsatz *Ueber das radikale Böse in der menschlichen Natur* zuerst in der *Berlinischen Monatsschrift*; 1793 integrierte er ihn seiner Schrift *Die Religion innerhalb der Grenzen der bloßen Vernunft* als Einleitungsteil.

13 Zu Hallers Publikationsstrategie in diesem Fall vgl. Hubert Steinke: Der Patron im Netz. Die Rolle des Briefwechsels in wissenschaftlichen Kontroversen. In: Martin Stuber, Stefan Hächler, Luc Lienhard (Hg.): *Hallers Netz. Ein europäischer Gelehrtenbriefwechsel zur Zeit der Aufklärung.* Basel 2005, 441-462, hier 445. – Voltaire widmete 1745 sein gegen alle Offenbarungsreligionen gerichtetes Drama *Mahomet* (1742) nach dem Verbot der Aufführungen in Frankreich ausgerechnet Papst Clemens XIV., der sich dafür mit der Zusendung von zwei Medaillen artig bedankte.

14 [Claude-Adrien Helvétius] *Discurs über den Geist des Menschen.* Aus dem Französischen des Herrn Helvetius. [Übersetzung von Johann Gabriel Forkert] Mit einer Vorrede Herrn Joh. Christoph Gottscheds. Leipzig, Liegnitz 1760.

15 Lichtenberg, *Sudelbücher*, Heft K, Nr. 303; in: Georg Christoph Lichtenberg: *Schriften und Briefe.* Zweiter Band:

Sudelbücher II. Materialhefte, Tagebücher. Hg. von Wolfgang Promies. München 1975, 453.

16 Göttingische Anzeigen von Gelehrten Sachen 1766, 773; die Rezension ist auch abgedruckt in: Albrecht von Haller: *Tagebuch seiner Beobachtungen über Schriftsteller und über sich selbst. Zur Karakteristik der Philosophie und Religion dieses Mannes*. Hg. v. Johann Georg Heinzmann. 2 Bde. Bern 1787, I: 271-276.

17 *Vorrede zur Sammlung neuer und merkwürdiger Reisen, zu Wasser und zu Lande. Aus verschiedenen Sprachen übersetzt. Göttingen 1750*. In: *Sammlung kleiner Hallerischer Schriften*. 2., verbesserte und vermehrte Auflage. 3 Bde. Bern 1772, I: 131-141, hier 135 f.

18 Ebenda, 138 f.

19 Die Preisaufgaben der Klasse für spekulative Philosophie der Berliner Akademie für die Jahre 1747, 1751, 1755 und 1763 forderten zur Auseinandersetzung mit den Grundbegriffen der Leibniz'schen Philosophie – den Monaden, dem Determinismus, dem Optimismus und der Evidenz – auf; die Preise fielen in der Regel an die Gegner von Leibniz und Wolff. Vgl. Adolf Harnack: *Geschichte der Königlich preußischen Akademie der Wissenschaften zu Berlin*. Bd. I/1, Berlin 1900, 401-412.

20 Denis Diderot: *Œuvres complètes*. Éd. J. Assézat et Maurice Tourneux. 20 Bde. Paris 1873-1875, II: 11.

21 *Bibliothèque raisonnée*, 33/1 (1744), 33-50, hier 42 f.

22 Ebenda, 43.

23 Ebenda, 44.

24 Ebenda, 44 f.

25 Haller, Vorrede 1750 (wie Anm. 11), X; die Vorrede ist auch ediert in Haller, Kleine Schriften 1772 (wie Anm. 17), I: 47-77.

26 Zu Hallers Hypothesen- und Evidenzbegriff vgl. ausführlich Simone de Angelis: *Von Newton zu Haller. Studien zum Naturbegriff zwischen Empirismus und deduktiver Methode in der Schweizer Frühaufklärung*. Tübingen 2003.

27 Haller, Vorrede 1750 (wie Anm. 11), X.

28 Voltaire: *Lettres philosophiques*. Amsterdam 1734, Brief XII, *Lettre sur le Chevalier Bacon*, 105-120, hier 112 f.

29 Haller, Tagebuch 1787 (wie Anm. 16), II: 95-118.

30 *Kritik der reinen Vernunft*. In: Immanuel Kant: *Werke in sechs Bänden*. Hg. von Wilhelm Weischedel. Bd. II. Darmstadt 1970, *Vorrede zur zweiten Auflage* 23 f.

31 *Metaphysische Anfangsgründe der Naturwissenschaft*. In: Ebenda, Bd. V. Darmstadt 1957, *Vorrede* 12.

32 *Georgii Daniel Coschwitz ... Ductum salivalem novum per glandulas maxillares, sublinguales, linguamque excurrentem ... disquisitioni anatomicae submittunt* praeses Johannes Georgius Du Vernoi ... & respondens Albertus Haller. Tübingen 1725, 21 f. (Vorrede von Duvernoy). – Den Hinweis auf diesen Text verdankt der Vf. Urs Boschung.

33 *Albrecht von Hallers Gedichte*, hrsg. und eingel. von Ludwig Hirzel. Frauenfeld 1882, 58 (VV 337-350).

34 Charles Bonnet: *Contemplation de la nature*. 2 Bde. Lausanne 1770, p. VIII, chap. XVI: *Considérations philosophiques au sujet des Polypes*; vgl. I: 337 f.

35 [Georges Leclerc, Comte de Buffon] *Allgemeine Historie der Natur nach allen ihren besonderen Theilen abgehandelt; nebst einer Beschreibung der Naturalienkammer Sr. Majestät des Königes von Frankreich*. Mit einer Vorrede Herrn Doctor Albrecht von Haller [...]. Zweyter Theil, Hamburg und Leipzig 1752; vgl. hierzu den Schluss der *Vorrede* (unpag., Bogen c^{v}). – Zum Verhältnis Hallers und Bonnets zu Buffon vgl. Jacques Roger: *Buffon. Un philosophe au jardin du roi*. Paris 1989, 450-454.

36 *Versuch einer Geschichte der lyrischen Dichtkunst*; in: Johann Gottfried Herder: *Werke in drei Bänden*. Hg. von Wolfgang Proß. München, Wien 1984-2002; vgl. I: 10 und Kommentar I: 702.

37 Vgl. hierzu Peter Hanns Reill: Das Problem des Allgemeinen und des Besonderen im geschichtlichen Denken und in den historiographischen Darstellungen des späten 18. Jahrhunderts. In: Karl

Acham, Winfried Schulze (Hg.): *Teil und Ganzes. Zum Verhältnis von Einzel- und Gesamtanalyse in Geschichts- und Sozialwissenschaften.* München 1990, 141-168. – Vgl. auch: Wolfgang Proß: Die Begründung der Geschichte aus der Natur – Herders Konzept von ‹Gesetzen› in der Geschichte. In: Hans Erich Bödeker, Peter Hanns Reill, Jürgen Schlumbohm (Hg.): *Wissenschaft als kulturelle Praxis.* Göttingen 1999, 187-225.

38 Herder 1984-2002 (wie Anm. 36), I: 611 (*Auch eine Philosophie der Geschichte zur Bildung der Menschheit*, Erster Abschnitt).

39 Vgl. hierzu Kondylis 1981 (wie Anm. 1): *Gott zwischen Geist und Natur bzw. die Aufklärung zwischen Anbetung, Neutralisierung und Instrumentalisierung Gottes*, 361-381.

40 Die Zitate sind Herders *Ideen* (Buch VIII, Kap. IV) und Rousseaus zweitem *Discours* entnommen; vgl. Herder 1984-2002 (wie Anm. 36), III/1: 297. – *De l'origine de l'inégalité parmi les hommes.* In: Jean-Jacques Rousseau: *Du contrat social et autres œuvres politiques.* Introduction de Jean Ehrard. Paris 1975, 40.

41 *Letters, or Essays to Alexander Pope, Esqu.* In: *The Works of the late Right Honorable Henry St. John, Lord Viscount Bolingbroke.* 5 Bde. London 1777, III: 155 f.

42 Zur Beziehung Haller – Triller vgl. auch Haller, Gedichte 1882 (wie Anm. 33), CCCXXX f.; 1752 schreibt Haller noch ein kleines Trostgedicht *Ueber den Tod der Frau Trillerin* (ebenda, 206 f.).

43 Daniel Wilhelm Triller: *Lobgedichte, auf den unsterblichen Poeten, Martin Opiz von Boberfeld.* In: *Martin Opizen von Boberfeld Teutsche Gedichte, in vier Bände abgetheilet, Von neuem sorgfältig übersehen, allenthalben fleißig ausgebessert, mit nöthigen Anmerkungen erläutert*, von Daniel Wilhelm Triller. 4 Bde. Frankfurt am Main 1746, I: unpag., Bogen 3 (***r).

44 Vgl. Hirzels Darstellung der Verteidigung Hallers durch Pyra in: Haller, Gedichte 1882 (wie Anm. 33), CCCII-CCXVI.

45 Zur Einstellung Hallers zu Opitz vgl. Karl S. Guthke: *Haller und die Literatur.* Göttingen 1962, 107-109. Als Überblick zu Hallers Kenntnisnahme der Dichtung des 17. Jahrhunderts und der Zeitgenossen in der ersten Hälfte des 18. Jahrhunderts ist immer noch grundlegend der Einführungsteil bei Haller, Gedichte 1882 (wie Anm. 33); vgl. hierzu jetzt die Beiträge zur Dichtung und Literaturkritik in diesem Band.

46 Haller, Gedichte 1882 (wie Anm. 33), 250.

47 Zur Situation des Übergangs in der Lyrik vom 17. zum 18. Jahrhundert vgl. auch Wolfgang Proß: Lyrik in der ersten Hälfte des 18. Jahrhunderts. In: Rolf Grimminger (Hg.): *Deutsche Aufklärung bis zur Französischen Revolution (1680- 1789).* München, Wien 1980, 545-568.

48 *Religio Laici or a Laymans Faith. A Poem.* In: *The Works of John Dryden.* 20 Bde. Berkeley etc. 1956-2000, II: 109.

49 Haller, Gedichte 1882 (wie Anm. 33), 249.

50 Ebenda, 393 f.

51 *Della perfetta poesia Italiana, spiegata, e dimostrata con varie osservazioni da Lodovico Antonio Muratori* [...]. Con le annotazioni critiche di Anton Maria Salvini. 2 Bde. Venedig 1770; vgl. hierzu Band I, Buch II, Kap. XV, 365 f.

52 Ebenda, 373.

53 Vgl. ebenda 373 f.

54 *Göttingische Anzeigen von gelehrten Sachen*, 1775, 630.

55 *Des Freyherrn von Canitz Gedichte, Mehrentheils aus seinen eigenhändigen Schrifften verbessert und vermehret, mit Kupfern und Anmerckungen, Nebst dessen Leben, und einer Untersuchung von dem guten Geschmack in der Dicht- und Rede-Kunst ausgefertiget von Johann Ulrich König.* Zweyte Auflage. Berlin, Leipzig 1734.

56 Ebenda, *Die sechste Satyre. Vorzug des Land-Lebens. In einem Einladungsschreiben an den Herrn von Brand. 1692*, 259-267, hier 259-261.

57 Haller, Gedichte 1882 (wie Anm. 33), 41 f. (*Die Alpen*, V. 471-490).

58 Niccolò Machiavelli: *Discorsi so-*

pra la prima deca di Livio. Libro terzo, cap. I: *A volere che una sètta o una republica viva lungamente, è necessario ritirarla spesso verso il suo principio*.

59 Zur Bedeutung von Veiras für das politisch-utopische Denken des 18. Jahrhunderts bis zu Wieland, Müller von Itzehoe, Schiller und Schikaneder/Mozart vgl. Wolfgang Proß: Schillers und Mozarts politische Utopie. In: Klaus Manger: *Der ganze Schiller. Programm ästhetischer Erziehung*. Heidelberg 2006, 155-198.

60 *Sermo academicus ostendens quantum antiqui eruditioni et industria antecellant modernos*. In: Haller, Gedichte 1882 (wie Anm. 33), 381-390, hier 387: «Sit quod Sevarambum fictitia Republica ideas Platonis longe superet institutorum utilitate, possibilitate, difficile tamen erit modernis, Rempublicam ostendere legum robore et solertia conparabilem Spartanae.»

61 [Albrecht von Haller] *Usong. Eine Morgenländische Geschichte, in vier Büchern*. Bern 1771, 53.

62 *Premier discours. De la manière d' étudier & de traiter l' Histoire naturelle*; in: [Buffon] *Histoire naturelle générale et particulière. Avec la description du Cabinet du Roy*. Bd. 1. Paris 1749, 11.

63 Haller, Vorrede zu Buffon 1752 (wie Anm. 35), unpaginiert.

64 Ebenda (Bogen b2^{r}).

65 Ebenda (Bogen c^{r})

66 Gerade Goethes Studie *Die Natur*, die um 1780 entstanden ist, geht in ihrem Textbestand weit weniger auf Spinoza zurück als auf die ‹Première vue› *De la nature* in Buffons *Histoire naturelle*.

67 Vgl. oben Anm. 25.

68 Haller, Gedichte 1882 (wie Anm. 33), 72-74 (*Die Falschheit menschlicher Tugenden*, VV. 255-292).

69 Dryden, *The Hind and the Panther*, V. 91-92, 104-106 und 114-119, in Dryden 1956-2000 (wie Anm. 48), III: 125-127.

70 Johann Wolfgang Goethe: *Die Schriften zur Naturwissenschaft* (Leopoldina-Ausgabe). Erste Abt., Bd. 9: *Morphologische Hefte*. Bearb. von Dorothea Kuhn. Weimar 1954, 223.

71 Ebenda, 97.

72 Ebenda, 99.

73 Ebenda, 100.

74 Johann Wolfgang Goethe: *Urfaust – Faust. Ein Fragment – Faust. Eine Tragödie*. Paralleldruck der drei Fassungen. Hg. von Werner Keller. 2 Bde., Frankfurt/Main 1985; vgl. hier die Fassung der Szene *Nacht* (V. 668-677) von 1808, I: 85.

75 Goethe 1954 (wie Anm. 70), 88.

76 Herder 1984-2002 (wie Anm. 36), III/1: 78 f. (*Ideen*, Buch III, Kap. 2); vgl. ferner den Kommentar in III/2: 184-191.

77 Friedrich Heinrich Jacobi: *Über die Lehre des Spinoza, in Briefen an den Herrn Moses Mendelssohn*. Breslau 1785; eine zweite, wesentlich erweiterte Ausgabe erschien 1789.

78 Herder 1984-2002 (wie Anm. 36), II: 733-843 (*Gott. Einige Gespräche*, 1787); vgl. die Varianten der Zweitauflage von 1800 und den Kommentar, 1033-1127. Herder zitiert bzw. nennt Haller explizit im dritten (vgl. 783, 788), im vierten (801, 812 f.) und im fünften seiner Gespräche (821 f.).

79 Ebenda, 781-785, hier 782 (*Drittes Gespräch*).

80 Ebenda, 760-763 (*Zweites Gespräch*).

81 Ebenda, 765 f.

82 Ebenda, besonders 764.

Blicke auf Haller

Haller et son programme de recherche

François Duchesneau

Albrecht von Haller (1708-1777) est indiscutablement l'un des représentants majeurs de la science des Lumières. Le XVIIIe siècle qui, plus que tout autre, a façonné les savoirs dont nous sommes les héritiers, a été marqué par l'exploitation des ressources du calcul infinitésimal, l'épanouissement de la physique newtonienne et l'extension de ce modèle à l'ensemble de ce que l'on appelait alors la ‹philosophie naturelle›. Au terme de la période, au tournant des XVIIIe et XIXe siècles, l'on assistera à la naissance de la chimie, surtout associée au nom de Lavoisier et à celle, plus confuse certes, de la biologie dont Lamarck, Treviranus, Oken et quelques autres contribueront à préciser le concept. C'est alors seulement, selon la plupart des historiens de la science moderne, que la Révolution scientifique confirme son emprise sur les sciences de la vie. Cette vision des choses n'est certes pas dénuée de tout fondement, mais elle reste arbitrairement schématique et elle laisse dans l'ombre le rôle essentiel joué, au cœur des Lumières philosophiques et scientifiques, par Haller, l'un des géniteurs, peut-être le plus important, d'un nouveau genre de physiologie, destiné à occuper, au siècle suivant, le centre de la biologie sous l'appellation de ‹physiologie générale›.

Trois ordres de considérations soutiennent ce jugement: ils ont respectivement trait à la teneur de l'œuvre scientifique de Haller, à la place qu'elle a occupé dans les réseaux scientifiques et philosophiques des Lumières, et à sa réelle postérité par l'inflexion majeure qu'elle a imprimé aux sciences de la vie.

L'appréciation de l'œuvre scientifique de Haller à partir de ses contenus est difficile et requiert un regard historique bien informé. La difficulté tient sans nul doute à l'immensité de l'œuvre publiée, qu'il s'agisse de physiologie, de botanique, d'anatomie, de théorie médicale ou de médecine pratique. Le lecteur d'aujourd'hui est ainsi facilement dérouté, lorsqu'il pénètre dans les huit tomes in-quarto des *Elementa physiologiae corporis humani* (1757-1766),[1] sans doute le plus important traité de cette discipline avant le *Handbuch der Physiologie des Menschen* de Johannes Müller,[2] et sans doute celui qui fonde la physiologie comme science autonome: nous y découvrons la synthèse raisonnée de toutes les connaissances disponibles jusqu'alors sur les questions d'anatomie et de physiologie, une analyse à la fois systématique et probabiliste de tous les processus vitaux à partir des structures organiques concernées, et certaines explications empiriquement, voire expérimentalement justifiées, que Haller est en mesure de faire prévaloir dans une démarche visant la complétude théorique, pour autant que celle-ci puisse s'atteindre (fig. p. 463). Certes, la science physiologique ne se fabrique ni ne s'écrit plus d'une façon à la fois aussi descriptive – le XVIIIe siècle aurait utilisé le vocable d'‹historique› – et aussi systématique – ce qu'aurait signifié le terme ‹philosophique› à l'époque. Pourtant, à travers cette discursivité complexe, se fait jour, pour qui accepte d'y consacrer une attention soutenue, le profil d'une recherche des lois du fonctionnement organique qui s'apparente à la dimension la plus constante des recherches ultérieures dans les sciences biomédicales. On peut porter au crédit de Haller des découvertes particulières – ce que la science, effaçant les traces de ses itinéraires tâtonnants, en a retenu comme des acquis durables – au milieu d'une foule d'explications que nous reconnaissons aujourd'hui inexactes, inadéquates, voire illusoirement conjecturales – éléments de science périmée qui pourraient être objets de simple curiosité historique au sens actuel du terme. Par delà ces deux pôles possibles de l'analyse, le regard rétrospectif que je porte personnellement sur l'œuvre colossale de ce savant hors pair s'attache à la caractéristique remarquable que constitue sa vision méthodologique, et aux applications qu'il en a su faire.

Le modèle de l'organisme dont Haller hérite, par l'intermédiaire de son maître, Hermann Boerhaave, est celui de petites machines juxtaposées et emboîtées, formant par leur intégration le vivant complexe: par suite, les opérations de celui-ci devraient en principe s'expliquer mécaniquement par les dispositifs structuraux ainsi agencés auxquels s'appliqueraient des lois similaires à celles de la nature inorganique. Haller conçoit la physiologie comme une ‹anatomie animée› (‹anatome animata›):[3] de prime abord, cette formule semble nous rabattre sur le modèle de l'organisme comme machine de la nature; mais, en fait, une révolution méthodologique et théorique est en marche. Haller conçoit la physiologie comme une science des mouvements vitaux dans leur réalité propre. L'adéquation des structures organiques intégrées aux fonctions qui s'y exercent lui apparaît si complexe à démêler qu'il propose de déterminer strictement par l'observation et l'expérience les propriétés dynamiques (forces) et les constantes

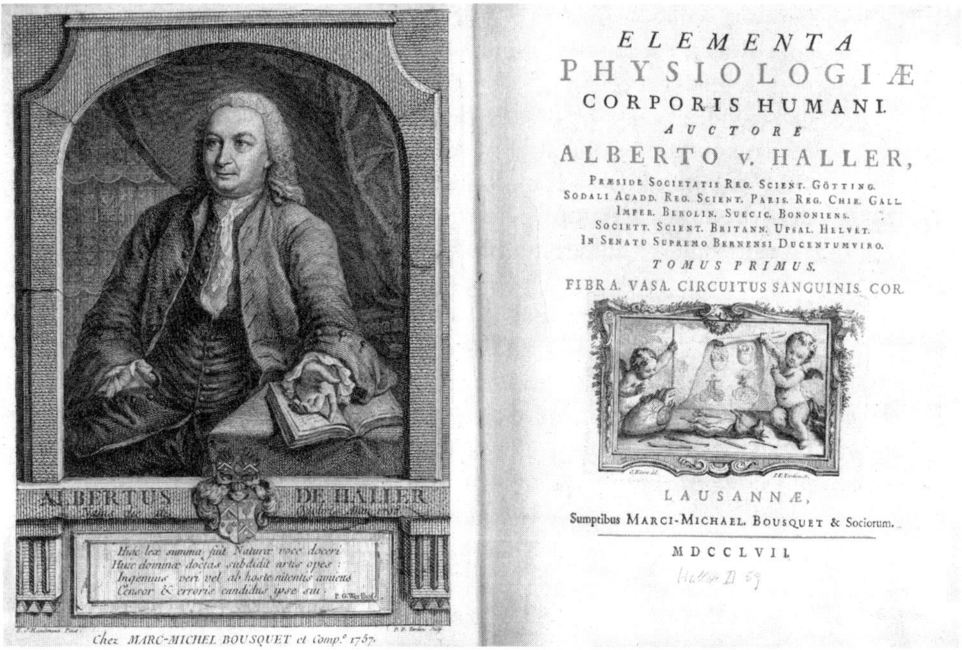

Les *Elementa physiologiae* sont le résultat principal du programme de recherche hallérien et l'œuvre fondatrice de la physiologie comme science autonome. – Page de titre et frontispice du premier volume avec la gravure de Pierre-François Tardieu d'après le portrait de Haller par Emanuel Handmann de 1757 (v. fig. p. 498). – Burgerbibliothek Bern.

fonctionnelles (processus) propres aux divers éléments structuraux qui se combinent pour former les organes et les systèmes. Sa méthode d'observation et d'expérimentation autorise néanmoins des hypothèses inférées des données empiriques et contrôlées par elles,[4] et ces hypothèses font appel à des transferts d'analogies d'un champ de l'expérience à l'autre. Ainsi seraient jetées les bases indéfiniment perfectibles des seules théories physiologiques légitimes.

Parmi les hypothèses clés de la physiologie selon Haller, figure la composition fibrillaire de l'organisme. «La fibre est pour le physiologiste ce qu'est la ligne pour le géomètre, savoir ce dont naissent toutes les figures.»[5] C'est l'élément d'organisation vitale qui entre dans la composition des diverses structures organiques; cet élément d'organisation vitale se différencie suivant les propriétés dynamiques qui s'y rattachent, en expriment la vitalité et déterminent les processus fonctionnels de niveau supérieur. Haller se refuse à réduire les propriétés fonctionnelles de la fibre élémentaire aux seules propriétés physico-chimiques des parties matérielles qui la constituent. Partant des données fournies par l'analyse des structures organiques et des processus qui s'y déroulent, il préfère supposer que ces unités de structure vitale possèdent des propriétés spécifiques susceptibles de rendre compte des opérations vitales plus englobantes, comme les propriétés d'une unité de figure géométrique, en se combinant aux propriétés d'autres unités de figure, peuvent rendre compte des fonctions des structures complexes qui les intègrent. Dans l'organisme, c'est à cet élément, à cette unité, que se rattache la compréhension du rapport entre les fonctions organiques complexes d'une part et les structures internes les plus infimes d'autre part. Chez Haller, les paliers d'intégration de l'organisme ne correspondent plus strictement à l'ordre mécanique des petites machines juxtaposées et emboîtées, mais, compte tenu des micro-dispositifs fibrillaires et des propriétés fonctionnelles spécifiques qui s'y rattachent, le physiologiste établira comment les membranes qui intègrent de tels dispositifs se composent et se combinent entre elles pour produire l'agencement et les mouvements fonctionnels attribuables aux organes et aux systèmes organiques.

Les séries exemplaires d'expériences que Haller réalise à l'Université de Göttingen à compter de 1746 et qui aboutissent en 1752 aux mémoires *De partibus corporis humani sensilibus et irritabilibus*,[6] visaient essentiellement une systématisation des mouvements vitaux en relation aux structures organiques élémentaires et aux types de dispositifs dynamiques inhérents aux fibres qui les composent. La fibre irritable est celle qui, lorsqu'elle est physiquement ou chimiquement stimulée, se contracte par un mouvement spontané, non réductible à la contractilité élastique. La fibre sensible est celle qui, stimulée, transmet l'impression de cette stimulation aux organes centraux de la sensibilité en y déterminant des effets qui se traduisent, à leur tour, par des signes de douleur ou d'incommodité. Sur ces propriétés fonctionnelles des structures organiques de base, Haller expérimente systématiquement en vue d'établir la typologie des parties respectivement dotées de ces dispositions dynamiques distinctes et l'échelle d'intensité qui s'y rattache. Dans le même temps où il accumule des données empiriques discriminantes sur les types de constitution organique des parties et sur les processus fonctionnels qui s'y déploient, Haller s'attache, en dépit d'un scepticisme méthodologique avéré, à dégager la portée théorique de l'analyse de l'irritabilité et de la sensibilité comme propriétés vitales. Le concept d'irritabilité fibrillaire sert alors à fixer le caractère différentiel des structures de la vie organique, à commencer par le muscle cardiaque, par rapport aux organes de la vie animale, qui répondent surtout pour leur part aux stimulations affectant le réseau des fibres nerveuses. En dernier ressort, Haller est en mesure d'établir une loi de corrélation entre structure et fonction: «La sensibilité est en même raison que le nombre de nerfs et leur nudité: au lieu que l'irritabilité est en général en raison du nombre des fibres exposées à la cause irritante».[7] Or cette double loi dépend non seulement des données d'expérience rassemblées et de leur classification, mais aussi de la distinction fonctionnelle de l'agent de la sensibilité, responsable de l'excitation des fibres nerveuses en réseau intégré, par rapport aux agents des autres mouvements vitaux, plus décentralisés et intervenant isolément au sein des fibres de type musculaire. Haller ouvre ainsi la porte à la distinction des diverses forces en jeu dans l'activité de l'organisme et à l'interrogation sur le rapport de ces forces, comme propriétés, à la typologie des structures élémentaires formant la combinatoire organique. Haller brise en fait l'hégémonie d'un système structuro-fonctionnel unitaire, reposant soit sur l'uniformité des processus attribuables à toute la mécanique vitale, comme chez Boerhaave et Hoffmann, soit sur la régulation intégrale de la machine organique par un unique principe de type psychique, comme chez Stahl.

Si Haller adopte ainsi une conception décentralisée du fonctionnement organique qui repose sur les propriétés fonctionnelles des diverses structures élémentaires, il est néanmoins embarrassé lorsqu'il s'agit de fixer le statut théorique de ces propriétés fonctionnelles. Il les identifie certes, en leur appliquant l'analogie de la force newtonienne d'attraction, par les effets observables qui en traduisent la présence et la spécificité; mais, alors même qu'il les présente comme des forces inhérentes (‹vires insitae›) aux unités vivantes élémentaires que sont les fibres, il laisse en suspens leur statut de forces vitales, en laissant en quelque sorte flotter une présomption invérifiable de réduction à des dispositions internes particulières qui représenteraient une sorte de mécanisme organique: «Un mouvement ne peut être dans le corps humain, sans qu'il y ait des causes suffisantes dans la structure de la partie, et l'effet ne saurait se déduire sans la cause.»[8] Les phénomènes que signifient l'irritabilité et la sensibilité pourraient-ils n'être que la résultante d'agencements mécaniques spéciaux, mais inatteignables, internes aux unités de la combinatoire organique? Haller soutient d'une part l'irréductibilité des propriétés fonctionnelles du vivant comme autant de pouvoirs vitaux inhérents aux structures élémentaires de l'organisme; il suppose par ailleurs que la dérivation éventuelle de ces propriétés à partir de leurs causes donnerait lieu à une «hypothèse mécaniste spéciale».[9] Confronté à ce dilemme théorique qu'il estime ne pouvoir trancher par recours à l'expérience, Haller se maintient ultimement en suspens entre des options que l'on pourrait rattacher à l'antinomie entre mécanisme et vitalisme dans l'explication des phénomènes vitaux.[10]

Cette limitation méthodologique que Haller s'impose, ou qu'il semble du moins s'imposer, entraîne des conséquences importantes. La première et sans doute la plus manifeste consiste dans l'extraordinaire diffusion des concepts d'irritabilité et de sensibilité, qu'il avait définis et délimités comme pouvoirs spécifiques sur la base de phénomènes structuro-fonctionnels observables et d'indices expérimentaux. La physiologie selon Haller incarne la forme désormais paradigmatique d'une science du vivant qui, traitant d'un objet infiniment plus complexe, peut se révéler l'analogue de la physique newtonienne. Les promoteurs de l'*Encyclopédie*, sans aucunement partager la conception conservatrice des Lumières qui unit Haller à la branche philosophique s'épanouissant de Leibniz à Kant, reconnaissent en Haller le protagoniste d'une nouvelle science dont ils cherchent pour leur part à combiner les apports de diverses sources. À travers l'Europe, l'on assiste à des reprises des expériences hallériennes, soit que l'on veuille confirmer ou infirmer la distinction des parties organiques et leur aptitude à manifester l'une ou l'autre des propriétés physiologiques.[11] Mais l'expansion est encore plus spectaculaire en ce qui concerne les développements théoriques relatifs à l'interprétation de l'irritabilité et de la sensibilité. Jusqu'à l'orée du XIXe siècle, toute tentative de construire la théorie physiologique se fondera sur l'objectif de délimiter les forces vitales les unes par rapport aux autres, de les dériver d'un principe commun et d'expliquer la formation et le fonctionnement de l'organisme par le jeu de ces forces animant les structures organiques suivant leur composition et leur agencement propre. Ce fut, pour l'essentiel, de Caspar Friedrich Wolff à Blumenbach et à Kielmeyer, de Bordeu et de Barthez à Bichat, de Whytt à John Hunter, le règne des vitalismes en physiologie, vitalismes que Haller n'avait point voulus, voire même auxquels il s'était dramatiquement opposé. Or, dans le contexte de l'époque, les physiologies vitalistes eurent l'immense mérite de proposer des ‹frameworks› conceptuels, en continuité ou en contraste par rapport aux prudentes hypothèses hallériennes, visant l'unification théorique des phénomènes vitaux dont Haller avait révélé l'ordre spécifique.

Si cet héritage peut déjà paraître majeur au terme du siècle des Lumières, sans doute y aurait-il lieu d'inventorier des conséquences à plus longue portée de l'œuvre scientifique de Haller. Celles-ci se manifestent notamment à travers la structuration de l'histologie à la suite de Bichat et de la théorie cellulaire à la suite de Schwann, de Remak et de Virchow, et à travers le développement de la ‹physiologie générale›, œuvre complexe découlant des travaux de l'École allemande après Johannes Müller et de l'École française après Magendie et Claude Bernard. La matrice de ces réalisations stratégiques de la science postérieure, elles-mêmes sources de développements plus actuels, se trouve proprement dans le modèle méthodologique auquel Haller avait voulu soumettre à la fois ses essais analytiques et expérimentaux et la démarche de synthèse par laquelle il visait la constitution d'une véritable théorie physiologique. Au tournant des XIXe et XXe siècles, Max Verworn, dans le chapitre introductif de son *Allgemeine Physiologie*, associait les phases historiques de la physiologie aux noms de Galien, Harvey, Haller et Müller. Sur Haller il portait ce jugement remarquable que nous ferons nôtre: «[...] so faßte Haller zum ersten Male das ganze gewaltig angewachsene Material von Tatsachen und Theorien in seinen *Elementa physiologiae corporis humani* zu einem Ganzen zusammen und schuf aus der Physiologie eine selbständige Wissenschaft, die nicht bloß praktische Zwecke im Interesse der Heilkunde, sondern auch für sich selbst rein theoretische Ziele verfolgte. In dieser Tat Hallers liegt seine große Bedeutung für den Fortschritt in der Entwicklung der Physiologie.»[12]

Notes

1 Albrecht von Haller: *Elementa physiologiae corporis humani.* 8 vol. Lausanne, Berne 1757-1766.

2 Johannes Müller: *Handbuch der Physiologie des Menschen für Vorlesungen.* 3e éd. 2 vol. Coblenz 1838-1840.

3 Albrecht Haller: *Primae lineae physiologiae in usum praelectionum academicarum.* Göttingen 1747, Praefatio.

4 Georges Louis Leclerc de Buffon: *Allgemeine Historie der Natur ...* Erster Teil; mit einer Vorrede von Herrn Doctor Albrecht von Haller. 2 vol. Hamburg, Leipzig 1750, I: 67: «Sie werfen nemlich Fragen auf, deren Beantwortung von der Erfahrung gefordert wird, und die ohne Hypothese uns nicht eingefallen wären, eine Wirkung, die ihren unsäglichen Vorteil in den Wissenschaften hat».

5 Haller, Elementa 1758-66 (note 1), I: 2: «Fibra enim physiologo id est, quod linea geometrae, ex qua nempe figurae omnes oriuntur».

6 Alrecht von Haller: De partibus corporis humani sensilibus & irritabilibus, *Commentarii Societatis Regiae scientiarum Gottingensis*, 2, ad annum 1752 (Göttingen 1753), 114-158.

7 Albrecht von Haller: *Mémoires sur la nature sensible & irritable des parties du corps animal*, 4 vol. Lausanne 1756-1760, IV: 92.

8 Ibid., I: 297.

9 François Duchesneau: *La Physiologie des Lumières. Empirisme, modèles et théories.* La Haye, Boston, Londres 1982, 156.

10 Voir à ce sujet Maria Teresa Monti: *Congettura ed esperienza nella fisiologia di Haller. La riforma dell'anatomia animata e il sistema della generazione.* Florence 1990.

11 Voir à ce sujet Hubert Steinke: *Irritating experiments. Haller's concept and the European controversy on irritability and sensibility, 1750-90.* Amsterdam, New York 2005.

12 Max Verworn: *Allgemeine Physiologie. Ein Grundriss der Lehre vom Leben.* 6e éd. Jena 1915, 16.

Die Welt im Kopf – um einen Haller von innen bittend

Karl S. Guthke

Erinnerung beginnt am Grab. Doch wo Haller begraben liegt auf dem Friedhof neben der ehemaligen Dominikaner-Kirche in Bern, weiss seit langem niemand mehr. Einen Grabstein hat es nie gegeben. Was aber hätte darauf stehen können? Selbst für gebildete Schweizer dürfte es heute schwer sein, sich etwas einfallen zu lassen, das hinausginge über Käserei im Jura. Der 500-Franken-Schein zeigt zwar Hallers Konterfei, doch ganz ohne Begleittext, der das kulturelle Gedächtnis auffrischte (Abb. S. 469). Einen Grabstein allerdings hat Salomon Gessner seinem Landsmann gesetzt in einer in dezenten Farbtönen gehaltenen Gouache (Abb. S. 471). Sie zeigt ein zerbröckelndes, von Gestrüpp überwachsenes gewölbeartiges Gemäuer, in das eine Steintafel eingelassen ist. Auf der steht jedoch nur das eine Wort «Haller». Die Steine und ein Säulenbruchstück, die davor im Gras liegen, sind bemoost; Bäume in üppigem Grün füllen den Hintergrund, kaum dass sie ein Fleckchen blauen Himmel offen lassen. Links im Vordergrund am Ufer eines plätschernden Baches ein Hund am Boden schnuppernd, dazu zwei Männer im Gespräch. Worüber mögen sie sprechen? Etwa über eine Inschrift, die ein bisschen mehr über Haller sagt? Gang und gäbe war es doch damals noch, in einer Grabschrift in beredten Worten die Summe eines Leben zu ziehen; Haller selbst hat gern solche Epitaphe geschrieben; auch Goethe: «Auf deinem Grabstein wird man lesen: / Das ist fürwahr ein Mensch gewesen»,[1] ob nun «quel homme» oder «ecce homo». Das Schweigen der Gräber, das Gessner vorwegnimmt, ist eher eine Faszination unserer eigenen Zeit, aus Dezenz oder Ratlosigkeit.[2] Im 18. Jahrhundert hingegen waren sogar Seeräuber noch so gebildet, dass ihnen ein Mann wie Haller ein Begriff war.[3] Rat wusste auch noch Schiller. 1782 hat er folgendes Grabmal entworfen: «Über dem Sarge zerreißt die Philosophie den Schleier, der über die Natur herabhieng. Seine Werke, mit Lorbeer in den Schlangenstab und eine Leyer gebunden, liegen auf dem

Die Schweizer Banknotenserie von 1976 widmete sich grossen Schweizer Gelehrten. Nebst Haller wurden auch Konrad Gessner (1516-1565), Francesco Borromini (1599-1667), Leonhard Euler (1707-1783), Horace-Bénédict de Saussure (1740-1799) und Auguste Forel (1848-1931) ins kollektive Gedächtnis gerufen. Mit dem Einzug der Serie im Jahr 2000 sind die Köpfe daraus wieder weitgehend verschwunden. – 500-Franken-Schein der Schweizerischen Nationalbank, gestaltet von Ernst und Ursula Hiestand. 82 x 181 mm.

Sarge umher. Auf der entgegengesetzten Seite weint Hygieia über sein Medaillon hin. *Corpori leges, animo officia assignavit.* Der Platz ist auf einem Hügel außer dem Kirchhof.»[4]

Das Bemerkenswerteste daran ist der Standort dieses imaginären Haller-Grabs: jenseits der Kirchhofsmauer. Dort wurden die Ortsfremden begraben, die von weit her, wie noch der Chinese in *Effi Briest.* Aber Haller war doch in Bern kein Fremder. Also vielleicht *geistig* fremd, von weit her in der Welt der Gedanken? Geliebt glaubte er sich von den Bernern ja eigentlich nicht, und ein Mann von Welt, das war er sicherlich. Statt «Bern 1708 – Bern 1777» hätte auf seinem Grabstein stehen können, was der Arzt und Dichter Johann Georg Zimmermann schon 1755 als Motto seiner Haller-Biographie gewählt hatte: «... whose Mind | contains a world, and seems for all things fram'd». Lessing fand das ausserordentlich passend.[5] Im Original, im letzten Band von Richardsons empfindsamem Briefroman *Clarissa* (Brief Nr. 44), beziehen sich diese Worte (die dort ihrerseits ein – auch in neuesten kommentierten Ausgaben nicht nachgewiesenes – Zitat sind) auf die tugendhafte Dulderin Clarissa selbst. Mit der aber wird sogar der Schwärmer Zimmermann seinen Mentor nicht verglichen haben wollen. Also – Stichwort ‹world› – vielleicht eher, wie es dem Zeitgeist des ‹zweiten Entdeckungszeitalters› entsprach, mit dem damals aufkommenden global Gebildeten – der sich statt in die Geschichte bis zurück in die Antike in die voll ausgerollte Karte der ganzen Erde vertieft und sich mit ihren exotischen Bevölkerungen vertraut gemacht hatte auf der Suche nach einer Antwort auf die Frage: Wer bin ich? So hatte Edmund Burke das neue, aktuelle Bildungsideal 1777 denkwürdig beschrieben.[6] Haller ein Weltmann in diesem Sinne, ein Mann, der die ganze Welt im Kopf hat? Oder doch eher der Berner der alten Art, den es, wie die damalige Feindpropaganda meinte, weniger interessiert, ob hinter den Bergen auch Leute wohnen?

Auf dem 500-Franken-Schein sieht der Mann mit Perücke und Doppelkinn zwar vertrauenerweckend aus, aber nicht so, als habe er sich hanseatisch den Wind um die Ohren blasen lassen. War er nicht eher das mit Sitzfleisch begabte Arbeitstier, das an seinem Hochzeitstag an der Differentialrechnung gearbeitet haben soll und noch wenige Monate vor seinem Tod Kaiser Joseph II. versicherte, die Arbeit sei sein «einziges Labsal»;[7] ohne sie sähe er sich in eine «unerträgliche Leere» gestürzt?[8] Die Tretmühle als Labsal oder als die Krankheit, als deren Therapie sie sich gibt? Haller in seiner Rede zur Eröffnung der Göttinger Akademie der Wissenschaften: «Von den Büchern geht man zu den Vorlesungen, von denselben kehrt man widerum zu andern Arbeiten zurück, und der Tag verstreicht unter stets angestrengten Seelenkräften; er wird durch keine Erholung, durch keinen andern Trost gemildert als denjenigen, den das Bewusstsein gibt, seine Pflicht redlich erfüllet zu haben.»[9] In Bern gab es nicht einmal die Abwechslung der Vorlesungen. Also noch weniger Welt als in Göttingen?

Natürlich: wenn Hallers Kopf oder Geist eine Welt umfasste, wie das Zimmermann'sche Motto es will, dann sicherlich doch die ganze Welt der Wissenschaften, zusätzlich zu dem extensiven *poetischen* Spektrum vom alpinen Enzian bis zu den ‹vielleicht› glücklicheren Extraterrestriern. Der letzte Universalgelehrte ist es bekanntlich, der zwischen Bibliothek und Auditorium, Seziersaal und botanischen Sammlungen pendelt. Aber gehört zur Welt der Wissenschaften nicht auch die von Burke, Herder, Kant und anderen mit der Metapher der Erdkarte gefeierte, ganz konkrete grosse weite Welt da draussen, jenseits von Göttingen und Bern und Europa, bis hin in die entlegensten Winkel des Planeten? Auch Haller ein global Gebildeter im Sinne der Zeit?

Haller ist, in einer Zeit, als Entfernungern noch reale Hindernisse waren statt virtuelle Ubiquität, solches globale Bewusstsein keineswegs fremd. Ganz so beschränkt schweizerisch sind selbst seine *Schweizerischen Gedichte* nicht. Sogar die betont helvetischen unter ihnen eröffnen den Blick in die Ferne, sei es Nippon mit seinen «Götzen» und «Bonziern» oder Amerika mit dem tapferen «Outchipoue» am Erie-See und dem eher mar-

Der Zürcher Maler und Dichter Salomon Gessner fasste wesentliche Züge von Hallers geistiger Gestalt in dieses Grabdenkmal. Die einfache, aber wuchtige Inschrift, die rauhen Zeugen der klassischen Antike, die Spannung zwischen Natur und Kultur, die ganze erhabene Wirkung der Anlage: all dies sind Merkmale, die den *Versuch schweizerischer Gedichte* und darüber hinaus das Weltverständnis ihres Dichters kennzeichnen. – Salomon Gessner, Grabdenkmal für Albrecht von Haller, Gouache, 32 x 41 cm, nach 1777. – Privatbesitz Werner Siegenthaler, Wetzikon.

ginal menschlichen Huronen «an Mitchigans beschneiten Ufern». Angelesene Exotica auf Schritt und Tritt: «Tunkins» essbare Vogelnester, Lybiens täglich neues «Untier», «der Lappen ewig Eis», die beschrifteten Palmenblätter der Malabaren, das Krokodil als Gott im «tummen» Memphis, der «wilde» Onontage und «verwilderte» Hottentotte, der «reinliche» Brahmane, «Mohren», die sich auf «Thoren» reimen usw. (Nach der Fülle der von Haller für nötig befundenen Fussnoten zu urteilen, dürfte die erläuterungsbedürftigste und insofern fremdeste Region die Schweiz gewesen sein – ein diskreter Hinweis auf das Lesepublikum, das er sich wünschte, und auch fand.)

Überdies lernt Haller in dieser frühen Zeit, als die Gedichte entstehen, auch persönlich die grosse weite Welt kennen, wenn auch nicht ganz aus erster Hand, sondern auf seinen Reisen nach Holland und England als den Mutterländern transozeanischer Kolonien. Das geschieht zwar nicht ohne «Sehnsucht nach dem Vaterlande» – so ein Gedichttitel –, die ihn auch in den mittleren, den Göttinger Jahren nicht loslässt. Aber Reiselust packt ihn nichtsdestoweniger, und übertreiben dürfte er, wenn er 1732 seinen Reisenotizen vorausschickt: «Der Vorwiz und die Neubegier, eine nöthige Eigenschaft eines Reisenden, sind nie stark bey mir gewesen.»[10] Holland also, so erfährt der junge Mann bei allem Überwiegen der wissenschaftlichen und buchgelehrten Interessen in den Reisenotizen, ist das Land nicht nur des Heringfangs, sondern auch des ostindischen Gewürzhandels und des Zucker- und Kaffee-Imports aus Surinam und Curaçao; überhaupt treibt Amsterdam Handel mit «allen Völkern der Welt».[11] Der reisende Haller riecht fernöstliche Gerüche, weiss von «kostbaren Tapeten» aus der Türkei, sieht Tiere aus den Tropen.[12] Auch in London bekommt er solche exotische Fauna zu Gesicht, nicht immer ausgestopft oder gar in «Flaschen»; China, Mexiko und Indien rücken derart in das Blickfeld des Binnenländers.[13]

Aber auch die *Menschen* der grossen weiten Welt? Oder fängt der Mensch für Haller erst auf dem Seziertisch an? Für die Missionierung bei den Indern an der Koromandelküste und bei den Eskimos in Grönland, überdies für den Zusammenstoss der europäischen und der indianischen Kultur im französischen Kanada hat er sich in den vierziger Jahren intensiv interessiert in essayartigen Rezensionen in der *Bibliothèque Raisonnée*. Exotische Reisebeschreibungen gehören zu seiner Lieblingslektüre. Bedeutend ist seine Einführung zu der *Sammlung neuer und merkwürdiger Reisen zu Wasser und zu Lande* aus dem Jahr 1750. Hier entwickelt er eine systematische völkerkundliche Theorie des Menschen. Dass Sitten, Gesetze, Weltanschauung bei verschiedenen Völkern verschieden sind, ist nur der Ausgangspunkt. Denn das ist

> eine Verschiedenheit, die durch eine leichte Bemühung uns lehrt dasjenige wegzuwerfen, worinn die Menschen uneinig sind, und das für die Stimme der Natur zu halten, worinn alle Völker miteinander übereinstimmen. So wild, so grob die Einwohner der in der friedlichen See zerstreuten Inseln sind, so weit der Grönländer von Brasilien oder vom Vorgebürge der guten Hoffnung abliegt, so allgemein sind doch die ersten Grundsäze des Rechtes der Natur bey allen Völkern: Niemand beleidigen, einem jeden das Seine lassen, in seinem Beruffe vollkommen seyn, sind der Weg zur Ehre bey den alten Römern, bey den Anwohnern der Strasse Davis und bey den Hottentotten.[14]

Das ist aufgeklärter Universalismus reinsten Wassers: In jedem Hottentotten steckt noch ein Berner Oberländer, nicht umgekehrt. Denn die anthropologischen Kategorien sind offensichtlich *made in Europe*. Der von Captain Cook aus der Südsee mitgebrachte Omai hat für Haller, im Unterschied zu Lichtenberg, denn auch «nichts, das nicht Europäisch wäre», so noch im letzten Lebensjahr.[15]

Zu dem Zeitpunkt hätte Haller es doch eigentlich besser wissen müssen. Von den mittleren vierziger Jahren bis zu seinem Tod hat er schliesslich Dutzende von Reisebeschreibungen in den *Göttingischen gelehrten Anzeigen* besprochen, mit einer wahren Lust am konkreten exotischen Detail. Eine ganze Welt tritt dem Leser da entgegen, keine von Haller selbst erfahrene natürlich, sondern eine Welt im Kopf: Haller, der Mann «whose Mind contains a world». Die Menschen in dieser fremden und fernen Welt, von Nordamerika bis Fernost, wie sie Haller als Rezensent beschreibt, sind nur selten noch die edlen oder auch körperlich tüchtigen Exoten des jungen Haller, des Poeten. Ein Garten Eden mag ihr Habitat sein, aber es ist ein Paradies des permanenten Sündenfalls. Grausam, faul, unsauber, dieberisch, betrügerisch, götzendienerisch ist der Mensch im Stand der Natur, liest man in Hallers Rezensionen; gegen Rousseau wird beherzt polemisiert.

Doch andrerseits ist Haller auch ganz auf dessen Wellenlänge: die Europäer, im Stande der Kultur, sind keinen Deut besser, grausam vor allem auch sie, etwa die Spanier in Peru, und auch ihnen fallen die Zähne aus. Der Blick in die weite Welt gerät zum Blick in den Spiegel. Das war schon 1750 in der Einleitung zu der *Sammlung* der Reiseberichte so gewesen: *c'est tous comme chez nous*. Nur wird der Akzent zunehmend negativ in den späteren Jahren.[16] Und erfasst wird dieser Befund mit einer einfachen Denkform: Die Verschiedenheit unter den Völkern ist im Grunde nur «eine unendliche Verschiedenheit in der Herrschaft des Verderbens».[17] Christlich gesehen: Erbsünde weltweit; aufklärerisch: Defizit an Tugend und Vernunft überall.

Also die vielberedete Haller'sche ‹Verdüsterung› in globaler Dimension?[18] In seltenen Augenblicken bricht ein Lichtstrahl der Zuversicht herein. Dann nehmen sich die vielfachen Zeugnisse für die Verderbtheit des Menschen nicht nur als Belege für die Wirklichkeit der Erbsünde aus, sondern paradoxerweise auch als Fingerzeige auf die Möglichkeit der «Würkung der Gnade».[19]

Auch daran hätte ein sprechender Stein auf Hallers Grab die Nachwelt erinnern können. Noch heute würde es sich vielleicht lohnen, darüber kritisch nachzudenken – in einer Zeit, in der Globalität des Denkens in Globalismus changiert und Religiosität in Fundamentalismus.

Anmerkungen

1 *Goethes Werke.* Weimar, München 1887-1990 (Weimarer Ausgabe), 1. Abt., II: 289.

2 Karl S. Guthke: *Sprechende Steine: Eine Kulturgeschichte der Grabschrift.* Göttingen 2006, Epilog.

3 Die Anekdote will wissen: als ein Pirat im Ärmelkanal ein Paketboot kaperte, das eine für Haller bestimmte Kiste Bücher im Laderaum hatte, lief er den nächsten Hafen an und sorgte dafür, dass ‹der grosse Haller› nicht um seine Lektüre käme.

4 Nach Albrecht von Haller: *Gedichte*, hg. von Ludwig Hirzel. Frauenfeld u. Leipzig, 1882, DXI, Anm. Laut *Schillers Werke: Nationalausgabe.* Weimar 1943 ff., XXII: 367 ist nur die Grabschrift von Schiller, der Rest von Jakob Atzel (‹Schreiben über einen Versuch in Grabmälern nebst Proben›. In: *Wirtembergisches Repertorium*, 1782, 2. Stück).

5 Gotthold Ephraim Lessing: *Sämtliche Schriften*, hg. von Karl Lachmann. 3. Aufl., hg. von Franz Muncker. 23 Bde. Stuttgart 1886-1923, VII: 29.

6 In einem Brief an William Robertson vom 9. Juni 1777; vgl. Karl S. Guthke, *Die Erfindung der Welt: Globalität und Grenzen in der Kulturgeschichte der Literatur.* Tübingen 2005, 26. Zum Konzept der globalen Bildung um 1800 vgl. ebenda, Kapitel 1.

7 Hugo Kronecker: Haller Redivivus. In: *Mitteilungen der Naturforschenden Gesellschaft von Bern aus dem Jahre 1902*, 203-226, hier 203. Zum Hochzeitstag vgl. Kurt Guggisbühl: Albrecht von Haller als Persönlichkeit. In: *Berner Zeitschrift für Geschichte und Heimatkunde*, 1 (1961), 1-12, hier 9.

8 Haller an Jean Baptiste Anton Rast, 3.10.1773; nach Otto Sonntag: The motivations of the scientist: the self-image of Albrecht von Haller. In: *Isis*, 65 (1974), 336-351, hier 343.

9 Haller, Gedichte 1882 (wie Anm. 4), CCXCI.

10 *Albrecht Hallers Tagebücher seiner Reisen nach Deutschland, Holland und England 1723-1727.* Hg. von Erich Hintzsche. Neue Auflage. Bern etc. 1971, 14; vgl. Sonntag 1974 (wie Anm. 8), 344 über Neugier als selbsterklärte Triebfeder bei Haller.

11 Haller, Tagebücher 1971 (wie Anm. 10), 33-34, 43.

12 Ebenda 43, 41, 47.

13 Ebenda, 121; *Albrecht Hallers Tagebuch seiner Studienreise nach London, Paris, Strassburg und Basel, 1727-1728*, hg. von Erich Hintzsche. 2. Auflage. Bern, Stuttgart 1968, 17, 22.

14 *Sammlung kleiner Hallerischer Schriften*, 2. Aufl., Bern: Haller, 1772, I, 135-136.

15 *Göttingische Anzeigen von Gelehrten Sachen*, 1778, 70. Identifikation nach Karl S. Guthke: *Haller und die Literatur.* Göttingen 1961.

16 Vgl. Karl S. Guthke: *Der Blick in die Fremde: Das Ich und das andere in der Literatur.* Tübingen 2000, 18-37.

17 Haller, Kleine Schriften (wie Anm. 14), I, 136.

18 Josef Helbling, Nachwort zum Reprint von *D. Albrechts von Haller … Versuch Schweizerischer Gedichte.* Bern 1969, 321-327; vgl. auch Eduard Stäuble: Albrecht von Haller. Ein Bericht über den neuesten Stand der Haller-Forschung. In: *Neue Zürcher Zeitung*, 18.10.1970, 50.

19 *Göttingische Zeitungen von Gelehrten Sachen,* 1748, 814.

Haller and the Swiss scientific movement

Renato G. Mazzolini

During the eighteenth century, foreign membership of one of the great scientific academies was considered recognition of the scientific quality of an individual's research. Between 1701 and 1786 at least 73 Swiss scholars were elected to one of the four following scientific academies: the *Royal Society of London*, the *Académie Royale des Sciences* in Paris, the *Königlich Preußische Sozietät der Wissenschaften* in Berlin and the *Academy of Sciences* in St. Petersburg (see fig. p. 477). Six of those 73 scholars were members of all four academies: namely Johannes I Bernoulli (1667-1748), Daniel I Bernoulli (1700-1782), Leonhard Euler (1707-1783), Albrecht von Haller (1708-1777), Théodore Tronchin (1709-1781) and Charles Bonnet (1720-1793). Eight were members of three academies: namely Jakob Hermann (1678-1733), Moritz Anton Kappeler (1685-1769), Jean Jalabert (1712-1768), George-Louis Le Sage (1724-1803), Johann Albrecht Euler (1734-1800), Giuseppe Piazzi (1746-1826) and Pierre Prevost (1751-1839). Compared to those of other European countries, these data on foreign academic membership are impressively high. And they are even more impressive if they are related to the overall population of Switzerland and other countries.[1] But other data on the migration of Swiss scholars as teachers at various European universities, such as those of Groningen, Göttingen, Padua, Pavia and Palermo, as academicians at well-funded academies, such as those of Berlin and St. Petersburg, and as medical doctors at various European courts, are equally impressive and highlight a phenomenon of greater significance: the existence of a Swiss scientific movement which spread outwards from the small confederated republics and the Republic of Geneva to permeate European scientific institutions. Albrecht von Haller was only one of the many Swiss scholars who left their homeland to make a living abroad by devoting their lives to scientific research and scientific institutions. Notwithstanding the groundbreaking study by Eduard Fueter of 1941,[2] this extraordinary movement has attracted little attention from historians of eighteenth-century science and medicine, and little investigation has been made of both its origins and its overall impact upon the development of European science during the *ancien régime*.[3]

First to be noted is that during most of the eighteenth century, the study of the sciences was not highly regarded by the governing elites of the confederated republics, and few attempts were made to foster it. Scientific achievements had no real pay-off in either social or economic terms. For instance, throughout the century, the development of the University of Basel was hampered by a lack of funds, even though it was the cradle of one of the greatest schools of mathematics ever to have existed. Scientific activity was a free choice made by those individuals that could afford it, and if cultivated, was a reward in itself. Whilst the lack of significant scientific institutions in the republics, especially during the first half of the century, may well explain why so many able scholars left their homelands, it does not explain why and how scientific investigation attracted their passionate curiosity. One may speculate that this was due to social conditions and ideals such as the fruitfulness of a strict classical and religious education, the moderate financial independence achieved by a stratum of society, the immigration into the Swiss republics of foreign well-off families with cultural traditions, the geographical position of the confederated republics at the crossroads of different cultures and languages which gave them a cosmopolitan character, the spread of physico-theology which, by elevating the book of nature to the status of God's revelation, reinforced the idea that God could be also worshipped by the study of nature itself, and finally the expectation that by cultivating the new sciences a person could, in the long run, enhance the well-being of society at large, while, in the short run, he could construct a career.[4] Whatever the interactions among social conditions, religious upbringing, ideals and personal ambitions may have been in individual biographies, it seems clear that a major scientific movement arose in the mountainous heart of Europe. On the one hand, this movement expanded out from the borders of the confederated republics; and, on the other – during the second half of the century especially – took part in the constitution of many local learned societies,[5] which, on embracing the notion of the usefulness of science,[6] often had a very strong interest in applied sciences[7] and agricultural development.[8] One of the major contributions of many Swiss natural philosophers and amateur naturalists – who devoted much time to extensive fieldwork on the geography, geology, plant life and fauna of the Alpine region – consisted in the cognitive appropriation of their own country.[9] An appropriation which, by transforming what had hitherto been considered the fearsome landscapes of the Alps into manifestations of the sublime, became a

Membership in scientific academies is the most appropriate parameter to assess the scientific prestige of a person in the 18th century. Swiss scientists are a remarkably well-represented group of members. Haller was a member of 30 learned societies all over Europe, among them all the major academies such as those of London, Stockholm, Berlin, Bologna, Paris and St. Petersburg. – Haller's diploma of membership of the Academy of Sciences of St. Petersburg; 29.12.1776. – Burgerbibliothek Bern.

fundamental component in the republican and patriotic ideology of the members of the Helvetic Society.[10]

Although the Swiss scientific movement, like the French Enlightenment, was neither a coordinated nor a formalized movement, it was held together by the beliefs and ideals shared by its members, and it was reinforced by their strong and lasting personal ties. Such features are also very apparent among those scholars who left their homelands to become the prime movers of a number of scientific institutions, cases in point being Daniel I Bernoulli in St. Petersburg, Albrecht von Haller in Göttingen, Leonhard Euler in Berlin and St. Petersburg, Johann Heinrich Lambert (1728-1777) in Berlin, Johannes III Bernoulli (1744-1807) in Berlin and Giuseppe Piazzi in Palermo. It is interesting to note that these scholars, who had grown up in republics, were willing to serve monarchs as long as they could serve the scientific institutions funded by such monarchs and which were lacking in their own countries. Their devotion to these institutions – whether universities, academies or observatories – is astonishing. Today, it can be well documented, mainly by their correspondences[11] and by the number and quality of their published works, the production of which required constant working discipline, which also shaped the organisation of their scientific investigations. It was probably this very discipline that made them so sought after, because monarchs knew that their rigorous upbringing made them immune to the increasing frivolity of the century. For these same reasons Swiss scholars were also much appreciated as tutors in noble families. The only concern in their regard among monarchs and nobles was that they might be induced to return home by nostalgia, a term used in 1731 by Johann Jacob Scheuchzer (1672-1733) to describe homesickness as a specific Swiss malady.[12]

Indicative of the Swiss scientific movement's cohesion is the sponsorship of outstanding young scholars by the leading representatives of the movement itself. One example may suffice. At thirty years of age, in 1758, the self-taught Johann Heinrich Lambert, who had spent ten years as tutor in the home of Count Peter von Salis in Chur and who was an associate of the local Literary Society and of the *Societas Helvetica* of Basel, decided to leave his job and seek to build himself an academic career. He first turned to Albrecht von Haller to obtain his recommendation for a position as professor at Göttingen University. However, notwithstanding Haller's support, his application was unsuccessful (1759).[13] He then turned to Euler, at that time in Berlin, who recommended him in 1760 for the position of Professor of Astronomy at the St. Petersburg Academy of Sciences. This attempt also failed. Later, in 1764, Euler invited him to Berlin in the hope of convincing Frederick II to appoint him to the Prussian Academy.[14] The King was at first put off by Lambert's very humble and unconventional clothing and manners, as well as by his strong religious convictions. But as he came to know him better, he was greatly impressed both by his versatility in physics, mathematics, astronomy and logic and by his deep insights. These qualities persuaded Frederick to appoint Lambert in 1765 to the Academy, where he became, until his death in 1777, the most dedicated academician and prolific contributor to its transactions.[15]

The non-Swiss correspondences of the Bernoulli dynasty, Johann Jakob Scheuchzer, Gabriel Cramer (1704-1752), Euler, Haller, Lambert, Bonnet, Horace-Bénédict de Saussure (1740-1799) and of many other members of the Swiss scientific movement testify that, for over eighty years, they constituted a large part, if not the bulk, of that intangible republic of letters which, in the name of tolerance and freedom of inquiry, united European scholars by overcoming religious, social and political barriers. This phenomenon demonstrates that the motto ‹Helvetia mediatrix› is not a stereotype when applied both to this period and to this movement. The phenomenon is even more evident when one considers the extraordinary scholarly networks established either by the naturalist Louis Bourguet (1678-1742) in order to publish the *Bibliothèque italique* (1728-1734),[16] or by the physicist and astronomer Marc-Auguste Pictet (1752-1825) for compilation of the *Bibliothèque britannique* (1796-1815) in a period when contacts between continental science and British science were hampered by the Napoleonic wars.[17]

Yet reliability, capacity for continuous work and European scholarly networks were not the only elements that the members of the Swiss scientific movement had in common. Indeed the Reformed members of this movement also shared similar attitudes towards the French Enlightenment. This they largely distrusted, not, of course, because of its attacks on Catholicism, but because of its assault on Christian ethics as the basis of human coexistence, and on religious beliefs more generally. There is a striking continuity between Leonhard Euler's and Haller's defence of revelation against free thinkers.[18] Euler, however, did not experience such an extreme struggle over his own faith as Haller, who did not judge it to be as profound and monolithic as he wished.[19] From this point of view they stood as steadfast ‹defensores fidei›, and they were furthermore convinced that there was no evident conflict between science and revealed religion. The two could exist hand in hand, since good science was, in their view a form of good religion. The notion put forward by some authors of the French Enlightenment that nature could be autonomous and not the work of a creator was abhorred. The expression ‹Priester der Natur›, used in 1749 by the physician and poet Paul Gottlieb Werlhof (1699-1767) to define Haller, highlights the strong connection perceived in his personality between science and religion.[20] This, however, was a feature which did not pertain to Haller alone but describes well many other Swiss natural philosophers of the time.[21] Also revealing are the battles fought by Charles Bonnet against the unbelievers[22] and the fact that, when the conflict erupted between science and religion on geological issues concerning the age of the earth, the staunchest defender of a liberal, but not literal, sacred chronology applied to the history of the earth was the Genevan naturalist Jean-André De Luc (1727-1817), who called himself a ‹philosophe Chrétien›.[23]

Given the high status that Swiss natural philosophers assigned to calculus, observation and experimentation, and the clear demarcation line that they drew in their published works between scientific and socio-political discourse, it is extremely difficult to decipher the political implications of their scientific theories and also their political leanings. However, drawing on their biographies and considering that they were brought up in small republics where politics was one of the main topics of concern and conversation among educated males, it is not surprising that they too took an active part in the political life of their time by applying mathematics to the problems of every-day life,[24] founding learned societies, writing political novels (Haller),[25] by compiling educational and moralising treatises (Abraham Trembley 1710-1784)[26] and by expressing their opinions at public assemblies (Charles Bonnet).[27] Central to their general view were the concepts of liberty and equality, generally conceived with the late-medieval meanings assumed by such concepts at the time when their republics were founded. Also significant was the practice of tolerance as a device to overcome the conflicts between Protestants and Catholics which for so long had vitiated the unity of the Swiss population.[28] Trembley's self-definition as a Christian with no further qualification, and his insistence on the concepts of virtue, simplicity, freedom of the will and benevolence, demonstrate the impact of a classical, religious and republican education reduced to its essence and drained of its theological superstructures.[29]

From the vantage point of the present, shaped by so many subsequent political and social revolutions, most of the members of the Swiss scientific movement seem conservative in their outlook, also because we are often unable to understand that they had been brought up under forms of government which enabled at least selected groups of citizens to take part in the republic's affairs in a way unthinkable in the rest of Europe, dominated as it was by royalist forms of government. Furthermore their contemporary image as conservatives is also strongly suggested by their religious beliefs and attitudes. We fail to see that those very beliefs and attitudes lay at the heart of their commitment to science and of scientific work which established new standards of rigour and for which they were admired throughout Europe.

Albrecht von Haller has been one of the pinnacles of achievement by the Swiss scientific movement.

Notes

1 Alphonse de Condolle: *Histoire des sciences and des savants depuis deux siècles, d'après l'opinion des principales académies ou sociétés scientifiques*. Paris 1987, 181 (first edition 1873).

2 Eduard Fueter: Geschichte der exakten Wissenschaften in der Schweizerischen Aufklärung (1680-1780). Aarau, Leipzig 1941. See also Cléopâtre Montandon, *The development of science in Geneva in the 18th and 19th centuries: The case of a scientific community*. Diss. Phil. Columbia University, New York 1973.

3 The impact of both teaching and theories by Swiss scholars cannot be dealt with in this short paper. But a few bibliographical references may be given. Euler's influence on European mathematics is commented on in several papers in Robert E. Bradley, C. Edward Sandifer (ed.): *Leonhard Euler: Life, work and legacy*. Amsterdam 2007. The extraordinary influence on the development of Italian mathematics by the teaching of Jacob Hermann at Padua University is thoroughly analysed by Silvia Mazzone, Clara Silvia Roero: *Jakob Hermann and the diffusion of the Leibnizian calculus in Italy*. Firenze 1997. The influence of Haller's theory of irritability on Italian experimental physiology is discussed in Renato G. Mazzolini, Giuseppe Ongaro (ed.): *Felice Fontana: Carteggio con Leopoldo Marc'Antonio Caldani 1758-1794*. Trento 1980, 17-36; and by Hubert Steinke: *Irritating experiments: Haller's concept on irritability and the European controversy on irritability and sensibility, 1750-90*. Amsterdam, New York 2005, 135-137, 153-157, 184, 342 f. Some aspects of Haller's teaching at Göttingen are discussed by Renato G. Mazzolini: Le dissertazioni degli allievi di Albrecht von Haller a Göttingen (1736-1753): una indagine bio-bibliografica. In: *Nuncius*, 2 (1987), 125-194.

4 On the presence of physico-theological arguments in Swiss science of the eighteenth century, see Robert Felfe: *Naturgeschichte als kunstvolle Synthese: Physikotheologie und Bildpraxis bei Johann Jacob Scheuchzer*. Berlin 2003; Michael Kempe: *Wissenschaft, Theologie, Aufklärung: Johann Jacob Scheuchzer (1672-1733) und die Sintfluttheorie*. Epfendorf 2003; Monika Gisler: *Göttliche Natur? Formationen im Erdbebendiskurs der Schweiz des 18. Jahrhunderts*. Zürich 2007; Burghard Weiss: *Zwischen Physikotheologie und Positivismus: Pierre Prevost (1751-1839) und die korpuskularkinetische Physik der Genfer Schule*. Frankfurt am Main 1988.

5 Emil Erne: *Die schweizerischen Sozietäten: Lexikalische Darstellung der Reformgesellschaften des 18. Jahrhunderts in der Schweiz*. Zürich 1988. In the preface to the first volume of the *Mémoires de la Société des sciences physiques de Lausanne*, 1 (1783, but published 1784), p. v, it is written: «Il n'est plus nécessaire de faire l'apologie des Académies de provinces. Le temps n'est plus, où l'on sourioit dédaigneusement de ces Lycées, & où l'on osoit dire que les grandes Capitales seules étoient le centre des lumières & le berceau des vrais talents. Notre patrie a été vengée de cet injuste reproche. Depuis longtemps elle offre l'exemple de plusieurs savantes Académies. Berne, Zurich, Bâle, ont leurs Sociétés économiques, physiques, & médicinales. Les Bernoulli, un Euler, un Haller, et tant d'autres encore, ont prouvé qu'en Suisse les sciences naturelles pouvoient être cultivées avec autant de succès qu'à Paris ou à Londres.»

6 A good example is provided by [Hans Kaspar] Hirzel: Rede von dem Einfluß der gesellschaftlichen Verbindung, auf die Beförderung der Vortheile, welche die Naturlehre dem menschlichen Geschlecht anbietet, und dem Nutzen, den unser Vaterland von der Naturforschenden Gesellschaft erwarten kann. In: *Abhandlungen der Naturforschenden Gesellschaft in Zürich*, 1 (1761), 1-76.

7 See, e. g., [Johann Friedrich] Gmelin: Über den Einfluß chemischer Kenntnisse auf das Wohl der Staaten, besonders in Rücksicht Helvetiens. In: *Magazin für*

die Naturkunde Helvetiens, 2 (1788), 153-176.

8 See the contribution of Martin Stuber and Regula Wyss in this volume. A credible witness of the intellectual climate of the time is the Italian reformer Carlo Antonio Pilati (1733-1802) who spent several years at Chur. In his *Voyages en différens pays d'Europe en 1774, 1775 et 1776*. La Haye 1777, 170 f. he stated: «Les Suisses cultivent beaucoup les sciences, et ils ont un grand nombre de savants: l'esprit de liberté règne chez eux dans les sciences, comme dans l'état politique: chacun suit son goût, et s'attache par préférence à la science pour laquelle il a plus d'inclination; mais il est remarquable que tous ces savants dirigent, autant qu'il leur est possible, leurs études vers le bien public [...] ils n'approfondissent la théorie, que pour l'appliquer à la pratique: leur esprit entièrement tourné vers le bien de l'humanité et de la patrie, ne leur permet pas de se borner, à la speculation.»

9 See, e. g., the preface by Albrecht Höpfner to the *Magazin für die Naturkunde Helvetiens*, 1 (1787), iii-xviii; and [Jakob Samuel] Wyttenbach: Einige Betrachtungen über den gegenwärtigen Zustand der Naturgeschichte Helvetiens, und insbesondere des Kantons Bern. In: *Magazin für die Naturkunde Helvetiens*, 2 (1788), 1-22. A list of natural history cabinets is provided by [Gottlieb Emanuel] von Haller: Catalogue raisonné des auteurs qui ont ecrit sur l'histoire naturelle de la Suisse. In: *Acta Helvetica, Physico-Mathematico-Botanico-Medica*, 7 (1772), 181-330, at pp. 208-212, and a good description may be found in Jean III Bernoulli: *Lettres sur différens sujets, écrites pendant le cours d'un voyage par l'Allemagne, la Suisse, la France Méridionale et l'Italie; en 1774 et 1775*. 3 vols., Berlin 1777-1779, I: 121-210.

10 On the Alps and the sublime, see Paola Giacomoni: *Il Laboratorio della Natura. Paesaggio montano e sublime naturale in età moderna*. Milano 2001, and Gabriella Belli, Paola Giacomoni, Anna Ottavia Cavina: Montagna. *Arte, scienza, mito da Dürer a Warhol*. Milano 2003. An early patriotic statement connecting national pride and republicanism may be found in Johann Georg Zimmermann's *Von dem Nationalstolze*. Zürich 1758, 210 where he wrote: «Der gerechte, der erlaubte und vernünftige Nationalstolz ist in den Republiken die Liebe des Vaterlandes, und die Liebe des Vaterlandes ist der eigentliche Nationalstolz». See also pp. 177 and 128-131. On the *Helvetic Society*, see Ulrich Im Hof, François de Capitani: *Die Helvetische Gesellschaft*. 2 vols, Frauenfeld, Stuttgart 1983.

11 See, e. g.,Wilhelm Stieda: *Johann Albrecht Euler in seinen Briefen 1766-1790: ein Beitrag zur Geschichte der Kaiserlichen Akademie der Wissenschaften in St. Petersburg*. Leipzig 1932. Samuel-Auguste Tissot's (1728-1797) work, *Essais sur les moyens de perfectionner les études de médecine*. Lausanne 1785, was occasioned by the request (February 1782) made by Count Carlo Firmian (1718-1782), plenipotentiary minister of Lombardy, to Tissot to express his views on medical teaching and hospital organization when he was teaching at Pavia University.

12 Johann Jacob Scheuchzer: De Nostalgia. In: *De Bononiensi Scientiarum et Artium Istituto atque Accademia Commentarii*, 1 (1748), 85-88, 307-313.

13 Urs Boschung et al. (ed.): *Repertorium zu Albrecht von Hallers Korrespondenz 1724-1777*. 2 vols. Basel 2002, I: 593.

14 Karl Bopp (ed.): *Leonhard Eulers und Johann Heinrich Lamberts Briefwechsel*. Berlin 1924.

15 Max Steck: *Bibliographia Lambertiana*. Hildesheim 1970.

16 Francesca Bianca Crucitti Ullrich: La ‹Bibliothèque italique›. Cultura ‹italianisante› e giornalismo letterario. Milano, Napoli 1974.

17 David M. Bickerton, Marc-Auguste and Charles Pictet: *The ‹Bibliothèque britannique› (1796-1815) and the dissemination of British literature and science on the continent*. Genève 1986.

18 [Leonhard Euler:] *Rettung der göttlichen Offenbahrung gegen die Einwürfe der Freygeister*. Berlin 1747; republished in Euler's *Opera omnia*. III/12. Zürich 1960, 267-286. For a list of the various translations and editions of this

work, see Euler's *Opera omnia.* III/11. Zürich 1960, lxxi. [Albrecht von Haller:] *Briefe über die wichtigsten Wahrheiten der Offenbarung.* Bern 1772; [Id.:] *Briefe über einige Einwürfe noch lebender Freygeister wider die Offenbarung.* 3 vols. Bern 1775-1777. For a list of the various editions and translations of these works, see Hubert Steinke, Claudia Profos (ed.): *Bibliographia Halleriana.* Basel 2004, 59-64.

19 Haller' extreme struggle is evident in [Johann Georg Heinzmann (ed.):] *Albrechts von Haller Tagebuch seiner Beobachtungen über Schriftsteller und über sich selbst.* 2 vols. Bern 1787, II: 219-319.

20 Paul Gottlieb Werlhof: *Gedichte.* Hannover 1749, 121.

21 See, e. g., the following statements made in 1746 by Johannes Gessner: «Es ist unser Vorhaben die Natur recht kennen zu lernen, und diese Erkenntniß zu nützlichem Gebrauch anzuwenden. Verhoffentlich kann niemand seyn, der nicht unsern Entschluß gutheissen werde, indem wir die cörperliche Geschöpfe, oder die Werke des weisen Schöpfers betrachten, und die von ihm angeordnete Gesetze, nach welchen derselben Würkungen erfolgen. Wir sind überzeugt, dass er alles auf das beste gemacht; es ist also nichts das uns könnte ein Vergnügen gewähren welches mehr begründet oder dauerhafter seyn sollte. Wir lernen hier die natürliche Gottsgelahrtheit durch die überzeugendste Erfahrungen von der Weisheit, Güte, und Allmacht des Schöpfers, und werden zugleich zu wahrer Ehrfurcht und brünstiger Liebe gegen ihm angestammt, und bey allen Vorwürfen welche uns die Natur darbietet auf die wahre Tugendbahn geleitet.» Quoted from his *Entwurf von den Beschäftigungen der Physicalischen Gesellschaft, oder von den Wissenschaften, welche sich dieselbe zu behandeln vornimmt.* In: *Abhandlungen der Naturforschenden Gesellschaft in Zürich,* 3 (1766), 1-22, here 3 f. (this paper was read in 1746 but published in 1766).

22 Renato G. Mazzolini, Shirley A. Roe: *Science against the unbelievers: The correspondence of Bonnet and Needham, 1760-1780.* Oxford 1986.

23 Jean-André De Luc: *Lettres physiques et morales sur l'histoire de la terre et de l'homme, adressées à la Reine de la Grand Bretagne.* 5 vols. in 6 parts. Paris, La Haye 1779-1780; Martin J. S. Rudwick: *Bursting the limits of time: The reconstruction of geohistory in the Age of Revolution.* Chicago, London 2005, 150-158.

24 Nicolaus I Bernoulli: *Dissertatio inauguralis mathematico-juridica de usu artis conjectandi in jure.* Basel 1709; Jakob I Bernoulli: *Ars conjectandi, opus posthumum. Accedit Tractatus de seriebus infinitis, et Epistola Gallicè scripta De ludo pilae reticularis.* Basel 1713. Both works are republished in David Speiser, Joachim Otto Fleckenstein (ed.): *Jacob I Bernoullis Werke.* Vol. 3. Basel 1975, 107-286, 287-326.

25 [Albrecht von Haller:] *Usong. Eine morgenländische Geschichte in vier Büchern.* Bern 1771; Id.: *Alfred, König der Angel-Sachsen.* Göttingen, Bern 1773; [Id.:] *Fabius und Cato: ein Stück der römischen Geschichte.* Bern, Göttingen 1774.

26 Abraham Trembley: *Instructions d'un père à ses enfans, sur la nature et sur la religion.* 2 vols. Genève 1775; Id.: *Essai sur la vérité, la liberté, le souverain, la patrie, la religion, le bonheur.* 2 parts, Genève 1777-1779.

27 Renato G. Mazzolini: Discorsi e scritti politici di Charles Bonnet negli anni della crisi ginevrina (1762-1768). In: *Annali dell'Istituto storico italo-germanico in Trento,* 13 (1987), 353-410.

28 On the relevance of tolerance as a way to overcome religious conflicts, see Johann Georg Zimmermann: *Über die Einsamkeit.* 4 vols. Leipzig 1784-1785. In the early eighteenth century these conflicts were still evident. For instance, in writing about botanising to Augustus Quirinus Rivinus (1652-1723), Scheuchzer stated: «Anderer Meinung und Veranlagung allerdings sind die meisten Ärzte in den papistischen Kantonen der Schweiz, die sich keinen Pfifferling um die Botanik bekümmern, obwohl sie am Fuß der Berge und Alpen wohnen. Statt die vor ihrer Nase liegenden Berge zu besteigen, schauen sie dieselben kaum an, geschweige denn, dass sie diese wundervolle Gelegen-

heit, zu botanisieren, mit beiden Händen gierig erfassen. Sie hätten es meiner Ansicht nach ganz und gar verdient, dass sie aus dem Kräutergarten, in dem sie wohnen, quasi als Geistesgestörte hinausgeworfen würden, um Platz zu machen für andere, forschbegierigere und die Botanik pflegende Ärzte.» Quoted from Rudolf Steiger: *Johann Jakob Scheuchzer (1672- 1733). I. Werdezeit (bis 1699).* Zürich-Selnau 1927, 80 f. Swiss Catholic natural philosophers were few, but some of them quite significant as in the case of Moritz Anton Kappeler (or Cappeller) (1685- 1769), who authored *Prodromus crystallographiae de crystallis improprie sic dictis commentarium.* Luzern 1723, and *Pilati montis historia in pago Lucernensi Helvetiae siti.* Basel 1767.

29 John R. Baker: *Abraham Trembley scientist and philosopher 1710-1784.* London 1952, 218-240.

Haller als Christ

Zur Deutung der ‹Fragmente Religioser Empfindungen›

Richard Toellner

«In [Hallers] Charakter [...] war Reizbarkeit der Seele einer der Hauptzüge am Erfinder der körperlichen Reizbarkeit.»[1]

Zwei Tage nachdem Albrecht von Haller am 12. Dezember 1777, abends um 8.00 Uhr in seinem Haus in der Inselgasse zu Bern gestorben war, schrieb ein junger Mann aus dem alten Berner Patriziergeschlecht der Tscharner an den Hofrat Christian Gottlob Heyne, der fast ein halbes Jahrhundert lang die Geschäfte der von Haller gegründeten *Societas Regia Scientiarum Göttingensis* geführt hat, Haller habe auf seinem Sterbebett den um ihn versammelten Theologen gestanden, «daß er nicht nur nichts glaube, sondern daß es ihm unmöglich wäre, etwas zu glauben, wie gerne er es auch thäte!».[2] Dieser Satz des jungen Tscharner verbreitete sich wie ein Lauffeuer, stiess jedoch allgemein auf Unglauben und rief selbst bei denen Empörung hervor, die nicht mehr recht begreifen konnten, «daß Haller der Philosoph und Naturkündiger, auch ein thätiger ernstlicher Christ war».[3]

Johann Georg Zimmermann, Hallers berühmtester Schüler, dem Hallers ‹Orthodoxie› so zuwider war, trat doch sofort öffentlich gegen «das tolle Zeug über Hallers vorgebliche Irreligion» auf, und der im friderizianischen Berlin einflussreiche Verfasser der *Theorie der schönen Künste* und Freund Hallers, Johann Georg Sulzer, der unter Freunden gewisse Züge von Hallers Religiosität «Kindereyen» nannte, bezeichnete diese Nachricht schlicht als eine «Lüge», ohne noch nähere Kenntnis der Umstände zu haben, «denn sie würde den Verstorbenen zu einem Erzheuchler und zum Betrüger machen».[4] Deshalb auch stellte Abraham Rengger, ein Pfarrer aus der engsten Umgebung Hallers, noch einmal klar: «Wer das [diese Lüge] liest, stellt sich sogleich vor: Haller habe also die Religion, vornehmlich die Wahrheiten, das Theoretische, Dogmatische derselben nicht geglaubt und nicht glauben können. Das ist ewig falsch. Haller hat schon lange und bis zu seinem Tod sich oft erklärt: er habe keinen Zweifel über irgendeine Wahrheit des Christentums.»[5]

So grotesk also allen denen, die Haller wirklich kannten, Zweifel an der Echtheit seines Glaubens erscheinen mussten, so zeigen ihre Beteuerungen dennoch, dass es solche Zweifel gab. Sie bezogen sich aber durchweg nicht auf den Glauben selbst, sondern nur darauf, ob der Ausdruck des Haller'schen Glaubens, seine Theologie, für einen aufgeklärten Mann noch der richtige sei. So konnte Johann Caspar Lavater im Frühjahr 1772 aus Verärgerung darüber, dass Haller nach seiner Meinung den Glauben so schlecht verteidige, an Zimmermann schreiben: «Seine Theologie ist erbärmlich und mit seiner eigenen Philosophie im handgreiflichsten Widerspruch.»[6] Doch waren seine Einwände gegen Hallers Theologie keine Einwände gegen seinen Glauben, keine Zweifel an der innigen Verbindung zwischen Wissen und Glauben bei Haller.

Um alle Verdächtigungen gegen Hallers echtes Christentum zu widerlegen, um allen Verdacht zu entkräften, veröffentlichte Heinzmann 1787 aus dem Besitz der Familie, aber wohl gegen deren Willen, unter dem Titel *Fragmente religioser Empfindungen* Bruchstücke aus Hallers Nachlass, als das wohl «unverdächtigste Zeugnis, daß es dem Mann mit der Religion ein Ernst war» (Abb. S. 487).[7] Wie sehr er bei den Zeitgenossen Hallers mit seiner Absicht offene Türen einrannte, zeigt schon die bissige Bemerkung Gotthold Ephraim Lessings an seinen Verleger Breitkopf (Dezember 1779): «Haller, höre ich, soll es Mode gemacht haben, daß nun alle Doctores medicinae im Geruch der Heiligkeit sterben wollen. Sonst war es nicht so; und die Religion eines Arztes war noch weit verdächtiger als die Religion eines dramatischen Dichters. Was wir nicht alles erleben! Es fehlt nur noch, daß nächstens ein Doctor theologiae über die Dysenterie schreibt.»[8]

Diese *Fragmente religioser Empfindungen*, das für die Hallerinterpretation und Hallerbiographie so wichtige Dokument, sind bis heute nicht wiederaufgetaucht. Die Welt erhielt von der Existenz eines solchen Tagebuches erst Kenntnis durch die Publikation Heinzmanns. Im Besitz der Familie Haller, aus dem es stammte, ist es auch wieder verschwunden.[9] Heinzmann hat nur Bruchstücke der privaten Aufzeichnungen Hallers ediert, und wenn wegen der vielen Übereinstimmungen der Gedanken, die im Tagebuch niedergelegt sind, mit solchen, die wir aus Hallers Briefwechsel und zeitgenössischen Berichten kennen, an eine Fälschung nicht gedacht werden kann, so sind wir doch über die Prinzipien der Auswahl Heinzmanns, der offensichtlich nur das publizierte, was seine These vom gläubigen Haller zu untermauern schien, nicht unterrichtet. Wir wissen nur, dass er viele für die Biographie und die Kenntnis der Probleme, die Haller umtrieben, wichtigen Stellen nicht bekannt gemacht hat, er sagt nur, dass diese in englischer Sprache abgefasst gewesen seien.[10]

Es mutet nun freilich wie eine Ironie der Geschichte an, dass das, was Heinzmann zum Beweise des Haller'schen Glaubens veröffentlichte,

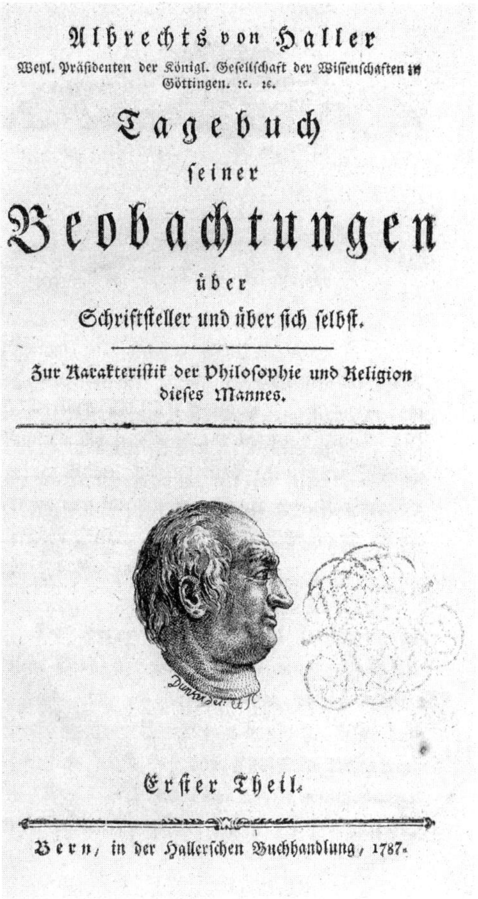
Albrechts von Haller
Weyl. Präsidenten der Königl. Gesellschaft der Wissenschaften in Göttingen. ꝛc. ꝛc.
Tagebuch
seiner
Beobachtungen
über
Schriftsteller und über sich selbst.
Zur Karakteristik der Philosophie und Religion dieses Mannes.
Erster Theil.
Bern, in der Hallerschen Buchhandlung, 1787.

1787 gab Johann Georg Heinzmann eine Sammlung von Hallers Rezensionen sowie Auszüge aus dessen Tagebuch religiöser Empfindungen heraus. Das eindrückliche Dokument belegt, dass Haller nicht – wie dies teilweise behauptet wurde – an den Grundwahrheiten der christlichen Religion, sondern an seiner eigenen Würdigkeit zweifelte und sich durch die peinliche Aufzeichnung seiner eigenen Schwächen bemühte, ein ‹wahrer Christ› zu werden. – Burgerbibliothek Bern.

der neueren Hallerliteratur dazu dient, Hallers tiefe Zweifel zu belegen, die Unfähigkeit Hallers zu beweisen, seine wissenschaftlichen Überzeugungen noch im Einklang mit seinem Glauben zu sehen.[11] An diesem Missverständnis ist Heinzmann selbst freilich nicht ganz unschuldig. Schon der Titel seiner Veröffentlichungen *Albrechts von Haller Tagebuch seiner Beobachtungen über Schriftsteller und über sich selbst* und auch der Titel *Fragment religioser Empfindungen* führt in die Irre. Es musste dadurch der Eindruck entstehen, als seien Hallers Aufzeichnungen das Ergebnis einer intensiven Selbstbeobachtung, die dann auch von Kant sogleich als übertrieben und einer gesunden Gemütsverfassung schädlich charakterisiert worden sind.[12] Es erweckte die Vorstellung, als habe Haller hier mit der minutiösen Genauigkeit und neutralen Präzision sein Innerstes an Gedanken und Gefühlen beobachtet und festgehalten, mit der er sonst sein Leben lang über alles, was er tat und liess, Buch führte. Doch so wenig dies in der Form eines Tagebuchs geführte Dokument ein Dokument der Selbstbeobachtung ist, so wenig ist es für Haller primär ein Dokument der Selbsterforschung gewesen, Ausweis und Urkunde für sein Ringen mit Gott und dem Gewissen, für sein Gebet um den lebendigen Glauben. Das alles ist es auch, dazu ist es geworden gegen die Intention Hallers für den fremden Betrachter, für den es nicht bestimmt war; und es lässt sich kein ergreifenderes Zeugnis dafür geben als dieses Tagebuch, wie tief Haller eingedrungen ist in die Wahrheit seines Glaubens, wie schwer er um ‹Frieden mit Gott› gerungen hat. Seine Anfechtungen – ‹tentationes›, nicht Zweifel – erreichen in der Tat Luther'sche Tiefen: «O Gott: [Mein Herz] kennet Dich nicht; es denkt an dich mit Undank, ja wohl mit heimlichem Hasse wie ein Verurtheilter an seinen Richter.»[13] Otto Weber, der kompetente reformierte Theologe hat den genuin reformatorischen Charakter von Hallers Glaubensverständnis erkannt und in einer Göttinger Universitätsrede zu Recht darauf hingewiesen, dass Haller «in einem Zeitalter, das dazu keine Voraussetzungen bot, zum stillen Wiederentdecker der reformatorischen Lehre von der *Rechtfertigung allein aus dem Glauben*» wurde.[14] Haller hat gewusst, was die wenigsten seiner Zeitgenossen noch wussten, dass die theoretischen Wahrheiten, die den Verstand befriedigen, das Herz nicht überzeugen müssen, und er hat schmerzlich darunter gelitten. Er hat gewusst, dass der wahre Glaube nicht die ‹fides historica› ist. «Und nun kann es mir nicht mehr bergen, daß ich [...] gegen Gott kalt, mehr historisch überzeugt, als mit wahrer Liebe belebet, gänzlich außer Stand bin, vor dem Angesicht des Allerhöchsten zu erscheinen.»[15]

Auch nicht das Wissen um die Existenz Gottes, nicht die Einsicht in die Vernünftigkeit der Offenbarung, nicht das Für-wahr-Halten der Auferstehung Christi, Haller hat gewusst, dass das Ernstnehmen des letzten Gerichtes nicht die ganze Wahrheit des Glaubens ist, dass die Wahrheit des Glaubens etwas ist, was der Mensch nicht erwerben und ohne das er doch nicht leben kann, dass die Wahrheit des Glaubens ihm in der Gnade des Glauben-Könnens geschenkt werden muss. Das Wissen, dass Christus für die Sünder gestorben ist, hilft dem Menschen nicht, ehe es nicht zu der Gewissheit wird, die Gott ihm ins Herz legt, dass Christus auch für ihn gestorben ist. Diese lebendige Gewissheit, die das Herz durchdringt und in allen Anfechtungen sicher und getrost macht, ist die höchste, die eigentliche Wahrheit, die nur im Glauben, den die Gnade schenkt, ergriffen werden kann: «Die Bewegungen der Gnade habe ich gar sehr verwahrloset, daß ich fast nicht mehr hoffen darf, einen Zug derselben wieder zu fühlen. Es ist wahr: Christus ist für alle gestorben; aber sein Blut ist an den Ungläubigen und Abtrünnigen zu ihrem noch grössern Unglücke verlohren. O Heiland der Welt! Lehre mich dich kennen, dich lieben, dein Verdienst mir zueignen.»[16] «Herr erbarme dich meiner! Öfne meine Augen, erwärme in mir den Glauben, die Andacht, die bloße Vernunft, die mich alle zu dir rufen. – Laß mich nicht in das Gericht der Verstockung fallen; laß deine Gnade nicht an mir müder werden, noch mich mir selber überlassen.»[17]

«Die Vernunft, die Offenbarung – alles hat mich an Gott gewiesen – aber das Herz – ich zittre es zu sagen! Mein Herz ist von Gott entfernt! O mein Gott, ich bin in Gefahr dich zu verkennen, dich meinen Vater, Schöpfer, einziger Helfer und Erretter! O gieb es nicht zu. Ich glaube Herr, hilf meinem schwachen Glauben!»[18] In diesen Sätzen Hallers, die er am 12. Oktober 1777, wenige Wochen vor seinem Tode, notiert hat, äussern sich Not und Hoffnung eines angefochtenen Glaubens, angefochten nicht durch intellektuellen Zweifel, sondern angefochten durch das Gefühl der eigenen Unwürdigkeit, durch das immer wieder erneuerte Bewusstsein: «Die Überzeugung meines Verstandes geht nicht in den Willen über, und bessert mein kaltes Herze nicht.»[19] Die Frage, wie er, Albrecht Haller, vor Gott werde bestehen können, hat nicht erst das drohende Lebensende heraufbeschworen, diese Frage begleitet Haller sein Leben lang. Schon dreissig Jahre früher notiert er: «Obwohl der Unglaube mich bestürmet, so weiß ich doch, daß es wirklich eine Ewigkeit, einen Gott, und einen Widersacher des Guten giebt. Ich bin davon überzeugt, nicht aus der Vernunft allein, noch aus der Offenbarung, sondern auch aus der Empfindung, des wider alles Güte wütenden Bösen. Da ich also eine Ewigkeit und alles andere glaube, was die Offenbarung bekannt macht, warum bin ich denn so sorglos, so eitel, warum setze ich mein größtes Wohlgefallen in die Welt, in meine Thorheit, in meine Studien, in meinen Eigenwillen und andere geringfügige Dinge.»[20]

Hallers Erschrecken über die Macht des Bösen, über seinen «kalten leblosen Glauben», die Klage, dass Erfahrung, Vernunft und Offenbarung nicht hinreichen, sein «böses Herz» zu verändern, dass «alle diese Überzeugung mit der matten Kraft einer theoretischen Wahrheit wirket»,[21] diese Äusserungen eines qualifizierten christlichen Zweifels an sich selbst, die seine ganzen Aufzeichnungen durchziehen, sind immer wieder als intellektueller Zweifel missverstanden worden.[22] Dabei ist das Gegenteil richtig. Otto Weber kommt daher auch zu der Schlussfolgerung: «Merkwürdig genug ist es schon, daß er [Haller], wie es scheint, den intellektuellen Zweifel nicht kennt. Er zweifelt weder an der Existenz Gottes noch an den Grundwahrheiten, die die christliche Überlieferung ihm nahe brachte.»[23]

In der Tat: Der Inhalt von Hallers Aufzeichnungen gibt an keiner Stelle einen Anhalt dafür, dass ihm das Verhältnis von Wissen und Glauben auch nur zum Problem geworden sei, und von «einem zwiespältigen Kampf [...] zwischen traditioneller Gebundenheit und voraussetzungsloser Unvoreingenommenheit»[24] kann gar keine Rede sein. Zeugnis gibt das Tagebuch allein von Hallers – wie er selbst weiss – nicht einmal immer konsequent geführtem Kampf darum, aus einem «laulichten Namenschristen» zu einem «wahren Christen»[25] zu werden. In diesem Kampf spielt das Tagebuch eine wesentliche Rolle. Es wird in seiner Eigentümlichkeit erst richtig erkannt, wenn man danach fragt – was noch niemand getan hat –, warum es eigentlich angelegt worden ist und welche Funktion es in Hallers Leben erfüllt.

Das von Heinzmann induzierte Missverständnis, Hallers Tagebuch sei das Produkt einer introvertierten Sucht zur Selbstbeobachtung oder Selbstbespiegelung, löst sich auf, wenn man Haller nach Zweck und Sinn seines Tagebuches selbst befragt: «Gestern war es ein ganzes Jahr, daß ich mein Sündenregister anhub.»[26] Sündenregister, das heisst, Mittel zur Selbsterziehung, nicht Ausdruck der Selbstbeobachtung ist Hallers Tagebuch. Sündenregister, das bestimmt Anlage und Inhalt dessen, was als umfassende Selbstaussage Hallers galt.

Schon der junge Haller hat in einer kleinen Schrift niedergelegt, in welcher Funktion er ein solches Sündenregister gesehen haben wollte, und damit einmal mehr bewiesen, dass er in den Grundzügen seines Denkens und seiner Vorstellungen immer der gleiche und sich selbst treu geblieben ist. Dort sagt er vom Menschen: «Will er näher zur Tugend treten, so betrachte er sich nicht auf seiner glänzenden Seite allein, sondern oft an denen, die er sich selbst verbirget. Niemand kann sich selbst belügen, wenn er nur sich untersuchen will.»[27] Die Unerbittlichkeit, mit der Haller jede Regung des Zweifels, jeden Gedanken, der nicht auf das ewige Heil gerichtet ist, jede Verfehlung, jede noch so kleine Sünde aufspürt und ans Licht zerrt, ist eben nicht der Heroismus eines «tragischen Gewissenshelden»[28] oder die «peinlich berührende Selbstquälerei»[29] eines Hyperorthodoxen, nicht der Ausdruck eines «religiösen Trübsinns»[30] oder «zerknirschter Selbsterniedrigung» eines «Melancholikers»,[31] sondern die mit grosser Willensanstrengung erzwungene, notwendige Tat der Selbsterziehung. Es ist das Gefühl einer grossen Schuld, die wir nicht kennen, die Haller uns auch nicht verrät, die ihn aber bestimmt hat, den Versuch zu machen, sein Leben zu ändern. «Ich will mit Gottes Gnade mein Leben anders einrichten. Wider Zorn, Lügen, Verleumdung, Hochmuth, Müssiggang, Üppigkeit und Weltliebe mich zur Wehr stellen. Gott Morgens und Abends bitten, daß er mir beystehe, in dem Kampfe, wo ich ohne ihn nichts vermag; die Gelegenheit meiden, und mich bemühen, alle Morgen meine Entschließungen zu erneuren; alle Abende meine Aufführung zu untersuchen, und zu trachten, daß ich entgehe dem Zorne Gottes, der bereitet ist den Unbußfertigen.»[32]

Haller ist seinen Vorsätzen treu geblieben und hat sein Sündenregister bis an sein Lebensende fortgeführt, wenn auch nicht so regelmässig, wie er es sich vorgenommen hatte, wenn es ihm auch mehr als einmal sauer genug angekommen ist.[33] Man versteht diesen Versuch Hallers, mit Hilfe eines Sündenregisters sein Leben zu ändern, erst richtig und weiss ihn in seine Vorstellungswelt richtig einzuordnen, wenn man auf den Fundamentalsatz der Haller'schen Lehre von der Psychologie der Moral achtet, der da lautet: «Daß der Widerwillen, der einen unerlaubten Gedanken von sich stößt, das einzige Mittel ist, wodurch die Seele sich des Lasters erwehren kann.» Es ist zugleich «das leichteste Mittel der Sünde zu entgehen: ihre ersten Anfälle sind noch schwach, die Gegengründe haben in der Seele noch ihre Macht; im ersten Anfalle, bey der Quelle der in den Abweg leitenden Gedanken, muß die Seele das Leitseil führen, und die Gedanken ablenken, die unvermeidlich uns hinreißen würden, wenn man sie anhörte». Es war Boerhaave, der den jungen Haller aus einer frühen religiösen Krise dadurch rettete, dass er ihn auf diese ‹Entdeckung des Heilandes› hinwies: «Daß die Sünde in der Begierde schon liege: eine Wahrheit, die uns jetzt als nothwendig, als eine unvermeidliche Folge der Kenntnis der Seele vorkömmt, die aber, als Jesus lehrete, in keines Menschen Gedanken aufgestiegen war.»[34] Erst wer diesen Zusammenhang bedenkt, wird begreifen, warum sich Haller so unerbittlich den kleinsten Fehler, jeden unerlaubten Gedanken, jede gefährliche Sehnsucht vorhält. Liegt doch allein im rechtzeitigen Aufspüren der Anfänge des Bösen die Chance, seiner Herr zu werden. Dieser Grundsatz trägt Hallers ganze Anthropologie in moralischer Hinsicht. So kann er ihn gegen Voltaires Meinung, der Mensch sei seinen Trieben machtlos ausgeliefert, zusammenfassend so formulieren: «Auch die Erfahrung überzeugt uns, wie schwer es ist, davon eine Erklärung zu geben, daß es in unserer Macht steht, den Trieben zu widerstehn, die von außen uns eingeflösset werden. Der Zorn, und die Wollust, die die heftigsten unter unsern Trieben sind, alle diese heftigen Wallungen gerathen nicht auf einmal zu ihrer überwältigenden Macht. Wann wir gleich im Anfang der Wallung widerstehen, und das Künftige dem gegenwärtigen Gefühle, oder das Erkenntniß des sittlichen Bösen dem Gefühle des sinnlichen Guten entgegensetzen, so werden wir, und ohne Mühe, das Ungewitter zertheilen. Versäumen wir den günstigen Augenblick, lassen wir den Funken in das zubereitete Pulver dringen, so sind wir freylich verlohren. Aber den Versuch habe ich tausendmal an mir selber gemacht.»[35]

Neben der Funktion, das Böse im Keime ersticken zu helfen, erfüllt das Sündenregister eine zweite, die in dieselbe Richtung weist. Es zwingt Haller, an Tod, Gericht und Ewigkeit, an das zukünftige, wahre Leben zu denken, und hilft ihm so, ‹die Macht des Gegenwärtigen› zu überwinden. «Unendlich falsch ist mein Herz; unendlich an das Irdische gebunden, wenn die Stütze des Körpers zu sinken droht, erinnere ich mich, daß ein anderes viel wichtigeres Leben ist, auf das wir unseren Trost und unsere Seelenruhe gründen sollen.»[36] Gerade weil die Ewigkeit unanschaulich, unsinnlich ist, muss sie wenigstens immer in den Gedanken gegenwärtig gehalten werden, denn «mein Herz hängt an der Welt, so wenig es auch Ursache in der Welt findet, daran zu hangen».[37] Was Haller zeit seines Lebens bewegte, fasste er im Stammbuch des nachmaligen Professors der Rechte in Tübingen Gottfried Daniel Hoffmann (1719-1780) in diese zwei Worte: «Disce Mori».[38]

Anmerkungen

1 Johann Stephan Pütter an Johann Georg Zimmermann, 29.1.1778; Eduard Bodemann: *Von und über Albrecht von Haller. Ungedruckte Briefe und Gedichte Hallers sowie ungedruckte Briefe und Notizen über denselben*. Hannover 1885, 188.

2 Eduard Bodemann: *Johann Georg Zimmermann. Sein Leben und bisher ungedruckte Briefe an denselben*. Hannover 1878, 274; es handelt sich wohl um Karl Ludwig Tscharner (1754-1841), der in Göttingen studiert hatte und mit Heyne in Kontakt stand.

3 Albrecht von Haller: *Tagebücher seiner Beobachtungen über Schriftsteller und sich selbst*, hrsg. von Johann Georg Heinzmann. 2 Bde. Bern 1787, I: VIII.

4 Bodemann 1885 (wie Anm. 1), 185; Bodemann 1878 (wie Anm. 2), 272, 278.

5 Rengger an Zimmermann, 14.2.1778; Bodemann 1885 (wie Anm. 1), 181.

6 Ebenda, 209.

7 Haller, Tagebücher (wie Anm. 3), I: XV.

8 Gotthold Ephraim Lessing: *Werke*. 20 Teile. Berlin 1868-1886, 20/1: 800.

9 Heinzmann sagt nur: «Ich erhielt diese kostbaren Fragmente von verehrten Händen.» Und: «Ich habe keine Kopie sondern die Originalhandschrift vor mir.» Haller, Tagebücher 1787 (wie Anm. 3), I: XV, XVII. Vgl. zu Heinzmann und zum ganzen Vorgang Ludwig Hirzel: *Albrecht von Hallers Gedichte*. Frauenfeld 1882, DVIIf., Anm. 1. Hallers Familie hatte ein offensichtliches Interesse daran, nichts an die Öffentlichkeit dringen zu lassen, was dem Ruf des Vaters abträglich zu sein schien. Vgl. die Bitte seiner Tochter Emilie und seines Sohnes Gottlieb Emanuel an Zimmermann, Vorsicht in der Biographie walten zu lassen; Bodemann 1885 (wie Anm. 1), 165, 170. Sein Sohn Rudolf Emanuel hat noch viele Briefe Hallers, die schon der Berner Bibliothek übergeben worden waren, vernichtet; Urs Boschung et al. (Hg.): *Repertorium zu Albrecht von Hallers Korrespondenz 1724-1777*. 2 Bde. Basel 2002, I: XVIII-XX.

10 Haller, Tagebücher 1787 (wie Anm. 3), II: 266, Anm. Dadurch entsteht eine grosse Lücke in den Aufzeichnungen Hallers zwischen dem 29. März 1747 und dem 5. April 1772.

11 Während die Zeitgenossen Hallers von der Übereinstimmung von Glauben und Wissen bei Haller überzeugt waren und die Literatur des 19. Jahrhunderts ein unverbundenes Nebeneinander von Wissen und Glauben bei Haller konstatiert, sieht die neuere Literatur des 20. Jahrhunderts einen tiefen Zwiespalt, ein Gegeneinander von Wissen und Glauben bei Haller. Dazu ausführlich: Richard Toellner: *Albrecht von Haller. Über die Einheit im Denken des letzten Universalgelehrten*. Wiesbaden 1971, inbes. 1-32. Die neuste Literatur wendet sich nach langer Zeit wieder den Fragen nach Hallers Begriffen von Wissen, Wissenschaft, wissenschaftlicher Methode und Theorie sowie deren Verhältnis zu seinen Glaubensüberzeugungen differenziert und kompetent zu. Hubert Steinke: *Irritating experiments. Haller's concept and the European controversy on irritability and sensibility, 1750-90*. Amsterdam, New York 2005 verortet Hallers zentrale Lehre von der Irritabilität der Muskelfaser in den Prozess des Übergangs der physiologischen Konzepte vom Mechanismus zum Vitalismus. Sandra Pott beschreibt in dem Kapitel ‹Irdische Güter oder jenseitiges Heil? Albrecht von Hallers Glaubensüberzeugungen› (In: *Reformierte Morallehren und deutsche Literatur von Jean Barbeyrac bis Christoph Martin Wieland*. Tübingen 2002, 167-195) gut belegt und überzeugend Haller als reformierten Christen in der Tradition seiner Berner Heimat. Im 3. Kapitel ihres Buchs *Medizin, Medizinethik und schöne Literatur. Studien zu Säkularisierungsvorgängen vom frühen 17. bis zum frühen 19. Jahrhundert*. Berlin, New York 2002 überschrieben ‹Zwischen Gottesdienst und Freigeisterei› (105-157) geht sie auf Hallers *Fragmente religiöser Empfindungen* ein (125-131). Doch weil sie die Äusse-

rungen Hallers in der Auslegungstradition als die Glaubenszweifel eines depressiven, opiumabhängigen Melancholikers deutet und ihr wesentliches Interesse der theologie- und dogmengeschichtlichen Frage gilt, ob Haller die reformierte Prädestinationslehre universalistisch oder partikularistisch versteht, verfehlt sie den Charakter und die Funktion dieser Tagebücher völlig.

12 Kant sagt in der *Anthropologie in pragmatischer Hinsicht* (1. Aufl. 1798) in § 4 ‹Von dem Boebachten seiner selbst›, dass dieses «leichtlich zu Schwärmerei und Wahnsinn hinführt.» Er warnt vor «schreckenden und ängstlichen Vorstellungen, in welchem Fall ein sonst vortrefflicher Kopf, Albrecht Haller, geriet, der, bei seinem lange geführten, oft auch unterbrochenen Diarium seines Seelenzustandes zuletzt dahin gelangte, seinen vormaligen akademischen Kollegen, den D. Leß zu befragen: ob er nicht in seinem weitläufigen Schatz der Gottesgelahrheit Trost für seine beängstigte Seele antreffen könne.» Und ferner: «Sich belauschen zu wollen, [...] ist entweder schon eine Krankheit des Gemüts (Grillenfängerei), oder führt zu derselben und zum Irrhäuse.» Kant: *Werke*, hg. von Wilhelm Wieschedel. Frankfurt a. M. 1964, XII: 414-416. Kant schätzte Haller, den er «den erhabensten unter den deutschen Dichtern» nannte (I: 335), und nicht nur seine Dichtung, die er oft zitierte, sondern auch sein wissenschaftliches Werk. Vgl. Richard Toellner: Kant und die Evolutionstheorie im 18. Jahrhundert. In: Hanspeter Marti, Manfred Komorowski (Hg.): *Die Universität Königsberg in der Frühen Neuzeit* (im Druck).

13 Haller, Tagebücher 1787 (wie Anm. 3), II: 226 (14.4.1737).

14 Otto Weber: *Albrecht von Haller.* Göttingen 1958, 15.

15 Haller, Tagebücher 1787 (wie Anm. 3), II: 267 (5.4.1772).

16 Ebenda, 228-229 (22.7.1737).

17 Ebenda, 237 (1.3.1739).

18 Ebenda, 316.

19 Ebenda, 283 (10.1.1773).

20 Ebenda, 263-264 (27.3.1746).

21 Ebenda, 286 (7.3.1773).

22 So z. B. Eduard Stäuble: *Albrecht von Haller ‹über den Ursprung des Übels›.* Zürich 1953, 190 f.; Heinrich Zoller: Albrecht von Hallers Pflanzensammlungen in Göttingen, sein botanisches Werk und sein Verhältnis zu Carl von Linné. In: *Nachrichten der Akademie der Wissenschaften in Göttingen. 2, Mathematisch-physikalische Klasse*, Jg. 1958, 217- 251, hier 248 f.; Karl S. Guthke: *Haller und die Literatur.* Göttingen 1962, 18-20. Guthke stellt in einem späteren Aufsatz (Der Glaube des Zweiflers. Glanz und Krise der Aufklärung in Hallers Lyrik. In: *Das Abenteuer der Literatur. Studien zum literarischen Leben der deutschen Länder von der Aufklärung bis zum Exil.* Bern 1981, 9-28) in einer kompetenten, eindrucksvollen Interpretation der Dichtung Hallers den Zweifler dar, der alle Fragen der philosophischen Frühaufklärung kennt, vor keiner bohrenden oder blasphemischen Frage zurückschreckt, sie wort-, gedanken- und bildreich zu beschreiben weiss, wie auch die Antworten, die Philosophie und Literatur zu geben wussten und mit Beidem, mit den Fragen und den Antworten, unzufrieden blieb. Er stellt die grosse intellektuelle Unruhe Hallers dar, mit der er im Verein mit seinem quälenden Ehrgeiz, seiner mimosenhaften Empfindlichkeit und seiner traurigen Humorlosigkeit sich und den Menschen seiner Umgebung das Leben lebenslang schwer gemacht hat. Er zeigt den schwierigen Charakter Hallers. Den in seinem christlichen Glauben existentiell angefochtenen Haller erreicht er nicht.

23 Weber 1958 (wie Anm. 14), 13 f.

24 Zoller 1958 (wie Anm. 22), 249.

25 «Sollte nicht ein jeder Christ in seinem eigenen Busen den Keim des Übels auszurotten sich bestreben, und bey sich selbst anfangen, dem Unglauben das überzeugende Beyspiel eines wahren Christen entgegenzustellen, gegen welches die Gözen des Heidenthums, und die Pralereyen der Weltweisen, wie der Schatten der Nacht beym Anbruch der Morgenröthe, verschwunden sind?» *Sammlung kleiner Hallerischer Schriften.* 3 Bde. Bern 1772, I: 46.

26 Haller, Tagebücher 1787 (wie Anm. 3), II: 231 (3.12.1737).

27 Haller, Gedichte 1882 (wie Anm. 9), 369 (*Von den Vortheilen der Demuth*, 1732).

28 Stäuble 1953 (wie Anm. 22), 154.

29 Ernst Heinrich Jenny: *Haller als Philosoph. Ein Versuch.* Basel 1902, 82.

30 Emil Blösch: Albrecht von Haller's Lebenslauf. In: *A. v. Haller-Denkschrift.* Bern 1877, 1-40, hier 33.

31 Albrecht von Haller: *Gedichte. Kritisch durges. Ausgabe nebst einer Abhandlung ‹Haller als Dichter›* von Harry Maync. Leipzig 1923, 44.

32 Haller, Tagebücher 1787 (wie Anm. 3), II: 225 f. (25.3.1737).

33 «Wie die Zeiten dieses Büchleins, so sind meine Triebe zum Guten wenig und seltsam» (11.3.1738). «Diese wenige Zeilen zu schreiben habe ich mich selbst heute kaum bereden können. Ich weiß auch wohl, daß Gott mit dem gethanen Werke nicht gedient ist, und daß es ihm vor allen unsern Prätensionen den Himmel zu gewinnen, ekelt» (26.7.1741); Haller, Tagebücher 1787 (wie Anm. 3), II: 232, 252 f.

34 Albrecht von Haller: *Briefe über die wichtigsten Wahrheiten der Offenbarung*. 3. Auflage. Reutlingen 1779, 45-47.

35 Albrecht von Haller: *Briefe über einige noch lebenden Freygeister: Einwürfe wider die Offenbarung*. Verbesserte und vermehrte Auflage. 3 Bde. Bern 1778, III: 150.

36 Haller, Tagebücher 1787 (wie Anm. 3), II: 286 (7.3.1773).

37 Ebenda, 226 (14.4.1737).

38 Universitätsbibliothek Tübingen, Handschriften Md 852, 124 (18.10.1740).

Zeugnisse

Haller im Porträt

Marie Therese Bätschmann

In der 1909 erschienenen, grundlegenden Monographie von Artur Weese (1868-1934) zu den Bildnissen Albrecht von Hallers wurden 180 Nummern mit Porträts, Zeichnungen, Stichen, Medaillen, Büsten und Gedenksteinen aufgelistet.[1] Hinzuzurechnen sind all jene, die als Variante oder spezieller Druckzustand lediglich in einer Unternummer erfasst wurden, und neun Nachträge. Gegenüber dem Wissensstand von 1902, wo in 81 Nummern 104 Bildnisse aufgeführt worden waren, war es Weese gelungen, die Kenntnis von Haller-Porträts fast zu verdoppeln.[2] Im Vergleich mit dem Verzeichnis im *Schweitzerischen Museum* von 1788 hatte sich damit die Anzahl sogar etwa um das Neunfache vervielfältigt.[3] Festzuhalten ist, dass viele dieser Darstellungen erst nach Hallers Tod entstanden sind. Dank der Porträtdokumentation der Burgerbibliothek Bern und dem Forschungsprojekt Albrecht von Haller lässt sich Weeses Werk heute um einige wichtige Arbeiten ergänzen. So wurden über den Kunsthandel sowohl die kleine Terrakotta-Büste von Alexander Trippel aufgefunden wie auch das lange vermisste Porträt von Emanuel Handmann wiederentdeckt.[4] Zudem liess sich das Wissen über Haller-Bildquellen präzisieren.

Weese ordnete die Bildnisse nach der Technik in fünf Gruppen: Gemälde und Handzeichnungen: 1-40, Schwarz-Weiss-Bilder: 41-128, Medaillen und Reliefs: 129-141, Büsten: 142-165 und Denkmäler: 166-180. Sein einführender Text verläuft chronologisch. Im folgenden Beitrag seien aus dieser Bildervielfalt die wichtigsten Arbeiten, die zu Lebzeiten Hallers oder kurz nach seinem Tode geschaffen wurden, vorgestellt und deren Rezeption untersucht. Zwei Dinge lassen sich dabei festhalten: Grosse Verbreitung fanden nicht die komplexen, sondern die einfachen Bildkompositionen, und mindestens vier gemalte Porträts wurden für Vorlagen von Stichwerken angefertigt.

Das Ölporträt von 1757 wurde explizit als Vorlage für das Frontispiz der *Elementa physiologiae* hergestellt (vgl. Abb. S. 463). Dies lässt sich an den auf dem Tisch liegenden Büchern erkennen: Zu sehen sind ein Band von Hallers kommentierter Ausgabe der Physiologie-Vorlesungen seines Lehrers Boerhaave sowie die *Philosophical Transactions* der Londoner Royal Society von 1750 mit einer Abbildung der Anatomie von Samenblase und Nebenhoden, die Haller veröffentlicht hatte. Damit wies Haller – wie auch mit der Vorrede der *Elementa* – auf seine eigene anatomische und physiologische Erfahrung hin, die ihn befähigt, ein umfassendes Handbuch zu schreiben. Auf dem Frontispiz der *Elementa* sind diese Details allerdings nicht mehr zu erkennen. – Kniestück, 1757, von Emanuel Handmann, Öl auf Leinwand, 55 x 45 cm. – Burgerbibliothek Bern.

Private Porträts

Albrecht von Haller wurde 1736 und 1757 von den beiden bedeutendsten damals in Bern tätigen Malern porträtiert: zuerst von Johann Rudolf Huber (1668-1748) und dann von Emanuel Handmann (1718-1781).[5] Die zwei Bildnisse übertreffen vor allem durch die Komposition alle anderen Haller-Porträts. Huber, der seit Beginn des 18. Jahrhunderts in Bern die neu gewählten Schultheissen der Stadt porträtierte und sich über Jahrzehnte eine grosse und internationale Klientel zugelegt hatte, malte im Alter von 68 Jahren den um 40 Jahre jüngeren Haller als Schriftsteller (Abb. S. 131). Dessen Stellung als Arzt und Bibliothekar wurden nicht in die Darstellung einbezogen. Huber hatte sich, gewiss in Übereinkunft mit Haller, für ein Porträt in Halbfigur mit Dreiviertelansicht entschieden. Die rechte Hand des Gelehrten ruht in einem aufgeschlagenen Manuskript, die linke Hand hält ein Tintenfass. Der Schreiber lehnt sich zurück und scheint mit einem leicht aufwärts gerichteten Blick auf Inspiration zu warten. Durch Abstützen des Oberkörpers auf den rechten, zum Bildrand parallelen Unterarm neigt sich die Figur auch nach vorne, nahe zum Betrachter und hält sich in einem labilen Gleichgewicht. In direkter Anspielung auf Hallers 1732 publizierte Dichtung *Die Alpen* platzierte der Maler am tiefen Horizont das verschneite Gebirge. Es handelt sich dabei, wie Yvonne Boerlin-Brodbeck nachweisen konnte, um den unteren Grindelwaldgletscher und die Fiescherhörner.[6]

1757, 21 Jahre später, fertigte Emanuel Handmann, im Alter von 39 Jahren und seit zehn Jahren in Bern erfolgreich etabliert, das Porträt des nunmehr fast fünfzigjährigen, 1749 durch Kaiser Franz I. nobilitierten Albrecht von Haller, als Kniestück in Dreiviertelansicht (Abb. S. 498). Der Gelehrte wird in einer Stube gezeigt, die mit einer schwach beleuchteten, mit Lisenen strukturierten Wand und einem dunkelgrünen Vorhang rückseitig abgeschlossen ist. Auf dem mit einem anatolischen Lotto-Teppich bedeckten Tisch befinden sich einige seiner Schriften. Hallers Rechte liegt argumentierend auf einem aufgeschlagenen, illustrierten wissenschaftlichen Werk. Handmann griff mit dem Gelehrten-Kniestück in einer Studierstube einen Bildtypus auf, der in der bernischen Porträttradition selten ist. Umgekehrt wurden Gestik und Ausdruck als wichtige und typische Gestaltungselemente gerne eingesetzt.[7]

Für beide Porträts fehlen Kontrakte oder Zahlungsbelege. Das Gemälde von Huber befand sich stets in Familienbesitz. Artur Weese überliefert, dass das Porträt bereits 1736, im Vorfeld der bevorstehenden Abreise nach Göttingen von dem jüngeren, vorübergehend in Bern weilenden Johann Rudolf Daelliker (1694-1769) kopiert worden sei. Daelliker porträtierte gleichzeitig auch die Gattin Marianne Haller, geb. Wyss (1711-1736).[8] Es scheint naheliegend, dass die neuen Bildnisse als Pendants für die Daheimgebliebenen angefertigt wurden. Das 1757 datierte Handmann'sche Porträt entstand ebenfalls in Zeiten beruflicher Veränderung. Hallers Amtsperiode als Rathausammann endete an Ostern 1757 in Bern. 1758 übernahm er die Direktion der bernischen Salzwerke in Roche.

Mit dem Begriff des ‹privaten Porträts› ist nicht gemeint, dass das Bild rein familiären Charakter hatte und nur dem engeren Verwandtschaftskreis sichtbar war. Familien, die Porträts ihrer Mitglieder in Auftrag gaben, gehörten zu Gesellschaftskreisen, die sich in ihrem Haus dem gesellschaftlichen Rang entsprechend präsentierten. Der Übergang vom Privaten zum Öffentlichen war fliessend.[9] In Hallers Fall dürfte man auch den Besuch von Gelehrten und Reisenden im Blick gehabt haben. Deshalb zeigt Hubers Porträt von 1736 Haller weder als jungen Familienvater noch als Arzt, sondern als Dichter, wie ihn die gelehrte und gebildete Öffentlichkeit vor allem kennen sollte.

Auch das Bild von Handmann konnte diese doppelte Funktion des privaten Erinnerungsbildes wie der repräsentativen Darstellung des Gelehrten übernehmen. Es bildete die Vorlage für das Titelkupfer von Pierre-

Schabkunstblatt, 1745, von Johann Jakob Haid nach der Vorlage eines verschollenen Gemäldes von Christian Nicolaus Eberlein, 31 x 19 cm. – Burgerbibliothek Bern.
Die beiden Stiche dokumentieren die hohen Erwartungen von Gelehrten und Künstlern an die Porträtkunst. Der Augsburger Stecher und Verleger Johann Jakob Haid gab eine Sammlung von Gelehrtenporträts heraus und bat Haller um eine Bildvorlage. Mit dem ihm geschickten, von Christian Nicolaus Eberlein geschaffenen Bild war er nicht recht zufrieden, verfertigte dennoch eine erste Fassung. Diese gefiel auch Haller nicht, worauf er von Johann Rudolf Studer ein neues Porträt malen liess, das als Vorlage für die zweite Fassung diente. Nebst dem Gesicht wurden auch Haltung und Hintergrund verändert und dem ganzen Bildprogramm von Haids Gelehrten-Galerie angepasst.

François Tardieu (1711-1774) für die 1757 erschienenen *Elementa physiologiae* (Abb. S. 463). Dies könnte die bescheidene Grösse des Bildes bestimmt haben.[10] Denn Handmanns Bild ist mit 55 × 45 cm für ein Kniestück relativ klein – Hubers Halbfigur misst 80 × 63 cm. Das handliche Format liess sich bequem rollen, transportieren und dem Reproduktionsstecher zum Nachstechen vorlegen.[11] Es ist mehrfach überliefert, dass Haller Tardieus Reproduktion nicht schätzte.[12] 1759, 1763 und 1766 wurden weitere Titelkupfer nach Handmann bzw. nach Tardieu gedruckt. Obwohl das Porträt in verschiedenen Versionen nachgestochen und von Verlegern in Lausanne, Leipzig und Venedig als Autorenbildnis Hallers eingesetzt wurde, vermochten die Reproduktionen keine allgemeine Bildvorstellung zu prägen und schliesslich geriet das Porträt in Vergessenheit. Weese verzeichnete es unter den vermissten. Unter Verlust seiner Identität

Schabkunstblatt, 1745, von Johann Jakob Haid nach der Vorlage des Bildes von Johann Rudolf Studer (Frontispiz in diesem Band), 31 x 19 cm. – Burgerbibliothek Bern.

kam es erst in den 1990er Jahren aus Genfer Besitz wieder zum Vorschein. Hubers Bild blieb der Ruhm ebenfalls lange verwehrt. Erst 1845 fertigte in Paris François-Louis Couché (1782-1849) davon einen Stahlstich für die Haller-Biographie von Herminie Chavannes (1798-1853) an und verbreitete das Wissen um das Porträt über die Familie hinaus.[13]

Porträts für die Gelehrtenwelt

Für die Bildrezeption sollten sich schlichtere Bildtypen wie die Brustbilder von Johann Rudolf Studer (1692-1771) und Sigmund Freudenberger (1745-1801) als wirkungsvoller erweisen. Studer porträtierte Haller 1745 in Bern, eingekleidet in sein rotes Zeremonien-Habit (Abb. als Frontispiz dieses Bandes). Das Barett, die Studie einer Pflanze sowie ein Oktavbändchen liegen auf einer Tischfläche.[14] Der in Göttingen lehrende Professor hielt sich anlässlich seiner Wahl in den Grossen Rat sechs Wochen in der Stadt auf. Der Auftrag an Studer ist nicht dokumentiert, dessen Plan erschliesst sich aber über die Korrespondenz mit dem Augsburger Verleger und Stecher Johann Jakob Haid (1704-1767).[15] Aus einem Schreiben Haids erfährt man, dass Haller ihm ein erstes, in Schabkunstmanier gefertigtes Blatt nach der heute verlorenen Vorlage von Christian Nicolaus Eberlein (1720-1788) mit Korrekturanweisungen zurückgesandt hatte (Abb. S. 500). Haid teilte Haller mit, dass die Korrekturen nicht befriedigend ausgeführt werden könnten ohne bessere Vorlage. Da in Bruckers *Bildersaal* von 1745 einige Exemplare des Haid'schen Blattes nach Eberlein enthalten und andere jenes nach der Vorlage von Studer, ist klar, dass Haller sich in Bern von Studer für Haid porträtieren liess. Ein Vergleich zeigt, dass die Proportionen des Kopfes wie auch die Gesichtszüge zu berichtigen waren (Abb. S. 501). Die vertikale Haltung des Gelehrten und der mit Vorhang und Bücherregal abgeschlossene Hintergrund festigen und konzentrieren die Komposition. Haid setzte Studers Vorlage kunstvoll um, und mit dem *Bildersaal* fand dieses Porträt weite Verbreitung.[16]

Der Fall ist aufschlussreich. Die Korrektur beschränkte sich nicht auf das Gesicht, sondern betraf auch die Placierung des Gelehrten. Dabei wurde das von Haid vorgegebene Bildprogramm umgesetzt, wie es bei den meisten Porträts im *Bildersaal* zur Anwendung kam: «Der überwiegende Teil der Porträtierten sitzt oder steht vor einem Vorhang, von dem es scheint, daß er gerade, wie in einem Theater hochgezogen sei. [...] Der Gelehrte selbst legt eine Hand auf ein Buch oder hält es hoch [...]. Die individuellen Gesichtszüge der Porträtierten drohen häufig unter den fast stets identischen Perücken zu verschwinden.»[17] Im *Bildersaal* wurde versucht, durch die Vereinheitlichung der Form dem Leser die Einheit und Würde des Gelehrtenstandes vor Augen zu führen. Die Darstellung mit Perücken, Repräsentationskleidern und Familienwappen betonte Ansehen und hohe soziale Stellung der Gelehrten.

Dies war ganz im Sinne Hallers, der einer öffentlichen Anerkennung der Gelehrten grosse Bedeutung für den Fortschritt der Wissenschaften beimass (vgl. den Beitrag zum Forscher und Gelehrten in diesem Band). 1755, nachdem er den ersten Zenit seines Ruhmes erreicht hatte, liess er den Schüler Johann Georg Zimmermann seine Biographie schreiben, und sein Porträt, das Brustbild nach der Mörikofer'schen Medaille auf das Titelblatt setzen.[18] Er hielt es nun offenbar für angebracht, sich selbst als Gelehrten in Szene zu setzen und sein Bildnis in seine Werke einzufügen.[19] So eben auch in den *Elementa physiologiae*. Auf die Ankündigung eines Porträtstichs in diesem Werk antwortete sein Freund, der Genfer Natur-

Der Ruhm des Gelehrten zeigt sich in der Darstellung der kraftvollen Persönlichkeit in einem fiktiven Steinrelief mit der alleinigen Nennung seines Namens ohne weitere Erklärung. Der 1773 von Johann Friedrich Bause nach dem Gemälde von Sigmund Freudenberger (Abb. S. 392) verfertigte Kupferstich wurde die am häufigsten kopierte Vorlage. Sie prägte das posthume Haller-Bild. – 28 x 20 cm. – Burgerbibliothek Bern.

forscher Charles Bonnet, er werde das Bild ausschneiden, einrahmen und es an die Wand neben dasjenige von René Antoine Ferchault de Réaumur hängen: «J'aurai ainsi sous les yeux deux hommes dont je fais le plus de Cas et qui font le plus d'honneur a la science et a la vertu.»[20] Als Haller den Stich aber sah, meldete er nach Genf: «J'ai reçu une copie de mon portrait; il est abominable. [...] Outre la mauvaise gravure il y a un air de Mechanceté sur mon visage, qui va dire du mal de moi a la posterité. Pour moi je conte aracher de mes copies ce malheureux portrait, et le detruire.» [21] Worauf sein Freund antwortete: «Je ne veux donc point du tout de ce portrait, parce que je veux monsieur Dehaller avec cet air de franchise et de Candeur qui sied bien a un Helvétique. Mais priverés vous entiérement ceux qui vous aiment & qui vous estiment du plaisir de posseder dans leur Cabinet une Esquisse de votre Personne?»[22]

Bonnet war in seinem Wunsch nach einem Porträt Hallers nicht allein. Hedwig Charlotte von Nordenflycht (1718-1763), eine schwedische Dichterin, bat um ein Porträt für ihr Kabinett, das die Bildnisse beinahe aller berühmten modernen Schriftsteller enthalten sollte. Sie möchte es neben dasjenige von Alexander Pope hängen, der dort in seiner überragenden Geistesgrösse ziemlich einsam sei. Nach Erhalten des gewünschten Porträts meldete sie nach Bern, nun hätten die Gelehrten ihres Landes, die nie Gelegenheit hatten, Haller kennenzulernen, zumindest die Möglichkeit, sein Bildnis zu bewundern.[23] Auch andere Briefpartner baten um Porträts; so etwa auch Carl von Linné, der schon mehrere Porträts von Gelehrten besass und im Gegenzug eine Medaille mit seinem eigenen Konterfei anbot.[24] Dieser Wunsch nach bildlicher Repräsentation und Präsenz eines Gelehrten war desto grösser, je berühmter eine Person war und je stärker man sich ihr verbunden fühlte. Das Bildnis diente als Ersatz für die Person, von der man viel hörte oder mit der man sich intensiv austauschte, die man aber nur selten oder nie sah, und es reflektiert das Ideal der europaweit verbundenen Gelehrtenrepublik (vgl. den Beitrag zur Gelehrtenrepublik in diesem Band).

Mit dem am häufigsten kopierten Porträt von Sigmund Freudenberger aus dem Jahre 1773 wurde die Bildreduktion weiter vorangetrieben (Abb. S. 392). Das Brustbild gibt den Gelehrten im Alter von 65 Jahren als reifen, ungemein präsenten Menschen und fast ohne Altersspuren wieder.[25] Auf Attribute wurde verzichtet – der Nordstern-Orden, den Haller 1776 erhielt, wurde nachträglich aufgemalt.[26] Aus der Korrespondenz geht hervor, dass Haller dieses Porträt eigens für den in Leipzig tätigen Kupferstecher Johann Friedrich Bause (1736-1814) herstellen liess. Bause, der bei Haid in Augsburg gelernt hatte, war auf Porträtstiche spezialisiert und arbeitete mit dem an der Akademie in Dresden lehrenden Bildnismaler Anton Graff (1736-1813) zusammen. Haller kannte Proben von Stichen Bauses und befand, dass seine alten Bildnisse, ausser einer Miniatur, die er im Augenblick ausgeliehen hätte, nicht als Vorlagen taugen würden. Daher erkundigte er sich am 28. Februar 1773 bei Bause, welche Grösse und welche Technik für das Porträt vorgesehen seien. Am 10. Mai 1773 schrieb er nach Leipzig, das Bild sei mit der Postkutsche nach Frankfurt abgegangen: «Man sagt es sey gut und ähnlich.» Der Stecher wurde angehalten, die Vorlage nach Gebrauch mit einigen Abzügen des neuen Kupferstichs zurückzusenden.[27] Im Druck war das Porträt seitenverkehrt (Abb. S. 503). Offensichtlich arbeitete Bause ohne Umzeichnung. Die Arbeit gehört mit den Porträts von Johann Jakob Bodmer, Salomon Gessner, Johann Joachim Winckelmann, Immanuel Kant und Johann Georg Sulzer in eine

Haller ging es beim Porträt vor allem darum, in seinem Charakter dargestellt zu werden. Tardieus Stich (Abb. S. 463) fand er schrecklich, da der Dargestellte eine «air de mechanceté» habe. Das hier abgebildete Porträt von Balthasar Anton Dunker war wohl dasjenige, das ihm am besten gefiel. An Charles Bonnet meldete er, es sei «reussi en perfection [...]. C'est bien un v[i]eillard; il a de la physionomie»; an Eberhard Friedrich von Gemmingen schrieb er etwas zurückhaltender, es sei «nicht vollkommen, aber weit besser, als das Bause'sche» (Abb. S. 503). Das Bild sollte dem entsprechen, was er sich grundsätzlich erhoffte: «Je voudrois, si la chose etoit possible, passer a la posterité comme l'ami des hommes aussi bien que comme l'ami de la verité» (an Bonnet, 12.2.1762). – Burgerbibliothek Bern.

Aus dem Schattenriss von Hallers Kopf lässt sich nach dem Urteil Lavaters unter anderem ein ausserordentlicher Verstand, ein unerschöpflicher Ideenreichtum, eine unfassbare Gelehrsamkeit und eine feine Empfindsamkeit ablesen. Haller beurteilte die physiognomische Lehre kritisch und entgegnete, dass Lavater diese Eigenschaften wohl eher aus Hallers Schriften als aus der Silhouette abgeleitet habe. – Schattenriss von Hallers Kopf, 21 x 15 cm, abgedruckt in Johann Kaspar Lavaters *Physiognomischen Fragmenten*. 4 Bde. Leipzig, Winterthur, 1775-1778, I, bei S. 220. – Burgerbibliothek Bern.

Folge von über 150 Bildnissen, die als Kleinfolio präsentiert wurden.[28] In Bauses Kupferstich erfuhr das Porträt von Freudenberger grösste Verbreitung. Die Arbeit wurde mit kleinen Varianten vielfach reproduziert.[29]

Nun konnte Haller den Wunsch Bonnets nach einem Porträt endlich befriedigen; er meldete nach Genf: «Je vais avoir un portrait a presenter a mes amis.»[30] Und nochmals drei Jahre später kündigte er einen neuen Kupferstich des schwedischen, in Bern tätigen Malers Balthasar Anton Dunker (1746-1817) an (Abb. S. 505): «Les poesies allemandes vont sortir de presse sans pouvoir etre vendues, a cause du portrait qu'il faut graver. Il a reussi en perfection a un Suedois, qui s'est marié ici. C'est bien un v[i]eillard; il a de la physionomie.»[31] Der Briefwechsel mit Bonnet zeigt, worauf es Haller ankam; die Verbreitung des Ruhms als Gelehrter war ihm wichtig, und dementsprechend liess er auf Wunsch der Kupferstecher auch in aller Eile neue Porträts herstellen, entscheidend dabei aber war, dass sein Charakter dargestellt wurde.

Ruhm und Nachruhm

Johann Caspar Lavater (1741-1801) bemühte sich in Zusammenhang mit seinen physiognomischen Studien um ein Porträt Hallers. Seine Anfrage im Jahre 1773 stiess zunächst auf Unverständnis. Haller musste nachfragen, was unter einer Silhouette zu verstehen sei. Er antwortete nach Zürich, dass er eine Zeichnung im Profil besässe, die aber schlecht geraten sei, ausserdem würde Bause sein Gesicht in Dreiviertelansicht stechen.[32] Ein

Die auf eigene Initiative und Kosten des Künstlers Johann Melchior Mörikofer 1754 hergestellte Medaille zeigt Haller im Profil, in theatralischer Grösse und im konventionellen Stil der damaligen Schaumünzen. Der Kopf ist kaum zu unterscheiden vom englischen König auf der auch von Mörikofer verfertigten Preismedaille der Göttinger Gesellschaft der Wissenschaften (Abb. S. 337). Auf der Rückseite werden Hallers Leistungen als Arzt, Botaniker und Dichter symbolhaft überhöht. Darüber steht: «Patriae nova serta paravit» («Dem Vaterland hat er neue Kränze gewunden»). Die Medaille wurde in deutschen, französischen und englischen Zeitschriften vorgestellt und den Verehrern und Sammlern zum Kauf in Silber, Kupfer, Bronze und Zinn angeboten. Hier dargestellt sind zwei Goldprägungen, wie sie im 19. Jahrhundert als Preise verliehen wurden. – Durchmesser: 5,3 cm. – Historisches Museum Bern.

paar Wochen später sandte Haller die gewünschte Arbeit. Lavater veröffentlichte die Silhouette 1775 im XVII. Fragment: *Physiognomische Uebungen zur Prüfung des physiognomischen Genies*, ohne Hallers Namen zu nennen, und bemerkte dazu: «Unter so vielen hundert Silhouetten, die ich sammelte und sahe, zeichnet sich diese gerade so aus, wie das Urbild derselben unter den Gelehrten» (Abb. S. 506).[33] Kein Maler und kein Zeichner habe bisher die entscheidenden Züge, weder als Vollgesicht, noch das Profil, wirklich getroffen. Die publizierte Silhouette aber leistete dies. Lavater präsentierte sie als die bildgewordene Darstellung der geistigen und menschlichen Gaben des Gelehrten, die er detailliert aufzählte: «Außerordentliche Verstandeshelle; die möglichste Bestimmtheit, Nettigkeit und Ordnung der Begriffe; Kraft, sie ins angenehmste sinnliche Licht darzustellen; unerschöpflicher Reichthum der Ideen, vereint mit der äußersten Sparsamkeit der Worte; ein allumfassendes heiteres Gedächtniß; der reinste Geschmack; Kraft in allem, und ruhiges Empfinden seiner Kraft; eine allen Glauben übersteigende, tiefe, feste Gelehrsamkeit; ein Fleiß ohne Beyspiel, gleichweit entfernt von Aengstlichkeit und Stürmerey; Klugheit und Fertigkeit in allen Unternehmungen; unaufhörliche, freye, unpedantische Calculation – und bey allem dem so viel feine Empfindsamkeit, so viele Theilnehmung am Schönen, Guten, Edlen, Wahren, Göttlichen – ».[34] Lavaters Aufzählung zeigt in extremis, wie stark im sich zunehmend für Biographien begeisternden 18. Jahrhundert die Kenntnis vom Leben und Wirken einer Persönlichkeit auf die Gestaltung und Wahrnehmung des Porträts einwirkte.[35] Lavater bemerkte im vierten Band seiner *Physiognomischen Fragmente* zum Haller-Stich von Johann Heinrich Lips (1758-1817): «Und nicht Haller! [...] Höchstens etwas von seiner Stirne, und seinem Auge – [...] Der untere Theil könnte des gemeinsten Gelehrten seyn.»[36] Hallers Ruhm als das übliche menschliche Mass sprengende Geistesgestalt hatte sich bei Lavater so stark festgesetzt, dass ein Porträt, das aus Sicht des Physiognomikers diesem Bild nicht entsprach, nur falsch sein konnte.

Der über das Mittelmass gehende Ruhm des Gelehrten spiegelte sich auch darin, dass neben den zweidimensionalen Porträts auch dreidimensionale Werke entstanden. Johann Melchior Mörikofer (1706-1761) prägte bereits 1754 eine Medaille (Abb. S. 507). Er entwarf diese in Anlehnung an seine zu Ehren Georg II. König von England gefertigte Porträtmedaille und als Dank für den Auftrag der Preismedaille der Universität Göttingen. Wie aus einem Brief von Franz Ludwig Jenner (1725-1804) an Haller hervorgeht, war Mörikofers edle Geste nicht völlig uneigennützig: «La medaille, que votre Graveur veut Vous dedier, est bien une politesse de sa façon, et comme elle sera un Ouvrage, par lequel il voudroit se faire connoitre et se distinguer, il attendra Votre arrivée pour pouvoir confronter et corriger le Buste en lire, ayant l'originale devant lui pour le revers et la devise il aura encore l'honneur de Vous consulter à Berne, et il prendra de telles precautions, que personne ne soupçonnera, que Vous lui aviez fourni l'idée.»[37] Mörikofers Medaille wurde 1754 in den Zürcher *Monatlichen Nachrichten* angekündigt und in Silber (für 7 Gulden 24 Kreuzer), Kupfer (1 Gulden 48 Kreuzer), Bronze (45 Kreuzer) und Zinn (36 Kreuzer) angeboten.[38] So konnten sich auch weniger betuchte Gelehrte und Sammler die Medaille für ihr Münzkabinett anschaffen, und Haller konnte seinen Freunden mit einem besonderen Geschenk aufwarten. Die Medaille fand über Umzeichnungen in verschiedenen Publikationen, wie auch jener von Lavater, weite Verbreitung.[39]

Die nächste Stufe des Ruhms verkörpern die vollplastischen Büsten, die gegen Hallers Lebensende entstanden. Johann Friedrich Funk (1745-1811) entschied sich für eine Darstellung des Gelehrten in Anlehnung an Freudenberger in Zeittracht und mit Perücke, Rock und Spitzenjabots sowie

1804 wurde erstmals ernsthaft geplant, Haller in Bern ein Denkmal zu errichten. Mehrere Vorschläge wurden eingereicht, so auch die hier abgebildete Büste auf einem Postament, die an einem Weiher unter einer Trauerweide im Garten des Sommerleists (Laupenstrasse 5) hätte aufgestellt werden sollen. Schliesslich wurde nur eine bescheidenere Büste im Botanischen Garten gesetzt. – Johann Valentin Sonnenschein, Haller-Büste und Postament mit Reliefs und rückseitiger Inschrift auf einem Fels-Sockel, Modell für ein Denkmal, 1804, gebrannter Ton und Gips, bemalt, Gesamthöhe 45 cm. – Privatbesitz.

angestecktem Nordstern-Orden in natürlicher Grösse (Abb. S. 363). Der gesenkte Blick deutet an, dass die Büste erhöht, über dem Augenpunkt aufgestellt werden sollte.[40] Alexander Trippel (1744-1793) schuf in Analogie zu Heinrich Pfenninger (1749-1815) eine kleine Terrakotta-Büste des Gelehrten mit Mütze und hochgeschlossenem Rock.[41]

Zeichen des höchsten Ruhms sind schliesslich die eigentlichen Denkmäler; sie wurden nach Hallers Tod geplant und nur teilweise verwirklicht. Schultheiss Niklaus Friedrich von Mülinen (1760-1833) liess ihm auf seinem Landgut einen Gedenkstein setzen.[42] 1804/05 wurden der naturforschenden Gesellschaft verschiedene Vorschläge für ein Denkmal unterbreitet.[43] Darunter befand sich auch das Projekt von Johann Valentin Sonnenschein (1749-1828). Er schuf Haller ein besonderes Ehrenmal, indem er dessen Büste mit einer Toga versah und so den verstorbenen Gelehrten den antiken Philosophen gleichstellte. Gemäss Beschreibung sollte die Büste auf einem Postament stehen, dessen Seiten mit Reliefs geschmückt sind, die auf Hallers grosse Geisteseigenschaften einen natürlichen Bezug haben: Auf der Frontseite sind der Genius des Todes und Psyche dargestellt, auf den Seiten Apoll mit einer Leier als Gott der Dichtkunst und Solon mit einer Gesetzesrolle als weiser Denker und Redner. Das in Marmor auszuführende Postament hätte Sonnenschein auf einen rohbehauenen Granit setzen wollen, wie dies im hier neu identifizierten Modell (Abb. S. 509) ersichtlich ist.[44] Als Standort schlug Sigmund Wagner (1759-1835) drei Varianten vor: 1. eine romantische Anlage im Garten des Sommerleists, 2. ein schlichtes Monument im Botanischen Garten und 3. ein Rundtempelchen auf der Münzterrasse.[45] 1810 wurde schliesslich die bereits 1803 in Carrara-Marmor gehauene Büste ohne Draperie des in Paris tätigen Bildhauers Sebastian Caldelari (gest. 1819) auf einen schlichten Sockel gesetzt. Hallers Sohn Rudolf Emanuel (1747-1833) hatte sie in Auftrag gegeben und finanziert. Die Büste stand nur für kurze Zeit im Botanischen Garten, der im aufgehobenen Barfüsserfriedhof 1804 bei den Bibliothek- und Akademiegebäuden neu eingerichtet worden ist. Aus konservatorischen Gründen ersetzte man den Marmor bald durch einen Bronzeguss.[46] In den 1860er Jahren stiftete Theodor Zeerleder, der Berner Architekt, der 1850 in Abusimbel gewesen war – vielleicht in Erinnerung an die Kolossalfiguren ägyptischer Standbilder für die Fassade des ehemaligen Gesellschaftshauses der Museumsgesellschaft am Bundesplatz sieben Standbilder bedeutender Berner. Unter ihnen befand sich auch die Figur Albrecht von Hallers. Der Gelehrte erfuhr als Teil der Gruppe eine Historisierung.[47] Das einzige grössere Denkmal wurde Haller in Bern anlässlich der Feiern zum 200. Geburtstag 1908 errichtet: das durch private Spenden finanzierte Monument von Hugo Siegwart (1865-1938) stellte man zentral vor das Hauptgebäude der Berner Universität (Abb. S. 8 und 511). Der hochgesockelte, 280 cm grosse Bronze-Haller blickte auf die von ihm besungenen Alpen und wirkte als Vorbild für die erst 1834 gegründete Universität. 1967 versetzte man die Statue seitlich unter die Bäume, wo sie heute kaum mehr wahrgenommen wird.[48]

Die beiden Berner Ansichtskarten zeigen das von Otto Siegwart 1908 errichtete Hallerdenkmal in der Hauptachse vor der Universität und den Blick vom Denkmal aus auf die vom Dichter besungenen Alpen. Sie demonstrieren die grosse Bedeutung, die Haller im Selbstverständnis von Stadt und Universität zu dieser Zeit einnahm. 1967 versetzte man die Statue seitlich unter die Bäume, wo sie kaum noch wahrgenommen wird. – Burgerbibliothek Bern.

Anmerkungen

1 Artur Weese: *Die Bildnisse Albrecht von Hallers*. Bern 1909. Weitere Literatur zur Haller-Ikonographie in Hubert Steinke, Claudia Profos (Hg.): *Bibliographia Halleriana. Verzeichnis der Schriften von und über Albrecht von Haller.* Basel 2004, 260 f.

2 *Katalog zur Haller-Ausstellung 1902 in der Stadtbibliothek von Bern zu Gunsten des Haller-Denkmals.* Bern 1902, 25-35, 37.

3 Weese 1909 (wie Anm. 1), 271 f. und Anm. 1-4.

4 *Alexander Trippel.* Katalog der Ausstellung im Museum zu Allerheiligen. Schaffhausen 1993, 60; Weese 1909 (wie Anm. 1), 167 f., Nr. 37 führte das Porträt unter den verschollenen Bildern auf. Zur Auffindung vgl. Harald J. Wäber: ‹Das leider verloren gegangene Bild ...›: ein Glanzlicht im Geschehen der Burgerbibliothek Bern. In: *Berner Zeitschrift für Geschichte und Heimatkunde*, 56 (1994), 201-212.

5 Vgl. Manuel Kehrli: *Johann Rudolf Huber (1668-1748): ‹Hofmaler› der Stadt und Republik Bern.* Lizentiatsarbeit Universität Bern 2005; Thomas Freivogel: *Emanuel Handmann, 1718-1781: ein Basler Porträtist im Bern des ausgehenden Rokoko.* Murten 2002.

6 Yvonne Boerlin-Brodbeck: «Wall dir von Gott»? Alpenlandschaft als Legitimationsfaktor. In: *Helvetia unterwegs. Schweizerische Eidgenossenschaft – Ideen und Realitäten.* Basel 1991, 28-41, hier 34-36, vgl. auch Dies. In: Beat Stutzer (Hg.): *Der romantische Blick. Das Bild der Alpen im 18. und 19. Jahrhundert.* Chur 2001, 32.

7 Freivogel 2002 (wie Anm. 5), 64 f. – zum Beispiel für Hieronymus von Erlach, Leonard Euler, Emanuel von Graffenried.

8 Weese 1909 (wie Anm. 1), 24 f., 152, Nr. 3. Daellikers Kopien befanden sich 1909 in Privatbesitz.

9 Vgl. dazu mit besonderem Bezug auf die Gelehrtenporträts Ludmilla Jordanova: *Defining features. Scientific and medical portraits 1660-2000.* London 2000, 25-32.

10 Die Vorlage für die bei Bousquet 1755 erschienenen *Disputationes chirurgicae* genügte den Ansprüchen von Autor und Verleger offensichtlich nicht; vgl. Weese 1909 (wie Anm. 1), 193, Nr. 77.

11 Der Basler Verleger Christian v. Mechel kam in Schwierigkeiten, weil er sein Versprechen nicht einhalten konnte, dass die von ihm eigens in Paris engagierten Stecher für die Düsseldorfer Galerie nicht nach den Originalen arbeiten konnten; vgl. Lukas Heinrich Wüthrich: *Christian von Mechel. Leben und Werk eines Basler Kupferstechers und Kunsthändlers (1737-1817).* Basel, Stuttgart 1956, 123 f.

12 Wäber 1994 (wie Anm. 4), 201 f.; Freivogel 2002 (wie Anm. 5), 155. Tardieu veränderte vor allem die Proportionen und machte aus Haller einen Sitzriesen mit überlängtem Oberkörper und einem verhältnismässig kleinen Kopf, der in der druckgraphischen Verkleinerung viel summarischer wirkt als im gemalten Original. Vgl. auch Weese 1909 (wie Anm. 1), 188-191, Nrn. 69-72.

13 Weese 1909 (wie Anm. 1), 171, Nr. 41.

14 Die Pflanze ist nicht exakt identifizierbar. In Studers Porträt könnte es sich um den Gelbfrüchtigen Kälberkopf (Chaerophyllum aureum) handeln, den Haller in seiner *Flora Ienensis* (1745), Tafel V abbildete. Für Haids Blatt kommt eher das auf der Tafel III dargestellte Wald-Greiskraut (Senectio sylvaticus) in Frage (Information von Luc Lienhard).

15 Briefe Haids und Johann Jakob Bruckers in der Burgerbibliothek Bern, Nachlass Haller.

16 Weese 1909 (wie Anm. 1), 172 f., Nr. 42 – das Blatt wurde zum Beispiel auch von privater Hand nachträglich in die dritte Auflage von Hallers Gedichten (1747) eingebunden (Exemplar in der Burgerbibliothek Bern).

17 Christoph Schreckenberg: Die Gelehrtenbildnisse in Jacob Bruckers und Johann Jacob Haids ‹Bilder-sal›. Augsburg 1741-1755. Anmerkungen und Überlegungen. In: Peter Berghaus (Hg.):

Graphische Porträts in Büchern des 15. bis 19. Jahrhunderts. Wiesbaden 1995, 139-147, hier 143.

18 Weese 1909 (wie Anm. 1), 200, Nr. 90.

19 Vgl. Johann Georg Zimmermann: *Das Leben des Herrn von Haller.* Zürich 1755. Auf folgenden seiner autorisierten Ausgaben ist Haller im Porträt abgebildet: *Opuscula pathologica* (1755), *Disputationes chirurgicae selectae* (1755), *Elementa physiologiae* (1757), *Disputationes ad morborum historiam et curationem facientes* (1757), *Gedichte,* Auflagen von 1772 und 1777.

20 Bonnet an Haller, 7.9.1757; Otto Sonntag (Hg.): *The correspondence between Albrecht von Haller and Charles Bonnet.* Bern etc. 1983, 114.

21 Haller an Bonnet, 16.9.1757; ebenda, 116.

22 Bonnet an Haller, 14.10.1757; ebenda, 119.

23 Briefe an Haller, 12.10.1752, 2.2. 1753; Burgerbibliothek Bern, Nachlass Haller.

24 Linné an Haller 24.9.1746 (5.10. 1746); Burgerbibliothek Bern, Nachlass Haller.

25 Mit etwas eingefallenen Wangen und einer leicht eingezogenen Oberlippe. Letztere hielt bereits Handmann fest, vgl. Wäber 1994 (wie Anm. 4), 208.

26 Haller erhielt den Orden Ende 1776, vgl. Weese 1909 (wie Anm. 1), 156, Nr. 8 und 235.

27 Haller an Bause, 10.5.1773; Universitätsbibliothek Leipzig.

28 Weese 1909 (wie Anm. 1), 193 f., Nr. 78.

29 Dies lässt sich eindrücklich bei Weese überprüfen, vgl. Weese 1909 (wie Anm. 1), 177-183, Nrn. 51 ff. Neben den Nachstichen entstanden auch verschiedene gemalte Kopien nach Bause bzw. nach Freudenberger, vgl. dazu die Porträtdokumentation der Burgerbibliothek Bern.

30 Haller an Bonnet, 23.3.1773; Sonntag 1983 (wie Anm. 20), 1071.

31 Haller an Bonnet, 28.7.1776; ebenda, 1229.

32 Haller an Lavater, 25.9.1773, kurz vor dem 29.9.1773; Zentralbibliothek Zürich, Nachlass Lavater.

33 Johann Caspar Lavater: *Physiognomische Fragmente zur Beförderung der Menschenkenntniß und Menschenliebe.* 4 Bde. Leipzig und Winterthur 1775-1778, I: 219-221

34 Lavater 1775-78 (wie Anm. 33), I: 220.

35 Vgl. Jordanova (wie Anm. 9), 27-29. Haller beurteilte Lavaters Projekt in den *Göttingischen Anzeigen von Gelehrten Sachen,* 1776, 138-146 kritisch. Zu seinem eigenen Profil bemerkte er: «[...] wie dann in einer Silhouette eines bekannten Göttingischen Lehrers Hr. L. eine Menge von Eigenschaften wahrnimmt, die er aus den Schriften desselben erkennt zu haben vermuthlich sich versichert, die uns aber viel zu fein vorkommen, als daß man sie in einem Schattenrisse unterscheiden könnte; wie z. E. das beständige Calculiren, bey einem dennoch heitern und poetischen Genie» (144).

36 Lavater 1775-78 (wie Anm. 33), IV: 252.

37 Jenner an Haller, 7.1.1753, Burgerbibliothek Bern, Nachlass Haller.

38 Weese 1909 (wie Anm. 1), 199 f., Nr. 89.

39 Weese 1909 (wie Anm. 1), 223 f., Nr. 1329 – Zu Mörikofer speziell Walter Bieri: *Johann Melchior (1706-1761) und Johann Kaspar Mörikofer. Ihre Medaillen und Schulprämien.* Lizentiatsarbeit der Universität Freiburg i. Ue. 1983. 2 Bde. I: 19-24. Die Medaillenstempel gelangten in Besitz von Ratsherr Ludwig Zeerleder, der sie 1809 der Berner Akademie schenkte und eine Stiftung errichtete, wonach alle fünf Jahre dem besten Studenten eine in Gold geprägte Haller-Medaille verliehen werden konnte. Sie wird auch heute noch – allerdings in Silber – verliehen.

40 Weese 1909 (wie Anm. 1), 232 f., Nr. 142.

41 Trippel 1993 (wie Anm. 4), 60-62, Nr. 7. – Nicht bei Weese 1909 (wie Anm. 1).

42 Weese 1909 (wie Anm. 1), 249, Nr. 166b.

43 Ebenda, 252.

44 Ebenda, 238 f., bei Nr. 149, be-

schrieben aber nicht nachgewiesen. Die Identifikation ist anhand der Beschreibung von [Sigmund Wagner] Haller's Denkmal, in: Johann Georg Meusel: *Archiv für Künstler und Kunstfreunde*, 1 (1805), 74-79 möglich.

45 Weese 1909 (wie Anm. 1), 99-114, 251-254, Nrn. 168-170.

46 Berchtold Weber: *Historisch-Topographisches Lexikon der Stadt Bern*. Bern 1976, 27, 41. Caldelaris Büste befindet sich seither im Hallersaal der Stadt- bzw. der Burgerbibliothek Bern, vgl. Weese 1909 (wie Anm. 1), 235 f., Nrn. 143 f.

47 Weese 1909 (wie Anm. 1), 257 f., Nrn. 175 f. zur Zeerleder'schen Stiftung vgl. Mathias Bäbler, Marie Therese Bätschmann: *Mit Zirkel und Palette. Theodor Zeerleder (1820-1868), Berner Architekt, Zeichner, Orientreisender*. Bern 2006, 206-208.

48 Weese 1909 (wie Anm. 1), 260 f., Nrn. 179 f. Zum Verhältnis zwischen Haller und der Berner Universität vgl. Franziska Rogger: Haller hallt aus allen Hallen. In: *Unipress. Forschung und Wissenschaft an der Universität Bern*, 135 (Dezember 2007), 32 f.

Hallers Bibliothek und Nachlass

Barbara Braun-Bucher

Die Bibliothek

Am 12. Dezember starb Haller zuhause im Kreis seiner Familie, inmitten seiner Bücher und Manuskripte, die in seine Wohnung an der Inselgasse 5 in fünf Zimmern auf einer Wandlänge von 190 Fuss (rund 60 Meter) aufgestellt waren.[1] Einige Jahre vor seinem Tod hatte er eine Zusammenstellung der Bestände erstellt, gemäss deren er 1'874 Bände zur Anatomie und Physiologie besass, 953 zur Chirurgie, 3'094 zur praktischen Medizin, 1'596 zur Botanik, 2'470 zur Naturgeschichte, 1'677 Zeitschriften und ‹Mémoires› von Akademien, 350 Bände Dissertationen, 1'253 Varia, 100 Bände Herbar, und 145 vorwiegend autographe und teilweise unveröffentlichte Manuskripte, total 13'512 Einheiten, wobei die 350 Dissertationsbände ihrerseits rund 13'000 einzelne Dissertationen enthielten.[2] Damit zählte Hallers Privatbibliothek zu den ganz grossen seiner Zeit. Gewöhnliche Ärzte ohne besondere gelehrte Neigungen besassen meist nur eine Handvoll Bücher, solche mit weitgehenderen intellektuellen Interessen meist ein paar Hundert.[3] Noch grössere Bibliotheken waren die Ausnahme, auf die ganze gelehrte Bevölkerung in Europa und das 17. und 18. Jahrhundert verteilt müssen wir aber doch mit rund 25'000 bedeutenden Privatsammlungen rechnen.[4] Gerade im 18. Jahrhundert entstanden einige Bibliotheken mit mehreren Tausend Bänden, nur ganz wenige erreichten aber die Grösse derjenigen Hallers.[5] Beispielsweise umfassten die Bibliotheken der vielseitig lesenden und tätigen Voltaire und Goethe 2'800 beziehungsweise 5'500 Bände.

Die Existenz grosser Privatbibliotheken erklärt sich durch zwei Umstände. Erstens gab es keine grossen öffentlichen Bibliotheken. Die Universitätsbibliothek Leiden besass beispielsweise auch am Ende des 18. Jahrhunderts nur rund 15'000 Titel.[6] Die Universitäten bauten auf die Privatbestände der Professoren, die für den Unterricht eingesetzt wurden. Wollte ein Gelehrter mehr als nur die Bücher der führenden Autoritäten konsultieren, war er auf den Aufbau einer eigenen Bibliothek angewiesen. Zweitens verbreitete sich mit der Frühaufklärung im späten 17. und frühen 18. Jahrhundert die Büchergelehrsamkeit.[7] Es wurde deutlich mehr publiziert, und viele Gelehrte hatten den Anspruch, das Wissen ihrer Zeit in ihrer Bibliothek abzubilden. Hallers Bibliothek stellt allerdings in Bezug auf beide diese Umstände eine Neuerung dar. Erstens entstand gerade in Göttingen die erste grosse Forschungsbibliothek, die den Anspruch hatte, die Lehrenden und Studierenden auf umfassende Weise mit der nötigen Literatur für Lehre und Forschung zu versorgen (vgl. den Beitrag zu Göttingen in diesem Band). Dass Haller dennoch eine eigene grosse Bibliothek aufbaute, liegt wohl daran, dass er immer damit rechnete, nur vorübergehend in Göttingen zu bleiben. Zweitens ist Hallers Bibliothek trotz ihrer Grösse nur teilweise Ausdruck einer Büchergelehrsamkeit. Vielmehr ist sie bedingt durch Hallers Forschungsverständnis, das eine genaue und umfassende Kenntnis der Literatur verlangt, um den aktuellen Stand und die Lücken des Wissens festzustellen und die Forschung entsprechend auszurichten. In diesem Sinn war sie weniger eine barocke Wissens- und Wunderkammer als vielmehr primär ein zukunftsgerichtetes Arbeitsinstrument. Aus dieser Funktion heraus gewinnt sie ihre besondere Qualität. Sie besticht zwar auch durch ihre Grösse, ist aber insbesondere in Bezug auf ihren sachverständig und mit grosser Zielstrebigkeit gesammelten medizinisch-naturgeschichtlichen Bestand als die wohl bedeutendste Privatbibliothek des 18. Jahrhunderts zu bezeichnen. Dabei fallen vier Dinge auf. Erstens ist die Bibliothek stark auf die medizinischen und naturhistorischen Wissenschaften fokussiert. Auch wenn sie zahlreiche literarische, philosophische und politische Werke enthält, liegt ihr Schwergewicht doch eindeutig in diesen Fachbereichen. Zweitens machen die rund 13'000 Dissertationen über die Hälfte der Titel aus. Drittens ist die Bibliothek ausgesprochen international: Von den heute nachweisbaren gut 23'000 Titeln wurden 1750 in Leipzig gedruckt, 1706 in Paris, 1560 in Leiden, 1347 in Jena, 1241 in Halle a.d. Saale, 957 in London, 853 in Strassburg, 840 in Göttingen, 599 in Basel, 594 in Stockholm, 556 in Wittenberg, 544 in Amsterdam und ebenso viele in Frankfurt am Main. Gut vertreten sind ebenfalls Berlin, Edinburgh, Montpellier, Wien, Zürich und die Städte Norditaliens (vgl. Karte S. 323). Und viertens liegt der Schwerpunkt auf der aktuellsten Literatur. 1'000 Werke stammen aus dem 16., 5'500 aus dem 17. und der Rest aus dem 18. Jahrhundert, wobei insbesondere die Schriften ab 1740 gut, und zwar mit rund 300 Titeln pro Jahr, vertreten sind. Diese vier Charakteristika spiegeln Hallers wissenschaftliche Ideale und Anforderungen (vgl. den Beitrag zum Forscher und Gelehrten in diesem Band). Der einzelne Gelehrte muss sich in seinen Forschungen auf einige wenige Gebiete spezialisieren, um die Wissenschaften vorantreiben zu können. Dabei muss die Literatur möglichst vollständig erfasst und bekannt gemacht werden; es müssen also die Schriften aus allen Ländern und auch die schwer greifbaren Dissertationen berücksichtigt werden. Dies gelingt Haller dank seinem hervorragenden Beziehungsnetz auf einzigartige Weise (vgl. den Beitrag zur Gelehrtenrepublik in diesem Band). Die neu erscheinende Literatur muss schnell und kritisch erfasst werden. Die Anzahl von 300 Werken für die Jahre ab 1740 entspricht ungefähr derjenigen von Hallers Rezensionen und belegt deutlich, wie sehr die Bibliothek nicht Abbild des antiquarischen Büchersammlers, sondern des an vorderster Front tätigen Forschers ist (vgl. den Beitrag zur Literaturkritik in diesem Band).

Bereits zu Lebzeiten, 1769, versuchte Haller, der Stadt Bern seine Bibliothek zum Kauf anzubieten; der Kleine Rat lehnte ab. Haller trat anschliessend mit dem Herzog Karl von Württemberg (1728-1793), einem Förderer von Kunst und Wissenschaft, in Verhandlungen, die sich jedoch zerschlugen.[8] Nach dem Tod Hallers kümmerte sich der älteste Sohn, Gottlieb Emanuel (1735-1786), um die Hinterlassenschaft. Der Erhalt der Bibliothek als Ganzes hatte oberste Priorität, zudem sollte sie der schweizerischen Eidgenossenschaft erhalten bleiben. Schon im Januar 1778 korrespondierte Gottlieb Emanuel mit dem Wettinger Abt Sebastian Steinegger, dem zwar die Bibliothek zu teuer war, der aber seine Beziehungen in Wien ins Spiel brachte.[9] Anfang Mai traf ein Brief vom Grafen Karl Joseph von Firmian (1716-1782) aus Mailand ein, dem kaiserlichen Minister, Förderer der Wissenschaften und Künste, der Interesse am Kauf der Bibliothek anmeldete. Ganz oder auch teilweise möchte Wien die vor allem die Medizin, Chirurgie, Anatomie, Botanik und Naturgeschichte betreffenden Bücher erwerben, um die Bestände der Bibliothek im nun öffentlich zugänglichen ehemaligen Mailänder Kollegium des Jesuitenordens mit 24'000 Bänden aus den Gebieten der Theologie, Philosophie, Sprachwissenschaften, Literatur und Geschichte und der 1763 käuflich erworbenen, 18'000 Bände umfassenden Sammlung des Grafen Carlo Pertusati (1674-1755) zu ergänzen. Zudem war geplant, mit den anfallenden Dubletten, auch andere wissenschaftliche Institutionen der österreichischen Lombardei auszustatten. Firmian hielt den Preis von 2'000 Louis d'or in Anbetracht der Qualität und Quantität der Bücher für attraktiv, zumals sich die Braidense mit diesem Ankauf den praktischen und angewandten Wissenschaften öffnen konnte und damit dem für die moderne Kulturpolitik beispielhaften, theresianischen Bildungsideal entsprach.[10]

Da auch die Familie in Bern auf einen schnellen Abschluss drängte, ging der Kauf zügig voran. Die für den Verkauf nötige Genehmigung des Berner Kleinen Rats wurde nicht zuletzt deswegen erteilt, weil man so die Einheit der Bibliothek und damit deren weiteren Nutzen als gesichert betrachtete.[11] Bereits am 11. Juli 1778 trafen die Bevollmächtigten der österreichischen und lombardischen Regierung, Carlo Carlini, Bibliothekar und Kustos an der Braidense-Bibliothek, und der sprachenkundige Baron Anton von Cronthal, Professor an der Akademie von Brera und zweiter Bibliothekar der Braidense, in Bern ein und beaufsichtigten die Verpackung. 154 Kisten überquerten bei Schneetreiben im September auf Mauleseln den Gotthard und erreichten Mailand am 4. Oktober. Ein Drittel wurde zwar in sechs Monaten ausgepackt, es war jedoch unklar, wo die Bücher ein- und ob sie als Einheit aufgestellt werden sollten. Die deutschen Bücher waren noch im Sommer 1779 unangetastet, da keiner dem Inhalt und der Sprache gewachsen war. Wien unterbrach die zeitraubende systematische Katalogisierung gegen Ende des Jahres 1780, die Aktualisierung des Verfasserkatalogs erforderte die schnelle und präzise Aufstellung und die Dublettenverteilung. Das Prinzip, das beste Exemplar am Ort zu behalten, das zweitbeste nach Pavia und die übrigen an andere Bibliotheken der Region zu verschicken, wurde durchbrochen. Es verliessen Bücher das Haus, die keine Dubletten waren, man behielt mehrere Kopien derselben Ausgabe, die Bedürfnisse der Bibliothek in Mantua gingen jenen der Universität Pavia vor, und andere Gründe mehr waren dafür verantwortlich.

Die ideelle und materielle Einheit von Hallers Sammlung, die vor allem auf die allgemeine medizinisch-naturwissenschaftliche Abteilung der Braidense und die Universitätsbibliothek von Pavia verteilt wurde, liess sich nur dank Besitzervermerken, handschriftlicher Anmerkungen und der Ex Libris rekonstruieren. Dank dem von Maria Teresa Monti erstellten Katalog sind wir über den Bestand genau informiert.[12] Eine ausführlichere Untersuchung über die Entstehung und Bedeutung der Bibliothek für Hallers Arbeit steht noch aus. Eine erste Analyse widmet sich Hallers eigenem Katalog von 1735, der 1'200 Titel verzeichnet.[13] Die Haller-Datenbank der Universität Bern enthält den ganzen Katalog von Monti sowie denjenigen von 1735 und Teile des umfangreicheren Katalogs von 1757/68 mit 7'256 Titeln. Sie ist der ideale Ausgangspunkt für weiterführende Studien. Dabei sollten auch Hallers 10-bändige Bibliographien der medizinischen Literatur beigezogen werden, in denen die Bestände aus Hallers eigener Bibliothek mit einem Stern markiert sind.

Hallers Exemplare seiner eigenen, zu Lebzeiten erschienenen Druckwerke sind zu einem grossen Teil in der Mailänder Bibliothek erhalten geblieben. In der Burgerbibliothek werden sämtliche Schriften und Ausgaben von und über Haller gesammelt und sind fast vollständig vorhanden.[14] Dazu zählt auch das als Depot der Universitätsbibliothek Bern aufbewahrte Handexemplar der *Göttingischen Gelehrten Anzeigen*, in welchem Haller die eigenen Buchbesprechungen mit einem grossen ‹H› gekennzeichnet hat.

Die Handschriften und das Herbar

Das zu Beginn erwähnte Verzeichnis Hallers erwähnt auch 145 Bände Manuskripte sowie 100 Bände Herbar.[15] Die Handschriften scheinen sich vollständig erhalten zu haben. Vom Herbar existieren zwar nur 60 Bände, doch scheinen auch diese den Grossteil des ursprünglichen Bestandes darzustellen. Von den Manuskripten und dem Herbar war in den Verkaufsverhandlungen mit Mailand nie explizit die Rede. Sie wurden von beiden Seiten offenbar als selbstverständliche Zugabe zur Bibliothek betrachtet. Die schwer zu entziffernden Handschriften wurden im Palazzo Brera separat vom übrigen Bestand untergebracht und blieben unbearbeitet. Die Bedeutung des Herbars dagegen erkannte man sogleich. Da Mailand keine Universität besass, wurde es gemeinsam mit den 18 Bänden botanischer Beschreibungen nach Pavia, dem Studienzentrum für die habsburgische Lombardei, überführt. Dort – so wurde festgehalten – sei es auf das sorgfältigste aufzubewahren und nur Kennern zum Studium zu überlassen. Die Professoren Giovanni Antonio Scopoli, seit 1777 Professor für Naturgeschichte in Pavia, und Fulgenzi Vitman sollten es fortsetzen und vor allem mit in Italien heimischen Pflanzen, die Haller allenfalls entgangen seien, ergänzen. In den Revolutionskriegen wurde das Herbar zur Beute der Franzosen. Requisitor und damit zuständig für die Raubzüge in Oberitalien war ausgerechnet Rudolph Emanuel Haller (1747-1833), Hallers Sohn, Schatzmeister des Generals Napoleon Bonaparte in Italien und Münzdirektor von Mailand 1796. Er leitete im Auftrag des französischen Direktoriums die Brandschatzung Roms und organisierte auch in Oberitalien den Abtransport der Kunstschätze nach Paris, darunter auch seines eigenen Vaters Herbar! Dieses wird heute im *Muséum National d'Histoire Naturelle* aufbewahrt.

1877 wurde aus Anlass einer Berner Gedenkausstellung zum 100. Todestag Hallers ein Verzeichnis des Handschriftenbestands erstellt;[16] die Bibliotheken von Mailand und Pavia stellten eine reiche Auswahl von Manuskripten zur Verfügung. Seither liess die Idee einer möglichen Rückgabe die Berner nicht mehr los. 1919 ergriff Ferdinand Vetter, Ordinarius für germanische Philologie an der Universität Bern, die Initiative, um einen allfälligen Tausch möglich zu machen. Über diplomatische Kanäle richtete er ein Angebot von ausgewählten urkundlichen und geschichtlichen Druckwerken aus dem Bundes-, dem Staatsarchiv und der Hochschulbibliothek Bern als Entgelt für einen Teil der in der Lombardei aufbewahrten Handschriften und annotierten durchschossenen Druckwerke Hallers an die italienische Regierung. Die Fäden liefen bei Regierungsrat Leo Merz, dem Sammler von Meisterwerken antiker Glyptik, zusammen.

Im Februar 1921 war das Geschäft so weit gediehen, dass der Bundesrat bei der italienischen Regierung ein Gesuch zur Wiedererlangung eines Teils der Handschriften, die eigentlich vielleicht gar nicht alle zum Kaufgegenstand gehört hätten (!), einreichte. Minister Benedetto Croce, Kenner der deutschen Literatur, erklärte dem Schweizer Gesandten, dass ein Austausch von Schriftstücken «möglich und sogar wünschenswert» sei. Als Tauschmittel wünschte er Originalstücke oder historische Sammelwerke, an erster Stelle einen Briefwechsel Johann Jakob Bodmers (1698-1783) mit italienischen Schriftstellern, der sich in Zürich befand, und begrüsste den Vorschlag, eine Delegation in Mailand und Pavia zur Überprüfung der Bestände zu empfangen. Ferdinand Vetter reiste nach Mailand und erstellt eine Wunschliste der Handschriften, 27 Nummern von insgesamt 52 Stücken des dortigen Katalogs. Letztendlich fanden 69 Handschriften den Weg zurück nach Bern.

Der heutige Bestand in Bern und Mailand ist mit rund 150 Bänden ausserordentlich reich und vielseitig (vgl. das Verzeichnis S. 522 f. und Abb. S. 327, 331, 521). Abgesehen von der Katalogisierung und einzelnen Detailstudien wurde er nie genauer untersucht. Dabei bietet er sich als vorzügliches Studienmaterial für die neuere Wissenschafts- und Kulturgeschichte an, die sich für die Gewinnung und die Praktiken des Wissens interessiert. In Verbindung mit der ebenfalls sehr reichen und gut dokumentierten Bibliothek, den zahlreichen Publikationen Hallers, dem grossen Herbar und dem umfangreichen Briefwechsel liesse sich hier auf sehr genaue Weise und im grossen Umfang der ganze Forschungsprozess vom Lesen, Rezensieren und Exzerpieren über das eigene Forschen und den Austausch mit anderen Wissenschaftlern bis hin zum Verfassen und Überarbeiten der gedruckten Werke nachzeichnen. Das reiche sowohl handschriftliche wie gedruckte Material ermöglicht exemplarische Studien über die Charakteristika experimenteller und gelehrter Forschung und über deren Interaktion.

Der Briefwechsel

Wie Gottlieb Emanuel Haller Graf Firmian mitteilte, ging die Briefsammlung mitsamt den Familiendokumenten, wie in Bern üblich, an den ältesten Sohn über und war daher nicht verkäuflich.[17] Die aus fünfzig Quartbänden bestehende Korrespondenz, so Gottlieb Emanuel, könne aber auch darum nicht verkauft werden, weil verschiedene Freunde des Vaters, z. B. Charles Bonnet (1720-1793), Naturforscher und Philosoph, und Johann David Michaelis (1717-1791), Orientalist und Theologe in Göttingen, von den Erben die Rückgabe ihrer Briefe verlangt, diese Gottlieb

Haller war ein äusserst produktiver Autor und verarbeitete eine ungeheure Menge an Literatur. Um das Gelesene zu bewältigen und für seine eigenen Forschungen nutzbar zu machen, bediente er sich unterschiedlicher Techniken. Dazu gehörte eine zu nur kleinen Teilen erhaltene Sammlung von Notizzetteln, auf denen er Bemerkenswertes aus gelesenen Büchern festhielt. – Burgerbibliothek Bern, Nachlass Haller, Ms. 88.

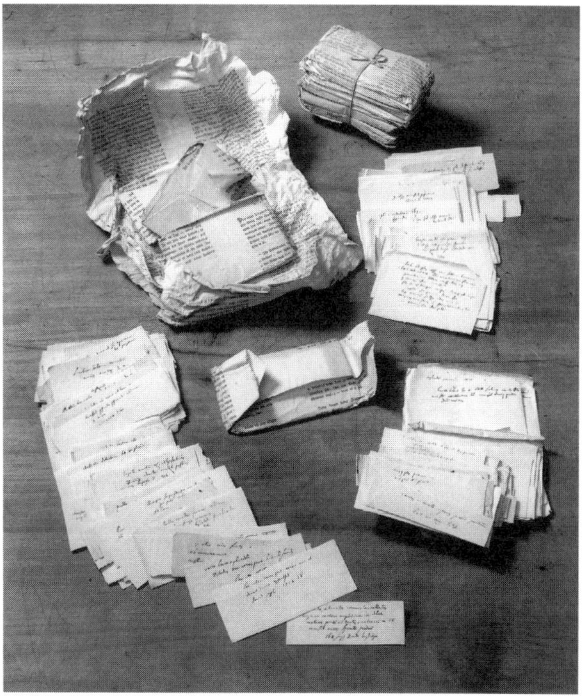

Emanuel jedoch mit dem Versprechen, sie niemals zu publizieren, wieder überlassen hätten. Auch die Briefe von Gerlach Adolph von Münchhausen (1688-1770), Kurator der Universität Göttingen, und anderen Korrespondenten Hallers, in denen persönliche Streitereien und Kontroversen ausgetragen wurden, könnten der Öffentlichkeit nicht überlassen werden. Leider, so teilte der Sohn Seiner Exzellenz mit, seien in dieser Hinterlassenschaft ausser sechs Exemplaren auch keine eigenen Briefe des Vaters vorhanden.

Nach der Übernahme der Korrespondenz seines Vaters verfasste Gottlieb Emanuel Haller ein handschriftliches Briefregister. Die dort erfassten 13'202 Briefe von 1209 Korrespondenten stellen vermutlich am ehesten den ursprünglichen Bestand dar.[18] Nach Gottlieb Emanuels Tod ging der Briefwechsel an dessen zweitgeborenen Sohn Carl Ludwig, den späteren Professor für Staatsrecht und Geschichte, welcher der Epoche der Restauration ihren Namen gab, über. Finanzielle Engpässe brachten ihn dazu, die grosse Bibliothek und die Handschriften seines Vaters wie auch den Briefwechsel seines Grossvaters Albrecht 1792 der Berner Stadtbibliothek für 1200 Kronen zu verkaufen. Dabei liess er sich ausbedingen, dass die Familie Haller freien Zugang zu den Briefen behielt. Davon wurde reichlich

Handschriften des Haller-Nachlasses in Bern und Mailand

Bern Burgerbibliothek Bern, Nachlass Albrecht von Haller
Mailand Biblioteca Nazionale Braidense di Milano

Vorlesungs-Notizen (13 Bände)
Bern: 29 (Johann Rudolf Zwinger, Therapie- und Rezeptierkunde, 1728-29). – Mailand: AD.X.21 (Herman Boerhaave, Botanik und Chemie, 1725-27), AD.X.63 (Johann Friedrich Cassebohm, Anatomie, um 1740), AD.XI.1 (Boerhaave, Aphorismen, 1725-27), AD.XI.2 (Boerhaave, Institutiones medicinae, 1725-27), AD.XI.3,6 (Bernhard Siegfried Albinus, Anatomie, Chirurgie, Physiologie, 1725-27), AD.XII.6 (Elias Camerarius, Alexander Camerarius und Christian Vater, Medizin, 1722-24), AD.XII.34 (Johann Georg Duvernoy, Anatomie, 1724-25), AD.XII.46 (Jacques Bénigne Winslow, Anatomie, 1727), AE.IX.9-12 (Johannes Bernoulli, Mathematik, 1728).

Sektions- und Laborprotokolle zur Anatomie, Physiologe und Embryologie (14 Bände)
Bern: 1 (Basel, 1728-29), 5-16 (1731-65).

Vorarbeiten zu Einzelwerken (3 Bände, 1 kurze Schrift)
Bern: 2 (Boerhaave-Kommentar, 1730-32?), 3 (Doppelmissgeburt, 1735), 4 (Methodus studii medici, 1748), AE.XI.15/4 (Prospectus d'un dictionnaire universel de médecine).

Krankenjournal (1 Band)
Bern: 17 (1731-1736, 1738).

Exzerpte (27 Bände)
Bern: 18 (Varia, um 1725?), 19-21 (Chirurgie, ca. 1730-50), 22-24 (Anatomie, ca. 1730-50), 25 (Wilhelm Fabry, um 1750), 26 (Aerzte-Biographien; unsicher, ob von Hallers Hand), 27 (Johann Gottfried von Bergers Physiologie von 1702, 1725), 28 (Medizinisches, 1725), 30-34 (Botanik, ca. 1730-50). – Mailand: AD.X.19 (Varia), AD.XI.4 (Wilhelm Fabry), AD.XII.21 (Christian Friedrich Richter?, 1743), AD.XII.36 (Johannes von Muralt, Botanik), AD.XIV.16 (Franciscus van Sterbeeck, Pilze), AE.IX.14-15 (Mathematik), AE.X.1-3 (Medizin), AE.XI.15/2, 6 (Varia), AG.X.42 (Mineralogie).

Tagebücher, persönliche Aufzeichnungen (9 Bände)
Bern: 36 (Tübingen, Leiden 1723-25), 37 (Niederdeutschland, 1726), 38 (London, Paris, Strassburg, Basel 1727-28), 39 (London 1727, Alpenreisen 1728, 1731), 91-95 (Schreibkalender 1722/23, 1725, 1739, 1745, 1746).

Botanische Beschreibungen (26 Bände, 2 kurze Schriften)
Bern: 41-59 (ca. 1728-1752). Mailand: AE.XI.1-4, 5, 10, 11 (ca. 1730-1746), AE.XI.15/3 (Pflanzenliste, 1769-70), AE.XIII.9/1 (Pflanzenliste nach Bauhin, evtl. 1728).

Gedichte (2 Bände)
Bern: 60 (Gedichte in Originalhandschrift, betitelt ‹Nebenstunde›), 101 (handschriftliche Vorlage von fremder Hand mit Hallers eigenen Korrekturen).

Urteile über gelesene Bücher (Iudicia librorum) (26 Bände)
Bern: 61-85 (1728-1776 und Index), 87 (1777, auch Entwürfe).

Bibliothekskataloge (6 Bände)
Bern: 86 (1742-ca.50). – Mailand: AD.XI.10 (nach 1758), AE.IX.40 (1734-1741), AG.XIV.1-2 (Verzeichnis der Dissertationen), ARM.73-74 (1758-59).

Ehrendokumente (1 Sammelband, 137 Dokumente)
Bern: 96, 97 (137 Dokumente wie Doktordiplome, Zeugnisse, Berufungen, Mitgliedsurkunden, andere Urkunden etc.), 125 (Sammelband mit Nachrufen).

Handexemplare eigener Schriften (24 Bände)
Bern: 106-115 (Elementa physiologiae), 116-117 (Enumeratio stirpium), 118 (Gedichte 1734), 119 (Gedichte 1743), 120 (Gedichte 1748), 121 (Werkverzeichnis). Mailand: AG.XIV.14-21 (Boerhaave-Kommentar).

Briefwechsel (1 Band, 108 Schachteln)
Bern: 104 (Registerband, erstellt von Gottlieb Emanuel Haller), 105 (88 Schachteln mit Originalbriefen an und von Haller, alphabetisch geordnet), 126-129 (20 Schachteln mit Fotokopien von Briefwechseln aus Fremdbeständen).

Handschriften anderer Autoren aus Hallers Nachlass
Bern: 100 (Jodocus von Ehrhart).– Mailand: A.C.XII.50, 51, 52; AD.X.9, 14, 15, 16, 18, 20, 22, 29, 62; AD.XI.4, 7, 8, 9, 13, 58; AD.XII.18, 19, 39, 40, 55; AD.XIV.13, 14, 15; AD.XV.11/2, 11/19, 12/8, 16/2, 16/3, 16/4, 17/1, 18/7-14, 19/1, 21/15-26; AE.IX.33, 34; AE.XI.11, 12, 13, 15, 18; AE.XIII.2, 7, 9/2, 22; AF.XI.22; AO.XVI.6/3; A.I.43/29, 45/34, 45/35, 50/12, 146/28, 146/43; A.III.420/12, 595/2, 622/7, 625/2; A.IV.884/33; A.VII.1641/18bis; A.VIII.1672/41, 1678/31, 1691/2, 1691/29, 1691/31, 1692/33, 1697/9, 1705/3; A.XIV.2432/1, 14, 22, 29; B.I.2985/42, 2988/15, 2995/16, 2999/33, 3002/13, 3003/39, 3005/12, 3149/31; B.III.3300/3; B.XIV.5742/26, 5750/27, 5752/5, 5754/33, 5759/34, 5766/16, 5770/31; C.V.7531/2; D.I.9807/17, 18; D.III.10049/6; D.VII.10471/3; D.X.10687/44; X.M*.IV.7/1a; X.R.II.129/2; X.S.I.166/11; &&.XIII.2/6bis.

Verschiedenes
Bern: 40 (Salzwerkinspektionen 1757-60), 35 (Exzerpte zur Numismatik), 88-90 (Zettelsammlung: 12 Bündel à 20 Päckchen), 98 (Sammlung von Fragmenten aus Hallers Handschriftenbänden), 99 (Vorlesungsnachschrift von Hallers Botanik-Vorlesungen 1744-45), 102 (Katalog der Haller-Handschriften in Mailand, 1877), 103 (Dokumente zum Ankauf und Transport der Bibliothek, zusammengestellt 1877), 130-134 (Fotokopien verschiedener Fremdbestände), 135-149 (Dokumentationen zu Jubiläen, Publikationen etc.). – Mailand: A.III.595/2 (Verzeichnis der Briefe von Konrad Gessner).

Die Handschriften sind verzeichnet bei:
Urs Boschung: *Kurzinventar der Manuskripte Albrecht von Hallers.* 1974 (Manuskript; verzeichnet noch ältere Signaturen).
Letizia Pecorello Vergnano: *Il fondo Halleriano della Biblioteca Nazionale Braidense di Milano: vicence storiche e catalogo dei manoscritti.* Milano 1965; Maria Teresa Monti (Hg.): *Catalogo del Fondo Haller della Biblioteca Nazionale Braidense di Milano.* 13 Bde. Mailand 1983-1994, I, 3/2: 665-734; III, 2/2: 895-900.

Gebrauch gemacht: in den 1820er Jahren kehrte Rudolf Emanuel nach einem abenteuerlichen Leben als Requisitor Napoleons in Oberitalien und im Vatikan und als Bonapartes nachmaliger Finanzminister mittellos in seine Vaterstadt Bern zurück. Mit Erlaubnis des seit 1786 amtierenden Oberbibliothekars Friedrich Bernhard Tscharner (1754-1827) nahm der Onkel Carl Ludwigs und Bruder Gottlieb Emanuels die Bände der Briefsammlung einzeln nach Hause und fand «beim Durchlesen öfteren Anlaß die Sorglosigkeit seines Neffen anzuklagen, der alle, auch die vertrautesten Briefe, ohne Schonung für den Ruf der Briefsteller abgeliefert hatte». Der Onkel purgierte nun die Bände von «unziemlichen Sachen» und, wie der Schreiber des eingeklebten Vorsatzblattes im Register aus dem 19. Jahrhundert mutmasst, vermutlich vor allem von «Consultationen von anstößiger Natur», indem er die Briefe «abgethan und zerrissen» hatte.

In den 1930er Jahren legte der Stadtbibliothekar Franz Thormann ein neues Verzeichnis des Briefwechsels mit einer ersten spärlichen, sporadischen Identifikation der Korrespondenten vor.[19] Er zählte 12'285 Briefe von 1113 Absendern. Der Verlust gegenüber dem Verzeichnis von Gottlieb Emanuel Haller geht wohl vor allem auf Autographenjäger des 19. Jahrhunderts zurück. Hunderte von Briefen bekannter Persönlichkeiten sind herausgerissen worden, von Boerhaave, Gleim, Gottsched, Jussieu, Kant, E. v. Kleist, Klopstock fehlen sie ganz, von Bodmer, Julie Bondeli, Euler, Hagedorn, Isaac Iselin, Lavater, Linné, Maupertuis, Morgagni, Réaumur, de Saussure, Sulzer, Voltaire, Wieland und Zimmermann teilweise, und teilweise tauchen sie heute sporadisch wieder auf dem Markt auf. Die Burgerbibliothek Bern als heutige Besitzerin des Briefwechsels bemüht sich im Rahmen des Möglichen um den Rückkauf von Korrespondenzen, die teils früher im eigenen Bestand figurierten, sich teils aber auch nicht in Gottlieb Emanuels Register finden. Interessiert ist das Archiv natürlich auch an den von Haller selbst verfassten Briefen, von denen es zurzeit 878 besitzt. Sämtliche bekannten Briefe von oder an Haller aus Fremdbeständen werden in Fotokopien aufbewahrt.

Im Hinblick auf eine Bearbeitung der Korrespondenz wurden die Briefbände ausgebunden, die einzelnen Briefe restauriert und in säurefreien Mappen und Schachteln in alphabetischer Ordnung abgelegt. Dies war die Voraussetzung zur Erstellung eines Repertoriums, das nebst den 13'300 an Haller gerichteten Briefen auch die heute erhaltenen 3'700 Schreiben Hallers verzeichnet und führte schliesslich zu einer vielschichtigen Analyse, die Hallers bedeutendes Korrespondentennetz in den Kontext der Gelehrtenrepublik und Gesellschaft des 18. Jahrhunderts stellt (vgl. den Beitrag zur Gelehrtenrepublik in diesem Band).[20]

Anmerkungen

1 Hugo Kronecker: Hallers Wohnungen und seine Arbeitsart. In: *Blätter für bernische Geschichte, Kunst und Altertumskunde*, 4/4 (1908), 311-335. – Zu Hallers Bibliothek, deren Aufbau, Schicksal und Überlieferung vgl. Ferdinand Vetter: *Bericht über den handschriftlichen Nachlass Albrecht von Hallers in Italien und den eingeleiteten Rücktausch desselben für Stadt und Hochschule Bern und die Schweizerische Eidgenossenschaft.* Bern 1922; Letizia Pecorella Vergnano: *Il fondo Halleriano della Biblioteca Nazionale Braidense di Milano: vicende storiche e catalogo dei manoscritti.* Milano 1965; Maria Teresa Monti (Hg.): *Catalogo del Fondo Haller della Biblioteca Nazionale Braidense di Milano.* 13 Bde. Mailand 1983-1994; Dies.: Biblioteca Nazionale Braidense – Il fondo Haller, in: Bernhard Fabian (Hg.): *Handbuch der historischen Buchbestände in Deutschland, Österreich und Europa.* Hildesheim 2002, 2-14; Urs Boschung: ‹Mein Vergnügen ... bey den Büchern›. Albrecht von Hallers Bibliothek – Von den Anfängen bis 1736. In: *Librarium*, 38 (1995), 154-174.

2 Pecorella Vergnano 1965 (wie Anm. 1), 30.

3 Laurence W. B. Brockliss: *Calvet's web. Enlightenment and the republic of letters in eighteenth-century France.* Oxford 2002, 281-300.

4 Wijnand W. Mijnhardt: Bookseller records and the changing perspectives 1650-1850. In: Hans Erich Bödeker, Anne Saada (Hg.): *Bibliothek als Archiv.* Göttingen 2007, 259-280, hier 265.

5 Vgl. die Zusammenstellung bei Bernd Lorenz: *Allgemeinbildung und Fachwissen. Deutsche Ärzte und ihre Privatbibliotheken.* Herzogenrath 1992, 32-49.

6 Mijnhardt 2007 (wie Anm. 4), 262.

7 Vgl. Paul Raabe: Gelehrtenbibliotheken im Zeitalter der Aufklärung. In: Werner Arnold, Peter Vodosek (Hg.): *Bibliotheken und Aufklärung.* Wiesbaden 1988, 103-122.

8 Ludwig Hirzel (Hg.): *Albrecht von Hallers Gedichte.* Frauenfeld 1882, DV.

9 Vgl. Hans Herzog: Zur Geschichte der Bibliothek Albrecht von Hallers, in: *Zentralblatt für Bibliothekswesen*, 27 (1900), 484 f.

10 Monti 2002 (wie Anm. 1), 3 f.

11 Zitiert nach Vetter 1922 (wie Anm. 1), 4

12 Monti 1983-94 (wie Anm. 1).

13 Boschung 1995 (wie Anm. 1).

14 Den Besitznachweis für die Druckwerke vor 1800 liefert Hubert Steinke, Claudia Profos (Hg.): *Bibliographia Halleriana. Verzeichnis der Schriften von und über Albrecht von Haller.* Basel 2004.

15 Zu den Handschriften vgl. die unter Anm. 1 erwähnte Literatur. Zum Herbar vgl. Edmond Bonnet: L'herbier et les manuscrits d'Albert de Haller. In: *Journal de botanique*, 3 (1889), 354-360; Heinrich Zoller: A l'occasion du 250e anniversaire de Albrecht von Haller: quelques remarques sur son œuvre botanique et ses collections. In: *Bulletin du Museum national d'histoire naturelle*, série 2, 30 (1958), 305–312; Maria Teresa Monti: L'erbario di Haller. Disavventure di una collezione naturalistica nella Lombardia Asburgica, in: *Archivio Geobotanico*, 4/2 (1998), 173-179; Marlène Margez, Cécile Aupic, Denis Lamy: La restauration de l'herbier Haller du Muséum national d'Histoire naturelle. In: *Support tracé*, 5 (2006), 58–68.

16 Burgerbibliothek Bern, Nachlass Haller, 102.

17 Pecorella-Vergnano 1965 (wie Anm. 1), 33. Zur Korrespondenz vgl. Urs Boschung et al. (Hg.): *Repertorium zu Albrecht von Hallers Korrespondenz, 1724-1777.* 2 Bde. Basel 2002; Martin Stuber, Stefan Hächler, Luc Lienhard (Hg.): *Hallers Netz. Ein europäischer Gelehrtenbriefwechsel zur Zeit der Aufklärung.* Basel 2005.

18 Burgerbibliothek Bern, Nachlass Haller, 104.

19 Franz Thormann: Register zur

Briefsammlung von Albrecht v. Haller in der Berner Stadtbibliothek. In: *Beilage zum Bericht der Stadtbibliothek über die Jahre 1933-1935*. Bern 1937, 1-24.

20 Boschung 2002 (wie Anm. 17), Stuber/Hächler/Lienhard 2005 (wie Anm. 17)

Die Autorinnen und Autoren

Eric Achermann, geb. 1962, Prof. Dr. phil., Professor für Neuere deutsche Literatur an der Universität Münster. Forschungsschwerpunkte: Europäische Literatur der Frühen Neuzeit, Geschichte des Wissens.

Marie Therese Bätschmann, geb. 1955, Dr. phil., Kunsthistorikerin, wissenschaftliche Mitarbeiterin in der Burgerbibliothek Bern am Projekt Porträtdokumentation. Forschungsschwerpunkte: Graphik des 17.-20. Jahrhunderts, Berner Porträts bis 1850.

Urs Boschung, geb. 1946, Prof. Dr. med., Leiter des Instituts für Medizingeschichte der Universität Bern seit 1985 und des Forschungsprojekts Albrecht von Haller (1991-2003).

Barbara Braun-Bucher, geb. 1944, Dr. phil., wissenschaftliche Mitarbeiterin der Burgerbibliothek Bern und Mitarbeiterin am Forschungsprojekt Albrecht von Haller, Betreuerin des Nachlasses Albrecht von Hallers. Forschungsschwerpunkte: 17. und 18. Jahrhundert in der Schweiz, politisches System und Erziehungsgeschichte.

François de Capitani, geb. 1950, Dr. phil., Kurator am Schweizerischen Landesmuseum Zürich und Prangins. Forschungsschwerpunkte: 18. Jahrhundert in der Schweiz, Visualisierung der Geschichte.

Jean-Marc Drouin, geb. 1948, Prof. Dr. phil., Professor für Philosophie und Geschichte der Wissenschaften am Muséum national d'histoire naturelle in Paris, Directeur adjoint des Centre Alexandre Koyré. Forschungsschwerpunkt: Geschichte der Botanik.

François Duchesneau, geb. 1943, Prof. Dr. phil., Professor für Philosophie und Wissenschaftsgeschichte an der Universität Montreal. Forschungsschwerpunkt: Geschichte der Biologie und Philosophie der Neuzeit.

Florian Gelzer, geb. 1972, Dr. phil., Oberassistent am Institut für Germanistik der Universität Bern. Forschungsschwerpunkte: Romangeschichte und Romantheorie vom Barock bis zur Moderne, galanter Roman, Christoph Martin Wieland, Expressionismus und Neue Sachlichkeit, Literaturtheorie, Komparatistik, Typographie.

Karl S. Guthke, geb. 1933, Prof. Dr. phil., Kuno Francke Research Professor of German Art and Culture, Harvard University. Forschungsschwerpunkt: Literatur- und Kulturgeschichte, besonders des 18. Jahrhunderts.

Ulrich Hunger, geb. 1952, Dr. phil., Archivoberrat, Leiter des Universitätsarchivs Göttingen. Forschungsschwerpunkte: Wissenschaftsgeschichte, Universitätsgeschichte, Stadtgeschichte Göttingens.

Béla Kapossy, geb. 1965, Dr. phil., stellvertretender Professor für Geschichte an der Universität Lausanne. Forschungsschwerpunkt: Ideengeschichte der frühen Neuzeit.

Luc Lienhard, geb. 1959, lic. phil. nat., Botaniker, Mitarbeiter am Forschungsprojekt Albrecht von Haller. Arbeitsbereiche: Vegetationskunde, Geschichte der Naturwissenschaften in der Schweiz.

Renato G. Mazzolini, geb. 1945, Prof. Dr. phil., Professor für Wissenschaftsgeschichte an der Universität Trient. Forschungsschwerpunkt: Geschichte der Biologie.

Maria Teresa Monti, geb. 1955, Prof. Dr. phil., Professorin für Wissenschaftsgeschichte an der Università del Piemonte Orientale. Forschungsschwerpunkt: Geschichte der biologischen Wissenschaften.

Claudia Profos, geb. 1973, Dr. phil., Mitarbeiterin am Forschungsprojekt Albrecht von Haller. Forschungsschwerpunkte: Literaturkritik, Literarische Wertung im 18. Jahrhundert.

Wolfgang Proß, geb. 1945, Prof. Dr. phil., Professor am Institut für Germanistik der Universität Bern. Forschungsschwerpunkte: Herder, Literatur-, Natur- und Sozialwissenschaften von der Frühen Neuzeit bis zur Aufklärung.

Cornelia Rémi, geb. 1975, Dr. phil., Assistentin am Institut für Deutsche Philologie der Ludwig-Maximilians-Universität München. Forschungsinteressen: geistliche Dichtung, Kommunikationsnetze, Intermedialität, Textsammlungen, poetische Selbstbegründungsstrategien, Erzählliteratur der Aufklärung und der Klassischen Moderne.

Otto Sonntag, geb. 1942, Dr. phil., associate dean for academic affairs, College of Arts and Science, New York University. Autor von Beiträgen zur Geistesgeschichte des 18. und 19. Jahrhunderts, Herausgeber von Hallers Briefwechseln mit Charles Bonnet, Horace-Bénédict de Saussure und John Pringle.

Hubert Steinke, geb. 1966, Dr. med. Dr. phil., Oberassistent am Institut für Medizingeschichte. Forschungsschwerpunkte: Medizingeschichte der Frühen Neuzeit, Geschichte der ärztlichen Praxis.

Martin Stuber, geb. 1960, Dr. phil., Koordinator des SNF-Forschungsprojekts «Nützliche Wissenschaft, Naturaneignung und Politik – Die Oekonomische Gesellschaft Bern im europäischen Kontext (1750-1850)» am Historischen Institut der Universität Bern. Forschungsschwerpunkte: Umwelt-, Kommunikations- und Wissenschaftsgeschichte des 18. und 19. Jahrhunderts.

Richard Toellner, geb. 1930, Prof. Dr. med. Dr. phil., Direktor des Instituts für Theorie und Geschichte der Medizin der Universität Münster 1974-95. Forschungsschwerpunkte: Medizin der Aufklärung, Geschichte der medizinischen Ethik.

Regula Wyss, geb. 1975, lic. phil., Historikerin, Kommissarin der Ausstellung «Albrecht von Haller 1708-1777» im Historischen Museum Bern (2008), Doktorandin im SNF-Forschungsprojekt «Nützliche Wissenschaft, Naturaneignung und Politik – Die Oekonomische Gesellschaft Bern im europäischen Kontext (1750-1850)» am Historischen Institut der Universität Bern. Forschungsinteressen: Wirtschafts- und Verwaltungsgeschichte des 18. Jahrhunderts.

Personen- und Werkregister